干部美育手册

Handbook of
aesthetic education
for cadres

中共中央党校出版社

编者的话

　　美育是审美教育，也是情操教育和心灵教育，对人的修养、境界和礼仪规范具有重要作用，因此已纳入各级各类学校人才培养全过程，贯穿学校教育各阶段，也成为家庭教育、社会教育的重要内容。习近平总书记明确提出，要"坚持立德树人，扎根时代生活，遵循美育特点，弘扬中华美育精神"。为了贯彻落实习近平总书记关于弘扬中华美育精神的重要思想，深化广大干部对中华美育精神的了解、对中华优秀传统文化的认知、对自身文化艺术素养的提高，我们编写了这本《干部美育手册》。

　　一个拥有悠久历史的国家必定有自己的文化根脉，一个拥有灿烂文化的民族必定有自己的精神灵魂。纵观中华5000多年文明史，从来不缺少对美的发现、体认、洞察和表达。历代先贤们思想体系中闪耀的美育之光，勤劳智慧的中国人民对美好生活的追求，贯穿一整部中华文明史，推动着中华民族奋勇前行，形成并滋润着源远流长的中华美育精神。这一精神，扎根中华优秀传统文化，给人以向美、向善、向上的引领。比如，在"天人合一"的境界追求中，人们敬畏天地、道法自然，获得生命方向的引领；在"礼乐教化"的精神熏陶中，人们诗言志、歌咏言，获得丰沛的思想情感与高尚品格。历史和现实充分表明，中华民族始终是一个崇尚美、追求美的民族，中华美育始终根系中华民族的精神命脉，呈现出既有鲜明东方文化思维特征、又借鉴吸收外来优秀文明成果的包容性和科学性。

在中华美育精神照耀下，我们的先人创造了诗词、书画、音乐、雕塑、建筑等灿若星辰的文化艺术形式，温润着一代代中华儿女的心灵。《论语》有云："兴于诗，立于礼，成于乐"，这一论断从中华传统美育精神的角度，深刻阐明了诗歌、礼仪、乐舞之间的关系，告诉我们美在艺术层面是浑然一体、互相融通的。《周易》有云："立象以尽意"，科学揭示了美育需要通过直指人心的意象来表达来传播的思想。汉乐府的"江南可采莲，莲叶何田田"，也可以用中国画的"远山如黛、近水含烟"来类比和表现；杜诗的"感时花溅泪，恨别鸟惊心"，同样可以在一曲高亢苍凉的秦腔中得到诠释和寄托。无论是深山驿道还是长城烽台，无论是依依别情还是呼灯篱落，在那些诗词书画、浅唱低吟的背后往往隐含着一代代中国人的人生百味，寄托着一代代中国人的家国情怀。在这种可感可知的审美中，人们让美进入日常生活，又从审美中感受中华民族的历史与文化。

习近平总书记指出："艺术的最高境界就是让人动心，让人们的灵魂经受洗礼，让人们发现自然的美、生活的美、心灵的美。"的确，发现美、欣赏美、创造美，坚守民族优秀文化根脉，可以帮助人们树立正确的价值观、人生观、世界观。因为中华美育有"尽精微，致广大"的特质，近代以来从王国维将美育和智育、德育并举，到鲁迅写就《拟播布美术意见书》，再到蔡元培发表《文化运动不要忘了美育》等，众多思想家、教育家都是站在民族兴盛、文明赓续的高度来看待美育、期许美育、促进美育的，中华美育精神饱含和昭示着"天下兴亡、匹夫有责"的爱国情怀，凝聚和彰显着广大人民建设美好家园、追求美好生活的强大力量。基于这一认识，我们组织编著这本书，以中华优秀传统文化为主，兼及当代中国和世界先进文化，收录了各种艺术类别，取其精华、去其糟粕，使其成为帮助领导干部树立正确审美观念、陶冶高尚道德情操、弘扬中华优秀文化、厚植中华民族精神的生动载体。

对各级领导干部来说，美育的重要意义是不言而喻的。古往今来，一个审美能力、审美精神缺失的民族，不可能登高行远，创造辉煌。中华民族伟大复兴，不仅需要强大的物质力量，而且需要强大的精神力量、文化力量、文明力量；不仅是经济的复兴、物质的复兴，也是精神的复兴、文化的复兴、文明的复兴。这样的伟大复兴，离不开一大批有理想、有信仰、有担当、有情怀、懂审美的高素质人才。美育不仅仅在于掌握一门艺术技能，而且还是塑造人的美好心灵、提高人的综合素质、促进人的全面发展的有效途径，有着实实在在的大用处。

随着时代发展的日新月异，领导干部的审美能力日益成为自身为政素养的重要部分。治理者懂审美、会审美，很大程度上与一个地方的发展水平、发展层次、发展格调相关。

一段时间以来，一些城市在规划形态、建筑风格和城市风貌等方面陷入"千城一面""万楼同形"的美学困境。如今，随着决策者、设计者审美能力的提升，越来越多的地方正在实践符合本地实际和美学要求的审美主张。在乡村建设中，由低水平的"整齐划一"，走向凸显乡土特色的"错落有致"；在城市治理中，金秋时节"落叶不扫"，为城市留下美的瞬间，等等。不夸张地说，小到城市绿化、城市色调，大到城市规划、城市治理，都反映和体现着一座城市治理团队的审美水准，都会受到领导干部美学素养的影响。一座舒适宜居、风华绰约的现代城市，一定有着自己的城市精神和美学标签；一名拥有较高治理水平的领导干部，也一定需要具备相应的美学素养和审美格调。正如习近平总书记2021年4月19日在视察清华大学时所说：美术、艺术、科学、技术相辅相成、相互促进、相得益彰。要发挥美术在服务经济社会发展中的重要作用，把更多美术元素、艺术元素应用到城乡规划建设中，增强城乡审美韵味、文化品位，把美术成果更好服务于人民群众的高品质生活需求。

按照党的十九大的规划，至本世纪中叶中国要实现第二个百年奋斗目标，建成富强民主文明和谐美丽的社会主义现代化强国。毫无疑义，实现这个宏伟目标，必须统筹推进"五位一体"总体布局，大力弘扬中华美育精神，让人们能够在美的生活环境和美的社会氛围中提升审美素养、陶冶高尚情操、塑造美好心灵、激发创新活力，成为有品位、有内涵、能创造的时代新人。在这方面，领导干部同样是"关键少数"。领导干部提升美学素养，强化美的意识、美的自觉，在城乡建设等决策过程中多问一问"美不美"，才能更好顺应人民群众对美好生活的期待，让美融入生活、浸润心灵、形成风尚。这就需要领导干部有一双发现美的眼睛、一颗懂得美的心灵，多阅读一些美学书籍，多到博物馆、美术馆、艺术馆走一走，开阔审美眼界。人们有理由相信，在领导干部的持续带动下，全社会将会逐步养成自觉发现美、欣赏美、创造美的良好文化风气。

新时代新征程，把美的种子播撒心间，使我们的干部更有审美素养、高尚情操、美好心灵和创造活力，让文化自信和爱国情怀在美的熏陶化育中生根发芽，必将使中华优秀传统文化和中华美育精神更好传承下去，使中华文明展现独具东方神韵的亮丽美色。

二〇二一年十二月三十日

目 录

典籍

聂震宁

聂震宁，出版家、作家，曾任人民文
学出版社社长、中国出版集团总裁。

概述

1.古代典籍

中华民族有文字记载的数千年阅读史，典籍阅读一直得到极高推崇。这从汉代以降，历朝历代高度重视典籍传承和阅读的事实可以得到证实。从出土墓葬简帛看汉代典籍散佚的特征，我们发现，汉代作为社会阅读主流的精英阶层阅读典籍传播久远，从黄老之治到儒学独尊，六艺类和诸子类典籍一直是精英阶层的阅读主体，此二类典籍文献多数见于《汉书·艺文志》，且基本流传至今。

为了古代典籍的传承和阅读，自三国魏文帝曹丕诏命大臣广泛收集图书典籍，分门别类地编集经传，编成我国古代最早的一部官修大型类书《皇览》起，我国历代朝廷都致力于类书的编纂出版，使得我国传统文化典籍得到保存和阅读。在类书出版史上，比较著名的有隋唐时期的《北堂书钞》《群书治要》《艺文类聚》《文馆词林》《初学记》等，宋朝的《太平御览》《太平广记》《册府元龟》《事林广记》《赵城金藏》等，元朝的《群书通要》等，明朝集我国古籍之大成的旷世巨制《永乐大典》被称为世界上最早和规模最大的百科全书，清朝具有很大规模的《古今图书集成》和《四库全书》。历代类书的编纂出版，都极大促进了我国古代图书典籍的传承和阅读，对传承和弘扬中华民族宝贵的传统文化发挥了重要作用。

典籍的字面意义是"经典的书籍"。典籍不只是文献资料，也不是引人"发思古之幽情"的噱头，更不是供人把玩的古董，而是历史文献经过时间汰洗留存下来的文化结晶，方可称得上"经典"。典籍的阅读使得中华传统文化得以传承和发展。从唯物史观来看，自汉代起历朝历代之所以都很重视典籍的传承和阅读，至少有四个方面的原因。一是因为历代朝廷为维护自己的管理和统治，要在典籍中找到治国理政的支撑点和立足点，为统一社会的思想和舆论而认定需要广泛传播的"圣人之言"；二是因为自汉武帝兴太学、隋唐开创科举以来，阅读典籍已经成为文人进身的主要途径，只有"皓首穷经"地苦读，方可能作为经生受到重用，举子中举一朝成名；三是因为典籍承载着先秦汉唐以来主流社会的是非、美丑、善恶价值观，各级官员倘有进取精神，唯有手不释卷，提高文史修养，方能应对进阶中各种情况；四是因为古代文人至为看重对经典的诠释功夫，治学者必须从典籍阅读入手，庶几能发人之所未见，做出既有学术根基又有创见的文章来。

中国古代典籍的传承和阅读不仅有利于主流社会上述若干方面的需要，更重要的是，它让中国古代典籍在后世的生活中"活起来"，对中华传统文化的传承发展从根本上起到了连续不断的推动作用。举例而言，典籍中很多名言、金句，经后人阅读后化成很多成语，成为世世代代中国人对历史和传统文化最生动的记忆。比如：司马昭之心路人皆知、毛遂自荐、萧规曹随、江郎才尽、东施效颦、项庄舞剑、助纣为虐、孟母三迁、班门弄斧、成也萧何败也萧何、完璧归赵、负荆请罪、闻鸡起舞、破釜沉舟、乐不思蜀 、退避三舍、图穷匕见、滥竽充数、卧薪尝胆、纸上谈兵、七步之才、望梅止渴、讳疾忌医、马革裹尸，等等。

以上所举例证只是与史实有关的一部分成语，典籍中还有大量富于哲理的表述，后来直接成了成语。如：温故知新、不耻下问、不亦乐乎、学而不厌，诲人不倦、因材施教、有教无类、敏而好学、见义

勇为、成人之美、犯上作乱、安贫乐道、巧言令色、言而有信等，均出自于《论语》。《庄子》中富于哲理的故事，被人们把故事题目做成了成语，连同故事和哲理一起流传了下来，如：庖丁解牛、祸福相依、呆若木鸡、东施效颦、扶摇直上、白驹过隙、朝三暮四、踌躇满志、沉鱼落雁、碧血丹心、大而无当、大同小异、得心应手、得鱼忘筌、盗亦有道、姑妄言之、邯郸学步等。《周易》中生成的成语，如各得其所、自强不息、否极泰来、厚德载物、触类旁通、安不忘危、不速之客、从一而终、革故鼎新等，使典籍的丰富内容和深刻思想很自然地广泛流传。

古代神话和寓言典籍是中国古代典籍的重要组成部分。很多神话和寓言的题目成为后世广为流传的成语故事。如：嫦娥奔月、天女散花、后羿射日、天衣无缝、女娲补天、愚公移山、叶公好龙、刻舟求剑、揠苗助长、杞人忧天、掩耳盗铃、狐假虎威、画蛇添足、牛郎织女、火眼金睛、八仙过海等，成为中华文化中最具民族特色的和人类文化学价值的记忆。

更不要说从文学作品典籍中提炼出来的成语更是俯拾皆是。如：人面桃花、心有灵犀、山重水复、柳暗花明、春风得意、春花秋月、春和景明、岸芷汀兰、浩浩荡荡、横无际涯、郁郁葱葱、心旷神怡、宠辱皆忘、去国还乡、忧谗畏讥等等。琳琅满目、难以细数的成语绝大多数都是从中国古代典籍中生成而来，它们已经成为中华民族的精神密码和文化瑰宝，一直活在中国人的生活中，并将世世代代传承。

2.蒙学典籍

谈到中国古代典籍，不能不论及中国古代蒙学典籍。尽管在一些专家眼中古代蒙学不能纳入国学典籍范畴，但在我们看来，中国古代蒙学典籍无论如何也称得上是中国古代典籍的重要组成部分，因为对于一个拥有数千年历史的民族，其古代典籍中不可能没有儿童教育读物。事实上，对于长期缺少古代典籍阅读的当代读者，但凡了解一下中国古代蒙学典籍的状况，就能发现自身距离对中华传统文化的深入认知还有很大差距。

首先，中国古代蒙学典籍具有较好的系统性，人们通常把蒙学系统称之为"三百千千弟子规"，即《三字经》《百家姓》《千字文》《千家诗》《弟子规》。这些当代人并不陌生的蒙学典籍，是民间在千百年来漫长的儿童启蒙教育中，逐渐形成完善的，而且并未受到朝代更迭的影响。

其次，中国古代蒙学典籍具有相当的丰富性。有关专家做过比较全面的统计，中国古代蒙学典籍计有：《三字经》《百家姓》《千字文》《千家诗》《弟子规》《小儿语》《五子鉴》《增广贤文》《小学诗》《龙文鞭影》《蒙求》《笠翁对韵》《名贤集》《幼学琼林》《朱子家训》《格言联璧》《声律启蒙》《二十四孝》《训蒙骈句》等。其中有中国古诗文写作的基本功训练，更有社会内容较深的思想道德教育读物，比较全面地反映了古代社会主流文化对青少年优秀道德品质的重视和对文化知识传授的规范化要求。

再次，中国古代蒙学典籍综合性的编撰风格也使得典籍能够成为广大社会的通俗读物。蒙学典籍由于蕴含十分丰富的历史知识、社会信息、教育理念乃至中国传统文化中的哲学、文学、伦理道德、天文、地理和生活常识，具备了多种阅读功能，因而称之为社会通俗读物也是实至名归的。

从宋朝的《三字经》最初面世起算，中国古代蒙学典籍至今已有800余年，随着其内容品种不断丰富，在中华文明的传承传播中建立了重要的历史功勋。历代蒙学典籍塑造了中华民族总体向上向善的文化性格和道德，世世代代传承着中华文明的火种。不少蒙学典籍还被译介到日本、泰国、越南、马来西亚、印度尼西亚等国家，对周边国家的语言文化产生了深远影响，对"汉字文化圈"的形成起到了独特的作用。

3.文化传承

中国古代典籍是中华优秀传统文化核心内容的载体，应当成为优秀传统文化传承发展中需要重点阅读、研究和传承的主要内容。

毛泽东爱读书，其中中国古代典籍占有很大比重。在陈晋主编的《毛泽东读书笔记精讲》一书里，附录列出毛泽东一生阅读和推荐阅读的31种书目，琳琅满目、浩瀚汪洋，令人肃然起敬。他读了四书五经，读了二十四史，读了《资治通鉴》，读了楚辞汉赋李白杜甫，读了《红楼梦》《三国演义》《水浒传》，等等。

习近平总书记一直高度重视中国古代典籍的阅读。习近平总书记指出：优秀传统文化书籍作为古今中外文化精华的传世之作，思考和表达了人类生存与发展的根本问题，其智慧光芒穿透历史，思想价值跨越时空，历久弥新，成为人类共有的精神财富。读优秀传统文化书籍，是一种以一当十、含金量高的文化阅读。要通过研读优秀传统文化书籍，吸收前人在修身处事、治国理政等方面的智慧和经验，养浩然之气，塑高尚人格，不断提高人文素养和精神境界。

党的十八大以来，以习近平同志为核心的党中央高度重视中华优秀传统文化传承发展工作，2017年正式下发《关于实施中华优秀传统文化传承发展工程的意见》，提出要从核心思想理念、中华传统美德、中华人文精神对传统文化进行梳理，萃取精华，提炼符合当今时代的思想观点，并做出当代性的阐释；在中华优秀传统文化传承发展工程中，要求领导干部要发挥带头作用，公众人物要发挥示范作用。

中国特色社会主义新时代是全民阅读的好时代，也是中华优秀传统文化传承发展的好时代。然而，一部只有11705字的《论语》，一部只有5162字的《老子》，如今能够逐字逐句读完的人并不多，更不要说一部《古文观止》，一本《唐诗三百首》都读完的也已经不多了。当下许多大学本科生、研究生学历的成年人，其典籍阅读水平一直停留在中小学读过的那点古诗文上，即便如此，因为终日忙碌，少儿时代接受下来的那点古诗文也难得回忆起来，更难得复诵吟哦几回。作为实施中华优秀传统文化传承发展工程的具体行动，我们完全有理由建议大家多读一些中国古代典籍，特别是要认真读好几部重要典籍。

一、应知书目

1.儒道佛

《周易》——古代卜筮和哲学相结合的宇宙图式

《周礼》——儒家理想中的政治制度

《礼记》——中国古代礼仪制度理论的汇粹

《论语》——仁者的教诲，儒家思想的奠基

《孟子》——仁政王道的开创

《老子》——道家经典

《庄子》——文学性很强的哲学著作

《抱朴子》——东晋时期重要的道家理论

《金刚经》——中国古代民间最流行的佛教经典

《坛经》——佛经中唯一的中国佛教经典

《心经》——佛经中字数最少、影响最大的经典著作

《妙法莲花经》——"经中之王"

2.诸子百家

《孙子兵法》——中国最早的战争理论著作

《管子》——综汇百家的学术巨著

《墨子》——兼爱非攻的宣言

《列子》——冲虚自然、精神自由的优美散文

《荀子》——百家争鸣的集大成之作

《商君书》——先秦法治理论的宣言

《韩非子》——君主与法治的理论根据

《吕氏春秋》——贯通百家的总结性专著

《淮南子》——西汉道家的理论高峰

《论衡》——斥虚求实的杰作

《朱子语类》——朱熹与弟子问答的语录汇编

《传习录》——阳明心学的结晶

3.史学

《国语》——中国最早的国别体史书

《战国策》——反映战国"长短纵横之术"的典籍

《史记》——史家之绝唱，无韵之《离骚》

《汉书》——中国第一部纪传体断代史

《后汉书》——包举东汉一代的历史名著

《三国志》——记述三国史的著名史籍

《晋书》——"铨次旧文，裁成义类"

《旧唐书》《新唐书》——"新旧合璧，备一代之典"

《旧五代史》《新五代史》——"综事迹之备，追《史记》之文"

《宋史》——"天水一朝的辉煌"

《元史》——"因以往之兴废，作将来之法戒"

《明史》——"一代贤奸托布衣"

《贞观政要》——唐朝政治的结晶

《资治通鉴》——"鉴前世之兴衰，考当今之得失"

《海国图志》——"为师夷长技以制夷而作"

《纲鉴易知录》——一部简明通俗的中国通史

4.文学

《诗经》——中国最早的诗歌总集

《楚辞》——楚文化的艺术结晶

《文选》——先秦至南朝梁代的诗文辞赋总集

《古文观止》——古代散文选集的精品

《文心雕龙》——中国第一部体大思精的文学理论专著

《世说新语》——集汉魏至东晋传闻逸事的笔记小说

《唐诗三百首》——清人选编的唐诗精华通俗选本

《西厢记》——元杂剧中的长篇巨制

《牡丹亭》——古代浪漫文学最强力的爱情"还魂丹"

《水浒传》——中国第一部展示农民起义的长篇小说

《三国演义》——中国长篇历史小说的开山之作

《西游记》——中国古代最具想象力的长篇神魔小说

《儒林外史》——针砭世风的讽刺小说杰作

《红楼梦》——中国古代最伟大的长篇小说

《聊斋志异》——"写鬼写妖高人一等"的短篇小说宝典

5.科技

《黄帝内经》——中医学最早的经典

《九章算术》——中国古典数学最重要的著作

《齐民要术》——中国最早的农学大全

《天工开物》——明代工业和手工业技术百科全书

《梦溪笔谈》——中国科学史上的坐标

《营造法式》——宋代最著名的一部建筑学专著

《授时历》——中国历史上施行最久的一部历法

《伤寒杂病论》——汉代最著名的临床医学著作

《本草纲目》——古代中药学最大宝典

《山海经》——记载先秦神话最多的地理著作

《水经注》——古代以记载河道水系为主的地理著作

《大唐西域记》——古代西域各国各地见闻实录

《岛夷志略》——元代民间航海家航行考察实录

《徐霞客游记》——"真文字、大文字、奇文字"的地理游记

6.蒙学

《说文解字》——开汉语字典的先河

《三字经》——浅显易懂的启蒙读本

《百家姓》——宋人编的启蒙识字课本

《千字文》——中国成书最早的识字课本

《千家诗》——宋明人选编的儿童学诗读本

《弟子规》——清人编的儿童道德规范的教材

《增广贤文》——汇集民间俗语格言、讲述为人处世之道的蒙书

《幼学琼林》——古代汉语成语典故

《颜氏家训》——系统完整的家庭教科书

7.汇编类书

《艺文类聚》——唐代开国初年编修的类书

《太平御览》——宋代最大的类书

《永乐大典》——中国古代最大的百科全书

《大藏经》——内容宏富的佛典总集

《道藏》——规模宏大的道教丛书

《古今图书集成》——集清朝以前古代图书之大成

《四库全书》——中国古代规模最大的文化工程

二、典籍选读

1.《周易》

《周易》，本名《易》，大约成书于殷末周初。《周易》在我国、在世界的影响都极为深远，却也是秦汉以降直至今日众多学者倾力解读而难以穷尽的一部上古典籍，在汉代、宋代、清代形成过三次研究高峰，留下三千多部相关著作。

我们通常所说的《周易》，由《易经》和《易传》两部分构成。《易经》是对易卦典型象义的揭示和相应吉凶的判断；《易传》含《文言》《象传》上、下，《象传》上、下，《系辞传》上、下，《说卦传》《序卦传》《杂卦传》，共七种十篇，称之为"十翼"，是对《易经》的诠释。相传孔子作《易传》，可是《易传》大约成书于战国末期，此说显然不可信。不过，说孔门一代代弟子对《易经》进行诠释，倒是可信的。

《周易》究竟是一部什么书呢？很多人认为这是一部迷信的书，一直也有人用它来占筮算卦，替人算命。不少学者认为这是一部中国古代哲学经典，国际上也有为它开展研究的学术机构。还有很多人认为这是一部中国上古时期的百科全书。在中华传统文化的研究和传播中，许多耳熟能详的语词出自《周易》，可见它在中国文化元典中居于很高地位，被称为大道之源、群经之首、中华文明的源头活水。

《周易》是一部占筮之书。相传，伏羲氏最早画八卦，神农氏演为六十四卦，周文王作卦辞，周公作爻辞，并确立上下经。《易经》是由一组八卦卦画符号和卦爻辞文字符号组成的系统。八卦就是乾、坤、震、巽、坎、离、艮、兑，八卦互相排列组合，构成六十四卦。《易经》全部经文，每一卦解释卦义的辞句叫卦辞，分别系于每卦之下。每卦又有六爻，共384爻，解释爻义的辞句叫爻辞，系于每爻之下。《易经》是在长期的原始卜筮活动中逐渐把数与形整齐化、有序化、抽象化的结果，具有稳定性和规范性，并以之预测人事吉凶，指导人们的行为。虽然《易经》在发轫之初与迷信密切相关，但它也是人类历史和思维活动发展的具体体现。

《周易》是一部哲学经典。《周易》把人们在自然中经常接触的天、地、雷、风、水、火、山、泽八种物质，作为产生世界万物的根本，其中又以天、地为最根本，其他六种是天地产生的。所谓八卦，就是象征构成物质世界的八种成分：天（乾 ☰）、地（坤 ☷）、雷（震 ☳）、风（巽 ☴）、水（坎 ☵）、火（离 ☲）、山（艮 ☶）、泽（兑 ☱）。其本源是所谓"一"，由"一"的自身变化而发展为"八"，天、地等八种东西相互矛盾相互排斥而产生宇宙万物。用物质性的东西来说明万物生成，这是朴素的唯物主义观点。它还用变化来观察不同事物之间的相反相成，并认为某一事物发展到一定程度，就会过渡到"物极必反"的对立中去，这就是朴素的辩证法思想。《周易》的哲学价值得到许多中外学者的关注。黑格尔曾写道："需要注意的事情是，中国人也曾注意到抽象的思维和纯粹的范畴。古代的易经是这类思想的基础。"

《周易》还是一部中国上古时期的百科全书。书中大量的知识和观点，对后世2000多年中国的哲学、史学、文学、宗教、天文、绘画、历法、地理、数学、医学的发展产生了极其重要的影响。中国古代最重要的医学元典《黄帝内经》就处处可见《周易》的影响。《周易》为中国传统思维模式与思想原则奠定了基础，它既包含"观乎天文以察时变"的自然知识，又含有"观乎人文以化成天下"的人文态度。《周易》阐扬的合和理想、变易思维、君子品格等，已经成为中华传统文化的基调。

2.《诗经》

《十三经》是自汉代起开始确定的儒家经典，为我国古代影响最大的典籍。《诗经》就是其中的一部，而且是唯一一部诗歌集。把一部诗歌集确定为国家思想文化的经典，而且历朝历代2000多年传承下来，在世界上大概只有中国的《诗经》获此殊荣。

《诗经》是中国的第一部诗歌总集。书中收集了西周初年至春秋中叶（前11世纪至前6世纪）的诗歌，共305篇。作者佚名，绝大部分已无法考证，传为孔子编订。《诗经》在先秦时期称为"诗"，或称"诗三百"。《论语》《孟子》等书中谈到"诗"，指的就是《诗经》。西汉时《诗经》被尊为儒家经典，开始称为《诗经》，一直沿用至今。

孔子曾概括《诗经》的宗旨为"思无邪"，教育弟子读《诗经》以作为立言、立行的标准，由此创立了儒家诗教。先秦诸子多引用《诗经》，如孟子、荀子、墨子、庄子、韩非子等人就常常引述《诗经》。孔子的诗教理论，以及后来战国时孟子提出的方法论、荀子创立的儒家文学观，奠定了后世《诗经》研究的理论基础。

《诗经》分为《风》《雅》《颂》三部分。

《风》共160篇，搜集的是周代各地的民歌。这些民歌生活气息很浓郁，有对爱情、劳动等美好事物的吟唱，表达人们生活中的丰富情感，也有直接讽刺统治者的荒淫丑恶。《风》诗常用复沓的手法来反复咏叹，有时一首诗中的各段往往只有几个字不同，表现出民歌回旋咏叹和不断递进强化的特色。

《雅》有105篇，搜集的是周代的正声雅乐，又分《大雅》《小雅》，主要是贵族祭祀的诗歌。看得出来，《大雅》的作者是对现实政治有所不满的贵族文人，诗中也含有普通人的愿望和对时弊的讽刺。《小雅》中也有部分民歌。

《颂》有40篇，主要是周王室和贵族宗庙祭祀的乐歌，又分为《周颂》《鲁颂》和《商颂》。《雅》和《颂》两部分内容对于考察我国早期历史、宗教与社会具有很大价值。

《风》包括十五个地方的民歌，也称为"十五国风"，主要分布在今陕西、山西、河南、河北、山东等地，大部分是黄河流域。《风》是《诗经》的核心内容。"风"的意思是土风、风谣。当时把搜集民歌称为"采风"，一直沿用至今。《风》中《关雎》《桃夭》《伐檀》《静女》《褰裳》《芣苢》《子衿》《硕鼠》《蒹葭》等都是脍炙人口的名篇。

《雅》是周王朝国都附近的乐歌。其中《大雅》31篇，主要歌颂周王室祖先乃至武王、宣王等的功绩，有些诗篇也反映了厉王、幽王的暴虐昏乱及其统治危机。作者大都出身贵族，谓高尚雅正，敢于评论王政的废兴，所以称为"大雅"。《大雅》名篇主要有《文王》《卷阿》《民劳》《江汉》《常武》等。《小雅》74篇，最突出的是反映战争和劳役的作品，其中有些诗歌与《风》类似，名篇主要有《鹿鸣》《采薇》《斯干》等。

《颂》中作品的音乐性很强。当时祭祀宗庙时载歌载舞，因而历代学者多认为《颂》是宗庙祭祀的音乐，其中有一部分还是舞曲。《颂》的名篇主要有《臣工》《良耜》《清庙》《维天之命》《噫嘻》等。

汉代以后，作为儒家经典之一，《诗经》的地位越来越高，后来又成为科举考试必读书，极大影响了历代文人的精神世界和文学创作。孔子十分重视《诗经》的学习，他说："不学诗，无以言；不学礼，无以立。"意思是一个人不学《诗经》，在社会交往中就不会说话；不学礼，在社会上做人做事，就不能立足。他还说："《诗》可以兴，可以观，可以群，可以怨；迩之事父，远之事君；多识于鸟兽草木之名。"大意是：学习《诗经》，可以抒发情志，可以观察社会与自然，可以结交朋友，可以讽谏怨刺不平之事；在家可以侍奉父母，在朝廷可以侍奉君王，还可以知道不少鸟兽草木的名称。显然这对《诗经》的社会作用、教育作用做出了很高评价。

作为中国古代第一部诗歌总集，《诗经》在文学创作方面的影响相当深远。《诗经》关注现实，抒发现实生活触发的真情实感，具有强烈深厚的艺术魅力，形成了中国现实主义文学深厚悠久的传统。《诗经》赋、比、兴手法以及灵活生动的语言也对后代诗歌产生很大影响。赋，是"敷陈其事而直言之"，用铺陈的方式直接叙事抒情。比，就是比喻和类比，如用木槿花比喻姑娘的美貌，用大老鼠比喻贪婪的剥削者等。兴，往往用于诗的开端，是"先言他物以引起所咏之词"的手法，能够产生联想和象征的艺术效果。例如《关雎》中用雎鸠鸟在河中小洲上雌雄和鸣，引出主人公对窈窕淑女的思慕，就是运用"兴"的例子。三种手法灵活运用，使得作品形象鲜明，意味隽永。

《诗经》中主要是四言诗，但形式又富于变化，有些篇章带有长短错落的杂言句式。诗中语言精练，含蓄隽永，常常是"不道破一句"却尽显含义。诗中普遍采用重章叠唱的形式，节奏鲜明，旋律回环往复，便于歌咏。诗的语言浅显自然而又生动传神，词汇丰富，富于表现力，尤其擅用双声、叠韵和叠字词，具有音韵谐美、"以少总多，情貌无遗"的艺术魅力。

3.《论语》

《论语》是中国在国际上翻译出版传播很广的一部古代典籍。尽管我们都知道《论语》是孔子去世后，他的弟子和再传弟子把他平日的言行记录收集起来，整理编成的，其中有孔子的言论，也有弟子们的自相问答，可是，在国际上出版传播时，《论语》的英文书名还是被普遍翻译成*The Analects of Confucius*，直译回中文就是"孔夫子文集"。这就是说，中外学术界已经形成共识，由于中国古代伟大的思想家、教育家孔子没有别的个人文集，《论语》就被当成了他的代表作。

自汉代以来，《论语》就开始享有很高地位，被确定为儒家思想最基本的经典。南宋时，朱熹将《论语》《孟子》《大学》《中庸》四书与《诗经》《书经》《礼记》《易经》《春秋》合并而成"四书五经"，成为此后科举考试的必读必考之书。

《论语》全书共20篇，计有《学而》《为政》《八佾》《里仁》《公冶长》《雍也》《述而》《泰伯》《子罕》《乡党》《先进》《颜渊》《子路》《宪问》《卫灵公》《季氏》《阳货》《微子》

《子张》《尧曰》。全书生动活泼、简洁明了，于微言中见大义。其蕴涵的思想内容十分丰富，而最重要的是提出了以"仁"为核心的伦理思想。孔子主张"仁者，己欲立而立人，己欲达而达人。能近取譬，可谓仁之方也已"，提出了著名的"忠恕之道"和"己所不欲，勿施于人"的原则，从而把"仁人君子"作为一种理想人格并加以提倡。孔子认为培养理想人格是一种修己活动，"我欲仁，斯仁至矣"，强调个人修养的自觉性。而且，孔子并不认为道德修养是最终目的，最终目的应是"修己以安人""修己以安百姓"和"克己复礼为仁"。也就是说，实现理想人格乃是实现社会理想的手段。

《论语》十分重视儒家所要求的道德人格修养，书中无论是否直接谈"美"，都在追求君子品行、人格之美，以君子为美，以小人为丑。《论语》强调"君子周而不比，小人比而不周""君子喻于义，小人喻于利""君子固穷，小人穷斯滥矣"。将美丑对立评价之后，则主张"君子成人之美，不成人之恶，小人反之"。

《论语》在高度重视"是非、美丑、善恶"等价值评价的同时，始终保持对中和之美的追求。如"君子和而不同，小人同而不和""君子矜而不争，群而不党"等，始终坚守"礼之用，和为贵"的价值观。"和为贵"的价值观成为以"仁"为核心价值的《论语》在美育上的一贯主张。

4.《孟子》

关于《孟子》一书的作者，历来有三种不同的看法：第一种意见认为，是孟子死后他的门徒共同记述的；第二种意见认为，是孟子与门徒一起记述的，而主要作者是孟子本人；第三种意见认为，是孟子本人著述的。宋代理学家朱熹从文章风格的整体性确认《孟子》是孟子本人写成的。他说："观七篇笔势如熔铸而成，非缀缉可就。"

《孟子》一书共七篇，每篇分上下，计有十四卷。篇目有：《梁惠王》上、下，《公孙丑》上、下，《滕文公》上、下，《离娄》上、下，《万章》上、下，《告子》上、下，《尽心》上、下。

孟子名轲（约公元前372—前289年，一说约公元前390—前305年），字子舆，战国时期邹国（今山东邹县一带）人。孟子是战国中期著名的思想家、政治家和教育家。30岁到44岁这段时间，孟子的主要活动是收徒讲学，宣扬儒家学说。44岁到62岁，孟子带领学生周游列国，宣扬他的"仁政""王道""性善"学说。孟子所处的时代，是各国诸侯互相兼并的战国时代，也是百家争鸣的时代。当时"杨朱、墨翟之言盈天下"，孟子站在儒家立场进行激烈论辩，继承和发展了孔子思想，并且提出一套完整的思想体系，产生了很大影响。在周游列国、宣扬学说不断碰壁之后，自62岁到84岁，孟子"退而与万章之徒序《诗》《书》，述仲尼之意，作《孟子》七篇"。

《孟子》是儒家学派的主要经典之一。汉文帝时把《论语》《孝经》《尔雅》和《孟子》各直置博士之官，称为"传记博士"。自汉至唐代，《孟子》一直被列入子部儒家类书。中唐的韩愈著《原道》，把孟子视为先秦儒家中唯一继承孔子"道统"的人物。宋代把《孟子》一书列入科举考试科目中。南宋朱熹又把《孟子》与《论语》《大学》《中庸》合为"四书"，其实际地位在"五经"之上。元代更是把孟子追封为"邹国公"，加封为"亚圣公"（以后即称"亚圣"），地位仅次于孔子，翌年被批准配享孔庙。明清两代，

"四书"成为官方取士的教科书，《孟子》成为读书人必读典籍。

《孟子》一书以问对、答辩方式展开，以驳论为主要论证方法。它翔实地记载了孟子的思想、言论和事迹，保存了丰富的史料，是研究孟子思想和先秦文学、历史、经济和哲学的重要著作。全书35000字，说理精辟，语言形象，感情充沛，气势磅礴，雄辩滔滔，极富感染力，流传后世，影响深远。不仅是一部儒家的经典著作，也是一部优秀的古代散文集，对后世影响很大，唐宋时期的散文大师，几乎都以孟子的文章为典范。

5.《老子》

老子是中国，也是全世界最早具有辩证法思想的哲学家之一。据有关统计，《老子》是中国古代典籍在国际上翻译出版最多的一部。关于老子其人、其书及其"道论"历来有争论，而且其生卒年月不详。《史记·老子列传》中这样记载："老子者，楚苦县厉乡曲仁里人也，姓李，名耳，字聃，周守藏室之史也。"楚国苦县即今河南鹿邑县厉乡曲仁里人。"老子"是人们对他的称呼，"老"是年高德重的意思，"子"是古代对男子的美称。

老子做过周朝的"守藏室史"（相当于现在的国家图书馆馆长或历史博物馆馆长），所以谙于掌故，熟于礼制，不仅有丰富的历史知识，并有广泛的自然科学知识。司马迁在《史记》中比较简略地讲述了老子和《老子》一书的写作情况，大意是老子研究"道德"，其学说以自隐无名为主张。他在周王室任官已久，见周室日趋衰落，便弃官离去。走到城关，守关的关尹对老子说："先生就要隐逸了，请务必为我著书。"于是老子就著书上下篇，讲"道德"之意，有五千余言，然后离去，世人便不知其以后如何了。

老子的思想主张，大都保存在《老子》一书中。《老子》分上、下两篇，共81章，共5000多字。因为它所讲的是道与德的问题，后来人们又称它为《老子道德经》，汉以后称为《道德经》。现在我们所见到的《老子》一书，因为有些战国时期增益的文字，所以已经不是老子原著，可其中的主要思想还是老子的。

《老子》全书用韵文写成，语言简练，意义深刻。又因为文词简短，艰深难懂，所以后人做了许多注解。比较通行的有西汉时道学家河上公（姓名不详）注，三国时魏国哲学家王弼注，还有清朝时魏源的《老子本义》。汉魏以后直至近代，注释《老子》之多，仅亚于《论语》。两部经典形成我国古代文化儒道互补结构的典范。

《老子》既是一部哲学著作，同时也囊括了对自然和社会许多问题的论述。

"道"是老子哲学的最高概念，是派生万物的根源。老子是我国第一个试图从自然本身来解释世界，而不求助于超自然的主宰——天帝意志的哲学家。在老子之前，人们以为宇宙间的万物都有神在统治着，最高的神就是天，又称天帝。这种观念，到了社会转型的春秋时期才开始有变化。老子在《周易》的基础上，进一步阐明"道"是天地万物的本源。

老子"道论"的中心思想是：道即自然，自然即道。他指出："道可道，非常道。名可名，非常名。无，名天地之始。有，名万物之母。"这就是说，宇宙的本源就是道，道产生了天地，德是道的性能，天地生养着万物，万物各成其形，各备其用。所以万物没有不尊道而贵德的。道的尊崇，德的贵重，不是有谁给它爵位，而是自然而然的。所以道产生天地，德备养万物，长育万物，成熟万物，覆盖万物。老子有一个重要命题，即"道法自然"，就是说"道"没有意志，没有目的，任其自然而派生万物。老子把自然创造的根源归于自然本身，这样就摧毁了那些超自然的主宰，摧毁了唯心论和迷信的基础。当然，这种完全听命于自然的态度，贻害不小，实际上也不可能为人们在实际生活中真正接受。

"无为而治"是老子的人生哲学和政治哲学的核心理念。因为老子主张人当法道，顺其自然，所以认为治理国家最好是采取"无为而治"的办法。在老子看来，无为正是有所作为，"无为而无不为"就是这个意思。

"相反相成""物极必反"是老子辩证法思想的精髓概念。老子说："有无相生，难易相成，长短相形，高下相倾，声音相和，前后相随。"一切事物都是相反相成的。他说："祸兮福之所倚；福兮祸之所伏。"这种矛盾双方的关系，贯穿于书中涉及的各方面内容。老子特别指出事物往往物极必反。他一再告诫统治者，必须去掉那些极端的、过分的措施，否则，就会使事物走向另一个极端，结果就会丧失天下。他指出事物量的积累会引起质的变化。他说："合抱之木，生于毫末；九层之台，起于累土；千里之行，始于足下。"

6.《庄子》

《庄子》是先秦庄周学派的著作总集。现存《庄子》一书共三十三篇，分为内篇、外篇、杂篇，一般学者认为内篇是庄子所作，外篇和杂篇是其弟子整理他的讲话记录或者是后学的作品。《庄子》一书上承《老子》，成为战国时期道家思想的主要代表。魏晋时代，《庄子》与《周易》《老子》成为当时玄学家的经典，被称为"三玄"。唐代儒、佛、道三教鼎立，《庄子》愈发成为道教的重要典籍，庄子被尊称为南华真人，书名也被改为《南华经》。

庄子（约公元前369—前286年），名周，字子休，战国时宋国蒙（今河南商丘东北）人，较孟子稍晚一些。庄子一生除做过看管漆树园的小吏外，从不追逐官禄，因而生活穷困潦倒，除讲学、著述之外，有时还靠钓鱼、打草鞋维持生活，住在"穷闾陋巷"，人瘦得"槁项黄馘"。

庄子是一位蔑视权贵、鄙视利禄，而追求个人自由的思想家。他生活的宋国，当时宋王偃"射天笞地"，荒淫无道，不得人心，所以他奋笔疾书，直抒胸怀，把圣人、王公大人、圣王之法、仁义礼乐，都骂个痛快淋漓。他在文章中猛烈地谴责当时的社会，直接抨击暴君："圣人生而大盗起"，"圣人不死，大盗不止"。

一部《庄子》大体可以用"自然"二字来概括。庄子继承和发展老子"道法自然"的观点，其思想核心就在"道"字上。所谓"道"，是天地阴阳之间共同的东西。"道"字在《庄子》中出现过362次。关于"道"，他在《大宗师》篇这样描述："夫道有情有信，无为无形；可传而不可受，可得而不可见；自本自根，未有天地，自古以固存；神鬼神帝，生天生地；……"庄子认为"道"是万物的本原，"道"产生万物，但它本身却是无法捉摸的，只能靠直觉去体会。

庄子承认物质是运动变化的，如一年的春夏秋冬，"春夏先，秋冬后，四时之序也"。他也认为事物可以向相反的方向转化，从"安危相易，祸福相生""穷则反"，可见其朴素的辩证法。他还承认事物矛盾的特殊性。在《至乐》篇中，他讲了一个用待人的方法去养鸟的故事：鲁国国君十分喜欢养鸟，有一次，他得到一只羽毛十分美丽的小鸟，不敢放在露天的花园里，而把它迎进庙堂，派人献酒送肉，又命令乐工奏乐曲，搞得鸟儿晕头转向，不吃不喝，第三天就死在笼里。

庄子在政治上主张"无为而治"，认为帝王要"以无为常"，"帝王无为而天下功"。庄子在人生态度上特别重视生命，强调全身养生。他主张既不要奢侈，也不要因为贫穷就拼命挣钱，钱财乃身外之物。他主张为人处世应当不偏不倚，不去伤害别人，也不要施舍，不要与人争财物，而要自食其力。他主张"中道"，主张"顺其自然"，认为人没有必要去过分追求，而只要顺着自己的本性发展，就是最好的人生了。庄子的生死观也很有特点，主张生要"安时"，死要"处顺"。他还主张超脱一切自然和社会限制，不要把自己看成高于万物的特殊等级，这样就达到了"道我同一"的境界。

阅读《庄子》，既可以说是在研读一部哲学、政治以及各种知识汇集的著作，也可以说是在欣赏一部重要而优秀的文学艺术作品。《庄子》自古以来就是文人学士觉得趣味多多的一本书。在不少美学家眼里，庄子开辟了有别于儒家的美学系列，对中国的艺术产生了深远影响。在不少语言学者看来，庄子是一位语言大师，其语言之丰富生动，在先秦诸子中无与伦比。闻一多和郭沫若都认为中国的艺术导源于庄子，一部中国文学史几乎就是在它的影响下产生的。

7.《坛经》

《坛经》是佛教经典，亦称《六祖坛经》《六祖大师法宝坛经》，《坛经》是其简称。全书是禅宗六祖慧能的语录，由他的弟子法海集录。全书主要记载慧能的生平事迹和言教。《坛经》对禅宗发展起到了重要作用，中国佛教著作被尊称为"经"的，仅此一部。

慧能生于唐贞观十二年（公元638年），自幼丧父，家境贫困，成年后以卖柴为生。大约在30岁时，他偶尔听到有人诵读《金刚经》，产生了强烈兴趣，"心即开悟"，就辞别母亲，只身离家寻法。唐咸亨二年（公元671年）他上到湖北黄梅东山"参礼五祖"弘忍，向弘忍提出"唯求法作佛"的愿望，并在"佛性"本无差别的回答中受到弘忍赏识。他说："人即有南北，佛性即无南北。獦獠身与和尚身不同，佛性有何差别。"这样的见解明显高人一筹。弘忍门下自耕自食，慧能被派去碓房踏碓八个多月，除了劳作，也随众听法。

弘忍某天要大家作偈，想察看各人见地，以便付法。神秀是弘忍门下的上首，他把偈写在廊下壁上，即"身是菩提树，心如明镜台，时时勤拂拭，勿使惹尘埃"。弘忍说它"未见本性，只在门外"，令其再作一偈，但神秀苦熬数日作偈不成。慧能听说了，虽然自己目不识丁，却也作了一偈请人写上，即"菩提本无树，明镜亦非台，本来无一物，何处惹尘埃"。弘忍发现惠能的偈更好，便决定选他为传法人。得传衣法后，因遭遇"命如悬丝"的衣法之争，弘忍令他连夜离开东山南遁。

《坛经》记载，慧能在广东四会一带隐居了五年，于唐仪凤元年（公元676年）来到广州法性寺，正遇到僧人们在争论一个问题。当时寺堂前的幡迎风飘动，有僧说"这是风动"，又有僧说"这是幡动"，慧能从人群中站出来说，"不是风动，也不是幡动，是诸位的心动"，顿时引起众僧惊奇。风动和幡动都是客观事实，但禅宗认为客观存在的一切都是假象，只不过是自我本心的显现，也就是《坛经》所说"心生则种种法生"。这一番风幡之议，暴露了慧能得法南遁的行踪，他这才正式剃发出家。第二年慧能移居韶州曹溪宝林寺，在地方官吏及僧尼道俗千余人的拥戴下开堂说法，系统地阐述自己的佛教学说，创立中国禅宗南宗。唐玄宗先天二年（公元713年），慧能去世。

《坛经》成书应当在慧能于曹溪宝林寺开堂说法后不久，即七世纪末。此后《坛经》又不断有所"增损"或"节略"，因而形成多种不同版本，总计有十几种。据佛教史家研究，这十多种版本中最重要的有四种，即敦煌本、惠昕本、曹溪原本、宗宝本。其中宗宝本流行最广。《坛经》虽有多种版本，但基本内容是一致的，中外学者在涉及《坛经》取材时，一般并不拘泥于版本。

《坛经》记述了慧能生平并系统地阐述了慧能独创性的佛教学说，是中国禅宗经典性著作，故被禅门后学奉为"经"。《坛经》（宗宝本）全书共分十节，即行由第一、般若第二、疑问第三、定慧第四、坐禅第五、忏悔第六、机缘第七、顿渐第八、宣诏第九、付嘱第十。《坛经》分门别类记录了慧能在不同场合下的说教及与弟子的对话，包含的思想十分丰富，如"定慧体一""法无顿渐""无念为宗""自性本空""作禅不著心，不著净""一切万法尽在自身中""三科法门""三十六对法""顿悟成佛"等。其中"自性本空"和"顿悟成佛"两点最为体现禅宗的特色。在慧能看来，佛教所说的一切真理，全在我的一心之中，只要于自心中悟得"自性本空"，也就是成佛了。关于"顿悟成佛"，慧能说"不悟即佛是众生，一念悟时众生是佛""前念迷即凡夫，后念悟即佛"。这就是说，凡夫与佛只在一念之间，成佛不依赖任何禅定、念佛一类的宗教修行，完全在于明心见性，只要自己心中悟到"自性本空"的道理，就可以"顿悟成佛"。

《坛经》不仅是中国禅宗史上具有重要影响的一部经典性著作，在中国思想史上也占有重要地位。宋元以来，中国哲学史上一些有代表性的思想家，如北宋的张载、王安石、程颢、程颐，南宋的朱熹及明朝的王阳明、李贽等，都曾受到以慧能为代表的禅宗佛教影响。宋明理学的思想体系以儒学为主干，吸收了佛教"空有合一"的本体论，"顿渐合一"的认识论，"明心见性""返本复初"的修持观等；到了王阳明，其心学更是儒释道三教融合的结果。

8.《史记》

《史记》作者司马迁，西汉左冯翊夏阳（今陕西韩城）人。其父亲是汉武帝时的史官，是一位博学的史学家。父亲为了培养一个能够继承他事业的儿子，就要求司马迁整天在书房读书，一读就是十年。司马迁20岁时，父亲要他到各地漫游，见识社会。数年后司马迁返回长安，不久做了汉武帝的侍从，经常跟随汉武帝去各地巡游。广泛的游历生活丰富了他的知识积累和社会见识，对他后来写作《史记》具有很大帮助。

父亲死后，司马迁承袭父职，担任太史令，并决心完成父亲要编一部史书的未竟之业。不料，他因为替降将李陵辩护，被盛怒之下的汉武帝处以宫刑。为了完成自己和父亲写作史书的宏愿，他以坚韧不拔的精神，忍受着宫刑这一奇耻大辱，前后用了大约18年的时间，直至生命的终结，才完成自己所期望的"究天人之际，通古今之变，成一家之言"的《史记》。

《史记》是我国第一部纪传体通史，上起传说时代的黄帝，下到汉武帝时期，记载着近3000年的历史事迹。全书分为十二本纪、十表、八书、三十世家、七十列传，共一百三十篇，52万多字。自从有了这部书，西汉以前的古史才有明晰的文字记载。《史记》以纪传体编纂史书的体例，是一个开创性的壮举，成为此后历代王朝所修"正史"的典范。书中"本纪"一体，主要是按年代顺序，选取能左右天下大局的代表人物，记述历史上政治大事，以展示历代政治兴衰更迭之迹。"列传"是各种人物的传记，有专传、合传、类传等不同形式。"世家"主要记载各诸侯国的兴衰，包括诸侯、勋贵和对社会起过突出作用的人物和大事。此外，还有"表"，是以谱牒形式，梳理记录历史大事；"书"以事为类，主要记述一些典章制度的沿革。在这五体结构中，本纪和列传是全书的主体，因而人们把《史记》的编纂体例叫作纪传体。

《史记》不但在中国史学史上有着极其重要的地位，同时开创了我国传记文学的先河，为我国古代文化建立了不朽丰碑。近人梁启超称赞这部巨著是"千古之绝作"，鲁迅誉之为"史家之绝唱，无韵之《离骚》"。其影响之大，2000年未曾受到过质疑。而且其影响已经远远超出中国的范围，许多重要篇章已译成俄文、法文、英文、德文、日文等文字。

司马迁不但是中国史学家之父，也是全世界古代最伟大的历史学家之一。史学专家们认为，《史记》的特点在于其全面性，尤其是对于生产活动、学术思想和普通人历史地位的重视。我国正史中多数有《食货志》，政书中的《通典》《通考》，都将食货部分列为全书首部，提供大量的经济史料，这个中国史学的优良传统正是司马迁在《史记》中通过《货殖列传》创立的。

司马迁具有进步的历史观。《史记》表现出司马迁近人民、重史实、通变化的优秀史学家品格。因为近人民，司马迁在《史记》中总是以民本思想来看待和叙述历史上的重大事件。对于我国历史上第一次农民起义，司马迁持歌颂的态度，把陈胜、吴广两人的事迹列入"世家"，而且将陈胜比作汤、武，肯定他推翻暴秦的历史功绩。因为重史实，司马迁忠实于客观实际，敢于秉笔直书。对于汉武帝，司马迁揭露了其残暴虚伪、奢侈纵欲的一面，《封禅书》记汉武帝大行"鬼神之事"。《酷吏列传》所记酷吏，也绝大部分是汉武帝时期的官吏。因为通变化，司马迁重视历史的发展变化，从历史发展变化的过程中揭示历史事件的因果关系。在《平准书》中，他叙述了西汉武帝时期产生的平准均输政策的由来，运用"见盛观衰"的方法，大胆剖析了汉武帝时期兴盛背后存在的危机，指出"物盛而衰，固其变也"，体现了通古今之变的深邃眼光。

司马迁的历史功绩还在于他在文学上的重要贡献。《史记》内容广博，叙事精审，描述生动，文采斑斓，历来为人们所推重，许多文章脍炙人口。其开创的纪传体，不仅记录历史人物的作为，还写出活生生的血肉丰满的人，不仅写出他们的个性，更要揭示他们的灵魂，而唯有高妙的文学笔法才能达到这样的审美要求。

9.《孙子兵法》

《孙子兵法》是我国最早的一部军事经典著作。作者孙武，字长卿，春秋末期齐国人，系将门之子，生卒年不详。孙武是我国古代最著名的军事家，史称"兵圣"。据《史记·孙子吴起列传》记载，孙子著兵法十三篇，经吴国大臣伍子胥推荐给吴王阖庐，受到高度赞赏，被任用为大将。后来，孙子领兵西破强楚，北威齐晋，扬名诸侯之间。最后终老于吴国，葬在吴都巫门外。

《孙子兵法》共十三篇，各篇论述一个主题，合在一起即构成完整的军事思想体系。

《始计》第一篇："孙子曰：兵者，国之大事，死生之地，存亡之道，不可不察也。"此篇主要论述战争发动的决策问题。孙子认为，战争是关系到国家生死存亡的大事，其中"道""天""地""将""法"是决定战争胜负的五项基本要素。"道"指战争的正义性；"天"指天时，主要是国家形势，也包括昼夜、晴雨、寒暑等气候状况；"地"指地利，主要是所处地势，攻守进退的利弊；"将"指将帅的任用；"法"则指军队治理状况，以及军需物资的供应管理。孙子认为，从这五要素出发，可以预知战争的胜负，从而采取适当的对策和相应的行动。

《作战》第二篇："孙子曰：凡用兵之法，驰车千驷，革车千乘，带甲十万，千里馈粮。则内外之费，宾客之用，胶漆之材，车甲之奉，日费千金，然后十万之师举矣。"此篇主要阐述进行战争的基本条件。孙子认为，战争的消耗和战费的开支是十分庞大的，战争旷日持久势必危及国家的存亡，为此，他主张速胜。

《谋攻》第三篇："孙子曰：夫用兵之法，全国为上，破国次之；全军为上，破军次之；全旅为上，破旅次之；全卒为上，破卒次之；全伍为上，破伍次之。是故百战百胜，非善之善者也；不战而屈人之兵，善之善者也。故上兵伐谋，其次伐交，其次伐兵，其下攻城……"此篇主要论述战争的谋略。孙子主张以尽可能小的代价，去取得最大的成功，甚至力求不战而胜，不靠硬攻而夺取敌城，不需久战而毁灭敌国。为此，孙子特别强调以谋略取胜，指出用兵的上策首先是以政治谋略取胜，其次以外交手段取胜，再次是使用武力取胜，下策才是攻城。

《军形》第四篇："孙子曰：昔之善战者，先为不可胜，以待敌之可胜。不可胜在己，可胜在敌。故善战者，能为不可胜，不能使敌之必可胜。故曰：胜可知，而不可为。不可胜者，守也；可胜者，攻也。"此篇主要讲述应对战争态势的策略。孙子认为，只有使自己立于不败之地，而且寻求有利战机，才能夺得战争的胜利。如果胜算不足，就应当采取守势；如果胜算在握，就应当采取攻势。为此，孙子主张要使自己处于必胜无疑的地位，创造战胜敌人的机会，掌握胜败的决定权，战胜注定要失败的敌人。

《兵势》第五篇："孙子曰：凡治众如治寡，分数是也；斗众如斗寡，形名是也；三军之众，可使必受敌而无败者，奇正是也；兵之所加，如以碫投卵者，虚实是也。"此篇主要阐述如何造成有利的用兵态势。孙子认为，要让良将发挥才干，以自己的军事实力为基础，造成一种势不可挡的有利态势，士卒就会勇猛无比地战胜敌人。为将者必须精于组织和部署兵力，善于指挥调动军队，擅长出奇制胜，以正兵当敌，以奇兵取胜。

《虚实》第六篇："孙子曰：凡先处战地而待敌者佚，后处战地而趋战者劳。故善战者，致人而不致于人。能使敌人自至者，利之也；能使敌人不得至者，害之也。故敌佚能劳之，饱能饥之，安能动之。出其所必趋，趋其所不意。"此篇主要论述指挥作战如何争取主动权，主动灵活打击敌人。孙子认为，要取得主动，就要善于诱敌以利，调动敌军而不被敌军所调动；要掌握主动，集中己方兵力，分散敌军兵力，利用敌军弱点和错误，以众击寡，避实击虚，克敌制胜。

《军争》第七篇："孙子曰：凡用兵之法，将受命于君，合军聚众，交和而舍，莫难于军争。军争之难者，以迂为直，以患为利。"此篇主要论述的是如何掌握主动，造成制胜条件。孙子认为，两军相争时，最困难的莫过于要懂得将迂曲视为径直，以不利为有利，比敌人后出动却能先到达必争之地，先敌取得制胜的有利条件。孙子还指出，必须避免轻率冒进，善于把握周边动向，了解道路地形，重视向导，正确指挥军队。军队有士气，军心稳，军力强，就能夺取胜利。

《九变》第八篇："孙子曰：凡用兵之法，将受命于君，合军聚合。圮地无舍，衢地合交，绝地无留，围地则谋，死地则战，途有所不由，军有所不击，城有所不攻，地有所不争，君命有所不受。"此篇主要论述如何发挥指挥上的灵活性。孙子认为，灵活性的基础在于对利弊情况的全面衡量。只有认识这一点，才能困扰敌国，以利诱敌，己方常备不懈，敌方无机可乘。军队指挥者要全面看待利弊，在有利的情况下看到不利的因素，在不利的情况下看到有利的因素，从实际情况出发，采取相应的对策和行动。

《行军》第九篇："孙子曰：凡处军相敌，绝山依谷，视生处高，战隆无登，此处山之军也。绝水必远水，客绝水而来，勿迎之于水内，令半渡而击之利，欲战者，无附于水而迎客，视生处高，无迎水流，此处水上之军也。"此篇主要讲述如何观察判断敌情，团结将士克敌制胜。孙子认为，行军作战必须占据有利地形，对敌情要进行周密细致的观察，要善于根据地形配置兵力，对各种现象做出正确的判断。孙子在此篇中还特别强调了统领士兵的要点，指出将帅只有在取得士卒的信任后，才能用教育和惩罚相结合的方法训练好士兵，率领全军去争取胜利。

《地形》第十篇："孙子曰：地形有通者、有挂者、有支者、有隘者、有险者、有远者。我可以往，彼可以来，曰通。……可以往，难以返，曰挂。……我出而不利，彼出而不利，曰支。隘形者，我先居之，必盈之以待敌。……险形者，我先居之，必居高阳以待敌；若敌先居之，引而去之，勿从也。远形者，势均难以挑战，战而不利。凡此六者，地之道也，将之至任，不可不察也。"此篇主要论述地形条件与军队行动的关系。孙子认为，地形是用兵的辅助条件。将帅应重视地形，要善于利用有利地形，避免在不利地形里用兵。

《九地》第十一篇："孙子曰：用兵之法，有散地，有轻地，有争地，有交地，有衢地，有重地，有泛地，有围地，有死地。"此篇主要阐明在九种不同的环境里指挥作战的原则。孙子认为，将帅应根据不同环境而采取不同的行动。用兵的原则在于善于发现敌人的可乘之隙，乘其不备，迅速行动，集中兵力，抢先攻占其战略要地，战必胜之。

《火攻》第十二篇："孙子曰：凡火攻有五：一曰火人，二曰火积，三曰火辎，四曰火库，五曰火队。行火必有因，因必素具。发火有时，起火有日。"此篇主要讲述火攻的实施方法。孙子认为，火攻只是辅助军事进攻的一种手段。所以，火攻者应利用纵火所引起的敌军的骚乱，适时发起攻击，发展并扩大战果。

《用间》第十三篇："孙子曰：凡兴师十万，出征千里，百姓之费，公家之奉，日费千金，内外骚动，怠于道路，不得操事者，七十万家。相守数年，以争一日之胜，而爱爵禄百金，不知敌之情者，不仁之至也，非民之将也，非主之佐也，非胜之主也。"此篇主要讲述间谍工作的重要性及其方法。孙子认为，是否了解敌情对战争的胜负具有重要影响。要事先掌握敌情，只能求诸间谍。而只有大圣大智大仁大义的将帅才能使用各种间谍，获得更多的重要情报。

《孙子兵法》是一部军事经典著作，也是一部光辉的哲学著作。孙子在书中揭示了一系列具有普遍意义的军事规律，提出了一套完整的军事理论体系，同时又进行了一系列的思辨，闪耀着智慧之光。

10.《黄帝内经》

《汉书·艺文志》记载有《黄帝内经》《黄帝外经》。现在《黄帝外经》早已佚亡，唯《黄帝内经》尚存。《黄帝内经》是早期中国医学理论典籍，简称《内经》。它以深邃智慧为历代医学家瞩目，也为世界医学界所关注。

《黄帝内经》最早著录于西汉刘歆《七略》及班固《汉书·艺文志》，原为18卷。东汉医圣张仲景"撰用素问、九卷、八十一难……为伤寒杂病论"，晋代皇甫谧撰《针灸甲乙经》时，称"今有针经九卷、素问九卷，二九十八卷，即内经也"。《九卷》在唐代王冰时称之为《灵枢》，至宋代，史嵩献家藏的《灵枢经》并予刊行。由此可知，《九卷》《针经》《灵枢》实际上是一本书而用了多个书名。宋代之后，《素问》和《灵枢》成为《黄帝内经》的两大部分。

《黄帝内经》冠以黄帝名，并非真为黄帝之作。西汉的《淮南子》曾指出：世俗之人，多尊古而贱今。故为道者，必托之于神农、黄帝。《黄帝内经》不是黄帝之作早已是确论，但其究竟何时成书，又出于何人之手，历代对此始终没有取得共识。在这些争论之中，有一点则为大家所公认，即明代医学家吕复之所论："乃观其旨意，殆非一时之言。其所撰述，亦非一人之手。"

历代对于《黄帝内经》的注释、节要、语译以及国外的注释、译本很多，少数影响大的种类刊刻印行有达40多次者。在古代，日本、朝鲜、越南就将它作为主要医学著作，近代以来欧美国家有不少专家学者专注于这一学科的研究。目前，《黄帝内经》在国际上有着越来越广泛的影响，国内外已经形成重点学科"内经学"。

《黄帝内经》用阴阳五行学说，概括说明了人与自然、人体结构、生理功能、情志特点、病理变化、诊断原则、治疗原则以及药性特点等问题的统一性。五行，即"金、木、水、火、土"，是《黄帝内经》的基本理论，联系自然界和人体结构来讨论相互关系。比如"木"，代表时令中的春季，事物发展中的开端，气候中的风，五色中的青色，五味中的酸，方位中的东方，时间的平旦，五音方面的角；而相对人体，"木"则代表五脏的肝，六腑的胆，五官中的目，形体中的筋，情志中的怒，五声中的呼，变动中的握等。五行相生相克，这种关系维持着自然界及人体的平衡协调，不断运行，一旦失调，就会波及人的生理及心理，产生疾病。为此应当根据疾病的复杂变化，针对病因分别诊治，由表及里，对症下药，从而达到治本的效果。

《黄帝内经》内容十分丰富，《素问》偏重人体生理、病理、疾病治疗原则原理，以及人与自然关系等基本理论；《灵枢》则偏重于人体解剖、脏腑经络、腧穴针灸；等等。二者之共同点在于均系有关问题的理论论述，并不涉及或基本上不涉及疾病治疗的具体方药与技术。因此，它成为中国医学发展的理论渊薮，是历代医学家论述疾病与健康的理论依据。尽管历代医学家见解各异而有争论，但很少有背离它的，反而，几乎无不求助于它而为立论之准绳。就是现代人学习研究中医，也必须从攻读《黄帝内经》开始。

总结起来，《黄帝内经》在世界医学史上的重要贡献，主要是以下几个方面：

一是明确宣布与巫术决裂。商周时期鬼神观念仍在中国医学中占统治地位，不但病因要寻求鬼神作用的因素，治疗也多巫术之法。《黄帝内经》的《素问·五脏别论》中强调："拘于鬼神者，不可与言至德；恶于针石者，不可与言至巧。"这一观点为历代医学家所遵循，从而保证中国医学基本上一直沿着唯物论的疾病观不断发展。

二是很早就开展了人体解剖及生理研究。《灵枢·经水》记载："若夫八尺之士，皮肉在此，外可度量切循而得之，其死可解剖而视之。其藏之坚脆，腑之大小，谷之多少，脉之长短，血之清浊……皆有大数。"例如，此书记载的人体消化道解剖情形，与现代人体解剖基本一致。又如，此书关于消化系统、血液环流周身、泌尿生殖系统等各项功能的认识虽然有失笼统，可也有许多科学论断，而且对人体的血液循环系统提出了科学预见。

三是医疗技术高明。《黄帝内经》是一部理论专著，但个别部分也涉及医疗技术。此书记述了针灸疗法、水浴疗法、灌肠技术，甚至还比较正确地论述了血栓闭塞性脉管炎——脱疽的外科手术截趾术，等等。

四是明确提倡疾病预防，强调早期治疗。中医自古就十分重视促进人体健康以预防疾病的思想，其源头就出自《黄帝内经》。例如，此书反复强调"虚邪贼风，避之有时"；又强调应当治"未病之病"；还强调治疗疾病必须"救其萌芽"等。此书还批评某些医者对一些久病轻易做出"不可治"结论的做法，指出"疾虽久，犹可毕也，言不可治者，未得其本也"。这些治疗理念都是很先进的。

《黄帝内经》虽然是一部医学典籍，但我们认为当代读者也可以从中获得医学之外的哲学、历史、文化、美学等方面的知识。中国古代有一种流行说法，即"不为良相，即为良医"，这既表明中医学蕴含着许多人文知识，也指出治国理政与治疗疾病有许多相近相似之处。那么，无论是良相还是良医，都可以从以《黄帝内经》为代表的古代医学典籍中汲取养分。

11."四大名著"

把《水浒传》《三国演义》《西游记》《红楼梦》称为"四大名著"，有一个文化演进的过程，既是约定俗成，更是文化学者们逐步达成共识的结果。

明代后期"后七子"领袖、著名文学批评家王世贞提出了"四大奇书"，即《庄子》《史记》《西厢记》《水浒传》。"四大奇书"这一提法，显然是比照"四书"而来。"四书"可以称为"四大正书"，而在中国传统文化观念中，小说向来被称为稗官野史，不登大雅之堂，《西厢记》《水浒传》一类所谓不入流的作品只能以"奇书"身份向社会推荐。明末著名文学家、思想家冯梦龙在王世贞之后更新了"四大奇书"名单，即《水浒传》《三国演义》《西游记》《金瓶梅》。这一名单把哲理散文《庄子》、史学专著《史记》和戏曲剧本《西厢记》调整出去，使得"四大奇书"真正成为"奇书"的代表作。冯梦龙提出的"四大奇书"在明末清初逐渐得到广泛接受。

由于《金瓶梅》中性描写过多，清初的顺治年间起被列为禁书，直到曹雪芹的《红楼梦》于乾隆年间问世，逐步取代《金瓶梅》，"四大奇书"才以新的面貌再次登场。

从晚清的"西风东渐"到"五四"新文化运动，国门初开，知识分子发现小说在现代文化中所占据的重要地位。他们认识到，小说对于世道人心、国民精神的改造意义重大。从梁启超掀起的小说革命，到鲁迅、胡适等人的小说史研究，无不延续着这种思路。1920年8月，上海亚东图书馆陆续出版《水浒传》《红楼梦》《西游记》《三国演义》等明清章回小说，成为一版再版的热销书籍。

新中国成立后，人民文学出版社很快就推出了"四大名著"。1952年10月《水浒传》最先面世。此后，1953年11月出版《三国演义》，1953年12月出版《红楼梦》，1954年6月出版《西游记》，每一种都一印再印。据统计，短短10多年时间，截至1966年4月，《水浒传》印了267万册，《三国演义》印了646万册，《西游记》印了379万册，《红楼梦》印了284万册，成为新中国成立后古典文学类图书中印量最大的几种。从那时起，"四大名著"渐渐成为一个约定俗成的提法。

《水浒传》——中国第一部展示农民起义的长篇小说

《水浒传》，亦称《忠义水浒传》《水浒全传》，作品主要描写北宋末期徽宗宣和年间宋江等人发动的农民起义。这一故事早在南宋就已经广为流传，宋江、杨志、鲁智深、武松等36人的名字已见于史书记载。元代是水浒故事的大发展时期，仅元杂剧中以水浒故事为题材的剧目就有33种之多。

关于《水浒传》的作者，明人高儒《百川书志》认为"《忠义水浒传》，一百卷，钱塘施耐庵的本，罗贯中编次"。现在通行的说法是《水浒传》由施耐庵创作，罗贯中也曾参与编写，故现行本多署名"施耐庵、罗贯中"，但最为流行的说法仍是作者为施耐庵。施耐庵的生平事迹无确切记载，一说约生活于1296至1370年间，主要生活在元代，但常见说法认为施耐庵是明初小说家。

小说从高俅受宋徽宗宠爱而飞黄腾达，与蔡京、童贯、杨戬等奸臣为非作歹写起。又写到华阴县史进因交结少华山好汉朱武被人告发，在逃亡途中遇见鲁达。不久鲁达因抱打不平而打死恶霸镇关西，逃到五台山出家，后来又在东京大相国寺结识八十万禁军教头林冲。高俅的儿子高衙内想霸占林冲之妻，高俅就陷害林冲，林冲一忍再忍，终于被逼上梁山。此后众多的起义英雄纷纷走上梁山，宋江在晁盖牺牲后被推举为首领，三次战胜官军剿捕，俘获高俅。然而，宋江却主动争取招安，率义军归顺朝廷。后来在征讨方腊的过程中，义军大部分死伤离散，宋江等人也被奸臣毒死，吴用、花荣在宋江墓前自杀。直到后来宋徽宗梦游梁山，醒悟到宋江等人是忠义之士，于是为他们建立祠堂，供人奉祀。

小说生动再现了农民起义由发生、发展到失败的全过程，揭露了上至高俅、蔡京、童贯、蔡九知府，下至郑屠户、毛太公、殷天锡、西门庆等一大批贪官污吏、土豪恶霸贪赃枉法，陷害忠良、欺压百姓的种种罪恶，热情赞扬了起义者的反抗行为，揭示了"官逼民反""乱由上作"的道理。

《水浒传》塑造英雄人物较为成功。通过写人写事表现人物性格及发展，在艺术结构、语言个性化等方面也有较高成就。小说的情节极富传奇性，跌宕起伏，引人入胜。例如"拳打镇关西""逼上梁山""智取生辰纲""武松打虎""野猪林""三打祝家庄"等都是书中的精彩情节。

《水浒传》是四大名著中版本情况最为复杂的一部。据20世纪80年代前期的统计，已知版本有130多种，但其中描写细腻、文字讲究、文学价值较高的本子还是70回、100回、120回本等。

《水浒传》对后世产生了很大影响。后世的一些戏剧、小说从中汲取内容来源。戏剧如明代的《水浒记》、清代的《生辰纲》等，小说如《金瓶梅》等。后续《水浒传》的书也有多种，著名者如《荡寇志》《水浒后传》《后水浒传》以及《说岳全传》《说唐》等英雄传奇小说大量涌现。现在各种民间说唱、戏曲乃至电影、电视剧中，以水浒故事为题材的作品更是不胜枚举。此外，小说被译成英、法、德、俄、意等12种文字，在世界各地广泛流行。

《三国演义》——中国长篇历史小说的开山之作

《三国演义》原名《三国志通俗演义》，也称《三国志演义》，作品取材于魏、蜀、吴三国鼎立时期的历史，描写了三国错综复杂的关系和矛盾斗争。唐代已出现演三国故事的参军戏，宋代有专讲三国的话本，元代出现了《三国志平话》。在这些以三国故事为内容的戏剧、话本、平话基础上，作者罗贯中吸收晋代陈寿的《三国志》及裴松之所注材料，加工创作而成这部巨著。

罗贯中，约生活于1330至1400年间，本名罗本，字贯中，号湖海散人，太原人。据说他是施耐庵的学生，曾创作戏剧3种，作有通俗小说5种，即《三国志通俗演义》《隋唐志传》《残唐五代史演义》《三遂平妖传》《粉妆楼》，其中以《三国志通俗演义》成就最高、影响最大。

小说描写了从东汉末期灵帝中平元年（公元184年）黄巾军农民起义到三国归晋（公元280年）近百年间的历史故事，主要围绕魏、蜀、吴三国错综复杂的关系展开。全书共写了四百多个人物，其中至少有几十个人物给读者留下了鲜明印象，表现出作者在人物塑造上的深厚功力。作者继承民间"拥刘反曹"的传统，把曹操刻画成"奸雄"形象。曹操在政治上具有远见卓识，善于用人，度量宽宏，可为人又奸诈残忍、极端自私，出于多疑而误杀吕伯奢一家，竟毫无愧疚之心。"宁教我负天下人，休教天下人负我"是他的处世准则，这也使他成为我国文学史上极端利己主义者的典型。

而曹操的主要对立面刘备则被塑造成一个谦虚礼让、仁慈宽厚的"好皇帝"典型。书中的刘备为官清廉、体恤民情、礼贤下士、诚恳待人，因而受到人们拥戴。作品大力宣扬刘备、关羽、张飞之间的义气，"桃园三结义"成为千古传诵的经典故事，而关羽成为"忠义"的化身，成为华人世界的武圣人、保护神。

诸葛亮则是书中精心塑造的典型人物。他不仅志向远大、胆略超群、足智多谋、随机应变，具有卓越的军事韬略和指挥才能，还能始终如一地对蜀汉忠心耿耿，是一个严于律己、诚恳待人、兢兢业业、死而后已的典型。诸葛亮忠诚与智慧完美结合的形象，受到人民群众的广泛喜爱。

《三国演义》结构宏伟，主次分明，故事错综复杂却脉络清晰，情节曲折有致又前后连贯。作者善于描写紧张激烈的冲突场面，特别善于描写战争，几十次大的战役、上百次小的战斗都能写得不重复，而且有声有色，各具风姿，例如"温酒斩华雄""长坂坡""赤壁之战""七擒孟获""空城记"等都是脍炙人口的战争情节。小说用浅近的文言写成，"文不甚深，言不甚俗"，字句精练，行文优雅，具有较高的艺术成就。

《三国演义》对中国民间社会的影响广泛而深远，甚至曾经起到军事教科书的作用，对以后的一些军事人物和战略战术产生过不小的影响。

《三国演义》对其后的文学创作产生了巨大影响。在它之后，我国历史演义创作大量兴起，出现了很多著名作品。此外，根据其故事内容改编、移植而成的诗词、戏剧和说唱文学作品，在古代小说史上也是最多的。它在国际上也有广泛影响，早在明末清初就已传入日本、朝鲜、越南及东南亚各国，目前已被译成多种文字，成为最受欢迎的世界文学名著之一。

《西游记》——我国古代最著名的长篇神魔小说

《西游记》诞生于我国明代，但早在南宋时就已经出现话本《大唐三藏取经诗话》，讲述唐太宗时唐僧师徒历经诸多磨难赴西天取经成功的故事。金代戏曲院本有《唐三藏》《蟠桃会》，元杂剧有《唐三藏西天取经》《二郎神锁齐大圣》等，元代出现的《西游记平话》一书中已经有唐僧师徒四人形象。吴承恩正是在长期流传的西游记故事基础上创作、加工而成长篇神魔小说《西游记》。

吴承恩，约生活于1500至1581年间，字汝忠，号射阳山人，淮安山阳（今江苏省淮安市）人。少年时代就文采出众，但科场上却屡遭失败，40多岁时才在地方上当过一段时间小官，未久去职归家为民。晚年所作《西游记》寄托了他的理想和愿望。其著述大多散

佚，后人辑有《射阳先生存稿》4卷。

《西游记》全书100回。前7回写孙悟空出世及大闹天宫；8至12回交代取经的缘由和唐僧的来历；13至100回写唐僧师徒四人历经八十一难取经成功的全过程。

《西游记》塑造的人物形象个性鲜明，如中心人物孙悟空，是作者极力讴歌的一个形象。他神通广大，机智勇敢，酷爱自由，勇于反抗。闹冥界、闹龙宫、直至大闹天宫，充分表现了他无所畏惧的叛逆性格。此后，在护送唐僧取经途中，孙悟空不畏艰险，降魔除妖，好侠行义，同时其心性不断成熟，出色完成护送任务。唐僧崇信佛法，严守戒律，无论是经历取经路上的八十一难，还是面对美色与富贵的诱惑，都不动摇取经的决心；但他又人妖不分，迂腐无能，成为一个令人印象深刻的虔诚佛教徒的典型形象。猪八戒是孙悟空的陪衬和对立面，作者通过喜剧性的情节来讽刺他的缺点，他时常做蠢事、说蠢话，却也能吃苦，其颟顸之状让读者难以忘记。

《西游记》不仅是一部杰出的神魔小说，还称得上是一部具有诙谐幽默风格的世情小说。小说虽然充满了浪漫想象，可描写却不离世俗风情，"使神魔皆有人情，精魅亦通世故"。其语言汲取了民间说唱和方言口语的精华，有韵文，有散文，明快流利，风趣生动。叙述故事干净利落，决不拖泥带水。描写人物只需寥寥数语便神情毕肖。人物对话个性鲜明，富于生活气息。

《西游记》问世之后，流传很广，影响很大，接续《西游记》的著作不断涌现，如《西游补》《四游记》《后西游记》《续西游记》等。后来问世的《三宝太监西洋记通俗演义》《封神演义》等，都不同程度受到《西游记》的影响。由于《西游记》故事生动，戏剧性强，被改编为戏曲、木偶、皮影、电影、电视等多种艺术形式，其中戏曲《大闹天宫》《孙悟空三打白骨精》等作品，深受民众喜爱，已经成为保留剧目。与此同时，《西游记》早已走向世界，先后被译成英、法、俄、意、日等十多种文字。

《红楼梦》——我国古代最伟大的长篇小说

在中国古代长篇小说中，《红楼梦》毫无争议地居于最高峰的地位。它的作者是清乾隆时期的著名文学家曹雪芹（公元1715—1763年），名霑，字梦阮，号雪芹。

曹雪芹的祖先是汉族，居住在辽阳（在今天的辽宁省），后来加入满洲正白旗。他的曾祖父曹玺、祖父曹寅以及父辈的曹颙、曹𬭚，都担任过江宁织造，深受康熙皇帝宠信。曹雪芹早年生长在这样一个富贵家庭，过着贵公子的生活。到了雍正初年，曹家受到一系列打击，一蹶不振，曹雪芹也陷入饥寒交迫的境地，备尝艰辛。他晚年移居北京西郊，在穷愁潦倒中开始写作《红楼梦》，经过"披阅十载，增删五次"，到他逝世时只完成了前80回的定稿和后40回的部分初稿。可以说，这部作品凝聚了曹雪芹的毕生精力，"字字看来都是血，十年辛苦不寻常"。

《红楼梦》前80回在曹雪芹逝世后才以手抄本的形式在社会上流传，名为《石头记》。直至乾隆五十六年（公元1791年），也就是曹雪芹去世28年后，程伟元、高鹗才第一次将它排印出版。这时，全书已是120回，书名也改为《红楼梦》。现在我们见到的《红楼梦》，一般认为，前80回出自曹雪芹之手，后40回是高鹗续写。进入21世纪，"高鹗续书"的说法遭到越来越强烈的质疑。从2007年起，人民文学出版社新版全本《红楼梦》停止使用"高鹗著""高鹗续"等字样，更新为"无名氏续，程伟元、高鹗整理"，标志着"高鹗续书说"发生动摇。

《红楼梦》是一部伟大的文学巨著，以贾宝玉、林黛玉、薛宝钗的爱情婚姻悲剧为主线，以贾家的兴衰为背景，成功塑造了一大群个性鲜明、血肉丰满的人物形象。书中出现的人物有名姓的就达400余人，其中着重刻画了"金陵十二钗"十二位女性的性格，精心描写了一批生活在贾府围墙内的年轻奴婢的悲惨命运，特别成功地塑造了三位主要人物——贾宝玉、林黛玉的叛逆性格和薛宝钗的端庄贤淑。作者尤其倾情于林黛玉的"情情"——爱自己所爱的事物，和贾宝玉的"情不情"——爱一切善良美好的事物，这样的情感蕴含着世间高尚真诚的情愫和难能可贵的人文精神。

《红楼梦》在思想性和艺术性等方面对古代长篇小说创作均有明显突破。书中塑造的众多人物形象，具有鲜明独特的个性和不同程度的复杂性，且富有强烈的立体感，从而避免了古代小说中"好人一切都好，坏人一切都坏"的扁平式写法。在爱情描写方面，作品也有突破，打破了以往小说中才子佳人一见倾心、私自相约和有情人终成眷属的套路，深情讴歌了种种纯真健康的爱情，描写了震撼人心的悲剧结局。作品艺术结构宏伟、严密完整，情节生动自然，众多的人物和纷繁复杂的事件有机地组成一个艺术整体，纵横交错，回环照应，有条不紊。语言准确而自然，简朴而多彩，具有浓厚的生活气息和动人心魄的诗情画意，极富表现力。

《红楼梦》对当时和后代的社会和文学发展史产生了深远影响。最初以《石头记》书名问世，社会上即以手抄本形式广为流传；待用活字排印出版后，很快流行海内，成为人们议论的热点话题，当时就有名言"开讲不谈红楼梦，虽读诗书亦枉然"。各色文人纷纷续书，续书之多，达到中国古典小说的最高纪录。此后200多年来，对《红楼梦》的评论和研究经久不衰，产生了一批著名专家学者和一大批研究论著，形成专门的学问——红学。《红楼梦》成为最能持久激发后人研究和探索热情的文学名著，在国际上也获得了广泛传播，已经出版了英、法、德、意、俄、日、西、葡、阿拉伯等多个语种的译本。

诗词

郑欣淼

郑欣淼，曾任文化部副部长、故宫博物院院长、中华诗词学会会长。

概述

中国是一个诗的国度，这不仅是指中国诗歌传统源远流长，诗歌遗产相当丰厚，而且诗是中国文化的一种特殊表现形式，成为中华传统文化的鲜明象征。

中国诗歌长河源远流长而又从未中断，其中高峰迭起，诗家如林，留下了丰富的古代诗歌遗产，至今仍是传统文化中最受人关注和喜爱的部分之一。例如：

《诗经》是中国第一部诗歌总集，离现在已3000多年。它是中国文学的光辉起点。《诗经》所开创的立足于人生与现实的"风雅"传统，以及讽喻时政的"比兴"传统，对后世诗歌创作影响深远。

《楚辞》是在楚地民歌基础上发展起来的，具有浓厚的地方色彩，并以屈原为其光辉代表。《楚辞》开启了中国诗歌史中继《诗经》以后的第二个辉煌历程，"诗""骚"并称，成为中国古典诗歌的两大源头。

建安（公元196—220年）时期是中国文学的自觉时代，出现了中国文学史上第一次文人诗的创作高潮，奠定了五言诗的地位，形成了慷慨多气、志深笔长的建安诗风。

唐代是一个诗家辈出的时代，也是一个全民族诗情郁勃的时代。唐代在诗歌体式上最大成就是近体诗（和唐以前的古诗、古风等古体诗相对而言）。它有固定的声韵格式，例如要押平声韵，因为唐人创作近体诗一般要入乐歌唱，平声便于长声慢唱。从唐代以来，近体诗成了中国诗歌的主流。

唐诗不仅在诗歌史上有着崇高地位，而且有着极其丰富的现代价值。唐诗不仅仅为今人诗歌创作提供了借鉴，而且告诉今人如何诗意地生活。唐诗中包含的美好情感需要发掘，唐诗中的精神价值需要彰显，唐诗是今人生活的高尚元素。唐诗是诗中的经典，而经典是常读常新的。

我们惯称"宋词"，其实在宋朝之前的唐五代，词已经有了300年产生、发展和成熟的过程。宋词以其高度的繁荣与唐诗并称。经过唐五代300年的产生、发展和成熟，特别是宋代300多年上自朝廷、下至市井的歌唱，中国文学有了更细腻的感觉和表现，中国文化也呈现出更加丰富多彩的面貌。

作为元代文学代表的元曲，包括散曲和杂剧两部分，前者是诗歌，后者是戏曲，两者的艺术形式不一。散曲有南北之分，元散曲主要是北曲，明清则盛行南曲。我们今天通常讲的散曲，主要是指北散曲，它比元杂剧要先出世。散曲又可分为小令与套曲两类。

需要说明的是，我们通常盛称的"唐诗、宋词、元曲"，只是说诗、词、曲这三种诗体，在这三个时代分别获得了空前的发展，是这三个时代最为辉煌的文学成果，但不等于说唐以后无诗、宋以后无词、元以后无曲了。就这几种诗体而论，实际上都是贯串了以后的各个时代，而其中诗依然是主流。

在中国诗歌发展的长河中，形成了诸多诗体同时存在的现象。即新的诗体产生了，以往的诗体却并没有消失，不仅仍然存留了下来，而且继续得到发展，不断丰富了诗歌的形式。这就出现了中国诗歌体式独特的运行方式，即各种诗体同时存在于某一时代。这也为诗人创作提供了更多的表现方式。现当代写旧体诗的人，一般是诗和词都写。例如毛泽东，既写诗，又填词，既写律诗、绝句，还写古风。现代还有如吴梅等大家，诗词曲俱擅。大体而言，前代的诗体渐趋古雅，近起的诗体趋于新俗，往往在其文学思想的表达与社会功能的承担方面也各有侧重。

从清末、民国到中华人民共和国的20世纪是中国历史上天翻地覆的剧变时期。从五四以来，作为传统文化精华的旧体诗词，虽然遭受厄运，但不同于任何一种古典文学样式的是，它仍然在坚守中有所发展，表现出惊人的生命力，在承担现代使命方面发挥着重要作用。

旧体诗词即传统诗词的创作从中国共产党第十一届三中全会以来得到复苏，现正在复兴中不断发展。几十年来的创作实践，证明这一文学体裁也可随历史前进获得新的生机，它不是凝固的、僵化的，而是仍然活在中国人的心里，并且能够表达新的社会内容，适应新的读者需要。

中国人重视学诗，并不都是为了当诗人。对中国人来说，"诗"不仅是一种语言艺术，更是营造诗意人生与趣味生活、培养高尚人格与高雅情致的资源和途径。今天我们应重拾经典，以"美善合一"的诗教观念为指导，培养雅正、崇高、庄严、神圣、美善的审美境界，提升整个社会的道德理性和人文素养。

今天，"中华诗词"已成为中国传统诗歌的代称。这里所选的28首诗词，就包括了散曲。这些作品选自中国3000年诗歌史的不同时代，包括周、战国、汉、魏晋南北朝、唐、五代、宋、元、明、清。囿于一部作品或一位诗人只能选一首的原则，像《诗经》这样的经典以及李白、杜甫、苏轼等伟大的诗人，选时就颇为踌躇，自知难免遗憾。其中诗歌十九首，一半又是唐诗，且兼顾到初唐、盛唐、中唐、晚唐；词六首，四首为宋词，也注意到北宋和南宋；元人散曲三首，

为小令二首和套曲一篇。所选都是脍炙人口、广为流传的作品。在体例上，作品后是"作者（或作品）简介""赏读提示"两个部分。

古语云，尝一脔而知一鼎之味。通过这些不算多的作品的赏读、体味，对于读者进一步爱诗、学诗，感受诗文化的丰富多彩，熏陶出日常生活的风雅情意，期望能够有所裨助。

作品导读

蒹葭

《诗经》

蒹葭苍苍，白露为霜。所谓伊人，在水一方。

溯洄从之，道阻且长。溯游从之，宛在水中央。

蒹葭凄凄，白露未晞。所谓伊人，在水之湄。

溯洄从之，道阻且跻。溯游从之，宛在水中坻。

蒹葭采采，白露未已。所谓伊人，在水之涘。

溯洄从之，道阻且右。溯游从之，宛在水中沚。

【《诗经》】

本篇选自《诗经·国风·秦风》。《诗经》是中华民族重要的文化元典，又是我国第一部诗歌总集。它收集了周初至春秋中叶约500年间的诗歌作品，原称"诗"，汉代儒家将其奉为经典之一，故称《诗经》，后世便沿袭至今。《诗经》编成于春秋时代，共305篇，包含风、雅、颂三个部分。风包括十五国风，共160篇。大部分是民间歌谣，小部分是贵族作品。雅分大雅和小雅，共105篇。小雅，大部分是贵族的作品，小部分是民间歌谣。大雅则全是贵族的作品，其中有叙事诗，有祭祀诗。颂主要是王室和诸侯祭祀用的乐歌，也都是贵族的作品。《诗经》多采用四言句和赋比兴的艺术形式反映当时的社会生活，开创了我国现实主义诗歌传统。秦：在今陕西关中和甘肃东南部一带。

【赏读提示】

关于本诗主旨，《诗序》云"刺襄公也。未能用周礼，将无以固其国焉"，显然是用美刺的框子来套此作。朱熹就不信此说，他在《集传》中说："伊人，犹言彼人也……言秋水方盛之时，所谓彼人者，乃在水之一方，上下求之而皆不可得。然不知其何所指也。"难解则阙疑，尚较平实。现代大多数学者都把它看作是一首情诗，当是为追求心中思慕之人不可得而作。虽然主人公是男是女尚难确定，不过这并不妨碍人们对这一首情诗的理解和欣赏。

全诗共三章，每章八句，首二句状物写景，点明节令，渲染气氛，后六句则是抒情诗人执着、艰难地寻求"伊人"而终不可得的心情。诗的开首说，在一个深秋的早晨，河边的芦苇上还存留着夜间露水凝成的霜花，诗人徘徊于岸边，寻找着他心中那个难以向人诉说的"伊人"。期盼的人儿在哪里呢？只知道"在水一方"。他从清晨至中午一直在河边寻求。虽然时间已由"白露为霜"的清秋霜晨，推移到"白露未晞""白露未已"的中午时分，主人公也经过了"道阻且跻""道阻且右"的艰难历程，那"伊人"却仿佛在河水的中央，凌波微步，徘徊恍惚；又仿佛在水中的小洲之上，忽前忽后，忽左忽右，还是可望而不可即！

该诗三章成篇的结构形式是《国风》文本的主要形态，源于三段歌词组成一首歌的音乐体制，形成《诗经》常用的重章叠唱手法。三章中句数相等，字数相同，后面两章只是变换了首章文字的几个字，这使诗篇有一种整齐的形式美。

虽然三章所押上古韵的韵部不同，但韵脚的位置三章都相同，因此形成各章内部韵律谐和而各章之间韵律参差的效果。同时，这种改动还起着使诗句递进盘升的作用，随着景物的变化、时间的推移，使向往追求"伊人"的感情越来越强烈，追求不得的焦虑怅惘之情也越来越深刻，不断地深化了诗歌的主题和意境，把叙事逐步推向高潮。

《蒹葭》虚实结合手法的运用，使作品具有了一种朦胧之美。诗中各章都是先写深秋河上景色，继写伊人难求，最后却用"宛"字一转，好像他（她）就在河中的小洲上。这表明"伊人"的身影是隐约缥缈的，或许根本上就是诗人痴迷心境下生出的幻觉。但这种对虚幻景象的描写，却正好十分真切而传神地写出了这个痴情人的心态特征。清人姚际恒称在"在"字前加上个"宛"字，"遂觉点睛欲飞，入神之笔"。清末陈继揆《读风臆补》云："意境空旷，寄托元淡。秦川咫尺，宛然有三山云气，竹影仙风。故此诗在《国风》为第一篇缥缈文字，宜以恍惚迷离读之。"秦为尚武彪悍之邦，忽有此高超远举之作，亦为历代评论家惊叹不已。

《蒹葭》一诗表现的不是具体的爱情故事，甚至可能就不是爱情故事，而表现的是诗人内心的追求与追求不得的忧伤、失望、怅惘之情。这种追求，是用蒹葭秋水、翘首凝望、不断追寻却始终可望而不可即的情境来表现的，读者通过这些情景物象，会进行更深入的思考。这就使诗中的境界有了象征的色彩。"在水一方"为企慕的象征，诗人上下求索，而"伊人"虽隐约可见却依然遥不可及。这种象征意蕴可以说揭示了人类生活中现实和理想的矛盾，象征着人类从现实出发而有着不断的理想追求。王国维称其"最得风人深致"，确实是有道理的。

《蒹葭》一诗影响深远。"蒹葭之思"（省称"葭思"）、"蒹葭伊人"成为旧时书信中怀人的套语。《在水一方》电视剧于20世纪80年代曾在大江南北热映，其主题歌就是以此诗为本改写的。

从《诗经》开始，中国诗歌形成了以抒情为主的传统，《蒹葭》就是其中最具代表性的作品。

离骚（节选）

（战国·楚）屈原

长太息以掩涕兮，哀民生之多艰。

余虽好修姱以鞿羁兮，謇朝谇而夕替。

既替余以蕙纕兮，又申之以揽茝。

亦余心之所善兮，虽九死其犹未悔。

【作者简介】

屈原（约公元前340—前278年），名平，字原，战国中期楚国人，我国文学史上第一个伟大的浪漫主义诗人。学识渊博，善于辞令。楚怀王时，曾任左徒、三闾大夫等职。政治上对内主张举贤授能，改革政治，变法图强；对外主张联齐抗秦。但这些革新主张却遭到楚国昏庸的贵族集团的反对。楚怀王听信谗言，将其流放到汉北一带。顷襄王时再度流放江南一带。顷襄王二十二年（公元前277年），秦军攻破楚国郢都。屈原政治理想无法实现，愤而自沉汨罗江殉国。其诗抒发热爱祖国、同情人民疾苦的深厚感情，表达强烈的追求进步的理想和坚贞不屈的战斗精神。想象丰富，构思奇妙，运用大量的神话传说，写得绚丽多彩，开创了我国诗歌浪漫主义的优良传统。屈原现存诗歌25首，《离骚》为其代表作。

【赏读提示】

《离骚》是屈原的代表作，是我国文学史上最宏伟的一首自叙性的政治抒情长诗，集中表现了诗人忧国爱民、不肯与世沉浮的高尚精神，以及自己的政治理想不能实现的苦恼。全诗气魄雄伟，构思奇幻，辞采绚烂，是我国文化宝库中冠绝千古的浪漫主义珍品，具有永久的艺术魅力。离：通"罹"，遭遇。骚：忧愁。离骚：遭遇忧患的意思。

这里节选了八句。诗中说：我长声叹息，止不住泪流满面，哀叹人生的路途是如此艰难。我虽怀有美好的理想却受到压制，早上进谏，晚上就被罢职。我因为佩戴蕙草而被废弃，又因为采白芷而被加罪。但只要是我所向往喜欢的，就绝不后悔，万死不辞。诗人叹息朝政腐败，人生多艰，表达爱国、爱民的政治理想和抱负，抒发政治失败后的心情和信念，表现了不与黑暗势力相妥协的高尚节操，以及嫉恶如仇、顽强地与黑暗势力做斗争的伟大精神。

诗中的"长太息以掩涕兮，哀民生之多艰"已成为千古名句。对"民生"的解释，除过作"人生"的解释，即哀叹人生道路外，还有作"为百姓多灾多难而哀伤"的理解。两种解释的精神实质是一致的，都显示了屈原对百姓生活艰难的同情与担心，彰显了他忧国忧民、情系百姓的高尚品格。

"亦余心之所善兮，虽九死其犹未悔"，这一表达诗人为追求国家富强、坚持高洁品行而不怕千难万险、纵死不悔的忠贞情怀和精神，更是影响了千百代人民。后来人们在表达坚持理想、为实现目标而奋斗时常引用这一名句表达心志。

"既替余以蕙纕兮，又申之以揽茝"两句，其中蕙指蕙草，茝即白芷，都是香草，象征美好的理想和品德。香花芳草是《离骚》中出现频率极高的物类。据统计，《离骚》中共出现40种植物的名称，其中香草香木30余种。屈原赋予它们丰富的象征意义。王逸在论《离骚》时写道："故善鸟香草，以配忠贞；恶禽臭物，以比谗佞；灵修美人，以媲于君。"《离骚》中的香草美人形成了一组典型的意象群，"香草美人"这一手法的运用和意象中蕴含的深意对后世产生了深远的影响。

迢迢牵牛星

（汉）佚名

迢迢牵牛星，皎皎河汉女。

纤纤擢素手，札札弄机杼。

终日不成章，泣涕零如雨。

河汉清且浅，相去复几许？

盈盈一水间，脉脉不得语。

【作品背景】

本诗为《古诗十九首》之一。《古诗十九首》是汉代无名文人创作的抒情短诗，最早被选录在梁朝昭明太子萧统的《文选》里，题为《古诗十九首》，后世一直沿用这一名称。《古诗十九首》的基本内容为抒写夫妇朋友间的离愁别绪和仕子的彷徨失意，反映了东汉末年中下层知识分子的哀愁和苦闷。艺术上感情真挚，想象丰富，语言生动凝练，对后世尤其是建安时代文人五言诗的发展有较大影响。其卓越的艺术成就历来受到极高的评价，刘勰誉之为"五言之冠冕"，钟嵘称其"几乎一字千金"。

【赏读提示】

《迢迢牵牛星》借天上牵牛织女的故事，以思妇的口吻写人间最现实的别离之情，表现了爱情受到折磨的深深痛楚。但由于加进了神话恋爱传说，因而带有浪漫主义色彩，洋溢着清新自然的情趣。

在《诗经·大东》中，就有关于牵牛、织女的记载，但是只说织女和牵牛是天河中相近的两颗星宿，两者并没有什么关联。牵牛、织女为夫妇的传说故事大约产生于西汉时期。本诗开首两句说，在星空辽阔、明净如水的夜里，难以成眠的思妇遥望天际，牵牛织女两星被"皎皎"的河相隔离，孤独凄清，联想起自己与亲人天各一方的遭遇，两者何其相似！接着四句说，织女摆动着柔嫩的白手，织梭不断地发出"札札"的声音，但成天劳作，却织不成布。"不成章"是《诗经·大东》篇"不成报章"句之沿用。但原诗是说织女有名无实，不会织布，此处则说她织不成布，是因为与牵牛一水之隔，却不得相会，无心织布，并且成日泪流满面，泣不成声。这两句诗巧妙地把思妇怀念远行丈夫的悲苦心境和她对织女悲苦遭遇的同情合而为一了。

最后四句说，银河的水清澈而浅，两岸相聚又能有多远呢？盈盈一水之隔，竟使得他们只能含情相视，而终身不能互诉衷肠。这是多么难以言传的苦衷！而这苦衷是谁造成的呢？作品戛然而止，没有作答，留给读者去思考。通篇全是写景，而情在其中。

本诗的一个艺术特点是通过细节描写来塑造人物，如纤纤细手，使人想到织女精巧的织工；札札机杼，使人感到织女辛勤的操作；泣涕如雨，使人看到织女苦闷的相思；脉脉不语，使人看到织女仪容的贞静。

本诗的另一个特色是巧用叠字。全诗十句有六句用叠字，或摹形，或拟声，或状情，或写景，物随笔转，变化有致，流畅自然，准确生动，极富表现力。这些叠字除对诗中人物与景物之形象塑造所起的辅助作用外，还具有美化诗歌韵律的作用，使读者深切地感受到其所洋溢出的情境之美及和谐回环之美，余韵袅袅，回味无穷。

观沧海

（三国·魏）曹操

东临碣石，以观沧海。水何澹澹，山岛竦峙。

树木丛生，百草丰茂。秋风萧瑟，洪波涌起。

日月之行，若出其中。星汉灿烂，若出其里。

幸甚至哉！歌以咏志。

【作者简介】

曹操（公元155—220年），字孟德，沛国谯县（qiáo，今安徽亳州）人。汉献帝建安初年，拜大将军及丞相，后又封为魏王。曹丕称帝后，追为武帝。他是东汉末年的大政治家、军事家，也是一位杰出的诗人。其诗气魄雄伟、慷慨悲凉，全部是乐府诗体，开用乐府旧题写时事的先河；并创作了一些四言诗，打破了《诗经》以来四言诗衰落的局面。他的诗歌现存二十多首。他的散文亦清峻整洁。曹操开启并繁荣了建安文学，史称"建安风骨"。鲁迅评价其为"改造文章的祖师"。

【赏读提示】

在东汉末年动乱板荡的时局下，曹操有着力挽狂澜、统一天下的雄心和自信，把建立不朽的功业视为自己短暂生命的延续。因此当他征讨乌桓得胜回朝途经碣石山时，铠甲未除，征尘未洗，伫立山巅，面对大海，自然心潮澎湃，遂在戎马倥偬之际写下这一立意深远、笔力遒健的千古名篇，抒发了统一天下的豪情壮志。

本诗从大处落墨，以恢宏的笔触描绘了大海辽阔苍茫的景象。"观沧海"的"观"字起着统领全篇的作用，体现了这首诗意境开阔、气势雄浑的特点。写景虚实并用，层次分明。前面八句写作者登上碣石俯视大海所看到的景象，是实写，壮阔的大海，高耸的山岛，岛上树木葱茏，百草丰美、生意盎然。当萧瑟的秋风吹来，大海就涌起洪波。一个"涌"字，尽现了大海惊人的力量和恢宏的气势。接着四句，是诗人丰富的想象，是虚写，浩渺接天的沧海，日月犹似运行其上；灿烂的天河仿佛出自海中央。这样的想象画面将大海的广阔渲染到了极致，把人们带入一个宏伟的境界，也使诗作具有了宏伟、腾溢、吐纳之气象。真是有幸而至此，安能不托之歌咏以言志哉！

全诗表面上句句写景，实则句句抒情，融情入景，情景交融。《观沧海》中的大海其实已不是客观的"海洋"，而成了诗人曹操的化身，形象地表现了诗人自己的胸襟、境界。本诗境界壮阔，风格豪迈，表现出曹操"诗豪迈纵横、笼罩一世"的特征。

本诗可以说是我国诗歌史上一首比较完整的写景诗，也是中国第一首写大海的作品。中国很少有人写到大海。曹操不仅写到了大海，在他的笔下，大海浩渺无边，吞吐日月，含蕴星汉，在秋风下洪波涌起、气象万千。大海是人们所向往的襟怀和力量的象征。

饮酒·结庐在人境

（晋）陶渊明

结庐在人境，而无车马喧。

问君何能尔，心远地自偏。

采菊东篱下，悠然见南山。

山气日夕佳，飞鸟相与还。

此中有真意，欲辨已忘言。

【作者简介】

陶渊明（公元365—427年），字元亮，后更名潜，江州浔阳柴桑（今江西九江）人。曾祖陶侃，东晋开国勋臣，官至大司马；祖父陶茂，官至太守；父陶逸亦曾出仕，然早卒，故家道中衰。自幼博览群书，有济世之志。曾任过江州祭酒、镇军参军、彭泽县令。四十一岁辞官归隐，从此隐居躬耕二十余年。义熙末年，朝廷复征为著作郎，拒不出仕。卒于家。友颜延之诔之，谥曰"靖节征士"。陶渊明在诗歌、辞赋、散文诸领域都有很高的成就，而尤以诗歌对后代的影响最为巨大，钟嵘《诗品》称之为"古今隐逸诗人之宗"。他开创了田园诗一体，其清淡自然的风格，情与景会、意与境合的艺术境界，对后世产生了深远影响。有《靖节先生集》，今存诗126首，绝大多数是他所擅长的五言诗。

【赏读提示】

这首诗为《饮酒二十首》的第五首，是陶诗中最有代表性的篇章。组诗前有小序，说自己偶有名酒，便无夕不饮，无夕不醉；既醉之后，辄题数句自娱，非经意之作。据诗序，此20首皆酒后所作，故题曰《饮酒》。其实是托言为酒醉后漫兴之笔。萧统序《陶渊明集》云："有疑陶渊明之诗，篇篇有酒。吾观其意不在酒，亦寄酒为迹也。"所谓"寄酒为迹"，就是借饮酒为题，抒写自己的感触与情怀，寄旨遥深。

这首诗的意境可分为两层。前四句写诗人摆脱世俗烦恼后的感受：为什么居住在人世间却无世俗的交往来打扰、没有车马的喧嚣？内心远远地摆脱了世俗的束缚，就会觉得所处地方僻静了。就是说，隐士不仅隐居在山中，也可生活在世俗社会里。心与地之关系亦即主观精神与客观环境之关系，地之喧与偏，取决于心之近与远。所谓"心远"，是诗人追求超脱尘世和归顺自然的人生境界。

后四句写南山的美好晚景和诗人从中获得的无限乐趣。诗人在自己的庭园中随意地采摘菊花，偶然间抬起头来，目光恰与南山相会，不经意间进入了物我两忘的境界，自身仿佛与山交融成为一体。这就产生了"采菊东篱下，悠然见南山"的千古名句。陶渊明以诗意的、哲理的向往表白了茅庐的安静、南山的永恒、山气的美好、飞鸟的自由，其中体现了自然的伟大、圆满与充实。他写的虽是自然景物，却使人感到作者内心深处那种怡然自得的闲情逸致。这首诗既是现实生活的真实写照，更是由老庄"自然"哲学出发的一种人生理念的形象表现，深刻地展示了他在那个时代对社会、自然、生命的理性思考。

"采菊"两句在俗本中多作"采菊东篱下，悠然望南山"。"望"与"见"一字之差，境界大别，成为陶诗中一段著名的公案。如作"望"字，便是既采菊又望山，皆有意所为，句无余蕴。宋代苏轼是真正理解陶诗并对陶渊明评价很高的人，他在《东坡题跋》中指出："因探菊而见南山，境与意会，此句最有妙处。近岁俗本皆作'望南山'，则此一篇神气都索然矣。"确实如此，如作"见"字，"则本自采菊，无意望山，适举首而见之，故悠然忘情，趣闲而景远"。

诗末两句，诗人说自己从大自然的美景中领悟到了人生的"真意"。诗人认识到了自然自在自足而无须外求的本质。人既然是自然的一部分，也应该具有自然的本性，在整个自然运动中完成其个体生命。这就是人与自然的和谐统一，亦即人生的"真意"。而这是只能意会不可言传，也无须叙说的。正如清人吴淇《六朝选诗定论》所论："心远为一篇之骨，而真意又为一篇之髓。"

这首诗也是陶诗艺术风格的一个典范。它除了具有陶诗的一般特色之外，更富于理趣，诗句更流畅，语气更自然。陶诗修辞是自然与奇警的统一，其整体的修辞效果是古人所说的浑成。

敕勒歌

（北朝民歌）

敕勒川，阴山下。

天似穹庐，笼盖四野。

天苍苍，野茫茫，风吹草低见牛羊。

【作品背景】

《敕勒歌》是北魏民歌。北魏由鲜卑人拓跋珪于公元386年建立，定都平城（今山西大同），其根据地主要在山西北部和大漠草原，493年南下黄河流域之南，迁都洛阳。北魏于533年和534年分裂为东魏和西魏。546年9月，东魏权臣高欢率大军围攻西魏军事重镇玉壁，连攻五十日不下，丧卒七万余，高欢忧愤成疾，被迫撤军。军中讹传高欢被弩弓射中，为了稳定军心，高欢强撑病体与诸将见面，命老将斛律金唱了这首《敕勒歌》，粗犷高昂的曲调使满座为之动情，高欢也用鲜卑语和唱一遍，感慨流涕。后由鲜卑语译成汉语，被宋代郭茂倩采入《乐府诗集》保存了下来。北魏乐府民歌留下的若干精品成为千古绝唱。除这首《敕勒歌》，《木兰辞》也是一首脍炙人口的名篇，千百年来传诵不绝。

【赏读提示】

这首歌由七句二十七字组成，句式不整，韵脚不一，不合规则，显然不是诗人写出来的诗，而是随口唱出来的歌，给人以朴实自然的感受。诗歌首先点出了歌唱的地方是"敕勒川，阴山下"，使用的是俯视角度，由上而下，将绿意盎然的草原尽收眼底。人的视线开始上升，由大地、群山看到天空。接着的"天似穹庐，笼盖四野"，采用仰视视角，与首句相对应，一俯一仰之间将敕勒川乃至整个宇宙纳入眼中，将人与自然紧密相连。值得注意的是，以本民族所熟悉的"穹庐"比喻天，是近取诸身，既起到了一种民族心理的建构作用，也透视了"天圆地方"的古朴认知，可谓"举类迩而见义远"。

"天苍苍，野茫茫"，苍苍为深青色，茫茫指无边无际。两个叠音词的加入，增强了诗歌的音乐美。这两句也是对"天似穹庐，笼盖四野"的深化。极目远眺，雄浑苍茫的天际与浩瀚无垠的原野浑然一体，浩渺难辨，仿佛偌大的世界只剩下天与地，怎能不被震撼！

"风吹草低见牛羊"的"见"，同"现"，意为显现，暗示水草丰茂，没过牛羊。这七个字浑然天成。如果说前六句都是写草原的壮美，那么这一句就是写草原的优美。这个风当然是和风，是给万物带来生机与活力的风。风的加入，令这幅静穆的图卷活动起来。牛羊时隐时现，怡然自得，与静态的草原、阴山、天野、穹庐相映成趣，构成了一幅静中有动、动静相生的优美画卷，营造了如诗如画的意境，无限的遐想空间和审美感受。这就是这首歌一千多年来传诵不绝的魅力所在。

这首诗歌受到后人的极高评价。明胡应麟说："齐、梁后，七言无复古意。独斛律金《敕勒歌》云云，大有汉魏风骨。金武人，目不知书，此歌成于信口，咸谓宿根。不知此歌之妙，正在不能文者以无意发之，所以浑朴莽苍，暗合前古。"金代元好问诗曰："慷慨歌谣绝不传，穹庐一曲本天然。中州万古英雄气，也到阴山敕勒川。"将这首诗的特点归结为"天然"本色与"英雄"气概两个方面。郑振铎则称其为"最带北方色彩的诗"。

送杜少府之任蜀州

（唐）王勃

城阙辅三秦，风烟望五津。

与君离别意，同是宦游人。

海内存知己，天涯若比邻。

无为在歧路，儿女共沾巾。

【作者简介】

王勃（公元650—676年），字子安，绛州龙门（今山西河津县）人。大儒王通之孙，王绩侄孙。早年应举及第，授朝散郎。曾任沛王府修撰，后为虢州参军，因罪革职。其父亦受累贬为交趾（今越南河内）令。上元三年（公元676年）往交趾省父，渡海溺水，惊悸而死。王勃与当时的杨炯、卢照邻、骆宾王并有才名，合称"初唐四杰"。他们力图洗却齐、梁以来轻艳浮靡的诗风，为引导革新风气迈出了重要的一步。其中王勃尤为杰出代表。其诗清新刚健，气象宏放。有《王子安集》，存诗80多首。

【赏读提示】

这是王勃送朋友杜少府入蜀去赴县尉任的送别诗。首联发语浑厚，点明送别的地点是京城长安，它被充满着历史和文化积淀的三秦之地所辅翼，是一个新帝国文明的象征；遥望远处的风烟，似乎看到了杜少府将要去赴任之地岷江上的五大渡口。此处一实一虚，"三秦"与"五津"属对工稳，气势沉郁，实为千古佳对。颔联点明诗旨是送别，并以客中送客的体贴话，宽解对方：其实我们不都是在宦途中奔走的人吗?心情正是相同的啊！颈联"海内存知己，天涯若比邻"，化用曹植《赠白马王彪》"丈夫志四海，万里犹比邻。恩爱苟不亏，在远分日亲"句意，但高度凝练，生气贯注，道出人们孜孜以求的精神境界，成为千古名句。颈联与尾联意思相连，是劝慰，更是互勉：只要我们彼此了解，心心相连，即使分隔天涯海角，我们的情感交流，也会像比邻一样近。那么，我们何必在这分手的歧路上仿效那世间的俗儿女们，哭着鼻子而泪湿沾巾呢？

江淹《别赋》有云："黯然销魂者，唯别而已矣。"自古以来的别离诗，其情感基调是以悲伤为主的。此诗却不作悲酸语，独标高格，气势壮阔，散发着不受时空限制之进取性的生命价值。而全诗弥漫的活力，矫健的神采，也标志着唐诗恢宏旋律的"始音"，一代诗风正在崛起。

按常规，律诗对仗多在颔联、颈联，首、尾联不对。此诗为五律，但首联对仗，颔联则不对。这是律诗对仗的变体，叫偷春格，也叫探春对，"言如梅花偷春色而先开也"。此体形成于律诗的初创期。律诗成熟后，为了内容的需要，某些诗人仍采取这种手法。如杜甫的《一百五日夜对月》前两联"无家对寒食，有泪如金波。斫却月中桂，清光应更多"，即首联对偶而颔联不对。

明胡应麟在《诗薮》中评论道："唐初五言律，惟王勃'送送多穷路'（即《别薛华》）、'城阙辅三秦'等作，终篇不著景物，而兴象婉然，气骨苍然，实启盛、中妙境。"

登幽州台歌

（唐）陈子昂

前不见古人，后不见来者。

念天地之悠悠，独怆然而涕下。

【作者简介】

陈子昂（公元661—702年），字伯玉，梓州射洪（今属四川）人。少任侠，博览群籍。文明元年（公元684年）登进士第，后诣阙上书，为武后所召见，授麟台正字。后升右拾遗，直言敢谏，一度被构陷入狱。万岁通天元年（公元696年），随建安王武攸宜东征契丹，因言事降职，愤而辞官回里。不久遭县令段简诬陷，下狱死。他主张改革诗风，提倡汉魏风骨，标举风雅比兴，是唐代诗文革新运动的先驱者。有《陈拾遗集》，存诗120余首。

【赏读提示】

武则天万岁通天元年（公元696年），契丹李尽忠、孙万荣等攻陷营州。陈子昂以右拾遗随军参谋的身份随同建安王武攸宜率军征讨。武出身亲贵，不懂军事，使前军陷没，情况危急。陈子昂屡次建言，武攸宜不但不听，还将他降为军曹。诗人接连受到挫折，满怀悲愤，于是登上蓟北楼，缅怀史迹，胸中的抑郁不平之气喷薄而出，写下了这一沉痛悲怆的名篇。

"前不见古人，后不见来者"，起笔先声夺人。诗人立足于幽州台这个时间与空间的交汇处，将自己置于过去、现在、未来这个时间段的中点。回溯过去，那些对贤能之士价值认可和重用的燕昭王等古人已不在。瞻望前途，这样的古人又不可见。这表明陈子昂对自身命运的清醒认识。这二句非陈子昂自创，而是语有所本。孟棨《本事诗》卷七载："宋武帝尝吟谢庄《月赋》，称叹良久，谓颜延之曰：'希逸此作，可谓前不见古人，后不见来者。昔陈王何足尚邪！'。"但是诗人把这两句寻常的话放在特定的诗歌建构中，俯仰古今，呼天吁地，便"点铁成金"，使其具有了深刻的哲理性与深邃的历史感。

"念天地之悠悠"，是空间、时间上的拓展。眼观天地，空间无边无际；神游今古，时间无始无终。而个人何其渺小孤单！生不逢时的感伤，建功立业的渴望，孤高自诩的心性，历史兴亡的反思，此情此景，又怎能不"独怆然而涕下"呢？一个"独"字，说明了这种深沉的悲伤的个体性。这两句诗，将个人的存在放到广漠无边的宇宙背景下来表现，向永恒的命运发出了痛苦的呐喊，从而把人们引入有限与无限的对比思考，产生出深刻的孤独感。并由此生成一种激发人们超越时空，超越自我，获得自由的强烈愿望，具有苍凉悲壮的艺术效果。

但个体怀才不遇的命运，不正是与整个时代的气氛有关吗？从这个角度来说，陈子昂的涕下，正代表着那个时代许许多多和他一样的下层士人的共同命运，表达了他们在理想破灭时孤寂郁闷的心情，因此具有深刻而典型的社会意义。

明人杨慎在《升庵诗话》中评论此诗"其辞简直，有汉魏之风"。

燕歌行

（唐）高适

汉家烟尘在东北，汉将辞家破残贼。

男儿本自重横行，天子非常赐颜色。

摐金伐鼓下榆关，旌旆逶迤碣石间。

校尉羽书飞瀚海，单于猎火照狼山。

山川萧条极边土，胡骑凭陵杂风雨。

战士军前半死生，美人帐下犹歌舞。

大漠穷秋塞草腓，孤城落日斗兵稀。

身当恩遇常轻敌，力尽关山未解围。

铁衣远戍辛勤久，玉箸应啼别离后。

少妇城南欲断肠，征人蓟北空回首。

边庭飘飖那可度，绝域苍茫更何有。

杀气三时作阵云，寒声一夜传刁斗。

相看白刃血纷纷，死节从来岂顾勋？

君不见沙场征战苦，至今犹忆李将军！

【作者简介】

高适（公元702—765年），字达夫，一字仲武，渤海蓨县（今河北景县）人。早岁家贫，客游梁、宋，混迹渔樵之间，落魄失意。后举有道科，授封丘尉。后入河西节度使哥舒翰幕下，掌书记。安史乱起，拜侍御史，迁谏议大夫，得到唐肃宗李亨的称赏，官职累升，最后官至散骑常侍。高适诗多写边地战争及自叹遭遇，也有部分反映人民疾苦的作品。以边塞诗最为著名，与岑参并称"高岑"。其诗意境雄浑，格调高昂，气势奔放。有《高常侍集》，存诗243首。

【赏读提示】

此诗有序："开元二十六年，客有从御史大夫张公出塞而还者，作《燕歌行》以示适，感征戍之事，因而和焉。"序中所说张公，指河北节度副大使张守珪。开元二十三年（公元735年）张以与契丹作战有功，拜辅国大将军兼御史大夫。其后部将败于契丹余部，张非但不据实上报，反贿赂派去调查真相的车仙童，为他掩盖败绩。高适从"客"处得悉实情，写了这首诗，隐喻讽刺之意。"燕歌行"，本是乐府《相和歌·平调》古题，多写思妇怀念征人，高适扩大了表现范围，多方面地描写了唐代的征战生活。

全诗气势壮阔，意境深沉，结构严谨，生动地描述了一次战役的过程。二十八句，四句一韵，两韵一层，共分四层。第一层八句写东北边疆警报传来，唐朝将士开赴前线。第二层八句写双方激战，唐军受挫被围。第三层八句写两军相持，旷日持久。最后一层写殊死决战，但又不揭示战争的结局。战士血染白刃，战死沙场，并未想到个人功勋；那些骄而奢的将军们却是如何呢？诗人没有正面回答，而是宕开一笔收束："君不见沙场征战苦，至今犹忆李将军！"看来，诗人写作本篇的主旨本不在具体记叙某次战争的胜败得失，而是呼唤良将出、罢兵戎，要永远地结束"沙场征战苦"！

这首诗不是简单地歌颂胜利、炫耀兵威，也不是一概地谴责战争、抒发哀怨，其内容相当丰富，思想感情也较复杂。既热情歌颂将士浴血边塞、奋勇杀敌的爱国精神，又深刻揭露军中主将骄奢淫逸，玩忽职守的腐败现象。既描写边地征战的艰危困苦，也反映征人闺妇的痛苦相思之情。举凡古今边塞诗作所涉及的一切重大主题和复杂情感，几乎都可在本诗中找到。因此成为盛唐边塞诗的压卷之作。

这首诗在表现手法上有三个特点：一是叙事和抒情相结合，在描写战争场面的同时，注重刻画人物的矛盾心理。如写士卒，既写他们杀敌卫国的豪情壮志，又写他们不被将领体恤的苦痛。通过对他们矛盾心理的描写，来反映深刻的现实矛盾。二是重视对比手法的运用，如"战士军前半死生，美人帐下犹歌舞""铁衣远戍辛勤久，玉箸应啼别离后。少妇城南欲断肠，征人蓟北空回首"等惊心动魄的对比，不时进行时空上的虚实转换，增强了诗的爱憎激情，极大地提高了诗的感人力量。三是吸收了近体诗的优长。在句式上，多用律句，又有不少对偶句；四句一换韵，而且平仄相间，气势流走，使得这首七言歌行增加了一种律诗的抑扬顿挫的韵律，也发挥了初唐歌行的特长。

山居秋暝

（唐）王维

空山新雨后，天气晚来秋。

明月松间照，清泉石上流。

竹喧归浣女，莲动下渔舟。

随意春芳歇，王孙自可留。

【作者简介】

王维（公元701—761年），字摩诘，太原祁州（今山西祁县）人。唐开元九年（公元721年）进士，任太乐丞，累官至给事中。安史乱起，被迫署伪职。两京收复后，获罪贬职，官终尚书右丞，世称"王右丞"。王维一生究心禅理，中年起，优游于辋川别业，过着半官半隐的闲适生活。历经丧乱后，更是专心事佛。王维是盛唐山水田园诗的代表作家，与孟浩然齐名，称"王孟"。他又是杰出的画家，通晓音乐，善以画理、乐理、禅理融入诗歌创作之中，苏轼曾称其"诗中有画""画中有诗"。他的诗明净清新，精美雅致，各体皆长，尤以五言律诗、绝句成就最高。有《王右丞集》，存诗421首。

【赏读提示】

这首诗是王维隐居辋川别业时所作。辋川在今陕西省蓝田县南终南山下，宋之问在此建有别墅。后为王维所得，王在此居住三十余年。辋川别业，诗人又称终南别业。此诗描绘了清秋薄暮雨后初晴时的山村图景，是王维山水田园诗的经典之作。

这首诗前四句绘景，极写秋山之空旷、寂静。秋雨初霁，空旷的山林分外清新，夜幕降临，山景与暮色相互交融。明月将清辉洒满松林，清泉在石上潺潺流动。五、六句写人物活动，打破了荷塘的宁静。竹林深处传出阵阵欢笑，那是洗衣服的姑娘结伴而归；莲叶丛中，荷花忽而摇曳，原来是渔舟在里面穿行。

好一幅"荷塘月色图"！诗人似乎是独自漫步在雨后的山林中，感受是那么深刻美好，这里分明是心目中理想的乐土，任凭春芳消尽，自己可以留在山中。

《山居秋暝》是一首"诗中有画"的佳作。首先有构图之美。画面上有山有水，上图是晴空、明月和山峰，中图是松林和清泉、山石、渔舟，下图是山脚的竹林、林边的荷塘及洗衣归来的女子。静中又有动：月亮在照，泉水在流，人在走动，舟在穿行。诗篇把这些依次写来，从容自然，又层次分明，说明诗人善于经营位置，重空间意识，为山水画散点透视的运用。其次有色彩之美。唐代青绿金碧山水为山水画主流，这幅画的基调也是青绿色，给人淡雅、清新的美感。并且注重微妙的光影和色彩变换，为山水画技法的运用。

这首诗的艺术手法还在于通过写景来表现诗人的思想，例如描写山色之"空"，就体现了诗人心境之"空"，可在欣赏独特山色中感悟诗人充满禅性的空灵诗境。

将进酒

（唐）李白

君不见黄河之水天上来，奔流到海不复回！

君不见高堂明镜悲白发，朝如青丝暮成雪！

人生得意须尽欢，莫使金樽空对月。

天生我材必有用，千金散尽还复来。

烹羊宰牛且为乐，会须一饮三百杯。

岑夫子，丹丘生，将进酒，杯莫停。

与君歌一曲，请君为我倾耳听。

钟鼓馔玉不足贵，但愿长醉不愿醒。

古来圣贤皆寂寞，惟有饮者留其名。

陈王昔时宴平乐，斗酒十千恣欢谑。

主人何为言少钱，径须沽取对君酌。

五花马，千金裘，

呼儿将出换美酒，与尔同销万古愁。

【作者简介】

李白（公元701—762年），字太白，号青莲居士。先代于隋末流徙西域，李白即出生于中亚碎叶城（今托克马克城）。神龙初随父迁居绵州（今四川江油）。一说李白生于蜀中。青年时即离蜀漫游各地，天宝初供奉翰林，不久即遭谗去职。安史乱起，因参加永王李璘幕府，被牵连获罪，长流夜郎，途中遇赦东还。晚年漂泊于东南一带，卒于当涂。

李白心性豪迈，傲岸不羁，诗风雄健奔放，绚丽多彩，极富浪漫情调，是继屈原之后最伟大的浪漫主义诗人，有"诗仙"之誉。李白和杜甫齐名，并称"李杜"。有《李太白集》，存诗900余首；存词10余首，但多真伪难辨。

【赏读提示】

《将进酒》原是汉乐府短箫铙歌的曲调，题目意译即"劝酒歌"。李白此诗，亦沿袭前人传统，全篇以"饮酒"为题材。成诗时间诸说不一（有四十五岁及五十二岁等说法），均无确实根据。本篇抒发感慨，但主要是以豪迈的语言，表达了乐观自信、放纵不羁的精神。

前十句抒发了诗人怀才不遇，而又深感人生易老的悲哀。诗人开端即言人有生则必有死，既然人生短暂，得意之日就应当分外珍惜，就应当纵情欢乐，而纵情欢乐的最好方式就是饮酒。上天既然赋予我有用之才，何愁千金之不复来？"岑夫子，丹丘生"以下六个小句，呼着名字向朋友劝酒。"钟鼓馔玉不足贵"以下十二句，是诗人对朋友的劝酒辞。"古来圣贤皆寂寞，惟有饮者留其名"，这自是一种奔放豪迈者的牢骚。最后又以曹植当日的狂豪来和自己作比，自己尽管没法与曹植相比，但也不惜卖裘卖马，和朋友们尽情地欢乐一番。整首诗把深广的忧愤与强烈的自信，把苦闷的内心与狂放的举止巧妙地结合了起来，完美地诠释了李白自身傲岸狂放的精神世界。

这是一首酒的赞歌。李白为什么如此沉溺于饮酒？就是为了"与尔同销万古愁"。"天生我材必有用"是李白的自白，但是，眼前的世界却处处阻碍着他的理想的实现。人生只有一次，而且是很短暂的，因此高呼"人生得意须尽欢"，用饮酒来消除这"万古愁"。庄子曾云"醉者神全"，只有醉酒，才能最大限度逼近人的内心，保持精神的独立。这首诗大约就是诞生于这种"神全"心境的真实写照。而一旦酒醒又陷入愁境，所以慨叹"但愿长醉不愿醒"，这首诗深刻地表现了李白的性格。

这首诗起句即构思奇特、意境宏大。这种奇想天外的构思是李诗的特点。篇法大起大落，由悲而乐，由乐而狂，又由狂转为愤激，最后归于深沉的悲愁。这种感情的巨大变化，使得诗篇具有振动古今的气势与力量。这当然与作者大量使用夸张笔法有关，但其根本还在于诗人充实深厚的内在感情。句式上错综参差，采用三言、五言、七言交错的句法，如大河奔流，有气势亦有曲折，纵横捭阖，力能扛鼎，使节奏的疾徐变化与感情的起伏跳跃高度结合了起来。

登楼

（唐）杜甫

花近高楼伤客心，万方多难此登临。

锦江春色来天地，玉垒浮云变古今。

北极朝廷终不改，西山寇盗莫相侵。

可怜后主还祠庙，日暮聊为梁甫吟。

【作者简介】

杜甫（公元712—770年），字子美，原籍襄阳，出生于河南巩县。祖父杜审言，有诗名。年轻时应进士举，不第，漫游齐赵，后客居长安十年。尝居城南少陵附近，自称"少陵野老"，后世因称"杜少陵"。安史乱中投奔唐肃宗，授左拾遗。收复长安后贬为华州司功参军。不久弃官入蜀，定居成都浣花溪草堂。严武任西川节度使时，表为检校工部员外郎。严武死后携家出蜀，漂泊江南，病逝于江湘途中。杜甫是唐代最伟大的诗人之一，被誉为"诗圣"，其诗歌内容多写时事，有强烈的社会现实意义，思想深厚，境界崇高，被称为"诗史"。杜诗兼备众体，集前人诗歌艺术之大成。有《杜少陵集》25卷，存诗1458首。

【赏读提示】

此为广德二年（公元764年）杜甫五十三岁时所作。前一年的十月，发生吐蕃入侵长安事件，唐代宗避难陕州。其后，郭子仪收复长安（但这一情况，杜甫推迟半年后才得知）。此为杜甫登成都高楼时有感而作。

首二句倒装突兀，后句说明前句，因为万方多难，所以出现了类似"感时花溅泪"的情景。"伤客心"又为全诗定下感情基调。次句叙事，交代登楼背景，"万方多难"补足前句"伤客心"之由，也展示了独特的时代特征。

颔联写登楼极目所见蜀中大地春天景物，仰观俯察，语壮境阔。上句从空间着眼，锦江大地春色不改；下句从时间着眼，写玉垒山的浮云变幻，即是写治乱兴衰、历史鉴戒，蕴含深沉。

颈联紧扣时事抒怀。上句"北极朝廷终不改"说到唐王朝转危为安，下句"西山寇盗莫相侵"是对侵扰者的警告。两句既与首联中"万方多难"一语相呼应，又是诗人高楼远眺、驰骋想象的产物。在对时势所作的历史审视中，表达了诗人心系国计民生、忠于朝廷的信念。

尾联借眼前古迹抒怀。慨叹刘禅任用黄皓而亡国，暗讽唐代宗信任宦官程元振、鱼朝恩而招致"蒙尘"之祸，进而想到"两朝开济老臣心"的诸葛亮。历史和现实相重叠，伤时与思古相交通，诗人以"聊为梁甫吟"作结，表示对诸葛亮的追慕，是说堂堂大唐当前最需要的是诸葛亮式的伟大人物。

诗的前两联侧重叙事和写景，由于带着浓厚的主观感情色彩，从而使景语化为情语，让读者触景生情。诗的后两联侧重抒怀，又是因登楼所见景物触发的，让人觉得真实可信，从而和诗人的思想感情产生强烈的共鸣。诗中有对时局的忧虑，有对自己身世的慨叹。博大的情怀、坚定的信念体现在诗中，仍然使之具有雄浑高阔的气象。

这首诗充分体现了杜甫深沉丰厚的思想感情和炉火纯青的艺术技巧。宋代叶梦得说："七言难于气象雄浑，句中有力，而纡徐不失言外之意。自老杜'锦江春色来天地，玉垒浮云变古今'与'五更鼓角声悲壮，三峡星河影动摇'等句之后，常恨无复继者。"

江雪

（唐）柳宗元

千山鸟飞绝，万径人踪灭。
孤舟蓑笠翁，独钓寒江雪。

【作者简介】

柳宗元（公元773—819年），字子厚，河东（今山西永济）人，世居长安，世称"柳河东"。德宗贞元九年（公元793年），与刘禹锡同榜进士，后中博学鸿词科，授校书郎，调蓝田尉，升监察御史里行。王叔文执政，改革弊政，与刘禹锡同为革新集团的核心人物。改革失败，贬永州司马。后迁柳州刺史，故又称"柳柳州"。与韩愈同倡古文运动，并称"韩柳"，同列入"唐宋八大家"中。其诗多贬官后所作，或清峻沉郁，或清丽淡雅，自成一家。有《柳河东集》，存诗60余首。

【赏读提示】

赏读这首诗，需要了解柳宗元的遭遇。这首诗写于柳宗元被贬永州（今湖南零陵）时期。永贞元年（公元805年），王叔文革新失败，柳宗元被贬为邵州刺史，后加贬为永州司马。元和十年（公元815年），改贬柳州刺史。后死于柳州。也就是说，柳宗元的最后十年都是在贬谪中度过的。他的诗歌也主要创作于这个时期。不少作品反映了他的抑郁与悲愤，多有凄楚哀怨之辞，但《江雪》却让我们看到了他在逆境中的坚强和孤傲的精神底色。

此诗前二句写山中雪景。"千山"与"万径"，构成了天地间浩茫宏阔的背景；"绝"与"灭"更带出了一种极为肃杀清寂的感受。这为后面人物的出场做了铺垫。就在这样的大背景中，有一个渔翁在独自垂钓。人之渺小，与千山万径一片白雪的浩浩天地比起来，实在太不成比例了。但人物依然故我，犹如一座雕像，无视严寒，独自持钓不顾。这幅寒江独钓图，形成了一种清冷明净的意境和"清峭已绝"的诗境。超尘脱俗、淡泊孤傲的渔翁性格，分明是被贬诗人心境的一种体现。这种与严酷的政治环境抗争的不屈精神，是何等的顽强与自信！

全诗虽然仅仅只有二十个字，但意含言外，景出句外，诗味隽永，可谓将中国诗歌"含不尽之意在言外"的意境发挥到了极致。诗中又运用了铺垫、反衬对比、典型概括等多种手法，语言凝练，构思精巧。

近体诗中的绝句，一般用平声韵，此用入声韵，也是不同凡响。

苏轼评论："郑谷诗云：'江上晚来堪画处，渔人披得一蓑归。'此村学中语也。柳子厚云：'孤舟蓑笠翁，独钓寒江雪。'人性有隔也哉，殆天所赋，不可及也已。"

琵琶行

（唐）白居易

浔阳江头夜送客，枫叶荻花秋瑟瑟。

主人下马客在船，举酒欲饮无管弦。

醉不成欢惨将别，别时茫茫江浸月。

忽闻水上琵琶声，主人忘归客不发。

寻声暗问弹者谁，琵琶声停欲语迟。

移船相近邀相见，添酒回灯重开宴。

千呼万唤始出来，犹抱琵琶半遮面。

转轴拨弦三两声，未成曲调先有情。

弦弦掩抑声声思，似诉平生不得志。

低眉信手续续弹，说尽心中无限事。

轻拢慢捻抹复挑，初为霓裳后六幺。

大弦嘈嘈如急雨，小弦切切如私语。

嘈嘈切切错杂弹，大珠小珠落玉盘。

间关莺语花底滑，幽咽泉流冰下难。

冰泉冷涩弦凝绝，凝绝不通声暂歇。

别有幽愁暗恨生，此时无声胜有声。

银瓶乍破水浆迸，铁骑突出刀枪鸣。

曲终收拨当心画，四弦一声如裂帛。

东船西舫悄无言，唯见江心秋月白。

沉吟放拨插弦中，整顿衣裳起敛容。

自言本是京城女，家在虾蟆陵下住。

十三学得琵琶成，名属教坊第一部。

曲罢曾教善才服，妆成每被秋娘妒。

五陵年少争缠头，一曲红绡不知数。

钿头银篦击节碎，血色罗裙翻酒污。

今年欢笑复明年，秋月春风等闲度。

弟走从军阿姨死，暮去朝来颜色故。

门前冷落车马稀，老大嫁作商人妇。

商人重利轻别离，前月浮梁买茶去。

去来江口守空船，绕船月明江水寒。

夜深忽梦少年事，梦啼妆泪红阑干。

我闻琵琶已叹息，又闻此语重唧唧：

同是天涯沦落人，相逢何必曾相识。

我从去年辞帝京，谪居卧病浔阳城。

浔阳地僻无音乐，终岁不闻丝竹声。

住近湓江地低湿，黄芦苦竹绕宅生。

其间旦暮闻何物，杜鹃啼血猿哀鸣。

春江花朝秋月夜，往往取酒还独倾。

岂无山歌与村笛，呕哑嘲哳难为听。

今夜闻君琵琶语，如听仙乐耳暂明。

莫辞更坐弹一曲，为君翻作《琵琶行》。

感我此言良久立，却坐促弦弦转急。

凄凄不似向前声，满座重闻皆掩泣。

座中泣下谁最多，江州司马青衫湿！

【作者简介】

白居易（公元772—846年），字乐天，晚号香山居士，下邽（今陕西渭南）人。唐德宗贞元十六年（公元800年）进士，曾任翰林学士、左拾遗等职。因上书言事获罪，贬江州司马。后历任杭州刺史、苏州刺史、太子宾客分司东都、河南尹、太子少傅等职，以刑部尚书致仕。卒谥文。唐代新乐府运动的倡导者，与元稹合称"元白"。诗风平易通俗，以老妪能解见称。有《白氏长庆集》，存诗2800余首。又善词，存词28首，格调清新，影响较广。

【赏读提示】

此诗有序。序中说，元和十一年（公元816年）秋，被贬为九江郡司马的作者送客人时，在船上遇见一位来自长安城的嫁为商人妇的歌女。她为作者一行弹奏琵琶并叙述了自己的不幸遭遇，使作者产生共鸣，深有"同是天涯沦落人"的感触，遂作此诗赠她，总共612字，取名为《琵琶行》。但也有人认为，本诗所吟咏的情节并非事实，而属虚构。也就是说，白居易的写作意图在于表现天涯沦落的感伤，实际上并未会见什么琵琶女。

此诗可分为四大段落。第一段从开头到"犹抱琵琶半遮面"，写主人公与歌女的会面。这是全诗的前导部分。开首"浔阳江头夜送客"，说明送客的时间地点，接着一句"枫叶荻花秋瑟瑟"，是景物和情绪的渲染，而秋夜送客的萧瑟之感，已曲曲传出。此后，每当情节转换之时，都以环境描写来衬托人物的内心活动，成为本诗的一个艺术特色。第二段从"转轴拨弦三两声"到"唯见江心秋月白"，以诗句写声音，极尽其美，是文学与音乐交融的名篇。第三段从"沉吟放拨插弦中"到"梦啼妆泪红阑干"，为歌女自诉之词。诗人以鲜明对比的手法叙述了歌女年少时期的欢乐及年岁长大以后的落魄情景。第四段从"我闻琵琶已叹息"句到结束，抒写作者听歌女一席话后所产生的叹息以及闻琵琶流泪的情景。而"同是天涯沦落人，相逢何必曾相识"的慨叹，则是通篇的主题。

《琵琶行》的一个突出的艺术特点，就是以极富音乐性的语言叙事、写景，特别是摹写音乐，用以抒发人物的情感。而在借助语言的音韵来摹写音乐的时候，又常用各种比喻以加强其形象性，绘形绘声，使得视觉形象与听觉形象结合了出来，可谓达到了出神入化的艺术境界。

《琵琶行》和作者的《长恨歌》同是千古传诵的名作。在作者生前，已经是"童子解吟《长恨》曲，胡儿能唱《琵琶》篇"。元代马致远的《青衫泪》、明代顾大典的《青衫记》、清代蒋士铨的《四弦秋》等戏曲，都是取材于此。在日本，也经过改编，被搬上舞台。

山行

（唐）杜牧

远上寒山石径斜，白云生处有人家。
停车坐爱枫林晚，霜叶红于二月花。

【作者简介】

杜牧（公元803—852年），字牧之，京兆万年（今陕西西安）人。杜牧为故相杜佑孙。大和二年（公元828年）进士，又举贤良方正科，授弘文馆校书郎。曾为江西、宣歙观察使沈传师和淮南节度使牛僧孺幕僚，历任监察御史，黄、池、睦诸州刺史，官至中书舍人。以济世之才自负，诗文中多指陈时政之作，写景抒情之作清丽生动，尤长于七绝，后人称"小杜"，以别于杜甫。与李商隐并称"小李杜"。因晚年居长安南樊川别墅，故世称"杜樊川"。著有《樊川文集》，今存诗416首。

【赏读提示】

这首诗描绘的是秋之色，展现了一幅动人的山林秋色图。"远上寒山石径斜"，写山，写山路，点明"山行"题旨。"远"字用得极为巧妙，既突出了此行目的地之遥远，也照应脚下山路的崎岖绵长。诗人的目光顺着这条山路一直向上望去，在白云飘浮的地方，有几处山石砌成的石屋石墙。"白云生处有人家"，这是多么富有诗情画意的景致！

正在山路上欣赏无尽美景的诗人忽然停下车来，驻足不前，是什么令他流连忘返，不忍离开呢？原来是发现在夕晖晚照下，枫叶流丹，层林如染，真是满山云锦，它比二月的春花还要火红艳丽呢！诗人内心的喜悦自是可想而知。

"霜叶红于二月花"是诗人的感受和联想，他通过这一片红色，看到了秋天像春天一样的生命力，看到秋天山林那种热烈的、生机勃勃的景象。经诗人这么一说，人们的确感到这种对比是何等的妥切！这就是本诗生命所在。传诵千古的诗句就这样诞生了。中国现代作家茅盾有一部小说，叫《霜叶红似二月花》，仅把"于"字改为"似"字。

这是一首秋色的赞歌！完全没有一般诗人笔下常见的萧瑟飘零的感觉。其实在杜牧的诗中，极少悲秋、叹秋的作品，反而可以看到不少喜爱、欣赏秋天的诗句，如"川光初媚日，山色正矜秋""南山与秋色，气势两相高""秋半吴天霁，清凝万里光""溪光初透彻，秋色正清华"，等等，把秋天写得如此清旷明净，朗爽高华，在唐代诗人中还是不多见的。《山行》与刘禹锡的《秋词》异曲同工，先后辉映。

此诗词采清丽，画面鲜明，风调悠扬，可以看出杜牧才气的俊爽与思致的活泼。清人李慈铭《唐诗三百首续选》曾评价杜牧诗曰："七绝尤有远韵远神，晚唐诸家让渠独步。"从他的这首《山行》是可见一斑的。

无题

（唐）李商隐

相见时难别亦难，东风无力百花残。

春蚕到死丝方尽，蜡炬成灰泪始干。

晓镜但愁云鬓改，夜吟应觉月光寒。

蓬山此去无多路，青鸟殷勤为探看。

【作者简介】

李商隐（公元813—858年），字义山，号玉谿生，又号樊南生。原籍怀州河内（今河南沁阳），自祖父起，迁居郑州荥阳。唐文宗开成二年（公元827年）进士，授秘书省校书郎。当时朝廷内部有所谓牛李（牛僧孺、李德裕）党争。他因陷入牛李党争而载沉载浮，于盛年卒于荥阳。李商隐才高韵雅情深，其诗多抒写政治、爱情以及人生失意的诸多感慨，兴寄幽微，瑰丽奇古，深情绵邈，与温庭筠、段成式合称"三十六体"，与杜牧并称"小李杜"。有《李义山诗集》，存诗约600首。

【赏读提示】

李商隐是晚唐著名诗人。他的诗作常以清词丽句构造优美的形象，寄情深微，意蕴幽隐，富有朦胧婉曲之美，创造性地丰富了诗的抒情艺术。最能表现这种风格特色的作品，是他的《无题》诸作（多为七言近体）。诗以"无题"命篇，并不始于李商隐，中唐卢纶、李德裕各有一两首传世。而李商隐以"无题"命名的篇章，则有近20首之多。诗篇多以爱情相思为题材，意境要眇，情思宛转，文辞精美，声韵谐和，吸引着各个时代的人们去反复诵读和玩味。其中这首"相见时难别亦难"，就是其中的代表作。

这首诗大约作于唐文宗开成三年（公元838年）之前。作品描写了暮春时节一对情人难舍难分、柔肠寸断的离别情景。首联描写离别时的季节景象，在聚散两依依中突出了别离的苦痛。这是极度相思而发出的深沉感叹。颔联以象征手法写出自己的眷恋痴情以及九死而不悔的坚贞信念，既有失望的悲伤与痛苦，也有缠绵、灼热的执着与追求。追求是无望的，但无望中仍要追求。颈联设想所怀念对象的生活情景，表明双方都在思念的煎熬中苦苦度日，感情更为深挚。正由于思念如此之深、相见如此之难，诗人才在尾联中，把一腔衷情，把会面的希望，寄托在能互传消息的"青鸟"身上。尽管这希望很渺茫，却是两情精神寄托之所在。"别"字为通篇文眼，绵缈深沉而不晦涩，华丽而又自然，情怀凄苦而不失优美。

颔联"春蚕到死丝方尽，蜡炬成灰泪始干"谐音设喻，而又富有象征意味。"丝"与"思"，是谐音双关；"泪"既指热烛流油，又指人之泪水，是意义双关。若孤立而言，这两个意象并非是李商隐首创，但诗人把春蚕吐丝的柔美和蜡炬燃烧的热烈组合在一起，又以"到死""成灰"这些极惨淡的字眼与之连用，便在相反相成中造成触目惊心的强烈效果，即将爱情升华为一种重于个体生命的存在，升华为一种超越了生死利害的强大的精神力量。此情不渝，撼人心魄！这种大背景、大担当，也使诗意得到升华，即由抒写至情至性，到超越一般爱情，而有了人生、事业等方面的永恒意义，成为执着精神的象征，千百年来被广为传诵。

书湖阴先生壁

（宋）王安石

茅檐长扫静无苔，花木成畦手自栽。
一水护田将绿绕，两山排闼送青来。

【作者简介】

王安石（公元1021—1086年），字介甫，晚号半山，抚州临川（今江西抚州）人。庆历二年（公元1042年）进士。宋神宗熙宁二年（公元1069年）任参知政事，行新法；九年（公元1076年）因改革失败退居金陵。封荆国公，谥文。是中国历史上著名的政治改革家，也是宋代文学的代表人物，是"唐宋八大家"之一。诗遒劲清新，讲究使事、用典和翻新。亦能词。有《临川集》，存诗1500余首；词集《临川先生歌曲》，存词29首。

【赏读提示】

这是王安石题在杨德逢屋壁上的一首诗。杨德逢，别号湖阴先生。王安石给杨德逢写过多首诗，如"先生贫敝古人风……勤劳禾黍信周公"（《示德逢》），"山林投老倦纷纷，独卧看云却忆君。云尚无心能出岫，不应君更懒于云"（《招杨德逢》）等。看来他对这位邻居很崇敬，也很有感情，是经常往来的朋友。

这首诗首二句赞美主人庭院的清幽。"茅檐"指代主人的庭院，"静"即净。江南潮湿，又在"湖阴"，庭院很容易长出青苔。但主人勤快，经常打扫即"长扫"，连一点儿青苔都没有，表明无处不净、无时不净。次句"花木成畦"，既写花木繁茂，又写品类众多，整齐有序，而且还强调这些花木是主人自己亲手栽培的。后两句将山水拟人化，山水都有了生命：一湾溪水以其全部绿色围绕着他那块田，起着保护作用；两座山峰不待邀请，便推开他的大门，为他送来无边青翠。全诗没有具体写湖阴先生，但通过对他家庭院与居住环境的描述，其生活情趣、高雅追求则灼然可见，从而赞美了他的人格与品性。

后两句是王安石修辞技巧的有名例子。钱钟书先生在《宋诗选注》中说，"护田"和"排闼"都从《汉书》里来，整个句法也是从五代时沈彬的诗里来，但经过王安石所谓的"脱胎换骨"，不知道这些字眼和句法的"来历"，并不妨碍我们了解这两句的意义和欣赏其描写的生动。我们只认为"护田""排闼"是两个比喻，并不觉得是古典。读者不必依赖笺注也能领会，这符合中国古代修辞学对于"用事"的最高要求。

夜泊水村

（宋）陆游

腰间羽箭久凋零，太息燕然未勒铭。

老子犹堪绝大漠，诸君何至泣新亭。

一身报国有万死，双鬓向人无再青。

记取江湖泊船处，卧闻新雁落寒汀。

【作者简介】

陆游（公元1125—1210年），字务观，号放翁，越州山阴（今浙江绍兴）人。早年因主张恢复中原，深为秦桧所嫉，政治上很不得志。秦桧死后三年，即绍兴二十八年（公元1158年），才被任为宁德（今福建宁德县）主簿。公元1163年，孝宗即位，赐进士出身，任为枢密院编修。不久，受到当权主和派的排挤，被贬为镇江通判。从此迁徙频繁，不被朝廷重用。公元1190年，宋光宗即位，召入朝中，任为朝议大夫礼部郎中。次年又被劾去官。晚年居住在山阴故居，过着穷困的生活，一直到死。陆游毕生主张抗金，是南宋爱国诗人的杰出代表。与范成大、尤袤、杨万里并称为"南宋中兴四大家"。有《剑南诗稿》，收诗9200余首。除过清代乾隆与他的儿子嘉庆两位皇帝各有诗43000余首与11000余首外，陆游是我国诗歌史上现存作品最多的诗人。又工词，为辛派中坚。有《放翁词》，存词145首。梁启超《题放翁集》诗云："诗界千载靡靡风，兵魂销尽国魂空。集中十九从军乐，亘古男儿一放翁。"

【赏读提示】

这首诗作于宋孝宗淳熙九年（公元1182年）秋，作者时年五十八岁，主管成都府玉局观，奉祠居家。宋朝制度，指明"主管"或"提点"某官、某观，只是给一个领取乾俸的空名，根本不须到那里去干什么实事。这种孤寂无聊的日子和他所向往的"铁马冰河""塞上长城"的戎马生涯与远大抱负格格不入，报国之心却一日未灭。这首诗即抒发了这种心情和感慨。

首联写作者赋闲乡野、久离疆场的落寞怅惘。"羽箭久凋零"，足见投闲置散已久；"燕然未勒名"，是说壮志难酬、功业未就。这两句，历史与现实交错，遭遇与志愿相违，激发着读者的无穷想象，而诗人流落江湖的身影与豪气犹存的心态，也于宏大的历史背景中一再闪现。颔联以"老子"与"诸君"对举，用了两个典故，抒发了雄飞奋发的壮怀，表达了对高居庙堂的权贵在国家山河破碎之际懦弱昏庸的不满。颈联以工稳的对仗，揭示了岁月蹉跎与夙愿难偿的矛盾。上句只有一个平声字，下句拗救，读来自有英姿勃发之感。韶华易逝，时不我与，再蹉跎下去，双鬓飞雪，还能有什么作为呢？这两句直抒胸臆，是全诗之眼。尾联点题，写出了"夜泊水村"的荒寒情景，但用"记取"领起，说明并非单纯写景，而是由颈联的下句转出。种种忧伤、焦灼、渴望、感喟，又随着声声雁唳而引起作者的精神激荡，化为汹涌澎湃的情感波涛。

通篇抒情，容易流于抽象化。这首诗的高明之处，在于以夜泊水村所见的景象为触发点，寄慨遥深。用典贴切，感情充沛，使本诗在悲歌中显出沉雄的气象，具有强烈的艺术感染力。

己亥杂诗

（清）龚自珍

九州生气恃风雷，万马齐喑究可哀。

我劝天公重抖擞，不拘一格降人才。

【作者简介】

龚自珍（公元1792—1841年），字璱人，号定盦，浙江仁和（今浙江杭州）人。他出身于世代官僚文士家庭，二十七岁中举，三十八岁中进士；由内阁中书官至礼部祠祭司行走、主客司主事，"一生困厄下僚"。四十八岁辞官南归，五十岁暴卒于江苏丹阳云阳书院。龚自珍的诗，以其先进的思想，别开生面，真正打破了清中叶以来诗坛模山范水的沉寂局面，饱含着社会、历史内容，是一个历史家或政论家的诗，对晚清"诗界革命"诸家和南社诗人有较多影响。有《定庵全集》，存诗600余首，也有词作。

【赏读提示】

这首诗原列《己亥杂诗》第125首。作者自注："过镇江，见赛玉皇及风神、雷神者，祷词无数。道士乞撰青词。"青词是道士上奏天庭或征召神将的符箓，因用朱笔书写在青藤纸上，故称。可见这是诗人在路经镇江时，应道士之请而写下的祭神诗。

作者就眼前赛神会的玉皇、风神、雷神等形象，巧妙地联系到"天公""风雷"，以祈祷天神的口吻说，千万匹马全都不会发出嘶鸣，这死气沉沉的社会政局，是多么地令人悲哀。我劝天老爷还是重新振作精神，不要局限什么资格，让人才大量在社会上涌现。

历史一再证明，人才是安邦定国的关键。历来的明君贤主以及志士仁人无不重视人才问题。龚自珍生于清王朝由盛世走向衰败之际，现实中正缺乏能改革社会、刷新政治的人物。"江山代有才人出"，每个时代都有它的精英和杰出人物，而其时的中国之所以会出现"万马齐喑"的局面，究其原委，不外乎政治体制的腐败和统治者的嫉贤妒能。他大力抨击当时的选人和用人制度，在其著名的《乙丙之际箸议第九》中极言人才的匮乏："左无才相，右无才史，阃无才将，庠序无才士，陇无才民，廛无才工，衢无才商，抑巷无才偷，市无才驵，薮泽无才盗，则非但少君子，抑小人甚少。"话说得惊心动魄，社会已到了非但没有君子，就连真正的小人也没有的地步，这样的社会岂能长久！所以他首先大声疾呼人才的可贵。这首诗就是他这种思想的生动反映，希望大风大雷出现，扫荡一切污浊，打破一切桎梏，让社会上下呈现蓬勃生鲜的气象，让人才无限制地生长起来。"劝"字，颇具积极意义。是奉劝，而不是乞求，表现了诗人处于居高临下的地位，也显示出诗人变革的信心。

龚自珍是嘉庆、道光年间主今文经学的重要人物，提倡通经济用。他深刻地意识到了当时封建专制政权的种种弊端和走向没落的严重危机，在政治上积极要求改革，对封建统治压制人才、束缚个性的做法做了有力的抨击，呼唤尊重自我与个性解放的局面，成为近代史上重要的启蒙思想家。

虞美人

（五代·南唐）李煜

春花秋月何时了？往事知多少。小楼昨夜又东风，故国不堪回首月明中。

雕栏玉砌应犹在，只是朱颜改。问君能有几多愁？恰似一江春水向东流。

【作者简介】

李煜（公元937—978年），南唐后主。李璟第六子，初名从嘉，字重光，自号钟隐、钟峰白莲居士，徐州（今属江苏）人。宋太祖建隆二年（公元961年），嗣位于金陵。在位十五年，称臣于宋。开宝八年（公元975年），宋军攻入金陵，被迫降宋，封违命侯，幽囚于汴京。太平兴国三年（公元978年），被宋太宗用牵机药毒死。政治上昏庸无能，但能诗文，好音乐，善书画，尤工于词。其词真切自然，不假雕琢，直抒胸臆，在词史上占有重要地位。存词30余首，后人将其词与李璟词合编为《南唐二主词》。

【赏读提示】

李煜于宋太祖开宝九年（公元976年）正月被押解至汴京，到第三年（公元978年）七月即被毒死，据说就与这首词有关。宋代王铚《默记》卷上载："后主在赐第，因七夕命歌妓作乐，声闻于外。太宗闻之大怒。又传'小楼昨夜又东风'及'一江春水向东流'之句,并坐之,遂被祸云。"可见此为作者的绝命词,也成了他的代表作。一千多年来,此词感动着世代人的心灵。

词中说,"春花秋月"多么美好,身为阶下囚的词人,却企盼它早日"了"却,原因是怕这些美景勾起往事而伤怀。小楼"东风"带来春天的信息,却反而引起作者"不堪回首"的嗟叹,因为它们勾发了作者物是人非的怅触。这两句真切而又深刻地描写出一位由珠围翠绕、烹金馔玉的江南国主变为长歌当哭、以泪洗面的阶下囚的作者的心境。"春花秋月"引起对往事的回忆:"往事知多少?""往事"自然是指他在南唐国当皇帝时的事,可是,以往的一切都消逝了,都化为虚幻了。这自然又引起他无限感慨。感慨什么呢?"故国不堪回首月明中!"多少故国之思,凄楚之情,甚至悔恨之意,顿时涌上了心头,不忍回首,也不堪回首。

下面五、六两句,"雕栏玉砌应犹在"与"朱颜改"的两相对比,其实也是自然永恒与人生无常的尖锐矛盾的对比,感慨深沉,富有哲理意味。最后,悲慨之情一发而不可收,词人对人生发出彻底的究诘:"问君能有几多愁?恰似一江春水向东流。"不仅显示了愁恨的悠长深远,而且显示了愁恨的汹涌翻腾,充分体现出奔腾中的感情所具有的力度和深度。

这首词通篇采用问答,以问起,以答结,由问天、问人而到自问。全词语言明净、凝练、优美、清新。在结构上尤为精心,通篇一气盘旋,波涛起伏,使作者沛然莫御的愁思贯穿始终，形成感人至深的美感效应。当然，这首词写得好，更主要的还是因为作者感之深，故能发之深，是感情本身起着决定性的作用。正如王国维所说是"以血书者"。

关于末二句，宋代胡仔《苕溪渔隐丛话》前集卷五十九引《雪浪斋日记》曰："荆公问山谷云：'作小词曾看李后主词否？'云：'曾看。'荆公云：'何处最好？'山谷以'一江春水向东流'为对。"俞平伯《读词偶得》评说："诗词之作，曲折似难而不难，唯直为难。直者何？奔放之谓也。直不难，奔放亦不难，难在于无尽。'恰似一江春水向东流'，无尽之奔放，可谓难矣。"

雨霖铃

（宋）柳永

寒蝉凄切，对长亭晚，骤雨初歇。都门帐饮无绪，留恋处、兰舟催发。执手相看泪眼，竟无语凝咽。念去去、千里烟波，暮霭沉沉楚天阔。　多情自古伤离别，更那堪、冷落清秋节！今宵酒醒何处？杨柳岸、晓风残月。此去经年，应是良辰好景虚设。便纵有千种风情，更与何人说？

【作者简介】

柳永（约公元987—约1053年），原名三变，字耆卿，崇安（今属福建）人。宋仁宗赵祯景祐元年（公元1034年）进士。官至屯田员外郎，世称"柳屯田"。他写过发泄怀才不遇牢骚的《鹤冲天》词，其中有"忍把浮名，换了浅斟低唱"句，传说赵祯看了很不满，说"此人风前月下，好去浅斟低唱，何要浮名？且填词去"。他就由此自称"奉旨填词"。柳永一生落拓不遇，遂流连坊曲，属意于词。所作多羁旅行役之愁，伤春悲秋之怨。他不仅是大量创作慢词的第一个词人，而且是把词从宫廷引向民间的第一个专业作家。其词以铺叙见长，曲折委婉，状难状之景，达难达之情，而出之以自然。被誉为"北宋巨手"。他的词很符合一部分市民的胃口，流传很广，据说"凡有井水处，即能歌柳词"。有《乐章集》，存词近200首。

【赏读提示】

这首词是柳永词的代表作，也是宋代慢词作品中较早的一首。据宋代俞文豹《吹剑续录》，东坡在玉堂，有幕士善讴，因问："我词比柳词何如？"对曰："柳郎中词，只合十七八女孩儿，执红牙拍板，歌'杨柳岸、晓风残月'。学士词，须关西大汉，执铁板，唱'大江东去'。"以此词与苏轼的《念奴娇·赤壁怀古》对举，作为婉约词和豪放词不同风格的代表作，可见此词是宋代婉约词的典范作品。

这是一首话别词，"凄切"二字为全词之目。上片写冷落清秋时节，一对恋人在郊外离别时难分难舍的情景。下片写离去的人对旅途和别后孤寂生活的种种设想。作者通过对离人内心活动的描写，把他"凝咽"在喉头的话巧妙地表达了出来。全词成功地运用了铺叙手法，细腻真切而又委婉动人地表现出离人别时和别后的情景，富有巨大的艺术魅力。

"今宵酒醒何处？杨柳岸、晓风残月"二句，写水边清晨景色，以凄清寂静的气氛，点染主人公的孤零之感，是广为传诵的名句。刘永济分析说："'今宵'二句，传诵一时，盖所写之景与别情相切合。今宵别酒醒时恰是明早舟行已远之处，而'杨柳岸、晓风残月'又恰是最凄凉之景，读之自然使人感到一种难堪之情。"对于"执手相看泪眼，竟无语凝咽"两句，唐圭璋也很赞赏，说其妙写"临别之情事"，是"传神之笔"。

水调歌头

（宋）苏轼

丙辰中秋，欢饮达旦，大醉，作此篇兼怀子由。

明月几时有？把酒问青天。不知天上宫阙，今夕是何年？我欲乘风归去，又恐琼楼玉宇，高处不胜寒。起舞弄清影，何似在人间！　转朱阁，低绮户，照无眠。不应有恨，何事长向别时圆？人有悲欢离合，月有阴晴圆缺，此事古难全。但愿人长久，千里共婵娟。

【作者简介】

苏轼（公元1037—1101年），字子瞻，号东坡居士，眉山（今属四川）人。宋仁宗嘉祐二年（公元1057年）进士。宋神宗时，因反对王安石新法而求外职，知密州、徐州、湖州等。后以作诗"讪谤朝廷"罪，即所谓"乌台诗案"贬谪黄州团练副使。宋哲宗时曾出知杭州等地，官至礼部尚书。后又贬谪惠州、琼州。宋徽宗即位，遇赦北归，卒于常州。散文与其父苏洵、弟苏辙皆列入"唐宋八大家"。与欧阳修并称"欧苏"。诗歌与黄庭坚齐名，并称"苏黄"。词的成就更大，题材广泛，风格豪放，开一代词风，为豪放派词人的重要代表。与辛弃疾并称"苏辛"。有《东坡集》，存诗2800余首，词350余首。

【赏读提示】

苏轼因反对王安石新法而自请外任，做密州（今山东诸城）太守时，于宋神宗熙宁九年（公元1076年）中秋赏月，趁醉写词。词中表达了不满现实，想要飞天"归去"但又热爱人间生活的矛盾心态，进一步抒发人月同理、旷达自适的乐观襟怀和祝福亲人长寿安乐的美好愿望。

上片写望月遐想。虽化用太白诗句，而举止超逸，气韵终胜一筹。词从中秋对月、把酒问天落笔，表达对明月的赞美和神往。"我欲乘风归去"三句，乘势而发，描写他忽生奇想，神飞天外。但登月成仙尽管美好，却又怕"不胜"高处之寒。如此一波三折，急转直下，终以"起舞弄清影，何似在人间"归结，显示了对人间生活的热爱，解决了由于不满现实而想出世登仙的矛盾。

下片实写中秋赏月，照应题中"达旦"二字。唯其"欢饮达旦"，方能看到明月"转朱阁，低绮户，照无眠"。于是触景生情，无理发问：你天上明月不该对地上离人有什么怨恨吧，为什么总是在人们离别时这般圆满呢？也是为了突出此篇"兼怀子由"的副主题。正是有此一问，导致了由情入理的千古名言的喷发："人有悲欢离合，月有阴晴圆缺，此事古难全。"此句充满情趣和理趣，强调人处困境也要豁达乐观地积极进取、充满信心地瞩望未来。

结尾以"但愿人长久，千里共婵娟"收束全篇，用"长久"的时间和"千里"的空间，将人和月的关系，从似乎对立引到彼此相应，终至推进到密切融合的境地。

全词风格豪放，意境高远，极富哲理，引人向上，是千秋以来人们公认的中秋词中的绝唱。

如梦令

（宋）李清照

昨夜雨疏风骤，浓睡不消残酒。试问卷帘人，却道海棠依旧。知否？知否？应是绿肥红瘦。

【作者简介】

李清照（约公元1084—1151年），章丘（今属山东）人，号易安居士。父李格非，著名学者，为"苏门后四学士"之一。夫赵明诚，宰相赵挺之之子，金石学家。宋高宗建炎三年（公元1129年）夫死，遂避兵入浙，所携金石、书籍散尽。晚居金华。善诗文，尤工词。前期词风清丽隽秀，明白如话；后期凄怆悲郁，极尽缠绵之悲、黍离之忧。为婉约派的重要代表。善于提炼口语，富有生活气息，被称为"易安体"。有《漱玉词》，今存词48首。

【赏读提示】

这是一首伤春词。妙在以问答形式展示物象、情节，藏问于答，曲折委婉地表达了词人的惜花伤春之情，抒发了心中一缕淡淡的忧伤。

"昨夜雨疏风骤"，宿酒醒后的女主人急切地询问花事，正在卷帘的侍女回答：海棠花依然和昨天一样。她感到疑惑不解。"雨疏风骤"之后，海棠花怎会"依旧"呢？这就非常自然地带出了结尾两句："知否？知否？应是绿肥红瘦。"这既是对侍女的反诘，也像是自言自语：你知道不知道，园中的海棠应该是绿叶繁茂、红花稀少才是。这就极为生动地表现出女主人的惜花心情和对自然观察的敏感。

"绿肥红瘦"四字自是全词的精绝之笔，天然工巧，状景入神，历来为世人称道。"绿"代替叶，"红"代替花，是两种颜色的对比；"肥"形容雨后的叶子因水分充足而茂盛肥大，"瘦"形容雨后的花朵因不堪雨打而凋谢稀少，是两种状态的对比。本来平平常常的四个字，经词人的搭配组合，竟显得如此色彩鲜明、形象生动，这实在是语言运用上的一个创造。由这四个字生发联想，那"红瘦"正是表明春天的渐渐消逝，而"绿肥"正是象征着绿叶成荫的盛夏即将来临。这种极富概括性的语言，实在令人叹为观止。

据吴无闻《新编宋词三百首注析手稿》，李清照此词所本为韩偓《懒起》诗"昨夜三更雨，临明一阵寒。海棠花在否？侧卧卷帘看"。但此词却由原诗主人公的个人活动变成一个情景剧，有人物，有场景，还有对白，更为生动。

李清照的词，造诣高超，自成一格，被后人称为"易安体"，其最显著的特点是明白晓畅而经精心锤炼，俗语与雅语并用，特别是喜用一些直白的口语作结，却丝毫不影响整首词高雅的格调。此词就是如此，全为质朴之口语，数语中又有层次曲折，词意隽永，诚为"天下称之"的不朽名篇。

摸鱼儿

（宋）辛弃疾

淳熙己亥，自湖北漕移湖南，同官王正之置酒小山亭，为赋。

更能消几番风雨，匆匆春又归去。惜春长怕花开早，何况落红无数。春且住，见说道，天涯芳草无归路。怨春不语，算只有殷勤，画檐蛛网，尽日惹飞絮。　长门事，准拟佳期又误，蛾眉曾有人妒。千金纵买相如赋，脉脉此情谁诉？君莫舞！君不见，玉环飞燕皆尘土。闲愁最苦。休去倚危栏，斜阳正在，烟柳断肠处。

【作者简介】

辛弃疾（公元1140—1207年），字幼安，号稼轩，历城（今山东济南）人。年轻时参加抗金起义。南归后历任建康府通判，湖北、湖南安抚使等职，以恢复中原为己任，矢志不渝。屡受朝中投降派排挤，曾闲居江西上饶、铅山前后达二十年之久。能诗善文，尤工词，是继苏轼之后的又一位大词人，历来与苏轼并称"苏辛"。其词风格多样，或慷慨豪迈，或沉郁悲壮，或清新自然，或婉转细腻，时融经史，长于用典。开以文为词之一代风气。有《稼轩长短句》，存词629首。

【赏读提示】

这首词是淳熙六年（公元1179年）三月间，辛弃疾由湖北转运副使调往湖南时所作。辛弃疾二十一岁率两千民众参加耿京抗金义军，次年即率五十骑于数万金人营中生擒叛徒张安国，献俘行在，至此南归已十七年之久。在这漫长的岁月中，他抗击金军、恢复中原的壮志始终未能施展，还遭受排挤打击。这次由湖北转运副使调官湖南，仍然只是去主管钱粮，离他恢复失地的志向相去甚远，遂借王正之置酒之际，写此词以抒长期积郁于胸中的痛苦与悲愤。

词的上片抒写他惜春、留春、怨春的感情。"几番风雨""落红无数"，已使人触景伤怀，闷闷不乐；而春归无路、天涯踯躅，更教人悲从中来，不能自已。这一暮春残景，象征作者功名未就、年华虚度的处境。下片先以史事写忠直之士为人谗害，不为所用，然后借用陈皇后故事，暗喻自己受到排挤，满腔爱国深情无处申述、报国无门的不平；并用杨玉环和赵飞燕的悲剧结局，警告奸小"玉环飞燕皆尘土"。然而，国势似已无法挽回。"斜阳"两句所写，景象黯淡，语意沉痛，正是大局已去、日薄西山的南宋朝廷的象征。据南宋罗大经《鹤林玉露》说，宋孝宗看了这首词以后很不高兴，可见词的内容刺痛了当时的朝廷。

这首词的主要特点是比兴寄托手法的出色运用。辛弃疾继承了《诗经》《楚辞》的传统，把自己的爱国理想、身世之感寄托在美人香草、儿女之情上，把复杂的情感表现得曲折委婉、摇曳多姿。在伤春和宫怨的外衣下，抒写的却是重大题材、复杂感情。

清陈廷焯《白雨斋词话》卷一云："稼轩'更能消几番风雨'一章，词意殊怨。然姿态飞动，极沉郁顿挫之致。起处'更能消'三字，是从千转万转后倒折出来，真是有力如虎。"梁启超亦云："回肠荡气，至于此极。前无古人，后无来者。"

临江仙

（明）杨慎

滚滚长江东逝水，浪花淘尽英雄。是非成败转头空。青山依旧在，几度夕阳红。　白发渔樵江渚上，惯看秋月春风。一壶浊酒喜相逢。古今多少事，都付笑谈中。

【作者简介】

杨慎（公元1488—1559年），字用修，号升庵，四川新都人。正德六年（公元1511年）中进士第一。曾任翰林修撰、经筵讲官。嘉靖三年（公元1524年）因直谏忤旨，谪戍云南，流放终身，死于贬所，终年七十二岁。杨慎博闻广识，后人辑有《升庵集》，词有《升庵长短句》三卷，王世贞评其词说他"好用六朝丽事，似近而远"。他的词，对明代词风的转变有一定影响。

【赏读提示】

这首词是杨慎的晚年之作。杨慎写有《廿一史弹词》，以正史的史实为题材，铺写历代兴亡，多所寄托。全书分为十段，一"段"略似一"回"，故原名为《历代史略十段锦词话》。这首词是第三段《说秦汉》的开场词。清初，毛宗岗父子取之置于《三国演义》的卷首，因而传播极广。

这首词不同于咏怀古迹，触景生情，而是述史兴感，写历代兴亡引起的人生感慨。"滚滚长江东逝水，浪花淘尽英雄"，上片首两句真如异军特起,气势非凡。古来多少英雄成败，只如大浪淘沙，转眼成空，消失在历史的风尘之中,唯有长江是亘古长存的。最后二句跌宕有致，发人深省。以"青山依旧"喻宇宙的永恒，以"几度夕阳"喻人生美好但却短暂。如果说上片是作者对主宰兴亡的一世之雄们的业绩直接陈述议论，是从宏观上来写，下片则将笔头一转,展现了历尽沧桑的白发渔樵的形象，是从微观上描绘。任它惊涛骇浪、是非成败，老翁只着意于秋月春风，在握杯把酒的谈笑间，固守一份宁静与淡泊。"古今多少事，都付笑谈中"，使词的意境平添清空高远之笔。白发渔樵，正是作者所追求的理想人格。

　　全词基调慷慨悲壮，读来只觉荡气回肠、回味无穷。此词在渲染苍凉悲壮的同时，又营造出一种淡泊宁静的气氛，并且折射出高远的意境和深邃的人生哲理。作者试图在历史长河的奔腾与沉淀中探索永恒的价值，在成败得失之间寻找深刻的人生哲理，有历史兴衰之感，更有人生沉浮之慨，体现出一种高洁的情操、旷达的胸怀。

　　读这首词，应该与杨慎的遭遇结合起来。杨慎的父亲杨廷和曾是朝廷首辅，本人是状元，明世宗时任翰林修撰兼经筵讲官。嘉靖三年（公元1524年）卷入"大礼议"事件，触怒世宗，被杖责罢官，谪戍云南永昌卫。世宗因"大礼议"的缘故，对杨廷和、杨慎父子极其愤恨，常常问及杨慎近况。按明律年满六十岁可以赎身返家，但无人敢受理他。嘉靖三十二年（公元1553年），他在黔国公沐朝弼的帮助下举家迁往四川，但因被人检举，又于三十七年（公元1558年）十月被巡抚派四名指挥押回永昌。因而在对历代兴亡的感慨中，也寄寓了他自身的伤感和慨叹。可贵的是杨慎看穿了世事，在逆境中没有消沉，而是积极有为。《明史》本传称其著之富，为明第一，有百余种。他还为当地办了不少好事。

双调·夜行船·秋思

（元）马致远

百岁光阴一梦蝶，重回首往事堪嗟。昨日春来，今朝花谢，急罚盏夜阑灯灭。

【乔木查】想秦宫汉阙，都做了衰草牛羊野，不恁么渔樵没话说。纵荒坟横断碑，不辨龙蛇。

【庆宣和】投至狐踪与兔穴，多少豪杰！鼎足虽坚半腰里折，魏耶，晋耶？

【落梅风】天教你富，莫太奢，没多时好天良夜。看钱奴硬将心似铁，争辜负了锦堂风月。

【风入松】眼前红日又西斜，疾似下坡车。晓来青镜添白雪，上床与鞋履相别。休笑鸠巢计拙，葫芦提一向装呆。

【拨不断】利名竭，是非绝。红尘不向门前惹，绿树偏宜屋角遮，青山正补墙头缺。更那堪竹篱茅舍。

【离亭宴煞】蛩吟罢一觉才宁贴，鸡鸣时万事无休歇，争名利何年是彻！看密匝匝蚁排兵，乱纷纷蜂酿蜜，急攘攘蝇争血。裴公绿野堂，陶令白莲社。爱秋来时那些：和露摘黄花，带霜烹紫蟹，煮酒烧红叶。想人生有限杯，浑几个重阳节。嘱咐你个顽童记者："便北海探吾来，道东篱醉了也！"

【作者简介】

马致远（约公元1250—1321年），号东篱，大都（今北京）人。元曲四大家之一，曾被誉为"曲状元"。做过浙江行省省务官，怀才不遇，晚年退出官场，在杭州附近的乡村隐居。他的杂剧存目十五种，今存《汉宫秋》等七种。散曲内容以叹世一类为主，风格兼有豪放清逸，他对曲坛的贡献是扩大了曲的范围，提高了曲的意境，是元代最负盛名的散曲家之一。近人辑录《东篱乐府》一卷，据隋树森《全元散曲》，有小令115首，套曲16，残套7套，数量在元前期散曲家中是最丰富的。

【赏读提示】

这首长篇抒情套曲不仅是马致远散曲最优秀的作品之一，也是所有元散曲中的代表作。该曲主要抒发他对人生的看法和自述处世态度。

全曲一气呵成，从人生短促、盛衰无常及现实社会争名逐利的无谓中，得出及时行乐、鄙夷富贵、恬于隐逸的生活观。首曲【夜行船】总领全篇，以"百岁光阴一梦蝶"为眼，带出人生的感慨。【乔木查】【庆宣和】回顾王朝更迭的过眼烟云、纸上虚名，引发作者对人生价值的思考，【落梅风】嘲笑富家的吝啬愚蠢，【风入松】慨叹人生的短暂易逝，都为【拨不断】赞美脱离红尘的归隐生活、寻找真正的生命意义作了铺垫。末曲【离亭宴煞】，在揭露现实争名攘利情状的丑恶中，更加渲染了秋日沉湎醉乡的快乐，多么诗意的栖居，多么旷达的自由。因此看破红尘、与世无争的人生，才是人间真味，人生真正的意义不在功名利禄，而在生命情趣的把握。作者被社会放逐的残破心灵，在这样的理想人生境界中得到了温暖的慰藉。元代施行民族歧视政策，知识分子的社会地位极其低下，此曲也极为典型地表达了元代传统的文人知识分子所共有的文化心态。

本曲向有"元人第一"之评，其主要成功之处在于语言的警拔、隽永。尤多看似冷静平常而实则耐人咀嚼的艺术语言。明代王世贞在《曲藻》中评论："马致远'百岁光阴'，放逸宏丽，而不离本色。押韵尤妙。长句如'红尘不向门前惹，绿树偏宜屋角遮，青山正补墙头缺'，又如'和露摘黄花，带霜烹紫蟹，煮酒烧红叶'，俱入妙境。小语如'上床与鞋履相别'，大是名言。结尤疏俊可咏。元人称为第一，真不虚也。"又如"密匝匝蚁排兵，乱纷纷蜂酿蜜，急攘攘蝇争血"等，即所谓元曲的"当行语"。

周德清在《中原音韵》中对此曲作了极高评价："此词乃东篱马致远先生所作也。此方是乐府，不重韵，无衬字，韵险，语俊。谚曰：'百中无一'，余曰：'万中无一'。看他用蝶、穴、杰、别、竭、绝字，是入声作平声；阙、说、铁、雪、拙、缺、贴、歇、彻、血、节字，是入声作上声；灭、月、叶是入声作去声。无一字不妥，后辈学去。"

马致远的《双调·夜行船·秋思》在散曲发展中有着标志性意义。元前期散曲已形成令雅套俗的特点。马致远以后，散套抒情之作则越来越多，并打破了原来的审美定势，开始了散曲的全面雅化和文人化。

中吕·山坡羊·潼关怀古

（元）张养浩

峰峦如聚，波涛如怒，山河表里潼关路。望西都，意踟蹰。伤心秦汉经行处，宫阙万间都做了土。兴，百姓苦；亡，百姓苦。

【作者简介】

张养浩（公元1269—1329年），字希孟，号云庄，山东历城（今山东济南）人。曾任礼部尚书、监察御史等职。因批评官场的黑暗，为权贵所忌而罢官。后六次谢绝征召。天历二年（公元1329年）关中大旱，年已花甲的他应朝廷急征为陕西行台中丞，日夜办理赈灾，积劳成疾而死。能诗文，工散曲。《全元散曲》共辑他的小令161首，套曲2篇。作品题材多样，有的寄情林泉，有的直接抨击现实，表现出关心民生疾苦的倾向；风格既清逸又豪迈。前人评他"言真理到，和而不流"。

【赏读提示】

张养浩在元代士人中，算是仕途比较顺利的。他的散曲绝大部分是其隐逸田园山水期间的吟志乐闲之作。天历二年（公元1329年）关中大旱，饿殍遍野，人竞相食，作者调任陕西赈灾。张养浩的陕西赈灾不仅是他人生的一个转折，也带来了散曲创作风格的转折，即从抒写个人的归隐闲情转向广阔的社会生活和人民命运的关切。这首散曲就是他途经潼关时写的九首怀古曲之一。

开头三句以如椽之笔扣题勾画了潼关地势之险要。一"聚"字写群山之奔凑，化静为动；一"怒"字写黄河之波涛汹涌，顿觉涛声震耳。两个字都极有气势。第三句"山河表里"形象勾画出潼关地形的特点。从秦汉至隋唐时代，关中长安一带为政治活动的中心，潼关踞山临河，扼入陕咽喉，常成为统治阶级争夺天下的重要战场。在此怀古，自然别有一番滋味。作者在潼关西望，不由联想到在关中历代王朝的更迭，不免感慨万千地"意踟蹰"，自然地由咏山河之胜转入抒怀古之情。"伤心"两句以"宫阙万间"的建与毁为着眼点，正面写历代王朝的更替。这一历史的追忆，在触动作者"伤心"的同时，化为一种历史的反思："兴，百姓苦；亡，百姓苦。"跳出凭吊之窠臼，境界阔大，有着深刻的社会历史内涵。

前期曲家的咏史怀古中，大多是兴亡之叹、祸福之感，或从历史发展，或从个人命运角度来咏怀历史。而这首曲子却从历史兴亡之感，落到对民生疾苦的忧虑上，体现了诗人以民为本的思想境界，无疑是散曲内容上的一种拓展和提升。

张养浩的曲作在艺术上较多汲取前代诗人、词家的成就，与关汉卿、马致远等书会才人之作是有别的。我们在这首曲子中就有所领略。

霍松林评论："这首小令遣词精辟，形象鲜明，于浓烈的抒情色彩中迸发出先进思想的光辉，在元散曲，乃至整个古典诗歌中，都是难得的优秀作品。"

双调·水仙子·讥时

（元）张鸣善

铺眉苫眼早三公，裸袖揎拳享万钟，胡言乱语成时用。大纲来都是哄！说英雄谁是英雄？五眼鸡岐山鸣凤，两头蛇南阳卧龙，三脚猫渭水飞熊。

【作者简介】

张鸣善（生卒年不详），生活在元代末期。名择，号顽老子，平阳（今山西临汾）人，迁居湖南，流寓扬州，曾官宣慰司令史。著《英华集》及杂剧三种，今俱不存。散曲现存小令13首，套曲2篇。明代朱权《太和正音谱》称他的散曲"藻思富赡，烂若春葩……诚一代之作手"。

【赏读提示】

元代科举不兴，铨选制度混乱，读书人往往有不遇之感，故讽刺当政者是非不分、用非其人，成为散曲中常见的主题。张鸣善的这首《水仙子·讥时》，就是这一方面的代表作。

全曲八句，前后四句恰好可分为两部分。前一部分是围绕官场现状的描述：装模作样的人居然早已官高位隆、位列朝廷公卿，恶狠好斗、蛮横无理之辈竟享受着万钟的俸禄，胡说八道、欺世盗名的人竟能在社会上层畅行无阻。这三句描述，有神态、有动作、有语言,谴责与讽刺兼备。

接着以"大纲来都是哄"作括，总而言之，这统统都是胡闹！后部分以"说英雄谁是英雄"提问，然后再以三个排比句作答：五眼鸡居然成了报吉祥的鸣凤，两头蛇竟被当成了南阳的诸葛亮，败事的三脚猫也会被奉为姜子牙。作者直言不讳地指斥当世所谓"英雄"的可笑可鄙，揭露元代社会用人制度的腐败和荒唐。真是剥皮见骨，笔力千钧，铺陈饱满，气势雄劲。

鼎足对的前后两用，形成此曲的一个显著特点。鼎足对本是元人散曲有别于诗词的新创。这种兼对偶与排比而有之的修辞，容易收到连珠炮似的效果。作者此曲又有独到之处。前三句用了三个形象的动作描述："铺眉苦眼""裸袖揎拳""胡言乱语"，不但对仗工整，而且生动地勾画出三类恶人的丑恶嘴脸。后三句更是精妙的鼎足对：五眼—两头—三脚，鸡—蛇—猫，岐山—南阳—渭水，鸣—卧—飞，凤—龙—熊，均一一对应，且同句之内的鸡与凤、蛇与龙、猫与熊还都有形状相像的联系。把民间俗语与文人雅词结合了起来，譬喻新奇，工整形象，是散曲中的警句。

全曲结构对称整齐，语言直接通俗，比喻生动形象；庄俗杂陈、嬉笑怒骂，冷峻尖刻，不愧是元散曲中一曲妙语解颐的名作。

散文

陈平原

陈平原，北京大学教授、博士生导
师，中央文史馆馆员，曾任北京大学
中文系主任。

概述

在中国，作为文类的"散文"源远流长，而被正式命名，则是晚近的事情。这一名与实之间的缝隙，形成某种张力，要求论者必须首先进行概念的清理与界定。今人眼中的散文，大略包含以下三个层面的含义：与诗歌、小说、戏剧相对应；与骈文相对应；与韵文相对应。这里由近及远，依次剥离，借此理解"散文"的历史命运。

所谓与小说、诗歌、戏剧并驾齐驱的散文，乃是20世纪中国人拥抱并改造西方"文学概论"的成果。五四文学革命是以提倡白话文、打倒文言文开篇的，这里除了语言上的文白之争，还蕴涵着文类等级的变更，即"散文"由中心退居边缘。此前谈论文学，首先是文章，而后才是诗词；至于小说与戏剧，可有可无。此后则天翻地覆，小说出尽风头，文章则相形见绌。经过周氏兄弟等人的不懈努力，杂感、随笔、小品、美文终于进入文学殿堂。不过，在一般读者乃至作者眼中，散文仍是矮人一截。依照其时普遍接纳的西方文学观念，"散文"与其说是一种独立的文类，不如说是除诗歌、小说、戏剧以外无限广阔因而也就难以定义的文学领域。

称"文学领域"尚属客气，对于此类体式、风格、功能千差万别的"文章"，能否算作"纯艺术品"，时人心里普遍存在疑问。考虑到散文在中国的源远流长，在建构文类学时，学者们略为变通，于是有了皆大欢喜的"四分天下"说。"散文"总算四分天下得其一，避免了被剔出文学殿堂的厄运；只是昔日"文坛霸主"，如今沦落为"叨陪末座"。千百年来中国的读书人立言载道、博取功名、祈求不朽的"文章"，经过这么一番功能限定及价值重估，几乎已是脱胎换骨。

最早在与骈文对立意义上使用"散文"概念的，大概是宋人罗大经。《鹤林玉露》丙编卷二称："山谷诗骚妙天下，而散文颇觉琐碎局促"；甲编卷二则引周必大语："四六特拘对耳，其立意措辞，贵于浑融有味，与散文同"。这里提及"散文"，不只取其与诗骚相对，更强调其与骈文异途。不过，宋明两代文人，更愿意沿用韩柳的术语，将此等长短错落、无韵律骈俪之拘束、不讲求词藻与用典的文章，称为"古文"。直到清人重提骈散之争，"散文"作为与"骈文"相对应的概念，方才屡被提及，如"六朝文无非骈体，但纵横捭阖，一与散文同""散文可踏空，骈文必徵实"等。

清代各家对六朝骈俪的评价天差地别，但都承认文分骈散，二者相对且相争。不只唐宋以下自觉与骈文相对抗的"古文"是"散文"，先秦两汉不曾着意讲求韵律与对偶的诸子之文与史传之文，也是"散文"。但这里有个明显的区别：秦汉之文乃骈散未明，故无意讲求；唐宋以下则是骈散已分，而刻意避免。骈散相依而又相克，故学界多借此勾勒2000年中国文章的发展脉络。

至于在与"韵文"相对的意义上谈论"散文"，则有点不今不古，缺乏明确的界定。"韵文"一般指的是押脚韵，而不是像骈文那样奇偶相生低昂互节、借抑扬顿挫来咏叹声情。如果将不押脚韵者定义为"散文"，那么古文中的铭赞辞赋必须排除；更重要的是，此文体将因包括小说、论著、地图解说以及数理化教科书等而变得漫无边际。以有韵、无韵为分类标准，约略等于古老的诗文之分，基本无视此后崛起的小说、戏剧等。但此说也有可取之处，即打破明清以下古文家为求精致而日趋小气的格局。不必有意为文，更不必以文人自居，述学文字照样可能充满风采与神韵。这一点，刚好对应了中国散文的一大特性：兼及文与学、骈与散、审美与实用。

"散文"作为文类的外延与内涵，需要借助历史的叙述，方才能逐渐明晰起来。但"散文"所包含的各文体，古来却有相当精彩的辨析。作为文体论开山作的《文章流别志论》，以及第一部按文体编纂的文学总集《昭明文选》，还有建立"原始以表末，释名以章义，选文以定篇，敷理以举统"研究体例的《文心雕龙》，都出现在距今1500年前。可想而知，"文章辨体"，在中国散文史上并非陌生的课题。借用明人徐师曾《文体明辨序》的说法，便是："盖自秦汉而下，文愈盛；文愈盛，故类愈增；类愈增，故体愈众；体愈众，故辨当愈严。"经过一代代文论家不懈的努力，"文章"之"体"，对于中国读书人来说，大致是明晰而且确定的。

人世间，没有放诸四海而皆准、校诸古今而皆通的"散文"概念；可这并不等于完全否定了文类研究的价值。金人王若虚《滹南遗老集》卷三十七《文辨》中有一句妙语，可借用来解答此难题：

或问文章有体乎？曰：无。又问无体乎？曰：有。然则果何如？曰：定体则无，大体须有。

有"大体"而无"定体"，此说既针对不同文体间有时相当模糊的边界，也指向同一文体不同时代可能相当激烈的变异。"大体"保证了文类的生存，"小异"则意味着文类的发展——正是此等打破"定体"的不断努力，使得文类永远保持新鲜与活力。

在中国文学史上，散文乃身影最常见、地位最显赫、边界最模糊，因而也最不容易准确界定并描述的文体。曾经风光八面的古典散文，五四新文化运动后急剧衰落，只是由于20世纪30年代以及90年代的两次崛起，方才让我们意识到其生命力远未衰竭。相对于诗歌、戏剧、小说，散文之未受学界重视，既有今人文类等级观念的偏颇，也受中外理论资源的限制。到目前为止，所谓"文章千古事，得失寸心知"——古典诗歌的理论阐释，前景相当开阔；而散文的研究，则仍处在体会与感悟阶段。

除了语言文字，散文一无依傍，不像诗歌有韵律与意象、小说有人物与情节、戏剧有动作与声音、电影有色彩与图像。散文很简单，只要你能开口说话，能动笔写字，就可能无意中闯入这并不神秘的园地。18世纪法国戏剧家莫里哀《贵人迷》中有这么一句："天哪，我说了一辈子散文都不知道。"这既是笑话，也是真话——散文最日常，最好模仿学习，可也最难精通。你可能一辈子远离散文，但"蓦然回首，那人却在灯火阑珊处"。但反过来，一辈子孜孜以求，却总是不得其门而入的，也大有人在。别梦想什么"经国之大业，不朽之盛事"，没那回事，尤其是在当今中国；也不要一味嘲讽"文以载道"——就看你载的是谁的"道"，别人的，还是自己的；甚至连是不是"文学"都不必考虑，君不见鲁迅那些有悖"文学概论"的"杂感"，不也逐渐闯入了神圣的文学殿堂？管它什么随笔杂感，文言白话，历史人生，有兴趣有冲动的话，拿起笔来，尝试着写写。结果呢？不一定成为"散文"名家，但对于你理解中国古代或现代散文，肯定有好处。

林语堂《四十自叙诗》云："近来识得袁中郎，喜从中来乱狂呼。……从此境界又一新，行文把笔更自如。"何止是"行文把笔"，更包括"立身处世"。作为留学生，林语堂对传统中国本来了解不多，自从得到周作人的指点，结识晚明小品文家袁宏道，而后上溯李贽、苏轼、庄周，下连金圣叹、李渔等，逐渐建构起自家的生活趣味以及文学史图景。对于林语堂的选择，你可以喜欢，也可以不喜欢；但作为一种读书方法，这很聪明，值得借鉴。也就是说，不仅仅是"知人论世"，更重要的是"尚友古人"。跟诗歌、戏剧、小说不太一样，相对来说，"文"与"人"的关系更紧密些。

不一定"文如其人"，但文章与作者的人格、趣味、学养、生活经历等有千丝万缕的联系，这也是学者们谈论散文时，常常往返于"人"与"文"的缘故——借助于精微的阅读，结识三五位让你真正倾心的古人/今人，无疑是增加学养见识、提升精神境界的绝佳途径。以下论述，除了粗略勾勒近现代中国文章的发展路径与大致风貌，再就是仔细推敲现代中国散文的三大难点："演说如何文章""学问怎样表达""杂感闯入文坛"。而选择蔡元培、胡适、鲁迅作为引路人，目的是兼及感性与理性，在"为人"与"为文"之间找到巧妙且适当的平衡。

一、从白话到美文

　　20世纪中国散文，其基本面貌与唐宋古文、晚明小品、桐城文章大不一样，最明显的特征莫过于使用白话而不是文言。借"文白之争"来理解这个世纪文章风格的嬗变，无疑是最直接也最简便的一路。从晚清到五四的白话文运动，大大拓展了散文驰骋的天地。可"白话"的成功，不等于"美文"的胜利——这中间虽不无联系，却仍关山重重。借助于历史进化的文学观，胡适等打倒了"古文学"并重建中国文学史上的"正统"。可"死文学""活文学"的分类方法，只适用于对文言文的批判。在实际创作中，如何调适"文"与"白"始终是个很有诱惑力的课题。这里删繁就简，希望用三句话来简要描述这个波澜壮阔的过程：一、报章与白话；二、译文与美文；三、孤独与生机。

　　"自报章兴，吾国之文体，为之一变。"此说立于20世纪第二年，乃报人的自我陈述，不免略带夸张与炫耀。可此前此后的风云变幻，足证此说并非无稽之谈。或许，借报章的崛起讨论文体的嬗变，比起从"文白之争"入手更能探本。后者因系五四文学革命的导火索，历来为世人所关注。胡适论及白话文运动的成功，虽也提及王韬的"报馆文章"以及梁启超的"新文体"，但将其混同于一般著述，不大考虑"报馆文章"的生产方式与读者对象对已有文体的改造。倒是1927年推出《中国报学史》的新闻史家戈公振，很早就注意到这一点：

　　清代文字，受桐城派与八股之影响，重法度而轻意义。自魏源、梁启超等出，绍介新知，滋为恣肆开阖之致。留东学子所编书报，尤力求浅近，且喜用新名词，文体为之一变。

为了介绍新知而选择"报馆文章"，而"报馆文章"必须适应一般读者而不是文坛领袖或主考官的要求，因而，必然冲破桐城义法与八股藩篱，日趋"恣肆"与"浅近"。这一点，对晚清以至五四的文学革命影响极大。

可以这么说，没有报馆这个"传播文明新利器"，中国文章不可能在短短几十年间发生如此巨大的变革。强调报馆改造文体的重要性，最简单的例证是，20世纪中国的散文，绝大部分首先作为报刊文章而流通，而后才结集出版。这种生产方式，不能不影响其文章的体式与风格。时评、杂感、通讯、游记等不用说，就连空灵潇洒的小品也不例外。20世纪20年代末梁遇春编译《小品文选》，序言中专门指出"小品文同定期出版物几乎可说是相依为命的"；30年代初林语堂等制造小品热，靠的也是《论语》《人间世》等刊物。

最早自觉用"报馆文章"来改造已有文体的，当属1874年起创办并主编《循环日报》的王韬。王氏的《弢园文录外编》乃中国历史上第一部报刊文集，其《自序》称"于古文辞之门径，则茫然未有所知"，并非故作谦虚，而是认定报刊文章另有"法度"。报刊文章之记事述情自抒胸臆，以及文字力求浅近，除了考虑读者的接受能力，还因追求时效，故无法仔细琢磨。"匆迫草率"本是为文大忌，可梁启超回答关于其《时务报》文章率尔操觚的批评时，竟无多少悔意——在他看来，"报章"与"著述"体例不同。

戊戌前后，不少仁人志士希望以报馆言论变易天下，文体的改造于是迫在眉睫。当时影响最大的是梁启超的"时务文体"。至于严复、章太炎简洁古雅的文字，虽仍有知音，但与报刊整体风格不大协调，借用黄遵宪的评价："此文集之文，非报馆之文。"由追求传世的"文集之文"，转为着眼觉世的"报馆之文"，晚清文章风格之争，涉及的远不只是文白与雅俗。梁启超与严复围绕《原富》译述的争论，甚至逼出了"文界革命"的口号。严氏"中国文之美"的提法曲高和寡，而梁氏的"文界革命"口号则响彻云天，很大原因在于后者符合当时正方兴未艾的报刊事业以及文体变革的发展趋向。

晚清白话报刊的出现，培养了新一代读者的文体感，对五四文学革命影响甚大。考察陈独秀、胡适之从《安徽俗话报》《竞业旬报》走到《新青年》的历程，不难明白这一点。白话文运动提倡于晚清，成功于五四，与《新青年》诸君的努力密不可分。胡适提倡白话功勋卓著，只是分"文白"，说"死活"时过于粗糙，再加上放不下"首揭义旗"的架子，作文时真的如其所倡"有什么话，说什么话；话怎么说，就怎么说"。如此作文，清通有余而隽永不足。"适之体"在五四前后也曾流行一时，但很快因其过于平直缺乏美感而被世人所遗忘。平心而论，文学创作本就并非胡适所长，适之先生的功绩在于大刀阔斧地为后人开路。

五四白话文运动的成功，并非只是禅宗语录或章回小说的得势；新名词以及外国语法的引进，对建设新的"国语"至关重要。同样道理，"国语的文学"也不可能外在于世界文学潮流。即便传统渊源最为深厚的散文，也无法独自完成其蜕变。英国随笔的介入，是现代中国散文形成与发展中重要的一环。1922年，胡适撰《五十年来中国之文学》，结尾处提及五四新文学各体裁的成就，对散文的发展极有信心：

　　这几年来，散文方面最可注意的发展乃是周作人等提倡的"小品散文"。这一类的小品，用平淡的谈话，包藏着深刻的意味；有时很像笨拙，其实却是滑稽。这一类的作品的成功，就可彻底打破那"美文不能用白话"的迷信了。

　　这与其说是历史总结，不如说表达了五四那代作家的愿望。因胡适的"盖棺论定"，距离周作人的提倡"美文"，尚不到一年时间，根本不可能如此迅速获得成功。不过，胡适等人的期待没有落空，"小品散文"的提倡确实是"白话"走向"美文"的关键。

　　周作人的文学趣味受日本的俳文与随笔影响甚深，可《美文》介绍的却是英美的小品作家；此后虽有人泛谈各类散文，但大部分作家接受周作人对美文的定位。周作人其实只是开了个好头，进一步的论述留给胡梦华与梁遇春，后者的三部英国小品文选，更是其理论的绝好例证。将 Essay 译成"絮语"或"小品"，其实不大尽如人意。不过，胡、梁二位都抓住此类文章的基本特征：如家常絮语、用轻松的文笔随随便便谈人生；挣脱世俗偏见、从一个崭新的观察点去领略人生乐趣；其特质是个人、非正式与诙谐；其风格则是洒脱、含蓄与冲淡闲逸。进入30年代，小品文因林语堂等人的鼓吹而盛极一时，可也因其模仿者从"宇宙"走向"苍蝇"、从"幽默"走向"油滑"而受到左翼作家的激烈抨击。即便如此，在现代中国作家所接受的外国散文中，英国随笔的影响仍是最为深入而且持久。在《中国新文学大系·散文二集》导言中，郁达夫曾就此做过解释：一是"中国所最发达也最有成绩的笔记之类，在性质和趣味上，与英国的Essay 很有气脉相通的地方"；一是中国人接受西洋文化，"大抵是借用英文的力量的"。

20世纪三四十年代中国作家对域外文章的借鉴，由"新名词"而"外国语法"，而"随笔"，而"幽默"，如此兼及修辞、风格与文体，取法西方以改造中国文章的工作，至此基本完成。至于此前此后大显身手的"报告文学"，虽也是舶来品，因更多从属于新闻事业，这里不拟涉及。

五四文学革命以提倡白话反对文言发难，照理说得益最大的该是诗文；可革命的直接效果，却是"诗"的脱胎换骨，以及"文"的撤离中心。从梁启超提倡小说为文学之最上乘，到胡适、鲁迅以小说为学术课题，都是借助西方文学观念来改变中国原有的文类等级。伴随着小说的迅速崛起，散文明显失去昔日的辉煌。

20世纪20年代初胡适撰《五十年来中国之文学》，依次评论古文、诗歌、小说；十年后朱自清在清华大学讲授"中国新文学研究"课程，论述的次序改为诗、小说、戏剧、散文。史著中的文类排列次序变化，隐含着其地位的升降。这里固然有晚清与五四文学发展趋向的差异，但更重要的是学术范式的转移。长期傲居文坛中心的"文章"，如今突然被抛到边缘，其感觉凄凉与寂寞可想而知；更何况还必须忍受西方"散文"概念的宰制与改造。

散文的退居边缘，不一定是坏事，起码可以使得作家卸下替圣贤立言的面具，由"载道"转为"言志"。这其实与传统中国不同文类功能的界定有关——处于中心位置的"文章"，属于"经国之大业"，因而无权过分关注一己之悲欢。退居边缘，作家不必"搭足空架子"写"讲义体的文字"，小品自然也就应运而生。架子的倒塌与戒律的瓦解，使得原本正襟危坐目不斜视的"文章"，一转而变得最自由最活跃因而也最为充满生机。周作人从"王纲解纽的时代"、郁达夫从"个人的发现"来论证现代中国散文的发达，都很有见识；可"一粒沙里见世界，半瓣花上说人情"这一现代散文的基本特征，却有赖于其退居边缘因而卸下"载道"重任。

脱离象征权力和责任的"中心"，走向寂寞淡泊的"边缘"，20世纪中国散文不但没有消沉，反更因其重个性、讲韵味、洒脱自然而突破明清之文的窠臼。20世纪30年代中期，鲁迅在《小品文的危机》中曾提及，五四运动后"散文小品的成功，几乎在小说戏曲和诗歌之上"。类似的说法，胡适、曾朴、朱自清、周作人等也都曾经表述过。考虑到此后小说艺术发展神速，而散文又在好长一段时间内失落了作为主心骨的"个人笔调"，鲁迅等人的判断稍嫌过于乐观。但如果说，现代中国散文在东西方文化碰撞中，较好地完成其"蜕变"与"转型"，并重新获得无限生机，则并非过誉。

二、演说如何文章

现代中国散文转型的过程中，"演说"曾经且仍在发挥巨大作用。晚清以降的"演说"，可以是思想启蒙，可以是社会动员，也可以是文化传播或学术普及；更重要的是，这四者并非截然对立，而是存在着互相转化的可能性。意识到这一点，我们谈论近现代中国蔚为奇观的"演说"，有必要引入教育体制、白话文运动、述学文体等一系列新的维度，而不再局限于如何"开启民智"。

作为一种社会/政治/学术/文化活动的"演说"，不仅仅是知识传播或社会动员，更深刻影响了中国的文章变革；这其中的一个关键性人物，便是北京大学"永远的校长"蔡元培。1912年元月，蔡元培出任中华民国首任教育部长，当即通电各省都督，促其推行以演说为中心的社会教育："社会教育，亦为今日急务，入手之方，宜先注重宣讲。即请贵府就本省情形，暂定临时宣讲标准，选辑资料，通令各州县实行宣讲，或兼备有益之活动影画，以为辅佐。"同年六、七月间，蔡元培派人筹办"以利用暇暑，从事学问，阐发理术，宏深造诣为目的"的"北京夏期讲演会"。此一"由教育部邀请中外专门学家分别担任各种科学"的系列讲演，涉及人文、社科、自然、军事等门类，包括严复讲授"进化天演"、章太炎讲授"东洋哲学"、许寿裳讲授"教育学"、鲁迅讲授"美术略论"等；6月5日正式开讲，"由蔡先生演说"。

1916年底奉命归国，准备出任北大校长的蔡元培，一路风尘，到处演讲。不到一个月时间，已知的正式演讲就有七场。演说如此频繁，且不断变换话题，到底是个人兴趣，还是人情难却，抑或二者兼而有之？毫无疑问，作为北大校长，蔡先生有义务到处演讲。问题是，我们今天读到的是"言行录"。换句话说，"声音"已经转化为"文字"，白纸黑字，有可能流传千古。到目前为止，我们没有找到任何蔡元培的声音。20世纪中国文人学者的声音，胡适有，赵元任有，而蔡元培、鲁迅则没有，殊为可惜。你走进大英博物馆，可以听到好些19、20世纪英国作家在朗读自己的作品。在中国，暂时我们做不到。因为，当初大家没有"保留声音"的意识。其实，在蔡元培、鲁迅生活的年代，留声机/录音机已开始在中国流行了。政治家中，最早意识到"声音的魅力"的，是"致力于国民革命凡四十年"的孙中山先生——不仅极为热心演说，且在去世前一年制作了专门提倡革命的唱片。

此前也有好些专业著述，可出任北大校长后，蔡元培主要采用"演说"，"作文"反而退居其次。著述讲究独创性与系统性，演说则没这个必要。就像胡适说的，演说乃"卑之无甚高论"。有主见，肯说多余话，而且说得恰到好处，这就行了。

身为大学校长，你居高临下，学生不敢不听。官大学问大，位高言论多——不管是不是自己写的，能从容表演，就很不容易了。有经验的读者都明白，"口若悬河"与"梦笔生花"不是一回事，适合于讲演的，不见得适合于阅读。一场主宾皆大欢喜的讲演，抽离特定时空，很可能不知所云。相反，一篇精彩的专业论文或小说散文，即便由高明的演员朗读，也不见得能吸引广大听众。讲演者的姿态以及讲演时的技巧，同样影响到演说的成败。大处着眼，一以贯之，再添上因地制宜，就可以做到宾主皆欢。经由长期的锻炼，很多校长都能应付自如。但如何超越日常事务，将诸多演说变成对于教育理念及大学道路的深入探讨，这里有学问，而且学问很大。不是每个校长都有出版演说集的必要；你一定要出也可以，但必须明白，不是每本"校长演说集"都能传得下去。

这里的困难，还包括如何让"声音"准确地转变成"文字"。如果是日常话题，将其记录下来，相对来说还是比较容易的。但讲授内容若牵涉专业，加上讲者带有口音，要实现从"声音"到"文字"的转化，难度可就大多了。请看蔡元培的例子。1913年蔡元培在上海应邀到城东女学演讲，着重阐释女子教育的重要性。这篇记录稿，曾辑入1931年上海广益书局版《蔡元培言行录》。因记录潦草，错字甚多，1935年9月蔡元培在青岛审阅高平叔编《子民文存》时，对此表示不满，予以删除。在蔡先生眼中，文章与演说，入"言行录"与入"文存"，还是有很大区别的。更有趣的是，《新青年》3卷1号的"通信"栏里，收有蔡元培要求更正未经审核的演说稿的"致《新青年》记者函"，以及《新青年》主编陈独秀以"记者"名义发布的检讨。引领学界风骚的《新青年》尚且如此，其他报章的情况可想而知。

记录"演说"之不容易，有演讲者的方言口音，有记录者的速记能力，更有学术思路上的隔阂；所有这些，使得失误很难避免。章太炎晚年曾拒绝刊行未经自己审定的讲演稿，就是担心记录有误，以讹传讹。胡适1921年7月31日在南京的暑期学校讲演《研究国故的方法》，日记中粘贴有同年8月4日《时事新报·觉悟副刊》剪报，胡适加了批注："此记多误，不及改。"鲁迅则称上海十年的诸多演讲"大可不必保存"。所有"演说"，必须是像《蔡子民先生言行录》那样，经过作者本人校订并认可的，研究者才能将其作为"著述"看待。

《蔡子民先生言行录》所收四十篇演说，还有《华工学校讲义》

四十则拟演说，无论怎么说，都不太像传统意义上的"文章"。这里牵涉到，谁来记录，如何整理，是否经过本人修订。至于发表时，是实录，是删节，是摘要，还是第三人称转述，是采用文言还是白话，都影响到这些"纸上声音"的阅读效果。讲演者使用的是白话（即便章太炎这样的古文大师也不例外），变成文稿，随整理者及发表者的要求，有时文言，有时白话，就看你着眼于"应用"还是"美文"。1919年11月，蔡先生在北京女子高等师范学校演说《国文之将来》："照我的观察，将来应用文，一定全用白话。但美术文，或者有一部分仍用文言。"第二年，蔡先生又在北京高等师范学校演说，讨论国语的标准，同时强调对于国文系学生来说，"因研究学问的必要，社会生活上的必要，我们不能不教他们实用文"。

这已经是新文化运动兴起之后的说法。从1902年编选《文变》，到1919年撰写《国文之将来》，蔡元培很在意"文体感"，而且"与时俱进"。蔡先生区分应用文与美术文，力主应用文用"白话"。这里所说的"白话"，不是胡适理解的"有什么话，就怎么说"，而更接近吴稚晖的"近文的语"，或者朱自清所说的"近语的文"。综观蔡元培的文章，或是实用性的浅近文言，或是近文的白话。这与他长期从事教育工作，着力于教科书编纂以及学术演讲有关。这点，20世纪40年代初，朱自清撰《〈蔡孑民先生言行录〉指导大概》，曾特别给予表彰。

现收入《蔡孑民先生言行录》的《美术的起源》，用的是初刊《新潮》2卷4号（1920年5月）的修订本。这本是四万字的长篇论文，在1920年5月至7月的《北京大学日刊》上连载过，改为学术演讲稿时，用白话重新写定，目的是实践自己的诺言：说理性质的应用文，最好用白话。朱自清表彰蔡先生的文章"得体"，不卑不亢，不骄不谄，说好话说坏话都留有余地。这不仅仅是技术性问题，而是待人接物的生活态度。能把复杂的问题说得很简单，要言不烦，那是本事，但最重要的还是"待人以诚"。

蔡元培的众多著作，如《中国伦理学史》（1910年）、《石头记索隐》（1917年）等，虽也颇获好评，但不及北大新潮社1920年版《蔡孑民先生言行录》影响大。后者最能体现众人称颂的"古今中外派"之学识渊博与性情温润；至于文体，驳杂中自有筋骨在，那就是积极探索"近文的语"及"近语的文"。

作为北大校长，蔡元培有义务在各种重要场合发表演说。属于公务性质的，不无应景成分。可蔡元培还有好些专业性很强的演说，一看就不是出自秘书之手。比如，《蔡孑民先生言行录》刚刚刊行的1920年10月，蔡先生恰好应湖南省教育会邀请，到长沙讲学。有据可查的，总共十二次。如1920年10月27日在明德学校演说，题为《美术的价值》，记录整理者是曾任北大图书馆书记的毛泽东，讲稿刊长沙《大公报》1920年11月5日和9日。整理者还特意加上了按语："蔡先生的话，有好些听不清楚。此篇所记，只其大略。开首两段，是周世钊先生记出给我的。"同年10月28日，蔡先生在湖南第一师范讲《对于学生的希望》，因系湖南省教育会组织的，由该会人员担任记录；《大公报》则另请毕业于湖南一师的毛泽东记录整理，发表在10月30日、31日及11月3日、5日、6日的该报上。很可惜，这两篇演说稿，都来不及收到《蔡孑民先生言行录》里去。

毛泽东整理的演说稿，与"言行录"的刊行擦身而过，是时间问题；至于周恩来的记录稿漏收，则明显是编者的失误。这两篇演讲，

《在南开学校全校欢迎会上的演说词》刊南开学校《校风》67期，1917年5月30日；《在南开学校敬业励学演说三会联合讲演会上的演说词》刊《敬业学报》6期，1917年6月。前一篇很有意思，讲学校德智体三育并重，具体论述时体育在先，而后才是智育与德育。而讲体育时，蔡元培竟从游侠说起："古之所谓勇夫、侠士，君子称之，此即体育之发端。"汉代读书人还佩剑，后来越来越柔弱。"若身体柔弱，则思想精神何由发达？""贵校体育号称发达者，大望始终勿怠，为国人倡焉。"很可惜，这两篇由南开学生周恩来记录整理的演说，没有收入《蔡孑民先生言行录》。我认为这不是故意的，当初搜罗不易，有所遗漏，也很正常。对照中华书局版《蔡元培全集》第三卷，1917—1920年间蔡先生的文字，约有一半未入《蔡孑民先生言行录》。

无论是演讲者蔡元培，还是记录整理者毛泽东、周恩来，其日后的经历，都足证1901年出任南洋公学特班总教习时蔡先生的预言："今后学人，领导社会，开发群众，须长于言语。"晚清以降，凡政治人物都必须学习演说；而铺天盖地的演说，不仅影响中国政治态势，同时影响文章体式。读同时期孙中山、梁启超的文集，或后来者陶行知、闻一多的讲稿，都能深刻体会这一点。要说以演说为文章，蔡元培其实不是最佳例证；之所以选择其为贯穿线索，除了兼及理论与实践，还因其在过渡期所发挥的巨大作用。

三、学问怎样表述

"文章千古事"，这里所说的"文章"，可以是叙事、抒情，也可以是议政、论学。具体到论学之文，可以短小精悍，也可以高头讲章。新文化运动时期，最早将学术著作作为"文章"来着意经营，且取得突出成绩的，当属留美博士胡适。

这与胡适对"文学"的理解有关。谈及"什么是文学"，胡适的解答出人意料的简单："语言文字都是人类达意表情的工具；达意达得好，表情表得妙，便是文学。"以"明白清楚"作为"文学"的根本条件，必然出现两种局面：一是许多不够"明白清楚"的诗词文章被以"不通"的罪名驱逐出境，二是不少足够"明白清楚"的述学之文被请进"文学殿堂"。而这正是胡适所要达到的目标，即打破其时十分流行的"纯文学"与"杂文学"对举的论述框架："我不承认什么'纯文'与'杂文'，无论什么文（纯文与杂文，韵文与非韵文）都可分作'文学的'与'非文学的'两项。"如此胆识，可是朱自清所不具备的。在《背影》一书的序言中，朱自清称"散文"乃"杂文学"："真正的文学发展，还当从纯文学下手，单有散文学是不够的。"从来没有人将"文学发展"的重任全部落实在散文身上，争论仅仅在于，文学是否有"纯""杂"之分，而且这种分别是否代表着品位或价值的高下。

胡适的这一文学观，明显带有章太炎思想的印记。在《五十年来中国之文学》第七节中，胡适赞扬章太炎《文学总略》之"推翻古来一切狭陋的'文'论"，尤其是破除所谓"应用文"与"美文"的区别，很合胡适口味。更重要的是，如此"不分文辞与学说的人"，其

"讲学说理的文章都很有文学的价值"。有章太炎的理论与实践作榜样，所谓"不承认什么'纯文'与'杂文'"，便很容易落实。回过头来，你也就不难明白胡适的文学观为什么会那么广泛。

20世纪20年代，陈西滢评选新文学运动以来的十部著作，不选《尝试集》，也不选《中国哲学史大纲》，而选相对庞杂的《胡适文存》。在陈氏看来，并非"天生的诗人"的适之先生，具有"说理考据文字的特长"，故《胡适文存》不但提倡新思想、新文学有功，而且，"将来在中国文学史里永远有一个地位"。20世纪40年代，朱自清撰文指导《胡适文选》的阅读，如此称颂胡适的文章："他的散文，特别是长篇议论文，自成一种风格，成就远在他的白话诗之上。他的长篇议论文尤其是白话文的一个大成功。"20世纪60年代，论学宗旨与胡适相左的钱穆，挑剔王国维、陈寅恪的述学文体，相反，表扬胡适的文章"清朗""精劲"且"无芜词"。值得注意的是，无论是作家陈西滢、朱自清，还是学者钱穆，其欣赏胡适文章，都不是当初红极一时的小品《差不多先生传》，或进入国文教科书的译文《最后一课》，而是述学文章。区别仅仅在于，到底是将胡适的这些"述学之文"放在学术史还是文学史上来考察。

在当时一般人的眼中，白话的小说与文言的国学，二者虽并行不悖，可明显有高低之分。提倡白话小说，甚至尝试用白话写诗，虽也大有新意，却是"古已有之"。真正显得惊世骇俗的，是用白话来讨论"国学"这样高深的学问，由此打乱了上层文化与下层文化之间约定俗成的边界。

余英时曾用上层文化与通俗文化的对举与协调，来说明新文化运动时期胡适的贡献，以及其如何被广泛接受或曰"暴得大名"。胡适所提倡的"白话"与"小说",乃守旧派眼中趣味低下的通俗文化。用林纾的话来说,属于"都下引车卖浆之徒"的所作所为。"如果胡适的成绩仅限于提倡白话文学,那么他的影响力终究是有限度的","一九一九年二月《中国哲学史大纲》卷上出版,胡适在上层文化的影响很快地从北大传布到全国"。此书甚至成为蔡元培反击林纾对新文化攻击的绝好武器。从未认真治经、也不以学问见长的林琴南,当然明白"其了解古书之眼光,不让于清代乾嘉学者"这句话的分量。不管是当初的蔡元培,还是日后的余英时,都注意到"于西洋哲学史是很有心得的",而又"能兼治'汉学'",如此学贯东西,正是那个时代所能想象的最为高雅的知识结构。我想强调的是,这部用东西哲学观念构建的大书,体现的是上层文化的趣味,可用的又是通俗的文体。用"白话"来"述学",在横跨东西文化之外,又加上一层沟通雅俗趣味,这就难怪其一问世便博得满堂彩。

比起褒贬现实政治的"论事之文",讨论传统学问的"述学之文",无疑更能体现20世纪10年代中国读书人的趣味。以白话为文学创作的工具,这还不够,还必须深入以白话为述学工具,白话文运动的成功,才有充分的保证。所谓"我们"与"他们"的区别,单从政治立场解读,容易简单化。除所谓的"贵族"与"平民"的对峙外,其实还有另一层隐蔽的含义:事关大众的"论事之文",比较容易使用白话;事关学者的"述学之文",则相对困难得多。有高低雅俗的文体偏见,但也不能排除"述学"中处理古今对话的艰难。

同是"述学之文",用白话讨论杜威的实验主义,完全没有问题;可一旦转为研究墨子的"三表"法,或者庄子的"齐物"论,则不无困难。虽然有诸多不尽如人意之处,但胡适的《中国哲学史大

146

纲》毕竟开启了以白话述学的新时代。此书《凡例》关于述学文体的表白，实际上被日后无数专家学者所接受：

> 本书全用白话，但引用古书，还用原文；原文若不容易懂得，便用白话做解说。

既须可信，又要能懂，而且正文与引义之间，还必须有适当的过渡，于是"原文"与"解说"并存，起码表面上填平了古今之间的巨大鸿沟。但如果每句原文都做解说，浅显是做到了，文章则未免过于啰唆。比如关于"学而不思则罔，思而不学则殆"的解说，我以为就是多余的。由于使用新式标点，加上以白话述学，对于古人学说，有撮述，有节录，有引证，也有解说，如何协调，成了学者必须掌握的一门新技艺。正因此，《中国哲学史大纲》的典范意义，不仅仅是学术思想，更包括著述体例与述学文体。

《中国哲学史大纲》《〈水浒传〉考证》《〈红楼梦〉考证》《五十年来中国之文学》以及《白话文学史》等著述的相继问世，除了像胡适所说的，在解决具体问题的同时，为中国读者介绍某种研究方法，其实也还提供了以白话述学的典范。后者的意义，因其深藏不露，不大为人所关注。但在我看来，怎么写论文即如何用浅近的白话讲述深奥的古典学问，胡适的影响一直延续到今天。

当然，胡适的选择并非唯一出路。比如，鲁迅便认定文体内在于文化与思想，宁愿用直译的方式来对付域外小说，而用文言来解说古典中国，其所撰《中国小说史略》《汉文学史纲要》，至今仍是该研究领域不可忽视的名著。一直到80年代，钱钟书撰《管锥编》，也依旧采用文言，并不降低其述学的声誉。在白话文已经取得决定性胜利的百年后，所谓"文言述学"自动与"复古思潮"挂钩的危机，已基本被解除；这个时候来讨论文言在解说传统中国时的功用，可以得到比较通达的见解。

在《五十年来中国之文学》第十节，胡适提到"长篇议论文的进步，那是显而易见的"；朱自清于是接着发挥："他自己的文字便是很显著的例子"。为何说胡适长篇议论文的成就远在他的白话诗之上，除了朱自清本身也是诗人和诗论家，对《尝试集》不是很恭维，更因其确实读出了胡适述学文章的优点："他那些长篇议论文在发展和组织方面，受梁启超先生等的'新文体'的影响极大，而'笔锋常带情感'，更和梁先生有异曲同工之妙。"接下来，朱自清从排语、对称、严词、比喻、条理等角度，分析了胡适长篇议论文的好处。前四者属于常见的修辞手法，会写文章的人，大都离不开；值得注意的是第五点"条理"，这确实说出了胡适文章的特点。朱自清此文，是为中学国文教师而撰，因而力求"明白清楚"，就像胡适"述学"时所标榜的那样。正因为说得太清楚了，容易招致胡适文章同样的批评，精细有余，而深邃明显不足。

不过，将胡适述学之文的好处，从相对玄虚的思想、方法、修辞层面，转移到容易"眼见为实"的结构，我以为恰如其分。胡适提倡白话文的名气实在太大，以至一谈胡适文章，很容易纠缠在什么叫"白话"；其实，胡适文章（尤其是述学之文）的"明白清楚"，与其说得力于白话之白，还不如说受益于注重名学以及讲究结构。

胡适强调"著作"必须是"精心结构"，而不应该只是语录、札记或文章结集。从这个角度，不难理解他为何不满陈西滢谈论"新文学运动以来的十部著作"时，不挑专著性质的《中国哲学史大纲》，而选文章结集的《胡适文存》："西滢究竟是一个文人；以文章论，《文存》自然远胜《哲学史》。但我自信，中国治哲学史，我是开山的人，这一件事要算是中国一件大幸事。这一部书的功用能使中国哲学史变色。"这里谈论的是研究的思路与方法，可我相信隐藏在背后的，是胡适对于"著作"的迷信——晚年之再三发誓，非写出《中国古代哲学史》和《白话文学史》的下卷不可，也是基于此心理。虽然在局外人看来，这两部书作为"开山斧"的功能，其实早已完成，没必要刻意追求"全璧"。

著述讲求"组织"与"结构"，容易做到条理清晰，布局匀称，便于读者阅读与接受。但也可能留下不少遗憾——比如，平正有余而奇崛不足。就像胡适所说的，"做历史有两方面，一方面是科学——严格的评判史料，一方面是艺术——大胆的想象力"。史料不全，得靠史家的想象力来填补；史料的意义含而不露，得靠史家的理论意识来阐发。一旦引入想象力与理论意识，所谓"结构的匀称"很可能就会被打破——因其并非著述的第一要素。其实，胡适并非对此毫无了解，只不过趣味使然，更愿意强调述学文章的"严正"而已。

在我看来，"结构"并非撰述的第一要素，胡适之所以将其作为旗帜来挥舞，很大程度上与其注重名学的思路有关。从《胡适留学日记》到《胡适之先生晚年谈话录》，最容易找到的，便是关于"明白清楚"与"逻辑"的强调。而且，这两者之间，存在着某种内在联系。以古代中国逻辑方法的发展作为博士论文的题目，固然显示了作者这方面的兴趣，日后撰写一代名著《中国哲学史大纲》，其"特别立场"也是"抓住每一位哲人或每一个学派的'名学方法'（逻辑方法，即是知识思考的方法），认为这是哲学史的中心问题"。对于名学方法或曰逻辑方法的重视，甚至使得胡适在《五十年来中国之文学》中，摒弃宿怨，高度评价章士钊"文法谨严，论理完足"的"逻辑文学"。而在此前两年撰写的《中学国文的教授》中，胡适甚至说：

> 平心而论，章行严一派的古文，——李守常，李剑农，高一涵等在内——最没有流弊，文法很精密，论理也好，最适宜于中学模范近古文之用。

了解胡适排斥古文的立场，当能明白这一夸奖来之不易；由此也可见胡适对于文章中"文法"与"逻辑"的重视。这一点，或许同样也是受章太炎的启发。在那备受推崇的《国故论衡·论式》中，章太炎称："凡立论欲其本名家，不欲其本纵横""大氐近论者取于名，近诗者取于纵横"。虽然早年以《尝试集》名世，但就精神气质和思维习惯而言，胡适确实是近名家而远纵横。当初陈西滢单从胡适论文学时一味强调"明白清楚"，断言他的诗不能成家，而说理考据文字才是其真正特长，确实很有见地。

逻辑是里，结构为表，而作为贯串线索的，则是精密的心思与清晰的条理。单看《中国哲学史大纲》第一章"导言"，你就能大致明白胡适写文章的路数。从哲学的定义，到哲学史，再到通史与专史的区分（专史又分四种）；讲清楚哲学史有明变、求因、评判三个目的（后两者各分三个层次），再落实到中国哲学在世界哲学史上的位置、中国哲学史的分期；接下来才说到本书的论述范围，以及具体操作时的方法论。如此由大到小，由远而近，确实有利于入门。为便于读者接受，步步为营，极少凌空跳跃，肯说多余话（在专家看来），而且说得不太让人讨厌，这是胡适述学之文的特点。如此"纲举目张"的写作策略，肯定事先做了周密计划，而不可能是信马由缰。好处是眉目清楚，前后呼应，不会有大的缺失；毛病则是平均用力，难得深入开掘，更不可能有灵机一动的"天才发现"。

谈论晚清以降的文学历程，我们一般比较欣赏现代文学意识的确立；出于对"文以载道"传统观念的反感，有意无意地偏向于所谓的"纯文学"。但章太炎以及胡适相对宽泛的文学观，代表了近代中国学人重新沟通文学与学术的尝试，同样值得重视。

基于不同的拟想读者与论述目标，章太炎强调持论之"必先豫之以学"，胡适则更愿意表扬从文章入手的"述学"。在《科学的古史家崔述》中，胡适征引崔述三十五岁那年自陈有志著述而先从熟玩韩愈、柳宗元、欧阳修三家文章入手的书信，然后大加发挥：

> 要知文章虽是思想的附属工具，但工具不良，工作也必不能如意。崔述于著作之先，力求能"自抒所见"的预备，这一层很可以做后人的模范。

学问家为了能"自抒所见"而着意经营文章，与文学家之专注于文学创作，其实还是很有区别的。我这里强调的是，胡适的论述有效地破除了世人对于"纯文学"的迷信，并发掘了"述学之文"潜在的文学性；至于他本文的著作是否"很有文学的价值"，那是另一回事。胡适的努力方向，日后在史学家钱穆那里得到进一步阐发，那就是"未有深于学而不长于文者"，故论学文字"极宜着意修饰"。

四、杂感闯入文坛

20世纪30年代关于小品文的论争，可以看作现代中国"散文"的重新自我定位。一主"闲适"与"性灵"，一讲"挣扎和战斗"，表面上水火不相容。可论争的结果，双方互有妥协，即所谓"寄沉痛于悠闲"，所谓战斗之前的"愉快和休息"。就对"宇宙"与"苍蝇"的把握方式而言，杂感与小品文始终无法协调；但强调自我，张扬"个人的笔调"，鄙视"赋得"的文章，以及文体上"不为格套所拘，不为章法所役"，又都是对于正统文章"载道"功能的消解。很不一样而又可以互相补充，这其实正是现代散文发达的奥秘；承认"文学以个人自己为本位"，着力于耕耘"自己的园地"，必然导致风格的多元化。

鲁迅、周作人之所以成为现代中国散文最主要的两种体式"杂感"与"小品"的代表，除了政治理想与思维方式的差异外，还与其寻找的"内应"不同有关。周氏兄弟或追踪魏晋，或心仪晚明，与林语堂为引进英国随笔而立志"寻出中国祖宗来"大不一样；就因为这是"中国文章"自己提出来的问题，虽经五四话语的转化，仍能与明清之文及其论争接上轨。

鲁迅受魏晋文影响，而接受的契机在于从章太炎问学，这点已成学界共识。章氏之追踪魏晋，则是清代文章之变逼出来的。晚清文坛，取法唐宋的桐城一派仍有很大势力；挑战者以步武六朝、分辨文笔相号召，也已渐成气候。章氏起步，直接面对的便是此主古文的"桐城"与主骈文的"选学"。论学论文均高自标榜的章太炎，对时人多有刻薄语，但仍推许汪中的文质相扶与姚鼐的能守法度。在《自定年谱》与《自述学术次第》中，章氏都提到其读魏晋玄文而文章大变。先学韩愈之奥衍不驯，后转汪中之浮华靡丽，此乃晚清文人的常态，章氏也是这么走过来的。三十五岁那年（1902年），"读三国两晋文辞，以为至美，由是体裁初变"。此后论文，开始摆脱"忽略名实"的桐城与"浮华未翦"的选学，而独倡足以"说典礼""穷远致"的魏晋之文。

鲁迅主张区分文学与学说，不同意章太炎将有句读的和无句读的都归入文学，这种思路使得其同情"文笔之辨"，谈论魏晋文章时也多受刘师培启发。同样取法魏晋文章的"综核名理"，鲁迅异于章师处，就在于前者还兼收其"清峻，通脱，华丽，壮大"。另外，章太炎注重"玄理"，而鲁迅则突出"战斗"。鲁迅欣赏嵇康、阮籍的特立独行，师心使气，以及"思想新颖""长于说理"，富有战斗精神；这一点跟他将"战斗的文章"作为章太炎一生最大的功绩，以及称杂文"是匕首，是投枪，能和读者一同杀出一条生存的血路的东西"，二者无疑是相通的。

鲁迅是著名的文体家，文章面目多样，渊源相对复杂，这里只是为其"杂感"寻根，而不涉及《野草》和《朝花夕拾》，更不要说《呐喊》《彷徨》或《中国小说史略》。也就是说，意不在展现"全人"或"全文"，而只是借此勾勒现代中国散文成长的一个重要侧面。

认定"凡有文章，倘若分类，都有类可归"的鲁迅，关注的是那些不太守规矩、着力于另辟蹊径的作品。比如，表彰俄国的《十二个》以及日本的《伊凡和马理》，强调的都是其"体式"的"异样"，或

"格式很特别"。鲁迅本人的写作，同样以体式的特别著称，比如作为小说的《故事新编》，以及散文诗《野草》。《野草》最初连载于《语丝》时，是被视为散文的（虽然其中《我的失恋》标明"拟古的新打油诗"，《过客》则是剧本形式，可以直接转化为舞台演出）。等到鲁迅自己说："有了小感触，就写些短文，夸大点说，就是散文诗"，大家这才恍然大悟，异口同声地谈论起散文诗来。

鲁迅曾自嘲《朝花夕拾》乃是"从记忆中抄出来的"，"文体大概很杂乱"。其实，该书首尾贯通，一气呵成，无论体裁、语体还是风格，并不芜杂。要说文体上"很杂乱"的，应该是指此前此后出版的杂感集。《且介亭杂文》中的《忆韦素园君》《忆刘半农君》《阿金》等，乃道地的散文，可入《朝花夕拾》；《准风月谈》中的《夜颂》《秋夜纪游》则是很好的散文诗，可入《野草》。至于《门外文谈》，笔调是杂文的，结构上却近乎著作。文章体式不够统一，或者说不太理会时人所设定的各种文类及文体边界，此乃鲁迅著述的一大特征。

轮到鲁迅为自家文章做鉴定，你会发现，他在"命名"时颇为踌躇。翻阅收入人民文学出版社1981年版《鲁迅全集》第四卷的《鲁迅著译书目》、第七卷的《自传》、第八卷的《鲁迅自传》和《自传》，其中提及短篇小说、散文诗、回忆记、纂辑以及译作、著述等，态度都很坚决；但在如何区分"论文"和"短评"的问题上，则始终拿不定主意。

称《坟》为"论文集"，以便与《热风》以降的"短评"相区别，其实有些勉强。原刊《河南》的《人之历史》等四文，确系一般人想象中的"论文"；但《看镜有感》《春末闲谈》《灯下漫笔》以及《杂忆》等，从题目到笔法，均类似日后声名显赫的"杂感"。将《坟》的前言后记对照阅读，会觉得很有意思。后者称，"在听到我的杂文已经印成一半的消息的时候"，显然当初鲁迅是将此书作为"杂文"看待，而不像日后那样将其断为"论文集"；前者则干脆直面此书体例上的不统一："将这些体式上截然不同的东西"合在一起，只是一般意义上的文章结集，并没有什么冠冕堂皇的理由。反过来，日后鲁迅出版众多"杂感集"，其中不难找到"违规者"。在《二心集》的序言中，鲁迅称："此后也不想再编《坟》那样的论文集，和《壁下译丛》那样的译文集"，于是百无禁忌，在这回"杂文的结集"里，连朋友间的通信"也擅自一并编进去了"。其实，不只是朋友间的通信，《二心集》里，除作为主体的杂感外，既有论文（如《硬译与文学的阶级性》）、演讲（如《上海文艺之一瞥》）、传记（如《柔石小传》），也有译文（如《现代电影与有产阶级》）、答问（如《答北斗杂志问》）、序跋（如《〈艺术论〉译本序》）等，几乎无所不包。

同样以说理而不是叙事、抒情为主要目标，"论文"与"杂文"的边界，其实并非不可逾越。鲁迅不愿把这一可以约略感知但又很难准确描述的"边界"绝对化，于是采用"编年文集"的办法，避免因过分清晰的分类而割裂思想或文章。对于像鲁迅这样因追求体式新颖而经常跨越文类边界的作家来说，这不失为一种有效的创举。在《〈且介亭杂文〉序言》里，鲁迅进一步阐释"分类"与"编年"两种结集方式各自的利弊，强调"分类有益于揣摩文章，编年有利于明白时势"。"只按作成的年月，不管文体，各种都夹在一处，于是成了'杂'"——如此纵论"古已有之"的"杂文"，恰好与《〈坟〉

题记》的立意相通。也就是说，鲁迅谈"杂文"，有时指的是"不管文体"的文章结集方式，有时讲的又是日渐"侵入高尚的文学楼台去的"独立文类。

学界在谈论鲁迅的杂文观时，一般关注的是后者，即作为文类的"杂文"或"杂感"。像"论时事不留面子，砭锢弊常取类型"；"我是爱读杂文的一个人，而且知道爱读杂文还不只我一个，因为它'言之有物'。我还更乐观于杂文的开展，日见其斑斓。第一是使中国的著作界热闹，活泼；第二是使不是东西之流缩头；第三是使所谓'为艺术而艺术'的作品，在相形之下，立刻显出不死不活相"；以及"不错，比起高大的天文台来，'杂文'有时的确很像一种小小的显微镜的工作，也照秽水，也看脓汁，有时研究淋菌，有时解剖苍蝇。从高超的学者看来，是渺小，污秽，甚而至于可恶的，但在劳作者自己，却也是一种'严肃的工作'，和人生有关，并且也不十分容易做"等，这些都是常被鲁迅研究者引用的"绝妙好辞"。我想提请注意的是，作为文章结集方式的"杂文"，即"不管文体"导致的不同文类之间的相互影响与渗透。

谈及鲁迅的"偏激"，研究者有褒有贬，但多将其作为个人气质，还有思维方式以及论述策略。关于策略性的考虑，最合适的例子，莫过于拆屋子的比喻："中国人的性情是总喜欢调和，折中的。譬如你说，这屋子太暗，须在这里开一个窗，大家一定不允许的。但如果你主张拆掉屋顶，他们就会来调和，愿意开窗了。没有更激烈的主张，他们总连平和的改革也不肯行。"除此之外，鲁迅喜欢说狠话，下猛药，其实还有文类方面的制约。也就是说，容易冲动，言辞激烈，好走极端，乃杂文家的天性。

论及自家杂感之所以显得"偏激"，鲁迅在《〈华盖集续编〉小引》中有这么一段很好的解释：

说得自夸一点，就如悲喜时节的歌哭一般，那时无非借此来释愤抒情，现在更不想和谁去抢夺所谓公理或正义。你要那样，我偏要这样是有的；偏不遵命，偏不磕头是有的；偏要在庄严高尚的假面上拨它一拨也是有的，此外却毫无什么大举。名副其实，杂感而已。

这里的关键是"释愤抒情"。为了对抗流俗，"偏不遵命""偏要这样"，如此思维及表达方式，明显不同于史家所追求的"通古今之变，成一家之言"。

学问须冷隽，杂文要激烈；撰史讲体贴，演讲多发挥。所有这些，决定了鲁迅的撰述，虽有"大体"，却无"定体"，往往随局势、论题、媒介以及读者而略有变迁。这里的关键在于，晚清以降日益汹涌的西学大潮中，国人基于对西方"文学概论"的迷信，习惯套用教科书上关于小说、诗歌、戏剧等文类的定义，并以此来规范中国作家的创作。鲁迅对此倾向非常不满，在很多场合里表示不屑，除了拒绝进入神圣的"文学殿堂"，更有所谓"伟大也要有人懂"之类的责难，而且直接指向"留学生漫天塞地以来"这一外部环境。

同属留学生的鲁迅，基于其一贯的怀疑精神以及自家的文学经验，对教科书中凝定不变的文类界说很不以为然。因而，在《徐懋庸作〈打杂集〉序》中断言：

我们试去查一通美国的"文学概论"或中国什么大学的讲义，的确，总不能发见一种叫作Tsa-wen的东西。这真要使有志于成为伟大的文学家的青年，见杂文而心灰意懒：原来这并不是爬进高尚的文学楼台去的梯子。托尔斯泰将要动笔时，是否查了美国的"文学概论"或中国什么大学的讲义之后，明白了小说是文学的正宗，这才决心来做《战争与和平》似的伟大的创作的呢？我不知道。但我知道中国的这几年的杂文作者，他的作文，却没有一个想到"文学概论"的规定，或者希图文学史上的位置的，他以为非这样写不可，他就这样写，因为他只知道这样的写起来，于大家有益。

表面上是在为"杂文"这一文章体式争地位，可体现的是鲁迅的思维特征：质疑所有世人以为"理所当然"的大道理。"从来如此，就对吗？""狂人"固执的追问，久久盘桓在鲁迅等五四新文化人心头上。这一追问，既指向思想，也指向文体（文类）。前者的意义，已经得到许多研究者的再三发掘；反而是后者，不太为人关注。而在我看来，作为一个时刻咀嚼、品味、琢磨"文字"的思想家、文学家，鲁迅的怀疑立场以及抵抗精神，不能不牵涉"文体"。换句话说，像鲁迅这样以"抵抗"著称于世者，其挑战主流意识形态与抛弃社会普遍认可的文类观念，二者完全可能互相勾连。

世人不见得都喜欢鲁迅杂文，这有点类似品鉴老杜诗篇，太平年代并不觉得特别珍贵，可饱经沧桑，穿越某些特殊时刻，被压抑的情感喷薄而出，这时方才真正体味并赞叹杜甫诗篇或鲁迅杂文的沉郁与厚重。鲁迅杂文（杂感）的成功，牵涉大的政治环境及思想潮流，还有个体强大的意志与深邃的思考，后世虽不乏追随者，却很难保持耀眼的光环。但作为一种文体，杂文在不守常规、善于质疑、挑战既有边界这点上，仍有某种精神遗存。

文体的互相渗透，在现代中国散文中尤其突出：喜欢"独语"者借鉴诗歌，善于纪实者取法小说，这与博学慎思的喜欢引经据典，洞幽烛微时更能够寸铁杀人，都属于得其所哉。另外，传统与现代、个人与社会、宗教与主义、山水与哲理、实录与抒情……任何一点申发开去，都可获得独特的感觉与表现。在这个意义上，现代中国散文仍有无限的生长空间。

戏曲

周育德

周育德，中国艺术研究院研究员，曾
任中国戏曲学院院长。

概述

　　戏曲是中华民族传统的戏剧，是中华民族传统文化的瑰宝。它有着悠久的历史，又有着鲜活的现实生命。戏曲艺术是中国城乡广大群众精神生活的重要组成部分。若论戏曲表演艺术之精美，演出剧目之丰富，观众普及面之广大，是全世界所罕见的。在中华民族独特的文化土壤上孕育而成的戏曲艺术，又可分成品格不同的剧种。当今存活在不同地区不同民族的戏曲剧种有348个。

　　众多的戏曲剧种，尽管个性不同，但有着共同的文化特质，它是一种特殊的舞台艺术。

1.两大类型

　　从艺术样式与生活样式的关系着眼，世界舞台上的戏剧艺术大致可分两类。

　　一类是幻觉主义戏剧，可以说是"原形"的艺术。它以"再现生活"为其表现，以"真实化"为最高目标。如写实派话剧、电影（广义的戏剧）、电视剧等——它告诉观众舞台上活动的是"真实的生活"。它要避免被人说成是"做戏"。

　　一类是非幻觉主义戏剧，也可以说是"变形"的艺术。它以"变异生活"，改变生活的原形，为其艺术表现。如中国戏曲——它明确地告诉观众舞台上是在"做戏"。

　　两类不同的戏剧追求的艺术目标不同，追求的艺术效果不同。欣赏这两类不同的艺术，自然也有不同的审美趋向。不能拿欣赏戏曲的眼光来看写实派的话剧，同样也不能拿欣赏写实派话剧的眼光来看戏曲表演。否则，就得不到美的享受，得不到审美的愉悦。

戏曲是一种高度综合的艺术。它在长期的发展过程中，吸纳了文学、音乐、舞蹈、哑剧、杂技、武术、绘画、雕塑、建筑等许多非戏剧的因素，形成独具风格的综合艺术，有别于西方把歌剧、舞剧、话剧、哑剧分立的发展。

这种集多种艺术于一体的戏剧，在西方戏剧中几乎找不到可以与之相对应的戏剧形式。这可能与民族性格和民族文化传统的巨大差别有关。中华文化从原始神话时代，就有浑然性、趋同性、包容性、大综合的强烈要求。这种大综合的特征体现于舞台艺术，就形成了熔唱、念、做、舞、打等于一炉的戏曲，形成了戏曲"以歌舞演故事"的基本特征，决定了它不再制造与"生活真实"力求一致的舞台幻觉。

2.剧场

完备的剧场是由舞台、演员和观众所组成的。

特殊的演员、特殊的观众、特殊的表演、特殊的舞台效果，形成了特殊的戏曲剧场。

戏曲剧场的特殊性，明显地表现在如下方面。

（1）戏曲剧场是"疏离的剧场"。戏曲舞台与真实的生活是有意识地保持距离的，它不营造生活真实的幻觉。剧中角色"有声皆歌，无动不舞"，尽可能地把生活语言音乐化，尽可能地把生活动作舞蹈化，这就摆脱了生活语言和生活动作的自然状态。

演员随时可以在故事发展的同时，或歌或舞，或翻或打。演员在一连串身段之后，会适时地选择一个漂亮的角度，将曼妙的身段骤然刹住，变脸"亮相"。"精气神"十足，看起来很像一尊雕塑，此时观众禁不住为他鼓掌叫好。传统的演出，还有检场的（打杂师）在舞台上自由进出。这一切都显示了戏曲与生活真实的疏离。

它告诉观众是在剧场里看演员做戏。

（2）戏曲剧场是"写意的剧场"。传统的戏曲舞台很简单，常常是空无一物，有时也只有意义不固定的"一桌二椅"。戏曲也要把表演场所转化为剧情发生的地点，但这种转化主要靠表演。舞台上的时间和空间可以透过演员的唱词念白的描绘、虚拟动作身段的暗示，或者用道具提示，而不是靠写实的布景、灯光等物质手段的布置。它尽可能地摆脱"物累"。戏曲舞台的时间和空间，是可以灵活处理的。跑一个"圆场"，就是"人行千里路，马过万重山"。一段戏词唱完，就从一更天过渡到了五更天。几个"龙套"在舞台上一站，就是千军万马。

戏曲剧场是"象征的剧场"。舞台上从来没有真马上台，舞动一根马鞭，就象征骑马。舞台上也从来不会有真的船，舞动一支船桨，就象征江上行舟。戏曲舞台尽可能地把事物"虚化"，一切存在都可以化为象征意义的"符号"。舞台上的一切，都可以说是"假"的，因为是有意识地和"真实生活"拉开了距离。

这种手法，和中国绘画"离形得似"的"写意"精神是一致的。戏曲艺术充分地相信人（观众）的智慧和想象力，戏曲舞台上的情景需要观众去想象，观剧者阅历越丰富，舞台天地也就越广阔。这一点和写意的美术是相通的。

其实，严格地说戏剧舞台上绝对的"再现生活"是绝对办不到的。哲学家说"世界上没有两片树叶是完全相同的"。既然如此，戏曲索性就把"虚拟化"作为施展本领的最佳实践。

传统戏曲的空舞台恰恰可以最充分地发挥人的能动性。演员的表演和当场指点，再加上观众的想象力，可以叫舞台上出现任何的事物。传统戏曲舞台的时间和空间都可以虚拟。"人"的能力得到完全的释放，绝对不受"物"的局限。这种舞台原则不仅是中国戏曲的优良传统，连当今的外国戏剧家也很能接受。

（3）戏曲剧场是"互动的剧场"。演员和观众的活生生的交流，是戏剧区别于电影、电视的重要特点。戏曲演员与观众的交流更有着自己的特点。

戏曲表演常常有和观众之间的直接交流。

一是插科打诨——丑角有时会从剧情中跳出来和观众说话。

一是角色的自我表白——角色常常有独白和旁白。

戏曲里常常有"打背供"，暂时中断同台上对手的交流，而直接向观众吐露真情。

戏曲把独白和旁白（包括第三者的叙述性描绘和评价，如帮腔）糅合到各个方面——有上场引子、定场诗、自报家门、背供白、背供唱、独唱等各种自我叙述的形式。其内容相当广泛，除了角色表达自己的思想感情，还包括角色的姓名、身世、面貌、服装、社会地位、生活境遇、周围环境、人物品评等，只要是创作者认为应当指点给观众知道的东西，都可以向观众表白。

戏曲舞台空间的不确定性和高度灵活性，强烈的游戏精神，使演员和观众的交流渠道很广阔。观众欣赏和品味演员的技巧的自觉性，是戏曲的"疏离性"带来的特点和好处。

（4）戏曲剧场是"技术的剧场"。对待演员技巧的态度，幻觉主义戏剧和戏曲是不同的。幻觉主义戏剧要求舞台上演员化身于角色的技术应当是"不易察觉的，仿佛根本就没有技术"，和生活没有任何区别，这才是"技术完善的标志"。戏曲则相反。俗语说："戏无理，不服人；戏无情，不动人；戏无技，不惊人。"戏曲艺术很讲究形式美，演员的表演技巧占有特别重要的地位。戏曲要求演员创造角色，要"装龙像龙，装虎像虎"，但同时又允许演员充分展示刻画人物的各种技巧——音韵歌唱的技艺，表现心理的和形体的技艺。观众在欣赏的过程中，对演员技艺的精彩之处，报以鼓掌和喝彩，被视为正常的剧场效果。

戏曲舞台上有意识地展示演员的技巧。许多生活的动作，都被处理成技术含量很高的身段。如表现不小心摔了一个跟头，演员要走一个"吊毛"；表现人临死的挣扎，演员要做一个"倒僵尸"。如果不会这些"玩意儿"，观众是不会满意的。所以，为了掌握舞台上必要的技巧，戏曲演员从小就要接受"四功五法"（唱、念、做、打，手、眼、身、步、法）的严格训练，要学会表现生活的各种身段程式。

戏曲观众进剧场看戏，很多时候就是为了看演员角儿。因为角儿是有技巧可看的，是有玩意儿的。老练的观众还知道在哪个节骨眼儿上有戏，有"好"。

所有这一切，构成了戏曲艺术特有的舞台原则和舞台方法。在世界戏剧之林中，中国戏曲确实是一种独特的舞台艺术。

3.简要历程

戏曲有着长期的孕育过程。远在秦汉时代已经有了戏曲的胚胎。隋唐时代，已有了戏曲的雏形。但是作为一种独立存在与发展的艺术形态，直到宋代才形成。

宋元时代是戏曲艺术第一个黄金时代。当时汴梁、临安、大都等都市里，出现了专门的娱乐场所——勾栏瓦舍。中国戏曲由表演短小的滑稽故事的小杂剧，发展成可以表演大规模故事的南戏（永嘉杂剧）和北曲杂剧。

北曲杂剧是唱四大套北曲来演述一个完整的故事。北曲杂剧盛行于元代，出现了关汉卿、王实甫、马致远、白朴、纪君祥等杰出的剧作家，出现了《窦娥冤》《西厢记》《汉宫秋》《梧桐雨》《赵氏孤儿》等杂剧杰作。

南戏是流行于南方的戏曲品种。南戏音乐是宋人词曲再加上里巷歌谣、村坊小曲。南戏的舞台上出现了《荆钗记》《白兔记》《拜月亭》《杀狗记》《琵琶记》等影响深远的剧作。南戏演唱在不同的地区形成了不同的声腔，如温州腔、海盐腔、弋阳腔、昆山腔、余姚腔等。

戏曲艺术的第二个黄金时代是明清传奇时代。元代统一中国之后，南北艺术广泛交流。南戏接受了北曲杂剧的艺术经验，实现了精密化和规范化，形成了传奇艺术。在明代的嘉靖、隆庆年间，演唱南戏的昆山腔，经过魏良辅等民间音乐家的改良，成了体局静好、柔婉细腻的"水磨调"，也即昆曲。昆曲由清唱而进一步成为演唱传奇而大受欢迎的戏曲声腔。由于昆曲的推动，许多文人雅士参与了传奇的写作，出现了"曲海词山"的奇观。从明朝中叶到清朝中叶，传奇艺术繁荣了两个多世纪，出现了汤显祖、李玉、李渔、洪昇、孔尚任等杰出的传奇作家，出现了《牡丹亭》《长生殿》《桃花扇》等传奇杰作。

戏曲的第三个黄金时代，是清代地方戏时代。明代晚期，南北各地出现了许多新生的地方性的戏曲剧种。清代初年，这些地方戏曲逐渐成熟。清代乾隆年间，形形色色的地方戏曲由村社而乡镇，由乡镇而城市，以至进入京城，成为戏曲艺术的劲旅。它们以梆子腔、柳子腔、皮黄腔等演唱通俗的故事，深受广大城乡观众的欢迎，在舞台上很快取代了传奇的地位。与此同时，在少数民族地区也形成了戏曲剧种，如藏语地区的藏戏等。

清代乾隆年间，来自安庆、扬州的以二簧调为代表性声腔，汇聚了京腔、秦腔、昆腔等多种声腔的"徽班"进京。道光年间，来自湖北的皮黄腔戏班"汉班"进京。京都舞台上"徽汉合流"，在北京城独特的文化土壤中，形成了后来影响全国的"京戏"。

清代晚期，又有一批由民间歌舞和说唱艺术等形成的地方戏曲出现在南北城乡，那就是花鼓戏、采茶戏、花灯戏、秧歌戏、道情戏等。地方戏曲形成的过程，一直延续到今天。

林林总总，风采各异的戏曲剧种，构成了古老与青春共生、文雅与通俗并存的戏曲艺术灿烂绚丽的百花园。

4.高台教化

中国戏曲不仅是大众娱乐，而且强调"寓教于乐"。很多优秀的戏曲剧目，实际上早已成为民众精神生活的教科书。

戏曲的题材大多来自前人的小说、说唱和故事传说，但是也有过

反映当时现实生活的作品，如《鸣凤记》《清忠谱》等。

千百年来，戏曲舞台上讲述的故事，有几个热门的话题。

一是家庭伦理，一是清官断案，一是儿女风情，一是历史故事，一是神仙传说。

这些话题，在优秀的剧作里一直讲述到现在，仍然魅力不减。当代戏曲工作者讲述这些传统的话题时，都在努力地去芜存真、推陈出新，发扬其民主性的精华，剔除其封建性的糟粕。与此同时，积极地编创新的历史故事戏和反映当代现实生活的戏曲现代戏。

戏曲大家庭里的几个古老的成员，如昆曲、粤剧、京剧、藏戏，已经被联合国选入人类非物质文化遗产代表作，被认真地保护和传承。

戏曲艺术遵循整理改编传统戏、新编历史故事戏和编创反映现实生活的现代戏的"三并举"的方针，一方面尊重传统，一方面做创造性的转化、创新性的发展，沿着守正创新的道路继续前进。

作品赏析

戏曲艺术在上千年的历史中，创作了数以万计的剧目。有几部名作源远流长，在舞台上享有重要的地位，在民间有着重大的影响，在此略作介绍。

1.《琵琶记》

元末明初，高则诚撰写的《琵琶记》，是一部表现家庭伦理关系的南戏名作，写的是新婚两月的陈留郡书生蔡伯喈奉父命参加科考。蔡伯喈不愿远离风烛残年的父母，但不敢违抗父命，不得已告别父母和妻子赵五娘离家进京。蔡伯喈高中状元，牛丞相奉旨招他为女婿。蔡伯喈以家有父母妻室为由辞婚，继又向皇帝陈情辞官、辞婚，皇帝不准。蔡伯喈非常勉强地与牛小姐结婚。此时，陈留郡正逢大旱，赵五娘自食糠秕，把粥饭侍奉公婆。公婆死后，赵五娘剪掉长发换钱买棺木将公婆埋葬。身背琵琶，携带公婆画像，一路弹唱乞讨，进京寻夫。结果寻到了蔡伯喈，夫妻相认，一门旌奖，一夫二妻大团圆。

这个故事至迟在南宋时已经在民间流传。《琵琶记》是高则诚根据民间南戏《赵贞女蔡二郎》和民间说唱等改编而成。

《赵贞女》是南戏开山之作。徐文长《南词叙录》说它是"里俗妄作"，基本情节是"蔡伯喈弃亲背妇，为暴雷震死"，是一部婚变悲剧。根据古南戏《刘文龙菱花镜》中《小上坟》一段唱词：

"（蔡伯喈）他上京城去赶考，赶考一去不回来。一双爹娘冻饿死，五娘抱土垒坟台。坟台垒起三尺土，从空降下琵琶来。身背琵琶描容像，一心上京找夫郎。找到京城不相认，哭坏了贤妻女裙钗。贤惠五娘遭马践，到后来五雷殛顶蔡伯喈。"

由此我们得知南戏《赵贞女》谴责的是一旦为官即抛弃糟糠之妻的负心汉。

"贵易交，富易妻" 是封建社会相当普遍的丑恶现象。科举取士开始于唐朝，真正的贯彻是在宋朝。有不少人"十年寒窗，一朝成名"，"朝为田舍郎，暮登天子堂"。其不肖者，一朝富贵，便另娶高门，抛弃了昔日曾共患难的糟糠之妻或私情相许的女子。所以，南戏舞台上自然地推出了一系列的婚变戏、情变戏，如《王魁》《三负心陈叔文》《李勉负心》《张协状元》等，《赵贞女》是其中很重要的一部。

贤惠女子赵五娘被"马践"的结局太过悲惨，观众心里难以接受；蔡伯喈遭"雷殛"都难泄观众心头之恨。于是，高则诚对《赵贞女》做了翻案改造。

要改变赵五娘的悲剧命运，必须对蔡伯喈的形象做根本性的修改。高则诚把他从一个弃亲背妇的恶人，改造成一个性格懦弱、思想矛盾的善良的读书人。《琵琶记》浓墨重彩地描写了蔡伯喈的"三不从"。

他辞试，严父不从。蔡伯喈本来不想赴试，老父亲却硬逼他进京。这是"一不从"。他辞婚，牛丞相不从。牛丞相是"奉旨招亲"，他不敢抵制。这是"二不从"。他辞官，皇帝不从。一旦考中，必须为皇家服务。蔡伯喈不敢违抗圣命。这是"三不从"。

在皇权至上的封建时代，蔡伯喈只能服从。蔡伯喈与牛小姐结婚是很无奈的。做牛家的赘婿，蔡伯喈没有感受到任何的幸福，而是陷入深重的烦恼。他时常思念家中的父母和妻子，终日哀叹牢骚。

高则诚笔下的蔡伯喈，本质上不是坏人，所以与赵五娘重逢时，夫妻能相认。得知父母相继死于病饿的悲惨消息后，他的灵魂深受震撼，软弱的心灵终于迸发出一点火花，决然辞朝归去，庐墓尽孝。

高则诚对蔡伯喈的解释，基本上是合乎情理的。但是，他对蔡伯喈的同情有余，而批判不足。因为蔡伯喈虽然辞试，却去赴考了；他辞婚，却是再婚了；他辞官，但还是留朝了。他很矛盾，终归懦弱。对蔡伯喈的行动，观众始终是不够满意的。所以，后来在演出的过程中，都少不了有邻居张广才手持蔡公留下的藜杖，"打三不孝"的一场戏：谴责蔡伯喈父母年老而远游求官，父母无依而不奉养，父母亡故而不葬不祭。张广才名义上是打蔡伯喈的"三不孝"，实则是对封建皇权的控诉。

为了摆脱"马践五娘"的惨剧，高则诚也没有把牛丞相和牛小姐写成恶人。

《琵琶记》人物众多，但真正的中心人物是赵五娘。

陈留郡干旱三载，"树无枝叶草无根"，在极端艰苦的情势下，赵五娘以坚韧的毅力和自我牺牲的精神，完成了丈夫临别时对她的嘱托。一人支撑着苦难生活，尽心尽力地赡养丧失了生活能力的公婆。她处处为他人着想，自己暗中吃糠，把讨要到的一点点米煮成粥给公婆吃。为给公婆换取棺木，她剪掉了自己的长发卖钱。埋葬公婆时，她罗裙包土，十指染血。公婆死后，她千里寻夫，一路乞讨。赵五娘的悲惨境遇和她的一系列的戏剧行动，表现了她对苦难的超强的承受力，集中体现了中国妇女传统的优良美德，不是一个"孝"字所能概括。赵五娘的行动，感动了公婆，感动了蔡伯喈，也感动了广大观众。在戏曲舞台上，赵五娘《吃糠》《描容上路》等折子，演起来都能使观众落泪。

《琵琶记》真实地反映了赵五娘一家的不幸和陈留郡百姓的苦难。剧本把荒年中农村生活的惨象，下层官吏鱼肉乡里的情景，和牛府奢侈豪华的生活相对照，相当有力地揭示了当时的社会矛盾。

《琵琶记》的艺术成就一向受到高度评价。

此剧结构严谨，双线发展，互相对照。自蔡伯喈上京赴试后，剧情就分成两条线索发展：蔡伯喈和赵五娘，一在京都，一在陈留，两地生活场景交错铺排，人物的命运交叉描写。这种结构布局的方法，为后来传奇的作家所模仿。

《琵琶记》的语言自然澄澈，以口头语写心间事。不以修辞琢句见长，着力于剖露人物情感。《吃糠》一出，赵五娘唱的两首【孝顺歌】，《描容上路》一出，赵五娘唱的两首【二仙桥】等，都是"体贴人情，委曲必尽；描写物态，仿佛如生"的绝妙佳作。

《琵琶记》问世以来就是深受观众欢迎的好戏，数百年来传唱不绝，被誉为"戏祖"。原作42出，昆曲舞台上经常上演的约有30出。高腔系统如湘剧、川剧等有整本演出。在梆子、皮黄系统以及某些后期起的剧种如淮剧等，《琵琶记》也是重要的剧目。

《琵琶记》的作者高则诚，是温州瑞安人。生于元朝末年，参加过元顺帝年间的科举，经历了元朝衰败的全过程。他在处州、浙江行省、绍兴、庆元等地做过小官。元末，台州方国珍起事，曾招高则诚于幕中，后辞谢隐居。为纪念这位杰出的南戏作家，高则诚故里浙江瑞安，建立了高则诚纪念馆。

2. 《窦娥冤》

关汉卿是元代伟大的戏曲作家，一生写杂剧60余本，《窦娥冤》是其代表作之一。

此剧写书生窦天章流落楚州，曾借蔡婆20两银子，本利该还40两，他无力偿还。正值大比之年，窦天章想进京赶考又缺少路费。无奈将女儿端云送给蔡婆做童养媳以抵债，另得10两银子做盘缠。端云命苦，三岁丧母，七岁入蔡家，改名窦娥。17岁成婚，三年后丈夫亡化，窦娥成了寡妇。她决心尽孝守节，侍奉婆婆，两代孀妇相依为命。某日，蔡婆向赛卢医讨债，被骗到荒郊，险些被赛卢医勒死。适逢张驴儿父子经过此地，把赛卢医吓跑。张驴儿乘人之危，要蔡婆婆媳嫁给张家父子。蔡婆被逼应允，领张家父子还家。张驴儿想占有窦娥，窦娥抵死不从。张驴儿在羊肚汤里下毒，想毒死蔡婆，再逼窦娥就范，不料毒死了自己的老爹。张驴儿到官府诬告窦娥毒死公公。昏官梼杌太守不问青红皂白，严刑逼供。窦娥据理力争，不肯招认。梼杌又以加刑蔡婆相威胁。窦娥不忍婆婆受刑，屈打成招被判死刑。临刑时，窦娥为证明冤枉，发下三桩誓愿：头落处，血飞素练；六月里，天降大雪；楚州地，大旱三年。结果三桩誓愿，一一应验。三年后，已经做了官的窦天章以肃政廉访使的身份来到楚州，审囚刷卷。窦娥的冤魂前往申诉，窦天章受感动，重新核查此案。公堂上，窦娥冤魂与张驴儿当面对质，冤情大白，冤狱得以平反。

因为剧中有孝妇蒙冤、临刑发愿的情节，所以有人认为《窦娥冤》的故事来源于"东海孝妇"的传说。说的是汉朝东海郡有孝妇，少寡，侍奉婆母很认真。婆母让她改嫁，她不从。婆母不愿拖累儿媳，自缢身亡。婆母的女儿告她杀死婆婆，太守竟判孝妇死刑。郡中遂枯旱三年。后来于定国重审，冤案昭雪。《汉书·于定国传》《搜神记》等有记载。其实关汉卿写《窦娥冤》完全是因元代社会现实的激发。关汉卿生活的蒙古贵族统治下的元帝国，是法制混乱、贪腐遍地、恶霸横行的社会。窦娥冤案反映的是元代的社会现实。

关汉卿笔下的窦娥，是一个善良而刚毅的女性。面对恶徒的威胁，她绝不屈从。面临死亡，她公开诉说冤枉，发愿以证清白。她被逼认罪，完全是不忍见婆婆受酷刑。押赴刑场时，她还特意请求刽子手绕道避开家门，以免婆婆所见痛心。这样一个善良的女子，却被毁灭了。面对屠刀，窦娥喊出了惊天动地的血泪控诉：

有日月朝暮悬，有鬼神掌着生死权。天地也合把清浊分辨，可怎生糊涂了盗跖颜渊。为善的受贫穷命更短，造恶的享富贵又寿延。天地也做得个怕硬欺软，却原来也这般顺水推船。地也，你不分好歹何为地！天也，你错勘贤愚枉做天！哎，只落得两泪涟涟。

《窦娥冤》是中国戏曲史上光彩独具的伟大创作。王国维《宋元戏曲史》说它"即列之于世界大悲剧中，亦无愧色也"。

此剧对后世影响极大。明代万历年间叶宪祖据此改编为33出的传奇《金锁记》，写窦娥的丈夫没有死，落水而得救，后来做官，夫妻团圆。这是一部并不成功的作品，但其中《送饭》《斩娥》等几个折子，在舞台上保留下来。当代中国许多戏曲剧种，都有《窦娥冤》上演，大都是根据关汉卿的原作改编的。

早在19世纪，法国已有《窦娥冤》的法文译本。尔后，日译本、英译本、德译本陆续出版。《窦娥冤》已成为人类文化宝库中的珍品。

3.《西厢记》

北曲杂剧以儿女风情为题材的剧作中,《西厢记》是最杰出的一种。王实甫撰(一说王实甫作前四本,关汉卿续作第五本;一说关作王续),共五本21折,写的是崔莺莺和张珙的爱情故事。

唐朝相国崔珏病殁,夫人郑氏携女儿莺莺及婢女红娘扶灵柩回故乡,来到河中府。因路途有阻,暂住普救寺,一面去信京城,要侄儿郑恒来协助料理丧事。崔夫人同莺莺到佛殿散心,正好与赴京应试路过河中府的张珙(张生)相遇。莺莺和张生一见钟情。张生以温习经史为名,在普救寺借住。经过隔墙联吟,佛殿传情等,二人感情逐步升温。此时,河桥守将孙飞虎听说莺莺貌美,欲掠莺莺为妻,兵围普救寺。危难中崔夫人当众宣布能退贼兵者,愿将莺莺嫁之为妻。张生写信请来好友白马将军退敌解围。事后,张生和莺莺本以为婚事将成,崔夫人却变卦悔婚,让莺莺以兄妹之礼拜见张生,二人大失所望。张生痛不欲生,害下了相思病。在红娘的帮助下,崔张以琴声互诉心曲。红娘又为张生莺莺传送情书,终于促成二人私下结合。崔夫人发觉后,拷打红娘,责以不能对莺莺行监坐守,反而引莺莺胡行乱走;红娘则以孔子的话"人而无信,不知其可",反责老夫人言而无信,才造成莺莺的越轨行动,迫使崔夫人认可了崔张的婚事。但是,老夫人又宣称崔家不招白衣女婿,逼令张生赴考。得官则事成,落第则休见。张生与莺莺在长亭依依惜别。张生进京一举及第,前来迎娶莺莺。不料郑恒先到，造谣说张生在京已入赘卫尚书家。老夫人没了主意，又将莺莺许嫁郑恒。张生赶到，经白马将军说合，真相大白。郑恒羞惭，触树而死。张生和崔莺莺终成眷属。

《西厢记》的故事，也有一个长期孕育的过程。故事源于唐朝元稹的文言小说《莺莺传》。那篇小说写的是张生和莺莺恋爱，后来又抛弃了莺莺，是一个"始乱终弃"的悲剧故事。后来宋朝有过说唱莺莺故事的鼓子词。到金朝，产生了一部大型的说唱作品董解元《西厢记》诸宫调（俗称"董西厢"），已经完成了崔莺莺和张生故事的完整规模。王实甫的《西厢记》杂剧，就是在"董西厢"的基础上写成的。但是王实甫《西厢记》的故事更加充实丰富，人物形象更加合理生动。从诸宫调说唱到杂剧，《西厢记》的故事和主题也实现了创造性的转化。

《西厢记》杂剧里塑造了许多人物，大多鲜活生动，合情合理。

崔莺莺是第一个中心人物。游殿时，她和张生一见钟情，"临去秋波那一转"，已经向张生释放了爱的信号。隔墙的赋诗联吟，更加彼此吸引。但是再进一步的行动却使她难以举步。相府小姐的严格规范和全面的礼教修养，使她的行动非常谨慎，又有些矜持。她不满母亲的失信，决定对张生以身相许。她托红娘传递一封诗体的情书（待月西厢下，迎风户半开。隔墙花影动，疑是玉人来）给张生，约张生花园相会。张生如约赴会，她却不认账，弄得张生一头雾水。她向往爱情，却又羞于面对爱情。崔莺莺的"赖柬"，还有一个原因，是身边有一个受老夫人之命，对她"行监坐守"的红娘。当确信红娘是她与张生爱情关系的坚决支持者之后，她终于迈出了勇敢的一步，和张生私下结合，成就了夫妻之实。崔莺莺勇敢的行动，是对封建礼教的大胆挑战。对于功名利禄，崔莺莺也有着和母亲根本不同的立场。长亭送别时，她嘱咐张生"此一行得官不得官，疾早便回来"。她的思想境界也是有异于封建常理的。

《西厢记》另一个核心角色张珙，是一个可爱的人物。他富有正义感，又大胆地追求爱情。孙飞虎兵围普救寺时，他勇敢地站出来，向白马将军求救，拯救了数百僧俗大众，也保护了崔莺莺。他深深地爱上了崔莺莺，老夫人悔婚给他的精神以严重的打击。他是个爱情的"志诚种"，又有着读书人的小聪明。崔莺莺的情书给他很大的鼓舞，他应约晚上到花园相会，从下午一直苦苦地盼到月上柳梢。莺莺赖柬，他自怨自艾，无计可施，表现了"银样镴枪头"式的书生气，也表现了他的忠厚、老成。在红娘眼里，他"酸溜溜蜇得人牙痛"，是一个"文魔秀士，风欠酸丁"。这个人物闪现着浓厚的喜剧色彩。

红娘一角，是《西厢记》的杰出的创造。她聪明机敏，又热情泼辣，是全剧里最为活跃的角色。她能看透所有人的心思，又能用特有的机智来对付。她富有正义感，处处为张生和莺莺出谋划策，帮助他们解决难题。"拷红"一节，充分地体现了红娘的智慧和勇敢。她抓住老夫人的"言而无信"，挡回了老夫人的责打，由被动挨打转化为主动攻击的胜利者。当老夫人表示要把张生送官治罪时，红娘又晓之以利害：闹到官府会"辱没相国家谱"，"夫人亦得治家不严之罪"，"官府若推其详，亦知老夫人背义而忘恩，岂得为贤哉"。红娘击中老夫人的要害，使她不得不接受红娘"恕其小过，成就大事"的献策，不得已而答应了把莺莺嫁给张生。这个人物塑造的成功，使"红娘"一词成为中国人形容热心助人成就男女爱情者的代称。

《西厢记》全剧5本21折的结构规模，打破了北曲杂剧每本四折一楔子讲述一个故事的惯例。

《西厢记》的语言艺术也为人称道。如《长亭送别》一折，莺莺所唱【正宫·端正好】一曲：

碧云天，黄花地，西风紧，北雁南飞。晓来谁染霜林醉，总是离人泪。

情景交融，诚乃千古绝妙好词。

《西厢记》歌颂男女自由爱情，表现了"愿天下有情的都成了眷属"的美好的主题。在同类题材的戏剧作品中，《西厢记》可谓顶峰之作。近人郑振铎《文学大纲》说："中国的戏曲小说，写到两性的恋史，往往是两人一见面便相爱，便誓定终身，从不细写他们恋爱的经过，与他们在恋爱时的心理。《西厢》的大成功便在它的全部都是婉曲细腻地在写张生与莺莺的恋爱的心境的，似这等曲折的恋爱故事，除《西厢》外，中国无第二部。"

北曲杂剧《西厢记》传唱到明朝，有人把它改为南曲传奇演唱，被称为《南西厢》，是昆曲舞台上的重要剧目。后来高腔、梆子、皮黄等声腔系统的剧种，以及年轻的剧种如越剧等，也都有《西厢记》，而且各展精彩。

4.《牡丹亭》

在中国戏曲史和文学史上，讲青年男女爱情故事的戏剧作品中，《牡丹亭》是唯一可以与《西厢记》媲美的传奇杰作。

《牡丹亭》作者汤显祖（公元1550—1616年），临川（今江西抚州）人。十四岁成秀才，二十一岁乡试中举，但是接下来的科举之路却异常坎坷。万历五年（公元1577年）和万历八年（公元1580年）汤显祖两次进京会试，都因谢绝了张居正的延揽，结果名落孙山。张居正逝世后的第二年，万历十一年（公元1583年），三十四岁的汤显祖第五次参加会试，才得以低名次考中了进士。汤显祖自请到南京任职，做了礼部太常寺博士。四十岁时升南京礼部祠祭司主事。万历十九年（公元1591年）春三月，汤显祖上《论辅臣科臣疏》，对万历皇帝登基以来近二十年的朝政，做了全面的批判，因此被贬为广东徐闻典史。万历二十一年（公元1593年），汤显祖量移浙江遂昌知县。汤显祖在浙江遂昌的惠民理政，深受民众爱戴，口碑载道，至今不替。

万历二十六年（公元1598年）春，汤显祖弃官归里，从此告别了官场。汤显祖弃官归里后，在临川玉茗堂开始了新的生活。他用了极大的精力从事戏曲创作。回家的当年，他写定了《牡丹亭还魂记》。后来又完成了《南柯记》和《邯郸记》，再加上早年写成的《紫钗记》，因为各剧都有做梦的情节，世人总称为《玉茗堂四梦》或《临川四梦》。万历四十四年（公元1616年），汤显祖和莎士比亚在同年逝世。

为纪念汤显祖，江西抚州和浙江遂昌都有汤显祖纪念馆。

《牡丹亭》共55出，说的是杜丽娘还魂的故事，也称《还魂记》。

出生于官宦之家的杜丽娘，自幼受到父母的深切关爱。父母对丽娘的爱，体现在对她的精心教育和管束，使她的视听言动的每一个细节都不违反闺范。像当时富贵人家的闺阁女子一样，父亲让丽娘读书识字，还要进一步提高她的文化修养，为的是"他日嫁一书生，不枉了谈吐相称"。于是，父亲给丽娘开设闺塾，聘请的塾师是一个六十岁的腐儒陈最良，选定的教材是《诗经》。

《诗经》的第一首是《关雎》。陈先生只会依注解书，按宋儒的解释说是歌颂"后妃之德"，宣传"思无邪"。可是聪慧的杜丽娘并不按封建道德教条去思考，她感性地悟出这是一首热烈的恋歌。封建的说教无法禁锢少女的天性，一首《关雎》恰恰成了对杜丽娘青春意识的启蒙，唤醒了她埋藏在心底的自然的欲念。结果是在丫鬟春香的怂恿下，杜丽娘人生第一次走进花园，感受到人间真正的春天。

进得花园，乍见满园春色，杜丽娘不由地赞叹："不到园林，怎知春色如许！"然而她看到姹紫嫣红的烂漫春景，却无人欣赏料理，竟然都付与断井颓垣，她联想到这正如自己青春正盛，却无人关爱，仍在幽闺自怜，一缕惜春、怀春的情思油然生起。她感叹"良辰美景奈何天，赏心乐事谁家院"，埋怨"恁般景致，我老爷和奶奶再不提起"。花园虽观之不足，但还是要回到闺房。杜丽娘的情思由怀春惜春而转入伤春，她长叹："吾生于宦族，长在名门，年已及笄，不得早成佳配，诚为虚度青春。光阴如过隙耳。"表达出对爱情的强烈渴望，和青春易逝、时不我待的怨怅。

春情难遣的杜丽娘，因情成梦。现实中的苦闷，在梦中得到了释放。梦中出现的情人，好像在何处曾经见过的。这位书生赠她一枝柳条，请她题诗，抱她到牡丹亭畔芍药栏边幽欢。杜丽娘心中的追求，在梦中得到了实现，少女伤春的惆怅在梦中得到补偿。不料雨香云片才到梦儿边，却被花神惊醒，再加上母亲的呼唤，杜丽娘被惊出一身冷汗。杜丽娘的美梦被剥夺了。杜丽娘对梦中之事不能放怀，从此行坐不宁，自觉如有所失。

杜丽娘自感"那梦儿还去不远"，寻思辗转，竟夜无眠。她按捺不住美梦重温的冲动，支开丫鬟春香，悄向花园寻看。对梦境的追寻变成了对幸福追求的实际行动。杜丽娘面对园中花草，回想着梦中的美好情景。但梦是不可复制的，她寻来寻去，都不见了。花园杳无人迹，凄凉冷落，好不伤心！梦境的狂喜和凄冷的现实形成巨大的反差，使杜丽娘的春情在封建礼教的压抑下爆发出一股强大的冲击力。梦中的书生"抓不到梦魂前"，她只能面对一棵梅子累累、依依可人的大梅树，倾诉自己的心声："花花草草由人恋，生生死死遂人愿，便酸酸楚楚无人怨。"她发誓活着不能和这梦中的情人相聚，死后也要埋葬在这梅树下边。"待打拼香魂一片，阴雨梅天，守得个梅根相见。"寻梦的结果是，"望眼连天，伤心自怜，情怅然，泪暗悬"，杜丽娘陷入深度的精神抑郁。

杜丽娘寝食悠悠，日渐消瘦。爱情的煎熬将耗尽她的青春，眼看往日的美貌将要逝去。为了把美好的形象留在人间，她对镜描绘了一幅自画像，并想象梦中的书生，题写了一首诗。遗憾的是她无法将此画此诗寄给情人。杜丽娘怀着对爱情的渴望，由春天病到深秋。中秋之夜，风雨潇潇。丽娘病势转沉，自知将不久于人世，沉痛地与母亲诀别。她请求母亲，在她死后把她葬于后园她所心爱的那株梅树下。

　　杜丽娘怀着"花花草草由人恋，生生死死遂人愿，便酸酸楚楚无人怨"的信念撒手人寰。父亲杜宝奉旨往淮扬前线抵御南侵的金兵，按杜丽娘的遗嘱，把她葬于花园的梅树下，并修造一座梅花庵观，安置丽娘神位，请石道姑和陈最良祭扫看守。

　　如果《牡丹亭》的故事到此为止，那只能算作一个写实的叙事。《牡丹亭》独特之处，是为至情而死的杜丽娘的生命并未到此结束，而是还要经历一番生死的穿越，走入一段浪漫的历程。

　　杜丽娘死后，她的鬼魂在地狱被监禁了三年，经历了阴曹的审判。胡判官不相信有因梦而亡的事，心生哀怜。经花神说情，看在杜宝的分儿上从宽处理。又查看婚姻簿，知道杜丽娘与柳梦梅有姻缘之分。于是放杜丽娘出枉死城，并发给一纸"幽魂路引"，准她随风飘荡，跟随那梦中人。

　　广州秀才柳梦梅进京赶考，路过南安，寄宿于梅花观中。在花园太湖石下拾得杜丽娘的画像，觉得画中美女似曾相识。杜丽娘的游魂来到昔日的后花园，听到有男子深情的呼唤，而此人正是当年梦中相会的那位书生。杜丽娘大胆地和柳梦梅结合了，开始了一段自由而美好的人鬼之恋。

　　日子一久，事情被石道姑发觉。杜丽娘不得不说出真情，柳梦梅也不再顾忌人鬼的界限。按照杜丽娘的指点，柳梦梅冒掘墓开棺的死罪，打开了杜丽娘的坟墓。奇迹出现，死后三年的杜丽娘真的还魂复活了！

　　杜丽娘回到人间，立即要面对现实社会的严峻考验。没有"父母之命，媒妁之言"的婚姻，是得不到社会承认的，是非法的。杜柳连夜逃走。到了临安，柳梦梅参加了会试。因宋金战事吃紧，发榜推迟。杜丽娘让柳梦梅先到淮扬前线，以画像为凭拜见岳父母。柳梦梅兴致勃勃地来到杜宝大帐，却被当作盗墓贼吊打，因为陈最良早已将杜丽娘坟墓被掘的事报告杜宝。人赃俱在，柳梦梅无法为自己辩解。幸好柳梦梅已中了状元，事情闹到金銮殿上。

经过严格的人鬼测试，证明杜丽娘确实是人，不是鬼。但是思想僵化的杜宝绝对不能接受女儿"无媒而嫁"的婚姻。此时，经过生死考验的杜丽娘已经变得很勇敢了。她面对皇帝"自媒自婚"的指责，勇敢地声称"保亲的是母丧门"，"送亲的是女夜叉"。皇帝也只好做个人情，让一行人"父子夫妻相认，归第成亲"。杜宝虽然老大不高兴，但也莫可奈何。

和《西厢记》《红楼梦》等作品不同，《牡丹亭》并没有表现封建势力如何破坏一对青年男女的恋爱婚姻。杜丽娘不是死于爱情被破坏，而是死于对理想爱情的徒然渴望。

杜丽娘因情而梦，因梦而病，因病而死。她的悲剧是有着深刻的典型意义的。在封建礼教的重压下，青年男女（尤其是青年女子）无法实现理想的婚姻，青春被摧残者大有人在，所以杜丽娘的被毁灭在青年女子中曾引起普遍的情感共鸣。杜丽娘出生入死地奋斗，一片至情终于争取到理想的婚姻。这种结局，对当时社会中的青年男女有很大鼓舞作用。

《牡丹亭》表现了汤显祖的一种哲学思想。明中叶以后，随着政治的腐败，理学的危机出现了，思想"异端"大放异彩。一些有民主倾向的哲人，明确地给"人欲""人情"以合法的地位。就是在这种思想解放的潮流中，汤显祖认真地思考着"情"与"理"的关系，经过痛苦的思索，终于认定了"情"的崇高地位，发表了一系列尊情的高论。

汤显祖说"人生而有情"。"情"是与生俱生的，是自然而合理的存在。他说"情"是文学艺术的原动力，也是文学艺术感染力的源泉。当与朋友言及《玉茗堂四梦》的成因时，汤显祖简捷地说"因情成梦，因梦成戏"。汤显祖在《牡丹亭》的《题词》里说道："如丽娘者，乃可谓之有情人耳。情不知所起，一往而深，生者可以死，死可以生。生而不可与死，死而不可复生者，皆非情之至也。"汤显祖说"情"是天地万物的根本，人的"至情"可以超越生死的界限。对怀着至情的杜丽娘来说，坟墓只不过是她生命历程中的一个暂停的旅舍。杜丽娘还魂的故事是奇特的。按常理推论，死后三年的女子复活是绝对不可能的事。但是按汤显祖的"情至"理论来考察，则是完全可能的。杜丽娘是汤显祖所倡导的"情"的化身。

《牡丹亭》以55出的巨大篇幅，尽情地描绘了众多鲜活的艺术形象，构筑了绚丽多彩的人物画廊。

杜丽娘的"另一半"也是一个钟情不二的情痴。广州书生柳梦梅，情思昏昏中做下一梦。"梦到一园，梅花树下，立着个美人，不长不短，如送如迎。"因此便改名梦梅。三年后，为了实现婚姻和功名的梦想，柳梦梅奔赴临安参加会试。暮冬时节，柳生过梅岭感冒风寒，卧病梅花观中。得陈最良调理病愈，春怀郁闷，到花园散心。在湖山石畔，拾得一个檀香匣，内有杜丽娘的画像。他先以为是观音喜相，捧到书馆顶礼供养。后发现不是观音，可能是嫦娥。再细看也不是嫦娥，而是一幅女子行乐图。令他吃惊的是画中人似曾相识，画上的题诗有句"他年得傍蟾宫客，不在梅边在柳边"，更让他倍感奇怪，觉得柳和梅都与自己有些瓜葛。既然如情人相逢，就和诗一首。自此将画像早晚玩之、拜之、叫之、赞之，一心要将画中人唤下来。

柳梦梅痴情的呼唤果然把意中人唤来，杜丽娘飘然而至。这是柳梦梅至情呼唤的结果，是他三年前那场春梦的应验，所以杜柳二人是自然的结合。不过人鬼之恋终非长久之计，杜柳的幽媾还是被石道姑识破。杜丽娘决定将实情相告。柳梦梅得知杜丽娘是鬼，当然有些怕，但痴情的他爽快地认定："你是俺妻，俺也不害怕了。"他依照杜丽娘的叮咛，立即到梅树下掘开杜丽娘的坟墓。他并不考虑由此可能引起的严重后果，支持他行动的正是不计生死的至情。

柳梦梅的运气太好。尽管他参加会试已经迟到，但是仍然被视为"遗才"，直接参加策论答辩。因"和战守"的高论得到考官的赏识，居然中了状元。不过因为金兵南下，淮扬战事吃紧，考试发榜推迟。他接受了杜丽娘的要求，到淮扬前线去打听杜丽娘父母的情况，拜见尚未见面的岳父母。

柳梦梅冒着一路烽烟赶到淮扬，战事已经结束。柳梦梅信心满满地准备参加杜宝的太平宴，连贺诗都想好了，但是却被当作盗墓贼拘捕、吊打。柳梦梅为保护自由婚姻的成果，和岳父杜宝展开几番意志与智慧的较量。

开始柳梦梅是处于下风的。杜宝认为人赃俱获，不容分说，就要判柳梦梅斩刑，柳梦梅坚决不服。危急时刻柳梦梅中状元的登科录传来，和老丈人的关系立即发生了变化。柳梦梅得到与杜宝同时面君的机会，由被动逐步转入主动。到金殿测试认定杜丽娘确是活人，柳梦梅就十分从容了。当杜丽娘挺身而出，声称"保亲的是母丧门"，"送亲的是女夜叉"，杜宝已失败了。此时，柳梦梅反而只拜丈母娘而不认老丈人了，获得完全的胜利。

柳梦梅是痴情、至诚、有才气、有智慧、有血气、有胆量的男子汉，不愧为杜丽娘的理想配偶，因此才会有两地同梦。

剧中的杜宝是一个内涵丰富的形象。他是一位清正的官吏，奉公守法，惠政爱民，深受士农工商的爱戴。他以国事为己任，奉旨前线御敌，解决边患。他严格地以礼法自律，对独生女儿杜丽娘疼爱有加。正是这样一位正人君子，却使女儿的精神遭受了难忍的束缚，陷入了极度的苦闷抑郁，以至于死亡。女儿因"至情"而复活，他却"恒以理相格"，绝不承认这一奇迹。待到多种验试证实女儿确实复活，他仍不肯相信。他更不接受女儿无媒而嫁的事实婚姻，也不接受破格的另类女婿柳梦梅。即使皇上颁旨"归第成亲"，他依然命杜丽娘离异了柳梦梅。这位思想僵化的严父形象很有典型意义。

陈最良是一个喜剧角色。有这一个人物，剧情得以顺利推进。

胡判官的出现也是汤显祖的创造。《冥判》一出所描绘的阴曹地府，和人间的衙门一般无二。

《牡丹亭》的文词优美典雅一向被人称道，是这部传奇备受欢迎的原因之一。例如《牡丹亭·惊梦》之【皂罗袍】：

原来姹紫嫣红开遍，似这般都付与断井颓垣。良辰美景奈何天，赏心乐事谁家院！朝飞暮卷，云霞翠轩；雨丝风片，烟波画船——锦屏人忒看的这韶光贱！

读此曲，使人们仿佛听到杜丽娘深深的叹息。她感叹满园春色竟无人珍惜，惋惜眼看青春易逝，却无力自主。汤显祖的锦心绣口绝妙好词，再加上昆曲成功的谱曲传唱，这支【皂罗袍】就成了脍炙人口的绝唱。

明代万历年间，昆曲突飞猛进而成为最时尚的戏曲声腔，因而《牡丹亭》也是昆曲艺人争相搬演的热门新戏。正是由于昆曲的成功搬演，《牡丹亭》大约三分之一的折子才能一直保留在舞台上。

400多年来，《牡丹亭》的出版物已成洋洋大观。在戏曲舞台上，《牡丹亭》流传至今，是最受观众欢迎的剧目之一。《牡丹亭》的脚步也早已走出国门，在世界各地流播。

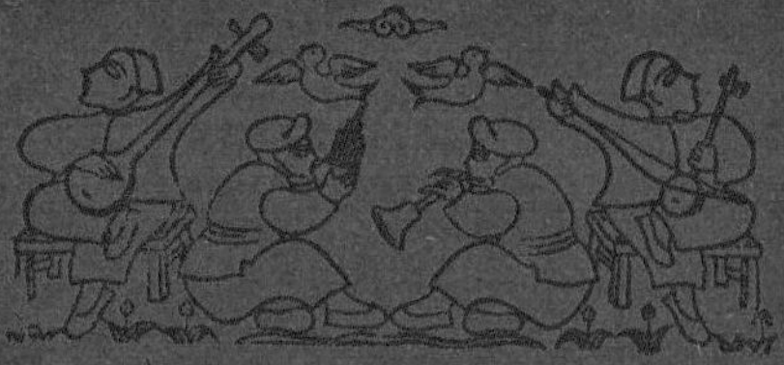

音乐

田青

田青，音乐学家，中国艺术研究院研究
员、博士生导师，中央文史馆馆员。

概述

艺术是文明的重要内容，除了音乐之外的所有艺术，基本上都源于对大自然的模仿。比如绘画，不但描摹的对象是大自然及大自然中的一切，赤橙黄绿的颜色也是自然存在。但音乐不同，虽然自然界存在着风声、雨声、瀑布声、鸟鸣声，但这些都不是乐声，只是噪声。构成音乐的材料是音阶——宫、商、角、徵、羽，do，re，mi，fa，sou，la，xi。它们在自然当中不存在，完全是人类的发明创造。当人类创造了音阶并用它构成无限丰富的音乐时，应该就是文明的开始，因为创造这些"无中生有"的音阶比创造"近取诸身、远取诸物"的文字更不容易。

我们的祖先在8000年前就创造发明了一种完备的管乐器。贾湖骨笛是当今世界上发现的最早的管乐器之一（过去在德国或斯洛文尼亚发现的号称上万年前的"骨笛"已被学术界否定）。假如把它的出现看成中华文明的第一线曙光，我们的文明史就不仅仅是5000年，而起码有八九千年。

中国的音乐文化不但开始得早，而且在很长一段时间里处于世界前列。以"孔孟老庄"为代表的中国古代哲学家都对音乐有着清晰深刻的论断。孔子不但认为人格养成的途径是"兴于诗、立于礼、成于乐"，把音乐文化视为最高的修养，他自己还会弹琴、唱歌，并且"无故不撤琴瑟"，音乐是他生活的重要内容。他一生都把"复兴周礼"作为努力目标，而"礼乐"也是中国人对世界文明的伟大贡献。

我们的祖先发现，把"礼"和"乐"结合在一起，可以使社会安定有序，同时又充满活力。用荀子的话说："乐和同，礼别异"，

"礼"使人和人有区别，有尊卑，有秩序；"乐"则是通过音乐这种人类能够理解和共同欣赏的艺术形式，找到人们的共同点，让人和人之间有关爱、有亲情，从而达到"和"的境界。

千百年来，音乐在中国人的生活中无处不在，也发挥着巨大的、不可替代的作用：桑间濮上，人们用歌声寻求着爱情；队前伍后，人们用歌声统一着步伐；共同劳作时，"吭唷"之声不断；冲锋陷阵处，金鼓之声齐鸣。在中国历史上，有过不知多少关于人和音乐的传说：伯牙与子期凭音乐的共鸣而肝胆相照；司马相如和卓文君因音乐的媒介而永缔佳缘；智慧的张良，靠一枝洞箫，"四面楚歌"，瓦解了项羽的亲兵；大胆的孔明，用一张古琴、两扇城门，吓退了司马懿的大军。乐由心生，《礼记·乐记》中说："德者，性之端也；乐者，德之华也；金石丝竹，乐之器也。"今天的中国人，不但应该记住我们祖先的这些伟大创造，传承赓续，发扬光大，还应该多欣赏音乐，有条件的话，可以唱唱歌，学一件乐器，孔老夫子清清楚楚地告诉过我们："兴于诗、立于礼、成于乐。"音乐，是养成完美人格最后一步。

一、乐器与器乐

从周代开始，中国人就发明了乐器分类法"八音"，根据乐器材质将乐器分为"金、石、土、革、丝、木、匏、竹"八类。"金"指青铜，如钟；"石"指玉石，如磬；"土"指陶土，如埙；"革"指皮革，如鼓；"丝"指弦线，如琴；"木""竹"指竹、木制乐器，如管、笛、柷、敔；"匏"指葫芦，如笙。其中最高贵的，是由编钟和编磬组成的"金玉之声"，古代中国人认为"金声玉振"是可以上达天庭的声音，而最好的婚姻，也被称为"金玉良缘"。

1. 古琴

古琴原来只叫"琴"，因为"琴"在中国文化中无出其右的重要性，在汉语里，"琴"字逐渐成为所有乐器的统称，为了有所区别，才在"琴"字前加了一个"古"字，是名古琴。古琴是中国文人的乐器，因此，它也像中国文人一样，还有一些雅号，比如瑶琴、玉琴等，也有一种更直接的称呼：七弦琴。

在中国乃至世界上，人们发明和使用着许许多多的乐器。所有乐器都各具特色，许多乐器有着丰富的表现力和文化积累，但是，像古琴这样负载如此众多文化内涵的乐器却绝无仅有。古琴不但有着3000多年悠久的历史，留下了3000多首古老乐曲，拥有世界上独一无二的、从公元7世纪一直使用到现在的乐谱系统，而且自诞生之日起，就与中国的传统文人与传统文化联系在一起。因为孔子以琴歌"教化人生"，所以古琴被称为"圣人之器"，在中国传统文化中享有崇高地位。2003年，中国古琴入选联合国教科文组织"人类非物质文化遗产代表作"，成为全人类共同保护与传承的文化遗产。

古琴虽是一件乐器，但其基本结构却反映了中国古典哲学的一些认识，反映了中国人基本的自然观和天地观。古琴由两块木板合在一起，上面是面板，有弧度，下面是底板，是平的，象征"天圆地方"。一张典型的古琴的长度是旧尺3尺6寸5分，暗合一年的365天。琴表面有13个徽，是取音的标志，暗合12个月加一个闰月。琴弦据说原来只有5根，即宫、商、角、徵、羽，代表五行中的君、臣、民、事、物。后来，文王、武王各加了一根弦，遂成7弦。琴有琴额、琴项、琴肩、琴身、琴尾，象征人身，于是天、地、人三才具足。琴额附近架弦的叫"岳山"，琴首有"凤舌"，琴尾有"龙龈"，琴底支撑的两个脚叫"雁足"。两个发音孔一个叫"龙池"，一个叫"凤沼"。

中国传统文人历来强调古琴有两个功能。其一是"琴者，禁也"，首先是为了约束自己，是修身养性的礼器；其二才是李贽所说"琴者，心也"。古人弹琴不是为了娱人，而是为了和自己的心灵对话，和自然、天地交流；其次，是为友，为三五知己，和极少数可称为"知音"的朋友互相欣赏。

白居易《好听琴》诗曰："本性好丝桐，尘机闻即空。一声来耳里，万事离心中。"

这首闻道诗，是古代文人闻乐知空、听琴悟道的实例。古之大德谓"通音声为小悟"，也许大部分人没有白居易这么高的悟性，但许多人都有过在舒缓、平静的古琴声中感到心灵安适的经历。作为个人修养的工具，古琴一直为儒家所提倡。也正是由于这个功能，才使古琴和知识分子的人格、独立精神连接在一起。

　　"琴棋书画"四艺，在中国古代的文人生活中占据重要地位，而琴居"四艺"之首。从魏晋南北朝时开始，"左琴右书"就成为中国文人的基本修养，因此，"竹林七贤"一直是中国文人敬仰和羡慕的对象。嵇康弹奏《广陵散》更是中国知识分子至今所津津乐道的典故。这位玉树临风、傲岸不群、正直、洒脱、极富理想主义、反叛精神和个性色彩的大艺术家，代表了中国历代知识分子独立人格与自由主义理想精神，不但在思想上是那个时代最深刻、最具批判精神的精英人物，在行动上也称得上是当时士人中最富献身精神、最有气节和政治操守的一个。他因为口"非汤武而薄周孔"、身"越名教而任自然"而被判处死刑，3000名太学生赶到刑场为他送行。临刑之前他"顾日影索琴而弹之"，弹了生命中最后一曲《广陵散》。弹完后，他说了人生最大的一件憾事：昔日袁孝尼多次想跟他学《广陵散》，他没有教，《广陵散》于今绝矣！从此，在中国的传统语境中，《广陵散》成为失传文化的代名词。

　　古琴有许多代表性曲目，最著名的古琴曲之一是《流水》。《流水》最早见于《列子·汤问》，故事说伯牙在船上弹琴，先弹了一首，子期说："善哉，峨峨兮若泰山"，他又弹了一首，子期说："善哉，洋洋兮若江河"，这就是《高山》《流水》的来历。因为子期懂得伯牙弹的琴，懂他的音乐，于是汉字里出现了一个词汇："知音"。从字面上讲只是"懂音乐"，但在汉语里"知音"不仅仅是懂音乐的意思，更指理解自己心意、有共同语言的人。作为一个樵夫，子期本来是不应该懂琴的，伯牙也没有奢望他能够懂琴，但是子期懂他，也唯有子期懂他，所以伯牙叹为知音，以至于子期死后伯牙摔琴，终生再不弹琴。这个平淡的故事中有一种震人心魄的东西，如此地决绝，如此地激烈，其实反映的不仅是古琴的孤傲与高贵，更是琴人对知音的敬重、珍重和中国人"知音难得"的观念。

还有一首著名的古琴曲《梅花三弄》。长期以来，中国文人把梅、兰、竹、菊四种植物当成品格的象征，因为这四种植物都不畏严寒、不媚权贵、不慕俗华、甘于寂寞。《梅花三弄》也是一首彰显文人品格和气质的乐曲。魏晋南北朝时期有一个名士叫王徽之，其父即大书法家王羲之。《世说新语》中说有一天他坐在船上看到路上过来一辆车，有人告诉他车上坐的是大将军桓伊，王徽之便拦住车马说："闻君善吹笛，试为我一奏。"桓伊也素闻王徽之之名，于是"下车踞胡床，为作三调"，据说这就是《梅花三弄》的"三弄"。后来这首笛曲变成古琴曲，所谓"三弄"就是它的主体旋律出现三遍。

古琴艺术之所以成为"人类非物质文化遗产"，不仅仅是其音乐表现力的丰富、音乐经典的深广博大，也不仅仅是它在中国悠久历史中所起到的作用及显赫地位，也因为它所使用的古老但常新的记录音乐的方法——乐谱。古琴减字谱不但是人类发明较早、使用时间最长（从公元7世纪至今，而且还将继续使用下去）的乐谱，也是人类赖以流传、保存了最多古代音乐文化的工具。目前，古琴减字谱里记载的中国各个朝代的乐曲有600多首。在中国，古琴家将视谱和照谱演奏称为"打谱"。因为古琴减字谱虽然记录了详尽、准确的绝对音高和相应的左右手的指法，但却不记音的准确时值和节奏。其时值和节奏，要靠训练有素的古琴家按照古琴音乐的规律、老师的传承、自己的体会和灵感去"还原"。在这种"还原"中，实际上已包含着不同程度的"再创造"成分。

这和发明于西方、目前流行世界的五线谱不同。五线谱的完备和准确，使乐谱出版之后每一位演奏家都必须"按谱演奏"，不但音高和节奏，就连速度和"表情"，以及作曲家写在谱面上的所有痕迹，也必须绝对忠实，不能有丝毫改变和"偏离"。因此，所有西方乐器的演奏家都只能是作曲家的"传达者"和"解释者"，顶多可以在"理解"上有少许的"个人风格"。而古琴的"打谱"，却使后世的所有琴家都成为共同的、"合法"的创作者。这种在中国流传了1000多年的独特传承方式，使中国古琴音乐的乐谱成为最具创造力的音乐载体，"打谱"成为最具多样性的音乐行为。

2. 古筝

古筝和古琴一样，原来只叫"筝"，后人在筝前面加一个"古"字，和"古琴"的"古"字一样，是为了形容它的古老。有些人分不清"古筝"和"古琴"，其实有两个要点：首先，是筝比琴大，琴只有七根弦，筝目前流行21弦或23弦；还有一点是琴的弦平铺在琴面上，靠琴面上的琴徽取音，而筝的每根弦下都有一个支撑弦的"柱"，所谓"鸣筝金粟柱，素手玉房前。为得周郎顾，时时误拂弦"。

古筝又名"秦筝"，《通典》说："筝，秦声也"。秦地是中华民族文明的主要发祥地，"秦筝"之名说明筝是从秦地发明并开始流行的。有关筝的来源有一些传说，比如傅玄在《筝赋》序里说筝是蒙恬所造，也有故事说"筝"即"争"，二人相争，遂把50根弦的瑟一分为二成为筝。筝界有句话叫"茫茫九派流中国"，除了秦筝外，还有河南筝、山东筝、潮州筝、客家筝、浙江筝、福建筝、蒙古筝、伽倻琴等。今天，因为古筝既好听，又比较容易上手，所以学习的人越来越多，成为中华传统民族乐器里普及率最高的，也是老百姓最熟悉的乐器。

由于古筝音色优美，大部分筝曲也都或欢快，或灵动，多有婉约飘逸之韵、轻盈秀美之风，所以给人一个感觉，似乎筝曲只能表达男欢女爱、桃红柳绿、霁月清风，只适合抒发人之常情、描摹田园风光。其实不然，筝曲《崖山哀》就记载了一段血雨腥风的历史，寄托了难忘的家国情怀。

1276年，元朝蒙古军队横跨欧亚大陆，伯颜帅军渡江南侵，兵临临安（今杭州）城下，谢太后抱着五岁的皇帝（宋恭宗赵㬎）开城投降。投降后，孤儿寡母被解往大都（今北京），只有杨妃带着小皇帝的两个兄弟七岁的赵昰、五岁的赵昺，逃到广东福建一带，企望留住宋室香烟。在封建社会，皇帝的子嗣在，这个朝廷和国号就可能延续。但是，在这段悲惨壮烈的历史中，最令人难忘的不是"宋末三帝"，而是"宋末三杰"：右丞相文天祥、左丞相陆秀夫、太傅张世杰。

宋朝最后的几个忠臣保护着孤儿寡母向南撤退到福建之后，大臣们先立赵昰做了皇帝，但赵昰在海战中落水，获救后很快病死，于是又立赵昺为帝。此时，大宋已是风雨飘摇，苟延残喘，无力回天了。文天祥战败被俘，只剩下张世杰和陆秀夫。张世杰带领宋兵继续抗战，这场战争从1279年正月开始，一直打到二月。决战这天，从清晨打到傍晚，宋军疲惫不堪，张弘范假装撤退，趁宋军麻痹松懈之时一拥而上，攻破了宋军防线。张世杰看大势已去，想把赵昺接到小船上逃走。陆秀夫知道已无可逃之路，便在兵火之中穿上朝服，给八岁的小皇帝行了君臣大礼，说："国势至此，陛下当为国死。德祐皇帝（赵㬎）辱已甚，陛下不可再辱。"说完，把小皇帝扛到肩上，用白绸捆到一起，蹈海而死。看到皇帝投江，周围的官员、家眷、妇孺，纷纷随之蹈海而死。《续资治通鉴》记载"约七日，浮尸海上者十万人"。十万人跟着大宋殉葬，十万人面对元军的铁骑刀枪坚贞不屈，以生命殉国！此战虽败、大宋虽亡，但陆秀夫和十万军民所表现出的气节，却感天动地、令山河垂泪。在此之前，张弘范要被俘的文天祥给赵昺和张世杰写信劝降，文天祥拿来纸笔，写下了浩气长存、彪炳史册的名诗《过零丁洋》： 辛苦遭逢起一经，干戈寥落四周星。山河破碎风飘絮，身世浮沉雨打萍。惶恐滩头说惶恐，零丁洋里叹零丁。人生自古谁无死？留取丹心照汗青。

《崖山哀》表达了后人对这段历史的绵绵哀思。这首不长的筝曲，其实是大宋王朝319年的一曲挽歌，也是对"宋末三杰"的永远纪念。我们在听这首乐曲时，还会感受到中国民族乐器精湛的表现技艺，例如为了表现"哀"字，就充分发挥了古筝左手按弦的技巧，精心控制按弦的力度速度，通过轻重缓急的变化和音高微妙的移动，让听众感觉音乐家的手指仿佛就揉在自己的心上，体会到乐曲的深刻内涵，体会到音乐里深藏的感情。乐曲最后的快板《将军令》，以广泛流传的民间曲调讴歌了中华民族的英雄主义和不屈精神。这首乐曲能在不同程度上改变大家对中国传统音乐的错误认识，让我们知道：中国民族音乐不只是歌舞升平，不只是小儿女情愫，不但可以表现宏大的历史题材，还承载着中华民族千秋万代的家国情怀。

潮州古筝的传统乐曲中里有一首非常著名的《粉红莲》，因为潮州古筝里几个特殊的调式都具备，所以也叫"诸宫调"。这首乐曲不但好听，而且会和平常听到的筝曲很不一样，这也是由它的调式决定的。它描写的虽是莲花，实际上是抒发人对大自然、对一切美好事物的感受和感情。莲花在中华文化里是一个特殊性、标志性的形象，这不但跟佛教崇尚莲花有关，也跟儒家的道德观、审美观有关。中国文人赞美莲花"出淤泥而不染，濯清涟而不妖"，娇而不艳，清新淡雅，一如《粉红莲》这首筝曲，音乐清新、美丽，让人百听不厌。

3. 琵琶

在汉语里，对"琵琶"这个词最早的解释是："推手前曰批，引手后曰把"，意指琵琶弹奏时往前弹、往后弹这两个动作。秦汉之际，琵琶不是指目前我们熟悉的这种曲项梨形的乐器，而是指一种圆形共鸣箱、直杆、两边蒙皮的乐器，叫"秦汉子"，也叫"秦琵琶"。现在的琵琶，经历了外来华化的漫长过程。我们现在所看到的曲项琵琶，是魏晋南北朝之前从西域通过丝绸之路传到中原的。

琵琶在刚传入中原时，还保留着游牧民族的演奏特点，即横抱琵琶。因为它是马上之乐，人骑在马上，右手要弹，左手除了按弦，还要作为乐器的支点，所以我们从敦煌壁画里看到的从北齐到唐代的琵琶都是横抱怀中。琵琶变成今天这样竖置于腿上演奏，是来到中原后适应农业文明的生活习惯而产生的变化。宋代之前，中国人还没有普遍使用现在这种高家具，宋以后才逐渐流行高桌椅。既然不再骑在马、驼之上，而是端坐椅上，于是也就可以将琵琶安稳地放在腿上，由原来的横抱变为竖抱。左手不必再托着琵琶起承重作用，而是可以更大范围地在弦上自由游走。

唐代的裴神符，是一位琵琶改革家，第一个废拨用手，最早用五个手指来弹琵琶。拨子只有一个，手指却是五个，不但手指更灵巧、更方便，而且以指直接触弦，不再借物触弦，也更加人性化，能更好地促成人琴合一的境界。这件从西域传进来的乐器，经过各民族音乐家的不断改造，将它立起来弹奏，解放了左手；用手指代替拨子弹奏，解放了右手，极大地丰富了表现力，成为中原地区农业文明对外族游牧文明的成功改造和提升的例子，促进了琵琶"中国化"的进程。在中国，目前只有南音的琵琶还保留着从南北朝到唐代琵琶的演奏方式和形制，不仅仍旧横抱怀中，而且用拨子弹奏，这也是南音成为联合国"人类非物质文化遗产代表作"的原因之一。

唐代以后，琵琶开始大盛，成为唐代音乐，尤其燕乐里的主奏乐器，出现了一批非常著名的琵琶演奏家，如曹善才、曹纲、裴神符、康昆仑等。明清时期，琵琶音乐愈发成熟，开始出现流派。而且，由于琵琶的广泛流行，还出现了私印的琵琶谱。19世纪有两本琵琶谱非常重要：一是《华秋苹琵琶谱》，收录了琵琶小曲62首，套曲6首；一是19世纪末李芳园的《南北派十三套大曲琵琶新谱》。这两个谱本的出现，对琵琶艺术在近代的发展起到巨大作用。近代，琵琶作为民众所熟悉的乐器，在中国南方和北方都有不同流派，南方更多，如浦东派、无锡派等。1920年，上海的大同乐会把琵琶和其他民族乐器放到一起，形成近代民族乐队的雏形。今天，琵琶不但成为各种编制的民族乐队中的主奏乐器，也涌现出一批技艺超群的琵琶大家。

人类历史上，用音乐描写战争的作品有很多，比如柴可夫斯基的《1812序曲》，就是一部著名的描绘战争的乐曲。为了真实地再现战争场面，有的版本甚至在这个管弦乐曲的配器里用了真的大炮，这部加了真大炮的录音唱片卖得非常好，叫"《1812序曲》大炮版"。但中国的艺术，无论绘画还是音乐，都不是百分之百地描摹或者模仿真实的世界，而是以抽象和写意为胜，高度抽象的审美原则和习惯，使中华民族创造了许许多多以"神""韵"取胜的伟大艺术作品。据我所知，只用一件乐器表现战争，并且表现得非常出色的只有琵琶。有趣的是，中国现存的两首著名琵琶曲《十面埋伏》和《霸王卸甲》，描写的是同一场战争，即公元前202年楚汉之争中的垓下之战。同样的一场战争，同样的一件乐器，留下了两首并行不悖、无法互相取代的乐曲，这是琵琶史上的一个奇迹，也是世界音乐史上的一个奇迹。

《霸王卸甲》也叫《楚汉》。清朝初年，王猷定在《四照堂集》里记录了一位人称"汤琵琶"的演奏家演奏这首曲子时"声动天地，瓦屋若飞坠"的宏大、激烈之声。不但如此，"徐而察之，有金声、鼓声、剑声、弩声、人马辟易声"，似乎那逼真的战争场面就在眼前。"久之，有怨而难明者，为楚歌声；凄而壮者，为项王悲歌慷慨之声，别姬声，陷大泽，有追骑声。至乌江，有项王自刎声，余骑蹂践争项王声。"再接下来，四面楚歌，霸王别姬，乌江慷慨，英雄自刎等等，诸音并做，声如画图，只用十根手指四根丝弦，不但完美生动地表现了一场战争，而且细腻真实地刻画了战争中人的思想感情。

《十面埋伏》也叫《淮阴平楚》，歌颂的是胜利者刘邦。它采用中国传统的大型套曲结构形式，用列营、吹打、点将、排阵、走队、埋伏、鸡鸣山小战、九里山大战、项王败阵、乌江自刎、众军奏凯、诸将争功、得胜回营十二个段落绘声绘色地刻画了这场战争中的各种场面。两相比较，《霸王卸甲》注重的是战争中的人，是战争当中主角的心理和感情。《霸王卸甲》里有"别姬"一段，描写回天无望的项羽和虞姬的生离死别。传说中项羽最后"力拔山兮气盖世。时不利兮骓不逝。骓不逝兮可奈何！虞兮虞兮奈若何"的浩叹，在曲中得到浓墨重彩的精心刻画，化成一段柔婉凄美、动人心魄的旋律。琵琶颗粒状的声音从乐师指下迤逦而出，如大珠小珠缀成的珠串，缠绕着一对生离死别的魂灵。这个段落，令无数人热泪盈眶。

4. 二胡

二胡，是现今最有代表性的中国民族乐器，但从它的名字就可以看出，这件乐器来自北方少数民族。据说从唐代开始，就有一种类似二胡的乐器叫奚琴。《乐书》中记载的奚琴，不是用马尾弓来拉，而是用一个竹片，"两弦间以竹片轧之"。到了宋代，沈括《梦溪笔谈》里有一句诗："马尾胡琴随汉车"，"马尾胡琴"就和今天的二胡一样了。当然，胡琴是一个大类，有二胡、京二胡、低音二胡、四胡等。

二胡在中原出现和发展得都比较晚，虽然宋代以后都有记载，但一直到了明清，仍然只是在民间流传。在北方，二胡基本上只是各民间戏曲的伴奏乐器。在南方，除了一般娱乐，也主要是在民间仪式中作为伴奏乐器。近代，二胡的发展与道教关系密切。道教分全真派、正一派，正一派的道士在民间俗称"火居道"。他们一般有自己的职业，业余时间给老百姓做法事、打斋醮，二胡就是民间火居道士手中的乐器。

讲到二胡在近代的发展必须谈到两个人。一个是道士华彦钧，即"瞎子阿炳"。他是无锡人，其父就是火居道士，他的庙叫雷尊殿，在无锡。华彦钧作为雷尊殿的小道士，吹拉弹唱无所不能，是一个天才音乐家。中年失明之后，阿炳把雷尊殿也丢掉了，生活无着，变成了乞丐，每天去街上拉二胡。那个时候无锡的人们无论晴天雨天，总会听到石板路上传来的盲人手拿竹竿"嘟嘟嘟"点地的声音，然后就会听到一阵悠扬的二胡声。这就是阿炳的后半生。

讲到华彦钧，还必须讲到另外一个人，就是中国著名的音乐史学家、音乐学家杨荫浏先生。杨荫浏先生也在无锡出生，从小喜欢音乐，小时候曾经跟道士学习中国民族乐器，后来也跟华彦钧学过琵琶。但由于华彦钧天性放荡不羁，而杨荫浏先生的家庭很注重礼教，所以后来就不让杨先生再跟他学习了。杨先生不但跟随道士学过民间音乐，跟当时的昆曲大家学过昆曲，还跟美国传教士学钢琴、作曲、和声，所以中外兼通。在几十年的音乐研究当中，杨先生以他的渊博学识和对中西两种文化的深刻了解，成为中国音乐史的奠基性作家，他的两卷本《中国古代音乐史稿》，至今仍是学习中国音乐史的必读书。

1950年暑假，杨先生从北京回到无锡，去寻访曾经教过他的华彦钧。这个时候，华彦钧的名字已经很少被人提起了，大家都叫他瞎子阿炳。当杨先生找到阿炳的时候，他已经几年不动乐器了，贫病交加。杨先生这次找他，有一个重要任务：把这位流落在民间的天才音乐家的音乐录下来，以免湮没无存。杨先生从北京带来一台当时最新、最先进的德国产钢丝录音机和昂贵的录音带。

因为阿炳已经三年不近乐器，也没有乐器了，于是杨先生就从乐器店给他借来一把琵琶、一把二胡。据说录音时，阿炳没有试奏，拿起来就演奏，拉的第一首曲子就是今天誉满全球的中国民族音乐的代表性曲目《二泉映月》。演奏之后，杨先生问阿炳这个曲子叫什么，阿炳说没名字，就是随手拉的。阿炳经常拉这首曲子，虽然有一个基本固定的旋律，但是每次即兴演奏时，还有所不同。因为无锡有个二泉，所谓"天下第二泉"，于是两人商定曲子就叫《二泉映月》。实际上这首曲子和"天下第二泉"无关，和天上那一轮看尽人间悲苦的月亮也无关，它只是阿炳个人苦难生活的写照，是一直回荡在他胸中的感情和乐思的升华，是一个伟大民间艺术家的艺术创造。遗憾的是，阿炳只给杨先生录了六首曲子，其中三首二胡曲，除了《二泉映月》，还有《听松》《寒春风曲》；三首琵琶曲，即《龙船》《大浪淘沙》《昭君出塞》。

杨先生和阿炳约定，让阿炳留下乐器再好好练一练，第二年再去给他录音。阿炳肚子里有多少像《二泉映月》这样的乐曲呢？据他自己讲，有300首左右。假如这300首乐曲都能留到今天，这是一个多么庞大的民族音乐宝库！可惜的是，阿炳那个时候已经病得很重，杨先生离开无锡回到北京三个月之后，阿炳就去世了。他所有的音乐，和他一起离开了人世。

假如说阿炳继承了二胡艺术里中国固有的文化遗产，这里提到的另外一个人，则开创了二胡新的历史和篇章。他把中国民族乐器、传统音乐和西方的音乐理念、技术结合起来，创造了二胡发展的新路径，这个人就是刘天华。

刘天华从小喜欢音乐、关心国事。辛亥革命爆发后，他曾在家乡江阴参加"反满青年团"，在当时的童子军里做小号手。后来他到上海，在当时的开明剧社做音乐伴奏，这期间学习了一些西方乐器。他对中国乐器的学习开始得更早，曾经走访很多地方，用游学的方式学习古琴、琵琶、三弦等。他学二胡起于有一次病中偶然到集市上买了一把，然后开始向民间艺人学习，并且自己研究。

受新文化运动的影响，刘天华逐渐有了"国乐改进"的设想，研讨中国传统的民族音乐如何面向现代化和面向世界。他学贯中西，既会拉二胡，也会拉小提琴，于是就对二胡进行了多方面改进。一方面是对二胡本身进行改革，将定弦音高固定，使二胡的音高和调性得以统一，同时扩大二胡的把位，从传统的一把、两把增加到四把、五把；另一方面是改进演奏技巧，将小提琴演奏中的揉弦和古琴弹奏技法中的泛音用在二胡上。刘天华不但对二胡乐器进行了改良，还留下了多首新创作的二胡作品，集中保存在《刘天华二胡曲集》里。

刘天华的作曲，既有传统乐思和新鲜旋律，又不与中国人传统的审美习惯相悖。他不但在二胡音乐中引进西方的进行曲体裁，而且在一些乐曲创作中，明显融汇了西方音乐的调式和旋律进行，比如《光明行》《空山鸟语》，就大胆使用了西方分解和弦式的旋律进行。应该说，二胡这件在民间为草台班子伴奏、在城镇街头讨饭的乐器，在刘天华的手里才华丽转身，得以登堂入室。刘天华是第一个在中国举办二胡独奏音乐会的人，把一件粗糙的戏曲伴奏乐器完美地转化成独奏乐器，不但丰富了二胡的表现力，也提升了二胡在乐器家族和人们心中的地位。

5. 口弦与芦笙

在我国，许多少数民族都有着自己历史悠久、风格独特的乐器和器乐演奏形式，其中，口弦与芦笙是许多民族共有的乐器。在中国古代典籍中，很早就有关于口弦的记载，当时名"簧"，在古代与竽、笙、篪等吹奏乐器相提并论。《诗经·小雅·鹿鸣》："我有嘉宾，鼓瑟吹笙。吹笙鼓簧，承筐是将"，这里与"笙"并列的

"簧"，即是指口弦。典籍中还有"女娲作笙簧"的说法，可见其出现时间之早。

口弦在亚洲、欧洲、美洲、大洋洲都有流传，在环太平洋地区和萨满文化圈尤为流行，有的专家甚至说口弦是人类所有民族都曾有过的乐器。至少，在我国的广大地区——从西北到西南，从东北到东南，在回族（口衔子）、鄂伦春族（明努卡）、鄂温克族（朋留砍）、达斡尔族（木库莲）、柯尔克孜族（奥孜考姆孜）、锡伯族（玛肯）、彝族（洪洪）、傣族（拜）、哈尼族（巷托）、景颇族（掌共）、佤族（合朗）、拉祜族（阿沓）、苗族（阿锵）、纳西族（控孔）、傈僳族（玛哥）、独龙族（芒锅）、白族（毕协）、羌族（阿珠）、黎族（口弓）、高山族（嘎洛波）等民族中均有各自称谓和久远历史。目前，演奏和研究口弦，在中国、蒙古国、德国、法国、俄罗斯、奥地利、匈牙利、日本等渐成气候，甚至成为音乐学家关注的热点。

口弦从制作原料可分为竹、骨制和金属制两种，从演奏方式可分为手指拨弹和手指牵动弦线拉奏两种。竹、骨制口弦是在一竹片或骨片中间挖刻出一簧舌，吹奏口弦时将其横衔唇间，手指拨动簧片，再用口形的开合动作，并借用口风的作用配合发出乐音。牵线拉奏则同样一手持之，虚含口唇间，另一手拉动拴在口弦上的弦线而发音。口弦制作相对简单、便于携带，因其音量微弱，成为最私密的乐器，在许多原始民族和偏远地区，是世世代代男男女女传情达意的最佳工具。近年来，随着关注的人越来越多，口弦也走上舞台，成为公开演奏的乐器。

笙是中华民族发明的乐器，作为人类较早的靠气体吹动簧片发声的乐器，被某些音乐学家视为当今风琴、手风琴、甚至管风琴的前身，对西洋乐器的发展起到启发或推动的作用。"笙"字"簧"字皆从竹，可知最早的簧片系竹制。而"笙"音"生"，故《说文》中说笙是"正月之音，物生故谓之笙"。《诗经》的时代，笙已是汉民族普遍使用的乐器，"我有嘉宾，鼓瑟吹笙"的诗句勾画出先秦时中原地区笙类乐器在民众生活中的地位。

笙由笙斗、笙管、簧片组成。簧片是发音的关键，空气通过人的吹奏震动簧片，簧管起到共鸣作用。笙斗最初用葫芦制作，所以在中国古代的"八音"里，被列在"匏"（葫芦的一种）属。芦笙也称葫芦笙，自唐代便有在西南少数民族地区流传的记载，是我国西南地区许多少数民族最常见的乐器。葫芦笙制作较为简单，以葫芦为笙斗，上横插一长管为吹口，竖插四至八根不等的笙管，笙管靠近笙斗处开有按音孔，管内用蜡固定有竹制或铜制簧片。因为其制作材料是西南地区到处可见的竹子，制作工艺和演奏技术也相对简单，故成为名副其实的"大众乐器"。

少数民族能歌善舞，几乎所有的节日和民俗活动、群众活动都是歌舞的海洋，而葫芦笙作为伴奏乐器，是不可或缺的"主角"，就像片片白帆漂浮在歌舞海洋的滚滚波涛之上。在苗族的"芦笙节"中，各地群众成群结队"踩芦笙"，踏歌吹笙，漫山遍野，蔚为壮观。

6. 乐种

我们的先辈不但创造发明了众多表现力丰富、各具特色的独奏乐器，还创造并传承了众多传统深厚、丰富多彩的乐队演奏形式。以编钟、编磬为主，加上建鼓、琴、瑟、篪、排箫等乐器组成的乐队，就是先秦盛行的"雅乐"形态。春秋之际，"礼崩乐坏"，需要大量资源、以致国库承担不起的"钟磬乐"消亡，琴、瑟、篪、箫等乐器流入民间。张骞凿空之后，大量外域乐器、乐曲流入中原，成为上至皇帝百官、下至黎民百姓共同"追捧"的"流行音乐"。在自信包容、海纳百川的隋唐两代，逐渐形成一种在当时领先世界各国的音乐形态——燕乐。

燕乐也称"宴乐"，一般说来，泛指当时在宫廷或贵族的宴会上所演唱、演奏的音乐，包括独唱、独奏、合奏，大型歌舞曲及歌舞戏、杂技等。而最有影响和艺术价值的，则是被称为"大曲"的含有多种艺术形式的大型歌舞曲。大曲一般有三大段，即散板、慢板、由中板而进入急板。燕乐所用的音调，以汉民族传统的"清商乐"为主，并大量吸收了少数民族和外域音调。

隋初燕乐，曾设七部乐，即"清商伎""国伎""龟兹伎""安国伎""天竺伎""高丽伎""文康伎"。大业年间，又增设"疏勒"和"康国"两部伎。至唐高宗时，亦设九部乐，但去掉了隋时所用的"天竺"和"文康"两部，增设"宴乐"和"扶南"两部。唐太宗贞观十六年（公元642年），又增加一部"高昌乐"，成为十部乐。唐玄宗时，燕乐改为以演出形式分类，即所谓"立部伎"和"坐部伎"。《新唐书·礼乐志》说："堂下立奏，谓之立部伎；堂上坐奏，谓之坐部伎"。"坐部伎"演出人员少，但艺术水平要求高，接近"室内乐"，"立部伎"演出规模较大，以气势取胜。

燕乐大曲中最著名的有《秦王破阵乐》和《霓裳羽衣曲》。前者规模宏大，声名远播域外，至今在日本仍保存有名为《秦王破阵乐》

的琵琶谱、筝谱、筚篥谱、笛谱等多种。《霓裳羽衣曲》是燕乐大曲发展到顶峰的产物，它在艺术上集中了前辈艺人的丰富经验，继承并发展了燕乐大曲成熟的表现方法，同时也凝聚了许多艺术家的创造性劳动。《霓裳羽衣曲》共三十六段。开始是"散序"六段，是器乐的独奏和轮奏，没有舞与歌。中间部分是"中序"十八段，开始有节奏，是抒情的慢板，舞姿轻盈，幽雅如仙。最后是"破"十二段，节奏急促，终止时引一长声，袅袅而息。燕乐是大唐繁荣昌盛的象征，也是当时世界上最高水平的音乐文化，曾给朝鲜半岛、日本、东南亚诸国以深远的影响。安史之乱后，乐工星散，这些瑰丽的音乐之宝只能留存诗人的记忆里。白居易的《长恨歌》《琵琶行》、杜甫的《江南逢李龟年》不但记载了盛唐燕乐的美丽壮观给诗人心灵的震撼，也记载了燕乐衰败后诗人的唏嘘哀叹。

宋元之后，随着市民阶层和商业文化的出现和兴起，在民众中大量出现自娱自乐的小型器乐演奏形式。中国人对婚礼与葬礼的重视，促进了许多民族音乐演奏形式的丰富和发展。在这里面，起重要作用的是我国传统宗教道教与中国化的佛教。在传统的法事中，音乐是沟通上界与下界的通路，千百年里，这也是缺少文化生活的下层民众唯一欣赏音乐的机会与场合。流传至今的五台山佛乐、北京智化寺京音乐、辽宁千山佛乐、甘肃拉卜楞寺佛乐、山西衡山道乐、苏州玄妙观道乐等在长期的流传中既保存了历代古乐，又与民间音乐双向影响，在引民间音乐进入寺庙的同时，也深刻广泛地影响了民间乐种的形成，是我国传统文化中的重要部分。

明清之际，全国各地都出现、形成了一批在当地获得民众高度喜爱、熟悉的民族器乐演奏形式，我们称为"乐种"。这些乐种大部分都有着自己相对固定的乐器和乐器组合形式，有独特的风格和成规模的乐曲积累，有自己的宫调体系，有些还积累了大量乐谱。

有些大乐种还超越省际，成为特定文化圈共同拥有的文化遗产。比如在长江以北、包含整个黄河流域、从东北到西北广大农村都有的"笙管乐"，遍及全国、几乎各地区都有的"鼓吹乐"，以及江浙的"江南丝竹"和岭南的"广东音乐"，都是中华民族先辈们留下的文化遗产，是我国音乐宝库中的珍宝。其中一些乐种不仅历史悠久，而且传承有自，靠着一代又一代音乐人的忠诚和坚守，完成了跨越千年的音乐赓续。下面对泉州南音、笙管乐、鼓吹乐、江南丝竹略做介绍。

泉州南音，也称南管、弦管，是流传于以泉州为中心的闽南地区以及台湾、南洋华人中间的一个古老乐种，被称为中国古代音乐的"活化石"。目前，大部分学者认为泉州南音与唐、宋古乐有着密切的血缘关系，是我国现存乐种中最古老且至今呈现出活泼生机的传统音乐。南音的演唱规制，南音中自成体系的工尺谱，以至一首首具体的乐曲，在一定程度上都可以作为中古音乐的历史见证。

泉州南音的特点是古、多、广、强、美。其所谓古，是南音有千年的历史；其所谓多，是南音有谱、散曲和套曲达2000首以上；其所谓广，是南音不只活跃在闽南地区，而且扩展到南洋群岛和台、港、澳以及欧美的一些地方；其所谓强，是南音历经无数的天灾人祸和漫长岁月的磨砺，还能够顽强地存活下来；其所谓美，是南音既有如怨如慕、如泣如诉的长撩曲，又有慷慨悲歌、一唱三叹的叠拍声。赵朴初先生生前在泉州听过南音之后，写下这样的诗句："管弦和雅听南音，唐宋渊源大可寻。不意友声来海外，喜逢佳节又逢亲。"此诗生动道尽了南音的艺术魅力和深邃内涵。

　　笙管乐是流行于我国北方的一个影响深远、分支众多、有着"多元一统"格局的庞大音乐体系。它包含至今仍然活跃在中国北方广大农村并在当地生活中起着重大作用的许多支系，其中智化寺京音乐、五台山佛乐、晋北道乐、"山西八大套"、西安鼓乐，以及众多的华北各地的"音乐会"，东北三省的鼓吹乐等都血肉相连并同属于这个元体系。它们不但有着大致相同的乐器、乐律、风格和演奏方式，也有许多共同的乐曲和传承方式。

　　笙管乐系统的乐种都使用笙、管、笛，辅以鼓、镲、档子、铬子、云锣等打击乐器。其主奏乐器是管，也称"管子"，古时称筚篥，在演奏时吹奏主旋律；笛在演奏时大多以"加花"变奏的形式与主旋律形成复调关系，民间称为"溜缝儿"；笙是定调乐器，又是多声乐器，在演奏时以和声"烘托"整个音乐，是音乐的"基础"。在中国北方，笙管乐大都与佛乐、道乐有着密切的血缘关系，常常在民间"白事"中承担重要角色。

　　与"笙管乐"以管子主奏不同，鼓吹乐是以唢呐为主奏乐器，辅以各种打击乐器，演奏时鼓乐喧天，气势非凡，深受民众喜爱。在中国北方，比较细腻的笙管乐常常以吹奏"白事"为主，而粗犷的鼓吹乐则是老百姓逢年过节"闹红火"和"红事"典礼上必不可少的音声。

　　唢呐通过丝绸之路由西域传到中原，因其声宏大明亮、适合演奏欢快的曲调而成为中国老百姓最喜爱的乐器。"唢呐"俗称"喇叭"，小喇叭又称"海笛"，典型形制是在锥形木管上端装一细铜管，上插苇哨，木管上开八个按音孔（前七后一），下端装有扩音的铜制喇叭口。

　　在汉代，鼓吹乐兴起，是当时的军乐和仪礼音乐，根据乐器配置和用途的不同，又有黄门鼓吹、横吹、骑吹、短箫铙歌、箫鼓等不同称谓。明清以降，则以大、小唢呐配以大、小鼓、铙钹为基本编制，是中国农业社会最普遍、最受欢迎的器乐演奏形式。

江南丝竹是流行于江浙地区的一个民间乐种，乐队主要由二胡、扬琴、琵琶、三弦、秦琴、笛、箫等丝竹类乐器组成。明代嘉隆年间，与魏良辅为首的戏曲家们在昆山创制昆曲水磨腔，音乐家张野塘组织了丝竹乐队，在为昆曲伴奏同时逐渐形成独立演奏的专职班社，当时称为"弦索"。1814年，蒙族文人荣斋编辑了世称"弦索十三套"的《弦索备考》，以总谱的形式记录了当时的"今之古曲"十三套，如《月儿高》《海青》《阳关三叠》等。弦索乐的配器较为细腻，如在《十六板》一曲中，除运用变奏手法发展音乐外，还有意识地运用了对位手法。

19世纪初，这种器乐演奏形式在江浙一带已很普及。清末民初，已有一些以演唱昆曲、滩簧并奏丝竹乐的民间组织产生。一种是称为"清客串"的纯市民自娱性组织，除亲友婚丧场合前往义务演奏外，不参加民间婚、丧、喜、庆的商业活动。而称为"丝竹班"的民间组织，则以半职业性的吹鼓手担纲，平时或农或工商，有事时则"应酬"婚丧嫁娶，为底层民众的生活需要服务。在风格上，前者细腻、讲究，后者则粗犷朴实、气氛热烈。

20世纪初，很多丝竹乐社在城市兴起，一些知识分子也参与其中并开始整理和加工古曲。孙裕德在上海创办的"上海国乐研究会"，王巽之在杭州创办的"杭州国乐社"，程午嘉在上海创办的"华光乐社"，都曾发挥了重要作用和影响。

二、民歌

古人说："言之不足，故嗟叹之，嗟叹之不足，故咏歌之。"语言表达不了，就要唱，正如民歌中唱到的："心中难活唱一声"，于是，民歌就出现了。民歌是民众的集体创造，常常是一位不知名的普通老百姓一段真挚感情的即兴流露，而后在逐渐传唱的过程中被更多不知名的老百姓润色、加工，经过数十年甚至上百年的传唱，终于定型，被打磨成一首永恒的经典。因此，绝大部分民歌是找不到作者的，那些标明某某作词、某某作曲的"民歌"，只能称为"民歌风"的创作歌曲。

中国的民歌从什么时候开始，没有人能够知道，古籍上有记载的中国最早的一首歌，是《吕氏春秋·音初篇》中提到的大禹时代所谓"涂山氏之女"等候大禹时唱的"候人兮猗"。这首只有四个字的歌，只有两个字是有内容的歌词。"候人"就是"等你"，"兮"是语气词，"猗"也是语气词，后面这两个感叹词，就是"言之不足，故嗟叹之"的嗟叹，而两个不同的感叹词连在一起，就出现音调，就有了旋律。

春秋战国时代的民歌，被收集在《诗经》里，共305首。在没有记谱法的当时，人们无法把音乐本身用符号固定下来，仅仅保留下音乐所负载的文字内容。所以，《诗经》应该称为我国最早的一本没有乐谱的歌曲集。《诗经》里的歌按音乐性质分为《风》《雅》《颂》三大类。"风"，就是民歌。民歌"多出于里巷歌谣之作"，所以便因地而异，各有其风，和"方言"一样，呈坝出多样色彩。《诗经》开创了以地域为民歌分类标准的典范，列十五国风，共160首，上下几百年、纵横几千里。这些歌的地域范围东到今天的山东省，北达今天河北省的南部，西至今天的甘肃省东部，南抵今天湖北省的长江沿岸。古人所说的"郑风""秦风"，正如我们现在所说的"河南小曲""陕西民歌"一样。

我国的56个民族，在我国960多万平方公里的土地上，创造和传承了数不清的各具特色、各美其美的民歌，谁都无法算清中国到底有多少首民歌，只能借用佛经中的一句话：如恒河沙数！除了可以按照不同的民族划分民歌外，我们还可以像《诗经》一样按照地域划分，比如哪一个地区，哪一个省、市、县的民歌；也可以按照生产方式、生活方式以及功能把民歌划分为劳动歌曲、生活歌曲、情歌、叙事歌曲，乃至牧歌、田歌、史诗等。目前最普遍、最简单的一种分类是把民歌分为"号子""山歌""小调"。

号子指的是过去那些和生产方式密切关联的劳动歌曲，比如船工号子、搬运号子等，这些歌曲因为特定生产方式的消失而在生活中消失了。山歌是目前流传地域最广、反映生活内容最丰富，也是最受民众喜爱的品种，其中包括不同民族在生活中所咏唱的绝大部分形式和内容，比如陕北的"信天游"，山西的"山曲"，左权的"开花调"，赣南的客家山歌，苗族的"飞歌"等。小调则是多少城镇化了的民歌，包括许多脱胎于曲艺、戏曲的小曲和经过基层文人润色的民间歌曲。

1. 陕北"信天游"

　　陕北自古便是不同民族相互征战、交流、融合的热土，既有血与火的碰撞和激荡，又充满着剪不断、说不清的爱恨情仇。长时期农耕文化与游牧文化相邻共处的特殊环境，一代代不同民族的文明与DNA的交流，让这里的人既有汉族的仁义观，又有少数民族彪悍、尚武、崇侠义、轻生死的性格，也让在这里的民歌有一种高亢、辽远、自由、悠长的旋律。"信天游"这个名称，极其形象、准确地概括了陕北民歌的特质和风格。

　　陕北民歌里最著名的一首歌《东方红》，是随着中国革命的浪潮从陕北唱响全中国的。《东方红》的曲调原为陕西、山西、内蒙古南部都有流传的民歌曲调。这个被称为"黄河拐弯"的河套地区原本在文化上属于一个系统，很多共生、共有的民歌风格相同或近似，同一首民歌、同一种唱法在陕北称作"信天游"，在晋西北称作"山曲"，在内蒙古南部称作"爬山调"。用《东方红》原始曲调演唱的陕北民歌歌词是"蓝格茵茵的天，飘来一疙瘩云，刮风下雨响雷声，三哥哥今要出远门，呼儿嗨哟，你叫妹妹不放心"。在晋西北，也有一首相同曲调的民歌，歌词为"芝麻油，白菜心，要吃豆角抽筋筋。三天不见想死个人，哼儿咳哟，哎呀，我的三哥哥"。

抗日战争时期，此曲曾被改编成抗日歌曲："骑白马，挎洋枪，三哥哥吃了八路军的粮，有心回家看姑娘，呼儿嗨哟，打日本咱顾不上。"这就是被视为《东方红》前身的《骑白马》。1943年，陕西葭县（今佳县）农民歌手李有源依照《骑白马》的曲调编写成《移民歌》。随后，延安文艺工作者将《移民歌》整理、删修成为三段歌词，并改名为《东方红》，1944年在《解放日报》上发表。随着解放大军南下，《东方红》迅速传遍大江南北、长城内外，成为中国最受欢迎的群众歌曲。

解放后，作曲家李焕之将其编写为管弦乐队伴奏的大合唱，在专业作曲家的精心打磨下，这样一首民间歌曲华丽转身，成为新中国最具代表性的宏大颂歌。1964年，为庆祝中华人民共和国成立15周年，一部以"东方红"命名的大歌舞在北京人民大会堂上演，这台节目以国家的力量调动全国的顶尖艺术家集体创作，3000名演员登台演出。在"序曲"中，《东方红》的旋律以恢弘浩大的音乐配合以中国古代乐舞的最高规格"八佾"（每行8人，共8行64人）舞，将"颂"这个在《诗经》时代便已出现的歌诗体裁发挥到极致。

2. 山西"山曲"

与陕北高原隔着一条黄河，就是山西。在这个黄河到此拐弯的"河曲"，陕北的"信天游"换了名称，叫"山曲"。"河曲保德州，十年九不收。男人走口外，女人掏苦菜"是这里贫苦人们生活的真实写照。因为地理与历史的诸多原因，这里的老百姓无法生活，只好通过长城的几个"关口"向北，到更广阔的地域去打工，经常一年半载回不来，而

"留守"的女人，则只能望眼欲穿、苦苦等待。一辈辈难逃的穷困加上长期的离别，造成了山曲令人肝肠欲断的凄苦与苍凉。

"大青山上卧白云，难活不过人想人……"——这是一个汉子在唱，高亢、辽远中，带着无限的无奈与悲伤！"山在水在石头在，人家都在你不在……"——这是一首女人的歌，先扬后抑的旋律，一下子便把心掏了出来。仔细体会在如此平白朴素的语言里所隐藏的深情，一定能感受到那震撼人心的悲苦与思恋。"听见哥哥唱一声，支棱棱耳朵吊起那心。听见哥哥唱一声，吃颤颤断了一根二号号针。听见哥哥唱上来，热身子扑在冷窗台。"——从远远地听到"哥哥"的声音"吊起那心"，到确认是"哥哥"的声音，激动地折断了手中的针，再到急切盼望看见"哥哥"的身体动作，三段唱词，把"妹妹"的三个心理层次刻画得如此细致、真实、生动，仿佛那个唱曲的姑娘就在人们眼前。一个"热"字，一个"冷"字，被一个动词"扑"字串起来，有内涵，有动作，有形象，有韵味。这随口唱出的三个字，足以使讲究"炼字""苦吟"的文人骚客们自叹不如。

为什么民歌能达到如此炉火纯青的艺术高度呢？它如莲花不着水，如日月不住空，天真自然，无斧凿之痕。除了民歌的主人只是为了抒发真情而歌之外，民歌的质高，是因为在民歌的"生产过程"中投入的"成本"高。文人以文为生涯，民歌的主人以民歌为生命。这些唱"山曲"的农民、农妇没有生花笔，只有苦生活。他或她把自己一生的苦痛、一世的恩怨、一生一世难以割舍的情、一生一世难以抚平的伤，化成了仅仅四句歌。随后，无数有着相同感受的传唱者又在口口相传中不断地加工、打磨，直至"完成"。

我曾经写过这样一篇文章：《民歌恰是穷乡好》。根据我的观察，同是民歌，由于地域不同，由于各地物质生产和物质生活的水平不同，存在着性格、风貌甚至性质上的相当大的区别。我们可以拿河曲民歌和江南民歌作一下比较。比如同样是恋爱，同样是"相好""为朋友"，河曲人是用整个生命去爱，甚至"舍生忘死"。

"亲亲亲亲你不要抖，咱二人顶上两颗头。""腰别上刀子手提上锹，顶上生死和你交。""咱二人相好一对对，铡草刀剜头不后悔。"——听到这种"腰别上刀子手提上锹"的歌，哪里会把这当成"情歌"，更可能以为这是"暴动""起义"的"军歌"。相比起来，江南最有代表性的民歌所唱的男女之情，则带着一点轻佻和"风月"的味道。

鱼米之乡的民歌，自然没有山曲那种震撼人心的、苦涩、强烈、深刻的爱与恨，它们像江南的水一样，温柔、轻灵、活泼。谁也不能否认，在富庶的江南，即使是最下层人民的生活，相对而言，也还是比北方穷山沟里的日子好过一些。至少，江南的大自然，远没有北方的大自然那样严酷。青山秀水，总会为人民苦痛的宣泄、移情、升华，多提供一点点可能。而在穷山恶水间，大自然的严酷与生活的普遍贫困，使爱情与民歌，变成人民惨痛生活中唯一的享受与慰藉，成为许多人生活中最重要和最珍重的部分。"心上难活唱一声"，是大部分人唱曲的原因。"泪蛋蛋本是心上的油，谁不难活谁不流；泪蛋蛋本是心上的血，谁不难活谁不滴"，这些用心上油和血酿成的民歌，当然与水和蜜调成的味道不同。所谓"诗穷而后工"，不仅仅指文人的创作，这个"穷"字，也真的可以仅指它与"富"字相对的那层含义。而民歌恰是穷乡好，也许正是对穷乡受苦的人们的一种补偿。

3. 江南《茉莉花》

在世界范围内，一般外国人最熟悉的中国民歌是江苏民歌《茉莉花》。这是因为1924年，意大利作曲家普契尼临终之前将它的旋律作为主题音调写进了歌剧《图兰朵》。1926年歌剧在米兰首演后，这首歌的旋律便越来越被世人所知，逐渐成为中国的一张名片。不但外国人听到这首歌的旋律就想到中国，在中国许多对外的盛大场合中，这首歌也被当成代表中国的旋律演奏演唱。

其实，这首民歌在中国各地均有流传，存在着歌词大致相同但旋律各美其美的几十个不同版本。清乾隆年间（公元1764—1774年），在苏州人钱德苍编选的戏曲剧本集《缀白裘》第六集《杂剧·花鼓曲》中，记载了一首以"张生戏莺莺"为内容的《茉莉花》，其中的一段歌词已经与后世流传的歌词相近：好一朵茉莉花，好一朵茉莉花，满园的花开赛不过了他。本待要采一朵戴，又恐怕看花的骂。

与这些只有歌词的记载不同，第一个配有乐谱的《茉莉花》见清道光年间一位以"贮香主人"之名编写的《小慧集》，其中收录了一首《鲜花调》。其第一段歌词以"鲜花"开始，第二段才唱"好一朵茉莉花"，故名《鲜花调》。在其他版本中，也有类似情况，即不仅只唱"茉莉花"，还要唱其他"鲜花"，这个版本珍贵之处在于歌词旁注有工尺谱。

清乾隆年间，一个叫约翰·巴罗的英国人来到中国，任英国驻华大使马戛尔尼伯爵的秘书。他在中国跑了不少地方，接触到中国的民间音乐。在广州停留时，一个叫西特纳的英国人向他介绍了这首《茉莉花》。巴罗回国后出版了《中国旅行记》一书，记录了他在中国的见闻，西特纳用五线谱记录的《茉莉花》被收进这本书中，这首优美的中国民歌得以在欧洲流传。后面的事情就是大家都知道的了，因为《图兰朵》的巨大成功，这首中国民歌跟着蜚声海外，以至于不管什么人只要听到这首旋律，就会联想到中国。

其实，这部歌剧充满着对中国和中国人的误解，剧情不但不符合中国的国情，而且严重偏离了中国人的民俗、民风、价值观和行为方式，迄今为止，在西方的文艺作品中，中国人的形象基本上是由西方人塑造的。由于文化隔阂和种族歧视，"中国"与"中国人"在一些傲慢的西方人眼里是愚昧、残暴、落后的象征，任何违背人伦和人类底线的行为在遥远的"中国"都可能发生。且不说那些歧视中国的种族主义者，就连一些主观上对中国和东方友善的作家和作品，也常常无法避免对中国和东方的误解和偏见。

和歌剧中怪诞的、西方人想象中的"中国故事"不同，本来就源于传统戏曲《西厢记》里"张生戏莺莺"故事的《茉莉花》，给我们展示的却是一个充满生活情趣、幽默生动、起伏跌宕的场景。上京赶考的书生张生与小姐崔莺莺一见钟情，在善良、聪颖、机智的丫鬟红娘的帮助下，克服重重困难，最终有情人终成眷属。这个故事在中国影响甚大，以至中国民间一直把帮助青年男女结识的好心人叫作"红娘"。

4. 蒙古族民歌

游牧民族的宽阔、自由与农耕民族的委婉、细腻有着天然的、骨子里的不同。在高山峻岭产生的民歌，一般高亢响亮，多用"嘎调"假声；而田园田野中产生的民歌，则多半舒缓婉转，优美动听；而在

　　"天苍苍野茫茫，风吹草低见牛羊"的大草原上产生的民歌，则不可能不悠长曼妙，如蓝天白云，如一望无际的草原。

　　长调与短调，是蒙古族人民天才的创造。也许是因为长调更符合大草原的辽阔与旷远景象，所以长调比短调更著名。有句话说：草原上的风刮了多久，长调就唱了多久。长调蒙古语称"乌日图道"，字少腔多，绵长悠远，如泣如诉，如怨如慕，是蒙古民族在长期的游牧生活中创造的艺术精品，在生活中随处可唱，尤其是在礼仪和宴会中，则无长调不成欢、不成席，更不成典礼。

　　长调的内容包罗万象，但以游牧生活和草原为主，歌唱祖先、爱情与歌唱骏马相得益彰。马，是蒙古人生活中最重要的朋友，蒙语中有关马的名词就高达百种以上，蒙古人对马的歌颂，恐怕也是全人类所有民族当中最丰富、最精彩、最动人的。长调音域宽广、曼妙悠长，歌唱时真声与假声从心所欲、自然变换，如水过无痕。其中最有民族特色、也最有"华彩"感的一种歌唱方法被称作"诺古拉"，其特殊的颤音、装饰音有不同的风格和色彩，可谓长调"王冠"上的"钻石"。

内蒙古民歌《金色圣山》是一首意境深邃、悠远深情、在绵绵的哀伤里饱含着思念的长调民歌。歌中所唱的"圣山"即位于蒙古国乌兰巴托东的肯特山，古时称为不儿罕山。相传幼年的铁木真为躲避敌人，曾独自藏身于此，期间备尝艰苦，尤其思念母亲。其后，他曾多次得到此山护佑，所以当他成为圣主成吉思汗后，便称此山为金色圣山，而这首长调民歌，则通过歌唱圣山表达了亲人之间割不断的思念。

内蒙古短调民歌和长调民歌最大的不同就是篇幅短小但内容更多，不像长调那样有许多音乐性的衬词，常常用一种类似分节歌的形式叙述一个故事。比如著名的短调歌曲《嘎达梅林》，就是讲述近代内蒙古草原上反抗压迫的英雄嘎达梅林的事迹，表达了蒙古人民对英雄的崇敬和缅怀。另一首著名的《诺恩吉雅》产生于清代的科尔沁草原，近些年通过一些知名歌手的演唱广为流传，受到各族人民喜爱。

5. 维吾尔族木卡姆

木卡姆艺术是我国维吾尔族著名的古典音乐，是歌、舞、乐、诗兼备的乐舞形式，与古波斯文化有着渊源关系，在中亚、西亚诸国都有流传。清代乾隆年间进入宫廷的"回部乐伎"中，已有当今木卡姆的雏形。它体裁多样，富于变化，并因流传地域的不同而有风格上的差别，如"哈密木卡姆""吐鲁番木卡姆""刀朗木卡姆""伊犁木卡姆"等。它既有古典的叙诵歌调，也有民间热烈的舞蹈音乐和优美动听的叙事歌曲。被称为"维吾尔音乐之母"的大型古典歌舞套曲"十二木卡姆"，则被公认为在所有木卡姆艺术中保存最为完好、内容形式最为丰富。

据说，16世纪叶尔羌汗国的王妃阿曼尼莎汗（公元1526—1560年）天资聪颖、精于音乐，她曾邀集各地有名的木卡姆民间艺人聚集一堂，在大音乐家的主持下，对散失各地的木卡姆进行系统加工、整理、提高，为木卡姆艺术做了示范性发展。解放前夕，十二木卡姆已濒临失传，1950年，文化部派出音乐家组成"十二木卡姆整理工作组"，为当时唯一能够完整演唱全部"十二木卡姆"的维吾尔族著名老艺人做了抢救性录音。经过将近六年时间的整理、记谱、编辑，《十二木卡姆》于1960年正式出版，包括古典叙诵歌曲、民间叙事组歌、舞曲、即兴乐曲340余首，为木卡姆的保护和传承奠定了基础。所以，当2005年我国政府向联合国教科文组织申报我国"新疆维吾尔木卡姆艺术"时，在"木卡姆"名目下已有多国申报成功的情况下，仍然获得通过，成为第三批"人类非物质文化遗产代表作"。

"十二木卡姆"共分12套，每一套又分"大拉克曼""达斯坦""麦西热普"三部分。全部"十二木卡姆"包括170多首曲牌和72首乐曲，全部唱完一次要20多个小时。"十二木卡姆"的伴奏乐器主要有沙塔尔、弹拨尔、独它尔、扬琴、手鼓、沙马依等。和田地区演唱"木卡姆"的艺人们，还使用一种叫作"卡龙"的古老乐器。

刀郎木卡姆可能是木卡姆艺术中最粗犷、豪迈、炽热的。刀郎地区在塔里木盆地西北部，以叶尔羌河至塔里木河流域为中心，其中麦盖提县的刀郎木卡姆久负盛名。据说刀朗木卡姆原有十二套，现仅存九套。这些套曲大都以散板开始，由男声沉郁、苍茫的呼唤开始，在热烈、激动、震撼人心的手鼓的带领下，刀郎艾捷克、刀郎热瓦普、卡龙等乐器组成一波又一波的音响洪流，将演唱者发自内心的喜怒哀乐喷泻而出，直达苍穹。当音乐高潮来临时，沙哑、粗犷、近似呐喊的男声与高高飘扬的女声交汇、穿插、撞击，融合，直指人心，让听者物我两忘、手舞足蹈。

木卡姆的唱词都是美妙生动的诗句，包括哲人箴言、先知告诫、乡村俚语、民间故事等。其中既有民间广为流传的歌谣，也有历代文人的精彩诗作，最动人的还是爱情的咏叹。在维吾尔的情诗中，炽热的情感、大胆的表白、绮丽的比喻，常常超越汉族诗人的想象。令人印象深刻的是许多表达思恋甚至爱而不得的诗句，与令人心醉的维吾尔旋律水乳交融，把一种真挚的忧伤变成永恒，变成人类共同的精神遗产。

维吾尔木卡姆艺术的音乐形态丰富而独特，与古波斯音乐、阿拉伯音乐有诸多联系和相同之处。其共有的多种音律，繁复的调式，节拍、节奏和多种组合的伴奏乐器，尤其是普遍存在的微分音和带有鲜明民族特色的装饰音，在充盈着音乐细胞的民间艺人真实、真诚的歌声乐声中，散发出不可抵御的感染力。

6. 西南歌舞乡

2004年5月3日晚，在第11届全国青年歌手电视大奖赛上，来自云南的一对农民姐弟李怀秀、李怀福以一曲彝族"海菜腔"《金鸟银鸟飞起来》惊艳银屏。作为评委，我打出了整个"民族组"的最高分，而其他两组——美声组、通俗组的评委们竟按捺不住激动，一时忘掉了评委应有的矜持，不约而同地大声叫好，起立鼓掌，制造了青歌赛历史上从未有过的一个热烈场面。

由于评委们观点的不同，那一次的大奖赛，李怀秀姐弟没能夺冠。其后，我针对当时轻视民间艺术和传统文化、主张以"科学"规范艺术的错误观点发表了一系列文章和讲演，在某种程度上改变了崇洋媚外、不利于文化多样性的思潮。在我的建议下，中央电视台在2006年第12届青歌赛上专门设立了"原生态组"，为来自田野乡间、没有受过专业教育的不同民族的青年歌手搭建广阔舞台。李怀秀姐弟在第12届青歌赛中，终于得到公平、客观的对待，毫无悬念地夺得金奖。同年，国务院批准"海菜腔"为国家级非物质文化遗产代表作。

彝族的"海菜腔"流行于云南红河哈尼族彝族自治州，历史悠久，风格独特，深受当地民众喜爱。所谓"海菜"，是指一种水生植物，"海菜腔"在当地叫作"大搬浆"，是伴随着当地的"吃火草烟"风俗发展起来的。当地适龄男女青年聚会，就说成去"吃火草烟"，届时要唱"海菜腔"，跳"烟盒舞"，以歌传情、以舞动容。

海菜腔过去用彝语，现已多用汉语，一般分为"拘腔""正曲子""白话"三个部分，歌词有现成的，也有即兴"现挂"的。好的"海菜腔"师傅能够把眼前见到的人和事巧妙、妥帖地编成歌词。彝族多有好嗓子，歌声高亢嘹亮，尤其是女声，兼具尖、高、亮、长的特点。

很多人对我国的音乐有一种误解，认为我国只有单声部音乐，没有复音音乐。其实在我国不但许多民间乐种存在大量以支声复调为主的多声部器乐，还有一些少数民族一直传承着独具特色的多声部民歌，比如已经成为国家级非物质文化遗产代表作的哈尼族多声部民歌、壮族三声部民歌等。其中，侗族大歌是我国多声部民歌中最著名的歌种。

侗族没有文字，所有民族的历史和生产生活知识都靠歌师传承，所以，寨子里的"歌师"成为民族文化的传承者，受到普遍尊重。所有的侗族人，在娘胎里就被歌声包围，可称为全民族的"胎教"，再加上从孩童起就跟着父母唱父母的声部，故养成了一种"绝对辨音力"，开口便能毫不费力地找到自己的声部。侗族大歌历史悠久，特色鲜明，演唱时无伴奏、无指挥，被称为"天籁之声"，2009年被联合国教科文组织列入第四批"人类非物质文化遗产代表作"。在欧美国家，无伴奏合唱是一种高级的艺术形式，和室内乐、交响乐并列为"高雅艺术"，无论水平多高的无伴奏合唱团在上台前都需要用钢琴或音叉定调，不然不容易找到自己声部的调高。但是，侗族歌者无论男女、无论年纪大小、也无论时间地点，在任何时候都是开口便唱，不会找不到自己的声部，更不会跑调。

2007年，我作为艺术总监带着"中国非物质文化遗产演出团"随温家宝同志出访日本，并到巴黎联合国教科文组织总部演出。李怀秀姐弟的"海菜腔"一声惊四座，而来自贵州省从江县小黄村的9个孩子也用她们发自内心的微笑和天使般的歌声瞬间征服了全场观众，向世界展现了彝族"海菜腔"和侗族大歌的魅力，让世界看到中国非物质文化遗产保护的巨大成果。

绘画

陈履生

陈履生，美术评论家，曾任中国国家
博物馆副馆长。

概述

中国画不是一般意义上的绘画，尽管它包含绘画的基本定义。中国画是夏山烟雨、秋江叠嶂、雪景寒林、溪山行旅、曲水流觞、西园雅集、松崖客话、山溪待渡……中国画还是与叠石造园、品茗畅饮、拜石书蕉、琴棋书画等相关联的文人特有的生活情趣和生活理想，它们共同构成了文人艺术的内核。所以，中国的画家——"望秋云，神飞扬；临春风，思浩荡"，他们以"一管之笔，拟太虚之体；以判躯之状，尽寸眸之明"；中国画家的画——"竖画三寸，当千仞之高；横墨数尺，体百里之远"；所以，他们的笔下——"春山淡冶而如笑，夏山苍翠而如滴，秋山明净而如妆，冬山惨淡而如睡"。由此，有了谢赫的"六法"与荆浩的"气、韵、思、景、笔、墨"这样的品评标准，也有了"神、妙、能、逸"的不同判断。

中国绘画在超越5000年的发展过程中，形成非常复杂的内在结构和结构关系，也有着各具时代特点和地方风格的绘画样式，既有主流，也有支流，其中还有变换以及改道。既有时代的主流在历史的发展过程中被后人判定在主流之外，也有时代支流中的表现符合今人的审美而突升了地位，从而改变了历史关系。这是一个复杂的认知和判断，也是一个需要不断梳理的重新认识的过程。显然，所有这些表现出的都是中国绘画史的复杂性，以及研究它的兴味所在。

一、原始到汉代的绘画

1.史前绘画

对于中国绘画史的梳理，唐代的张彦远有《历代名画记》，"叙画之源流"，其中叙历代能画人名自轩辕至唐会昌计371人，其中轩辕氏1人。在这一源流中，轩辕黄帝（公元前2717—前2599年）作为古华夏部落联盟的首领，统一华夏部落与征服东夷、九黎族而又统一中华的伟绩，成为有记载的中华文明史的开端，而相应的绘画史的记载也从此开始。现代考古学的发展，填补了几千年来人们认识绘画史的空白，而随着考古发掘的新发现，史前的中国绘画艺术可能还会往前推展，而人们的认识也可能会越来越接近历史的源头。

人类的绘画始于记事的功用，始于对未知的不解，始于对信仰的崇拜，始于对自然的模仿，始于对美的追求。

就功用而言，在中国距今3万年左右的旧石器时代晚期遗址（山西省朔县峙峪）中，就发现了兽骨片上刻有似羚羊、飞鸟和猎人的图像，这种早期的肖形与仿生的刻画，无疑是和生产生活相关的，它的寄寓可以做种种猜想，但基本的功用方面的意义打开了用图像来表现的方式，而由刻到绘也只是这种方式中的不同选择，或者可以视为表现方式中的递进。

在进入新石器时代之后，距今约7000年浙江河姆渡遗址的《猪纹方钵》《稻穗纹陶盆》等都表现出了图像与生活的关系。而半坡文化遗址中出土的彩绘陶器，明确了绘制在工具材料方面的成型，以氧化铁和高岭土为主要成分的红色和白色，构造了彩陶花纹的律动，这是作为中华文化发源地的黄河上、中游地区的创造，其数量之多、图案花纹之复杂，成为世界文明史上的重要篇章，也是中国绘画史距今1万年至6000年间最重要的表现。

在一个辽阔的中华版图上，早期人类活动及其生活的相似性，造就了相似的生活方式，以装饰性绘画为主要特征的彩陶也存在着相似性，可是差异性也非常明显。依附于器物的绘画从早期一般性的装饰到带有主题的表现，中国绘画在发展史上又进了一步，促进了独立的绘画在未来审美的道路上发展。新石器时代的彩陶与数千年后出现的公元前6世纪左右的古希腊陶瓶绘画，在东西方文明中前后相互辉映，成为这一品类绘画中东西方文化的代表。只不过在公元前6世纪的时候，中国已经进入春秋战国时期，中国绘画在青铜时代以及其后的漆器时代又是另外一番大地。

在中国绘画史的早期，岩画作为早期人类绘画的表现以内蒙古的阴山、宁夏贺兰山岩画为代表，它们所表现的原始性特质，同样也是今天认识原始形态的中国绘画的重要资料。在贺兰山一条东西长达300公里的画廊内，各种内容交织在一起，而人们最能理解的是那些与狩猎、牧放相关的画面，它们有着多重身份的意蕴，其属于画的部分表现在刻的各种手法中，生动的造型也反映了原始人对于形象的把握。同在北方地区的还有甘肃的祁连山和黑山的岩画等。而南方的云南沧源和广西花山的岩画所表现的狩猎、舞蹈、祭祀和战争等内容，也反映了当时人类的活动，而其画的方法以及相互关联的人物关系，则可以看到不同方法在不同地区的表现。

2.青铜漆器时代

经历了漫长而繁盛的陶器时代之后，商周绘画主要反映在青铜器上，除了各种精美的纹饰之外，表现现实生活的宴饮、弋射、狩猎、战争、采桑、建筑等，都反映了那个时代中最普遍和最根本的内容。青铜时代的造型达到了历史峰值，其装饰性的图案所构造的夏、商、周三代文明，尤其是在人的精神层面上艺术的表现，反映了王朝的中枢神经。礼仪、崇拜、制度等表现在饕餮纹、雷纹、弦纹、鱼纹、鸟纹、龟纹等方面，神秘的威严不仅仅是在美学上标明时代的特征，更重要的是把青铜时代与威严相关的制度传递给所有受众。可以想象的是，这些图案在铸造之前所经历的画的过程以及画的水平都可见一斑。

春秋战国（公元前770—前221年）时期，通过政治上的各种改革和变法，随着新兴的封建制度的逐渐确立和国家的强大，经历青铜工艺的巅峰而转向衰落之后，进入历史上的漆器时代。漆器时代是一个被人们忽视的伟大时代。从楚国（公元前1115—前223年）到汉朝（公元前202—220年）的1000多年间，漆器时代的伟大创造成为中华文明中一个不可忽视的重要历史时期。

我国是世界上最早使用天然漆的国家，早在商周就很发达，而春秋战国时期漆器的使用范围则更广。木胎、陶胎、铜胎、皮胎、夹纻胎、竹胎、骨角胎等制成的各种器物，除了对此前的青铜器形制的模仿之外，还辅以绘画的表现，形成了这一时期的绘画高峰。与夏商周青铜器上的纹饰所不同的是，漆器上的动物、植物、几何、自然景象、社会生活这五大类图案，让人们看到了画的趣味。画的直接表现，再也不需要通过雕刻和铸造的过程，或者说是人们放弃了商周时期繁琐的工艺，而以绘画的直截了当表现了一个时代中的审美潮流。

　　无疑，画出来的富于变化的各种形象也更接近生活的真实，加上"随类赋彩"的多种颜色的应用，不仅显现了仍然是利用器物表面这一过渡时期的特点，而且还表现了这一时期用笔来绘制图像的特色。《漆绘方格纹铜镜》《彩绘云雷纹杯形器》省去了雕刻与铸造的繁琐工艺，同时还促进了绘画的广泛运用。

　　从战国开始而滥觞于楚国的绘画，通过漆器把装饰性发展到又一个历史高峰，连圆式、连环式、波折式和散点式等构成的装饰意义，有了时代新貌。流动而飘逸的风格，在一种以细线条所构成的时代方式中，其间的鸟兽、羽人，成为《山海经》所对照的图像，而车马出行等现实题材同样是这一时期现实生活的写照。

　　至迟到了战国中期，因为出现了白色丝帛，为绘画提供了非常适用的材料，绘画不再依赖器物的表面或墙面，可移动的特性也扩展了绘画的功用，这就有了标志这一时代绘画成就的帛画。《人物龙凤》《人物御龙》以及《楚帛书图像》是现存的中国早期最为重要的绘画原作。帛画的出现联系着楚国的招魂习俗，这又自然联系到屈原的《招魂》，而马王堆1、3号墓T形帛画几乎就是《招魂》的插图。

　　绘画的功用在屈原的时代就表现出了特别的意义——"以忠以孝，尽在于云台；有列有勋，皆登于麟阁。见善足以戒恶，见恶足以思贤。留乎形容，式昭盛德之事，具其成败，以传既往之踪"。汉明帝时因追念前世功臣，图画邓禹等28将于南宫云台；汉宣帝刘询因匈奴归降大汉，回忆往昔辅佐有功之臣，命人画11名功臣图像于麒麟阁以示纪念和表扬。利用地面或墙壁作画从新石器时代以来的发展，到了春秋战国时期，在楚先王庙和公卿祠堂之中已经蔚然成风。

3.汉代绘画

汉代绘画最大宗和最普遍的是画像石和画像砖。承袭前代的传统和丧葬制度，汉代的地下墓室、墓地祠堂、墓阙和庙阙等建筑和棺椁上都有雕刻的画像。这些不管处于什么位置上的建筑构件，所刻图像表现出的丰富内容和多样化的艺术表现手法前所未有，是认识汉代社会的百科全书。汉代的墓葬因时代、地域和墓主人身份的不同而表现出不同的规模和形制，与画像石有关的遗存分布很广，以河南和鄂北、山东、苏北和皖北、四川、陕北和晋西北为中心的主要分布，表现出地域性的经济和文化发展水平。而与之相应的，以画像砖构成的砖室墓，其画像的规模虽不及画像石墓，可是其独特的艺术手法也是汉代绘画一个方面的代表。画像砖和画像石共同构造了汉画的体系，也是金石学研究的主要对象。

汉代画像所表现的丰富内容，反映了社会生活的方方面面，如车马出行、迎宾拜谒、捕鱼田猎、驰逐牧放、纺纱织布、庖厨宴饮、乐舞杂技、琴瑟和鸣、六博对弈、射御比武、飞剑跳丸、驯象弄蛇、迎来送往、亭台楼阁、门卒侍卫、鱼龙漫衍等。汉代画像中还有贤君明臣、武功勋爵、贞节烈女、殉国先烈等历史故事，表现出"昭盛德""传既往"的绘画功用。

而大量存在的神仙世界中的东王公和西王母、伏羲和女娲，这两对主神有着多样化的表现和配置；其他还有青龙、白虎、朱雀、玄武四神与九头人面兽、麒麟、羽人、天神、奇禽异兽等，以及脱离了现实世界的龙等神奇动物。它们作为助力墓主人升仙的骑乘工具，所表达是汉代社会普遍信奉的死后升仙理念，以及追求享受仙境生活的愿望。由此来看，与丧葬制度相关的绘画也成了为死后能够得道升仙营造氛围的工具，而这种为了逝者的艺术，也是家属及其生者的观想与冥想对象。

作为汉画的画像石是以雕刻来呈现的一种绘画形态。它与画有所不同，比如绘画的笔法和趣味在此中就无从谈起。因此，汉代画像石、画像砖所表现出的图像意义更多的是在题材和造型方面，也表现在平面雕刻的艺术方面。

对于汉代绘画的认识，除了大量的画像石和画像砖之外，还需要再沿着战国以来的壁画和帛画的发展方向来考察。除了帛画之外，汉代的墓室壁画有着丰富的遗存，具有代表性的有西汉中期洛阳的卜千秋墓壁画、洛阳烧沟61号墓壁画，东汉末年的和林格尔墓壁画等。

汉代墓室壁画中大量出现的车马出行、车马仪仗，同样也表现在画像石和画像砖之上。它是汉画的常规题材之一，与马王堆3号墓棺房中悬挂的帛画，都表现了墓主人生前的威严和气派。与之相关的是楚国"车马仪仗图"中的建鼓，同样出现在汉画中，所表现出来的车马出行的章法，显现出一脉相承的制度。而与人们生活相关的庖厨和宴饮，在汉画中普遍出现，也是把现世享乐带到未知的地下世界，这还包括大量存在于墓葬明器中的陶灶、陶楼。迷恋享乐的表现，构成了汉代墓葬中的特别内容。

汉代绘画从马王堆T形帛画开始，已经表现出高超而缜密的构思构图水平，及至汉代画像石上，这一时期特有的构图方式，能够囊括复杂的内容，能够展现阔大的场景，能够表现丰富的想象，能够反映深邃的思想。从造型上来看，马王堆3号墓出土的漆奁中的帛画《导引图》，其各式造型之生动应该是这一时期的代表。虽然这种具有标本性质的绘画只是人物单体的表现，但造型上的"导体令柔"的形神关系，表明汉代绘画已经达到成熟的境界。而其形式上的工笔彩绘画法，应该是东晋顾恺之及其之后工笔重彩人物画的始祖。

二、魏晋南北朝绘画

在汉代画像石墓逐渐退出墓葬装饰制度之后，画像砖墓在三国以来的墓室中得到了广泛运用，尤其是在南朝。其艺术表现不仅是传承汉代模印画像砖的形式，更重要的是以一种更为宏大也更接近绘画的模印画像砖壁画，将南朝绘画艺术推向历史高峰，成为这一时期见证传承又表现创造的代表。

据统计，南京和丹阳地区一共出土有《荣启期与七贤》砖画的南朝墓四座，其中以南京西善桥宫山南朝大墓中的《荣启期与七贤》砖画保存最为完好。这幅具有重要历史和艺术价值的模印砖画，在南京地区六朝墓中尚属初次发现，也是迄今所发现的最早的魏晋人物画实物，并具备与后世中国横卷画有着直接联系的形制。

从绘画风格上看，《荣启期与七贤》中人物的衣褶线条圆润灵动，造型严谨准确，绝非一般画工所为。其与顾恺之《列女仁智图》中的人物形象和用笔习性很接近，砖画中的银杏和垂柳等树的形象和表现手法也和顾恺之《洛神赋图》中的背景相同，而唐代张彦远的《历代名画记》中也曾提到过顾恺之曾画阮咸与"古贤"荣启期像，所以，《荣启期与七贤》砖画原稿应该与顾恺之有一定关系；但也有一些学者认为，这幅砖画稿也有可能是南北朝时期的陆探微所作。原作者不论是顾恺之还是陆探微，《荣启期与七贤》砖画都为研究魏晋南北朝时期的绘画提供了可靠而详实的资料。

从扬弃名法思想，到转而批评儒法之士，再到玄学思潮的极端发展，以及出现玄佛合流的趋向，三国两晋南北朝在继承与发展、创立与融合的历史过程中，极大地促进了各类文艺的发展，也使绘画出

现了新的面貌。这是一个在政治、宗教、哲学、思想上异常活跃的时期，多元的冲突所派生出来的玄学，加剧了对传统儒学的颠覆，因此，就能够在社会中延续荣启期或更早的隐士以来的文脉和传统。"魏晋风流"成为这个时代的标识。

"七贤"作为这一时期的代表性人物，他们的行为举止，他们的兴趣爱好，成为一个新兴社会阶层的代表，也反映了社会时尚中不同于前朝的新趋势，并影响了中国绘画主流发展的方向。

目前发现的四处《荣启期与七贤》模印砖画，其墓主人均为南齐显贵。其等级之高可以说明此题材的绘画与帝王以及南朝上流社会的关系，也说明这一题材的绘画出现在南朝帝王墓室中并不是孤立事件。而把孔子时代的荣启期与七贤并列在一起，则可以说明这一时期的主流价值观已经把士人放到了重要地位，并将其源流做了基本的具有历史传承的表述。而从核心问题上看，这已经有别于楚先王庙和公卿祠堂以及汉代南宫云台和麒麟阁壁画中的表现，即从天地到家国，从忠孝到烈勋；其功用也不是"留乎形容，式昭盛德之

事，具其成败，以传既往之踪"。这可以说是魏晋南北朝时期绘画的历史性变化。

从春秋时期的荣启期到魏晋时期的七贤，表现出历史中高士这一群体的发展过程。不管是"荣启期"，还是"七贤"，在魏晋时期都已经成为一种符号。因此，在同一个墓室中用壁画的方式来表现这一历史聚合，实际上也是一部图像化的高士发展史。

魏晋南北朝是中国绘画史的转折期，史无前例地创立审美标准，并为后世所范。到了这个时期，中国绘画经历了战国到秦汉的高度发展，各方面趋于成熟，尤其是经过百家争鸣，许多哲人提出具有深远影响的思想，因此建立一个为后世所范的标准，已是水到渠成。而这之中，最重要的代表人物是具有"才绝""画绝""痴绝"之称的顾恺之。

顾恺之，今江苏无锡人，字长康。顾恺之认为"凡画，人最难，次山水，次狗马，台榭一定器耳，难成而易好，不待迁想妙得也"。画人之所以难，是因为画人除了形之外还有神的问题。所以，"以形写神"就成了中国绘画千古不移的名言至理，而"通神"则成了建立于形之上的绘画理想以及品评的标准。顾恺之在理论和实践两方面都印证了"形"和"神"的关系，并拓展了从荀子以来"形具而神生"的思想，又与同时代葛洪的"形须神而立"观点相呼应。

《女史箴图》与《荣启期与七贤》相互辉映了六朝绘画的盛世，不仅是认识顾恺之，而且对于认识这个时代的绘画与美学都具有极其重要的意义。虽然顾恺之的传世作品还有《洛神赋图》《列女仁智图》《斫琴图》，但公认《女史箴图》最具代表。《女史箴图》依据西晋张华的《女史箴》一文而作，原有12段，现存仅剩9段，即自"冯媛挡熊"至"女史司箴敢告庶姬"，绢本设色。

从整体布局上看，《女史箴图》和《荣启期与七贤》都表现出中国古代横卷绘画的早期状态。它们所表现的都不是一个完整的叙事内容，而是由相互关联的多个内容组合而成，因此，彼此之间的衔接就需要特别的处理，《荣启期与七贤》用的是树木，而《女史箴图》用的是题跋。《女史箴图》的处理方法，既表现出它与张华箴文之间的关系，同时也连接了汉代以来绘画榜题的传统，还下启了中国卷轴画题跋的形成与发展。从内容上看，《女史箴图》依然是传统的"成教化，助人伦"的功用目的，它以男人社会中的女人道德为规范，表现不同身份的妇女形象，其规劝、镜鉴、反省的意义，通过与故事相关的形象而实现其教育妇女尊崇妇德的目的。

这一时期敦煌石窟中的北朝壁画造型夸张，风格强悍，线条勾勒与晕染的结合表现出与新疆龟兹石窟和域外风格之间的联系，既有时代特点，又有地域特色。

三、隋唐五代绘画

1.隋唐绘画

隋唐五代是中国绘画史上的重要时期。这一时期绘画繁荣昌盛，存世作品众多，其中许多都是存世作品中年代最久者。隋代开始的"细密精致而臻丽"的绘画风格，以展子虔的《游春图》而标高。唐代人物画盛极一时，名家辈出，所创立的绘画风格、绘画技法对后世影响巨大。而五代十国的绘画上承唐代余绪，下启宋代新风。

尽管隋朝历史短暂，可是在中国绘画史上却是一个重要时期。这一时期有画家展子虔和他的《游春图》，《游春图》是论述中国山水画起源不可缺少、也是绕不过去的一件重要作品，标志着山水画的独立存在。

生活在北齐至隋之间（约公元550—600年）的展子虔，在有限的存世作品中，让人们看到了《宣和画谱》所描述的他"写江山远近之势尤工，故咫尺有千里趣"的本领。《游春图》是其存世而流传有序的唯一真迹。

《游春图》中，完全改变了早期"人大于山和水不容泛、树木若伸臂布指"的幼稚表现。由此，"山水人物"混为一谈成为过去，开始了"山水""人物"的分科以及独立发展，中国绘画在分科发展的道路上前行。《游春图》所表现的春以及山水的平阔和深远，影响到后世山水画的审美导向。"品四时之景物，务要明采物理，度乎人事。春可以画人物，欣欣而舒和，踏青郊，游翠陌，竞秋千，渔唱渡水，归牧耕锄。"这是对春日自然的审美追求，也开启了山水表现四季"物理"和"人事"的基本规范，还连接着唐代王维的山水诗和山水画。其技法上的设色和用笔所表现出的所谓的古意盎然，实际上是这一时期的特点。山峦树石的空勾而无皴，表现出早期山水画的特色。笔法的细劲流利，构成工整细巧的基本面貌。明丽的设色也直接影响到此后青绿山水的发展。

唐代的人物画在这个时代占有主要地位，也是中国人物画发展史上的高峰。阎立本、吴道子的创造代表了这个时代，因此声名最大。而关于他们的很多类似神话的传说，从一个方面说明了他们当时的社会影响力。

阎立本（约公元601—673年），今陕西西安临潼人。阎立本在隋朝时官至朝散大夫、将作少监。唐高宗显庆元年（公元656年），阎立本继兄长阎立德后为将作大匠，同年，由将作大匠迁升为工部尚书，总章元年（公元668年）擢升为右相。当时镇守边关的名将姜恪以战功擢任左相，故时人将他们并称——"左相宣威沙漠，右相驰誉丹青"。

"成教化，助人伦"是战国以来的艺术传统。因此，歌颂王朝的威德、表彰功臣烈勋的业绩以及一些重大的政治事件，成为唐代画家创作的重要题材，反映出社会所需和潮流所向。阎立本在高祖武德九年（公元626年）画的《秦府十八学士图》及后来所画的《永徽朝臣图》，都是描绘当时文臣谋士的重要作品；贞观十七年（公元643年）画的《凌烟阁功臣图》，更是为表彰功臣勋烈进行的重要创作，如此的传续反映在凌烟阁中，到中唐以后还续有图绘。阎立德画的《外国图》《职贡图》《文成公主降蕃图》，阎立本画的《王会图》《步辇图》等，都歌颂了唐王朝的强大以及与少数民族地区的友好往来。其中现存的阎立本的《步辇图》更直接表现了"文成公主入藏"这一重大历史事件。

传为阎立本所作的《历代帝王图卷》共画了13位帝王的肖像，是历代帝王像中最为周全、最为精到、最有影响的作品。全画用铁线描表现了不同帝王的仪容和气质，其中的衣纹、胡须等匀细而挺拔，表现出深厚功力。因此，该画不仅是初唐的代表作，也是中国肖像画的范本。

画史尊称为"画圣"的吴道子（约公元680—759年），又名道玄，今河南禹州人，少孤贫，年轻时即有画名。曾任兖州瑕丘（今山东滋阳）县尉，不久即辞职。后流落洛阳，从事壁画创作。开元年间（公元713—741年）以善画被召入宫廷，历任供奉、内教博士。吴道子曾随张旭、贺知章学习书法，通过观赏公孙大娘舞剑，体会用笔之道而开悟。吴道子一生画了300余幅寺观壁画，变相人物，奇踪异状，时人认为"千变万态，无有同者"。吴道子具有代表性的是莼菜条线描，表现高低、深斜、卷折的飘带，其势天衣飞扬、满壁风动；而于此间的焦墨线条中略施渲染，既丰富了线条表现，又有着和自然相应的实体效果，世称"吴装"。

吴道子在中年以后善用遒劲奔放、变化丰富的线条，表现出在绘画技法上的重要创造，突破了前代的缜丽风格而开一代画风。唐天宝年间（公元742—755年），唐玄宗想到山清水秀、妙趣横生的蜀中嘉陵江，遂命吴道子赴嘉陵江写生。吴道子漫游嘉陵江上，纵目远眺，悉心观察，却没有画一张画。回到长安后，玄宗问其作画的情况，他说："臣无粉本，并记在心。"此后，唐玄宗命他为大同殿作壁画。吴道子凝神静思，一挥而就，一日而成嘉陵江三百里的旖旎风光。唐玄宗看后大为赞赏。吴道子之妙，在于把握住了嘉陵江的整体气势，而不是囿于具体的一山一水、一丘一壑，其高度概括的妙也就是后世山水所表现出的"气韵"，而非迹象。

史载吴道子不仅善画山水，画动物也颇能传神。《历代名画记》载吴道子语："众皆密于盼际，我则离披其点画，众皆谨于象似，我则脱落其凡俗。"这就是被称为"吴家样"的最核心内容，非"谨于象似"，而是"脱落其凡俗"。

与唐代人物画并驾齐驱的山水画，在隋代展子虔的路线上出现了曾和吴道子同画嘉陵江的李思训（公元651—716年，一作公元648—713年）。李思训在《唐朝名画录》中被称为山水画"国朝第一"。李思训的《江帆楼阁图》画江边的游人，与展子虔的《游春图》有异曲同工之妙，却在缩小《游春图》的表现空间之外显现出更为雄浑的气势，江天空阔，风帆缥缈，山脚丛林中的楼阁庭院掩映，有着广阔而幽深的境界。《江帆楼阁图》中的枝、干、叶仍用工整的双勾填色法，而山石用中锋铁线勾描，亦无明显的皴笔。青绿设色以石青、石绿为主，墨线转折处用金粉提醒，呈现出隋唐时期青绿山水的特色，并表现出在《游春图》青绿设色基础上的发展。

张彦远在《历代名画记》中提出"山水之变，始于吴而成于二李"。"二李"之一的李昭道（公元675—758年）为李思训之子，字希俊。《唐朝名画录》论其图山水，"甚多繁巧，智惠笔力不及思训"。其代表作《明皇幸蜀图》和《春山行旅图》，均为典型的"青绿山水"，也都是表现唐玄宗在安史之乱时，弃都城长安而迁至四川避难的蜀道。《明皇幸蜀图》画中山势险峻，有着"蜀道难"的崎岖。该画作为反映唐玄宗末年至代宗初年（公元755—763年）安史之乱的历史画，除了艺术价值之外，还有重要的历史意义，可以说这是史上最早表现安史之乱的历史画，也是中国绘画史上为数不多的历史画精品。《春山行旅图》则以春游的方式，消解了安史之乱中唐玄宗痛失家国的难堪。画面中间的平坡上有休憩的行旅，人和马都各具情态，轻松和谐。图下有溪水潺湲的小河，有连接两岸的小桥。此种蜀中的春日盛景，几乎看不到家国的不幸。可以说，李昭道的《明皇幸蜀图》和《春山行旅图》是中国绘画史上难得的姊妹篇，一位画家画了同一历史事件的两幅作品，而其构思立意完全不同，显现了高超的表现能力。

作为诗人的王维（公元701—761年）虽然名列张彦远的《历代名画记》内206位唐代画家之中，在《唐朝名画录》中与其他8人一同列于"妙品上"，可是画名为诗名所掩。王维以诗名盛于开元、天宝间（公元713—756年），长于吟咏五言山水田园诗，与孟浩然合称"王孟"。因笃信佛教，故有"诗佛"之称。

作为文人画的始祖和作为诗人的画家王维，将中国山水画引入到他倾心的田园之中，所表现出来的山水田园诗的意境，是文人理想境界中的归隐的核心；而其在诗和画中传达的"禅意"，又在另一个层面上加强了他艺术中的禅的境界，这同样是文人画所表现的超脱自我的升华。因此，与"空""静"关联的是自然中的"幽篁""深林""明月"等，与"隐"关联的则是"独坐""弹琴""长啸"，这些禅境的美学魅力，又简化为"空灵""淡远"的文人趣味。至于"始用渲淡，一变勾斫之法"，则破解了北宗重色的青绿画法，使王维与北宗形成了在画上一眼就能看出的对立，为后世解释王维山水画的成就找到了支点，也为文人画始祖在技法上找到了源头。

从王维的身份来论，他不是职业画家，而其绘画也完全脱离了"教化"的意义。这种"业余的"文人属性区别了职业画家和民间工匠，为文人画划定了所属的社会阶层。

从"李思训数月之功，吴道玄一日之迹"，到王维"诗中有画，画中有诗"的历史发展，已经把在技法层面上对李思训和吴道子的评价，转向了对王维的"文"的关注，这是自顾恺之以来绘画发展的重要转型，影响到之后中国绘画的主流发展。

在现存的唐画遗迹中，张萱的《捣练图》和《虢国夫人游春图》是具有代表性品质的重要作品。"捣练"是熟绢煮过之后的一道捣洗工艺。作为丝织品的"练"，刚刚织成时质地坚硬，必须经过沸煮、漂白，再用杵捣，才能变得柔软洁白。该画所表现的就是捣练、织线、熨烫三组工艺过程。该画运用汉代就已经成熟的横卷式构图，故能够把捣练的全过程呈现在一个画面上。其运用"散点透视法"在一定程度上是因为观赏方式，但所表现出的又不同于简单的工艺图谱。张萱对于细节的表现得益于他的细致观察，并抓住人物造型中的关键性节点，微妙而生动地表现出不同工艺过程中的劳作特点。

而《虢国夫人游春图》则是在社会阶层的差异中表现出游乐与劳作的不同。《虢国夫人游春图》描绘杨贵妃的三姐虢国夫人于春日出游的场景，这不由使人想起隋代展子虔的《游春图》。"游春"题材的表现以及各种各样的《游春图》，到了唐代成为画家的热门题材，所以传世有很多的《游春图》。虢国夫人受唐玄宗宠爱，奢侈过人，"三朝庆贺，或五鼓待漏，倩妆盈巷，蜡炬如昼"。传其出行所经之处，沿途遗失丢弃的首饰珠宝玉器很多，而香风飘达数十里。画面中的虢国夫人仪表雍容，居于后部的中心地位，其高贵娴雅的贵族妇女形象，使人一眼就能看出是画面主角。

总体来说，张萱善绘贵族仕女、宫苑鞍马，所画女性人物以"丰颊肥体"而著称。在画史上张萱通常与其后的周昉相提并论。周昉（8世纪—9世纪初），字仲朗、景玄，今陕西西安人。出身显贵，先后任越州、宣州长史。能书，擅画人物、佛像，尤其擅长画贵族妇女，是中唐时期继吴道子之后重要的人物画家。传世代表作有《挥扇仕女图》和《簪花仕女图》（传），它们被认为是画贵族妇女"周家样"的代表。《挥扇仕女图》的构图承续了顾恺之的方式，但叙事性更强，因此，整体布局上结构井然，张弛有度，或坐或立，或正或侧，或聚或散，均在精心安排之中。人物形象的塑造，与身份、与情态紧密相连，而彼此的呼应以及段落之间的衔接也富有巧思。

《簪花仕女图》表现五位衣着艳丽的贵妇及一位侍女于春夏之交赏花游园的情景。画面中另有两只小狗、白鹤及辛夷花点缀其间。该画有着安史之乱后彰显"文治"功勋的历史背景。此画内容简单，结构也不复杂，但在绘画表现上，人物头发的钩染、面部的晕色、衣着的装饰，尤其是半罩半露的透明织衫，加之浓丽的设色，都非常精到地表现了肌肤与织物的质感，呈现出唐代人物画成就的某些重要方面。

唐墓壁画成就较高，除大量的散佚之外，出土的数量也较多。其中收藏在陕西历史博物馆中的20多座唐墓壁画的精品有近600幅，达1000多平方米。其中5件（组）18幅被定为国宝级，69件（组）82幅被定为一级。这些唐墓壁画从一方面见证了唐代绘画的盛世，也旁证了阎立本、吴道子、张萱、周昉等名家的画法，表现出与他们的联系。而这一时期敦煌石窟中的唐代壁画也是精彩纷呈，佛相庄严，富丽堂皇，乐舞动人，飞天绕梁。

2.五代绘画

五代虽然只有短暂的53年，可是，承袭唐代人物画的传统，在历史故事、文人生活、宗教神话题材等方面表现出内容日渐宽泛的态势，并以诸多作品在中国人物画发展史上显现出历史盛景。其中最为著名的就是顾闳中（公元910—980年）的《韩熙载夜宴图》。韩熙载（公元902—970年）是五代十国南唐名臣、文学家、秘书少监韩光嗣的儿子。据《宣和画谱》载，后主李煜欲重用韩熙载，又"颇闻其荒纵，然欲见樽俎灯烛间觥筹交错之态度不可得，乃命闳中夜至其第，窃窥之，目识心记，图绘以上之"。为此，顾闳中奉命到韩熙载家去探望，并将所见默记在心，回去后即画出了韩熙载家中夜宴全过程中不问时事、沉湎于歌舞、醉生梦死的形态，表现出敏锐的观察力和惊人的形象记忆力。

顾闳中曾任南唐画院待诏，《韩熙载夜宴图》是其唯一的传世作品。《韩熙载夜宴图》虽然由听琴、观舞、休闲、赏乐和调笑这5个部分组成，然而亦可独立成章，每一个部分都具有独立的欣赏价值，显然也符合当时横卷绘画的欣赏方式。这实际上也是反映一个独立事件各个不同时间阶段的连环画的表现形式，其在一个整体画面中打破时空的格局，表现出不同于后世独幅画仅表现同一时空的方式。无疑，这也等同于从北朝到唐代敦煌壁画中的经变故事壁画的表现方式，显现出这一时期记事作品的通例。而在中国绘画史上，这一方式一直延续到明清。

周文矩与顾闳中齐名，或早于顾闳中，于李后主时同任翰林待诏。周文矩工画佛道、人物、车马、屋木、山水，尤精于仕女。他的画风近于周昉，但纤丽过之，画衣纹独创颤笔画法；所画仕女不施朱傅粉，不用镂金佩玉，也不以饰为工。《圣朝名画评》说他"用笔深远，于繁富则尤工"。周文矩的《重屏会棋图》，其中的人物写实、神情刻画尤为精细。另有重要作品《琉璃堂人物图》和《文苑图》。

五代的山水画发展是中国山水画发展史上的第一个高峰期，代表人物有荆浩、关仝、董源与巨然。沈括在《图画歌》中将他们合起来赞叹："荆浩开图论千里"；"枯木关仝极难比"；"江南董源僧巨然，淡墨轻岚为一体"。

荆浩（约公元850—911年），字浩然，号洪谷子，其籍贯一说为河南济源人，一说为山西沁水人。因有《笔法记》传世，并以其提出的画有六要：气，韵，思，景，笔，墨，确立了其在中国山水画史上的地位，同时也构建了五代在中国山水画史上的重要篇章。荆浩得北方山水雄峻气格，被称为北方山水画派之祖。《匡庐图》是荆浩存世作品中的重要一幅，以"高远"和"平远"结合的方法画庐山及附近一带的景色，气势宏大，结构严密。该画全用水墨表现，画法中开始出现皴染，而且层次井然。

在画史上与荆浩并称"荆关"的关仝（约公元907—960年），一作关同、关穜，今陕西西安人。早年师法荆浩，所画均为关陕一带山川，气势雄伟。关仝的代表作为《关山行旅图》（传），此画中的行旅以多样方式显现出"关山"的不同一般，这里既是要道，又是名胜，故行旅者众，表现出关仝在山水画立意造境方面的擅长，特点是笔不简而气亦壮，景不少而意更长。

"荆关"表现出北方山水的特点，并在雄强的风格中衍生出了北派山水的体格；与之关联且相对应的"董巨"，则以江南山水开水墨气韵的先河，同时把南派山水推向了中国山水画发展的主流轨道。如此也就为中国绘画史在此后文人画的发展道路上埋下关于"南北宗"的伏笔，或者在"南北宗"溯源中成为其源头。

董源（公元934—约962年），一作董元，字叔达，今江西进贤人。南唐李璟时任北苑副使，故人称"董北苑"。山水初师荆浩，后写江南真山实景，所画山头以细密的点来结构山体，水色江天，云雾显晦，峰峦出没，汀渚溪桥，疏林远树，平远幽深，其近景坡石以皴法状如麻皮，故有"披麻皴"之法。其画无奇峭而有率真，为南派山水画开山鼻祖。存世作品有《夏景山口待渡图》《潇湘图》《夏山图》《溪岸图》《平林霁色图卷》等。

《夏景山口待渡图》全画结构严谨，于变化中显现南方的山水特色。构思严密，布局精细，墨色雅淡。技法上远山以点为主，近处土坡用披麻皴，而中景的山岗丘陵则以点和皴结合的方法，表现出地形上高低远近的差异。该画中沙洲、坡岸、近山、远峰的画法有所不同，而近画中的树木画法亦分远近，并区别了灌木、柳树、芦苇、竹丛的画法，既有节奏变化，又十分和谐，表现出南派绘画精致的特点。

在南派山水中与董源并称的巨然，生卒年不详，江苏南京人。早年在南京开元寺出家，南唐降宋后到汴京，居于开宝寺。师法董源，画江南山水以长披麻皴画山石，峰峦山顶多作叽头，林麓间卵石，并杂以疏筠蔓草，得野逸清静之趣。笔墨秀润，为董源一脉相传。《万壑松风图》以高远的视角画重峦叠嶂和烟岚松涛。山顶有叽头，深谷有瀑泉，溪畔有浓荫，两岸有木桥；更有寺庙隐于深山，楼阁跨于两岸，还有水榭临石，人坐其间。另有传世作品《秋山问道图》《山居图》《萧翼赚兰亭图》《万壑松风图》《层岩丛树图》《秋山图》等。

五代只有53年，尤其是南唐只有38年（公元937—975年），然而却在中国绘画史上作出了重要贡献，其根本就是因为南唐画院的创立。唐末，土建据蜀称帝，史称"前蜀"（公元907—925年）。王建爱好艺术，仿效唐朝制度，给画人授以"翰林待诏"的职称，在宫内设置存放书画的场所，并增设管理库房的官员。而到了孟知祥称帝的"后蜀"（公元934—966年），至孟昶时儿爱好书画，正式创立了"翰林画院"，并设"待诏""祗侯"等官职。及至南唐这个在江南地区建立的王朝，因为末代君主李煜（公元937—978年）精书法、工绘画、通音律，诗文均有较高造诣，其创立的画院也在画史上成为中国画院体制中最为重要的前端。

四、宋代绘画

1.宋徽宗与画院

　　始于五代的宫廷画院是中国历史上宫廷内特有的一个与绘画关联的机构，这一机构关系到宫廷内的创作、教学、收藏、鉴赏等相关内容。这一反映帝王所好的宫中机构，在公元960年宋王朝统一中国后，形成了在两宋时期的历史高峰，其中以宋徽宗时期的画院最突出。无疑，这和此前的帝王所好一样，完全反映了宋徽宗的个人需要以及审美趣味。后蜀孟昶创立翰林图画院时并没有完善的组织架构和管理制度，而宋徽宗时的画院则建立了一套完整制度，包括招考画家的方法等，都为后世所范，也是画史上的美谈，直接影响到宋代绘画的发展和成就。

　　虽然北宋时期建立翰林图画院的时间并没有明确记载，可是大致可追溯到宋太祖乾德三年（公元965年）。宋灭后蜀，随后蜀末代皇帝孟昶归降北宋的还有画院待诏黄筌、黄居寀等，其中的黄居寀等因"艺祖知其名"，而被授予为翰林待诏；开宝八年（公元975年）又有随后主李煜归降的南唐画家董羽、厉昭庆等也被授予翰林待诏。而记载中还有宋太祖时期就已经开始属于皇家画院职掌范围之内的一些绘画活动，原来后蜀和南唐的画院高手都相继在北宋画院供职，形成了以汴京为核心的全国绘画创作中心。

　　人们普遍认为翰林图画院与宋徽宗的关系最为紧密，这一时期的诸多活动造就了画史上的高峰。宋代邓椿《画继》载徽宗"始建五岳观，大集天下名手。应诏者数百人，咸使图之，多不称旨。自此之后，益兴画学，教育众工"。宋徽宗所设立的"画学"，分为佛道、人物、山水、鸟兽、花竹、屋木六科，并将其纳入科举考试中，以古人诗句为考题而招揽天下画家；录取后按身份分为"士流"和"杂流"，居住不同的场所，悉心培养，并不断考核。入画院者则授予画学正、艺学、待诏、祗侯、供奉、画学生等职位，形成一套完整的组织架构和管理体制，而画家的地位在当时也明显高于其他艺人或工匠。大观四年（公元1110年）以后，"画学"并入"画院"进行教育管理。在宋代画院历300余年的发展中，画家队伍庞大，据考证有226人之多。

作为宋朝第八位皇帝的徽宗赵佶（公元1082—1135年），号宣和主人，是中国历史上最负盛名的皇帝书画家。宋徽宗的艺术造诣不同寻常，遍及诗词书画的多方面。而在绘画方面，涉猎花鸟、人物、山水等不同题材。宋徽宗的画有着独特的面貌，其风情韵致都代表了北宋的风格，而且表现出属于他个人的文雅。虽然那个时期画院画家的画基本上都是工谨富丽，能够表现出唐及五代的传统，而他的画却在水墨的表现中偏于粗简。宋徽宗艺术成就的另一方面是最具他个人特征的瘦金体书法。瘦金体作为一家之书，习者不难，写好却不易，故往往止步于起步不久，因此，在历史发展中，瘦金体就成了宋徽宗的专属。无疑，这一字体对于他的画的帮助也非常重要。如《芙蓉锦鸡图》上的瘦金体题跋所形成的个人风格，如果隐去，则可能淹没在众多的宋代花鸟画之中，而不能显现出属于宋徽宗的独特性，也就没有了秀劲和工丽相映成趣的那种感觉。

关于宋徽宗的历史记录，都指向他在绘画中对于写实的追求。龙德宫建成后，宋徽宗命待诏图画宫中屏壁，徽宗巡幸时见所画，一无所称。独有顾壶中殿前柱廊拱眼画斜枝月季花，问画者为谁？实少年新进，徽宗大喜，褒扬赏赐，而众皆莫测其故。后来宋徽宗对身边的侍臣说："月季鲜有能画者。盖四时朝暮，花蕊叶皆不同。此作春时日中者，无毫发差，故厚赏之。"又有："宣和殿前植荔枝，既结实喜动天颜，偶孔雀在其下，亟召画院众史令图之，各极其思，华彩烂然，但孔雀欲升藤墩，先举右脚。上曰：'未也。'众史愕然莫测。后数日，再呼问之，不知所对，则降旨曰：'孔雀升高，必先举左。'众史骇然。"这是画史上的佳话，充分说明宋徽宗的观察细致入微，也说明他对画的要求之高，极尽写实之能事。不管是"春时日中"的月季，还是"升高，必先举左"的孔雀都要一丝不苟。这也可以说是一个时代的审美时尚。

正因为宋徽宗有这样的要求，所以就有了北宋绘画中那种严谨的风格。而传说中的宋徽宗画翎毛多以生漆点睛，"隐然豆许，高出纸素，几欲活动"。其在技法上所努力达到的形似，也解决了中国绘画史主流观点中"神似"遮蔽"形似"的问题。由宋徽宗的倡导而出现的宋代绘画中的写实，不仅使中国传统绘画到这一时期出现了后无来者的写实高峰，而且在以王维为代表的文人画发展的潮流中，形成了两种不同的态势。而宋徽宗时期的发展，为中国绘画史的北宋时期树立了时代典范。

宋代画院的招考是绘画史上的美谈。在史书记载中，一日，宋徽宗踏春归来便以"踏花归来马蹄香"为题，于御花园举行了一次画考。宋徽宗的雅兴在于无形的"香"，而常人往往局限在诗句中的"踏花""归来""马蹄"这些可见的细节之上。故有的画骑马踏春归来者手里拿一枝花；有的在马蹄上画沾着的几片花瓣，而胜出者画几只蝴蝶飞舞在奔走的马蹄周围，不仅表现出踏花归来的主题，而且随香而来的蝴蝶也表现出无形的"香"。宋徽宗细览后大赞其构思之妙。另有考题"深山藏古寺"，画者想到的都是古寺，而忽视"藏"字。然而，"藏"为不见，那又如何去画？一学生（传为李唐）没有画古寺，却在深山中画一路径，尽头有一和尚在打水，和尚无疑是和寺庙联系在一起的，而大树之后当是寺院所在，即为"藏"字的意蕴。"竹锁桥边卖酒家"考题的入选者也没有画出酒家，而是在小桥流水、竹林茂密处，露出酒家的旗幡，凸显了其在表现"锁"字上的不同凡响。还有"野水无人渡，孤舟尽自横""嫩绿枝头红一点，恼人春色不须多"等，异曲同工之妙，都在一定程度上影响到宋代绘画在表现意境方面的成就，而且也突出了宋代画院在绘画表现上重视构思立意的特色。

"画院时代"是名家名作辈出的时代，宣和年间任翰林待诏的张择端（约公元1085—1145年）有代表作《清明上河图》（绢本设色，故宫博物院藏），最为著名，其表现的太平盛世景象，就是当年献给宋徽宗的厚礼。所以，宋徽宗作为此画的第一位藏家，用瘦金体书法亲笔题写了"清明上河图"五个字，并钤上了双龙小印。然而，由于该画在流传中经过数次重裱，卷首、卷尾有残缺，所以，宋徽宗题字等已缺失。

张择端，字正道，今山东诸城人。早年游学汴京，专攻界画宫室，尤擅绘舟车、市肆、桥梁、街道、城郭，后"以失位家居，卖画为生"。作于北宋崇宁年间（公元1102—1106年）中后期的《清明上河图》，用散点透视法在5米多长的横卷上，表现了北宋都城的面貌、社会风俗，以及与都城关联的市井和社会各阶层人士，构成了如今能够看到的北宋的商业氛围，各行各业，各色人等，加上牛、骡、驴等牲畜，车、轿、大小船只，房屋、桥梁、城楼等，见证了北宋时期高度发达的社会经济。关于宋徽宗所题的"清明上河图"，以及画面实际所表现的内容，后世有三种不同的解说：一为清明节之意；二为清明坊之意；三是清明盛世之意。实际上这关系到"清明"的节气和"清明"的社会气象；还关系到汴京地名中的"清明坊"。

该画所表现的都城汴河上繁忙的运输，城池内繁荣的商业，构成了真实的社会景观，这是世界绘画史上少见的如此规模表现古代城市景观的作品。今天，作为历史来看《清明上河图》，就像北宋社会的百科全书那样，有很多值得研究的内容，包括那些商铺和店面的幌子、关联的生活和生活方式等。张择端以其高超的画面组织能力和造型天赋，通过艺术的表现而呈现出浓厚的生活气息，所关联的创作方面的问题，同样指向了画院画家的作为。

显然，《清明上河图》是中国绘画史上表现都市繁华的杰出作品，完全彰显了宋代画院的实力。而比张择端稍后的画院学生王希孟（生于1096年，卒年不详），18岁时用半年时间所完成的《千里江山图》（51.5cm×1191.5cm，故宫博物院藏），同样表现出宋徽宗所倡导的"画学"以及在实际传授方面的成就。王希孟十多岁即入宫中"画学"，为画院学生，后召入禁中文书库，奉事徽宗左右。其画初未甚工，但宋徽宗认为"其性可教"，传说中他亲授画法，王希孟由此技法精进，且超越矩度。宋徽宗政和三年（公元1113年）四月，王希孟所创作的青绿山水《千里江山图》卷，为画史上的重要代表，比肩唐代李思训父子。

《千里江山图》以平远法的横卷构图，表现了江天一色的壮阔场景。画面中山势绵亘，群峰耸立，烟波浩渺，水随山转；深谷幽岩，飞泉流溪，水岸平坡，乡村野市；渔船游艇，桥梁水车，台榭楼阁，凉亭茅蓬。其间有捕鱼、游赏、行旅、呼渡等人物，表现出江山之内人的活动。该画构图变化多端，山水之间的呼应，转承开合，在高耸与辽阔之间形成对比，而且在对比中表现出变化中的自然生态的奇妙。像《清明上河图》的格局一样，画面并非在一个聚焦点上的扩展，而是把散点运用在不同的区域中，表现出山势有高低，水面有远近。其青绿画法继承了隋唐以来的传统，以石青石绿为主调，苍翠艳丽中不失厚重感，明快爽朗中又有富丽的趣味。其设色区别了水、天、树、石彼此的差异，而轮廓勾线与色彩渲染，交互使用，增加了画面的变化，同时也有了值得品味的形式美感。该画所表现出的装饰性，同样得益于表现形式上的多样性。渲染和罩染施之于不同的物象之上，所构造的千里江山像人间之外的仙境，却又是实实在在的可居、可游、可赏、可览的人间美景。

另一位于宋徽宗时期入画院的李唐（公元1066—1150年），字晞古，今河南孟州人。其画变荆浩、范宽之法，苍劲古朴，气势雄壮，开南宋水墨苍劲、浑厚一派先河，与刘松年、马远、夏圭并称"南宋四大家"。晚年去繁就简，用笔峭劲，所画石质坚硬，立体感强，创"大斧劈皴"；画水能得其势，有盘涡动荡之趣。李唐以《采薇图》（绢本淡设色，27.2cm×90.5cm，故宫博物院藏）而名世。此为历史故事画，画商末伯夷、叔齐不食周粟而最后饿死的故事。所表现的民族气节，以直面南宋的社会现实为基础，表现出反对投降的立场，其"借古讽今"，是中国绘画史上教化类作品中的代表。画面中的伯夷与叔齐采摘薇蕨于半山腰，周边是苍藤、古松。他们正在休息对话的情景，人物安详，闲适自乐，所表现出的是中国人的一种气节。画面中的衣纹简劲爽利，方折劲硬，自成风格；树石笔墨粗简，墨色湿润。画中石壁上有"河阳李唐画伯夷、叔齐"题款两行。画面整体笔墨劲秀，已开南宋马远、夏圭法门。

2.画院之外

宋代绘画的发展在画院体制之外的重要表现是山水画大兴，卓有成就，且高手林立。李成、范宽上承荆浩，作为北宋山水画的代表，用水墨表现北方雄浑壮阔的自然，与五代的关全一起，"三家鼎峙，百代标程"，是山水画发展中划时代的标杆。这一具有地域特色的北方山水画系统，继承者有王士元、王端、燕文贵、许道宁、高克明、郭熙、李宗成、丘纳、王诜等。可以说，这一时期的山水画地不分南北，都以写实风格为主导，表现出"真"和"实"的自然。这一时代特色中勾勒细致、刻画严谨、层层渲染的写实画风，所展现的是细腻、丰富的特色。强大的北宋山水画阵营将这一时期的山水画推向画史上前所未有的高峰，而李成、范宽是最有影响的代表。

李成（公元919—967年），字咸熙，号营丘，唐宗室后裔，今陕西西安人。李成博学多才，胸有大志而不得施展，遂放意诗酒书画，后醉死陈州（今河南淮阳）客舍。李成师承荆浩、关全而加以发展，多画郊野平远的旷阔景象。好用淡墨，有"惜墨如金"之誉，宋代米芾称其画"淡墨如梦雾中，石如云动"；所画山石如卷动的云，后人称为"卷云皴"；善画寒林，开创"蟹爪"法。李成的代表作有日本大阪市立美术馆藏的《读碑窠石图》（绢本水墨，126.3cm×104.9cm），这是李成与人物画家王晓的合作。画面中的寒林平野内有几株沧桑老树和一座古碑，其置境幽凄，气象萧瑟，烟林清旷，有无限的悲凉。所画古树枝桠，是李成独特的造型，而奇劲参差的变化，与直边的碑石形成了鲜明对比，又与虚空的背景有着前后的衬托，寓意深远。

初学李成的范宽（公元950—1032年），又名中正，字中立，今陕西铜川人，性疏野，嗜酒好道。感悟"与其师于人者，未若师诸造化"，遂隐居终南山和太华山，对景造意，得山之骨法，与山传神，自成一家。《宣和画谱》著录有作品58件，米芾《画史》也涉及30件；现存作品有《溪山行旅图》《雪山萧寺图》《雪景寒林图》等。《溪山行旅图》（绢本水墨，206.3cm×103.3cm，台北故宫博物院藏）是中国山水画中的翘楚。该画巨峰巍然，气势磅礴，扑面而来，不寒而栗；山涧瀑布，飞流直下；山峦峻厚，林木茂密。山脚雾气迷蒙，映现出中景的山岗；山岗上树木丛生，溪流潺缓。近处大石横卧，与直立的主峰相对应，表现出北方山区峰峦浑厚的特色。有行旅、驮队于此间穿过，虽然点睛、点题的人与畜皆小如蝼蚁，其小却衬托了山的高大。元代汤垕说："董源、李成、范宽三大家鼎立，前无古人，后无来者，山水格法始备。"由此可见北宋出现山水画高峰的意义，在于从此格法完备。

进入南宋之后，随着社会风气的变化，画风也随之转向。多作"一角""半边"之景而成为时尚，有"马一角"和"夏半边"之称的马远、夏圭成为这一时期的代表。马远（生卒年不详），字遥父，号钦山，今山西永济人，生长于今浙江杭州。曾祖贲、祖兴祖、父世荣、伯父公显、兄逵，均为画院画家。其继承家学，历任宋光宗（公元1190—1194年）、宋宁宗朝（公元1195—1224年）画院待诏。所画取法李唐，笔道劲挺，设色清润，自成一格。其画山石为大斧劈皴，方硬中显棱角；树木多作横斜曲折之态，干用焦墨，叶有夹笔；楼阁多为界画，略施皴染。

夏圭（生卒年不详），字禹玉，今浙江杭州人。宋宁宗时任画院待诏，获皇帝赐金带。山水师法李唐，又参酌北宋诸名家而形成自己的风格。善于用水，画面淋漓滋润，其"泥里拔钉皴"，先用淡水墨扫染，然后趁湿用浓墨皴，有水墨浑融的效果。

在宋代的画院体制之外，李成、范宽于山水画发展方面在一定程度上弥补了画院画家的不足，而另有完全不同传承与发展的梁楷和牧溪，以参禅而另辟蹊径，所表现出的独特性，引导了中国绘画在禅意方面的发展，开辟了水墨画发展的另外一条路径。它相对于主流的传承与发展，尽管人数不多，影响却是很大。

梁楷（生于公元1150年，卒年不详），今山东东平人。从曾祖梁子美开始，皆为宋朝大臣。南渡后流寓钱塘（今浙江杭州）。曾是宋宁宗嘉泰年间（公元1201—1204年）的画院待诏，善画山水、佛道、鬼神，师法贾师古，有出蓝之誉。生活放纵，好酒，酒后往往不拘礼法，人称"梁风（疯）子"。因厌恶画院规矩，不受羁绊，故悬金带而去。后世著录作品不多，传世作品更少，只有10件左右，最为著名的是台北故宫博物院藏的《泼墨仙人》。该画水墨淋漓，不拘小节，仙人醉步具有飘逸的气质，毫无院体的规矩。作为粗行一派的梁楷，放浪形骸，与妙峰、智愚和尚交往甚密，故非僧而擅禅画。

牧溪，俗姓李，佛名法常，号牧溪，四川人。艺术活动时间为宋末元初，有记载1281年在天台山万年寺圆寂。牧溪继承了石恪、梁楷的水墨简笔画法，工山水、佛像、人物、龙虎、猿鹤、禽鸟、树石、芦雁等，随笔写成，墨法蕴藉，幽淡含蓄，形简神完，回味无穷。牧溪对明清之际的文人画均有影响。元人吴大素在其《松斋梅谱》中说他："多用蔗渣草结，又皆随笔点墨而成，意思简当，不费妆缀。松竹梅兰石具形似，荷芦写，俱有高致。"但是，明代朱谋垔在《画史会要》中说他的画："粗恶无古法，诚非雅玩。"如此，就道出了禅意画与文人画的不同。然而，牧溪对于日本水墨画的影响巨大，被称为"日本画道之大恩人"，其大部分作品被当时的日本僧人陆续携往日本，代表作有日本京都大德寺藏的《松猿图》《六柿图》、日本东京国立博物馆藏的《叭叭鸟图》等。

中国绘画到宋代已经出现多元化和多样性的发展。在唐代王维始创文人画的基础上，宋代形成的态势通过文同和苏轼，建立起文人画理论的主体框架和表现的基本形式。而后世的追捧以及在文化上的认同，使得他们的理论被奉为圭臬。

文同（公元1018—1079年），字与可，号笑笑居士、笑笑先生，人称石室先生，今四川省绵阳人。元丰（公元1078—1085年）初年，文同赴湖州就任，故被称为"文湖州"。文同以学名世，擅诗文书画，受到苏轼的敬重，称他为诗、词、画、书四绝。文同善画墨竹，具文人画的基本特质，可以作为继王维之后文人画兴起的一方面标志。而作为文人画标志之一的文同墨竹，给予苏轼以及后来金代的王庭筠父子、元代的李衎等以重要的影响，也推动了墨竹成为文人画的一个重要题材。对于画竹，文同主张必先"胸有成竹"，并自创深墨为面、淡墨为背的竹叶画法。其后画竹者多从其学，世有"湖州竹派"之称。他与苏轼的诗词往来唱和，不仅是确立了四君子题材，同时还确立了文人画家的做派和方式。

苏轼（公元1037—1101年），字子瞻，号铁冠道人、东坡居士，世称"苏东坡"，今四川省眉山人，祖籍河北栾城。苏轼作为北宋中期的文坛领袖，在诗、词、散文、书、画等方面都有很高的成就。他的诗清新豪健，与黄庭坚并称"苏黄"；词开豪放一派，与辛弃疾并称"苏辛"；散文豪放自如，与欧阳修并称"欧苏"，为"唐宋八大家"之一；擅书，为"宋四家"之一。而他擅画，尤擅墨竹、怪石、枯木等，是第一个比较全面阐述文人画理论的文人画家，对于宋以后文人画体系的形成和完善，以及文人画的发展，都起到了至关重要的作用。

苏轼对于文人画的贡献首先是提出了"士人画"这一概念："观士人画，如阅天下马，取其意气所到。乃若画工，往往只取鞭策皮毛槽枥刍秣，无一点俊发，看数尺许便倦。汉杰真士人画也。"他抬高了画家王维的历史地位，开始将文人画家与职业画家（画工）区分开来，并另当别论："吴生虽绝妙，犹以画工论。摩诘得之于象外，有如仙翮谢龙樊。"他倡导诗情画意的文人画风格，反对完全追求形似的画工气息，"味摩诘之诗，诗中有画。观摩诘之画，画中有诗"。他在绘画品评方面，提出："论画以形似，见与儿童邻。"

关于苏轼的画，米芾在《画史》中说："子瞻作枯木，枝干虬屈无端，石皴硬。亦怪怪奇奇无端，如其胸中盘郁也。"《枯木怪石图》是苏轼代表作，画面着笔不多，左下角为怪石盘踞，石后露竹；石右之枯木有屈曲盘折之姿，怪怪奇奇中有雄强的气势。如此的笔意盘旋，似乎表现出胸中的不平之气，而交织于心与发诸毫端，就是文人所特有的借诗画以泄胸中盘郁的一种方法。苏轼曾自题："枯肠得酒芒角出，肝肺槎牙生竹石，森然欲作不可留，写向君家雪色壁。"可见文人书画与心情，心情与表现，表现与形式，都有紧密的关联。这种抒写胸臆作为文人表现的一种方式，苏轼的《枯木怪石图》所表现出的图式，就成为文人画的依归。

苏轼在《石苍舒醉墨堂》中说："我书意造本无法，点画信手烦追求。"他还说："吾书虽不甚佳，然自出新意，不践古人，是快也"，"浩然听笔之所之而不失法度，乃为得之"。由此再回到文人画所强调的书法用笔，以及诗书画一体方面来论，正是苏轼所倡导"士夫画"的核心，而他所不屑一顾的院体和工匠之作，正在于缺少文的内容。这一通过文化的导流所出现的新的绘画发展方向，一定是在不落前人窠臼、不拘古人绳墨的方式方法中的时代创新。

米芾（公元1051—1107年），字元章，祖居太原，后迁湖北襄阳，人号"海岳外史"等，曾任校书郎、书画博士、礼部员外郎。善书画，与蔡襄、苏轼、黄庭坚合称"宋四家"。善画枯木竹石的米芾，有"相石"四法：瘦、绉、漏、透。郑板桥在题《竹石图》中说此"可谓尽石之妙矣。东坡又曰：石文而丑。一丑字则石之千态万状，皆从此出"。显然，文人审美通过"丑"来发现新的内容，不仅颠覆了院体画的规矩法度，而且在新的认知上拓展了文人画的审美空间。米芾所画山水，"不取工细，意似便已"，以米点皴而自成一家。他从董源和巨然的画法中抽出了其中的点，并扩大到整个山水自然的表现之中，成为以点代皴的写意画法（"落茄皴"）。用圆深凝重的横点错落排布，连点成线，积点成片，泼、破、积、渍、干、湿并用，而放弃前人的钩皴点擦。其长子米友仁（公元1074—1153年），世称"小米"，承家学，而发展了米芾技法，并完善了家法，同时演绎出文人画的"墨戏"。

需要提到的是，宋辽金（公元960—1279年）时期的壁画成就也很突出。因山西大同是辽国的西京，在汉族与契丹族杂处的社会中，许多辽代的墓室壁画中都画有家庭生活及饮宴场面，还有车马出行、执戟门卫、男女侍童，以及花卉屏风等。而河北宣化西北以张世卿墓为代表的10余座辽代的张氏家族墓，有辽代壁画360平方米。其中张世卿墓就有壁画98幅，绘天文图、茶道图、散乐图、出行图、启门图、挑灯图、备经图、备宴图、对弈图、婴戏图、花鸟图等，形成了一个特殊的地下画廊。辽金壁画除内容丰富之外，时代特点鲜明，艺术水平也较高。

五、元代绘画

元代绘画是中国绘画发展史上的一个转折时期，也是一个重要的历史时期，其根本是由蒙古族的政权取代南宋而随之产生诸多复杂的社会问题所决定的。元朝立国之初，面临着激烈的民族矛盾，这是所有问题的核心。正如李唐《采薇图》所表现的那样，汉族士人的气节往往都在政权转换这一关键点上彰显出来。而蒙古族统治者也深感其与汉族在民族文化传统方面存在着巨大的差异，在教育程度、文化艺术素养等方面更是有着很大的悬殊，为了巩固政权，就必须在文化的融合方面做出最大的努力。

蒙古族统治者在礼遇汉族文士的同时，还学习此前宋朝皇帝喜好书画艺术。元文宗天历二年（公元1329年）三月设奎章阁于大都兴圣宫中，陈列珍玩，储藏书籍。画家、书画鉴藏家柯九思被任命为鉴书博士，负责对内府所藏书画的鉴别和审定。后来，又在奎章阁内设学士院，汇集天下著名文人，而学士院就成为最高的学术和艺术殿堂。所以，元文宗时的翰墨之盛就成为超越历史的一个高峰。正因为元朝统治者对汉文化的特殊政策，使得唐宋绘画传统得以延续。由于元代未设画院，画家阵营中出现了大批身居高位的士大夫画家，他们与在野的文人画家一起，构成了主力阵容。

这一时期的水墨潮流逐渐成为主流，其中不仅连接了南宋后期的水墨新潮，同时还加入了与时代关联的一些新的审美内容。当然，这一时期还是有少数专业画家直接服务于宫廷，如同过去的画院体制那样，表现出朝廷对于绘画的利用，以及对绘画教化功能的认同。

元代的绘画发展所表现出来的不同于前朝，尤其是不同于宋代院体的刻意求工，也不同于院体的注重形似，形成了强调文学性和重视笔墨的鲜明时代特点。这是对宋代文同、苏轼、米芾等文人画家思想的继承和发扬。因此，元代绘画追求古意和士气，重视主观抒发；提倡遗貌求神，以简逸为上。在绘画的形式和技法上，强调以书入画，进一步强化了诗、书、画的结合，由此使文人画占据了画坛主流。这一时期的画相比较于宋代，是一种自由的状态，山水、枯木、竹石、梅兰等文人画题材大量出现，多表现画家自身的生活和环境、情趣和理想，而直接反映社会生活的人物画减少，也没有了那种宏大叙事的创作。

在元代90余年内，出现了以赵孟頫和"元四家"为代表的一代大家群体，不仅使元代绘画史璀璨夺目，而且也在中国绘画史上做出了承前启后的重要贡献。这是一个名家辈出的时代，除赵孟頫和"元四家"外，还有钱选、李衎、高克恭、王渊等；这也是一个名作涌现的时代，赵孟頫的《鹊华秋实图》，黄公望的《富春山居图》，王蒙的《青卞隐居图》，吴镇的《渔夫图》，以及倪瓒的"胸中逸气"和王蒙松毛皴法等，都直接影响了后世文人画的发展。

赵孟頫（公元1254—1322年），字子昂，号松雪道人，今浙江湖州市人，宋太祖赵匡胤十一世孙、秦王赵德芳嫡派子孙。赵孟頫家族从曾祖父开始到其父皆仕于南宋，因此，在南宋灭亡后，赵孟頫蛰居在家，曾被举荐为翰林国史院编修官而辞不赴任。本来这应该是中国文人气节的又一个典范，但后来赵孟頫仕元，并以高官厚禄而名满天下，去世后被追赠江浙中书省平章政事，追封魏国公，谥号"文敏"。这些都直接影响了当时和后世对他的看法。

然而，赵孟頫开一代新风的才气，博学多艺的成就，成为这个时代的不可或缺。明代王世贞曾说"文人画起自东坡，至松雪敞开大门"，表明从苏轼到赵孟頫是宋代到元代的文人画发展主流，以及赵孟頫在文人画发展史上的崇高地位。赵孟頫确实是中国绘画史上少见的全能型画家，兼擅山水、人物、鞍马、墨竹、花鸟等各种题材，无一不能，无一不精。他曾说："作画贵有古意，若无古意，虽工无益。今人但知用笔纤细，傅色浓艳，便自谓能手。殊不知古意既亏，百病横生。"其山水取法董源、李成；人物、鞍马师法李公麟。

元贞元年（公元1295年），赵孟頫作《鹊华秋实图》（纸本水墨设色，28.4cm×90.2cm，台北故宫博物院藏）。从构图上看，《鹊华秋色图》既没有李成、范宽的风格，更不见董源、巨然的影响。而画中的树木品类繁多，散布疏落而无规律，接近自然生态。山脚下的水边泽地，散落着羊群和行人；水面有渔舟，岸边有渔人；鹊山脚下有房屋三间。在如此既没有高耸，也没有奇险的画面中，赵孟頫所表现出的生活日常，完全改变了南宋院体风格，更不是那种一边一角，而在追求自然的表现中显现出"古意"。这里对于"古意"的诠释并不是临仿或传承前人的构图或笔法，而是去除宋代的"纤"和唐代的"犷"，开创属于元代和属于赵孟頫的时代新画风。该画在表现秋色方面，用色彩来调和渲染，用笔墨表现虚实相生，其节奏感显现在秋意的疏落之中。与该画意趣相近的山水画代表作还有故宫博物院藏的《水村图》（公元1302年）。

赵孟頫的人物画代表作有故宫博物院藏的《人骑图》（公元1296年），辽宁省博物馆藏的《红衣罗汉图》（公元1304年）。从"识画尤难"的角度来看，表面上《人骑图》内容简单，只是画一乌帽朱衣人骑马徐行，就是这么简单，连一点配景都没有，而这极简的画面却关系到中国绘画中人物和鞍马这两科。该画的造型无可挑剔，而衣纹铁线描，笔墨工稳。重要的是人物气定神闲，既无动态，也无夸张，平稳中透露出内在气韵，这正是赵孟頫倡导的古意生发出的光彩，所指向的是"不愧唐人"。

《红衣罗汉图》依然像《人骑图》那样以画面中的红衣而夺人眼目。德祐二年（公元1276年），元军兵至临安，南宋第七位皇帝赵㬎（公元1274—1276年在位）退位降元，降封开府仪同三司、瀛国公。至元二十五年（公元1288年），被元世祖忽必烈遣送吐蕃（今西藏）学习藏文、佛经，后出家，从事佛经研究和翻译。47年间，这位降元的皇帝在西藏潜心研究佛学，四处讲经，成为当时西藏的佛学大师。画面的主体是头上有光环、坐于大树下的红衣僧人。全画中的人物和衣饰、树木和石头，以勾勒与渲染结合的方法，写实而具有装饰性，表现出墨与色的关系问题，并显现出深厚的古意。

赵孟頫的花鸟画代表作有《幽篁戴胜图》（25.4cm×36.1cm，故宫博物院藏）和《兰竹石图》（25.2cm×98.2cm，上海博物馆藏）等。前者画一回首的戴胜栖息于新篁枝上，表现出由宋到元的风格过渡。而后者画兰竹石，则诠释了赵孟頫的艺术主张："石如飞白木如籀，写竹还需八法通，若也有人能会此，方知书画本来同。"他对于以书入画的要求，实际上是寻求书法与绘画内在关联的部分给予文人画的意义。因此，画面中石头用笔所显现的飞白，不仅是书法所特有的趣味，而且把文人画发展到元代的特点鲜明地表现出来。而"写竹还需八法通"的"写"就区别了宋代的"画"。

元代绘画的标志性人物除赵孟頫之外就是"元四家"。"元四家"中的黄公望、吴镇、倪瓒、王蒙基本上都是以董源、巨然为皈依，重视笔墨，崇尚意趣，并以诗书画结合的方式推动了文人画在元代的主流发展。这之中对后世影响最大的是黄公望。

黄公望（公元1269—1354年），江苏常熟人，原名陆坚，十岁左右过继给永嘉郡平阳县的黄氏为子，因90岁的"黄公望子久矣"，遂改姓名为"黄公望"，字子久。入全真教，称"大痴道人"。黄公望工书法，通音律，善诗词、散曲。其山水曾得赵孟頫指授，自称"松雪斋中小学生"，有"峰峦浑厚，草木华滋"的美誉。传世作品有《富春山居图》《水阁清幽图》《九峰雪霁图》《富春大岭图》等，著有《写山水诀》。

《富春山居图》是黄公望的代表作，为后世所重，无与伦比。传说中该画于顺治七年（公元1650年）为吴洪裕收藏，成为这位著名收藏家上万件藏品中的最爱。他去世前要将这幅画带走，嘱咐家人烧掉。因此，在其咽气前，家人当着他的面烧这幅画。其侄吴静庵及时赶到，将画从火盆里夺出。而此时画已烧成两截，前半截为现藏于浙江博物馆的"剩山图"（31.8cm×51.4cm）；后半截为现藏于台北故宫博物院的"无用师卷"(33cm×636.9cm)。如此的传说为《富春山居图》加持，也提升了黄公望的知名度。

据考证，《富春山居图》原来画在六张纸上，后裱成一幅约7米的长卷。一般来说，"剩山图"在前，所画具有江南山峰的特点，峰峦前后重叠，远近分明，平远幽深，连绵起伏。峰峦上有明显的大块叠石，即来自董源和巨然的"矾头"，这种具有符号性的物象所反映的江南特色，在水墨与江南之间构建了一个山水的新天地。从董源开始的写江南真山，宋代沈括在《梦溪笔谈》中说"不为奇峭之笔"，其中的"矾头"所破解的"奇峭"，主要在于丰富峰峦顶部的内容，而黄公望在时代中的发展，把这种对江南山水的表现达到了极致。因此，虽然披麻皴、矶头都是在前人基础上的提升，但到了《富春山居图》，就成为公认的典范。黄公望晚年的代表作有73岁时作的《天池石壁图》，表现了苏州和灵岩山、天平山相连的天池山；还有81岁时作的《剡溪访戴图》（云南省博物馆藏），表现晋代书法家王徽之行船往剡溪访问画家戴逵的途中欣赏雪霁美景的心情。

"元四家"中的吴镇（公元1280—1354年），字中圭，号梅花道人，浙江嘉兴人。擅画墨竹，而喜作"渔父图"，反映出所画与元代社会特殊境况之间的关系。自屈原《渔父》与《庄子》中的渔父形象表现出文人所敬仰的清高孤洁、避世脱俗、笑傲江湖的智者、隐士精神后，这一具有符号特征的形象，到了元代，尤其是到了吴镇的时代，成为竞相表现的特别题材，赵孟頫、管道升、黄公望、王蒙、盛子昭也都有相关作品传世。吴镇的存世代表作有：《洞庭渔隐图》（公元1344年，台北故宫博物院藏），《渔父图》（公元1336年，故宫博物院藏），《秋江渔隐图》（故宫博物院藏），《芦花寒雁图》（故宫博物院藏）。

吴镇于至正七年（公元1347年）68岁时寓居嘉兴春波门外的春波客舍，专写墨竹。其写竹初师著有《竹谱》的元代画竹名家李衎；专写墨竹时宗文同，为文同之后又一写竹的大家。后人将他们相提并论时认为：文同以竹掩其画，而吴镇以画掩其竹。吴镇善于用墨，而且墨法丰富，有浓而润、湿而厚、涩而不干、枯而不燥的特点。其淋漓雄厚，被认为是元人之冠。吴镇还善画山水、梅花等。其山水师法董源、巨然，自出机杼，有沉郁苍茫、纯朴古厚的风格。吴镇所表现出的文人画的传承在元代的成就以及高度，都进一步推动了文人画的发展。

比吴镇晚20年的倪瓒，因为"写胸中逸气"以及"逸笔草草，不求形似，聊以自娱"，更是在文人画发展史上占有重要的地位。倪瓒（公元1301—1374年），字元镇，又字玄瑛，题画时常用"云林"。倪瓒祖上是无锡富甲一方的大地主，因此他自小生活优渥，养成了清高孤傲、洁身自好的生活方式，同时也有了不问政治的处事态度，自称"懒（嬾）瓒"，亦号"倪迂"，浸淫于诗文诗画之中。倪瓒家中有名为"清秘阁"的藏书楼，三层内藏有经、史、子、集、佛经、道籍千余卷，家中还藏有比较重要的书画。这里作为江南文人向往的地方，常人难以涉足，被倪瓒称为"老友"和"挚友"的黄公望是这里的常客，尽管黄公望比倪瓒大32岁。作为"清秘阁"主人的倪瓒，不仅于此读书、作诗、写画，精研典籍；而且还观摩所藏的历代书画，朝夕把玩，心摹手追，尤对其中董源的《潇湘图》、李成的《茂林远岫图》、荆浩的《秋山图》，最为倾心。

一般认为，从元天历三年（公元1330年）到至正十一年（公元1351年）的20年内，是倪瓒绘画的成熟期，而在至正十三年（公元1353年）之后的20年里，则进入到鼎盛期。其间倪瓒行踪漂泊，漫游于太湖流域的江阴、宜兴、常州、吴江、湖州、嘉兴、松江一带，所画的山光水色，构图奇峭简拔，近景土坡，傍植三五株树木，茅屋草亭一二，中间为空白，其上为远山，显现出具有他个性特点的"两段式"（亦称为"一河两岸式"）的构图。两段之间往往不着一笔，所显现的是烟波浩渺，构成了静谧恬淡、境界旷远、清幽秀丽的山水意境。而笔墨中的"折带皴"以及"渴笔"，成为他的笔墨标志，并在文人画的领域影响深远。

倪瓒晚年"逃于禅"的人生态度决定了其处事方式和笔墨态度，

将文人画的发展引入到一个新的境界——淡然于世的参禅。表现在《松林亭子图》（公元1354年，台北故宫博物院藏）、《渔庄秋霁图》（公元1355年，上海博物馆藏）、《容膝斋图》（公元1372年，台北故宫博物院藏）等代表作品之上，既不同于禅宗代表人物的至简，又不同于同时代中的黄公望在董源、巨然影响下的发展。传说倪瓒性好洁，而与其画关联的依然是"洁"，清洁，静洁，以折带皴画山石，枯笔干墨，所表现出的淡雅松秀，进一步强化了他所要表现的荒寒空寂、萧散超逸的意境，而简中寓繁，尤其是于落寞处而蕴含丰富的语言，在元代绘画中独树一帜。

倪瓒还擅长竹石、枯木等，并在其山水画中反映出在枯木竹石方面的深厚造诣。折带皴所表现出的疏简，所形成的天真幽淡的格调，在表现江南平远的自然环境时，特别是在营造疏林坡岸、浅水遥岑方面，不同于黄公望的披麻皴。这是用笔中的侧锋与中锋的不同，是疏简超逸、荒寒空寂与连绵幽深、郁茂旷达的差异，其核心是倪瓒所提出的"逸笔草草，不求形似，聊以自娱"，基于此而联系到他的写"胸中逸气"，则是其人生态度的自我写照。

如果说黄公望是在倪瓒的清秘阁中获益良多，以解决了一段时期驻足不前的窘境，而倪瓒则是在黄公望的影响中突破了董源和巨然的局限，从而表现出"元四家"这一时代组合中特别的内在关系；那么，作为赵孟𫖯外孙的王蒙（公元1308—1385年），不仅从小就从外祖父赵孟𫖯学画，而且与黄公望和倪瓒多有交往，亦受到一定的影响。王蒙在家学中拓展，让人们看到了元代绘画在水墨画潮流中的时代风采，这种多元化倾向在赵孟𫖯和"元四家"中显现出内在关联和时代特点，而且也通过差异性表现出不同的人生态度以及艺术追求。

王蒙，字叔明，因隐居黄鹤山（今杭州皋亭山）而自号"黄鹤山樵"，浙江湖州人。除外祖父赵孟頫之外，外祖母管道升、舅父赵雍、表弟赵彦徵，都是元代著名画家。王蒙长于山水，以董源、巨然为宗，得外祖赵孟頫法，成自家面目。所画重山复水，布景稠密，林木丰茂，郁茂苍茫。其具有代表性的解索皴和渴墨苔点，在表现所构造的山水中更增加了繁密的林峦气象，湿润华滋，意境幽远。《青卞隐居图轴》（140.6cm×42.2cm，上海博物馆藏）为王蒙59岁时所作，用高远法构图，表现其家乡吴兴西北的卞山景色。画面中山腰的左侧有房屋数间，一隐士倚床而坐。在繁密而充实的画面中，景色郁然深秀；用笔劲健挺拔，精纯熟练；用墨层次丰富而有变化，干湿互用，变化多端。故宫博物院所藏《葛稚川移居图》《夏日山居图轴》（118.1cm×36.2cm）亦是其代表作。

中国山水画发展到元代，所谓的皴法与画面的构成、与画家的风格辉映成趣。从黄公望的披麻皴、倪瓒的折带皴，到王蒙的解索皴、牛毛皴，形成了一种与构成风格相对应的画法。所谓的自家面貌首先表现在皴法之上，从而为山水画的发展确立了皴法与画法的关系，这应该说是元代在绘画史上的重要贡献。而关联的文人画与书法的关系，以及以书入画的基本准则，也成为这个时代的重要遗产。

不管是文人画，还是山水画，元代都是历史上的繁盛期。赵孟頫与"元四家"之外，元初山水画家钱选、高克恭在这个时代中也有他们的光彩。钱选善画青绿山水，在唐代李思训、李昭道父子和南宋赵伯驹的路线上发展；高克恭则在董源、李成和米芾之间形成自己的独特风格。钱选比较重要的代表作是上海博物馆所藏的《浮玉山居图卷》。该画表现山居霅川浮玉山，一字排开、大小不等的三组山峦，并不见崇高巍峨，却有着峻峭的山势。空白处显现的是围绕着山峦的湖水，烟雾迷蒙；左侧的山坳中有白云缭绕，点缀其中的有茅舍、渡舟、小桥、老翁。这种能够引发人们隐居联想的江南景色，为当时以及后来的很多文人赞赏，卷后有黄公望、倪瓒等十余人的题跋。高克恭是元代与赵孟頫南北相对的画坛领袖。其山水初学二米，后学董源、李成，在南方为官时酷爱钱塘山水，余暇则呼僮携酒，杖履登山，留连尽日，传为画坛佳话。其代表作有台北故宫博物院藏的《云横秀岭图》（182.3cm×106.7cm）等。元代比较著名的山水画家还有盛懋、商琦、曹知白、朱德润、唐棣、陆广、马琬、陈汝言、方从义、赵原等。他们有的受赵孟頫的影响，兼宗李成、郭熙画法；有的受黄公望和王蒙影响，兼师董源、巨然；还有或学习南宋院体画法，或工于楼阁界画。

元代人物画家中还有刘贯道、何澄、王振鹏、任仁发、张渥、卫九鼎、王绎、颜辉等。元代的花鸟画以枯木、竹石、梅兰为特色，代表性的画家有钱选、陈琳、王渊、张中等；画竹的名家有李衎、高克恭、柯九思、顾安等；画梅名气最广者为王冕，其题画"不要人夸好颜色，只留清气满乾坤"，最为经典。

元代壁画这一时期的兴盛，在现存中以山西永乐宫最为著名。而记载中这一时期的佛教寺庙壁画、道教宫观壁画、墓室壁画、皇家宫殿和府邸厅堂壁画等，各有精彩，表现出元代绘画成就的不同方面。

六、明代绘画

明朝立国之初，朱元璋面对百废待兴的局面，事皆节俭为先，故有着朴实的审美导向。因此，当京城的三殿、六宫建成后，不施图画，也没有繁缛的装饰。虽然也征召画士绘制孝行、功勋以及御容等，但直到宣宗（公元1425—1435年）时才以恢复两宋画院为目标。朱元璋夺取政权的思想基础是承继汉室正统，因此，在艺术风格导向上就必然以南宋院体为正宗，而元人的尚意重逸趣和枯寂幽淡则不合时宜。南宋院体的刚硬苍劲成为立国保江山的时代之需，这就有了与宫廷关联的艺术上的"反元复宋"整体潮流，尤其反映在明朝的院体风格中。

而在南宋以来的社会发展中，长江下游的经济水平和文化实力不断提升，在中国的版图上已经占据重要地位。其中太湖流域的苏州地区因为自然资源丰饶，加上交通便利，农业和手工业繁荣，商品经济活跃。明代海外贸易的发展，促进了经济中心从扬州下移到长江入海口的太仓和松江地区，也带来了这一地区的社会发展。江南地区科举之风炽盛，文人宦游返归故里，不仅带回大量的典籍和书画收藏，还携回巨量财产，进一步促进了这一地区的繁华。在苏州地区，文化艺术名人辈出，其艺术创作也形成了历史高峰，其代表就是"吴门四家"，也称为"明四家"。与之关联并有着重要影响的则是董其昌。

董其昌（公元1555—1636年），字玄宰，号思白，别号香光居士，今上海松江华亭人。万历十七年（公元1589年）中进士，授翰林院编修，官至南京礼部尚书。董其昌于绘画一道，以古人为师，遍学历代名家。其画山水，师法董源、巨然、黄公望、倪瓒，用笔清秀，用墨明洁；笔墨中和恬静，隽朗疏旷；青绿设色，典雅温敦。作为

"华亭派"的代表,有"颜骨赵姿"的美誉。董其昌的存世代表作有《岩居图》《秋兴八景图册》《昼锦堂图》《白居易琵琶行》《草书诗册》《烟江叠嶂图跋》等。

明万历四十二年(公元1614年),董其昌60岁时画的《林和靖诗意图》(88.7cm×38.7cm),表现北宋著名隐逸诗人林和靖的诗意:"山水未深鱼鸟少,此生还拟重移居。只应三竺溪流上,独木为桥小结庐。"画面一水中分,两侧坡岸犬牙交错。远处峰峦起伏,近景林木葱郁。画面纵深处有小桥连接两岸,桥的左侧有房屋点缀其间,表现出"此生还拟重移居"的生活理想。该画笔墨萧散秀润,有黄公望的韵致,又有倪瓒的秀逸苍茫。故宫博物院收藏的仿关仝的《关山雪霁图》(13cm×142.1cm),为董其昌暮年之作。该画结构复杂而变化其中,千岩万壑无窒碍不通;渴笔勾勒与皴擦互为协力,轻重缓急,疏密得宜;技巧纯熟,笔墨老到。其"永日无俗子面目"的品格为他的艺术成就标高,也为他倡导的南北宗中的文人画确立了典范。

在董其昌之前,比他年长的莫是龙(公元1537—1587年)、陈继儒(公元1558—1639年)就以佛家禅宗喻画,把"院体"山水画与"文人画"分为南北两派,后世则将这些观点全部归于董其昌。董其昌在《画禅室随笔》中说:"禅家有南北二宗,唐时始分。画之南北二宗,亦唐时分也。但其人非南北耳。""南北宗"论影响巨大,它直接导引了明清两代对中国绘画发展史的认识,而不仅仅是确立了"文人画"的地位。所以,后来对于明代绘画的认识基本上沿袭了董其昌所厘定的"文人画"发展脉络,由此就有了明代绘画开篇中的"吴门四家"与"吴门画派",尽管当时的宫廷"院体"绘画以及"浙派"因受到皇室赏识而称雄画坛。

1.吴门画派

以始于沈周，成于文徵明，加上唐寅和仇英的"明四家"为主体的"吴门画派"，简称"吴派"，在明代中期以后逐渐取代院体和"浙派"的地位，并在文人士大夫群体中享有崇高的威望。实际上，在"吴门画派"崛起之前，明初的江南苏州、无锡一带已经有杜琼、刘珏、陈汝言、徐贲、陈暹等一批画家。"吴门画派"的中后期在这一区域空前繁荣的经济支撑下，欣赏和收藏书画蔚然成风，同时，也提升了画家的地位以及社会影响，形成了区域性的绘画新貌，出现了文嘉、仇珠、周之冕、陈淳、张宏等名家，精彩纷呈。从历史上看，"吴门画派"是一个复杂的构成，既有文人画家，又有职业画家，它对于区域文化的贡献，既振兴了文人画，又改善了"浙派"末流粗陋的技法，带动了明代绘画整体水平的提高。

沈周（公元1427—1509年），字启南，号石田，晚号白石翁，今江苏苏州人。沈家世代隐居吴门，有很好的家学渊源。沈周一生未应科举，居家读书，优游林泉，吟诗作画。沈周的画题材广泛，山水、人物、花鸟全面发展。其最著名的作品是《庐山高图》（193.8cm×98.1cm，台北故宫博物院藏）。该画在层层叠起的崇山峻岭中，有着危峰列岫、长松巨木的复杂结构，气势宏大。山间云雾缭绕，飞流直下，于静默中表现出灵动和声响，显现了巨构中对比的趣味。该画在沈周山水画表现形式上的"细"和"粗"两种面貌中属于"细"的一路，是承传王蒙画法的代表，表现出转型时期特点。沈周的笔墨有元人的含蓄，中锋的线条富有力度和构造中的变化，干皴的松秀如王蒙，凝重中显浑厚，不同于元人的是更加丰富；墨色酣畅，于浓淡变化中表现出苍茫秀润的韵致。沈周在笔墨方式上与"院体"和"浙派"形成了鲜明的对照，尤其是在南宗否定"浙派"的外露和霸悍方面，沈周的表现几乎是教科书式的说明：苍中带秀，刚中有柔，疏中有密，密中有松。其构图造境于繁复和简略的不同中，都有着"势"的夺人，宏阔而平淡，完全不同于元人空寂之境，确立了明代绘画发展的方向。

文徵明（公元1470—1559年），原名壁（或作璧），字徵明，江苏苏州人。文徵明是"明四家"中的能者，兼善山水、兰竹、人物、花卉等，尤精山水。其早年师沈周，转学多师，自成面貌。和沈周一样，其画风也有粗、细两种。粗笔源自沈周、吴镇，兼取赵孟頫；细笔取法赵孟頫、王蒙。粗者笔墨苍劲淋漓，于粗简中见层次分明；细笔布景繁密，于精熟中见稚拙。设色有青绿重彩，也有间施浅绛，鲜丽中见清雅。文徵明的书画不仅具有"吴派"的基本特征，而且在吴门有着广泛而深远的影响，其后裔中擅长书画者及门生多达50多人，跨越明清两代。其中以长子文彭、次子文嘉、曾孙文震孟等最为优秀，而文家笔意风靡江南，直到明末董其昌出，才逐渐衰微。

文徵明61岁时画的《古木苍烟图》（26.2cm×7cm，故宫博物院藏），仿倪瓒画法，近处古木扶疏，中景山峦中流泉逶迤，下有房屋三间，以荒疏冷寂的气象反映出倪瓒的精神。而山石的画法，淡化了倪瓒的峭拔，而以趋向圆形表现出近似黄公望的画法。

《真赏斋图》（36cm×107.8cm）是文徵明80岁时所作。现有上海博物馆藏本和国家博物馆藏本，不尽相同。前者画面结构复杂，后者简单；前者为园林全景，后者则是一角；前者为淡设色，后者以水墨为主。上海博物馆藏本的画面结构中规中矩，各种物象平列铺陈，近似于辽宁省博物馆所藏的其65岁时所作《浒溪草堂图》（公元1535年）；而国家博物馆藏本的格局则是不同寻常，当属另类。出于同一画家之手表现相同的真赏斋，却是完全不同的感觉。上海博物馆藏本突出的是真赏斋的幽，而国家博物馆藏本显现的是奇，无疑，这也就有了不同的美学趣味以及不同的表现方式。文徵明这种表现文人园林之趣和文人交游的作品，还有38岁时作的《惠山茶会图》（故宫博物院藏）、61岁时作的《东园图》（故宫博物院藏）、49岁时作的《影翠轩图》（台北故宫博物院藏）等。

在当年的苏州，文人的风流成为街谈巷议，也是后世乐于记述的重要内容，其中名气最大、故事最多的当属唐寅。唐寅（公元1470—1524年），字伯虎，号六如居士，今江苏苏州市人。成化二十一年（公元1485年）考中苏州府试第一名；弘治十一年（公元1498年）考中应天府乡试第一，入京参加会试。弘治十二年（公元1499年），因卷入徐经科场舞弊案，坐罪入狱，被贬为浙藩小吏，深以为耻而坚决不就。从此，游荡闽、浙、赣、湘等地，沉浸于书画之间。唐寅的画有宋代院体的技巧，又有元人笔墨的韵味，而且能融为一体。其山水画兼具南北画法，笔法严谨而雄浑、品貌奇峭而秀雅。既参合马远、夏圭的构图和笔墨，又涉猎李成、范宽、郭熙和黄公望、王蒙诸家，融会贯通，风格鲜明，代表作有《落霞孤鹜图》《春山伴侣图》《虚阁晚凉图》《杏花茅屋图》等。

唐寅的人物画以《孟蜀宫妓图轴》（124.7cm×63.6cm，故宫博物院藏）为代表。表现的是五代前蜀后主王衍的后宫故事。画面中的四位歌舞宫女正在整妆待召：她们体貌丰润，情态端庄，娇媚动人；头戴金莲花冠，着云霞彩饰道衣，面施胭脂。此画表现出明代人物画的典型风格和较高水平。唐寅水墨写意花鸟代表作有《枯槎鸲鹆图》，折枝法构图中的枯木枝干由右下向上，弯曲伸展，枯笔浓墨，苍老劲挺，墨韵明净、格调秀逸。枝头的八哥用积墨法，表现出"山空寂静人声绝，栖鸟数声春雨余"的意境。唐寅的写意画以书法入画，以写代描，笔力雄强，挺秀洒脱。

"明四家"中的仇英，实际上与前三家并不是一个体系，只是因他的画在吴中的影响而忝列其中。仇英（约公元1498—约1552年），字实父，号十洲，江苏太仓人，迁居苏州。家境贫寒，幼年失学，初为漆工。正德十二年（公元1517年）由太仓到苏州，结识了文徵明。同年，拜周臣为师，正式开始学习绘画。他观摩了大量的古代名作；于唐宋名人画无所不摹写，其临笔能夺真，又能融汇而成自己家法。仇英的画有院派之技，又富文人画之士气。善仕女与界画，与周臣、唐寅有"院派三大家"之称。

仇英的代表作有台北故宫博物院藏的《汉宫春晓图》（30.6cm×574.1cm），用长卷的形式画春日晨曦中的汉代宫廷，表现宫中佳丽百态。人物中后妃、宫娥、皇子、太监、画师凡115人，姿态各异。内有画师毛延寿为王昭君画像的故事，亦有各种文人的休闲娱乐，包括装扮、浇灌、折枝、插花、饲养、歌舞、弹唱、围炉、下棋、读书、斗草、对镜、观画、图像、戏婴、送食、挥扇等。

"吴门画派"在山水画方面对南宋院体和"元四家"的突破，成就突出；而在人物画和花卉画方面也都各具时代的特点，且注重诗、书、画的结合，将文人画的发展推向了更臻完美、普遍的境界，在地域上影响了江南地区，并远及明末清初。纵观"吴门画派"的形成和发展，其派系中还必须提到生活在成化至嘉靖年间的周臣。他融合

"院体画"与"文人画"，被人称为非院派的"院派"画家，而唐寅与仇英作为他的学生，也在一定程度上抬高了他的地位。

吴门派系世代相传，在这一派系的后期画家中，著名者如陈淳、陆治、钱毂、陆师道、周天球等人，均各有成就和发展。其中陈淳以水墨写意花卉画见长，周之冕以钩花点叶的小写意为特点，陆治以工整妍丽而自成一格；还有谢时臣的粗笔山水，尤求的白描人物，周天球的水墨兰石，也是生面别开。吴门派影响所及，还连接了以董其昌为主的松江派，以及派生出的苏松派、云间派等。

2. "院体"与"浙派"

在明代立国之初的宫廷中，长期供事于内府的画家较多，如沈希远、赵原、王仲玉、盛著、周位、陈遇、陈远等；还有临时召入而事毕遣回的。其中既有少数画家因画御容称旨，被授官职，供奉于翰林，如沈希远被授以中书舍人，陈远被授予文渊阁待诏；也有像赵原因画历代功臣像，应对失旨而被赐死的。洪武时供奉内廷的画家地位不高，赏赐不算优厚，惩罚却相当严厉。在明代绘画发展史上，中期之前是以"院体"与"浙派"为主流。明代不设画院，却有专门的机构在宫廷管理画家事务，包括画家的征召、选拔和考核，也有一套画家的授官、升迁体制，形成了明代宫廷中职业画家这一特殊群体。这一时期的宫廷绘画主要继承南宋画院画法，史称"院体"或"院派"。文献中记载的为宫廷服务的画家有100余人，而在明代北京法海寺经幢上记载的参与该寺壁画制作的则有画士官2人、画士15人。

在具有特色和成就的明代宫廷花鸟画家中，边景昭继承南宋院体的工笔重彩画法，工整清丽、笔法细谨、设色浓艳、高雅富贵，代表作有《春禽花木图轴》（137.7cm×65.5cm，上海博物馆藏）；林良（约公元1428—1494年），所画雄健壮阔，天趣盎然，表现自然，简练而准确，写意而形具，代表作有《雪景双雉图轴》（131.4cm×55cm，故宫博物院藏）；吕纪（生于公元1477年，卒年不详）承袭两宋"院体"，初学边景昭，水墨写意方面受林良影响，代表作有《榴花双莺图轴》（120.4cm×40.2cm，南京博物院藏）。

宫廷人物画中的代表作是故宫博物院所藏刘俊的《雪夜访普图轴》（143cm×75cm），表现宋太祖赵匡胤和开国元勋赵普的故事。赵普曾辅佐赵匡胤统一南北，建功立业，为宋初名相，曾与太祖密谋"杯酒释兵权"。赵普极受宋太祖的宠信，国事无不与其商议，有时还在晚上去赵普家中咨询，故赵普平日退朝在家亦不敢换下朝服。一天大雪弥漫，赵普原以为如此天气下皇上不会驾临，遂换去冠服；不料皇上却意外驾到。于是未及穿戴整齐就上前迎驾；只见帝立风雪中，赵普惶惧迎拜，叩头谢罪，帝扶起赵普入室。炽炭烧肉，普妻备酒，帝则以嫂呼之。君臣围炉，共商国是。这段后来作为君臣亲密无间的故事被后人传颂，而供奉内廷的刘俊则专门画了该画。

与"院体"平行发展且并称的"浙派"，曾是明代中期之前绘画发展的主流。浙派的开山之祖戴进（公元1388—1462年），字文进，号静庵、玉泉山人，今浙江杭州人。早年为金银首饰工匠，技艺精湛。后改习绘画，于宣德间（公元1426—1435年）被推荐入宫，以画供奉内廷，官直仁殿待诏。后遭谗言被放归，浪迹江湖，以卖画为生。戴进所画题材多样，山水师法马远、夏圭，中年守法，晚年纵逸，卓然成家。所画用笔劲挺方硬，山势雄俊苍郁。画人物技法娴熟；画花鸟、虫草饶有生意。戴进在明初有清新的画风，从学者众。在明代中叶以前，周文靖、周鼎、陈景初、钟钦礼、王谔、朱瑞、陈玑、夏芷、方钺、王世祥等均属此派。

3.多元发展

明代绘画的多元发展，是明代绘画特点和成就的又一方面。在"院体""浙派"和"吴门画派"之外，还有一些重要的画家。其中以《华山图》而著名的王履（生于公元1332年，卒年不详），字安道，号畸叟，又号抱独老人，今江苏昆山人。《华山图》共有40幅，故宫博物院藏其中的29幅，上海博物馆藏11幅；另有自作记、跋、诗叙、图叙共66幅，合为一册。据自题，此图为王履于洪武十六年（公元1383年）游览华山后，潜心构思半年多而画成。每幅一景，有的地势险恶，岗峦对峙；有的峰壁陡峭，形势险峻；有的树木丛生，瘦硬屈铁；有的云霭缭绕，苍茫絪缊。全册以水墨表现，略加赭石、花青等晕染。用笔劲挺，山石多施小斧劈皴，表现出华山坚硬的石质。画法与马远、夏圭相近，为晚年杰作。款识"畸叟"二字，是王履的存世孤本。

明代的肖像画家以曾鲸（公元1564—1647年）最为著名。曾鲸字波臣，福建莆田人。一生行迹在江浙地区，结识周边如董其昌、陈继儒等诸多名人。曾鲸为人写真，注重墨骨，层层烘染，立体感强。其形象逼真的画法，名重一时，学生众多，栩栩如生，遂形成"波臣派"。代表作有《葛一龙像图卷》《王时敏小像》等。

陈洪绶（公元1599—1652年）是明末清初画坛上的怪才，字章侯，号老莲，浙江诸暨人。乡试不中，崇祯年间召入内廷供奉。明亡后入云门寺为僧；还俗后以卖画为生。陈洪绶工画人物，形象夸张，怪异而有特色；花鸟富有装饰趣味，笔法精细，设色清丽；长于插图，所画手法简练，色彩沉着，格调高古。陈洪绶28岁时用4个月所作《水浒叶子》版画，为明代流行的版刻中的精品，也代表了他的最高成就。他在民间马吊牌这一形式的基础上，以《水浒传》中的人物作为牌面图像，创造了40位梁山好汉的形象。造型诙谐幽默，精致文秀；用笔锐利、方直，突出线条的转折与变化，衣纹的组织与人物的动势紧密结合，不同常规。

明代写意花鸟画家中与陈淳并称的徐渭（公元1521—1593年），初字文清，后改字文长，号青藤老人、青藤道士等，今浙江绍兴人。徐渭多才多艺，在诗文、戏剧、书画等各方面都有极大的影响。其代表作有故宫博物院藏的《墨葡萄图轴》，自题："半生落魄已成翁，独立书斋啸晚风。笔底明珠无处卖，闲抛闲掷野藤中。"南京博物院所藏的《杂花图卷》也是其代表作。

明代绘画门类众多，题材多样，发展均衡，出现了能够表现明代特征的绘画风格和画法体系。在这一时期的多元化发展中，版画以及其他民间绘画，到明代末年也呈现出史无前例的繁盛景象，直接推动了刻版印刷业的发展，带动了这一时期文化的广泛传播。这一时期还出现了表现国家大事的重大现实题材，"南倭北虏"成了时代的重大叙事。《抗倭图卷》《平番得胜图卷》《明宣宗宫中行乐图》等，都是表现历史的重要作品。

《抗倭图卷》采用自明代出现的皇家纪功图卷的构图方式，通过连续性的表现来叙述一个完整的历史事件，使宏大的史诗般的皇家气象出现在画卷之上。《抗倭图卷》利用横卷的形式，描绘了倭寇来犯、烧杀抢掠、灾民逃难、水上鏖战、得胜班师、出城迎兵这一完整的历史过程，其独特的构思，巧妙的布局，宏大的场面，生动的表现，精细的刻画，是中国绘画史上能够表现承传关系的难得的纪功图卷和记事作品，具有重要的历史和艺术价值。

《平番得胜图卷》，是表现万历二年至四年之间（公元1574—1576年）明朝政府平定陕西、甘肃、宁夏地区"番族"骚乱的一幅历史画卷。它印证了《明史》以及所涉地区地方志中的记载，形象地表现了从发兵到征战、直至赏功的全过程，气势雄大，结构复杂，形象动人，是中国绘画史上一幅难得的表现战争题材的杰作。与同为明代的《抗倭图卷》比肩，是研究中国绘画史不可或缺的重要作品。它表现了明代绘画与社会政治、社会功用的关系，也表现了明代纪功与记事作品的创作方法。

明代文风炽盛，苏州地区的官宦、文人大量贮藏法书名画、古玩器物和珍本书籍，同时，营建私家园林，讲究饮食器用等生活品质。明中期在苏州地区形成的"吴门画派"，标志了文人画走向极盛的阶段。与之关联的是明代书画市场十分活跃，而书画作伪也更加普遍，并出现了改款、添款、临仿、代笔、加盖印章、凭空伪造等多种作伪方法，不仅造前代名家，也造同时人的画迹。当时市上就有戴进、吴伟、沈周、唐寅等人的大量伪作。明后期所出现的地区性造假，以"苏州片"最为著名，专门制造名家或某类赝品，并一直延续到近现代。

七、清代绘画

　　承续明末董其昌衣钵的"四王"所造就的清初山水画的兴盛，以"血战宋元"的摹古为宗旨，居画坛正统地位，也是时代中的主流发展方向。而与之相应的是江南地区的一批明代遗民画家，以"四僧"、金陵八家、新安派为代表，具有新的时代精神，而在表现上各具其法，既有地方特征，又有个人气质和面貌。而在盐商麇集的扬州，"八怪"异军突起，以不合时流的"怪"的个性，表现出与主流的背道而驰，也让清代画坛耳目一新。"四王"之后，世风日下，小"四王"成为末流。直到海派、岭南派继起，为晚清民国年间的绘画发展和转型奠定了基础。

1.清初六家

　　由王时敏、王鉴、王翚、王原祁所构成的"四王"，为清初画坛的至尊。"四王"中的王时敏、王鉴、王原祁祖籍太仓，因娄江东流经太仓，画史上有"娄东派"（又称"太仓派"）；因王翚祖籍常熟，常熟有虞山为代表，则称为"虞山派"。宗"娄东派"的有黄鼎、唐岱、董邦达、方士庶、张宗苍、钱维城等；属"虞山派"的有杨晋、李世倬、宋骏业、唐俊、蔡远等。"四王"加上吴历和恽寿平，合称为"四王吴恽"，或称为"清初六家"。"四王"之后的王昱、王愫、王宸、王玖被称为"小四王"；王三锡、王廷周、王廷元、王鸣韶被称为"后四王"。

　　"四王"推崇宋元，尊奉董其昌，致力于摹古，强化南宗的正统地位，追求笔墨的古法和意趣的平和。"四王"中影响最大的是王翚（公元1632—1717年），号耕烟散人、清晖老人等，江苏常熟人，被称为清初画圣，为"虞山画派"的首领。王翚自幼嗜画，继承家学，又随学黄公望画法的同乡张珂学画，很早便表现出非凡的绘画天赋。他师从王时敏、王鉴，又集唐以来诸家的画法，自成一家。在王时敏、王鉴发展南宗绘画的基础上，王翚借鉴北宗画法，以泛临古人而对此前的山水画做了系统整理，获得了"集大成"的赞誉。王翚长于摹古，虽下真迹一等，但不为前人成法所囿。所画浑厚华滋，气势勃发，生趣盎然，清幽灵动，表现出江南文人画的独特风格。其画早期清丽工秀，晚期苍茫浑厚；章法变化多端，水墨与浅绛运用得法。

今天所见到的王画，几乎每幅之上均有临、摹、仿某家笔法的题识，反映了这一艺术现象有着更为深刻的文化内涵，同时也反映了在王翚的艺术思想中，确实把艺术的源流作为审美的一种参照，甚至是一种对社会承认的自我标榜。王翚的模仿能够达到"不待仿摹而古人神韵自然凑泊笔端"的境界，除了有自身的特殊艺术素质为基础外，更为重要的是他对古人艺术方法的理解和对模仿法则的灵活运用。

透过王翚正统思想与画学正宗的背后，在有明确摹古题识的画面上，同样也能看到他"以无累之神，含有道之趣"的"随意点墨，天趣飞翔"。所以，在规矩法度之外，他也会流露出野逸派画家的潇洒。

由于王翚在画史上承先启后的作为，深深影响了后世的画坛，长期以来，王翚的艺术成为"仿古""复古"的代名词，在社会运动的漩涡中，被积淀为历史陈迹。今天认识王翚的艺术，首要的问题便是如何认识他的"模仿"。

"四王"之首的王时敏（公元1592—1680年），字逊之，号烟客，江苏太仓人。系出高门，家中藏有无数的古书、名画，其中有传世很少的李成的画，直接影响到他的学习，直至后来的成长。王时敏的祖父曾嘱托董其昌指导其书画。受董其昌的影响，少年就从摹古入手，深究古人画法；刻意追摹黄公望。明清转换后家居不出，奖掖后进，名德远扬；四方能画者求学于门下，得其指授者知名于时，被推为一代画苑领袖。王翚、吴历及其孙王原祁均得其亲授。所画深契于黄公望墨法，暮年益臻神化，笔墨苍润松秀，浑厚清逸。他开创了山水画的"娄东派"。

王鉴（公元1598—1677年），字元照，江苏太仓人，崇祯六年（公元1633年）举人，后任廉州府知府，世称"王廉州"。早年得董其昌亲授，明了"学画唯多仿古人"，"时从董宗伯、王奉常游，得见宋元诸名公墨迹"。王鉴一生多数作品在题跋上都标以仿某家、某件、某法，实际上未必如此，只是一种敬意。顺治十七年（公元1660年）作《仿古山水册》，题："仿古十帧，不求形似，聊免画家习气耳。"秦祖永在《桐阴论画》中评论："沈雄古逸，皴染兼长"，"工细之作，仍能纤不伤雅，绰有余妍。虽青绿重色，而一种书卷之气，盎然笔墨间，洵为后学津梁"。

"四王"中年纪最小、辈分最低、地位却最高的王原祁（公元1642—1715年），字茂京，号麓台，一号石师道人，江苏太仓人，为王时敏之孙。王原祁承董其昌及王时敏之学，受清朝最高统治者之宠，肆力山水，领袖群伦，影响后世，形成"娄东派"，左右清代三百年画坛，成为正统派中坚人物。其主张好画当在不生不熟之间，自出心裁，不受古法拘束，熟不甜，生不涩，淡而厚，实而清，书卷之气盎然纸墨外。王原祁曾自题《秋山晴爽图卷》："不在古法，不在吾手，而又不出古法吾手之外。笔端金刚杵，在脱尽习气。"秦祖永《桐阴论画》论王原祁："中年秀润，晚年苍浑。"其代表作有55岁所作的《仿高房山云山图》（上海博物馆藏）、70岁所作的《仿黄公望山水图》（台北故宫博物院藏）等。

在王原祁出道之前，宫中的王翚、杨晋等于1691年到1693年创作了《康熙南巡图》十二卷，总长213米，表现了康熙帝第二次南巡（公元1689年）从离开京师到沿途所经过的山川城池、名胜古迹等。而宫廷画家徐扬所画的12卷《乾隆南巡图》（中国国家博物馆藏），总长154.17米，描绘乾隆皇帝的第一次南巡（公元1751年）。乾隆仿效圣祖康熙的南巡旧例，从北京出发，经德州，过运河，渡黄河，然后乘御舟沿运河从瓜洲渡长江，经镇江、无锡、苏州、嘉兴、杭州，最后从绍兴回銮，历时112天。此行中乾隆共写了520余首御制诗，并从中选出12首，令徐扬"以御制诗意为图"，而依前后次序分卷描绘。

"清初六家"中除"四王"之外，还有"吴恽"。吴历（公元1632—1718年），号渔山、桃溪居士、墨井道人，江苏常熟人。吴历早年曾跟王时敏、王鉴学画，早期作品似王鉴，皴染工细，清润秀丽；中年取王蒙和吴镇之长，具有自己的风格，笔墨沉着谨严。吴历为画史中较早吸取西法者，《清史稿》记载其"作画每用西洋法，云气绵渺凌云，迥异平时"，表现出不同于"四王"的个人风格。吴历亦善人物，故宫博物院藏有《人物故事图》8开本，分别为《平原君虞卿列传》《屈原贾生列传》《魏公子列传》《刺客列传》《滑稽列传》《廉颇蔺相如列传》《秦始皇本纪》《留侯世家》，每开的对页上都题有司马迁《史记》中的相关内容。

恽南田（公元1633—1690年），字寿平，号南田，江苏常州人。

因开创没骨花卉画法而独领风骚，为"常州画派"之首。清代胡敬《国朝院画录》载："国朝花卉，当以恽寿平为第一，淡冶秀逸，仙骨珊珊，如藐姑不食人间烟火。"相传"每画一花，必折是花插之瓶中，极力描摹，必得其生香活色而后已"。其作画时"点染粉笔带脂，点后复以染笔足之"，生前就享有大名。

2.突破与创新

清代画坛在"四王"主导下的主流发展，人多势众。在主流发展之外，能够形成最大差异性而且影响深远的则是"四僧"。朱耷（八大山人）、原济（石涛）、渐江（弘仁）、髡残（石溪）四人，前两人是明宗室后裔，后两人则是明代遗民，他们均抱有强烈的民族意识，借画抒发丧国后的抑郁之气，寄托对故国的思念。由此反映到艺术上，既有"墨点"又有"泪点"，表现出对旧有的突破，因此成为清代画坛上另外的峰巅。

朱耷（公元1626—约1705年），字雪个，号八大山人等，为明太祖朱元璋第十七子朱权的九世孙，明亡后削发为僧。所画以水墨写意花鸟为主，造型夸张奇特，笔墨简练沉毅，构图疏旷静穆，风格雄奇怪异。所画用墨极少，而禽鸟除造型上的特点之外，翻白眼也是其象征性的表现。60岁时开始用"八大山人"署名，而以草书连缀笔画，貌似"哭之笑之"，后世解读甚多。代表作有天津博物馆藏73岁时画的《河上花图卷》（47cm×1292.5cm），卷中满河荷花，盛开与待放，欹正与俯仰，荷花与荷叶，有迎风摇曳、隽逸多姿的随意和灵动。荷梗劲挺，洒脱豪爽；花叶墨色淋漓，一挥而就。整幅一气呵成，生趣盎然，气足神完。

石涛（公元1642—1708年），原姓朱，名若极，广西桂林人，别号很多，如大涤子、苦瓜和尚等，明靖江王朱亨嘉之子。其画历较早，"十四写兰五十六"。16岁时画的《山水花卉图册》（广东省博物馆藏）为其存世最早有纪年的作品。早年画风疏朗明秀，晚年纵肆淋漓，格法多变，不囿成法。所作《搜尽奇峰打草稿图》（42.8cm×285.5cm，故宫博物院藏），右边用隶书自题"搜尽奇峰打草稿"，这应该是其艺术的核心内容，也是对后世影响最大的金句。该画以密集的线条，层层的皴染，显现出其作品中特别的"密"；"奇"在画上的表现，通过笔墨方式的构造，表现出作者为之努力的方向，不是那种陈陈相因的"摹""仿"；而苍莽凝重的感觉，也不是元人的那种意趣。他在卷后的跋语中说："不立一法，是吾宗也。"作为一位画家，石涛在画理、画论上有深入思考的《苦瓜和尚画语录》，共18章，其内容之丰富，言辞之艰深，寓意之玄奥，为中国古代画论的经典。

髡残（公元1612—1692年），本姓刘，出家为僧后名髡残，今湖南常德人。髡残的山水画章法稳妥，不以奇险为长；风格繁复严密，郁茂而不迫塞；景色不以新奇取胜，而于平凡中见幽深；笔墨浑厚、凝重、苍劲、荒率；善用秃笔和渴墨，层层皴擦勾染，笔墨交融，厚而不板，重而不滞，干而不枯。代表作有《苍翠凌天图》（48岁作，南京博物院藏）、《层岩叠壑图》（52岁作，故宫博物院藏）。

弘仁（公元1610—1663年），名韬，字六奇，号渐江学人，安徽歙县人。弘仁师法倪瓒、黄公望，其画"得黄山之真性情"，构图简逸，用笔洗练，墨色苍劲。他善于用劲挺的线来结构山的外形，而在山的内部结构上有抽象表达的趣味；善用折带皴和干笔渴墨。故宫博物院所藏的60开《黄山图册》，画60处名胜，前无古人。此外，弘仁尤爱画松和梅，冲寒傲雪，高标独立。画梅枝如屈铁，暗香浮动，配以危岩怪石，有黄山的清气。

弘仁生活的明末清初，前有丁瓒、程嘉燧、李永昌等新安画家。清代王士禛说："新安画家，多宗倪、黄，以渐江开其先路。……与查士标、汪之瑞、孙逸称为新安四家。"这一地区的画家崇尚"米倪"之风，枯笔皴擦、简淡深厚。"新安画派"成员众多，卓然成家者有：领袖弘仁；先驱程嘉燧、李永昌、李流芳；主将程邃、戴本孝、程正揆、汪之瑞、孙逸、查士标等。

这一时期还有以萧云从（公元1596—1673年）为创始人的"姑孰画派"。萧云从，字尺木，号于湖老人，安徽芜湖人，画初学倪瓒、黄公望，晚年放怀，笔墨清疏苍秀，独树一帜。传世作品有以人物为主的《离骚图》64幅和以山水为主的《太平山水图》43幅。

在金陵地区，清初的龚贤、樊圻、吴宏、邹喆、谢荪、叶欣、高岑、胡慥，独立于"四王"正统画派之外，被称为"金陵八家"。他们不愿仕清，隐居山林，醉心于绘画，以诗画相酬唱，具有"遗民"色彩。龚贤（公元1618—1689年）13岁师从董其昌学画，其山水画在清代画坛上别开生面。艺术的分期有"白龚""黑龚"的不同，这也是龚贤在不同时期的艺术特色。龚贤的画将"积墨法"发挥到极致，由细点铺垫开始，继而补点，开始皴擦，以细点和短皴，将干未干时再以浓点和淡点覆之，先后反复达六七遍之多，形成了细密繁厚、墨色苍茫的风格。所画不因反复而失去灵动，也不因浑厚而失之呆滞。

清康熙中期至乾隆末年，还有一批活跃于扬州地区、风格相近的书画家，被称为"扬州画派"，亦称为"扬州八怪"。其中具体包括哪些人，说法不一。一般来说是金农、郑燮、黄慎、李鱓、李方膺、汪士慎、罗聘、高翔，其他还有如阮元、华嵒、闵贞、高凤翰、李勉、陈撰、边寿民、杨法等。他们的共同特点是：不少人一生不得志、不为官，也有像郑板桥那样做过几年小官又弃官专事书画；愤世嫉俗，了解民间疾苦；所画重视思想、人品、学问、才情，有较高的文学和书法修养；题材以花鸟为主，兼画山水、人物；主张个性特色，反对摹古；以卖画为生，随遇而安。因此，他们被时人视为"偏师""怪物"，有"八怪"之称。从高凤翰生年的康熙二十二年（公元1683年），到罗聘逝世的嘉庆四年（公元1799年），在前后共110余年间，"扬州八怪"把传统的写意花鸟发展到一个新的高度，并在艺术思想和艺术风格上有别于主流，"无古无今之画"对后世影响较大。"八怪"中最具代表性的是金农和郑板桥。

金农（公元1687—1763年），字寿门，号冬心先生等，今浙江杭州人。布衣终身，晚寓扬州以卖书画为生。金农53岁后才工画，所画题材多样，可以说是无所不能。涉笔即古，无画家习气。其画造型奇古，善用淡墨干笔作花卉小品，尤工画梅。60岁开始学画竹，于居所左右广植竹林，以竹为师。总体上说，其笔法简练而稚拙，构图别致而不拘，笔墨随意而简朴。代表作有73岁时画的《自画像》（131.3cm×59.1cm，故宫博物院藏），画中的金农身着布衣，长髯，双目矍铄持杖侧身而立，姿态笃定，神情超然，奇倔傲世。

郑板桥（公元1693—1765年），名燮，又号板桥，人称板桥先生，江苏兴化人。郑板桥善画兰、竹、石，书以"六分半书"最具特色，人称"板桥体"。1762年画《竹石图》，自题："七十老人画竹石，石更凌嶒竹更直。乃知此老笔非凡，挺挺千寻之壁立。"画中的巨石顶天立地，瘦竹数竿挺拔冲天，所表现的是他的精神品格。他还题《兰竹石图》："要有掀天揭地之文，震电惊雷之字，呵神骂鬼之谈，无古无今之画，固不在寻常蹊径中也。"正因为此，"四十年来画竹枝，日间挥写夜间思，冗繁削尽留清瘦，画到生时是熟时"，"凡吾画竹，无所师承，多得于纸窗粉壁日光月影中耳"。或许，这就是以他为代表的扬州画家之"怪"。

像扬州地区云集了很多画家一样，各地方绘画势力也不断增长。在广东地区，得力于海上的对外交流，绘画得到了超越前代的重大发展。代表人物有居巢和居廉。居巢（生于公元1811年，卒年不详）师法恽寿平，画山水、花卉多秀雅，草虫则栩栩如生。其弟居廉（公元1828—1904年），以写生见长，与兄居巢并称"二居"。所画在恽寿平没骨法的基础上，吸收西洋画法而有所发展，运用撞水和撞粉所获得的特别效果，自成一家面貌。笔法工整，设色妍丽。"二居"的下延连接了这一地区后来形成的"岭南画派"魁首高剑父（公元1879—1951年）。高剑父14岁随居廉学画；17岁时转入澳门致格书院（今岭南大学前身）从法国传教士学习素描。1908年尝试折衷中西画法，同年在广州举办具"折衷"倾向的"新国画展"。高剑父与文脉相连的高奇峰（公元1889—1933年）、陈树人（公元1884—1948年）合称为"二高一陈""岭南三杰"，创"岭南画派"，并推动了晚清至民国时期这一地区的绘画发展。

而随着上海开埠，这一地区的经济快速成长，大量移民云集，"海上画派"逐渐成形，并开始影响周边，代表人物有"四任"等。任熊（公元1823—1857年）幼时跟塾师学画肖像，人物、山水、花卉、翎毛等无一不能。宗陈洪绶，与弟任薰、儿子任预、侄任颐合称"海上四任"；又与朱熊、张熊合称"沪上三熊"。"四任"中以任颐的成就最高，影响最大。任颐（公元1840—1895年），自幼随父卖画，后从任熊、任薰学画。所画重写生，能融汇诸家，尤其是能吸取水彩画法，格调清新，别开生面。

海派中的虚谷（公元1823—1896年）所画风格独特，笔墨不同寻常，长于松鼠和金鱼。赵之谦（公元1829—1884年）艺事中的篆刻成就最大，对后世影响亦深；其以书、印入画，开创的"金石画风"，直接影响了近代写意花卉的发展。蒲华（公元1832—1911年）善花卉、山水，尤擅画竹，有"蒲竹"之誉。

吴昌硕（公元1844—1927年），与任颐、蒲华、虚谷合称为"清末海派四大家"，集诗书画印于一体，熔金石书画于一炉，有"石鼓篆书第一人"之誉。绘画题材以花卉为主，偶作山水。早年得任颐指点，后参以赵之谦画法，并博采诸家之长，兼用篆、隶、狂草笔意入画，自言："我平生得力之处在于能以作书之法作画。"所画笔力雄健，色酣墨饱，题款讲究，钤印得体；古拙而有新貌，整体气势夺人，金石气息浓重。"奔放处不离法度，精微处照顾气魄"，后学者中有齐白石、王一亭、潘天寿、陈半丁等，对20世纪花鸟画的发展有极广泛的影响。

八、20世纪绘画

当清初"四王"画派的余风在清末渐趋颓势的时候，"海派"中的任颐、虚谷等"以技鸣于沪上"，一种新的花鸟、人物画风在世纪之交中焕发了灿烂的春光。"海派"的出现，引导了20世纪初中国画的地方特色或地方画派的相继形成。这一时期"海派"中的画家不仅为他们所处的时代作出了贡献，同时还因其艺术上的成就和影响，为民国时期中国画的变革积蓄了力量。从1911到1949年的中国画发展，不仅经历了世纪之交后的磨合，同时也在社会形态的转换中完成了历史的过渡。经过五四新文化运动的洗礼，"输入写实主义，改良中国画"，成了时代的主旋律，具有实验性的地方性画派的出现成为时代主要特色。

从整体上看，进入20世纪之后的中国画的发展，在1949年之前可以分为前后两个时期，以抗战开始为界。前一个时期因为时代的发展，催生了社会内部的变化，国家文化在时代变化中有了许多历史性的应合，中国画的发展则是顺应了时代潮流的变化，其中不乏激烈的论争。而后一时期因为外患，民族性的意识主导了绘画的潮流，以抗战为中心的社会现实使得文人的水墨传统发生了根本性的变化。中国画基于抗战的社会现实所产生的变化，以一种区别于传统文人的积极入世态度，表明了社会变化中文人的政治态度与文化立场。中国文化传统中自古就有的家国与民族的文化悲情，经由现实激发后得到了现实的发挥。

在新文化的影响下，陈师曾、齐白石的艺术代表了这个快速发展和变化的新时代。陈师曾（公元1876—1923年），原名衡恪，字师曾，号朽道人、槐堂，今江西修水人。1913年秋赴北京任教育部编审，并先后兼任北京女子高等师范学校、北京高等师范学校、北京美术专门学校教授。43岁时应聘为北大画法研究会导师。1921年发表《文人画之价值》，出版《中国文人画之研究》。陈师曾的风俗人物画，取材于现实生活，画法写实，造型简括，面貌清新，别具一格。1914至1915年间作的《北京风俗图》（28.5cm×34cm，中国美术馆藏），画社会下层人民中的收破烂、赶大车、淘粪工、卖货郎、山背子、乞婆、磨刀人、算命先生等；也画北京的婚嫁习俗、民间娱乐中的打执事、吹鼓手、压轿嬷嬷、旱龙船、玩鸟、说书人、旗装少妇、喇嘛僧人；还画如"隔墙有耳"等与时局关联的内容。陈师曾用漫画的笔法表现现实生活，将传统文人画的趣味引入与现实关联的内容之中，同时在笔墨上也是焕然一新，改变了人们传统的欣赏习惯。《读画图轴》（87.7cm×46.6cm），表现1917年北京文艺界为水灾筹款的展览现场。画面气氛热烈，各阶层人士围观赏画，真实而生动。该画以西画的方式，用没骨法，着力表现了现场的氛围，用笔简洁，画意率性，是20世纪上半叶反映时代特色和变化的重要代表作之一。

陈师曾在20世纪上半叶绘画史上的重要性，除了自身的艺术成就之外，再就是推出了后来成为"人民艺术家"的齐白石。齐白石（公元1864—1957年），原名纯芝，字渭青，号兰亭，生于湖南湘潭。早年曾是木匠，后以卖画、刻印为生。齐白石擅画花鸟、虫鱼、山水、人物等多种题材，其中有很多为前人所未画，尤以草虫、水族最具特色，以画虾最为著名。其写意一格，以书入画，笔力雄劲，墨色滋润，色彩浓艳；所画工笔，造型准确而生动，用笔工致入微而深入草虫的关节，妙趣横生。关于画，以画虾为例，他说："余之画虾，临摹之人约数十辈，纵得形似不能生活，因心目中无虾也。"66岁时他总结自己画虾的过程与变化："初只略似，一变毕真，再变色分深淡，此三变也。"后来，他在题写所画《芋虾》时又说："余画虾已经四变，此第五变也。"在这"五变"之中，齐白石自己说"余六十年来画鱼虾之功夫若磨剑"。这就是不同于他人的齐白石。其代表作有《借山图册》《蛙声十里出山泉》等。

20世纪中国绘画的发展有着史无前例的巨大变化，其原因一方面是社会的巨变；另一方面是美术教育的兴起。这一时期，有从国外留学回国的画家开拓新式的艺术教育，并引导用西方的油彩画风景、人体等，逐渐为业界和社会所接受。其中，既是著名的美术教育家，又是著名画家的代表人物有刘海粟、徐悲鸿、林风眠、李可染等。

刘海粟（公元1896—1994年），字季芳，号海翁，江苏常州人。1912年与乌始光、张聿光等创办上海图画美术院，后改为上海美术专科学校，1914年秋任副校长，1919年7月任校长。1952年后历任华东艺术专科学校校长、南京艺术学院院长。刘海粟提倡写生和画人体模特，主张"不息的变动"。他曾十上黄山，以画黄山著名。所画线条苍劲有力，气势雄强，气魄过人；用水得法，"漫将一砚梨花雨，泼湿黄山几段云"；晚年喜用泼彩，色彩绚丽。

徐悲鸿（公元1895—1953年），江苏宜兴县人，17岁独自到上海，曾短暂求学于上海美专。1919年考入巴黎国立美术学校，1927年回国后任教于南京中央大学。1946年任北平艺术专科学校校长，1949年任中央美院院长。1920年发表《中国画改良论》，提出"古法佳者守之，垂绝者继之，不佳者改之，未足者增之，西方画之可采入者融之"。擅素描、油画、中国画，而长于画马。代表作有《九方皋》

《愚公移山》等。

林风眠（公元1900—1991年），广东梅县人。1920年入读法国迪戎国立美术学院，不久又转入巴黎国立美术学院。1925年回国后任国立北平艺术专科学校校长。1928年创办杭州西湖国立艺术学院（今中国美术学院）并任院长。他是"中西融合"的倡导者和实践者，善用彩墨画风景、人物、禽鸟，独具面貌，诗情画意，色彩深邃而唯美。

李可染（公元1907—1989年），江苏徐州人，1923年入上海美术专门学校，毕业创作以王翚风格的细笔山水中堂名列第一，获刘海粟校长的题跋。1929年，考入杭州国立艺术院研究部研究生。师从林风眠、克罗多教授，专攻素描和油画。1943年任教于重庆国立艺专。1946年，任教于北平艺术专科学校，此后，拜齐白石为师，又深研黄宾虹的积墨法。1950年起任教于中央美院。72岁时任中国画研究院院长。"苦学派"的李可染主张"可贵者胆，所要者魂"；对待传统，提出"用最大的功力打进去，用最大的勇气打出来"。其山水墨色浓重，笔意浑厚，景象深邃。开创中国画用逆光表现山水的新意境，茂密中显现出语言风格和技法的特色，形成了"李家山水"独特面貌，在当代影响甚广。晚年用笔老辣，线条滞重。亦擅画人物，尤长于画牛，特色鲜明。代表作有《漓江胜景图》《万山红遍》等。

抗战之后，中国画的发展进入一个非常特殊的时期，涌现出了一批反映时代之变的重要作品，从题材内容到表现形式都具有鲜明的时代印记。如徐悲鸿的《愚公移山》，傅抱石的《屈原》《苏武牧羊》，蒋兆和的《流民图》等，不仅表现了国家的灾难和国人自强的信心，还以文人的心态表现了家国之痛，更重要的是由此引导了中国画重走现实主义的道路，将几百年来中国画以摹古而凸显的"逸"的思想，转入关注现实和人生的新时空和新境界之中。在现代艺术教育的支撑下，中西融合已是势在必然，表现出新文化运动以来新的艺术思潮对传统中国画的影响。因此，1947年，徐悲鸿基于20年来"绘画之进步"，提出了"新国画"的构想："既非改良，并非中西合璧，仅直接师造化而已。"显然，徐悲鸿的理想在抗战胜利后的中国并不可能马上实现，而1949年，因为中国社会的巨变，中国画的发展又到了一个新的历史阶段。

1949年4月，北京的80余位画家在北京中山公园举行了"新国画展览会"。《人民日报》"星期文艺"副刊以"国画讨论"为题发表了蔡若虹的文章《关于国画改革问题——看了新国画预展以后》，提出当时有一部分中国画家"深切地感受到国画有急需改革的必要，使国画也和其他艺术一样地适应于广大人民的要求，从而达到为人民服务的目的"。此后，徐悲鸿创作了《在世界和平大会上听到南京解放的消息》；傅抱石于1950年就开始了表现毛泽东诗词意境的山水画探索，这一年李可染创作了《土改分得老黄牛》；潘天寿于1952年创作了《丰收图》。这些作品作为改造传统中国画的最初表现，是认识20世纪50年代中国画艺术发展的不可缺少的一个环节。实际上，在新年画创作运动的高潮过后，传统中国画的"推陈出新"反映了中国画家致力于改造中国画的实践成果。

从历史的角度来看，中国画在当时的问题主要不是创作，而是改造。1950年，李可染和李桦在新创刊的《人民美术》上分别发表了《谈中国画的改造》和《改造中国画的基本问题》。徐悲鸿也提出了"艺术需要现实主义的今天，闲情逸致的山水画，尽管它在历史上有极高的成就，但它不可能对人民起教育作用，也并无其他积极作用"。到1953年，艾青在《谈中国画》的演讲中又提出了"新国画"的问题，他把徐悲鸿在1947年提出的"新国画"的概念更加具体化，显示了中国画的变革已经是水到渠成。艾青提出了"新国画"必须"内容新""形式新"，进而要求"画山水必须画真山水"，"画风景必须到野外写生"。由此可以看出，所谓的"改造"就是要解决传统的文人笔墨不能为现实服务的问题，而这之中对于作为文人的画家的改造成了首要问题。从1953年开始，北京中国画研究会多次组织画家到北京近郊各风景名胜点写生。1954年春，吴镜汀、惠孝同、董寿平到安徽黄山、浙江富春山一带作写生旅行。李可染、张仃、罗铭赴西湖、太湖、黄山、富春山写生，并在北海公园举办"李可染、张仃、罗铭水墨写生画展"，其影响广泛，具有相当的示范效应。

在20世纪50年代初的国画改造运动中，尽管绝大多数画家都投入其中，可是，依然有像黄宾虹那样的传统派画家恪守在自己的精神家园中，继续侍弄笔墨来延续和发展传统。黄宾虹（公元1865—1955年），字朴存，号宾虹，原籍安徽歙县，生于浙江金华。1876年，13岁的黄宾虹随父返歙县应童子试，名列前茅，在故里得以观赏古代书画真迹。黄宾虹的山水最具特色，他认为"元人倪、黄，笔多墨少，未免空疏枯燥"，须层层积累，乃至一画经数寒暑，方可"历久有神"。所以，积墨、泼墨、破墨、宿墨、渍墨、铺水，无所不用。60岁后开始由"白宾虹"逐渐向"黑宾虹"过渡，形成了黑、密、厚、重的特点。山水之外，其花卉亦有特色，但不为人所重，潘天寿却说"其实他的花卉更妙，妙在自自在在"。关于画学，黄宾虹提出"先师今人，继师古人，终师造化"的三阶段说。

而在主流的发展中，1955年3月，在"第二届全国美术展览会"

上出现了表现建设和反映新生活的山水画，这些在写生基础上进行的山水画创作，表明了前一段时间所提倡的中国画写生已取得了成果，为传统中国画的改造起到了示范的作用。传统文人水墨中那些过去值得夸耀的审美内容，在新的现实要求中被改造成了新的方式，"新"的意义得到了彰显；"新山水画"或者"新国画"得到了时代认可。关山月的《新开发的公路》等都是以现实生活中的自然景观和生产生活相联系的内容，为新山水画开辟了新的天地，并赢得了一片赞誉。这些被称为"新山水画"的作品，摆脱了写生的状态，体现了时代对中国画发展的要求。在审美上，它们非但没有完全排斥与传统的联系，相反，却是依靠这样的关系在新与旧之间架构了能够沟通的桥梁。这种基于社会发展需要的中国画发展的新格局，表明了新的现实并没有完全拒绝文人和文人的笔墨，而是以一种调和的方式，将现实的感受和传统的笔墨结合起来，以呈现出"新"的社会意义。这是新山水画在当时获得社会认可的一个基本要素，也是传统水墨在新的现实中得以立足和发展的必要条件。

从总体上看，已经形成主流的20世纪50年代的"新国画"所表现出来的脱离画谱的新的生活，不仅符合了文艺方针的要求，也体现了符合这种要求的新的社会时尚。当"第二届全国国画展览会"于1956年分别在北京和上海举办之后，《人民日报》发表了社论《发展国画艺术》，表明对于画家和传统中国画的改造成果得到了政府的认可。而经过一段时间的发展，政府对于国画的发展也有了明确的指导性意见。1957年5月14日，北京中国画院成立，国务院总理周恩来亲自出席，这不仅给国画界以振奋，也给那些被网罗来的原来闲散在社会上的文人画家们以安慰。而由此建立起的画院体制则保证了中国画的传承和发展，并影响至今。覆盖各省市的官方画院建制，对于保存和发展传统的中国画艺术，亦具有特别的意义。

从改造到发展的阶段性变化，说明文人水墨转向了契合社会需求的、以表现现实为主的现代水墨的方式。而这种以现实主义思想为基础的现代笔墨，积极参与到现实社会的需要之中，表现出了丰富的社会主题，褪去了文人水墨的自我情怀。1959年，傅抱石和关山月接受了为人民大会堂创作巨幅中国画的任务，这时傅抱石刚从毛泽东的故乡韶山作画归来。当毛泽东为他的诗意画题写了"江山如此多娇"，《江山如此多娇》就显示出它不同于其他画作的特别的意义。它启发了后来许多山水画画家的创作思路，使他们找到了一个容易在特定社会环境中获得认可的创作题材。

在1949年至1966年的17年里，不管是政府所提出的改造，还是所要求的繁荣，各个不同阵营中的国画家们都在努力寻求文人与现实之间的契合。他们在画面中的各种探索，实际上就是解决如何用传统的笔墨表现现实的生活，如何化解文人的意境服务于政治的需求。因此，《考考妈妈》（姜燕）的新风尚，《一辈子第一回》（杨之光）的喜悦，《婆媳上冬学》（汤文选）的亲情，《两个羊羔》（周昌谷）的闲适，《洪荒风雪》（黄胄）的乐观，《粒粒皆辛苦》（方增先）的忠告，《八女投江》（王盛烈）的壮烈，《转战陕北》（石鲁）的恢宏，不仅比较完美地处理了文人笔墨与新的现实题材的关系，与之相关的黄胄、石鲁、杨之光、周昌谷、汤文选、方增先等一批新画家也脱颖而出。

毫无疑问，与山水、人物画的突出表现相比，花鸟画革新的难度较大，尽管齐白石画《和平鸽》歌颂新社会的和平幸福，陈之佛画

《松龄鹤寿》祝贺祖国的繁荣发展，潘天寿画《雁荡山花》赞美新时代的自然风貌，无不反映了时代的要求和表现了时代的特色，也得到了社会的认可。可是，花鸟画在时代之中处于边缘化的状况，促使后来很多花鸟画家做出进一步努力，画人民公社的蔬果，或者在花卉之外添加建设的场景。如此等等的直接的歌颂和附会，成为这一时期社会现实和文艺现状的写照。

中国画在17年里的改造和发展，所表现的时代精神和面貌映现出了"新国画"的风采。可是，此后的10年却将这经过17年努力建立起来的"新国画"的根基毁于一旦。可以说，深陷于现实政治诉求的20世纪60年代的中国画，所表现的社会现实提升了中国画的社会地位，同时也出现了一批代表那个时代的表现现实的代表作品，并形成了一个以表现现实、服务现实的新的中国画传统。10年之后，国画和国画家都获得了新生，朱屺瞻、刘海粟、林风眠、李可染、陆俨少等一批见证世纪的老画家都进入到创作的盛期，几十年来一直萎缩的山水、花鸟画也得到了超于前代的发展。随着改革开放所形成的大的社会环境的影响，传统国画在发展中又体现出了新的文化意义，也表现出了新的时代特点。它既表现出了对"新国画"的反叛，但是又不可能完全摆脱"新国画"的影响。显然，传统中国画在经历了半个世纪的发展之后，已经形成了一个新传统。而这一新传统的影响力，正体现在今天中国画的面貌之上。

中国画的发展在20世纪末期因为综合国力的增强，国际地位的提升，又因为经济全球化背景下的当代艺术发展的实际情况和所遇到的种种问题，更加关注中国艺术在世界文化多样性中的独特性。所以，中国画在发展过程中出现了新一轮的回归传统的潮流，这是反叛新传统的时代选择，也是一个大的文化背景下的现代化过程中的必然反映。当文人水墨成为国际化中稀有的中国元素，人们更多的是希望基于文化生态的现实状况，在文化的多样性中显现出中国水墨画艺术的独特性，而这正是文人水墨得以重振的契机。无疑，这不同于20世纪80年代中期的"新文人画"思潮，而带有文化自觉的时代意义。在这时代的主流中，绝大多数画家在摸索自己发展水墨画的道路，而中国画多样性的表现风格即使在传统文人的范围内，也有了不同于前代的发展。文人笔墨的疆域被拓展，人们以一种宽容的心态对待各种笔墨方式，从而也为水墨的多样化发展造就了现实的可能。20世纪末的中国画以多元的方式为21世纪的发展做出铺垫，这一时期已经不以反映时代的代表性作品为成就的标志，而以某种风格获得声名的代表性画家则不断出现，并形成新时代的特色。

水墨画以多元化的格局跨入了新的世纪，还将会在难以预料的发展历程中延续。这会是一个漫长的过程，它的未来面貌有可能是一个具有宽泛概念的复合体，人们将在各取所需的心态中选择自己的所好。应当看到，品评的溃堤将难以复合到一个源流之中，而市场的整合作用将主导水墨画的整体走向与风格类型的兴衰，更重要的是数字化时代的社会需求以及公众选择的发展与变化，都难以预期。像"中国"这个概念一样，伴随着中国的强盛，未来的水墨世界将自立于世界的东方，成为世界文化多样性中既富有特色，又具有强大力量的一种绘画样式。

书法

孙晓云

孙晓云，书法家，中国书法家协会
主席。

概述

以汉字为载体的中国书法，是中国人独创的一种文字书写艺术，在世界上独一无二。尺幅天地，根系中华民族精神命脉，构建了中国人的精神家园，记载着蓬勃充盈的历史进程，书写着灿烂辉煌的中国文化，积淀着丰厚的民族文化心理，塑造了完备有序的艺术法则体系，呈现出鲜明的东方文化思维和美学特征。

中国人自文字肇立，即开始探索中国式的书写法则与美学品格。与尼罗河流域古埃及的圣书字、两河流域的楔形文字和中美洲的玛雅文字演变走向有所区别，更与后来的拼音文字的发展路径完全不同。中国文字沿着象形、指事、会意、假借、形声、转注"六书"之路，以软毫毛笔为特殊的工具，在方块形的空间内，"近取诸身、远取诸物""纵横有托，运用合度"，在象形图写时就已孕育着书法美的基因，在"依类象形"的漫长演变中蕴含着祖先对美的自觉追求，在实用的同时走上艺术美的创造历程。

一代又一代中国文化的智者，用了几千年时间，创造了一座又一座艺术史上的高峰：商周的大篆，秦代的小篆，东汉的隶书，东晋的行书，唐代的楷书和狂草，均成为永恒的经典、令人景仰的圣殿，成为中华民族生生不息的文明火炬。历朝历代有关中国书法的理论著述，记载了这种艺术创造的艰辛历程。从蔡邕《九势》、卫夫人《笔阵图》、王羲之《论书》到孙过庭《书谱》、张怀瓘《书断》，从颜柳欧赵到苏黄米蔡，从董其昌《画禅室随笔》到刘熙载《书概》，他们殚心竭力、一以贯之地重视法则体现。他们强调书法的格调、神采、气韵与意境，在千年实践磨炼中不断进行抽象的提炼概括，达到精巧的建构、缜密的布局、流畅的书写。在一代又一代的反复尝试验证下，不断丰富内容、充实意蕴，达到高度的完美、成熟、统一，形成了关于汉字书写的系统、丰富的理论体系，也铸就了中国人独一无二的精神境界。

中国人把每一个汉字都当作是一个有生命的人。每一个字、每一个笔画都有自己的表情，有间架，有筋骨，有体态、有血肉，点画与偏旁部首的不同组合使得汉字变化万千，绝无雷同。看似随心所欲，但又中规入矩；貌似狂放不羁，却又"毫发生死"。西方亦有"笔迹学"之说，中国人认为"字如其人""字如心画"，正是根据字形与运笔的特征对书写者的人品、风度、仪态、精神，进行判断、感受和体悟，成为独特的中国式鉴赏审美智慧。

中国人数千年来对于汉字的造型书写，充满了热情的探索和严肃的阐释。中国人用一种可以"奇怪生焉"的圆锥状软毫毛笔，在甲骨、青铜、石头、简牍、缯帛与各种各样的纸张等材料上面书写，继而契刻、范铸、临摹，进行美的不断创造。中国人在使用毛笔的同时，总结出一套书写之"法"，审美之"则"。在点画用笔上，中侧，方圆，藏露，轻重，疾徐，顿挫，收放，纵敛，或刚健洒脱，或优雅蕴蓄，或流畅迅捷，或迟滞敦厚。在章法布局上，或匀称平衡，或朝揖呼应，或计白当黑，或虚实相生。书法提供给中国人民以基本的美学，书法艺术给美学欣赏提供了一整套术语，我们可以把这些术语所代表的观念看作中华民族美学观念的基础。

一、字体沿革

商周秦汉，中国文字经历了漫长的演变过程，创造了篆隶楷行草五种字体，篆书有大篆小篆之分，隶书有古隶八分之别，草书有章草今草之名，行书有旧体新体之说。各种字体又因不同时期、不同地域、不同笔法、不同结构、不同材料、不同书手，各展其姿，各呈其美。

秦统一六国之前的所有文字统称大篆，包括甲骨文、金文、籀文、古文、石鼓文等。小篆一般指的是秦始皇统一中国"书同文"后的官方颁行的篆书，因点画瘦硬劲挺，又称"玉箸篆"或"铁线篆"。不论是甲骨文、金文还是大篆、小篆，都属于古文字体系。

秦汉时期中国文字发生剧变，学术界称之为"隶变"。字形变圆形为方形，用笔变弧线为直线，结构变繁杂为简省，浓厚的图画象形意味大为减少，抽象的笔画符号基本形成。隶变是古今汉字的分水岭。"隶变"后的文字使用至今，属于今文字体系。

隶书，分为"秦隶"和"汉隶"。"秦隶"起源于秦代，盛行于西汉前期，是对篆书的简约化。尚未形成规范的波势和挑法，这种约定俗成的手写体与官方标准字体小篆在秦代并行推广应用。"汉隶"在笔法上波挑分明、一波三折，结构上字形扁阔、均衡对称、意态宽博的隶书在西汉时期成为官方文字。

章草是隶书在快速书写中孕育产生的一种手写体。最初的章草在保持隶书结构符号特征的基础上，增加了笔画之间的连写，将汉字中一些反复出现的偏旁作简化处理并固定下来，以便于日常的快速书写。章草在西北简牍中出于实用之需被大量应用。章草进一步草化，逐渐打破字字独立的形式，上下牵连、笔势连贯、气息相通，最终摆脱隶书的形态约束，发展成为一门独立的书体，即草书，也叫"今草"。

楷书是隶书日常书写中形成的另外一种手写体。省略波挑，转折方正，既造型端庄，又简便易行，这种写法在汉末慢慢成熟，一种新的字体——楷书产生了，到三国时钟繇的笔下，楷书已具相当规模。"楷书"之"楷"，亦是楷模、榜样之意，当年也叫"正书""真书"。

东汉晚期还出现了一种新的字体，就是行书。行书是居于楷书和草书之间的一种字体。行书与草书有一个共同特征，就是笔画连写，但行书连写的同时不减少构件和笔画，这便是它区别于草书的关键。将楷书笔画写连贯一些，将草书写规整一些，就是行书。行书形成最晚，却是近二千年来人们生活中最容易辨识、运用最广、最实用、最通俗的书体。

任何字体的产生，都是文字出于实用之需向简易、便捷化发展的产物，每一种字体从产生、发展到成熟，都经历了草创、完善和定型的过程。随着字体的定型，都不约而同产生官方文字和民间随意的区分，有规整美化加工和匆匆不及的急就。

在魏晋之前，楷书的形成，榜样的树立，规则的制定，中国文字的演变进化结束了。篆、隶、楷、行、草，各现其姿，各尽其态，中国书法之法就此形成。

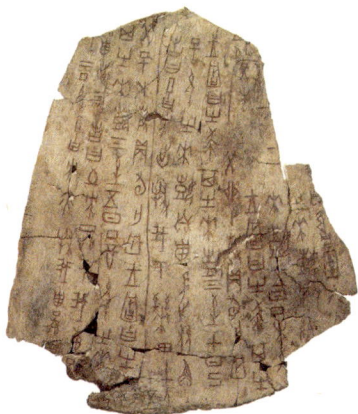

1. 甲骨契刻

　　商代弥漫着神秘的原始宗教气息。人们信仰鬼魂，崇拜祖先，占卜和祭祀活动在社会生活中占有重要位置，凡事必须预先进行占卜，根据占卜的结果来决定自己的行为。他们利用龟甲和牛、羊、鹿等动物胛骨进行占卜，然后将结果书写并刻画在龟甲兽骨上面保存起来，这些书写或刻画在龟甲兽骨上的文字被称为甲骨文。

　　甲骨文的字形结构还保留着较多的象形——图画因素，具有一种原始和天真的美感。甲骨中尚存一些未刻写的朱文，其实是先由毛笔书写上去，然后用利器单线刻上去，可见在甲骨文产生的更早期，人们就已经一直在使用毛笔。甲骨文中，对称平衡、方圆结合、奇正相生的书法结构规律与起止利落、锋芒显露、起伏提按的书法用笔原始形态已经具备，纵列成行、行款错落、大小变化、开合有度、疏密有致的章法布局模式更是达到高度的娴熟。之后的中国书法，无论何种书体的书写，在结构上趋于完美，用笔上逐渐丰富，但在章法上无出其右。

　　考古学家和文字学家的研究证明，不同阶段和出于不同贞人之手的甲骨文作品，在书写和刻画上都存在着明显的风格差异，显示出各自的书写刻画技巧习惯。在《甲骨文断代研究例》中，董作宾根据世系、称谓、贞人、坑位、方国、人物、事类、文法、字形、书体这十项标准，将盘庚迁殷至纣王灭亡这273年间的殷墟甲骨文，分为五个不同时期：第一时期雄伟，第二时期谨饬，第三时期颓废，第四时期劲峭，第五时期严整。

郭沫若对殷人契刻作品有着精彩的描述："卜辞契于龟骨，其契之精而字之美，每令吾辈数千载后人神往。文字作风且因人因世而异，大抵武丁之世，字多雄浑，帝乙之世，文咸秀丽。细者于方寸之片，刻文数十，壮者其一字之大，径可运寸。而行之疏密，字之结构，回环照应，井井有条。固亦间有草率急就者，多见于廪辛康丁之世，然虽潦倒而多姿，且亦自成其一格。凡此均非精于其技者绝不能为。技欲其精，则练之须熟，今世用笔墨者犹然，何况用刀骨耶？……足知存世契文，实一代法书，而书之契之者乃殷世之钟、王、颜、柳也。"

甲骨文是迄今为止中国发现的年代最早的成熟文字系统，不仅单字的数量非常可观，而且具有固定的字形、字义、读音，普遍采用形声字的造字方法，形成了稳定的结构规律和语法体系，以"六书"为特征的文字结构保留至今。中国人既可以通过甲骨文视通万里，直接了解商王占卜的内容，同样，也可以在艰深曲折的"一画"上思接千载，体悟自然之妙相。

古人传述仓颉造字时的情形说："颉首四目，通于神明，仰观奎星圆曲之势，俯察龟文鸟迹之象，博采众美，合而为字。"在甲骨文之前，汉字必然经历漫长的象形符号发展过程。大多数考古学家认为，距离今天5000至6000年前的陶器刻画符号，应该就是汉字的原始形态。在甲骨文之前，至少探索了几千年。这几千年人类使用的探索工具，无疑是毛笔。中国文字从无到有，从少到多，笔画从繁到简、从圆到方，由一支毛笔孕育，象形，描画，抽绎，概括，甲骨文不是汉字造字的开始，却是一部完整的中国书法史的开端。

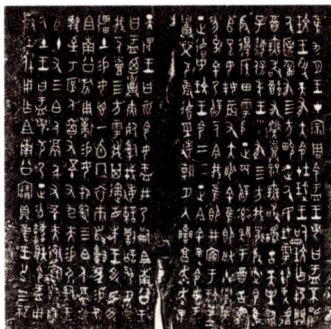

2．金文范铸

殷商的金文主要包括族徽标志与记事文字。族徽标志似字似画，与青铜器表面狞厉繁缛的图案纹饰共同构成一种神秘的氛围。殷商金文篇幅较短，有的只是先人名号或作器人名，寥寥数字。殷商晚期出现了记事金文，主要记载殷王的赏赐或其他事件，但篇幅也不长。

西周初期的金文承袭殷商，变化不大，直到西周中期礼乐发达，才有文字上的革故鼎新。在长达九个世纪的时间里，周朝的王室以及它所分封的大小诸侯们铸造了难以计数的各类青铜器，把当时的世系、疆土、战争、祭祀、赏赐、分封、进贡等重要事件用文字记录下来并刻铸在青铜器上。其中在记载周成王继承武王遗训、营建东都成周之事的何尊铭文中，第一次出现了"中国"二字。

商周金文被铸在青铜器的内侧。青铜器的制作过程直接影响了金文书法的风格形成。金文的字形延续了甲骨文的结构规律，在风格上则与甲骨文完全不同。这首先是由于二者制作方法的差别：甲骨文的笔画出于刻画，尖锐细直，硬拙单调，金文的笔画则因范铸而显得粗壮厚重，修饰繁缛；甲骨文囿于单刀契，使转困难，文字结构省略简化，金文更为图像化，比类物象，形象具体；甲骨文因出于个人之手，在结构上带有某些不确定的随意性，金文的创作却要经过书写、刻模及浇铸等多道程序，由不同的人合作完成，整体风格圆融肃穆。

西周礼器及铭文代表了三代最高水平。器物由凝重走向轻灵，由繁复走向简朴，由怪诞走向平易，由神魔走向世俗。这一时期的金文，在驾驭和塑造字形上技巧高超，统一规范，形成了内敛含蓄、深沉端庄、雍容静穆的艺术美感。

从书法艺术的角度来看，周代的金文虽是通过铸造来达到最终完成的效果，但工匠们在铸造过程中还是努力保留了一部分书写的痕迹甚至是书写者的个人风格，例如，《虢季子白盘》圆转委婉，《大盂鼎》方整厚重，《散氏盘》摇曳多姿，《毛公鼎》气象正大，风格各异，不一而足。

在周朝的中后期（即春秋战国时期，公元前770—前221年），文字与书法呈现出多样性的特征。除了大量的青铜器外，许多书写在竹简、丝帛及雕刻在石头上的字迹被保存下来。书法呈现出不同的地域风格，它们有的严谨整齐，有的随意自然，风格绚丽多彩。

出土实物证明，篆书时代，字形长短、宽狭、欹正，兼而有之，并没有特殊的约定俗成的规定。但在那些重要的青铜礼器上，出于庄重，为了美化，人们把篆字做了一番装饰打扮。战国时期，楚国与中山国的青铜器上的文字，更是出于审美的需求，刻意拉长，上敛下纵，根据毛笔书写的墨迹，将用笔的特点，穿插了众多的强调和修饰，如鸟纹、虫纹、鱼纹等，形成历史上独特的鸟虫篆，把篆字的美化工作做到了极致。

3. 秦篆遒劲

秦国文字继承了西周金文的特点，以秦国为代表的北方文字体系保留了脉络清晰的发展轨迹。春秋早期的秦系文字，以《虢季子白盘》为代表，到战国时期的《杜虎符》《新郪虎符》《秦公敦》《石鼓文》《秦公大墓石磬铭文》和《秦封宗邑瓦书》，秦篆发展轨迹十分清晰，即字形越来越规整，用笔越来越匀称。

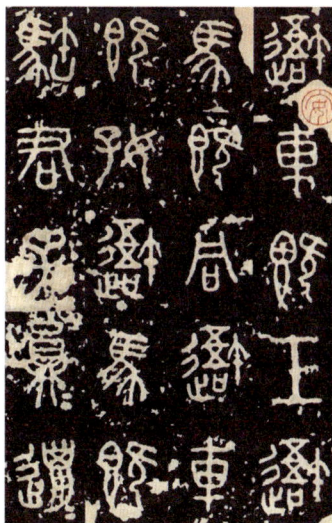

这其中，《石鼓文》最为典型。石鼓为周秦刻石，是中华先民供奉于秦山渭水之畔的灿烂诗碑，被称为"石刻之祖"。十面鼓形碣石，各镌刻一首四言诗。描写了周秦时代先民们兴修水利、整治农田、从事捕鱼种植等生产劳作，操练军队、会盟出征等场景，气势恢宏，韵律铿锵。石鼓文从西周金文发展而来，与《秦公簋》等青铜铭文一脉相承，与秦统一六国之后的小篆十分接近。结体方正匀整，点画圆转凝练，章法匀称疏朗，充满雄劲浑厚、朴茂端庄的艺术美感。

唐张怀瓘《书断》用四言诗的形式称颂《石鼓文》的美感："体象卓然，殊今异古。落落珠玉，飘飘缨组。仓颉之嗣，小篆之祖，以名称书，遗迹石鼓。"

石鼓文在唐初被发现以后，文人争抒怀古幽情。韩愈《石鼓歌》："镌功勒成告万世，凿石作鼓隳嵯峨。"苏轼《凤翔八观》："娟娟缺月隐云雾，濯濯嘉禾秀稂莠。漂流百战偶然存，独立千载谁与友？上追轩颉相唯诺，下揖冰斯同戮戳。"

秦始皇在统一六国后施行"车同轨、书同文、行同伦"一系列大一统的法令，其中重要的一项便是"书同文"，就是以当时秦国文字为基础，废除六国文字中的杂形异构，经过系统的规范和整理之后，写成《仓颉篇》《爰历篇》《博学篇》三篇识字习字的课本。这种规整的小篆，通过严厉的法令颁行全国，迅速推广开来。

现存《泰山刻石》与《琅琊台刻石》，相传为李斯所书，这些刻石都是秦统一文字后的标准小篆。与大篆相比，小篆并没有本质的改变，只是在减少象形成分的同时，在结构上更加规范和整齐。当时的李斯小篆，应是毛笔书写后再刻，明显刻工掩去了书写时用笔的粗细、轻重痕迹，而过分地强调了行笔的均匀和字型的对称规范。

由于刻石取材便利，有较大的范围空间可供书写刊刻，而且刻石只需沿墨迹双钩刊刻，不须像金文那样范制刻铸，能较为真实地反映毛笔自然流畅的书写笔意。但由于年代久远，风化剥蚀，再加上反复捶拓磨损，清晰度还是不佳。

4. 汉隶苍厚

如同祖先把记录各种重要事件的文字刻在甲骨或者铸到青铜器上一样，汉代的人们喜欢把重要的文字镌刻在坚硬的石碑上，以确保能够长久留存下去。在中国，这种立碑习惯从秦朝开始，一直延续了2000多年。

东汉和帝、安帝以后，树石立碑之风渐起，至桓帝、灵帝之际达到极盛。成熟的隶书字形横扁，笔势左挑右波，体势左右背分，在石刻上

尽显其绚丽的姿态，"一碑一奇"，"书至汉末，盖极盛矣，其朴质高韵，新意异态，诡形殊制，熔为一炉而铸之，故自绝于后世"。

陕西西安、河南洛阳曾经先后作为西汉与东汉的首都，这里是两汉帝王将相、王公贵族施政、生活、游猎的地方，这一带出土的汉碑多工整精致，气度雍容。《曹全碑》应规入矩，法度井然，藏露结合，刚柔相济，堪称汉隶典范。《华山庙碑》磅礴郁积，淋漓顿挫，意味尤不可穷极，最能体现汉碑宏阔的气象。《熹平石经》由著名学者蔡邕、李巡等人主持订正文字，刻石立于太学，作为标准定本，自此始有经典之刻。

山东曲阜孔庙的汉碑相对集中。《乙瑛碑》波磔分明，隶法成熟，循规蹈矩，工整秀劲，骨肉匀适，情文流畅。《礼器碑》结体平正，字法规范，瘦细挺拔、风姿绰约，在东汉众多汉碑中，堪称绝品。《史晨碑》修饰紧密，矩度森然，统一和谐，井然有序，属于典型的庙堂之品。山东另一汉碑集中的中心在泰安岱庙，《衡方碑》敦厚扎实，茂密拙朴，《张迁碑》节短势足，拙趣横生，有别于庙堂碑刻，较多地反映了当时社会下层的书写状况与审美倾向。河北汉碑也不少，《封龙山颂》雄伟劲健，堪称佳构。《鲜于璜碑》则抱铜琵琶，执铁绰板，具有铿锵跌宕、雄健阳刚之美。

汉代摩崖刻石中最负盛名的是汉中石门诸刻。《开通褒斜道刻石》深勒石壁，气度宏阔，杨守敬在《平碑记》中云："按其字体，长短广狭，参差不齐，天然古秀若石纹然，百代而下，无从摹拟，此之谓神品。"《石门颂》高浑劲挺，纵横自如，如野鹤闲鸥，飘飘欲仙，张祖翼跋此碑云："三百年来习汉碑者不知凡几，竟无人学《石门颂》者，盖其雄厚奔放之气，胆怯者不敢学，力弱者不能学也。"《杨淮表纪》与《石门颂》风格相近，但疏宕过之，粗头乱服，形骸放荡，因势谋篇，随意布置。《西狭颂》位于甘肃成县汉代古栈道遗址，下临溪谷，由于石质坚硬，地处偏远，损泐较轻，书风雄迈静穆，拙朴厚重，接近汉碑，与汉中石门诸品风格差别很大。

与汉碑成熟规范的隶书异曲同工的是西北汉简。书写者主要是当时在武威、张掖、酒泉、敦煌守边的将佐戍卒，记载的内容也多为边塞的政治军事活动。

汉隶追求富丽堂皇、精雕细琢的美。"繁富靡丽是汉代文艺美学风貌的主要特征，如果我们试图用一个词来概括汉人的审美情趣的话，那便是'富丽'，或曰'靡丽'，更简洁地说就是一个字——'丽'。"蔡邕在《九势》中留给后世书家一句名言："下笔用力，肌肤之丽。"

与篆书舒缓悠长的静态之"势"不同，隶书具有一种波浪起伏的动态之"势"。与篆书巍峨修长、纵向开展的"势"不同，隶书是在一个平面上向左右拓展，呈现出一种横向运动的"势"。中宫紧收，对称规整，沉稳厚重，似嫌笨重，而一字之中，每每有一长横，或一撇捺，一波三折，步伍整齐，纵横驰骋。

汉代是一个海纳百川、恢宏壮阔、吞吐八荒、纵横捭阖的时代。汉人具有旷古未有的气魄与胸怀：统御天地，顶立霄壤，纵横四海，傲睨八荒。这个五彩斑斓的时代书法，是秦隶、汉隶、草书、楷书并存衔接，也是缯帛、简牍、纸张同时使用的特殊时代。这一时代的文吏与工匠将他们对"大美"的追求不断融入艺术创造中去，呈现"横八极、致高崇"之极"丽"。

以《熹平石经》为标志，隶书在其文字规范化的道路上日臻完美，但艺术个性与洛阳诸多丰碑巨碣相比则大为逊色。"两汉写字艺术，到蔡邕写石经达到了最高境界……从经学方面说，它校正了五经文字，从艺术方面说，石经文字是两汉书法的总结。"

值得一提的是，刻石的初衷是要将文字内容永久化，对原作尽量记录模仿，由于受到镌刻工具的限制和影响，加入了许多刻工的主观意识，往往会与原迹失之千里，也成为一种书家与刻工无意间共同创造的经典。而南北朝时期刻石兴盛，刻工的随意尽兴表演，成为一种"再创造"，为后来"碑学"的发展提供了恣情肆意的素材。但官方碑刻却一直朝着下真迹一等为标准。东汉《曹全》《礼器》《乙瑛》《史晨》达到了毫芒毕现、细致入微。这种书刻俱佳、形神兼备的高度默契，需要书手、刻工在技术与心灵两个方面的共鸣。我们在临习汉碑时，以上皆是世所公认的经典。

数百年后，在隋唐时期的碑志如《董美人》《九成宫》《夫子庙堂》《雁塔圣教》《颜勤礼》《玄秘塔》中，刻石艺术再次得以发扬。再到后来作为法帖的《淳化阁帖》《大观帖》的镌刻，更是惟妙惟肖、爽爽有神，为手书墨迹的真实性提供了依据。

5. 简牍纸笔

当我们手拿毛笔学习临摹书法，最重要的当然是看到古人的第一手笔迹，过去我们欣赏商周秦汉的书法，能够看到的文字诸如甲骨文、金文与秦汉刻石，非刻即铸，鲜活的墨迹难睹真容。随着20世纪一系列重大考古发现，魏晋以前的墨迹大量发现。殷墟出土的遗物上居然保留了文字墨迹，笔画真实，与刻出来的甲骨文字完全不同。晋国的《侯马盟书》是当时的手写体，运笔迅捷短促，钉头鼠尾，与范铸的金文风格大相径庭。这些都让我们能够清醒看到文字书写、刀刻、范铸之间的差异。

汉以前的文字墨迹主要保存在简牍与绢帛上。简牍上的文字墨迹又以楚简与秦简风格最为鲜明，就是我们常说的古隶。古隶脱胎于篆文，仍然保存着大量的篆书痕迹，具有楚国金文大篆向秦汉隶书转折时期的风格，流畅飘逸，线条盘曲，锋毫毕现，粗细变化，摇曳多姿，动感强烈。成熟汉隶中的掠笔、波挑等笔法呈现雏形。

把秦国的碑和简帛放在一起，对比强烈。《石鼓文》与《泰山刻石》很有些大秦帝国帝王将相的威严庄重，而秦简上的文字憨厚拙朴，表情尽显，可见书写的过程是连贯有速度的，随意流露心态的，不像碑刻、铸范文字那么呆板木讷、含蓄迟滞。

帛书出现很早。《墨子·天志中》云："又书其事于竹帛，镂之金石，琢之盘盂，传遗后世子孙。"

1942年在湖南长沙东部子弹库出土的战国楚帛书，是目前能见到的最早的帛书实物，"体式简略，形态扁平，接近于后世的隶书"，已经初具早期隶书的特征。与楚简上的文字相比，更加成熟。特别是用笔，圆弧的笔势娴熟而灵动。

长沙马王堆帛书的书写年代自秦汉之交至汉初文帝年间，达数十年之久，这正是文字剧变、诸体兼杂、隶书代替篆书并走向成熟规范的过渡时期，加以书手不同，帛书各个篇章因时代早晚，因人而异，呈现出不同的书写形态和变幻多姿的艺术情调。

缯、帛，是用家蚕丝织成的，纯属奢侈品。能够在缯、帛上面写字的肯定不会是普通的书手，非皇家贵族不能染指。普通的书手可以拿相对廉价的简牍去写，写不好，拿刀刮去再写。

从甲骨文开始，我们看到的文字大部分都是自上而下、从右到左的竖写模式，而不是像拉丁文之类自左向右的横写。因为古人当时不使用桌几，是将龟甲之类物体拿在左手中书写，左手所腾出的空间刚好在右上方，自然就顺势从右至左往下写。

简牍对繁衍中国文字的书写方式起到了决定性作用，不拘于器皿、龟甲载体的限制，可以延续其文字叙述长度。长条形的竹（木）简有先写后编，也有先编后写，继承和确定了甲骨以来从上到下、从右至左的规律。因为简册书写者左手执简，右手执笔，每书一简，左手顺势向右卷动竹（木）简，其圆轴硬扎稳定，更便于拿在左手书写。牍，是薄的小木片，就是龟甲载体的衍生，依然是从上到下、从右至左的书写规律。这种规律、款式一直影响至今。"手卷""长卷"、第几"卷"，"卷"就是简的延伸。当时的"几"，就是便于将竹简摊开看的，"几"两头是翘起来的，是防竹简的滑落。将一片片小薄木片的"牍"集装成一盒，就是我们现在的"册页"。

篆、隶、楷、行、草的产生、发展、成熟及蜕变的大部分过程，基本上是在这种长条形的简牍上完成的。

汉代的造纸业从西汉发明，从无到有，到东汉日趋成熟发达。一般日常书写纸在一尺高、二尺宽左右，使大量的书写不再局限于简牍条状的形制间隔，手书向纵向连贯、横向穿插发展，书法艺术点画可以自由自在地舒展，结字可以参差错落，布白可以纵横有象，从此产生了一章一篇的审美意识。到汉末魏晋，诸体众生，书家辈出。

纸张的产生对于书法的发展起了巨大的作用。在张芝的草书里，我们看到的是一气呵成、奔腾不止、鱼贯而下的一幅情景，在一根根的简牍上是无法实现的。

被后世尊称为"草圣"的张芝来自敦煌，史载当时效仿者风靡景从，汉末辞赋家赵壹不愿苟同，专门写了一篇《非草书》提出劝告。

"草圣"张芝用的是麻纸。麻纸又分白麻纸、黄麻纸等，纤维长，纸浆粗，纸质坚韧，虽历经千年也不易变脆、变色。"右军以前，元常之后"，文学家陆机写了数行《平复帖》，用一支秃笔，率意游走，枯锋迟涩，笔墨纷披，如同婆娑的秋雨，润物无声。这种效果是在粗糙的麻纸上完成的。

必须强调的是，陆机以及之后的王羲之用的都是麻纸，是要经过"砑光、拖浆、填粉、加蜡、施胶"的，达到"平滑如砥"，魏晋书法巅峰的用纸必"虚柔滑净"，不是我们现在经常使用的生宣。生宣早期只是用来祭祀和生活使用，而正式开始使用于书法，那是明代的事了。

"工欲善其事，必先利其器。"不同形制的毛笔生发不同的形式和风格。中国人使用毛笔的历史非常悠久，可以追溯到七八千年前。在图腾、符号时代，皆是用毛笔完成。出土最早的湖南长沙睡虎地秦笔，还有书写楚简的包山笔与左家山笔，毫健、锋利、管细（直径不足5公分），皆是弹性十足的硬毫。汉代制笔一般笔毫较长，但露出笔杆的部分则较短，有时竟有一半纳入笔杆腔内。这样为的是蓄墨多，易聚锋，可以书写多字不开叉、不蘸墨，笔画均匀；可以一气呵成，通篇连写。也有狼毫为笔芯外披羊毫的"兼毫笔"。总之，东汉时期日常用的毛笔形态一直延续到今天。晋唐后宫廷广泛使用的"鸡距"笔、"裹纸"笔，也是为了能更多地吸墨，笔尖连续书写不开叉。

直到宋代才广泛使用羊毫笔。到明代广泛使用生宣，用我们现代人常用的长锋羊毫，加以生宣洇染生涩，行笔困难，更是难以拖动，更谈不上汉人书写时的爽健峻峭了。

墨的品种主要有两种：古人早就用松木烧成的灰做墨，叫"松烟"墨，其特点是浓黑哑光、质细易磨；明代中期始做"油烟"墨，特点是坚而有光、黝而能润。这两种墨的制作均要经过炼烟、施胶、合料、春捣等许多道工序，还要加上麝香、丁香、珍珠等，做工精良、考究。

在唐代就声名远扬的"端砚""洮砚""歙砚""澄泥砚"四大名砚，均坚硬耐磨、质地滑腻、发墨细快、温润如玉。

所以笔触注重"肌肤之丽"和"骨丰肉润"的美感，或"爽健"，或"锐利"，或"遒美"，或"迟涩"，正是依托于笔、墨、纸、砚各具时代功效特点、皆极精良这一物质条件基础之上的。

二、风格演化

汉末楷书出现以后，中国汉字结构也基本固定下来，没有再发生大的改变。此后，书法艺术的发展也从字形结构的演变转向书家个体对书写技巧和艺术风格的探索，受到时代风气、文化背景、审美变迁、个性追求等诸多因素的影响，书写风格千姿百态，变化无穷，但又具备各自的内在规律。古人有所概括——晋代尚韵、唐代尚法、宋代尚意。

"一代之书，莫不肖乎一代之人与文者。"魏晋流美的行草，唐人庄严的楷书和奔放的狂草，宋元雅致的尺牍，晚明激昂的条屏，清人写在腊笺上又厚又黑的大对联，各有各的姿态、气息和风格。每个时代都会有专属于这个时代的艺术，每个时代的书法都浓缩着那个时代的生活情调与审美理想。

中国书法一直存在南北地域上的差异。秦简多倔强拙朴，楚简多放诞纤丽之文，南朝多尺牍流美，北朝多碑版厚重，"长城饮马，河梁携手，北人之气概也；江南草长，洞庭始波，南人之情怀也。散文之长江大河一泻千里者，北人为优；骈文之镂云刻月善移我情者，南人为优"。诗文辞赋，金石书画，南北各为家数。

"文变染乎世情，兴废系于时序"，审美变迁也会随着时移世易而自然生变。清代考释研究之风大盛，三代吉金、汉魏碑版，大自摩崖刻石，小至残砖断瓦，纷纷涌入文人书斋。书法家们重新发现了各种金石书法的意义和价值，在优美和谐的主流审美意趣以外，古朴、稚拙、奇险，也成为书法家追寻的目标。这一审美上的变革对于现当代书法影响至深。

古代没有现代先进的制版印刷技术和发达的信息传播手段，语言记录、书信往来、歌功颂德、物勒其名，只能就地取材。书刻工具有笔有刀；书刻材料有简牍纸帛，金石碑版，砖瓦印石，不一而足。笔和刀、书与刻、凿与铸之间区别很大，风格差异也不可避免。

隋唐以前，中国是没有高腿桌椅的，不像现代人一样可以伏案书写。那个年代写字时席地而坐，左手持简（纸），右手捉笔，没有依托和支撑，斜势执笔，三指捻管，也叫"单苞"执笔。西晋成公绥在早期的书论中有非常形象的描述："动纤指、举弱腕、握素纨、染玄墨。"

当年古人简、纸、笔都是悬空斜执，为了保持稳定，肘部或偶有凭几、圈几的支撑，但胳膊要夹紧在腰间，手掌虚空才行。这样一来，笔毫需要挺绰，利于弹挑，麻纸需要坚实硬挺，具有相当的韧度，笔杆需要做得纤细，太粗则不易于转动，不利指法的发挥。正是这种执笔、用笔方法造就了中国书法法度和风格的发展、确立。

魏晋书法达到巅峰，书体不再演变。隋唐以后，始兴垂足坐，凭几、圈几加了腿，发展成扶椅、圈椅，有更好的稳定支撑，也解放了跪地之痛，继而再配上高桌，笔画可以横平竖直，规范整齐，逐渐在保持法则的基础上向尚意、尚美发展。宋代以后民间广泛使用桌椅，纸张平铺，笔锋垂直，"举腕"变为"平腕"，遂变三指为五指执笔，也叫"双苞"执笔，便有韩方明"撅、押、勾、格、抵"五指执笔法。书家笔下挥运空间拓展，文字个头越来越大，羊毫软笔的书写方法也与隋唐以前迥异。这是书法"古法"向"今法"的转折点。

书写工具的改变，坐姿、用笔的改变，必带来法则的变化，带来书写风格的巨大差异。一部中国书法风格演变史就此拉开帷幕。

1. 钟王楷模

魏晋是中国历史上最富于智慧、最浓于热情的一个集大成的时代，诗歌、绘画、音乐、书法都发展到一个前所未有的繁荣时期，尤其是确立了书法艺术精神的一个重要时代。

这个时期的书法艺术集中体现在楷书、草书和行书上，中国书法史上一批最有影响的书法家，包括被后世尊为"正书之祖"的钟繇与"书圣"王羲之，都生活在这一时期。在他们的笔下，书法艺术高度的抽象表现和纯粹的笔法变化被自由完美地表现出来，他们的作品是一部渊深的艺术经典，更是终极的文化坐标。

钟繇是书法史上第一位楷书名家。传世楷书有《宣示表》《力命表》《贺捷表》《荐季直表》等。1996年在湖南长沙走马楼发现了三国两晋时期十万余枚竹简，这批竹简的书写时间与钟繇的生卒年代基本平行，钟繇的书法与其同时代的书写者，应该存在极大的相似性：横画不再左下逆入而是顺势入笔，转折轻顿暗转，多方整形态；钩画在东汉隶书里是不存在的，或许不经意的连笔，钩的写法出现了。在结字上，则与隶书统一、整齐、规范的扁阔结构不同，大小、宽狭、收放，兴之所至，随意生形。

钟繇的书法，备尽法度，为正书之祖。"真书绝世，刚柔备焉。点划之间，多有异趣，可谓幽深无际，古雅有余，秦、汉以来，一人而已。"此处张怀瑾说的"幽深"与"古雅"主要因为钟繇的楷书刚刚从隶书世界走出来，虽然具备了楷书的体貌，但神情还是隶书的，与后世的楷书相比，古意盎然。王羲之楷书《乐毅论》《黄庭经》《东方朔画赞》三篇小楷最著名，基本剔除了早期楷书的隶意，将楷书推到"今体"阶段。王献之的楷书有《洛神赋》刻本，隶意脱尽，楷书定型，点画劲健，体势峻拔，风神潇散，众美兼备，古来楷法之精，未有与之匹者。

魏晋人风神潇洒，不滞于物，简约玄澹，超然绝俗，主要表现在行草书中。代表王羲之行书最高成就的是"天下第一行书"《兰亭序》。王羲之写《兰亭序》，缘于兰亭"修禊"。在这次临水踏青郊外宴集的风雅聚会上，王羲之与孙绰、谢安等名士及亲友四十二人，在兰亭行"修禊"之礼，崇山峻岭，茂林修竹，清流激湍，映带左右，众人"一觞一咏，畅叙幽怀"，得诗三十七首。王羲之乘兴挥毫，以神来之笔写成千古名作《兰亭序》。

王羲之的尺牍行草如《快雪时晴》《姨母》《孔侍中》《平安》《何如》《奉橘》《频有哀祸》《丧乱》《二谢》《初月》《寒切》《都下》《七月》等，运笔从容，遒媚劲健，刚柔相济，改变汉魏以来质朴无华之风，集诸家之优，自立妍美新法，成为新体行书和草书的典型。王献之的行草书"挺然秀出，务于简易；情驰神纵，超逸优游；临事制宜，从意适便，有若风行雨散，润色花开，笔法体势之中，最为风流者也"。可惜他只活了42岁。王羲之写《兰亭序》的时候，是51岁，正是风华正茂、风流倜傥的岁数。

钟王法帖，都是一些"吊哀候病，叙睽离，通讯问，施于家人朋友之间"的尺牍，不过数行而已，欧阳修在《集古录跋尾》说："余尝喜览魏晋以来笔墨遗迹，而想前人之高致也！""盖其初非用意，而逸笔余兴，淋漓挥洒，或妍或丑，百态横生，披卷发函，烂然在目，使骤见惊绝，徐而视之，其意态如无穷尽，使后世得之，以为奇玩，而想见其为人也！"

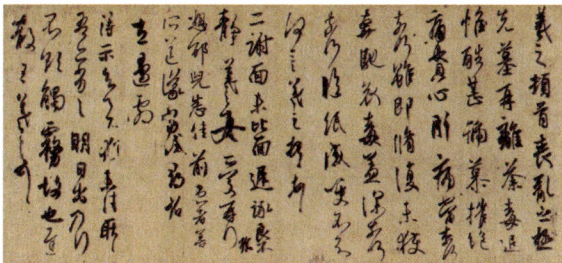

钟王书法集笔法之大成，树百世之楷模，开宗立派，影响深远。钟繇之后，书家竞相学习钟书，王羲之父子就有多种钟体临本。后来张旭、怀素、颜真卿等各取钟体之长。王羲之书法世代相传，家族后裔出现多位杰出的书家。除了王献之，凝、操、徽、涣四子，俱传家范。侄子王珣、外甥羊欣、五世孙王僧虔、七世孙智永在历史上均有卓卓书名。

《伯远帖》是王珣给亲友伯远书写的一通信札，清水出芙蓉，天然去雕饰，"潇洒古淡，东晋风流，宛在眼前"，寥寥数笔，魏晋士人的情致展露无遗。智永禅师"尝居永欣寺阁上临书，所退笔头，置之于大竹簏，簏受一石余，而五簏皆满。凡三十年，于阁上临得真草千文好者八百余本，浙东诸寺各施一本"。真草千文，每本两千字，八百本就是一百六十万字！智永可谓克嗣良裘，精勤至极。

唐代的欧阳询、虞世南、褚遂良、薛稷、颜真卿、柳公权，五代的杨凝式，宋代苏轼、黄庭坚、米芾、蔡襄，元代赵孟頫，明代董其昌，他们都直接或间接地从二王这棵参天大树上汲取营养，各有所需，各有所取，各有所得，各有所成。这个庞大的二王体系创造出来的书法风格、艺术造诣以及他们的技法规则、审美理想等，成为一种艺术上的派别概念，后人以此为师、为宗，甚至为圣，一直延续近1700年。后人称为"帖学"，这是非常重要的元素。

2. 北朝刻石

南朝禁碑，所以江左书风，新体大行，笔札草草，疏放妍妙，多以尺牍稿行为主。北朝书法，沿袭汉魏旧规，"中原古法，拘谨拙陋，长于碑榜"。摩崖、碑刻、造像记、墓志各类刻石，一应俱全，数量众多，似欲与山川共相磨灭。

《石门铭》是"石门十三品"之一，与汉隶《石门颂》一脉相承，开阖瑰奇，奇纵飞逸，流畅跌宕，恣情挥洒。云峰刻石种类繁多，有庄严肃穆、鸿篇巨制的碑铭，如《郑文公下碑》；有文辞华丽，描绘山川壮美的诗文，如《论经书》《观海童》；也有信手挥洒的题记小品，或法度谨严，端庄雄浑，或纵横高迈，逸态横生，上承篆隶遗绪，下开隋唐书风。这些作品都属于摩崖刻石，在镌刻时因石质过于坚硬，难以奏刀，摩崖大字，又需深刻，锥凿而成，点画方圆浑、粗细、提按变化难以表现，连刻带凿，与书写原意相距甚远。加上千年风雨剥蚀，春秋更替，更是斑驳不清。

北朝末年，北齐境内的刻经工程陆续展开，历时二十余年，"金石难灭，托以高山，永留不绝"。《南北响堂刻经》《娲皇宫刻经》《泰山经石峪刻经》《四山摩崖刻经》均规模宏大，字数动辄成千上万。刻经文字结体宽博，气度雍容，雄浑朴茂，奇趣无穷，历经千年自然风蚀，其浑融苍茫的书风与山野间的清风流水自然融为一体，自此以后，这种具备庄严之相的擘窠大字难觅踪迹。

北魏碑刻很少，《张猛龙碑》最享盛誉。启功先生认为《龙门二十品》豪气有余，未免粗犷逼人；邙山诸志不乏精美，未免千篇一律，唯独《张猛龙碑》精严雅正，富于变化，非其他魏碑刻石所能比拟。墓志在北魏、隋唐之际大为兴盛。北魏孝文帝迁都洛阳后，鲜卑人彻底实行"汉化"。门第高贵或地位显要的皇族墓志，必由洛阳地区的书法高手书丹，并请当地擅长刻石的能工巧匠镌刻。墓志一般石面光洁，质地均匀，相对山间的摩崖刻制容易得多。今天邙山出土了巨量的墓志，可以想见当时的写手和刻工是多么忙碌。

其中也有一种崭新的类型，例如《张玄墓志》，体态轻盈，举止优雅，没有一般墓志所流行的习气。造像记以龙门石窟中的《龙门二十品》最为典型，其中的《始平公造像记》笔画方峻，金戈铁马，粗犷强悍，具龙威虎震之规，有阳刚雄强之美。造像记多附于龛像台座或背部，往往随意处置。有的刀法拙劣，不严格依点画边沿走刀，把本有方圆粗细变化的点画都刻成方棱刚直的模样，也有的直接用刀刻凿省略书写。这些作品在清代以前就是普普通通的刻石，没有人当回事，清代碑学兴起之后，书家审美趣味大变，这些作品被蒙上一层神秘的面纱，人们开始从一些憨态可掬的幼稚中寻找革新创变的艺术元素。

北朝后期至杨坚立隋，南北书风渐趋中和。隋人书法，上承北魏书体，下开唐朝新风。《龙藏寺碑》精劲含蓄，清雅婉丽，端庄遒美，朴厚幽深，北碑粗粝之气全无，堪称"隋碑之冠"。康有为称魏碑有十美："一曰魄力雄强；二曰气象浑穆；三曰笔法跳跃；四曰点画峻厚；五曰意态奇逸；六曰精神飞动；七曰兴趣酣足；八曰骨法洞达；九曰结构天成；十曰血肉丰美。"此说溢美过甚，拿来形容《龙藏寺碑》，似乎更为贴切。

3. 楷法极则

顾名思义，楷书的"楷"，就是"楷模""楷则"。由于唐太宗李世民将王羲之书法树为楷模，广为推广，在王字的法则上学习临摹，集为法帖。楷书在唐朝达到最完美的境界。欧阳询、虞世南、褚遂良、颜真卿、柳公权各家在楷书方面取得了令人惊叹的成功，积累了全面系统的经验法则，成为后人学习楷书的典范。他们笔下的楷书表现出一种宁静、和谐和有秩序的美感，这种美感建立在精准娴熟、法度森严的书写技巧和工整严谨、稳定均衡的结构塑造之上。

唐朝楷书的繁荣及成就得益于唐太宗对王羲之的大力推崇。在他的带动影响下，王羲之的作品被皇室和政府大量搜集并复制，智永手书八百册正草千字文，从皇帝到大臣，无不心怀崇敬与虔诚，临习经典，砥砺琢磨。王羲之优雅的文人审美情趣与严备的法则意识，影响到了唐代每一位书家细腻的笔触。后人常说"唐尚法"，恰恰说明唐代以前，规则已经形成，法度已经完备。没有魏晋初具规模的"法"，何来的"唐尚法"？

欧阳询楷书有《化度寺碑》《九成宫醴泉铭》《皇甫诞碑》《虞恭公碑》等，笔力险劲，风神凝重，结体沉稳，形势峻爽，"森森焉若武库矛戟"，有龙蛇战斗之象，为一时之绝。结合欧阳询行书《梦奠》《张翰》诸帖进行比较，《九成宫醴泉铭》摹拓过多，笔画略加漫漶，《虞恭公碑》更为劲健，比较真实。在古代书法大家中，欧阳询和李邕敢于造险，造型奇骏，胜人一筹。

虞世南早年师从同郡的王羲之七世孙智永，是王羲之书法的正宗传人。唐太宗对他十分仰重，称他有五绝："一曰德行，二曰忠直，三曰

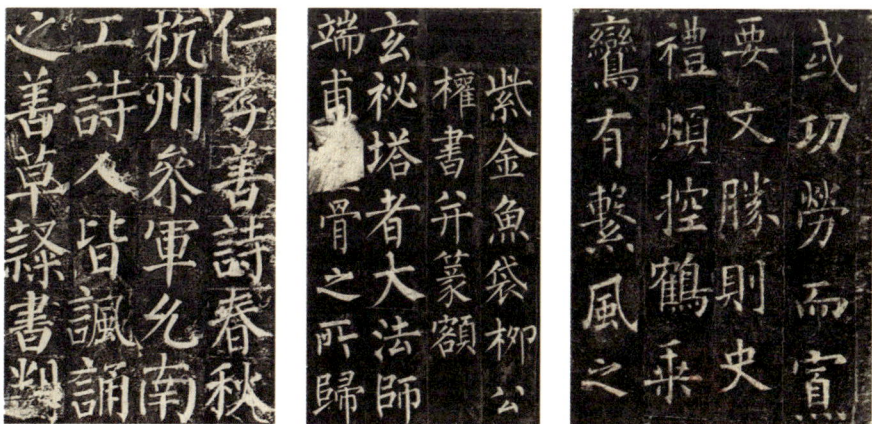

博学，四曰文辞，五曰书翰。"虞世南有《孔子庙堂碑》存世，承袭王羲之的笔法和气度，珠圆玉润，沉厚而安详，优雅而纯粹。虞世南的书法内含刚柔，欧阳询的书法外露筋骨，"君子藏器，以虞为优"。

褚遂良早期楷书有《伊阙佛龛铭》与《孟法师碑》，方整宽博，横平竖直、刚健矜严、骨格外耀，兼有欧字的方严和虞字的遒丽，结字与六朝碑版相近。楷书代表作《雁塔圣教序记》，笔势流转，风姿绰约。后人常把褚遂良的书法喻为"美人婵娟"，并不能完整地表述褚遂良书法的美学意蕴。在他华美的风姿背后，是气宇轩昂的孤傲，在其柔美的点画之中，是疏瘦劲炼的千钧之力。褚遂良书法在薛稷那里得到忠实的继承，楷书《信行禅师碑》，瘦硬通神，字字楷格，劲瘦兼顾圆润，遒美不失气势。

经过初唐的积累和沉淀，进入到盛中唐，书法风格由遒劲趋向雄浑，颜真卿和柳公权的出现，使得唐代楷书达到法则极致。苏轼在《东坡题跋》中写道："故诗至于杜子美，文至于韩退之，书至于颜鲁公，画至于吴道子，而古今之变天下之能事毕矣。"

颜真卿一生饱经忧患，忠直刚烈，能文能武，后世赞为忠君的人臣楷模。"二王"以来，书家所写楷书，结构都是婀娜妍美，欹侧多姿。而颜真卿平划宽结，骨格宽绰，堂皇端庄，气象正大，与欧、虞、褚的楷书风格大不一样，更是在二王体系之上，独自开辟道路。颜真卿楷书碑刻存世甚多，其中《东方朔画赞》"最为清雄"，苏轼以为"颜公变法出新意，细筋入骨如秋鹰"。《大唐中兴颂》方正平稳，大书深刻，淋漓顿挫，雄厚端严，宏伟发扬，"书至于颜鲁公，鲁公之书又至于《中兴颂》，故为书家规矩准绳之大匠"。中晚年楷书以《郭家庙碑》《颜勤礼碑》为代表，丰茂硕厚，庄重笃实，篆籀之法，朴实无华。

柳公权是唐穆宗与唐文宗时期的"侍书"，楷书代表作一是64岁所写的《玄秘塔碑》，一是66岁写的《神策军碑》，用笔棱角分明，锋芒毕现，方峻瘦硬，劲健挺拔。结字中宫紧密，四周舒放，内向攒聚，外向辐射，有壁垒森严之势。宋朝已有"颜柳"之称，明人评论柳字总是以颜字为参照，"颜书贵端，骨露筋藏。柳书贵遒，筋骨尽露"。

在唐代社会，处处可以看到人们对于法度的追求和自律。隋朝设立的科举制度，选拔官员要求"楷法遒美"；在唐代的书法理论中，不断地探索总结书写的法则、规律，谈"法"论"法"。

在唐代大量的墓志铭中，笔法之精准、结构之严密，虽然被冠以"民间书法"，水准绝不"民间"。隋唐写经，精工严谨，端庄劲健，长篇经卷，累数千字，终始一律，一笔不苟，一气呵成，令人惊叹扼腕。这些经生既无创新意识，也未曾作千秋之想，"池水尽墨""退笔成冢"，日复一日、年复一年的磨炼，出手就是法度，笔笔皆是楷模，篇篇成为经典。

4. 行草新境

唐代，最能体现中国古典艺术精髓的诗歌和书法，成为这个时期最普及、最成熟的艺术门类。政治上的稳定与强盛，经济上的繁荣与富庶，文学艺术的发展自然走向宏阔与壮美。书法艺术中最为实用的行书和最浪漫自由的草书，在魏晋行草书基础上，在广泛普法的基础上独辟蹊径，创立新境。

李邕和颜真卿是唐代行书的代表。

李邕的书法从"二王"入手，笔力舒展遒劲，结体茂密紧结，风格险峭爽朗，传世作品有《麓山寺碑》《云麾将军李思训碑》等。他虽然学王羲之，但又不完全守其法，写出一派雄赳气昂、敦实倔强、风樯阵马、凌厉不激的书风。董其昌说："右军如龙，北海如象。"这真是道出了李邕书法最核心的精妙之处，那就是他作品中所具备的雄强郁勃之气，能化荒率为沉厚，变欹侧为端正，宋米芾，元赵孟頫，明董其昌，清何绍基，都学过李邕的书法。

颜真卿的行书代表作有《祭侄稿》《争座位稿》《告伯父稿》，后人称为"鲁公三稿"。颜真卿的《祭侄稿》凝刻心魂，收摄血泪，忠义愤发，郁屈顿挫，终为千古绝调，人称"天下第二行书"。《争座位帖》忠义之气，粲然横溢，字里行间，天真烂漫。《告伯父稿》以一任纵笔，无意工拙，风神洒脱，凛然之气溢于笔端。相比王羲之的书法高情逸致，虎斑绮丽，优雅从容，闲庭信步，颜真卿的书法是庙堂之上的黄钟大吕，金声玉振，又如忠臣义士正色立朝，临大节而不可夺。

张旭、怀素与孙过庭是唐代草书的典型。

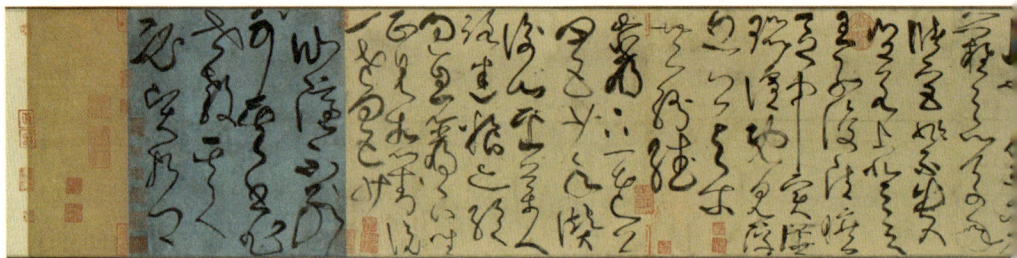

据说当年张旭每至酒酣，常常口出狂言并以头濡墨(古人蓄发)，狂呼大叫，在粉壁或屏障上作书，所以人称"张颠"。从《古诗四帖》《肚痛帖》可以想见其"脱帽露顶王公前，挥毫落纸如云烟"的情景。韩愈在张旭手舞足蹈、醉步踉跄中，悟透心曲："喜怒窘穷，忧悲愉佚，怨恨思慕，酣醉无聊，不平有动于心，必于草书焉发之。"张旭也并非独以草书为善，其楷书《郎官石柱记》简远精妙，楷法精深。可知狂草虽狂，不过是法则高度精熟之后任性发挥，"新理异态""得势忘形"、随机应变的神来之笔，建立在规矩森严的法度基础之上。

怀素也嗜酒，疏放不羁，他和张旭被后人并称为"颠张醉素"。他写的《自叙帖》极其狂放，驰毫骤墨，奔蛇走虺，穿梭旋转，风驰电掣。在他的笔下，草书像诗歌一样具有一咏三叹的节奏缓急，像音乐一样富有抑扬顿挫的旋律起伏。他在都城长安表演草书，名噪京师，挥洒粉壁，题写素屏，酣畅淋漓，狂姿逸态，博得满堂喝彩，众人欢呼雀跃。"粉壁长廊数十间，兴来小豁胸中气。忽然绝叫三五声，满壁纵横千万字"，场面之大，声势之浩，恐前无古人，后无来者。

古人好题壁。题壁始于两汉，汉末书法家师宜官是可考的最早题壁者之一。唐代文人墨客题壁蔚然成风，举凡邮亭、驿墙、寺壁，多所题咏。"题壁"是"发表"诗作或作品的最佳方式。题壁的姿势最适合转笔发力，而且空间巨大，手臂上下左右均可挥运，当然有利于豪情的发挥，但是也很快会消失在岁月的残垣断壁之中。

孙过庭是二王的崇拜者和忠实的代言人。《书谱》得二王笔法真谛，首尾三千余言，"意先笔后，潇洒流落""智巧兼优，心手双畅"，一画之间，变起伏于锋杪，或轻如蝉翼，或重若崩云，藏、露、中、侧，使转勾勒，各用其极。《书谱》亦是王羲之笔法的最佳诠释和解读，是笔法理论和实践最完美的统一。从行文到用笔，一一对应，熨帖精准，笔画狼藉，淋漓尽致。《书谱》达到了历史的制高点，成为后人学习笔法必读的经典教科书。宋代的米芾对前代书家颇为苛刻，但对孙过庭的草书却心悦诚服。他在《海岳名言》中说孙过庭《书谱》，"凡唐草得二王法，无出其右"。之后赵孟頫、董其昌等人皆是王羲之笔法的忠实捍卫者，"结字因时相传，用笔千古不易"的谆谆教诲，传颂至今。

唐代书家用纸多为熟纸，敦煌唐人写经几乎全用熟纸，颜真卿《争座位稿》据米芾《书史》记载用的是唐畿县狱状捶熟纸，也是熟纸的一种。后世熟知的硬黄纸，染以黄檗，以防虫蛀，还要做进一步的加工处理做成熟纸，纸张坚密泽莹，厚实坚韧，不易皱折，所以硬黄纸上的书法，落墨笔毫尽显、干净利落。

唐人多用兔毫制笔。欧阳通用的笔是以"狸毛为心，覆以秋兔毫"，"尖如锥兮利如刀"；柳公权用的毛笔"出锋须长，择毫须细"，"毛细则点画不失，锋长则洪润自由"。

这是笔法实施的最关键的工具保障。

唐末五代，出现了散卓笔，纯羊毫，无笔芯，即无硬毫作柱。这种笔出现的时候，中国人已逐步用上了桌椅，再也不用席地而坐无依托、无支撑写字了，手臂肘腕可以放在桌子上，毛笔没有较硬的笔芯作柱也问题不大了。

"屋漏痕""折钗股""锥画沙""印印泥"这些形容笔法的词汇，耳熟能详，听起来云里雾里，玄乎不定，其实是这些唐代大家们各自的体会，有不言而喻、相视一笑的会心默契。不断传世，后人不懂笔法、不知奥妙，胡乱解释得光怪陆奇。

5. 尚意书风

五代时期以墨迹为主的帖学占据发展主流，行书、草书在乱世中再次得以复兴。这其中，杨凝式是中国书法由唐入宋的一大枢纽，由"尚法"向"尚意"过渡的津梁。苏轼曾说："自颜柳氏后，笔法衰绝，加以唐末丧乱，人物凋落，文采风流扫地尽矣。独杨公凝式，笔迹雄杰，有二王、颜、柳之余绪。"

杨凝式留下来的墨迹甚少，存世墨迹影响最大的当属《韭花帖》。《韭花帖》描绘的是杨凝式昼寝之后，辄饥正甚，偶得韭花珍馐，食之惬意可口，心情大为愉悦，于是挥笔染翰，以表谢意。黄庭坚曾感叹："世人尽学《兰亭》面，欲换凡骨无金丹，谁知洛阳杨风子，下笔便到乌丝栏。"黄庭坚真是慧眼，《韭花帖》直入王书堂奥，纯用《兰亭》笔法，潇散古淡，简静闲适，以精严的技巧表达出含蓄内在的文人

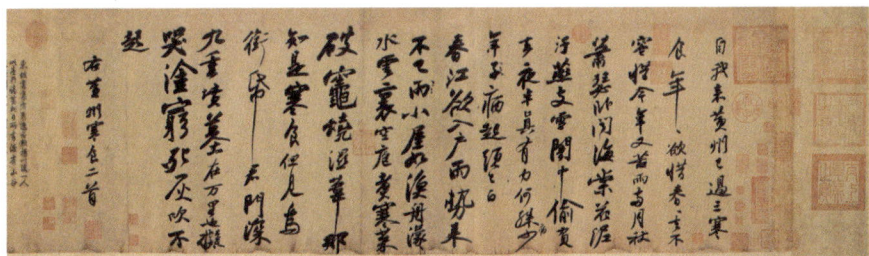

之气，二王精髓毕现，魏晋风神十足。黄庭坚如此称赞杨凝式，可见他对宋代文人的广泛影响。

《韭花帖》还有一个明显特点，章法疏阔，计白当黑，上下左右疏朗开阔。这种洋溢着古典气息的章法，后人也在不断沿用、繁衍。比如明代的董其昌的清雅秀丽、富贵端庄、品洁气清、富有禅意的书法风貌。

宋代，在苏、黄、米、蔡"宋四家"的笔下，处处表现出一种文人的悠游和从容，他们以其人生态度和艺术个性的高度统一而成为中国古代文人艺术家的典型代表。

《前赤壁赋》是苏轼中年时期少见的用意之作，明董其昌赞扬此帖"是坡公之《兰亭》也"。此卷行楷书，用笔丰润沉厚，字形紧密含蓄，气息静穆，胸襟旷达，与风神萧散、超逸优游的《兰亭序》一脉相承。苏轼自道："我书意造本无法，点画信手烦推求。"甚至说："不须临池更学苦""退笔如山未足珍"。苏东坡的执笔是三指"单苞法"，很像我们现在拿钢笔的姿势，因此竖画受限，字形偏扁。当时以五指"双苞"执笔法为正宗，苏东坡似乎是另类。而他却说"把笔无定法，要使虚而宽"，从他的作品中可以看出，苏轼并非摒弃法则的制约，恰恰是法的熟练的拥有者，无非强调重"意"而已。他"大江东去浪淘尽"的豪放个性和深厚的学识与李白"飞流直下三千尺"的浪漫一脉相承，被后人仰为至尊。

苏轼谪居黄州第三年，写下了《黄州寒食诗帖》这篇被后人誉为"天下第三行书"的杰出作品。临江而居的东坡，在"春江欲入户，雨势来不已"的寒食节，眼前是"空庖煮寒食，破灶烧湿苇"，远眺则是"小屋如渔舟，蒙蒙水云里"，心绪起伏，情思跌宕。第一首和第二首明显结字、章法、情绪、心态有所不同，使其由平稳渐入纵横捭阖，"苇"字、"纸"字的肆意长竖，犹如千年一叹，在最后又归于平静。在苏轼的作品中，多数书写稳定，首尾一贯，前后一致，极少起落浮沉，而这幅《黄州寒食诗帖》情绪跌宕，才华毕现，堪称苏字绝品。

黄庭坚是"江西诗派"的开创者，后与苏轼齐名，人称"苏黄"。黄庭坚的行书《松风阁诗帖》，个人风格强烈鲜明，中心团聚，向外辐射，长枪大戟，摇曳多姿，擒纵有致、收放自如。《黄州寒食诗卷跋》是写在《黄州寒食诗帖》后的一段题跋，可以看到黄庭坚初见《黄州寒食诗帖》时的惊异与赞叹："东坡此诗似李太白，犹恐太白有未到处。此书兼颜鲁公、杨少师、李西台笔意。试使东坡复为之，未必及此。它日东坡或见此书，应笑我于无佛处称尊也。"可惜东坡居士最后也没有看到这段题跋，也就没有了两位文人的唱酬应答。

黄庭坚传世的草书之作，主要有《李白忆旧游诗》《诸上座帖》《廉颇蔺相如列卷》等，与张旭、怀素的狂草迥然有别，和王羲之、孙过庭的今草也不一样。他的大字草书，每一个笔画之中，都有几个动作几个回合，来龙去脉，都交代得清清楚楚。他还很注意布局，有的空白很大，有的缠绕很紧，有的笔画踟蹰，有的行进很放。他是一位在艺术王国精心构思、潜心营造的巨匠。

米芾的书法痛快沉着，振迅天真、矫健清新，变幻莫测。宋徽宗曾经问米芾，当代书家如何评价？他放言无羁："蔡京不得笔，蔡卞得笔而少逸韵，蔡襄勒字，沈辽排字，黄庭坚描字，苏轼画字。"那你怎么评价自己呢？"臣书刷字。"这句话好像是自谦，实际上正是他的苦心孤诣。一支柔毫在他的笔下"刷"到极致，"刷"得"快剑斫阵，强弩千里"，"刷"得"如乘骏马，进退裕如"。他"稳不俗、险不怪、老不枯、润不肥"，出新意于法度之中，寄妙理于豪放之外。他著名的"无垂不缩，无往不收"的书法用笔名言智慧神妙、充满哲理，透出了秘籍，道出了真意，流传后世，经久不衰。

蔡襄的书法似不经意，随手挥洒，温润超轶，雍容华贵。黄庭坚和米芾都在"形"和"势"上做足了文章，苏轼和蔡襄则含蓄内蕴，不露声色，需要慢慢的品味。苏轼对蔡襄评价极高："天资既高，积学深至，心手相应，变态无穷，遂为本朝第一。"

在北宋《清明上河图》中可以看出，高桌子已普及到每家每户。在宋人的《十八学士图》中，可以清楚地看到当时的书写姿势。"宋四家"的写字姿势已和今人无二。前面谈到的斜势执笔的古法，在宋以后随着纸笔、桌椅的变化，就逐渐消失了。

6. 元明流派

在元代，书法艺术笼罩在一片复古的气氛当中。以赵孟頫为代表的元代书家群体醉心于对晋代书法风格的学习与模仿，营造出一种更为冷静、细腻和严谨的面貌。200多年以后的董其昌将此再次发展到一个崭新的境地。这种书法史的反省、回归、复兴，似乎已经成为历史的规律，成为自然。

赵孟頫在历史上是一位诸体兼善的大家，后世将"颜、柳、欧、赵"并称。其中小楷作品为历代所重，长篇巨制，备极楷则，缜密飞动，风采奕奕。他的行草继承王羲之不激不厉的平和书风，蕴藉沉稳，雅正优美。赵孟頫一生深浸古法，十分强调书法中古法用笔的重要意义。他在《兰亭十三跋》中说："书法以用笔为上，而结字亦须用工。盖结字因时相传，用笔千古不易。"赵孟頫作书，据史载能日书万字而神气不衰，可谓精熟之极。他的天资和功力，皆臻极诣，驾驭笔法和结字的能力堪称双一流。

赵孟頫提倡复古，崇尚二王，在观念和实践两方面积极推进变革，一改金、辽、南宋衰微局面，"上下五百年，纵横一万里"，赵氏的书法以其纯正的魏晋古风，影响并带动了一大批活跃于大都的赵派书家。这其中既有同代友人如鲜于枢、邓文原，也有学生辈的书家如虞集、柯九思、揭傒斯、康里巎巎、张雨、俞和等，而且其亲属也都以赵氏书法为宗。

赵孟頫的书法还影响了明朝一代。文徵明服膺赵孟頫，行书应规入矩，宋克继承赵孟頫章草衣钵有所发扬。明代晚期在个性解放思潮影响下出现了一批风格强烈的书家，才打破赵书风靡的局面，但他的书法仍然受到社会的普遍喜爱。入清后，乾隆皇帝酷爱其书，使赵书再度风靡朝野。

董其昌是云间书派的代表人物。董其昌在用笔、结字、章法、用墨等方面的实践，以淡、秀、润、韵为审美取向，用笔虚和内蕴、结字敧侧反正、章法疏空简远、用墨浓淡相间，融入禅意，空灵淡雅，率真无碍。他早年很自信，总是拿自己的书法与赵孟頫比较，还颇有微词，尝云："赵书因熟得俗态，吾书因生得秀色"，"赵书无弗作意，吾书往往率意"。但后来他逐渐改变了自己的看法，认为"子昂书中龙象"，甚至晚年还追悔青年时误认赵孟頫"媚俗"，直到"垂垂老矣"，方知赵孟頫"不可及也"！

祝枝山、文徵明是吴门书派的代表人物。明代中叶，随着苏州经济繁荣、文化发达，形成了包括宋克、沈周、祝允明、文徵明、王宠、陈淳、唐寅、文彭、文嘉等在内的庞大的书法家群体。他们有着明显的师承关系，秉持鲜明的艺术主张、形成了强烈的地方特色。宋克精于章草，为汉以后章草最为杰出书法家，他在举世学习赵书的环境中，换道超车，直接写章草去了，"书贵瘦硬方通神"，他的章草笔画瘦挺，特立独行。祝允明主张"沿晋游唐，守而勿失"，楷法精湛，草法奔放，风骨烂漫，天真纵逸。王宠与祝允明、文徵明并称为"吴中三子"，其书法静淡古雅，婉绰疏逸，意境甚高。王宠不到40岁英年早逝，而文徵明却活到了89岁。

文徵明行草扎实稳健、健劲谨严，小楷师法晋唐，疏密匀称，书风雅俗共赏，影响久远。晚年依然精力饱满、笔耕不辍，手不抖、眼不花，蝇头小楷驾驭自如、游刃有余，可谓奇人奇才。文氏家族中出现了50多位书画家，被潘光旦教授誉之为"世界上最长的人才链"。

明代后期，随着商品经济的发展，文人开始向往个性解放，摒弃旧有观念的束缚，倡导勇于创新的时尚，于是一批富有创造性的书法家涌现出来。高堂大屋宽椅的出现，加上长锋毛笔和生宣的广泛运用，均成为书家"变法"的物质基础。变伏案为悬案，笔墨渲染、尺幅之巨成为文人恣情肆意的特征。

他们的作品中充满了强烈的表现，结构的融古、突破、变形、夸张，笔画的粗细、翻转、交缠、虚实，墨的浓、淡、枯、湿、涨，把书法艺术中的视觉感受发挥得淋漓尽致。这一时期的代表性书法家有徐渭、黄道周、倪元璐、张瑞图、王铎、傅山、八大山人等。

徐渭的命运与西方的凡·高有些类似，在"笔底明珠无处卖，闲掷闲抛野藤中"的无奈与疯癫里，创造了一种披荆肆意、豪兴喷薄、横绝四海的草书。黄道周书法奇崛刚直，生拗不羁，不谐流俗。倪元璐书法左舒右敛，苍劲拙朴，凝重敦厚。王铎书法独钟王羲之、王献之，跳荡激越，笔墨淋漓，纵横不羁。张瑞图的书法横截翻折、有折无转，剑走偏锋、激荡跳跃。傅山本是一个清高倔强之人，他主张"宁拙毋巧，宁丑毋媚，宁支离毋轻滑，宁直率毋安排"，他的书法笔势雄奇，缠绵萦回，连绵飞动，起伏跌宕。八大山人则走向另外一个极致，简约高古，天姿高朗，脱然世表，独立不羁。

总之，明代的各路大家各显神通、各尽所能，在书写中将鲜明的书法个性展现到无以复加的地步，如果说"晋尚韵、唐尚法、宋尚意"，那么元明应该是"尚态"吧。

7. 篆隶遗绪

续接明代，注疏拾遗、训诂考据作为时风时尚，在清代更甚。同时，北碑兴起，篆隶多姿，金石大盛。好古复古的书家对篆隶书的沿袭传承，有清代书家的重新阐释和解读。

清代的篆隶与唐代的篆隶最大区别在于，唐代的篆隶书直接继承了成熟秦汉篆隶的笔法、外形，在法度规则上力求完善；清代的篆隶则上承籀篆，旁涉北碑，直接秦汉，遗貌取神，博采众长，写出了清人朴厚古拙的趣味，同时在书写实践上大胆创造，突破用笔法则的藩篱，形成了属于这个时代的多家风貌。

刘熙载在《书概》中说："篆取力弇气长。""力弇"，就是中锋用笔，藏头护尾，笔力凝聚、使转自如，行笔坚定，点画沉著，力感厚实；所谓"气长"，就是气韵悠长，宛转流通，纡余委婉，入行转收，一气呵成。这是典型清代人写篆书的要求和方向。

清王澍在《虚舟题跋》中云："小篆开自李斯，省大篆之繁缛以趋简易。三代以来，风气至此一变。"历代篆书家如唐之李阳冰，元之赵孟頫，清之王澍、邓石如、吴让之、杨沂孙等，基本沿袭"力弇气长"的风格。

汉代是隶书的世界，也有很多汉代刻石与铜器铭文中的篆书，已经讹变为徒具篆书形貌的隶书或非篆非隶的文字，后人称之为汉篆。《袁安碑》和《袁敞碑》是汉篆代表作品。

《祀三公山碑》是东汉篆书碑刻中受隶书影响最深的一种。书手确实在努力写篆，但受隶书的影响却又写不成篆字，结果成了非篆非隶，这件"以隶势作篆"的篆书属于典型的缪篆。《祀三公山碑》后来被赵之谦与齐白石所继承，在篆刻中也被广泛应用。

篆隶在唐代再度兴起。李阳冰以篆书为己任，"天之未丧斯文也，故小子得篆籀之宗旨"。始学李斯，继承玉箸笔法，圆淳瘦劲，婉曲流动，重现《泰山刻石》风采。

清代，周籀、秦篆、汉隶与北碑重回书家的视野。邓石如的篆书善用铺毫，提按起伏，笔力沉厚，雄浑苍茫，字形结构上紧下松，厚重坚实，通篇茂密丰实，凝重浑朴。他的可贵之处在于注重书写的意趣，强调点画的真实和自然，而不拘泥于秦汉碑刻形貌的风化侵蚀。所以沙孟海在《近三百年的书学》中说："清代书人，公推为卓然大家的，不是东阁学士刘墉，也不是内阁学士翁方纲，偏偏是那位藤杖芒鞋的邓石如。"

清代的胡澍、徐三庚、吴让之和赵之谦从汉篆中得到启发，把笔致的圆润、流畅、提纵、收束都充分地表现出来了，充分运用体现了毛笔特有的柔韧与弹性，用笔委婉华美、中截丰满、下垂长曳、从容挥运。吴昌硕与邓石如是一个路子，但他更靠前，选择石鼓文为主要临摹对象，数十年间，反复钻研，在生宣上所作石鼓文凝练遒劲，苍劲雄浑，朴拙老辣，风格雄强。

清代的隶书也是别开生面。郑簠的隶书直接开辟了取法汉碑的风气，并以一己之实践，摆脱了唐以来隶书古板平直的习气。金农所作"漆书"，横粗竖细，峭厉方劲，浓墨渴笔，欹侧横扫。伊秉绶隶书横平竖直，泯去蚕头雁尾，外密内疏，字形空阔，重大古拙，壮美雄伟。何绍基写隶书，为了追求非自然的结构造型和书写状态，用"回腕高

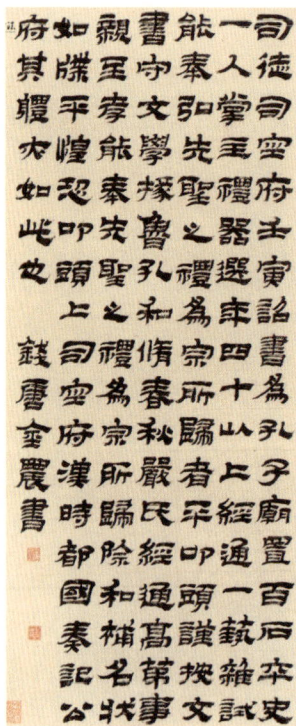

悬""五指向内"的执笔方法，运笔中加入了顿挫战抖的动作，点画生拙迟涩，大有金石碑版上斑驳陆离的残破感。这种追求显然被文人书家争相效仿比肩，成为当年的时代风尚。

在清代乾隆、嘉庆"碑学"大兴之前，是没有"帖学"一说的。在"碑学"形成之后，才相应有"帖学"之说。

"帖"，最早是指字条、请帖、庚帖之类的小纸片。而当年作为法书收集的往往都是小帖子。将这些小纸片集为"帖"，就转化为供人学习临摹的样本。阮元《北碑南帖论》曰："晋室南渡，以《宣示表》诸迹为江东书法之祖，然衣带所携者，帖也。帖者，始于卷帛之署书，后世凡一缣半纸珍藏墨迹，皆归之帖。"

"碑"，起初是将文字书写在石头上再镌刻的书法。"碑学"理论先有包世臣《艺舟双楫》，后有康有为《广艺舟双楫》。"碑学"排除了下真迹一等的唐碑和法帖刻本，框定甲骨文、金文、秦篆、汉碑、北朝刻石以及砖瓦文字为师法对象、研究目标。这些作品经过刻工的个性雕琢，自然界的风蚀残剥，加上人为的刻、凿、烧、铸、拓一系列加工，显得苍茫、浑厚、奇拙。"碑学"在审美上别具新境。

清代"金石学"大兴，篆刻独立成为一门艺术。追求"金石气"是一种审美时尚，点画结构的墨迹直观表象之外的视觉效果和多次"再创造"，都可以融入当前的创作。文人才子们其命维新，重审历代金石碑刻，以时代审美角度予以大胆的开放挖掘，"诗、书、画、印"皆能，成为清代文人的标配。

这时才有对应的"帖学"。书法墨迹的真实直观表象成为"帖学"的特征。有关"帖学"与"碑学"的概念纠缠了几百年，给今人学习书法带来很大的困惑。

微观"帖学",与毛笔的真实笔迹息息相关,"失之毫厘,谬以千里",如今我们有高倍的电子扫描设备重现真迹,甚至可以做到上真迹一等,可以减少"雾里看花""隔靴搔痒"的粗断,走出局限的误区,更客观地看清清代以及历代书法的脉络,更深入地研究中国书法的发展历史。

清初"碑学"盛行之前,书家一直盛行用兔毫一类的硬毫,羊毫很少使用,因为弹性小,用起来不得力。清嘉庆道光以后经邓石如、包世臣、何绍基等人大力提倡,长锋羊毫盛行。长锋羊毫的好处在于蓄墨多,笔锋长,可以书写厚重与舒长的点画;弊端在于笔锋软弱,弹性不足,行笔拖沓。普遍使用的生宣容易造成用笔墨洇迟涩,不易控制,随机形成的不确定性反而产生了新的意境。客观上纸笔工具远离其宗,与魏晋隋唐直至赵孟頫千年以来延续倡导的古法截然不同,但也生生创造了另具时代特色的璀璨。

结语

综上所述，中国书法历史悠久，源远流长，琳琅满目，美不胜收。如数下来，心里生出的是中华民族满满的自豪感、优越感和责任感。

书法艺术的审美植根于渊深的中国历史文化。一部中国书法史就是一部中国历史，中国人通过书法记载了中国悠久灿烂辉煌的文明。甲骨文记录了3000年前商王朝祭祀、征伐、天文、历法、气象、方国、农业、田猎等诸多方面内容。金文也是如此，"国之大事，在祀与戎"。慎终追远，敬天保民，天子册命，诸侯会飨。小篆记言录史，秦始皇巡游天下，立石刻辞，纪功颂德，诏令天下的历史，刻于丰碑，垂之久远。天下三大行书，不仅是魏晋风度与盛唐气象的解读，更是家国兴衰与文人情怀的真实记录。汉代的《熹平石经》、曹魏的《正始石经》、唐代的《开成石经》刻制大量儒家经籍，敦煌佛教写经与北朝摩崖刻经，更有王羲之、赵孟頫、文徵明笔下反复书写的《黄庭经》与《道德经》，笔精墨妙，皇皇巨制，儒释道思想的传播与发展，外域文化传入后的中国化脉络，清晰可见。历史进程、时代精神与哲学思想在中国书法中都得以充分体现。

书法艺术的审美还源自中国人的生活。中国书法客观记录了作者不同的时代生活。纵观二王的《大观帖》、王羲之的《兰亭序》、杨凝式的《韭花帖》、颜真卿的《祭侄稿》《争座位》、苏东坡的《黄州寒食诗帖》以及大量的元、明、清信札手稿，我们从中感受到他们的人文志向、情感起伏，喜怒哀乐以及家庭琐事。在优美的书法经典碑帖的背后，展现了几千年的社会变迁、历史更迭和人民的生活方式、精神向往，让书法的优美与时代映照。由一纸一墨为载体，一笔一画为气息，呈现了一部可读、可观、可临、可鉴的活生生的中国式文明史。

历代优秀书法作品以其笔墨形象展现中华气度，阐释中华美学，书写中国风、中国味、中国情，一目了然。那些传承中华文化基因，展现民族风骨，具有正大气象的时代华章，正是我们今天需要阅读和欣赏的经典。书法是弘扬中华美育的精神载体，是传承中国历史文化最直接、最便捷的方式，也是普通中国人日常生活的重要内容。一支笔、一瓶墨、一张纸、一本帖，就可使我们每一个人随时潜下心来了解、践行。

进入21世纪，中国书法延续数千年用于陈述和记录的书写实用功能，被硬笔、键盘、拼音甚至语音所替代，怎样保护、传承、发展中国书法成为时代课题。"落其实者思其树，饮其流者怀其源"，承古开新是建立在对过去、对今天的了解之上的，对于电子时代成长起来的现代人来说，通过经典解读和美育引领，在传习中让书法融入我们的日常生活，在审美中感受中华民族历史文化的渊深博大，已成为当务之急。

在建设文化强国的征程中，我们要坚定文化自信，坚守中华文化立场，坚持中国审美原则，应该自信地看到：中国书法发展的3000多年历史，有中国人一整套悠久的、成熟的价值观和审美体系；有时代更替的与时俱进、不断创新的探索和勇气；有一以贯之、世代相传的不可改变的审美准则和定律；有勤劳智慧的中国人民和历代士大夫的智慧结晶，更有书法鉴赏判断、创作批评的完整中国模式。

在全球化的今天，保持中国文字与书法的纯洁性，保护中国文化的根基不受侵蚀，是维护国家文化安全的重要组成部分。让书法成为当代文化的重要标志，成为社会文明的时代风尚，成为中国特色的闪亮名片，这是我们当仁不让的社会责任和历史使命。

雕塑

吴为山

吴为山，雕塑家，中国美术馆馆长。

概述

什么是雕塑？

雕的过程，就是删繁就简的过程，是减法，减得只留下筋骨、灵魂。塑的过程，就是添加的过程，是加法，加上原本属于作品的那部分。过程无论是长是短，雕塑都是推敲，充分利用各种质材，通过雕凿或捏塑进行造型，展示立体之美、空间之美。时代的变更，社会的转型，思潮的交汇，文化的碰撞，风尚的移易，精神的迭进，都会反映在雕塑上。简言之，物质文明和精神文明的不断发展，对雕塑的表现技法和呈现方式会有直接影响。

梁思成先生在《中国雕塑史》开篇写道："艺术之始，雕塑为先。"尽管中国雕塑起源时间早，但直到现代之前尚未形成理论体系，所以也没有出现自觉的美学诉求。当年梁思成先生为研究中国古代雕塑历史，在兵匪满地、考察极为艰难的情况下周游国内，遍访名迹，首次梳理了中国雕塑的脉络，也大致清点了中国雕塑的主要作品，使我们对中国雕塑艺术的源远流长及其与民族历史发展轨迹的关系有了初步认识。梁先生之后，越来越多的学者和艺术家开始审视自己的民族雕塑，充分发掘其独特性，不仅让传统雕塑的万千气象得以重光，也将此传统进行创造性转化和创新性发展，形成了丰富多姿的现代中国雕塑。

一、原始雕塑

中国雕塑艺术产生于原始社会。从裴李岗、物沟等遗址出土的最早一批雕塑推断，我国雕塑产生的时间可以追溯到距今7000多年以前。原始初民在制作工具和用器的过程中，产生了用具与观赏相结合的原始雕塑。这些雕塑的主要材质是石、骨、玉、陶等，主要手法是打、敲、琢、磨、刻等，一件器物或者说作品，从整体把握到细微部分处理，无不依赖于这些不同手法之间的协调配合。随着造型手法体系的逐步形成完善，它们对后世各种材质的雕塑发生了重大影响。特别是在雕塑创造中充分体现的三维空间意识和建立在各造型手法体系之上的对三维造型的把握能力，为后世蔚为大观的青铜器、石雕、石刻及泥塑奠定了良好的基础。

原始雕塑虽然能反映初民对形状、体积、质感、色彩等要素的经验认知和审美情感，但大多作为巫术、礼仪等要求而制作的，属于一种"实用性"雕塑。换言之，就是实用和审美两种特质的交织体，比如甘肃省秦安大地湾出土的人头形器口彩陶瓶，陕西洛南出土的属于仰韶文化的人头红陶壶，还有山东宁阳出土的属于大汶口文化的狗形陶等。通过研究这些雕塑的造型，不难发现对它们的审美，应该就是实用性创造中所产生的和谐形式及创造过程中的愉悦感。

　　原始社会，生产力低下，初民感知到的客观世界中有很多神秘力量。所以事物除了一般现实的性质外还具有某种神秘属性，因此产生了强烈的宗教情感。在这种情感的驱动下，初民们出于对安全性和稳定性的诉求，总是试图将神秘虚幻的世界纳入物质实体中去。于是，凡能在心灵中引起崇拜、敬畏或恐惧的东西，都可能成为艺术创造的对象。初民们用天马行空的想象力，创造出很多怪诞的意象，散发出一种神奇的魅力。其中，原始初民对生命现象的神秘与伟大感触最深，所以在雕塑中反映出来的生命意识表现得尤为显著。对生命的惊奇、对繁衍的渴求、对死亡的恐惧，对人体的喜爱，对生命节律的感受，对未知世界的猜测，无不是原始初民生命意识的折射。

　　辽宁喀左县东山嘴红山文化遗址附近出土的裸体陶塑像，高约7.8厘米，臀部肥大，腹部隆起，女性人体或孕妇的生理特征十分明显，说明新石器时代的中国原始初民已经开始关注女性裸体，对女性生理特征有鲜明的认识。从陶塑女性隆起的腹部可以看出，塑造的可能是一位孕妇，属于生命延续与繁衍的题材类型，当然也可能是寄托对大地母神、万物生育的祝愿。不仅在中国，世界范围内的原始雕塑中这类题材也非常普遍。事实上，那些动物样式的陶器或独立的动物陶塑，也是一种生命意识的折射，是人由热爱自身生命向热爱动物生命的转移与延伸，体现出对生命的崇高礼赞。

中国原始雕塑有自己的特点。比如追求面部表情的神韵：嘴唇微启的笑容流露出满足或对神秘力量的称颂，蹙眉低首的忧郁哀愁体现生活的艰难，欲语无声的神态仿佛倾诉压抑的情感；威武似怒的呼号是血战之前的准备……尤其是对眼睛的重视程度远超其他面部器官，说明这时的创作者已然注意到了眼睛在传达神韵时所发挥的重要作用，其外形特征按基本形分类，或是挖两个洞，或是阴刻线纹，或是两个凸球。挖洞者，是无底的奥妙；阴刻者，是漫不经心的描述；凸起者，干脆敞开掩蔽的灵魂，表现多样，变化微妙！对比欧洲旧石器时代出土的石雕人像面部，几乎都排除了面相表情，很多情况下甚至连五官都不予表现，反差鲜明强烈。中国传统造型观念中"传神写照尽在阿堵之中"的真正源头，或许就在于此。

中国原始雕塑还有一个特点就是绘塑结合。源于仰韶文化的河南人物彩塑，经青海马家窑文化吸收、融汇和发展，形成色彩鲜艳、偏重写意的风格，达到中国原始彩塑艺术的高峰。在这里，二维造型方式和三维造型方式，绚烂的色彩和淳穆的素面有机结合了起来。一方面，"绘"使"塑"的立面造型更加流畅而气韵生动；另一方面，"塑"使"绘"的线性表达更趋真实而惟妙惟肖，二者相辅相成，赋予观者更强烈的审美感受。当然，绘塑结合并非中国原始雕塑所独有，但却被中国古代雕塑一直传承，并成为最重要的特点。事实上，中国古代雕塑的乐舞精神以及由此而来的流动线性表达习惯，亦于此滥觞。

中国原始雕塑所反映出的造型意识也达到了较高水准。不仅外在形体上洋溢着一种活泼的生命力，而且合理的构成也催生了坚实的稳定感，说明创作者既依靠敏锐的直觉，也运用冷静的理性，将二者结合来处理调整形体各部分之间以及整体的转折关系、起伏关系，如河姆渡文化出土的陶猪，仅6.3厘米长，4.5厘米高，但在这样小的形体上，各部分构成关系的处理十分得当。头部的正、侧、顶三大面过渡明晰，头与颈的转折微妙，颈的松软感和头部的坚实感也表达到位，身体不同部分之间契合自然，无刻意求工的造作感。

基于原始初民主客未分的混沌心理状态，中国原始雕塑整体上呈现出一种拙朴意象的风格。泛神论与空间恐惧的心理，在这里演化为造型手法的稚拙与朴野，原始初民以鲜明夸张的造型与塑法直截了当地将直觉感受、生命状态和内心世界外化出来。中国原始雕塑的朴拙意象风格是盛行于后世的写意风格与抽象风格的基础，而中国古代雕塑也自此走上了由"宁拙勿巧"到"拙中见巧"再到"由巧入拙"的发展之路。

二、先秦雕塑

走出原始氏族社会，国家便出现了。雕塑在中国进入国家阶段之后的相当长一段时期内流行着一种诡魅抽象的审美风格。材质方面，青铜、陶、玉石、牙、骨、漆木等被广泛运用，玉石、陶瓷工艺技巧继续发展，水平也有所提升。特别是将对玉的审美与道德规范相比附，对于后世华夏民族审美观念的形成具有重大意义。不过，整体而言，这一时期雕塑艺术的成就主要通过青铜器展示出来。

夏、商、周三代的青铜器依然有实用功能，但这种实用不在日常生活中而是在祭祀活动中体现，属于统治阶层专享的礼器。从审美角度，它们也最能说明这种诡魅抽象风格的特点。夏代的青铜器发现的尚不多，主要是商、周的遗存。值得注意的是，商、周青铜器的造型体制作并非通过雕塑实现，而是依靠机械。至于青铜器上的纹饰制作，也不是随性造"形"而是几何造"型"。2005年至2011年，中国科技大学、中国科学院研究生院、西北大学等单位曾合作对商、周时期的斝、鬲、鼎、壶、尊、簋等做了范铸模拟实验，成功浇铸出了一批青铜器，与商、周同类青铜器的范铸结构完全相同。在模拟实验的过程中，实验者意识到当时制作商、周青铜器的人很可能不懂雕塑与绘画，而通过机械造型和几何造型完成。也就是说，他们在工艺操作时，遵循的是各种规矩。按规矩制作出来的范，就是规范。我们现在用的"规范"一词的原型原意，出处便在这里。只要掌握规矩，规范制作，哪怕相隔千里，也能制作出完全一样的青铜器。

青铜器纹饰最早始于夏代二里头文化时期，出现在容器上是实心的连珠纹。发展到商代中期青铜器造型狞厉、诡异，在造型风格上大多森严凝重，纹饰多狞厉的饕餮纹，器型在外形处理上整体造型简洁明快；商代晚期青铜器的森严感弱化，因为商代晚期人们的鬼神思想信仰有所动摇。

鼎，当属最著名的商、周青铜器，如"鼎足三分"便是最脍炙人口的成语之一。有商一代，体量最大，造型最庄严，被赋予政治、宗教意义至为重大的，是大型方鼎。方鼎的造型是青铜器艺术的典型。出土于河南省安阳市武官村的后母戊鼎，又称司母戊鼎、司母戊大方鼎，是已知古代青铜器中形体最大、分量最重的器物，高133厘米、口长110厘米、口宽79厘米，重832.84千克。它的外观充分体现了从古至今人们对于鼎类器物至尊至贵的观念，稳固、庄严，不可动摇，而饰满器身的兽面纹、夔龙纹和鼎耳上的双虎噬人形象，更使它充满了神秘与威严。

尊，也是商周青铜器的代表器型。如河南省安阳市殷墟妇好墓出土的青铜方尊，整体器身挺拔庄重、气脉贯通，造型下收外展有肃穆典雅之感。造型分三段由基座部、腹部、颈口处组成，基座部以梯形稳稳承起、中间腹部呈严整的方梯形，中间有小收腰过渡，上部是一种喇叭形外展的口沿，形体衔接承、递、转、折紧凑干练，有一种抑扬顿挫的节奏感。

妇好墓还出土了一件青铜觥，即成语觥筹交错中的盛酒器。器形和纹饰都很别致，乍一看是一个张口弓背的伏卧老虎造型，细看则是由多种动物组合而成：觥盖前端为一昂首而出的兽首，后端作牛首形，中脊为一小龙，前端兽耳后部各有一小蛇。器身周体饰凤纹，主凤特大，长尾逶迤，形态优雅。觥身的纹饰上是凤鸟与蝉。前者是商朝的图腾，与祖先崇拜有关；后者寓意生命轮回和生生不息，想象力瑰丽奇幻，折射出一种宗教与政治权力相结合的情感和观念。

四川广汉三星堆出土的青铜雕塑也是这种诡魅抽象的审美风格，其视觉特征既不同于依据优美原则的简化组合，也有别于表达审美理想的现代主义抽象构成。三星堆青铜雕塑的视觉造型展示了一个完整的宗教神权系统，青铜纵目面具造型则是这个系统的核心和灵魂。纵目，应该是一种神、鬼、人的结合体，其造型语言是：巨凸的眼球、如鸟翅般的双耳、三重像鸟羽一样的阔嘴以及额上的夔龙形额饰，夸张神异，有浓郁的灵性特征。青铜纵目面具，是古蜀先民祭拜祖先神灵的象征物，目前出土的实物都有震撼人心的视觉效果。

如青铜大立人像，人像高1.8米、通高2.62米，是现存最高、最完整的青铜立人像，被誉为"世界铜像之王"。还有象征神话传说中扶桑、若木的青铜通天神树，通高3.95米，穹隆形的底座，三层九枝，直插天际，对称中有变化，对比中求统一，匪夷所思而又宏伟壮观。树上神奇的花果和立鸟以及树干上那条奇异的神龙，显示出某种浓郁的象征意义。铸造它时，运用了套铸、铆铸、嵌铸、铸接等手法，可谓集青铜铸造工艺之大成，至今也是全世界范围内体量最大的青铜文物之一。

西周中期开始，青铜器装饰开始倾向于朴素和低调，出现了一种平面化的趋势。浮雕纹饰在器身所占的面积比例逐渐变小，浮雕的层次变化和凹凸感也有所下降。及至春秋以后，纹样发展到极端的细密化与平面化，使浮雕装饰失去雕塑的本来涵义，而呈现为器表的一种肌理质感，"以绚为美"成为时代主流。造成这一现象的原因，是神权的影响力逐渐减退，现实政治因素逐渐上升，诸侯通过青铜器来炫耀自身的实力和地位成为普遍现象。加上利于批量生产的技术方法

如分铸法、模印法不断得到发展，使青铜器
上的装饰雕塑越来越远离传统，变得越发夸
张、豪华、精致甚至繁琐。而青铜器上的附
件雕塑则向着立体化、独立化的方向发展，
最终结束了雕塑对装饰主体的依附关系而成
为独立存在的艺术形式。

到先秦最后时期，作为青铜器装饰存在
的雕塑已画上句号。但那些异常精美、繁缛
的纹饰却一直在漆器、帛画等新载体中影响
汉代艺术。就这个意义而言，诡魅抽象风格
的式微亦是涅槃，消逝即为新生。

369

三、秦代雕塑

在秦代，中国雕塑发展出一种特殊的审美风格——装饰性的写实风格。这是一种区别于西方写实的中国式写实。较之于先秦雕塑，它更贴近自然形体的特征和现实生活的情感，通过中国特有的群体形象与个体形象相结合的方式来呈现。而它的塑造方式，是对生物性、客观性的有机形体结构进行整理、推敲和概括，并在此基础上过渡到几何性、主观性的有机形体，最后经由装饰手法的统一，以"线""面""体"的构成实现整体性塑造，更显恢宏气势。

陕西西安临潼出土的秦始皇陵兵马俑，是这种雕塑风格的典型。秦始皇陵兵马俑出土，是中国雕塑史乃至世界雕塑史上的盛事。它改变了以往认为中国古代没有写实性雕塑的

误区，完全按照秦军将士的形象塑造，体量与真人、真马等
大，包括了诸多军阶兵种，有将军俑、步兵俑、骑兵俑、车
兵俑、弓弩手等。每种兵俑都有不同的动作、神态和装备，
精神风貌丰富多样，难以尽述。秦陵兵马俑皆体格魁伟，体
型匀称。从解剖学的角度分析，它们无不严谨清晰，精准入
微。还有个性刻画，可谓千人千面。以年龄区分，有稚气的
少年，也有沧桑的老兵；以表情区分，有的面带微笑，有的
愁容满面；以地域区分，则既有中原，也有边疆……每一个
兵俑都通过不同的五官形态和面部表情，透露不同的出身和
背景，观众从中可以辨其所属地域，猜其性格特点，感其内
心情绪。秦陵兵俑多样的发式和衣着，对人物的身份、内心
和性格的表现也起到了很好的记录和烘托作用。

秦陵兵马俑扬弃了先秦礼器所采用的刻板僵化形式和繁
文缛节的艺术趣味，创造出一种朴素明快、写实中带有装饰
意味的风格。它们积淀了蒙昧时代的感性及文明时代的理
性，展示了中华民族写实主义的审美特点，即在现实物质形
体结构中寻找形式，同时将三维形体"平面化"。这种特殊
的写实主义审美特征也深刻地影响了后世，为中国古代雕
塑的第一座艺术高峰崛起奠定了基础——造型刚劲、气势
雄浑、真力弥漫的汉唐雕塑，显然与秦陵兵马俑的内在气度
一脉相承。而这正是立足于秦陵兵马俑的经验而开出的新境
界，也是对秦陵兵马俑的创造性转化和创新性发展。

四、汉代雕塑

汉代雕塑形成了最强烈、最鲜明、最具中国民族特色的艺术语言。如果与西方历史上的雕塑比较，可以看到它没有古希腊雕塑的和谐匀称，没有文艺复兴古典主义雕塑的理性秩序，也没有巴洛克雕塑的细致入微。它是一种展示生命伟力和气韵的视觉形象，一种要与天地化为一体的永恒。创作者以史诗般的造型意识唤起内心的英雄情结，给人以强烈的震撼。这，就是雄浑写意。就现存的汉代雕刻来看，不管是方圆几米的巨石雕刻，还是高不盈尺的陶俑或是浅浅刻出的浮雕画像，其写意性造型手法和深邃的意境，都令人叹为观止。可以说，汉代写意雕塑是一种完全能够与西方写实雕塑相对的艺术审美和价值功能体系，从形式与功用上可以分为两类：第一类是以霍去病墓前石雕石刻为代表的象征性纪念碑雕塑；第二类是陪葬俑。

先看第一类：霍去病墓前石雕石刻。霍去病是汉武帝时期抗击匈奴的名将，曾六次率军征战匈奴，为汉王朝开辟了大片疆土，战功卓著，可惜年仅24岁病逝，汉武帝为他举行了极为隆重的葬礼。外形好似祁连山的墓冢，象征着霍去病的丰功伟绩伟大永恒。墓上广植林木，其间布设多种人兽石雕，再现了野兽出没、刀光剑影的祁连山真实意境，也开创了以墓拟山的墓丘封土新形式。墓前石刻原有总数已不可考，现共存16件，可辨认的石像有马踏匈奴、卧马、跃马、卧虎、卧象、石蛙、石鱼、野人、野兽食羊、卧牛、人与熊、野猪、卧蟾等14件，另有题铭刻石两件。这些石雕从形式到内容构成了一个具有内在联系的整体，以《马踏匈奴》雕像为主题，其余则围绕这一主题，与坟墓所象征的环境相结合，展现山野川林的荒蛮艰苦、战斗的激烈残酷以及西汉军旅的英勇矫健等内容。这种既有天然的背景，又有人工雕凿的坟墓设计独具匠心，构成了一个完整的有机群体。

霍去病墓前的石雕石刻，当属目前为止汉代雕塑中最典型的雄浑写意风格。创作者基本保留巨石的原始状态，随形就势，大胆舍弃细部的刻画而仅在特征处稍加雕凿，结构处理则采用圆雕、浮雕、线刻结合的手法，看似毫不经意，却恰到好处地表现出了对象的神采。其中，最著名的莫过于《马踏匈奴》了。创作者用一人一马的对比形式，构成一个高下悬殊的抗衡场面。上部的战马饱满刚毅，雄壮稳实，马下仰卧的匈奴则浮躁猥琐，尽管作挣扎状，却显得无力且无奈。上下部分动静相对，既彰显了汉军坚如磐石，威武凝重，也暴露了匈奴狼狈窘迫，不堪一击。要特别指出的是，这件作品表现的是匈奴倒地仍手攥弓矢、尚未完全被制服前的那一刹那，因此格外耐人寻味。

以霍去病墓前的石雕石刻为代表的象征性纪念碑雕塑，体现的是一种"既雕既琢，复归于朴"的美学思想。它不仅是浪漫主义艺术的杰作，也是中国古代户外纪念碑雕塑的代表。其特点可以总结为三个方面：一是"相原石"，即审视石材形状大体近似何物；二是"合他我"，即对象与作者在创作过程和创作结果中实现契合；三是"一形神"，即通过整体把握的大略雕刻，从原石中剥出"体""面""线"，使材料、物象、作者融为一体之形神。而它的艺术价值则表现为：其一，中国纪念碑雕塑的"借喻法"。借《跃马》《马踏匈奴》赞美英雄战功，比西方雕塑直接表现主人立像或骑马像更富诗意。其二，以原石、原形为体，开创了望石生意、因材雕琢的创作方式。这种方式的哲学根基是"天人合一"的思想，一方面，创作者尊重自然和时间对石头的"炼就"；另一方面，创作者又融入自己主观的创造。较之于西方的写实雕塑，它更显中国人重"意"的艺术表现思维方式。换言之，西方人以物理真实为依据而打造、磨炼石头，使之合乎事理，并通过逼真刻画来表达形体的量和力。而这种直接借助原石稍作发挥的写意方式，自觉或不自觉地利用了自然之伟力，造化之巧构，对创作室外纪念碑雕塑而言，无疑是最合适的艺术理念。

再看第二类：陪葬俑。以陶、泥塑就的汉代地下陪葬俑，向我们呈现了农耕渔牧、劳作将息等各种场景形态，既投射出现实生活的苦难与温情，也反映了对极乐世界的遥想。陪葬俑所反映的现实生活题材极其丰富：耕种、狩猎、炼铁、造盐、饮宴、乐舞、出游、征战；表现人物则有：农夫侍者、工匠艺人、战士猎户，几乎无所不包。此外，还有很多明器如仓、屋、灶、井、猪圈、石磨等与陪葬俑配套，无不仿造成型。甚至张骞通西域后传进的魔术、杂技、斗兽、大象、狮子、胡笳乐器等"殊方异物"，在陶器和石刻雕塑中也得到了表现。由于陪葬主人的俑往往是一个"社会群体"，单体俑的造型要服从情节与叙事的整体需要，于是皆有欲与外部联系的表情或动态趋势，弥散出强烈的交流性"气场"。所以，我们看到单个陪葬俑，常常会觉得它是从某群体背景中走出来的。总体而言，手制与模制的工艺，决定了陪葬俑的创作者必须以最简的造型来表现神韵；而形体的扁平和势态的夸张及面部的简约模糊，构成了陪葬俑的独立审美价值。

具体来说，陪葬俑的造型极为拙朴，率意捏成，一般不作细部刻画而着力夸张动态和外轮廓的节奏，毫无矫饰之感。如四川天回山、绵阳等地出土的舞俑、说唱俑、击鼓俑、抚琴俑，陕西西安出土的拂袖舞俑、拱手女俑，山东无影山出土的乐舞杂技陶俑，甘肃武威汉墓

出土的对舞木俑等，都能体现汉代陪葬俑的写意特点。比较后来魏晋唐宋的陶俑、三彩俑注重华丽衣饰和富贵仪态的写实手法，它们显得天趣盎然。出土于徐州驮篮山楚王墓的舞俑，尤为精彩。这是一组18件乐舞俑组成的"乐舞团"，凝固了2100多年前西汉楚王宫宴会上的乐舞瞬间。

　　汉代雕塑的写意性特点也反映为对意境的追求，如甘肃武威出土的青铜雕塑《马踏飞燕》（又名《铜奔马》《马超龙雀》）。创作者并没有一般地去表现马的奔驰姿态，而是匠心独运地将马全身的着力点集中于一足，踏在一只展翅回首的飞燕身上，其他三足腾空，既表达了奔马以风驰电掣般的速度超越了飞燕，同时又巧妙地利用了飞燕的躯体以及展开的双翅扩大了着地面积稳定了重心，巧妙地利用了结构力学的平衡原理。由此，静止的雕塑表现出强烈的动感，超越现实，意境深远。

汉代还有一种工艺雕塑是追求意境的典型，就是博山炉。博山炉又称熏炉，是专门用于象征仙家思想中仙山的器物。其形制为一有盖高柄豆，下承一盘。汉代崇尚长生，而长生不老的仙人则往往居住在云雾缭绕的仙山之上，博山炉呈现的，正是这样一个"仙界"。河北满城县陵山中山靖王刘胜墓出土的错金云纹博山炉，是汉代最引人注目的博山炉之一。其造型宛如多峰之山，通体满布错金纹饰，炉座圈足用细金丝错出卷云纹，座把透雕成三龙出水状，龙头托住炉盘，炉座波纹似有生命，缓缓流向仙山。炉盖上雕刻的山峦呈锯齿状，高低起伏、挺拔峻峭。山峦间群兽出没，虎豹奔走，野猪追逐，猿猴蹲坐嬉戏，猎人背弓巡山。炉盖因山势镂孔，香料点燃后，香雾从镂孔处袅袅而出，缭绕在山峦景物间，迷蒙奇异，人兽隐现，生意盎然，意境幽远。

汉代写意雕塑是华夏民族在那个雄肆磅礴、气吞万里时代中的视觉呈现者，狂恣的想象凝结于此——其神意的瞬间，细节的捕捉，生命的真实，无不翻腾着撼动人心的气势。追溯此雄浑写意风格的美学根源，当出于一种对自然大气的崇高性的欣赏，是一种诉诸于心灵的生命本质力量。

五、佛教雕塑

汉代，佛教传入中土，佛教造像雕塑也随之在华夏大地的洞窟、寺庙以及寻常百姓的生活空间中设立。它以一种理想化的造型风格圆融了造像仪轨与世相万态。目前，关于中国佛教雕塑的首次正史记载是《三国志·吴志·刘繇传》，丹阳人笮融"乃大起浮屠祠，以铜为人，黄金涂身，衣以锦采，垂铜盘九重，下为重楼阁道，可容三千余人，悉课读佛经"，说明三国时期的佛教造像雕塑应该比较常见了。现存后赵石虎建武四年（公元338年）金铜佛像，则是中国有明确纪年的最早佛像，它标志着定型化的佛教雕塑已普遍出现。

魏晋南北朝时期，贵霜帝国的犍陀罗艺术随佛教东传，由西域诸国始一路向中国内地传播，众多内地石窟的早期造像或多或少地带有犍陀罗艺术的影子。犍陀罗风格的佛教造像雕塑特点是仿照希腊雕刻神像的手法，细眉、修鼻、薄唇，眼窝略凹，波浪状发式，表情宁静庄重。某种意义上，犍陀罗佛教造像也是中国佛教造像的源头。影响中国佛教造像雕塑的不仅有犍陀罗风格，还有秣菟罗风格。秣菟罗风格的佛教造像雕塑也受到了希腊雕塑的影响，但更多的是承继传统印度佛像薄衣贴体、宽肩厚胸、螺发丰颊等特征，与犍陀罗艺术的厚重沉静有鲜明的差异。秣菟罗佛教造像的黄金时代史称笈多时期，此时期的佛教造像将犍陀罗和自身进行融合转变，创造了新的佛教造像样式。北齐画家曹仲达所创"衣服紧匝"之法，被称为"曹衣出水"，便是对秣菟罗佛像风格的借鉴。

在介绍中国内地佛教造像雕塑之前，我们不妨先看一看现位于新疆和田境内当时属于西域于阗国的佛教造像雕塑。概括而言，于阗国的佛教造像雕塑主要受犍陀罗风格影响。比如在大致属于中国内地魏晋南北朝时期的热瓦克佛寺遗址中，出土了大量精美绝伦的大小佛像、菩萨像。佛像的衣褶较密，呈平行细线，注重表现肉体，左手多下垂持衣端，属于犍陀罗后期理想化的形式。有一尊与真人般大小的菩萨像，身穿装饰精美、富丽堂皇的衣袍，手臂和胸前雕刻着细致的串珠，目正神安，蕴涵着探求真谛的精神力量。遗址东南外墙上的一些浮雕，服饰华丽，雕刻精细，头部和手臂比例匀称，显得优雅柔和，已从印度早期浮雕不侧重景深、以线刻为主的类似平板绘画的模式中走出来，呈现出立体透视的艺术效果。由于于阗地处东、西方交通要冲，在佛教和犍陀罗雕刻艺术东传入中国内地的过程中起到了重要的中转作用，是我们了解中国内地佛教泥塑风格演变等问题时不可或缺的中间环节，如今也是我国雕塑史的重要组成部分。

现在我们来看中国内地的佛教造像雕塑。随着东晋衣冠南渡，南、北方政权对峙，佛教造像雕塑也呈现出两种审美取向。南方的佛教造像雕塑结合线条表现神采的艺术追求，透现出文人审美观的影响，更具汉地特色。北方则传承了秦汉雕刻的阳刚有力，并结合异域元素和游牧民族的欣赏习惯，寓示了佛菩萨的宽广胸怀和开阔气度。形成南方佛教造像雕塑审美取向的最重要原因，是诸多名士、文人、僧侣等有一定社会地位的人士加入佛教造像雕塑创作的行列。如最著名的卫协、顾恺之、张僧繇等丹青高手名家均精于佛教绘事。不难看出，从魏晋到唐代，佛教造像领域出现了创作群体层面的"绘塑结合"，精英画家以高度的审美自觉、艺术范式和理想追求对雕塑产生了重要的引导作用。据张彦远《历代名画记》记载，由画家创制的几大佛教造像典范样式同时也被雕塑者所楷模，并对后世有深远影响。

这里要特别介绍的，是东晋"善铸佛像及雕刻"的著名雕塑家、画家戴逵和他的儿子戴颙。

戴逵是当时艺坛的旗手级人物，在《世说新语》脍炙人口的王子猷"雪夜访戴"故事中，那位未出场的拜访对象便是他。晋孝武帝中叶，浙江会稽山阴灵宝寺邀请戴逵刻一尊一丈六尺高的木制无量寿佛像。佛像刻制完成后，戴逵自己并不满意，很想听听他人的意见。但碍于情面，别人都不愿直说。于是，戴逵"潜坐帷中，密听众议，所听褒贬，辄加详研，积思三年，刻像乃成"。凭借如此之良苦用心，戴逵终于创造出具有中原审美特色的佛像雕塑，被宋代米芾称为"自汉始有佛，至逵始大备"。戴逵在中国佛教造像雕塑上的另一大贡献，是首创了夹纻漆像作法。戴逵之前，佛像都是用铜、铁铸造或用石头雕刻而成，但这些材质比较笨重，不便运输，往往就地打造，所以无论造像本身还是制作工艺，都不便于普及。一次，戴逵在剡县一烧砖瓦的作坊见那些匠人正用木模造瓦，大受启发。回去后，他先用木胎泥模造出底胎，再于泥胎外面粘上数层麻布，然后在麻布胎上漆彩绘，漆干后撤去木模。这样，就形成了外实里空的漆彩雕像，被称为"脱胎"或"脱空造型"。这种由漆工艺与雕塑相结合技术造出的佛像又称"行像"，轻便不裂缝，尤宜于携带转运，在全国迅速传开，成为一种风气。隋唐以后，这一技术还随遣唐使、东渡僧传到日本。

戴逵的儿子戴颙，长期以来跟随父亲学习佛教造像，深得真传。他发展了戴逵的"绘塑结合"，成就更高，影响更大。唐代李绰在《尚书故实》中说："佛像本胡夷，材陋人不生敬。令之藻绘雕刻，自戴颙始也。"

下面我们介绍南方佛教造像雕塑的实例。建于南朝萧齐的南京栖霞山石窟(也称千佛岩)，现存南朝102窟顶部两身飞天像和三圣殿入口门两侧的两尊石佛像。从残存的模糊形体结构和可见的衣纹塑造中，大体可分为两种式样：一种比较瘦扁，属于陆探微创造的"秀骨清像"式样；另一种肥胖腴腹，头部方圆，属于张僧繇创造的"面短而艳"式样。所谓"面短而艳"，其实是将未成年的童贞形态作为佛菩萨造型的参考，目的是表现天真纯洁，无欲无邪，动态多为直立腆肚，恭敬文静。然而，无论"秀骨清像"还是"面短而艳"，两种式样雕塑衣纹的表现手法是一致的，即按照衣服自然叠折起皱的块面整理成有一定线造型规律的高低块面，形成阶梯式渐变——而这正是当时戴逵、顾恺之等画家采用的衣纹晕染线条"半边"手法的转借。

北方政权都是少数民族建立，从事佛教造像的基本都是普通工匠。虽各地大大小小不同的石窟中佛教造像雕塑分布广泛，规模宏大，但更多地保留了西域佛教造像的风格。其中，最具代表性的是云冈石窟。早期云冈石窟的开凿已经有古印度僧人的参与，因此很多石窟中的造像以及窟型、装饰手法等都具有浓郁的古印度风格。比如中部的第8窟(佛籁洞)，就采用了古印度阿旃陀石窟中最常见的"支提式"和"毗诃罗式"型制，其特点为在窟室后部半圆平面圆心处造中心塔柱，这是古印度石窟艺术的常式，说明它保留了古印度僧侣绕塔礼佛的制度；门侧还刻有古印度的大自在天(湿婆)和毗纽天神像，雕刻技巧与造型都较成熟，这些都是笈多时期秣菟罗佛教造像的特征。云冈石窟中还有些柱头是古代波斯式的装饰，第9、10窟前甚至还有仿罗马柱，窟内龛柱有古希腊式柱身，以及两个大涡卷形装饰的爱奥尼克式柱头。这些具有浓郁装饰风格的造型，显然是由丝绸之路传播而来的异域元素。云冈石窟最负盛名的佛教造像雕塑，当属北魏时期由僧人昙曜开凿的"昙曜五窟"

了。此处山脉蜿蜒，奇峰凸兀，阴阳向背，线面交织，风起云涌，独立苍茫，自成山水奇景，自有佛意荡漾。

昙曜五窟的主要佛像虽然借鉴了印度键陀罗、秣菟罗以及西域、北凉等地造像的手法，但并没有原搬照抄，而是充分考虑到鲜卑人的民族气质，艺术地表现了北魏王朝的时代特点。昙曜五窟，凭着豪气万丈的气魄，吞吐万汇，兼纳远近，结构布局严整、造像气度非凡，几乎集中了世界上几大重要文化的精粹而熔铸一体，互相化育，烈烈扬扬，开启了中国佛教造像的云冈时代，成为中国佛教艺术第一个巅峰时期的经典。

公元471年至490年，北魏孝文帝拓跋宏推动了全盘汉化的政治改革。云冈石窟的佛教造像也开始显示出越来越多的汉地特点，佛像神态文雅秀丽，飞天飘逸洒脱，"秀骨清像"样式成为主流。服饰方面，亦脱去了此前常见的右袒式通肩佛装，而代以汉化的褒衣博带，衣纹下部槽纹重叠。此时，云冈石窟的佛教造像已经与龙门石窟的造像风格十分接近了。事实上，随着孝文帝迁都洛阳，云冈已不再是皇家礼佛的场所，而洛阳龙门石窟的佛教造像雕塑则迎来了高潮。

龙门石窟中，艺术水平最高、整体设计最严密、规模最大、最广为人知的佛教造像雕塑，是唐高宗初年开凿的大卢舍那像龛。创作者按照佛教仪规，雕凿了具有不同性格和气质的大型群雕像，共有9尊雕塑：中间主佛为卢舍那大佛，其右侧为大弟子迦叶，左侧为小弟子阿难，继而为普贤菩萨、文殊菩萨、天王、力士，两侧高度逐渐降低，有一种众星捧月的效果。咸亨三年，武则天还以皇后身份拿出自己的两万贯脂粉钱资助这一浩大工程。卢舍那大佛通高17.14米，头高4米，耳朵长达1.9米，面部丰满圆润，双眉弯如新月，表情端严安详，目光智慧慈悲，俯视着世间芸芸众生。大佛身着通肩大衣，衣褶飘逸而浩荡，躯体厚重浑健，身后光艳夺目，火焰纹冉冉跃动，华美而富于装饰性，烘托出主像的严整圆润。根据《大卢舍那佛龛记》的记载："实赖我皇，图兹丽质"，说明这尊卢舍那大佛像极有可能是按照武则天形象雕刻的。

　　龙门石窟的天王、力士造像也值得一提。经历了北魏末期到隋代的发展，天王、力士造像的本土化和世俗化达到了前所未有的水准。如敬善寺洞窟口的护法力士，形象、比例、动态、肌肉结构符合人体解剖学，衣纹合理，其写实性表现出明显的世俗化倾向。然而，这种写实又不同于西方古典雕塑的写实，而是以生理结构为基础的意象化写实，属于追求神韵的本土化立场。再如极南洞南侧的力士，嘴唇宽厚紧闭，项上青筋突起，胸肌发达、腹部鼓起，视觉真实而非写实。特别是鼓起的圆形肚皮在肚脐部突然收下去，一鼓一收间的特有形状，加上腹部与胸部交界处的一连串乳状突起，形成了一种好似梅花绽放的造型，即中国古代人体雕塑中影响深远的"梅花肚"样式。这种样式是一种崭新的民族化人体艺术语言，也是本土艺术传统中写意精神的折射。

　　最后，我们再对藏传佛教造像雕塑做一些介绍。在西藏雕塑艺术中，无论是石雕、木雕，还是铜雕、泥塑，都服务于藏传佛教这个根本出发点，宗教色彩浓厚。不同于汉地佛教造像雕塑日渐发展出的世俗化倾向，这些雕塑始终强调神性，强调渲染一种广大、浩瀚、崇高甚至使人畏怖的宗教气氛和精神力量，以达到震撼心灵的效果。藏传佛教造像雕塑大量使用贵重材料，在佛像头冠璎珞等精彩之处则利用宝石或黄金打磨出有丰富层次和立体感的轮廓，使之在暗处也能闪烁亮丽的光泽。由于藏传佛教造像雕塑的创作者往往把自己的创作视为一种修行的手段，极其虔诚，因此都采用一种非常严格的规范进行复制，比如按照专门的《造像量度经》作为创作标准。显然，这种方式并不利于个性创造才能的发挥，所以藏传佛教造像雕塑整体上庄严有余而生动不足，宗教价值更甚于审美价值。

整体上，中国佛教造像雕塑风格是一种以庄严、慈悲之心作为精神基础，并突出超越现实的理想化造型风格。它综合了严谨的法度与理想的形态，弥漫着普度众生的慈光。佛教造像雕塑的造型是有意识疏离生理结构的理想化形式，涉及面相、表情、手印等各种程式以及由此而形成的整体传达的"大自在"。如果说汉代雕塑重"体"，那么佛教造像雕塑则重"线"。当佛教绘画造像对"线"的运用与提高落实到佛教雕塑造像身上时，"线"的功能主要体现在三个方面：表现轮廓、表现体积和表现精神。佛教雕塑中的"线"，是为神韵而生，顺圆厚之体而流动延伸，要点是"润"，强调典雅、优游、流畅、圆润、华滋、静穆。

六、陵墓雕刻

中国传统雕塑主要分布于三个领域：陵墓雕刻、宗教雕刻和民间艺术。陵墓雕刻肇始于汉初墓前的石人和石兽，盛行于崇尚升仙思想和厚葬文化的两汉之际，南朝时期水平达到顶峰。墓葬文化在中华传统意识形态和宗族观念中占据相当大的比重，是传递文化和时代记忆的缆绳。中国古代社会一直崇尚灵魂不灭、生命轮回的观念，并形成与之配套的一系列鬼神传说与世代轮回故事，继而逐步构建了祭祖和拜祖的习俗，以致厚葬逝者以求多福。与之相应，陵墓雕刻盛行开来。其中，最具规模且与社会生活和时代政治紧密结合的，当属帝王陵墓雕刻。

大型陵墓石刻肇始于汉代，通体都经过塑造和雕琢，弧面、圆面、曲面、平面有机整合，匠心聚在，工艺性强，有气贯长虹的生动意韵，其夸张的程式属于一种介于汉俑和汉代石刻之间的写意风格。为守护帝陵，这些被神化的人物、动物立于天地之间，它们的体量、神气必须"镇住"广阔的空间和悠远的时间，故而夸张手法是必然选择。

先介绍位于河南南阳东汉宗资墓前置放的一对石兽，墓主人宗资虽然不是帝王，但这对石兽却是我国现存体量最大和最早引起学界关注的大型陵墓石刻，对南朝的帝陵雕刻也有深远影响。这对石雕的造型一为天禄，一为辟邪。天禄、辟邪是一种集兽首、龙面、鹿角、雀尾于一体的神兽形象，前者职责为带领主人灵魂到天上去享受福禄；后者职责为辟除凶恶，守卫尸魄。创作者充分利用团块、体面、光影等三维空间的立体效果，恰到好处地表现各部位之间的比例和透视关系，同时综合运用圆雕、高浮雕、浅浮雕等手法来表现不同部位的特征。在这对石兽身上，线条的灵活应用表现得尤为突出。从侧面看，其头、颈、胸、躯干、臀所组成的轮廓剪影，上部从头至尾部的线条显得跌宕起伏、急促而富有跳跃的节奏，下部从下颌经腹腔至尾部呈流线型，缓慢而饱满。这两条线上下对比，互相照应。两只神兽的细部也用线条来表现，如双翼用排列有序的阳线来表现，尾部用卷曲的阳线来表现。这些线条婉转、奔腾、流动，与原始图腾美术、楚汉浪漫美术同属一个造型体系，具有一种奇妙的律动感。

形成完备的陵刻制度，必然要有一个过程。如果说中国古代陵墓制度起步于两汉、完备于盛唐的话，六朝则恰恰处于过渡时期，具有承上启下的重要作用。所以一般来说，中国古代陵寝为坐北面南、前有南北向神道，并以之为中轴线左右对称布列石刻的规制，有很强的导谒性，而南朝陵墓则不尽相同。虽然它陵刻列置平野、墓室砌筑山麓、山腰或山上以显"背依山峰、面临平原"的"山冲"之势，可能开后世风气之先，但陵刻、墓室的朝向却完全依实际地形而定，或东西，或南北，偏正无常，没有禁忌；石刻与墓陵也往往不在一条中轴线上，二者的间距因地形而异，地表石刻的所在地亦不意味着就是陵墓的位置。然而，这并不表示六朝陵墓无规矩可循。事实上，六朝陵墓特别是帝陵、王陵的形制大抵相似，组合方式基本相同。而且，六朝之后的唐、宋、明、清各代帝陵和贵戚功臣的墓前石刻，内容配置也大致符合某种定制：石刻造像一般都设置于平地，石兽两两对称，体量庞大、形态凝重、质感厚实，无论整体造型还是局部细节，都采取了夸张手法，仿佛权力附体于神力而弥久永世，极具震撼力与威慑力。可以说，以造型的程式化来匹配"尽忠职守"的功能，是中国陵墓雕刻又一隐形特征。

　　下面我们介绍南朝陵墓石刻。南朝陵墓石刻遗存主要可以分为帝陵石刻和王陵石刻两类，主要分布于江苏的丹阳和南京。以石兽为例，汉代陵墓石刻中的人、羊、马、虎、石阙等题材在南朝陵墓石刻中比较罕见，唯独风靡翼兽，且制度赅备。无论汉代还是后世的六朝，陵墓石兽都是肩胛生翼，颇为奇异，这可能与当时盛行的长生不死、羽化升仙思想和歌颂人君祥瑞有一定关系。而再往上溯，则可能与楚地的巫觋文化有关联。翼兽的出现，还将古老的东方文明与爱琴海艺术等异域文化紧密联系在一起，埃及的斯芬克斯、拉马苏，亚述人萨尔贡的舍都，古希腊格里芬，甚至南印度阿玛拉瓦蒂的狮身鹫兽，与之都有广泛的相似性。而陵墓石刻的碑座和装饰图案的莲花纹样，也与印度佛教雕塑中的经幢具有同构性。这些，都是我们一窥华夏民族文化的历史嬗变轨迹的窗口。

　　回到南朝陵墓前的翼兽，它们从造型上可分为两类：帝陵前的翼兽一般身形如龙，躯体修长，长颈夸张，华丽灵动，配有鳞片及双翼装饰纹样；王陵前的翼兽一般身形如狮虎，脖颈短粗劲拔，鬃毛厚实深长，四肢粗壮有力，昂首仰天阔步，纹饰平面简洁化。目前，学界的共识是：凡带角者统称麒麟，双角者又称天禄，二者构成一对石刻，分置于帝、后陵前；无角的狮形石兽称辟邪，俗称狮子，列置于王侯贵族墓前。石柱、墓碑为贵族墓葬所共有，麒麟（或天禄）、辟邪的不同列置则成为墓主等级身份的明确标识。它们的使用制度划一，既表现南朝贵族政治的力度，又反映中国神道石刻发展至六朝的水平，对唐陵神道石刻制度的完备有重要奠基作用。

　　南朝陵墓石刻，宋、齐、梁、陈四代皆有实物遗存，主要包括翼兽、石柱和石碑。从造型艺术语言看，南朝帝陵王陵石刻在尺度和造型方式上有所突破并长足发展。如南朝宋武帝刘裕的初宁陵，是南朝时期最早的陵墓石刻遗迹。墓前有一对身材高大的麒麟，尺度较之西汉霍去病墓前《马踏匈奴》石雕已近乎翻倍。再如位于镇江丹阳市齐景帝修安陵前的一对翼兽，体态更为高大，造型渐趋华美飘逸，整体空间感进一步增强。其拉长的颈部和窈窕的体态，与当时盛行的"秀骨清像"审美风尚相呼应。梁代陵墓石刻的历史遗存最为丰富，雕塑语言和工艺技法较前期更为纯熟，翼兽形象则趋向写实和简化，装饰纹样也日渐概括，主要服务于躯干的整体造型。如位于南京仙林的梁文帝之子萧宏陵前的翼兽，两翼已简化为两条装饰纹样的曲线，雕刻手法简朴自然，造型线条从华美灵动转向厚重的体积空间表现，讲究对称之美，追求装饰化。位于南京栖霞区梁吴平忠侯萧景陵的神道翼兽石刻，是南京地区名气最大的一座。它以狮子为原型，体量巨大，沉稳有力，威风凛凛，装饰纹样简练朴实，极具视觉冲击力。该石刻不仅成为南京市官方辟邪形象的原型，还曾在梁思成、刘敦桢的笔下走入《中国古代建筑史》，被公认为南朝陵墓石兽中最为精美的一个。

还有南朝陵墓石柱，形制与汉代陵墓柱不尽相同，整体由柱础、座、身、顶四部分构成。柱础立方形，四侧立面多浮雕神怪图像。柱座为双螭座，由一对张口衔珠、相向环伏、双尾盘交的圆雕螭龙构成。柱身作圆柱或圆角方柱式，一般于柱身三分之二以下施瓦棱纹，三分之一以上施瓜棱纹，二者以上下相接的辫纹带与绞龙纹带分隔，上端嵌置一小方形石额，额面以楷书镌刻墓主人官职爵位，其中右柱石额正书，左柱石额反书。柱盖呈圆形覆莲式，正中立一小型辟邪。全柱整体造型简洁庄重，亭亭高拔，与神道石刻一样具有中西合璧特点——如柱体的瓦棱装饰，可从通体满布凹槽、富于明暗光影变化的古希腊神庙柱那里找到端倪；柱顶的覆莲辟邪，则与至今仍兀立于恒河平原上的阿育王石柱柱头上傲踞的雄狮有着某种关联。

除了汉魏六朝的陵墓雕刻之外，唐代的陵墓雕刻也是一座高峰。唐代陵墓雕刻的内容大体上可以分为陵墓标志、祥瑞鸟兽、仪卫人马和纪念性石刻四种类型。其中，纪念性石刻的表现对象主要有战马、蕃臣和碑石等。我们以"昭陵六骏"为例进行介绍。昭陵是唐太宗李世民的陵墓，"昭陵六骏"是唐贞观十年（公元636年）立于昭陵北司马门内献殿前东西两厢的六块大型浮雕石刻，为纪念六匹随唐太宗征战疆场的战马而创作。"六骏"每件宽约204厘米，高约172厘米，厚约40厘米，均为青石质地。每屏上方一角原刻有由欧阳询书写的唐太宗亲题赞语，不过现已风化不存。不同于汉魏六朝陵墓雕刻的奇幻夸张，"昭陵六骏"是用相对写实的手法来表现的现实存在对象。创作者"以形写神"，发掘出深藏于骏马形体内的气韵，并赋予其永恒之生命力。从任何角度观看，"六骏"的外轮廓线都清晰可见，如昂起的头部与脖颈之间相连的侧面弧线，富有弹性而内外呼应。外轮廓线之内的线条，同样有"骨法用笔"的味道，微起微伏，柔中见刚，将每块肌肉交代得清楚而不琐碎，使人能真切地感受到一种内在蓄积的力量。

以帝陵石刻为代表的中国陵墓雕刻程式夸张风格，是凌逾事物表象而接天连地的大造型，也是汉唐气象的延展和符号化。

七、世俗化雕塑

中国古代雕塑发展到唐代，审美旨趣已经呈现出鲜明的世俗化、生活化及其与此对应的表现手段写实化。前面我们介绍龙门石窟的天王、力士雕刻时，其实已经涉及这一点了。有意思的是，中国古代雕塑的世俗化倾向是在宗教题材作品中反映得最明显。比如唐代敦煌莫高窟的佛教造像雕塑，虽然本意是要表达一种理想之美、超越之美，但事实上恰恰呈现了世俗之美。皂隶百工极尽雕缋之能事，那顾盼生姿的塑像、灿烂光华的色彩、铺锦列绣的衣饰、披拂飘扬的饰带，把浮生万象幻化为壮丽佛国。在这里，佛教造像雕塑中的世俗情怀被巧妙地晕化在佛光之中，绚丽之风兴酣情浓。

要说唐代佛教造像雕塑世俗化的典型，还数菩萨像。雕塑者们创造了一种中国式的菩萨"三道弯"身段。所谓"三道弯"，是指头部、胸部与臀部朝着相反方向转动而构成S形曲线，这是雕塑表现女性美的一种通用方式。像古希腊雕塑《米洛斯的阿芙洛蒂德》，还有古印度湿婆舞神雕塑中丰乳、细腰、宽臀的蛇形曲线，都是"三道弯"的形体节奏。但古希腊的"三道弯"，是围绕一个轴心转动的体积；古印度的"三道弯"，动作幅度剧烈夸张，摇曳放纵。对比之下，中国菩萨的"三道弯"要含蓄得多，曲眉丰颊，袒胸露臂，柔媚无限，风情万种，成熟女性的丰满与少女的柔媚被和谐地融于一体，周身蕴藏着一种抑制的力量，传递出无法言喻的温柔。唐代的佛国，就是这样一个丰腴的形象世界，除天王、力士是体健如牛的男性特征之外，佛、菩萨乃至供养人，无不肩圆、胸满、腰柔、手肥，有明显的女性温柔和母性慈爱的品质。

在中国艺术史上，没有哪一个时代更像唐代这样演绎、欣赏女性的丰满之美。这是一种世俗化的丰腴，反映了时代审美风尚对身体的亲昵青睐，不仅与佛教无欲无求的教义几乎背道而驰，反而还进一步凸显出磅礴肆意的爱欲和入世性，充满浓郁的感性魅力，以至于模糊了此岸尘世与彼岸佛土的界线，使精神的寄托处和灵魂的归属地变成窥探世俗时尚的窗口。

20世纪90年代初，山西永济市城西外蒲津渡出土了唐代开元年间的黄河铁牛雕塑群。这也是一件透现着强烈世俗气息的精彩作品。其体积之宏、分量之重、铁质之优、造型之妙、工艺之精以及其科学与艺术相辅相成，可谓旷世之奇。黄河铁牛雕塑群原本用来拉连横跨两岸的铁索浮桥，同时起到镇桥镇水的功能，河东、河西各分布四尊。铁牛的造型不拘于细节的生理写实，外轮廓的脊线有如大地山峦起伏，体态浑浑然，拙中见力的四肢和回转的牛尾组成了巨峰般厚实而凝重的外形，可谓"牛气袭人"。而铁牛体段的皱折和流线，则恰如唐代画家韩滉《五牛图》的风格，具有某种装饰性特征。

每尊铁牛旁，还有一个牵牛铁人，形姿各异，气足神完，骨骼、肌肉的刻画手法独特，各部位骨点与肌肉表现结实、准确。在结构关系上，骨肉相连，筋脉通畅，血性弥漫，真气盈盈。牵牛铁人体态扭动回旋，与牛之间形成起承转合的互动关系，生发出一种以柔衬刚的韵味，是烘托"力拔山兮"之雄健美的匠心独运。这里牵牛铁人的写实性并不同于秦俑的装饰写实风格，反而有西方写实雕塑的意味，这与同时期佛教造像雕塑中的天王、力士同属一脉，世俗气息浓重。所以，这是除秦俑装饰写实风格以外，中国传统雕塑中的又一写实风格类型。而这一风格又是经多样文化融会贯通而透发出的交错形式，充分体现了唐代雕塑创新性发展的魅力。

作为中国文化特质的重要转型期，宋代是两种不同时代美学风格的分水岭，汉唐盛世所构建的富有浪漫气息的宏大美学风格转向了关注个体情感的现实优美风格。在宋代，中国古代雕塑的世俗化过程达到了真正的巅峰，发展出一种俗情写真的审美风格，其特点可以归纳为：题材世俗化、形象生活化、心理人情化、手法逼真化。

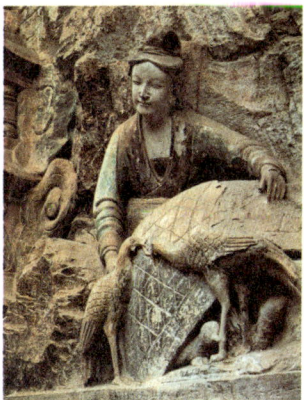

先看题材的世俗化。例子是现位于重庆市大足区的大足石刻。大足石刻开凿于初唐，宋、明、清也有续凿。由于其他地区未再新开凿石窟，它成为中国石窟艺术史上最后的一座丰碑。大足石刻的创作者们将众多的经变故事演化为人间社会的生活写照，运用连环画式的图解方式，从通俗化的视角诠释宗教意义，创造出生活化、形象化的画面，彰显世俗之美。如宝顶山大佛湾15号龛位的《父母恩重经变相》，就再现了一幕幕宋人家庭生活的场景，如"怀胎守护""生子忘忧""哺育不尽"等生活图像，真实展示了父母抚育子女成人的过程。宝顶山摩崖造像，所反映的社会生活情景之广泛，几乎应有尽有，就像是公元12世纪至13世纪中叶间的一条民间风俗画廊。王公大臣、官绅士庶、渔樵耕读，形形色色，应有尽有。人物、场景皆是当时社会生活的真实写照，栩栩如生，呼之欲出。

再看形象生活化。及至宋代，佛菩萨的形象完全世俗化为人的形象。中国化的女性观音菩萨形象，就是从宋代开始盛行的。比如四川省安岳县毗卢洞的《紫竹观音》（又名《水月观音》），坐在一张弧形蒲葵叶上，面部丰润，眼帘低垂，丝缕秀发散落于肩，身披短袖纱衫与褶皱长裙，身体微倾，左手抚撑叶面，右手放在膝盖，左足轻踏莲台，右腿弯曲上跷踩蒲葵叶，好像在观赏水中月影。倘若不是佛冠、飞带、璎珞提醒观众这是菩萨的形象，仅看造像中的那份悠闲秀美和潇洒自若，活脱脱就是一位丰姿绰约的妙龄女郎。再如宝顶山大佛湾20号龛位《地狱变相》组雕中俗称《养鸡女》的雕刻，表现的是一位农家少妇掀开鸡笼，两只鸡争先钻出笼子抢啄一条蚯蚓的场面。少妇神态安详，仿佛正沉浸在对生活的向往之中。按佛经本意，养鸡的目的是杀生，所以最终会下地狱。然而，这件作品却完全是现实生活的翻版，不仅毫无恐怖感，反而洋溢着满满的田园诗意。

还有心理的人情化。宋代雕塑造像中对宗教人物性格与心理的刻画从神性向人性转变，人们更多的关注集中在造像的外在形象以及与之对应的精神层面。如大足石刻北山佛湾第125窟的《数珠手观音》，头戴宝冠，发丝垂肩，面额饱满润泽，目光下视，嘴角微扬，含颦欲笑。她右手轻拈念珠，左手轻握右腕，双手自然下垂交叉于腹前，整体姿态轻盈，赤足立于莲台之上，娴静飘逸，尽显妩媚，像是一位娇俏天真的少女，传递出一种美好的世俗情感，因此民间有"媚态观音"的俗称。再如位于今天山东济南灵岩寺千佛殿的罗汉像，一个个都像是生活中常见的真实人物，年龄不同，气质各异。有的横眉怒目，有的严肃老成，有的文雅静坐，有的论道辩法，有的眉眼微蹙，有的凝神沉思。创作者显然模仿了同时代的僧人形象，通过捕捉稍纵即逝的微妙神态，以神表情，以情现心，生动而真实。面对其中任何一尊罗汉像，观众都不会觉得神性的遥远，而像面对一位与自己倾心交流的朋友。还有江苏吴县紫金庵的罗汉像，亦重点着墨于罗汉日常化的神情与动态，使其充满人间的世俗情怀。最突出的特点，便是每尊罗汉都有着复杂微妙的内心世界，坊间还根据每尊塑像的特点，以慈、虔、慎、静、醉、诚、喜、愁、傲、思、温、威、忖、服、笑、藐16字一一概括，表情细腻，各具性格，个性鲜明。

最后看手法逼真化。宋代的雕塑材料出现一个重要的转变，就是泥开始极大普及。其实，石材的属性更契合于宗教的彼岸精神。比如西方宗教雕塑和宗教建筑，几乎全是石质。中国宋代以前的宗教雕塑，也多为依山而作的石窟雕塑。而到了宋代，泥塑大兴。创作者扬弃了冰冷的石质躯壳而代之以温和的泥土肉体，某种意义上正是宗教造像彻底世俗化的结果。而且，泥取材方便，几乎没有限制，还可以不断修改，大批量制作。从此，寺庙和世俗日常生活环境的距离大大拉近，也反过来促使宋代雕塑进一步世俗化。在材质的转变中，宋代雕塑日渐逼真，精密不苟，结构精准，比例合理，形体自然。而且，这些几乎都是绘塑一体的彩塑，在绘画艺术的加持下，整体上更显质感的逼真和细节的入微。手法逼真化最具代表性的作品，是山西晋祠圣母殿中的彩塑群像。圣母殿现存彩塑43尊，除两尊为明代补塑外，均为宋代原物，完全按照当时的宫廷内情景再现，是宋宫廷生活的写照。圣母像位于殿正中神皇内，屈膝盘坐，金冠彩袍，慈祥端庄。圣母两侧为42尊侍女、女官和宦官像。最精彩的是33尊侍女像，完美展示了人物的情感、思想、性格和内心世界，她们的体态、服饰、造型无一雷同，或天真无邪、充满幻想，或忧郁迷茫，充满悲伤，一颦一笑，举手投足之间，尽显人生真性情。

宋代以后的佛教雕塑也延续了写真俗情的风格。如山西洪洞广胜寺的元代天王像，虽是天王，却看不出天王的威严与强悍，耸肩缩颈，背部佝偻，显得惊恐、怯懦，孔武有力的外形之中流露出的却是紧张与不安，心理活动刻画极为真实。同殿的另外一个天王眉头紧锁，目光怒视斜前方，左手握拳于胸，右臂下摆，身体前倾，愤怒的情绪即将爆发，似乎准备一拳打将过去，气氛凝固而压抑。可见这些形象已不再表现宗教的理想，而用世俗的情感代替。云南昆明筇竹寺的清代500罗汉像，是中国古代雕塑俗情写真风格的最后一座高峰。筇竹寺罗汉像强化了个体与群体的相互关系，主次、动静、身形、光影等无不体现了清晰的设计理念，整体布局则更为系统化、世俗化。罗汉堂和大殿的西侧和东侧，每一个罗汉的体量、动作幅度、形象表情都围绕着整体空间发挥作用，呈现出一种类似中国画长卷的视觉叙事形态。据说创作者黎广修在开始塑像的最初两年，隔三岔五就到山下的茶馆喝茶，观察形形色色的人物，将世态万象融于胸中，化为罗汉。所以，筇竹寺的500罗汉像中既包括髦发曲髯、深眼隆鼻的异域人，也有身穿华服和衣衫褴褛的汉人。除了明显的僧人形象之外，圣王先贤、商贾工匠、渔樵耕牧、名流才子等形象亦在其列，如康熙、乾隆、孔子、老子、供养人、施主，甚至还有黎广修自己。

毋庸讳言，俗情写真的审美风格在一定程度上削弱了中国雕塑早先所具有的纪念性、崇高性、恒久性等功能诉求与美学追求，但也因此而获得了新的生命力，并为后世新的雕塑风格的滋生发展奠定了基础。

八、民间雕塑

  明清时期，占据主流的宗教雕塑和陵墓雕刻日渐衰颓，
而民间雕塑却焕发出勃勃生机。那些通常应用于建筑、家具
之中的石刻、砖雕、木雕和案头小品等非主流甚或并不纯粹
的雕塑形式变得格外繁荣，不仅数量众多、技法多样、题材
丰富，艺术水准也极高。虽然宗教雕塑和陵墓雕刻原本也是
民间艺人所作，但反映的是统治者意志和上流社会的审美意
识。相比之下，民间雕塑产生于社会文化土壤的最底层，与
普通民众的生产生活和精神活动紧密相连，没有功利意识的
羁绊、没有风格流派的追随、没有理性教条的束缚，内容单
纯直率，形式稚拙淳朴，是广大民众真实情感的自然流露。

  地域文化是民间雕塑的重要源泉。如中国北方民间泥塑
艺术的代表，著名的天津"泥人张"，就深谙地域文化，广
泛汲取地域文化的营养。清中期之后，天津是重要的港口城
市，贸易商业发达，人口流动量大，"泥人张"的开创者张
长林经常到街上、剧院、茶楼去观察人的形
态、表情，最终练就了超群技艺，能够在谈笑
自若间迅速捏塑成像，惟妙惟肖。"泥人张"
极大地拓展了小型泥塑的题材范围，除为历史
人物、戏剧人物和为现实人物捏塑肖像外，还
创作了大量表现民风民俗、市井百态的作品，
具有划时代的意义。"泥人张"以朴素的泥塑
创造出中国最普通大众所能与之交流对话的生

动形象，堪称中国雕塑"朴素现实主义"的开山祖。

中国南方民间泥塑艺术的代表，是创始于明代的无锡惠山泥人。明末散文家张岱在《陶庵梦忆》中，就记有在无锡当地店铺中出售泥人的情况。到清代，无锡惠山泥人的创作群体中出现了王春林、丁阿金、周阿生、胡万成等名家。而且这一时期的无锡惠山泥人还进入宫廷成为贡品，并逐渐与天津的"泥人张"形成南北呼应的局面。无锡惠山泥人主要有耍货和手捏戏文两大类。耍货也称"粗货"，采用模具印坯，手工绘彩，造型稚拙单纯，用笔粗放，色彩明快，题材喜庆吉祥，以大阿福、花囡囡、蚕猫、春牛为代表。在昆、京等剧种影响下孕育出的"手捏戏文"也叫"细货"，纯手捏而成，神奇多变。艺人们瞬间把捏一团黑土揉入丝棉纸，三下、两下，一套《霸王别姬》、一套《打渔杀家》便活脱脱出现于观众面前。再经彩绘、线描，更是神采奕奕，妙趣横生。长期以来，在惠泉山下，二泉之边，泥人们竞相争艳，神气活现。

无锡惠山泥人和天津"泥人张"最本质的区别是前者"捏"后者"塑"。捏，要求一气呵成，一步到位；而塑，则是加减法，不断调整完善。另外，装銮也是无锡惠山泥人独有的元素。创作者用绢、绫、绸、缎、金银线、孔雀毛、彩纸等材料做出胡须鬓髻、耳坠挂饰、扇坠缨枪等极为精巧的装饰物，甚是灵动。不管是北派的天津"泥人张"还是南派的无锡惠山泥人，都是艺人们的妙手意造，都是艺人们的心灵世界。它们与当地历史文化一脉相承，与当地普通民众的生产生活密切相关，散发着市井气息、泥土气息，体现健康朴实的美感。

明清时期的民间砖雕、木雕艺术获得极大发展。各地名工良匠

创造出大量巧夺天工的精品佳作。如建于清乾隆年间河南开封山陕甘
会馆院内的影壁雕饰，极为精彩。影壁檐下正背两壁的仿木结构梁
头、柱头和垂花雕刻以龙头、寿字纹、莲花、石榴、金瓜等，壁心中
央为"二龙戏珠"，其他部分间雕刻祥云、祥龙纹样和花瓶、书函、
熏炉、乐器等具有吉祥寓意的图像，四角为"云龙捧寿"，雕工繁复
细腻而不失大气，能充分体现中原砖雕的刚健、沉着、凝重之特点。
再如始建于清咸丰年间的安徽黟县宏村承志堂，是大盐商汪定贵住
宅。宅内多处建筑木雕层次丰富，雕镂精细，其中前堂、后堂及两厢
内的大梁、门头及托墩雕刻尤为精美。前堂骑门梁上雕有《唐肃宗宴
官图》，表现 30 多个官员围坐在四张八仙桌旁，正在从事弹琴、弈
棋、读书、作画等活动，场面气氛热烈，人物情态各异，生动传神，
是清代徽州木雕的代表性作品。

　　明中叶以后，随着商品货币经济的发展和市民阶层的兴起，民间
雕塑开始越来越注重玩赏性，将"工巧、繁丽、轻松、灵活"的特点
发挥到了极致，甚至还受到上层社会甚至最高统治者的青睐。如明代
中后期的德化白瓷的观音像，有凝脂冻玉的"象牙"质感，造型种类
多样，装饰千差万别，以水月观音、送子观音、白衣观音、童子拜观
音、鱼篮观音、持经观音、坐岩观音、渡海观音和合掌观音等最为常
见。其中，明嘉靖、万历时期的匠人何朝宗所创作的观音像最为出
名。现藏于泉州海外交通史博物馆的《渡海观音立像》便是他的代表
作。观音面相丰润，略带笑意，双手笼于袖中，一足踏于莲花上，一
足没于水中，脚下浪花飞溅，波涛汹涌。整件作品线条清晰，形态逼
真，格调高雅，是胎、釉、像的完美结合。

　　清代宫廷内务府还专门设立了造办处，招募广州、杭州、苏州、

江宁、嘉定以及全国南北能工巧匠。这些身怀绝技的工匠聚集在一起，彼此切磋技艺，取长补短，对民间雕塑的水平提升起到了巨大的推动作用。现藏于台北故宫博物院的《翡翠白菜》（也作《翠玉白菜》），据传是清代光绪皇帝瑾妃的陪嫁之物，由一块一半灰白、一半翠绿的翡翠雕刻而成，晶润淡雅，通透无瑕。创作者将绿色的部位雕成菜叶，灰白的部位雕成菜帮，菜叶上还雕有螽斯(俗称纺织娘)和蝗虫，寓意多子多孙。通过上述例子可见，民间的雕塑工匠服务于宫廷之后，虽然材质变得贵重精良，雕工也愈加雅秀精巧，但依然充满生活气息，个中所折射出的世俗人性之美堪比欧洲文艺复兴时期的作品。

以明清民间雕塑为代表的中国民间雕塑，是在美好向往、自娱自乐心态下的创造，其表现的是对生活积极意义的歌颂，与西方现代表现主义的"宣泄"大相径庭。因此，民间雕塑的朴素表现风格，是中国封建社会自给自足自然经济的视觉呈现，是普罗大众艺术的生态性发展，是非功利纯艺术劳动的结果。对我们今天而言，其中透现出的满足感、悠闲感、愉悦性与平和性，已经超越了技巧、形式带来的启示而更倾向于创作心态的体验和互通。

九、现代雕塑

以上有关中国古代雕塑的介绍，呈现了八种审美风格，这八种审美风格是：原始朴拙意象风、商周诡魅抽象风、秦俑装饰写实风、汉代雄浑写意风、佛教理想造型风、帝陵程式夸张风、世俗凡情写真风、民间朴素表现风。它们具有相对独立的面貌，能反映不同的社会背景和时代精神，也对应中国古代雕塑历史的流变过程，相互之间存在着不可分割的内在联系。直到20世纪初西方雕塑传入之前，中国古代雕塑一直保持着自足与完整，基本就能用此八种审美风格进行概括。而其艺术特质，则可以用"写意性"一词来概括。

20世纪初，随着中国优秀的艺术家相继出国学习，西方写实性纪念碑雕塑和现实人物肖像雕塑引起了中国雕塑家的兴趣。他们负笈欧美、求学东洋，将西方雕塑的纪念碑建造法和肖像塑造法引入中国，在现实社会的功用和现实人物精神面貌的表现两个方面探索、实践。以反帝反封建的主题和中西艺术相结合的创作，开创了雕塑的新审美途径，成为中国雕塑发展的转折点。

1.中西会通

在远赴海外学习的雕塑家中，无论是人数或者是对后世的影响，留学法国的学生当属最重要的群体。他们回国以后，创办雕塑系科、译介西方雕塑文献，积极从事雕塑创作，成为中国现代雕塑的拓荒主力，代表人物和代表作品有李金发的《蔡元培像》（1926年）、《邓仲元像》（1929年）、《伍廷芳坐像》（1931年），江小鹣的《孙中山立像》（1929年），还有刘开渠的《淞沪抗日阵亡将士纪念碑》（1934年）等。

在早期留法雕塑家中，刘开渠的影响力应该是最深远的。1933年，他应蔡元培、林风眠之邀担任国立杭州艺专教授兼雕塑系主任。回国后，他去拜访蔡元培时，恰逢鲁迅先生也在场，鲁迅先生得知刘开渠留法学习雕塑，便说："过去中国人只做泥菩萨，现在该是轮到做人像了"。正是这句话，为刘开渠指明了雕塑创作的方向，某种意义上也奠定了中国现代雕塑的现实主义之路。刘开渠1934年创作的《淞沪抗日阵亡将士纪念碑》，是为纪念在淞沪抗战中牺牲的近两千名国民革命军第八十八师将士而创作。碑顶塑像为两位国民革命军官兵：军官手握望远镜，右手指向东方；士兵手握步枪作冲锋状。台座镶嵌四块浮雕《纪念》《抵抗》《冲锋》《继续杀敌》，集中表现了爱国官兵英勇抗敌的情景。这是我国第一座表现抗日战争题材的纪念碑，拉开了中国现代雕塑家进行主题创作的序幕，此后这一类型的雕塑作品频频出现，为体现中华民族不屈不挠的抗争精神发挥了重要作用。

1937年，抗日战争爆发，救亡图存成为中国社会的第一主题。很多雕塑家们积极地担负起以雕塑作品呼唤民族战斗的社会功能，有些随着院校的西迁来到西南后方，有些奔赴延安。这些雕塑家在抗战宣传和饱经坎坷的颠沛流离中走出了艺术象牙塔，创作理念日益趋向大众，从抗战实际出发，结合仅有的物质条件，大胆运用象征、比拟等手法创造出一批与抗战主题相适应的雕塑作品，如萧传玖的《前方抗战，后方生产》、傅天仇的《丰收的愤怒》等均在艺术性与主题性的驾驭性上取得了成功，有力地宣传了全民抗战的思想。

这批留学西方的雕塑家们也从未中断过雕塑民族化的探索。20世纪30年代末40年代初，中国文艺界开始围绕"民族形式"等问题展开讨论，成为中国主流美术走上民族化之路的开端。此时中国雕塑家面对如何实现雕塑民族化问题，选择的解决策略是从西方的、现代的角度重新诠释中国的、传统的材料，会通二者之后再把自己的理解融入创作之中。雕塑家们在强调严谨准确的西方写实雕塑基础上，融入中国传统雕塑简洁凝练的装饰手法，初步形成了具有中国韵味的写实雕塑样式。如蒋兆和的《黄震之像》，生动地表现出当时中国一位南方丝商的形象。该作品以西洋写实雕塑中比例结构的基本塑造原则与中国传统绘画的线描相结合，同时融入民间艺术的夸张意味，从而使人物性格和艺术家的情感得到了简率、有力的表现，呈现出一种新鲜的视觉面貌。此外，随着1942年毛泽东发表《在延安文艺座谈会上的讲话》，明确提出艺术为工农兵服务、生活是艺术的源泉等观点，也影响了解放区的一批雕塑家。如叶洛、苏辉创作反映边区人民生活及风俗的小型彩雕，就直接从民间美术汲取营养，清新健朗，直承明清以来朴素表现的写意之风。

抗战胜利之后，又有一批优秀的民族化雕塑作品相继问世。其中雕塑家滑田友的作品颇具代表性，被评价为"既体现了西方雕刻的精髓，又充满了中国文化之神韵"。滑田友的雕塑作品不刻意追求生理解剖式的准确，而是强化体、面关系，充分发挥体、面的互动作用，用类似古代佛教造像的浅浮雕手法，将衣纹的形式与节奏以"排比"与"递进"的方式进行处理，强化了作品的形式感，体现了对客观物象的高度提炼，整体浑然含蓄，既具有民间纯真的装饰意趣又洋溢着希腊艺术的单纯与中国古代艺术的典雅。这些特点在他的代表作品《少年中国》（1946年）、《轰炸》（1946年）和《母与子》（1947年）中均有鲜明体现。尤其是《轰炸》，刻画了一位母亲手抱幼儿，拉着几岁大的儿子躲避飞机轰炸的场面，既是艺术家为一段苦难历史矗立的纪念碑，又是一部令人静穆深思的史诗。雕塑家袁晓岑1947年创作的《伯乐相马》，也是抗战结束后的民族化雕塑代表作品。创作者突出了作品中的"塑痕"和"手感"，可以视为中国现代雕塑对传统写意精神中"写"的致敬。还有王朝闻的《民兵》、王临乙的《孔子》等作品，内在气息与古代雕塑审美特质有相通之处，反映了创作者在酝酿作品之"意"时对传统美学精神内涵的高度重视。

2.铸史颂绩

新中国的雕塑，从时间的记录上可以用两个阶段来概括：一是新中国成立后，进行社会主义建设的30年；二是党的十一届三中全会后，改革开放后至今的40多年。

我们先介绍新中国成立后的30年。老一辈的雕塑家以极大的热情投入新中国的艺术创作，涌现了大批朴素的、具有政治热情的、纪念革命胜利表现社会主义建设和工农知识分子形象的现实主义作品，其中不乏高水平的代表性作品。1954年建成的吉林省四平市《四平解放纪念碑》、浙江省杭州市的《志愿军》等拔地耸起，特别是首都《人民英雄纪念碑》的落成，更象征着一个东方大国以新的姿态屹立于世界。

1952年至1957年，创作人民英雄纪念碑浮雕群的雕塑家们在民族化方面率先进行了有益尝试。从创作者的构成来看，与汉魏六朝的"绘塑结合"高度相似。此"绘塑结合"不是指绘画与雕塑结合的彩塑艺术，而是指画家与雕塑家合作，由画家提供线稿，雕塑家将线稿转化成雕塑。人民英雄纪念碑浮雕群一共8块浮雕，参与画稿设计的著名画家和雕塑家分别是：《虎门销烟》画稿艾中信、雕塑曾竹韶、助手李祯祥；《太平天国》画稿李宗津、雕塑王丙召；《武昌起义》画稿董希文、雕塑傅天仇；《五四运动》画稿冯法祀、雕塑滑田友；《五卅运动》画稿吴作人、雕塑王临乙；《八一南昌起义》画稿王式廓、雕塑萧传玖；《抗日战争》画稿辛莽、雕塑张松鹤；《胜利渡长江》画稿彦涵、雕塑刘开渠。最后的石刻工作则由来自江苏苏州和河北曲阳的数十名石工完成。

为了让人民英雄纪念碑浮雕具有鲜明的民族特色，1953年10月至12月初，刘开渠等9位雕塑家还专门前往云冈石窟、龙门石窟、麦积山石窟、晋祠、霍去病墓等地考察古代雕塑，拍摄了许多照片资料，翻制了大量实物，并根据考察成果出版了《中国古代雕塑集》。这次深入考察、研究中国

古代雕塑，让雕塑家们领悟到更多不同于西方写实雕塑的表现方式和审美意蕴，对人民英雄纪念碑的浮雕创作产生了深刻影响。

中华人民共和国成立之后的最初10年，雕塑创作进入了新的历史时期，其中不乏开创性的作品。如王朝闻创作于1957年的《刘胡兰纪念像》，深得陶皿的启迪，这种迁想妙得、借他山之石的方式是纪念碑造型的创新，其着力之处在于将中国古代艺术的造物意象、意蕴和形式美的规律融入纪念碑的造型中，深化了"亮相"造型的艺术性。1958年，与十大建筑配套的一系列主题雕塑亦为一时之选。如农业展览馆的《庆丰收》、中国人民革命军事博物馆的《军民一家》、北京工人体育场周围的体育运动雕塑等。其中，以农业展览馆的《庆丰收》两组群雕尤具代表性。该群雕一组以一位力士站在马背上擂鼓为中心，另一组以一位妇女在马背上打拨为中心，两组雕塑遥相呼应。它们既借鉴了苏联雕塑表现手法中的宏大与力量，又在细节刻画方面加入富有中国民族色彩的骏马、战鼓、聚宝盆等形象，辅之以传统的装饰性元素，使作品兼具奋发向上的时代特色和厚重朴素的民族面貌。

20世纪50年代中期，在毛泽东提出艺术民族化的相关讲话精神启示下，中国雕塑界再次把构建"民族风格"作为雕塑民族化的核心命题，涌现出很多打破苏联雕塑风格窠臼的精彩作品。如1957年潘鹤创作的《艰苦岁月》就是经典之作。创作者饱含温情塑造了在战火纷飞的岁月，老战士吹笛，小战士依偎身旁倾听，生动传神地表现了真实可感的形象、表情和势态，弥漫着东方艺术的诗性气质，传达出革命乐观主义精神。刘焕章1961年创作的《少女像》，造型浑朴、弱化形体动感，明显借鉴了中国古代雕塑中低眉菩萨的表现手法，削低双肩，加长颈部，弱化了现实性的生理结构，具有娴静庄重感。1962年王万景的《傣族姑娘》、1964年胡博的《喜开镰》等，都显得甜美、人性化，且具有中国传统雕塑朴素的线体相结合的特点。

20世纪六七十年代，部分专业雕塑家向民间泥塑汲取经验，与民间艺人一起创作了以阶级教育为题材的泥塑群像。如1965年四川美术学院师生和民间艺人合作的《收租院》和1974年中央美术学院雕塑家集体创作的《农奴愤》。特殊氛围中政治因素的感召力以及各种特定条件，使教师、学生与民间艺人互相激发，最后形成了集体意识的结晶。创作《收租院》时，四川美院老师和学生主要负责人物的大致造型，民间艺人负责衣纹处理、磨光以及人物的完整性处理。制作方法上，采用中国民间庙宇将稻草与棉絮和泥在木扎骨架上进行雕塑的手法，人物结构则按照西方写实雕塑的要求，因此既不同于苏联雕塑特征又不同于民间佛菩萨像制作，而是形成了一套学院与民间相结合的全新雕塑语言。

3.转型拓展

20世纪70年代末，中国拉开了改革开放的序幕，艺术创作的主题与手法随之发生重大转型。雕塑的形式和语言向着多元化、多样性方向转变，各种新的雕塑概念也不断出现。如抽象、半抽象、变形、意象、新具象，等等。还有以实验性材料为题的纤维艺术、金属焊接艺术、陶瓷艺术，等等，对原有雕塑内涵有极大的拓展。许多雕塑家以创新、强调个性为出发点，进行着各种可能的探索。当然，其内在的深层次心理也是对"文化大革命"高、大、全、红、光、亮的固化审美标准的反叛。在这期间的主题性大型雕塑，虽然还有以往"亮相"的叙事性痕迹，但已经可以感受到艺术家们开始注重艺术语言的表现性。

　　1979年，林毓豪、唐大禧等集体创作的雕塑《英勇就义——雨花台烈士纪念碑》立于南京雨花台。创作者通过"上实下虚"的处理手法烘托了崇高感，表现了党的工作者、知识分子、工人、农民、战士、学生等九位烈士形象。该组雕塑以高大厚重的山形群像象征了烈士们伟大的革命精神，充分表现了烈士们临刑前大义凛然、视死如归的浩然正气。1981年，叶毓山的《歌乐山烈士群雕》，采用中国传统石窟艺术的"中心塔柱式"结构来营造空间、主导和控制现场，以连环组合的形式，将烈士们"宁死不屈""前赴后继""坐穿牢底""迎接曙光"等英雄气概由九位革命志士向四面展开。采用圆雕与浮雕相结合的塑造方式，将具象的形象和象征性纪念碑雕塑语言融入其中。

　　2007年落成的《侵华日军南京大屠杀遇难同胞纪念馆组雕》，是创作者在位于喧闹的现代商业、人居环境中营建的一个既融入现实环境又独立于现实环境之外的巨构，以高起—低落—流线蜿蜒—上升—升腾的节律对应着主雕《家破人亡》（11米高）、群雕《逃难》（10组人物）以及《冤魂呐喊》（12米高抽象造型）。《冤魂呐喊》拔地而起，直插云霄，是冤屈的吼声，是渴望正义的呼号。在纪念馆出口处，长140米、高8米的墙上以"胜利"为主题作浮雕墙，"V"型为基本构成，分别以"黄河咆哮——冒着敌人炮火前进"和"长江滔滔——中国人民抗战胜利"为内容作浮雕。在"V"型的结点处塑造了一位吹响胜利军号的中国军人，脚踏侵略者的钢盔和折断的指挥刀，形成气势宏宽的大场面。放射状的浮雕有力地表现了胜利的精神状态，它仿佛拥抱和平的双翼，为一部悲烈、沉郁的史诗结尾处，找到了舒展而光明的警句。整个组雕，没有出现一个日本侵略者的形象，而遇难者群像的惨烈，足以佐证日军之凶残与兽行。

改革开放以来，对历史人物的塑造也进入了一个新阶段。雕塑家们基于现代以来学习西方写实传统的扎实功底，加上对中国传神写照的领悟和对本民族人物精神的准确把握，精彩作品层出不穷。如完成于1983年，位于上海宋庆龄墓，由孙家彬等雕塑家集体创作的《宋庆龄像》，使用汉白玉雕刻，端庄、典雅、圣洁，美中见智、神中出魂，从中可见希腊艺术的静穆、佛教境界的自在、东方情韵的温厚，这是人物雕塑的经典之作。贺中令1984年创作的表现东北著名抗日民族英雄杨靖宇形象的《白山魂》，其内在精神气质直承汉代雄浑写意之风。创作者找到一块具有长白山意象的天然风化石料——红白交杂的火山岩，犹如白雪中浸染了碧血，在其中刻画出杨靖宇的遗容，寓意英雄精神将与白山同在，浩气长存。邢永川的《杨虎城将军》从关中农民的光头和虎劲中找到表现人物的雕塑语言，作品浑厚古朴，饱满有力，周身以剁斧的手法处理，表面粗粝而整体浑然。其他代表作品还有田世信的《谭嗣同像》、1989年钱绍武为唐山所作的《李大钊像》等。

20世纪80年代中期开始，一些雕塑家开始思考雕塑的现代语言。他们或以新手法丰富现实主义创作，或探索自我语言与风格，或直接借鉴新形式、新材料、新形态传达出新观念。在形式拓展层面，雕塑家们以结构方式、造型形式、塑造手法、材料特性、语言表达的不同传达情感。如杨冬白《饮水的熊》，把熊和倒影组合在一起，成为一座装饰性的圆雕。再如朱成的《千钧一箭》，是一件仅由满弓、头部、手臂构成的作品。创作者将运动员的身体与一支待发的箭融为一个整体意象并和张开的弓臂形成垂直，具象中有抽象，极富形式美感。陶瓷工艺也在80年代由原本的工艺美术范畴进入纯艺术领域，尤其强调与当代艺术观念结合。如朱乐耕、吕品昌、罗小平等人利用陶瓷材料创作了大量现代雕塑作品，使陶瓷这一古老的材料焕发新生。田世信将漆艺与雕塑结合，也是对雕塑材料的拓展。通过他的作品，漆艺中的东方意蕴被带入当代审美领域。还有被称为"软雕塑"的纤维艺术，为艺术家探索多元的材料、开拓新颖的艺术形式提供了广阔的空间。

雕塑家们不仅在本体语言方面展开探索，同时也为作品注入丰富的观念。如展望从古代园林假山石中获取灵感，创作了"不锈钢假山石"系列。他用一块块不锈钢片覆盖在假山石表面，复制其形状和表面的凹凸纹理，然后通过焊接，再进行打磨，制造出"不锈钢假山石"。在中国文化语境中，假山石具有丰富的文化象征性，当它的装饰性和形式感被灌注当代观念，便产生出一种超越意识，成为反思中国当代文化如何在快速变迁的社会进程中重塑传统的重要命题。再如鲍海宁的《漂移的城》，创作者采用写实的表达方式塑造了一对当代城市男女青年的形象，同时又将这对青年置于抽象的几何形体上，用一种具象与抽象组合的形式喻示着当代城市中理性与感性并存的状态以及现实与理想之间的博弈。

上述所提到的作品，有的属于室内架上雕塑，有的属于城市雕塑范畴。城市雕塑的本质，是政府决策、人民意愿与艺术家创作的结合体。它反映的是国家意志和艺术水准。艺术家创作的空间、发挥的余地是如何在既定的题材、特定的空间以及相应的物质条件下，最有效地体现艺术的智慧和创新，熔铸内容与形式，创造出标领时代的作品。因此，城市雕塑不仅是历史的艺术，也是现代的艺术，更是未来的艺术。如广州的《五羊石像》和兰州的《黄河母亲》，以传说和象征为题材，创造了家喻户晓的城市地标。香港的《紫荆花》、澳门的《盛世莲花》则以现代设计与装饰艺术的传统工艺展现了行政特区的无限风光。

4.文化自觉

20世纪90年代之后，文化艺术界越来越关注、反思"文化认同"
和"民族身份"问题。这种关注和反思，实际上就是文化自觉的表
现。文化自觉反映到雕塑领域，就是立足中国文化脉络、深入文化传
统来寻找突破的契机。具体而言，即创作者向作品注入尚"意"精
神。一方面，他们强调作品意象的民族性，突出民族性之"意"在创
作中的核心地位与关键作用；另一方面，他们又根据自己的个性寻找
与之匹配的雕塑语言。如钱绍武创作于1993年的《枫桥夜泊——张继
像》，是一件基于线性意识的作品。雕塑造型洗练流畅，浑然天成，
能成功地调动观者的想象力，打通视觉与听觉的界限，营造出回味无
穷的深远意境。

不仅是老一辈雕塑家作品中意象的民族性特征得到淋漓尽致的发
挥，越来越多的中青年雕塑家也有意识地在创作中融入民族意蕴而使作
品翻出新境，其中的代表作品有陈云岗的《高山流水》（2003年）、殷
小烽的《通古斯》（2008年）、王志刚的《贝多芬》（2013年）、于世
宏的《名儒》（2013年）、李象群的《东坡》（2014年）、杨奇瑞的

《苏武牧羊》（2014年）、石向东的《大美山河》（2015年）等。

随着中国不断深入学习外来文化，如何保持自己的文化个性，获得可持续生长的文化生存空间，是这一代雕塑家必须考虑和面对的问题。而仅仅在语言形式层面推进中国雕塑的民族化，显然是远远不够的。只有将雕塑民族化的问题上升到文化本体高度加以认识，将雕塑视为民族精神的表达方式和体验方式，视为民族文化和价值观的体现，视为国家文化艺术发展策略的重要组成部分，才能使中国雕塑真正再迈上一个新台阶。于是，提出"写意雕塑"的文化概念，以使民族审美成为时代的需要，并阐明这是当代中国艺术创作的必然，十分重要。

基于对中国传统雕塑的深厚情感，并抱着中西合璧的意愿，我于20世纪80年代后期开始系统地研究20世纪以来中国雕塑走过的路，并且在实地考察世界不同文明下的雕塑后，深入思考了中国雕塑的前景。我从在法国、苏联留学回国的雕塑家所创作雕塑风格、方式的变化中，看到中国艺术审美对他们所产生的必然影响，看到他们终究与本民族文化融合而走出自己的路。我从中深受启发。事实证明，只有将以写意为特征的中华美学及其在艺术中的表现与世界不同文化相对话、相融汇，才能创作出具有生命力的作品。针对当时国际国内文化的宏观语境，发现中国传统艺术中的写意，不仅关乎图式和造型语言，还指向了更深层次的哲学、美学理念以及文化精神。终于在2002年8月，我于厦门举行的第八届中国雕塑论坛上首次正式提出"写意雕塑"的概念，指出传统雕塑中的写意性和20世纪以来老一辈雕塑家在作品中的写意倾向。在我看来，"写意雕塑"作为一种意象创造，需要明确其"意"与"象"的内涵："意"的因素，使雕塑与理想贴近；"象"的成分，使雕塑与现实相联系。辨析"意"与"象"的不同内涵，其实是指出存在于理想与现实之间的自由发挥空间。这理想，就是中国传统艺术精神中神、韵、气的统一。

雕塑如何能最直接地反映传统艺术中的"写意"内涵？我认为，在书法的启示下，通过"写意"激活雕塑艺术自身的创造力，以"实中求虚"的造型结构，因势生形，因形生意，引领观者目光投向内在形体，感受丰富的空间层次，可以实现"空间"与"体块"对话，在传统与现代之间找到一条突破的新途径。除了保留中国式的诗意性、发散性、模糊性的造型特质之外，"写意雕塑"还应融入西方现代主义艺术重形式、几何化、纯粹化的造型语言。

如2011年立于国家博物馆的《孔子》造型，在人的生理结构与山体之间找到了结合点。近看孔子，面含春风，脸上道道皱纹中绽出山脉水系，流韵弥长。远观孔子，身形如山脚、山腰、山顶，层层递进；道道天沟，一泻而下，纵横万里，或峭壁奇凸，或峰壑互生，成为一种传统文化符号与西方现代艺术意识、自然山水的三重意象有机融合。

再如淮安的《天人合一——老子》，采取中国传统写意与西方抽象主义相结合的创作手法。整体造型中空，老子胸腔被设计成一个开放的"空"字型山洞，表征老子"无，名天地之始""有生于无"的中国哲学道家思想。胸腔内壁刻《道德经》，以显示老子的虚怀若谷与满腹经纶，体现中国文化的和谐、包容。穿越老子的"空"，进入老子雕塑的世界中，同时也进入玄之又玄的"众妙之门"，徜徉悠游，玄览鉴照，领悟中国传统文化和艺术的精魅所在。

2014年10月，我提出"现代写意雕塑"的概念。其实"现代写意雕塑"就是我先前提出的"写意雕塑"，之所以又特意加上"现代"二字，目的是突出时代性。"现代写意雕塑"是以中国传统审美特征为导

411

向，吸收西方传统写实主义，借鉴西方现代主义，然后融入艺术家个人对时代和生活的感受，将生命感悟或生活激情结合的艺术创作。

"现代写意雕塑"既对东、西方文化进行了继承、借鉴、融汇和发展，也让东、西方文化在相互转化与互为渗化的过程中进行了对话。对话，不仅是一种艺术创作的态度，还是一种向世界展示本民族文化和价值观的行为。换句话说，现代写意雕塑要创造一种建立在自己经验之上的既能解释自己，又能让他人了解并理解的知识体系，进而找到普遍性、国际性的文化共识框架，把本民族的美好价值发掘出来，将经过现代性洗礼的中国新思想、新文化回馈给世界。

2018年5月5日，由中国政府赠送给德国的《马克思像》立于马克思的故乡德国特里尔市。该作品着力刻画和表现作为思想家和哲学家的马克思，塑造中透现出强烈的写意精神，蕴涵着高山仰止的自然意象。马克思的形象从容淡定、迈步前行，行走在养育他的故乡特里尔，并从这里走向世界、走向未来。2021年9月，落成于西方文化的发祥地希腊雅典卫城山脚下雅典古市集的《神遇——孔子与苏格拉底对话》，则以意象手法表现苏格拉底神柱般的身体，以象征的意念表现乘风而至的孔子——中西对话不仅在古代圣贤的思想中，也在当下的艺术作品中。

随着"写意雕塑"学理性和实践性的不断影响，当代很多雕塑家将写意与现实主义理念相结合，创作出一批优秀的作品。如焦兴涛的《烈焰青春》、李鹤的《国学大师》、尚荣的《母爱——呵护》、陈健的《草原普法》、李煊峰的《八女投江》、武定宇的《草原母亲》、刘松的《星空下的梦》、任艳明的《蓝图》、郎钺的《水舞欢歌》等。

写意雕塑是基于全球化时代而提出和创造的一整套具有中国精神、中国气派、时代风格和国际视野的雕塑观念体系和实践体系，是中国雕塑将自身置于世界雕塑现代性体系中所形成的"新话语"。所以，它不仅属于中国和中国人，更是一种超越中西对立，属于全人类共享与传播的雕塑新范式。

5.同声相应

由于文化基因相同，中国香港、中国台湾和海外的一些雕塑家虽然生活在不同的社会文化环境中，但也能创作出极具中国气派的雕塑作品。下面我们对其中的代表文楼、朱铭和熊秉明的作品进行介绍。

文楼是中国香港雕塑家的典型代表。他的雕塑语言吸收了西方现代雕塑的优长，具有强烈的现代形式结构，透发出鲜明的人文精神品格和中国文化的精神气度。文楼选择"竹"这一凝聚了中国人民智慧与情感的植物作为载体，将中华民族的"竹文化"引入创作，并在材料与形式上吸收了西方所长，在中、西的碰撞中演绎出一种新时期的民族艺术。他以不同的金属材料和表面处理手法表现出竹丛、竹林俯仰迎逆的各种姿态，能让冷硬的铸铜和不锈钢仿佛有了柔韧的弹性。在塑造、焊接过程中，文楼不断以实时的感觉对作品的质感与色调进行修改，犹似文人画即兴的墨戏。如1987年的《银梢意笔》和1990年的《潇洒临风》，就十分注重塑造过程中留下的焊点、焊痕所具有的意气之美，恰似中国画家注重毛笔所留下的偶然墨迹，颇有写意之感；再加上竹枝竹叶俯仰有势，使原本生硬的金属立显"文人风骨"。20世纪90年代后，文楼的这种"文人化"的雕塑创作手法发展到了更高的境界。他直接在金属材料上大胆敷彩，留下飞白等虚处，形成丰富的层次。某种意义上，这也是对传统雕塑"绘塑结合"手法的创造性转化和创新性发展。

中国台湾的朱铭借鉴了西方现代雕塑简约抽象的表现手法，同时也对中国传统艺术取"意"重"气"的创作理念十分青睐，在融汇二者的基础上创造出极具个性风格的雕塑形态。朱铭没有接受过系统学院训练，民间木雕技术成为他主要的技术资源。朱铭通过大量的量块感来表现其作品凹凸表面的张力，使整体造型产生浑重厚实感。其最具影响力的代表作品是《太极系列》。该系列呈现的虽是一个个的正在打太极的人，但已经从具体的刻凿与切磨中超越出来，细节被彻底省略，以气带势、大开大合，神溢韵足，蕴含着有机生命的抽象形式——几刀极为简洁的劈砍剥裂，便营构出太极的某一招式，充分彰显蓄势待发的内在情状，于沉静外表下蕴藏巨大能量。《太极系列》贯穿了雕塑家20余年的创作生涯，表现对象从太极拳招式过渡到太极精神，创作手段则经历了由具象到意象的蜕变。随着对太极招式和太极精神感悟的逐渐深刻，朱铭意识到更应该体现"气"的顺畅和"势"的贯通，才能反映太极的本质，因此他在作品的形态上不断摆脱生理结构的束缚，走向了写意的精神境界。

熊秉明对中华文化有一种本能的感受力和表现力，他成功地在中

国写意传统和西方雕塑精髓之间找到共通点。熊秉明的铁片
动物系列作品，在整体造型中恰到好处地融入负空间，虚实
相生，圆融自足。如第一件铁雕作品《嚎叫的狼》，材质上
使用铁片，不是西方传统的铁铸或石膏大理石，焊接的完成
即代表作品的完成。铁片的使用还打破了传统造型的封闭空
间，从而创造出了一种轻盈、流动、开放的空间。交错的搭
建与架构也消解了雕像的厚重实体，而以暗示的方式表达出
雕刻对于结构与面的要求。这样，从不同的视角来看，就会
呈现出不一样的造型。从这种既没有完全遵循西方传统又不
生搬中华文明的创作中，我们可以感受到作者的深刻用意。
熊秉明的《铁鹤系列》最具写意精神。《铁鹤系列》的整体
气息、间架结构、线条特质以及空间处理，都脱胎于行、草
书法，看似不经意，实则是千锤百炼之后的卓越融合。构成
铁鹤的每一根线条，都处于不同的平面并延伸至各个方向，
再通过线条的走向贯穿起周围空间。视觉元素的单一性，让
观者的空间感受游走于二维与三维之间，真有"点画荡漾空
际，回互成趣"的感觉。

工艺

吕品田

吕品田，中国艺术研究院研究员、博士生导师，曾任中国艺术研究院常务副院长。

概述

千百年来，勤劳智慧的中国工匠因材施艺、因地制宜、独运匠心，创造了品类丰富、技艺高超、境界独到的传统手工艺。作为中华艺术重要组成部分的传统手工艺，既体现了工艺美术的一般特征又显示了中华文化的鲜明个性，充分地展现了中国人的卓越创造力和雅致生活情趣。中国传统手工艺主要有烧造、铸锻、织染、编结、木作、髹饰等门类。

一、烧造工艺

1.陶冶泥火

泥土最初的"陶化"，意味着人类对火的创造契机的第一次把握；从黏土到陶器，标志着人工合成材料的最初创造。火，从此成为人类创造力的延伸形式。谈论陶瓷烧造，人们因此爱说"火的洗礼"。

所谓"火的洗礼"，是由火候、火焰作用于泥料来实现的。

火候，即烧结温度，是界定"陶"和"瓷"的一项物理指数，更是陶瓷艺术的技术前提。一般地说，成陶温度约在700℃—1000℃之间，成瓷温度则在1100℃以上。成熟的中国瓷器多在1300℃左右烧成。最原始的烧造方式是敞口烧，其火候只能达到成陶温度的低限，陶器品质较差，这种烧陶术在一些偏远地区至今还有保留。窑炉的出现，是烧造技术的一大进步。考古发掘表明，新石器时代中期，中国陶工已普遍使用横穴窑和竖穴窑，把火候提高到1000℃上下，大大改善了陶器的物理品质。以后，窑工们不断改进窑炉结构，由直焰窑发展到倒焰窑，推出了龙窑、馒头窑、阶梯窑、蛋形窑等性能更优的窑制，将火候进一步提高到1300℃左右。在古代文明史上，除中国外没有哪个民族能通过窑炉技术，把火候"陶冶"到成瓷之境地。这显示了中国人驭火的智慧和才能。

火焰，即烧造气氛，是决定"陶色"和"瓷色"的一种化学因素，同样也是陶瓷艺术的技术前提。火焰，有氧化和还原两种性质。按现代科学解释，火焰的性质是由燃烧中产生的游离氧及还原成分氧化碳的含量决定的。一般地说，游离氧含量在4%~10%时为氧化焰，含氧量小于1%而碳素在4%~8%时则为还原焰。就直观经验而言，氧化焰时，窑内火净、明澈清晰；还原焰时，窑内烟焰滚滚。火焰的一定性质和变化，能够直接影响制品的胎质、釉色、光泽和肌理。例如：同样是含铜的釉，用氧化焰会烧出漂亮的绿色或青色，而用还原焰则会烧成美丽的红色；若是含铁的釉，两种火焰烧成的釉色几乎正好与铜釉相反。中国古代窑工擅长利用火焰不同性质的变化，来追求变幻万千、奇丽绚烂的"窑变"釉色。在把握火焰上，古人有丰富的经验和办法，譬如把松柴浸湿再入窑，使碳素不能充分燃烧，就能造成还原气氛。无论辨识还是控制火焰，中国窑工的才智和技术都独步于世界。

坯胎和釉子，是陶瓷"泥料"的基本内涵。

坯胎，是用泥料构筑的陶瓷制品的形体骨架。以烧结点为分水岭，之前称"坯"，之后叫"胎"；性质上，前者是"土"，后者为"陶"为"瓷"。一般地说，制陶的泥料主要是黏土；制瓷的泥料主要是由高岭土组成的瓷土。前者颗粒不匀，常含杂质，烧结后胎质粗松，不透明，具有吸水性，叩之声浊；后者颗粒细匀，成分纯净，烧结后胎质坚硬致密，有半透明性，吸水率极小，叩声清扬。早在新石器时代，先民就很讲究陶泥的质量和陶胎的性能，所谓"泥质陶""细泥陶"就是用淘洗过的黏土制作的，而"夹砂陶"则是为使陶质加热时不易开裂，而有意在泥料中掺进了砂子。制瓷泥料加工尤其考究，景德镇的传统做法是先将原料粗碎、粉碎、淘洗并做成泥砖；再将其沉于缸中用木钯翻搅，澄出粗细料，把细料用细箩过一遍，复以双层绢袋澄一下。如此制成的坯泥，还需要"陈腐"一段时间，以繁殖微生物增强泥料的可塑性。泥料最后到坯工手上，还得反复搓揉抟滚地再"熟练"一番。用这等精练的泥料塑坯造型，烧结的胎质自然土脉细润、均匀致密。

釉，也称釉子，是覆在陶瓷胎骨上的透明或半透明、无色或有色的玻璃质薄层。釉料的主要成分是釉石，碾碎细练后制成釉浆，挂在成型的坯表上。釉料熔点比胎骨要低，有较强的张性和流动性，烧结后平匀光滑。除耐磨、耐蚀、不渗水等理化性能外，陶瓷挂釉等于披上一件美丽华灿的衣裳，光彩照人。

中国工匠在釉上倾注心血尤多，他们重视釉料的附着性、流渗性、透明性和熔点等技术性能，更强调釉色的观赏效果。似膏如脂、若玉类冰的肌质，蟹爪冰裂、梨皮兔毫的纹理，古镜破苔、雨过天青的釉色，聚沫攒珠、蚯蚓走泥的殊效，都被视作上乘的釉境，为窑工孜孜以求。古代关于窑器釉肌釉色的品评描绘，极富诗情画意。如评越窑青瓷："巧写明月染春水，轻旋薄冰盛绿云；古镜破苔当席上，嫩荷涵露别江滨"。自釉发端于新石器时代以来，历代窑工不断开发精研，造就了纷繁、绚烂的釉色品种。所谓缥色、月白、天青、粉青、豆青、蟹壳青、茶叶末；所谓钧红、祭红、宣红、郎窑红、鸡血红、桃花片、美人醉、三阳开泰；所谓卵白、甜白、青白、象牙白；所谓玉毫、油滴、玳瑁、鹧鸪斑；所谓窑变、开片、棕眼、金丝铁线……都是久负盛名的经典釉色。

2. 陶瓷匠心

《考工记》所记"抟埴之工"即为陶工。"抟埴"就是用黏土拍成陶器坯子的意思。抟是一种最原始的成型技术，捏塑和泥条盘筑也同样原始。以后出现的模制和轮制法，是制陶术的革命性进步。在中国，轮制技术一开始就达到了非常高的水平，龙山文化的蛋壳黑陶堪称奇迹。

轮制技术开启了中国一贯几千年的辘轳拉坯成型技艺传统，使圆器成为占绝对主导地位的形式。除圆器外，传统陶瓷器皿还有琢器。广义的琢器，是指不用陶车拉坯成圆形的其他形状的器皿，如方形器、扇形器、棱状器或其他异形器。

中国传统陶瓷造型极其丰富。以瓶制为例，有依形而制的鱼尾瓶、凤尾瓶、马蹄瓶、蒜头瓶、葫芦瓶、柳叶瓶、瓜棱瓶、棒槌瓶、鱼篓瓶等；有取意而构的玉壶春瓶、晚青瓶、观音瓶、甘露瓶、天球瓶、大吉瓶、梅瓶、四方瓶、六方瓶、天圆地方瓶等。

中国传统陶瓷装饰尤见匠心，其装饰形式大体有刻镂、堆贴、模印、釉色、化妆土、彩绘六大类型。刻镂装饰是在坯体上刻画、点戳、镌镂纹饰，也有在釉表进行刻饰的，如刻瓷；模印装饰是成型时靠模子将纹饰印在坯体上；堆贴装饰是用泥在坯体上堆塑，或用泥片预制成形再贴在坯体上的浮雕式纹饰；釉色装饰即以各种有色或无色、透明或半透明、高温或低温、有光或无光的釉子直接为饰，也有以色釉绘出纹饰的；化妆土装饰是用细陶土或细瓷土制浆挂在坯体上，以掩饰胎面，并减少坯胎对外挂玻璃釉的渗吸；彩绘装饰最为多样，有直接绘在坯体或胎体上的无釉彩绘，有先彩绘后罩釉烧成的釉下彩(如青花、釉里红、釉下五彩等)，有先施釉烧成再在釉表彩绘并低温烧烤的釉上彩(如古彩、粉彩、新彩、珐琅彩等)。上述六大类装饰手法，往往彼此配合，被综合地用于陶瓷装饰，如釉下青花与釉上粉古彩结合的斗彩，堆贴和施釉并举的珐华，刻画和透明釉互衬的影青。

制陶普遍存在于世界诸多古老文明中。但是，中国新石器时期的陶器特别是彩陶，无论数量还是质量，都为其他地区所不及。在黄河和长江两大流域的遗址中，出土了难以计数的彩陶、红陶、灰陶、黑陶和白陶。半坡、庙底沟、马家窑、半山、马厂等类型的仰韶文化彩陶，以精美的造型和装饰表明中国陶艺早在远古时期便已达到相当的技术和艺术高度。

新石器时代晚期出现的白陶(如大汶口文化的白陶)，以高岭土作胎，火候达到1000℃以上，成瓷因素已见端倪，有学者认为这是"原始素烧瓷器"。黄绿色或青绿色的人工釉在新石器时代晚期至商周出现，对于促进瓷器的发明和发展具有重要的意义。这一时期玉器十分发达。从沟通天地的神圣法器到代表人间权威的高贵礼器，整个社会崇仰玉的奇光异质。这使得人们有可能对那些色泽与玉比较接近的釉陶器，加以赞许和更多的关注，进而激发出"仿玉"的再创造意向。综观日后青瓷的发展，其不断趋向青翠澄净之色、莹润蕴藉之泽的迹象，不乏追摹玉色玉泽的努力。

3.瓷的发展

学术界的主流观点认为真正成熟的瓷器出现在东汉。从新石器时代到汉代，江浙一带始终是青釉器(或说原始青瓷)的主要产地。悠久的烧造传统，于东汉的浙江上虞等地区孕育出了成熟的瓷器。汉代的北方特别流行挂低温铅釉的釉陶，釉的熔点低(700℃—800℃)，质地软，呈黄绿色。与铅釉陶比较，南方早期青瓷的釉色，更显青绿光润。这种釉色效果与烧还原焰直接相关，而前者多为氧化焰烧成。

魏晋南北朝的中国，进入了瓷器时代。在北方，瓷窑发现虽不多，但出土的瓷器却不少。河北景县出土的莲花尊，已有很高的技艺水平。然而南北青瓷的风格差异却十分明显，业已形成两大生产体系。就釉色而言，北方青瓷青中泛黄，而南方青瓷则更加青翠。这一时期的浙江青瓷生产，有越窑、瓯窑、婺窑和德清窑四个窑系。其中德清窑还以出产黑釉瓷著称。黑釉与青釉属同一化学成分，只是铁含量较高。对青瓷工艺来说，铁含量的把握很重要，美丽的青翠色得之于1%~3%的比量，超过此量而逐级增加会由黄褐而深褐而终至黑色。黑釉的出现，为后来的铁锈花和乌金釉等奠定了基础。

有"诸窑之冠"美称的越窑，在唐代创造了中国青瓷艺术的高峰境界。陆龟蒙曾诗赞："九秋风露越窑开，夺得千峰翠色来。"所谓"千峰翠色"，正是对越瓷青翠莹润之釉色特点的诗意写照。由于长石釉的使用、配料和烧造气氛的卓越把握，越窑窑工终于在烧造上达到了理想的类玉效果，被誉为"越泥似玉之瓯"。美丽的越窑器深得宫廷赏识，以至设官督造，并以"秘色瓷"相称。以后历代仿效，出现了官窑、御器厂等专为宫廷生产精美瓷器贡品的窑业机构。

隋代，中国窑工烧成了白瓷。这项伟大的成就，改变了青瓷一统天下的局面，开创了"南青北白"的新格局。白瓷对烧造技术有很高的要求，须尽量减少原料中铁的成分，并要适当地把握火焰。

河北邢窑于初唐崛起，扶摇直上，以生产光素大方的白瓷而与越窑齐名。白瓷给人以崭新的视觉感受，故成时尚。一时间，"天下无贵贱通用之"。但是，陆羽却认为"邢不如越"，理由有三点："若邢瓷类银，越瓷类玉，邢不如越一也。若邢瓷类雪，则越瓷类冰，邢不如越二也。邢瓷白而茶色丹，越瓷青而茶色绿，邢不如越三也。"陆羽深谙中国瓷艺的精微奥旨，以玉、以冰、以青这些"玉"的感性品质为圭臬，指出邢不如越的要害。在这点上，邢窑为"白如玉"的景德镇瓷后来居上留下了一个突破口。

除邢窑外，当时北方的平定、平阳、霍州、曲阳、巩县和南方的成都、临邛、景德镇等也烧造白瓷。杜甫曾诗赞临邛白瓷："大邑烧瓷轻且坚，叩如哀玉锦城传，君家白碗胜霜雪，急送茅斋也可怜。"另外，用颜色釉（如郏县、鲁山、禹县等）、釉下彩（如长沙、邛崃等）和绞釉纹胎(河南、陕西一带)来装饰瓷器，也是唐代的成就，它们为后来的陶瓷装饰开辟了新路。由汉代铅釉陶发展而来的"唐三彩"(因常用黄、绿、褐等色釉装饰而有斑斓变化，故名"三彩")，鲜明而典型地反映了唐代雍容博大、清新华灿的时代风貌。

宋代，是中国传统瓷艺达到最高美学境界的时代，也是类玉的品质体现得最为深刻的时代。钧、汝、官、哥、定五大名窑所取得的卓越成就，使中国在人类制瓷史上登峰造极。宋瓷那冰肌玉骨般的素雅、沉静品格，成为后世瓷业执着追慕的审美风范。

五窑之中，汝窑、官窑和哥窑都是继越窑衰微后而一贯青瓷传统的官家窑场。汝窑（河南临汝）瓷多为素器，土脉细润如胴体，釉质莹泽，厚若堆脂，标准釉色为粉青，以棕眼（釉中的微气孔）并巧露铜色胎骨最佳。官窑在汝窑影响下脱颖而出，所指有三：北宋官窑（河南开封）、南宋修内司窑（浙江杭州凤凰山下）和南宋官窑（杭州郊坛下）。北宋官瓷承汝器之青，薄胎厚釉，新出月下白、天青等若玉美色，形制高古浑雅。修内司官瓷澄泥为范、体薄如纸，色泽粉青莹澈，酷似龙泉窑器。郊坛下官瓷，胎骨多铁，色近褐黑，釉色或入透胎骨浑雅含蓄，或光泽显亮呈翠青以至蟹壳青，润泽美丽。官瓷之共同特征：釉厚过胎，釉层有微小如珠之气泡攒聚（素称"聚沫攒珠"），釉面有自然天成之裂纹(素称"蟹爪纹")；器口或棱线处釉薄而微露泛紫之胎色，器足无釉呈铁红或铁褐色(素称"紫口铁足")。哥窑，窑址迄今未发现。据传，南宋时有章氏兄弟均善烧窑，生一生二同在浙江龙泉各主一窑。生一所造，即为哥窑。传世哥瓷一般呈"紫口铁足"之象，釉厚失透，釉面润泽如酥，有网状开片或重叠如冰裂纹或呈细密之"百圾碎"，裂纹多呈红黄色（素称"金铁线"）或黑紫色。龙泉窑（亦称"弟窑"）虽未在五大名窑之列，却以几抵釉厚极限的厚施"梅子青"等，穷尽碧玉般釉色之美。

钧窑（河南禹县）亦属青瓷系，其出品特别发挥了原料内铜元素借还原气氛的随机变化，生出亦青亦红的"夕阳紫翠忽成岚"的天成之美。钧窑的突出成就在于以多色釉的创造，突破了青瓷的单一青色。由于釉中磷酸作用，钧瓷釉面呈现乳浊状态，隐露棕眼和气泡，产生失透效果，使釉色不仅绚烂瑰丽，且有玉质般含蓄沉凝的意趣。

定窑（河北曲阳），以烧造白瓷为主，称为"白定"，兼烧色釉及白釉剔花器，依颜色有红定、紫定、绿定和墨定等色釉器。苏轼"定州花瓷琢红玉"之诗句，就是对红定瓷器的赞美。定窑的成就以刻、剔、印的装饰最为突出，使素白瓷的单调品质为之一变。另外，镶铜或金银于器物"芒口"（因扣烧而形成的粗涩的口沿），有美用兼得之巧妙。白定釉色乳白，比邢白瓷更有类玉感。

宋代是名窑美器辈出、官场民窑相竞的时代。耀州窑青中微黄、刻纹隐现的青瓷，磁州窑铁锈花装饰的黑、白釉瓷，建窑显露"兔毫""鹧鸪斑"或"油滴"纹象的天目釉瓷，以及吉州窑巧用木叶、剪纸为饰的各色釉瓷，虽都是民间窑场的出品，但其闻名遐迩，遗风悠远，启迪后进。

宋室南迁，窑业良工随之南下，中国瓷业中心移定南国。一部分窑工定居景德镇仿制定器，胎骨釉色纯白如粉，称作粉定。然而，当时最有成就和特色的是湖田窑的出品。这种瓷器的胎骨上多有"半刀泥"刻纹装饰，覆透明青白釉汁，显出深浅纹迹的影调变化，幽趣无穷，被称为"影青"。中国白瓷体系随宋代影青出世，形成南北二系。北系以白中泛黄的定瓷为代表；南系则以白里泛青、青中见白的景德镇瓷为代表。青白瓷体现了白瓷领域卓越的类玉追求，它不仅使素器"白如玉"，亦把这种釉色品质广泛地带入后来各种彩绘瓷中。

元代统治者崇尚白瓷，青瓷逐渐衰落。白瓷的突飞猛进，引出了元明清彩绘瓷日占上风的新格局。首先是釉下彩绘青花瓷猛然崛起，它在明代宣德时期达到空前高度。继之，明成化的青花斗彩和填彩、清康熙的古彩、雍正的粉彩和乾隆的珐琅彩等一一登场。颜色釉一路，以元代釉里红为开启，随后，祭红、郎红、胭脂水、碧玉釉以及乾隆时期的无数色釉鱼贯而出，宛若彩练横空，气象绚丽。

由宋至元，由元而明而清，景德镇以"天下瓷宗"之尊垄断了中国瓷业。人们称赞景德镇白瓷"白如玉、声如磬、薄如纸、明如镜"，形象而贴切。这种赞誉所表露的对制瓷技术的高度肯定，可以推及景德镇瓷器制作的方方面面。除景德镇外，山西珐华器、宜兴紫砂陶器、石湾泥钧陶器、德化象牙白瓷、广州织金彩瓷等，都取得了特殊的成就。20世纪中叶以来，唐山、醴陵两个新兴瓷区蓬勃发展，与瓷都景德镇势呈鼎足。一些传统产瓷区，如龙泉、禹县、邯郸、耀州等仍持续生产，多有美用一体、匠意别致的窑器出品。

二、铸锻工艺

1.青铜器

中国古代通称金属为"金"。所谓"五金"，指的是金、银、铜、铁、锡五种金属及其制品。中华铸锻工艺的成就，主要得之于对五金的驾驭。

金，最初指铜或铜器。人类用铜的历史，可以上溯到新石器时代晚期，当时用的铜是天然的红铜，史称"红铜时代"或"金石并用时代"。传说，远古时代，蚩尤已冶铜制造兵器；黄帝也曾采首山之铜，铸鼎于荆山之下。大量的考古发掘证明，中国新石器时代晚期，确有一个铜石并用时代。从甘肃、陕西、辽宁、河北、山东、江苏、福建诸省出土的遗物看，当时的铜质工具和装饰品，多系利用天然红铜锻打成形。在江苏宁元山镇等遗址中发现的铜渣，似为当时炼铜的证据，至于是否用之铸器，却还不能充分肯定。

冶铜铸器工艺阶段的到来，标志着人类文明历程的一个新时代——青铜时代。中国青铜时代包括历史上的夏、商、周三代，公

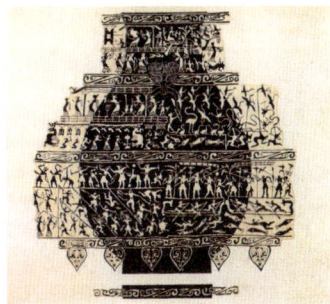

元前两千年前后的河南二里头文化，大概就是它的起点。

青铜，实为铜锡合金，因色呈灰青而得名。它具有熔点低、硬度大等特点。铜锡原料不同比例的配合，会使铸器具有不同性能。所谓"金有六齐"，就是关于钟鼎、斧斤、戈戟、大刃、杀矢、鉴燧六类器物的不同的铜锡比例。在这方面，也包括熔温的控制，商周工匠是很有经验的。至于用炼好的铜液来浇注器物，其时的技术更是精湛高超。铸器工序有制模、翻范、合范、浇注和修饰等，其中以模范制作最为关键。三代铸器多用合范法，先将泥模翻成泥或陶质的外范和内范，再将它们拼合起来，然后往内外范之间的空隙中注入铜液，冷凝后即形成器壁。由模子转移到外范上的纹饰和文字，进而转印到铜器的外壁。这是古代中国具有文明特征性的一种技艺。

对古人而言，青铜器的人文政治意义远出于技术价值。著名的"问鼎"故事，便是最好的说明。据古史记载，夏王朝把九州长官进贡的青铜铸成九鼎，其上刻有各地的神怪异物图像，象征拥有天下亦"使民知神奸"。以后，历经商周，都视之为传国之宝，得九鼎即受命得天下。春秋时，周王室衰微，楚庄王恃强势于洛邑向周王使者问九鼎大小轻重。面对别有用心的挑衅，使者回答："周德虽衰，天命未改，鼎之轻重，未可问也。""问鼎中原"，从此成为夺取政权的代称。显而易见，铜鼎是象征王权、揭示礼乐制度的最重要的一种礼器。它和其他青铜礼器统称为"彝器"，意为"常宝之器"。超越日用的神圣社会意识形态意义，使这类铜器每每以超人的尺度、雄厚的造型、精繁的纹饰和严正的铭文傲立世间，令人感到一种神秘狞厉的威力和崇高峻峭的美。

从殷商到西周，体重、形大、壁厚、饰繁的风格在青铜器上一以贯之。于河南安阳商代大墓出土的巨型后母戊方鼎，重875公斤，高133厘米，横长110厘米，宽78厘米，堪称中国青铜器之最。它是那个时代统治者的威严、力量和意志，以及巫史文化精神的象征。

商周青铜器有炊器、食器、酒器、水器、兵器、乐器、工具和杂器，品种多样、形制丰富，功用区分明显。其纹饰有拟兽式的饕餮、夔龙、夔凤、鸟、蛇、牛、虎、象、蝉、龟、鱼纹，几何式的云雷、四瓣、圆涡、方格、联珠、乳钉、窃曲、环带、重环、垂鳞和瓦纹，以及拟人式的人面、饕餮食人纹，还有象牺首、兽形钮一类的立体装饰，可谓气象万千。商周青铜器装饰，秉承原始彩陶流动性、双关性的装饰精神，将商周文化与社会生活中的两分倾向转换为一种"中剖为二""相接化一"的纹样格式。比之于原始时期的自由和两汉时期的飘逸，商周图案格式的流转之态显得凝重拘谨。但它以变化统一的关系结构和回转交错的形态特征，初奠了那个充满中国文化精神以至千古延续的"S"形的普遍造型范式。

进入春秋战国时代，浑铸、分铸和失蜡铸造法的综合使用，以及刻划、焊接、镶嵌、金银错、鎏金、镂空等新加工装饰技法的运用，使青铜器形制与装饰上的奇构巧思如虎添翼。面向日常实用的价值取向、针对现实生活的艺术表现、趋于写实灵巧的造型形态、日益明快活泼的审美风格，是这时期青铜艺术共同的趋势。战国后期，奇巧华美的风格在金银错等镶嵌装饰的器物上得到特别的发展。金银丝及红铜和着松绿石、水晶、玛瑙、玉石等，填充或镶嵌在铜器花纹空隙处，呈现出异常的华彩。宴乐渔猎攻战纹壶和水陆攻战纹鉴等代表性作品，都是中华工艺史上的珍品。诸侯争霸的频繁兵事，于春秋时期助产了精良的复合青铜剑。这种剑，刀背用低锡青铜，刀刃用高锡青铜，分两次铸接，解决了刀体韧性和刀刃强度的矛盾。

除鋈器较华贵外，汉代青铜器多朴素无饰，着重于日用器皿的发展，如灯、炉、奁、壶、洗、镜的产量都很大。西南少数民族地区则流行铜鼓。长信宫灯、错金博山炉、鋈金嵌松石铜壶和规矩镜等精美的作品，代表了汉代青铜工艺的最高水平。由战国至汉代，铜镜工艺大大发展，装饰中可见高度的艺术匠意。被称作"幻镜"的西汉透光镜，尤显中国人的智慧。当光线照在镜面时，相对的墙上便会映出镜背花纹的影像。其中原理，曾是千古之谜。直到近些年，谜底才被中国研究人员揭开：铸造时产生的铸造应力和研磨时产生的压应力，使镜面形成与背面相应的曲率，从而引起"透光"效应。汉代青铜雕塑十分出色，武威出土的"马踏飞燕"，以三足腾空飞奔的优美姿态，展示了中国工匠精湛的铸造技术和浪漫的审美情怀。云南晋宁石寨山及内蒙古鄂尔多斯的铜雕饰，也都具有卓越的美学品质和震撼人心的艺术魅力。

由汉而下，唐代极盛的铜镜，明代的宣德炉和景泰蓝，清代的铜胎画珐琅，都在不同方面体现了中华铸锻工艺的发展。景泰蓝，也称"铜胎掐丝珐琅"，是一种在铜胎上作掐丝点釉装饰并经烧制而成的工艺品，有制胎、掐丝、烧焊、点蓝、烧蓝、底光和镀金等工序。明景泰年间的出品最为精良。现为北京最有代表性的一项传统手工艺。

2.铁器

推动历史革命的铁器，至少在春秋前期已经出现。现已发现的中国最早用冶炼之铁制成的器物，则是在春秋晚期。其时，传说中的吴国剑匠干将和莫邪用铁锻造利剑，被世人奉为制剑楷模。

战国时期，铁器以它优越的实用性能，在生产工具领域全面地替代了青铜器。铁制工具的应用大大提高了社会生产力，促进了木作、雕镂、髹漆等其他工艺门类的发展，还启发了朴形实用的制器新观念。这种观念在冶铁制器领域一直延续，铁器因此少有矫饰，而多呈美用兼得的浑朴形态。

铁器于汉代广泛地进入日常生活，铁制的锅、灯、镜、顶针、剪子、菜刀和钉子等日用品已成为市场上的商品。东汉的一种铁提灯，由圆形平底灯盘和三根在顶部弯联的细柱构成，形制十分简练美观，既可提携又可悬挂，用起来颇为方便。广西梧州、广东佛山、陕西华州、浙江桐乡等地，先后都是历史上闻名的铁器产地。唐宋时期，随炒钢技术（使用生铁炒炼成熟铁或钢铁）的推广和提高，铁工具渐由铸制改为锻制，品质更为精良。以含碳较高的工具钢作刀刃、用柔铁作刀脊的"宿铁刀"结构形式，在汉魏时期就已制作出来。这种复合式刀具以后定型为流传至今的"夹钢""贴钢"的整套工艺。著名的北京王麻子和杭州张小泉的刀剪，就是其杰出代表。现代剑中精品"龙泉剑"，亦是古代优秀制剑传统的继承。

唐宋时期，审美或纪念性的铸铁艺术，成就斐然。据《新唐书》记载，唐武则天时，曾用铜铁200万斤在洛阳铸造高达105尺的"天枢"，"冶铁象山为之趾，负以铜龙"。中国现存最早的特大铸件，首推五代李云铸造的沧州大铁狮。其高、长各约6米，宽约3米，背驮莲座，昂首瞋目，震怒若吼，姿态雄伟，蔚为壮观。湖北当阳玉泉寺的13级北宋铁塔，是中国现存最早最大的铁塔。其高17.9米，重10.6万余斤，铸作精致，雕饰生动。这些特大型铸件，显示了当时造范和合铸技术的高明。当代的观赏性锻铁工艺，以安徽芜湖铁画为著。

3. 金银锡器

黄金和白银光色灿然、质地柔软，有优异的延展性，是制作首饰、器物和摆件的贵金属材料。铸造、捶揲、花丝、镶嵌和錾刻等，是金作银作的主要工艺。经过削泥、锻箔或抽丝处理，采用包、贴、鎏、错等技法，金银材料还常用于其他材质、工艺制品的装饰。以搓拨而成的纤细金线银线，通过掐、累、编、织、填、攒、盘、焊等手法构形装饰，或将珠宝玉石镶嵌其中的工艺，被称作"金银细工"或"花丝镶嵌"，所制玲珑剔透，精美绝伦。

早在商周时代，金银就向世人展示了它们的装饰之美。从包金银到金银错，汉以前的金银工艺多表现为装饰形态，纯粹的金银器物所见不多。《太平广记》记载汉光武皇后弟郭况，"累金数亿，家童四百人，以金为器皿，铸冶之声，彻于都鄙"。可见，其时权贵阶层已盛行铸锻金银器皿。

"银生楚山曲，金生鄱溪滨，南人弃农业，求之多辛苦，披砂复凿石，砳砳无冬春。"白居易的诗，描绘了一幅其时南方金银生产的画卷。金银工艺是唐代手工业的重要部门，分"官作"和"行作"。前者为官营，属少府监中尚署直属的"金银作坊院"，代表着当时的最高技艺水平；后者为私营，反映了城市独立手工业作坊在唐代的兴起。据文献记载，当时有销金、拍金、镀金、织金、砑金、披金、泥金、镂金、捻金、戗金、圈金、贴金、嵌金和裹金十四种金加工方法。可见唐代金银工艺的发达。

唐代金银器造型考究，形制多变，器体上多作毛雕或浅浮雕花纹装饰，精致雅丽。有的银器花纹鎏金，银地和金光相映成趣，金碧辉煌。有的银器往往饰以金银珠玉组成的流苏，更添华美高贵感。金银器的装饰，早期多用忍冬纹，工精纹细，装饰感很强；中期多以花鸟为中心组成团纹，四周绕饰缠枝，丰满华丽，体现出典型的大唐审美风范；晚期则多见对称格式的单独纹祥，风格趋向写实。扶风法门寺塔底出土的金银器，其技艺之精湛、形制之美妙，堪称中国工艺史上的珍品。

宋、元、明、清的工匠进一步发展了中华金银工艺，留下了许多光辉的作品。如北宋的鎏金银塔、元代的四合如意金盘和银槎、明代的錾花错金银执壶、清代的龙纹金执壶和"金瓯永固"金杯等，都是具有鲜明时代特色的上乘精品。由金银错和平脱发展起来的花丝工艺，如今成了北京、上海和成都特产的珍贵传统手工艺品。

锡器自古以来多用于日常生活，与百姓日用关系密切，品种以香炉、酒壶、灯台、花瓶等最为多见。锡器形制多依实用功能而构造，朴素无华却呈现精妙的匠意。"汤婆子"或称"锡夫人"，是自宋以来就广为流行的一种锡制暖脚器，造型呈底阔上敛的扁圆形，寒冬注入热水，紧上瓶口，可置于被中暖脚，为老人妇孺所宜。其形态简朴而不失优雅圆柔之美，扁阔的结构则强调了实用功能。云南个旧号称中国"锡都"，明永乐以来一直以盛产锡金属和锡器而闻名。其产品精巧玲珑，光辉耀眼，所饰纹样挺拔流畅，有中国画白描的风韵。如今，个旧仍在发扬光大锡工艺的优良传统。此外，浙江永嘉、福建晋江和福州的锡雕，山东烟台的镶锡器，河南滑县的点锡工艺，湖南江华瑶族锡酒具和湘潭的锡器皿等，都很有地方特色。

三、织染工艺

1.丝的文化

据说，最初的衣料是现成的树叶和兽皮，后来人们才注意到可以编结的草茎和可以纺织的葛、麻。用这些天然纤维编结、纺织成片状材料，再做成衣服，这当然是一个伟大的进步和创造。它促成了人类文明和纺织业的发展。

如果说用麻、棉、毛作为纺织纤维是古代世界的趋同选择的话，那么，中国使用丝纤维则是独树一帜的。中国人发现了丝，并以其卓越的才能织造出令世人叹绝的丝织品，创造了独步于世界的"丝的文化"。

相传，最早的丝织术是由黄帝的妻子嫘祖发明的。这种说法带有传奇色彩，但现代考古学已经证明，早在仰韶文化时期，黄河流域已经出现完整的丝织物。从那时起，蚕丝的生产与纺织逐渐遍及中国南北。除了丝织物外，麻葛织物也普遍存在着，甚至还有毛织物的发现。大量陶纺轮、纺锤、织机的出现，与丝、麻、葛、毛等的纺织有着密切的关系。

"织"的存在引发了"染"的出现。人们知道了在骨石、皮制品乃至羽毛上涂色，以求悦目或作象征，当然也会在精心织出的丝织品上涂染颜色。河姆渡遗址和良渚文化遗址出土的丝织物，都被染成绛红色，便是很好的证明。

商周时期不仅青铜工艺取得了辉煌的成就，养蚕、缫丝、种麻、采葛、织绸、染色等也取得了迅速的发展，并已有专门的分工。凝重庄美的商周青铜记录了巫史文化"如火烈烈"的精神面貌，也记录了丝织、染色、刺绣技艺的进步。商代的几何纹单层提花织物、染色刺绣品和相当先进复杂的绞经罗，就是作为包裹物的印迹在青铜器上发现的。

"齐纨鲁缟"，世人皆知。春秋战国时，齐鲁地区已成为十分发达的丝绸织造重地，其产量高居全国之首。此外，其他地区的丝织生产，也日益发展并逐渐形成各自特色。1982年1月在湖北江陵马山石一号墓出土了大批战国时期的丝织品，有绢、罗、纱、锦、组、绦等，其织法、色彩、纹样都非常丰富。此外，这个墓中还出土了绣衣、绣裤等大批刺绣品，十分精美，而且大都使用辫绣针法。其中一件龙凤虎纹绣衣，纹样组织穿插巧妙、形象生动夸张、线条刚柔相济、色彩绚丽和谐，堪称战国刺绣的杰出代表。

2.繁荣似锦

秦汉是中国丝绸织染业空前繁荣的时期，其成就为后世织染工艺的发展奠定了雄厚广博的基础。丝织艺术在强盛和稳定的汉代，尤其灿烂辉煌。

汉代宫廷设立了东、西织室，还在重点丝绸产区设置了服官，以便控制和管理。地方私营作坊的生产规模也相当宏大。精美灿烂的锦绫绮罗，不仅广销国内，还大量输往国外。正是汉代人开通了西域，走出了著名的"丝绸之路"，将中国的丝绸和中国的文化传播到西方。据说，当古罗马的恺撒大帝穿着中国丝绸袍看戏时，在场的达官显宦莫不被那彩虹般的织物所倾倒，以至穿中国丝绸成为西方上层贵族的最高时尚，在相当长的时间里，丝绸与黄金等价。

丝绸增添了西方贵族的奢华，本已十分奢华的中国显贵则为之"锦上添花"。长沙马王堆汉墓出土的丝织物举世瞩目，墓主人的身上竟穿了二十多件丝绸衣裳和丝织品，还有一件仅重49克，薄如蝉翼的素纱禅衣，其轻其薄空前绝后。

汉代的丝绸锦绣五彩斑斓、品种丰富，织法、绣法、染法变化多样。织品有锦、绫、绮、罗、缎、纱、缣、缟、缚、纨、绌、缦、絭、练、绢、织等；绣品有信期绣、长寿绣、乘云绣等。其针法也多种多样，除平绣外还有锁绣、钉线绣等。汉代织绣纹饰流行云气纹、茱萸纹、鸟兽纹、文字纹、几何纹、人物骑猎纹等。纹样结构奔放活泼，造型精美洗炼，弥漫着汉代特有的流动飞扬、淳厚质朴的气质。

汉代的印染技术也相当完善，有浸染、套染、媒染等方法。型版印花技术已经出现，这在世界上是最早的。马王堆汉墓出土的印花敷彩纱，证明汉代已在使用印花和彩绘相结合的方法。另据研究，最迟在秦汉，我国西南地区已有了蜡染。

此外，秦汉时期的麻织、毛织、棉织也在发展。苎麻和大麻，脱胶及纺织都非易事，但当时已能织出经密3~38根/厘米的精细麻布。在西南、西北等民族地区，毛纺织业很普遍，并与内地交流广泛。海南岛人很早就种植棉花，并自纺、自织、自染，制成各种服装，到了秦汉更以"广幅布"著名，并大量传入内地。

魏晋时期，本已十分发达的蜀地丝织业更是"擅名天下"，跃居全国之首。值得一提的是，此时的魏国出了一位卓越的纺织工艺家马钧，他改革了提花机，使提花绸图案变化丰富且自然有序，并使生产效率成倍增长。受文化交流影响，魏晋南北朝的丝织图案出现了明显的异域色彩，如对羊纹、对鸟纹、葡萄纹、忍冬花等，佛教题材的装饰图案也时有所见。一些新的纹样组织结构如联珠、团窠、缠枝等开始形成并大量使用，它打破了秦汉的传统图案程式，为盛唐风格的形成开启了道路。

隋代历史短暂，但它是中国走向繁荣昌盛的重要转折和过渡时期。据记载，隋炀帝三下江南游玩时，随行的千余艘船皆用彩锦作帆，相衔二百余里。这种奢华的排场，侧面地反映出当时彩锦生产的繁盛。在印染方面，隋代工匠创造了用雕空花纹的木板夹布入染的方法，即所谓"夹缬"。隋炀帝曾命工匠加工数百件五彩夹缬裙，"以赐富人及百僚母妻"，说明当时多套色镂版印花技术已达相当水平。

唐代织造技术取得了巨大成就，织机有了重要改进。织物上大量使用斜纹组织和纬线显花，绞经织物组织也发生了很大的变化。

唐代丝织品种丰富、织造精巧，出现了许多新品种。经锦是汉魏以来的传统技法，纬锦则是唐代的新创造。纬锦织机较复杂，但操作方便，能织出比经锦更繁复的花纹及宽幅的织物。绮，是一种素地斜纹提花的丝织物。唐代的绮除本色花外，也有染成各种色彩的，分回纹绮、菱纹绮、谷纹绮等。罗和纱，是斜织的半透明织物，织法较为复杂，汉代以来就一直流行。唐代的罗、纱，更加精细，经纬丝细如毫发，光洁轻薄，有"如烟似雾"的美誉。此外，绢、绫、织成锦等也均有发展和提高。在丝织图案方面，唐人创造出团窠花、陵阳公样、大小宝花、缠枝唐草、折枝花鸟等不少新的纹样。

唐代的印染技术也空前发展，其中防染显花技术占主要地位。流行的印染方法有夹缬、绞缬、蜡缬、拓印及碱印等。唐代还大量使用新染料，如红花、苏木、靛蓝等。对媒染剂的认识也不断提高，如《唐本草》里就有以含铝盐化合物的椿木灰或柃木灰作媒染剂的记载。

唐代的刺绣工艺进步很大。刺绣除用于服装及一般丝织品的装饰外，还广泛用于宗教的绣经绣像。这是中国刺绣史上的一大转变，它使刺绣逐渐脱离织物装饰而成为相对独立的艺术欣赏品。

虽然缂丝至迟已见于唐，却鼎盛于宋。缂丝，又名克丝、刻丝或剋丝，是中国人创造的又一种精美绝伦的高级显花丝织物。宋代的庄绰在其《鸡肋篇》中谈及缂丝的织法及特色："定州织刻丝，不用大机，以熟色丝经于木棦上，随心所欲作花草禽兽状，以小梭织纬时，先留其处，方以杂色浅缀于经纬之上，合以成文，若不相连。承空视之，如雕镂之象，故名刻丝。如妇人一衣，终岁可就。虽作百花，使不相类亦可，盖纬线非通梭所织也。"宋代缂丝数宣和时期最盛，以河北定州产品最佳。北宋缂丝多为服用纹锦，侧重实用。南宋时缂丝技艺更加精湛，产地以今松江一带为中心。部分缂丝从实用转向欣赏，主要织制唐宋名家的书画。

宋代崇尚书画之风也反映在刺绣上。当时的刺绣除部分用于服饰外，另一部分则向纯观赏品发展，竭力摹仿名家书画。这类绣作用针细密精巧，刻形传神入境，精品其多。丰富、娴熟的针法，使宋代绣工绣品进入潇洒自如的境界，绣画如绘画。

宋代的丝织业也很发达，特别是罗纹织物的生产已达到历史最高水平。当时的丝织生产重地已向南方转移，以太湖地区为中心的蚕丝业发展迅速，南宋的苏州、杭州、成都三大锦院的工匠达千人，地位跃居全国首位。宋代织染艺风一改隋唐的富贵、华丽、热烈，而以典雅、和润与沉静代之；纹锦趋重写实，花鸟尤盛。

元代染织工艺最有特色的是加金织物、毡毯和棉织。由于蒙古族统治者的偏好并掠得大量黄金，也由于金人用金习俗的延续，元代盛行加金织物。元代加金织物又叫"纳石失"，它包括锦、锻、绫、罗、绢、绸、纱等丝织品，以及麻、棉、毛混织品等，用金方法有部分加金和全部织金两种。出于蒙古族生活习惯的需求，元代的毛织业非常发达，各类毡毯名目繁多，染色和织造都达到极高水平。

棉织物在织造、用工、御寒等方面，比丝织品有诸多优越性，传统蚕丝业因此受到冲击，以致棉花于元代迅速发展成为纺织品的主要原料。在中国棉纺织业的发展进程中，元代的黄道婆作出了重要的贡献。她融合黎族织造技术和自身实践经验，总结出一套较先进的织造方法，大大提高了棉纺织的生产效率，使得她的家乡松江一带很快成为全国最大的纺织中心。黄道婆的功绩不仅在于对棉花的捍、弹、纺的改进，还发展了棉织的提花技术，使普通的棉布也能呈现出各种美丽的图案。

3.锦上添花

由于棉织的普及，明清桑蚕业日呈敛缩，但这并没有影响其丝织的精进和发展。无论技术还是艺术，明清丝织都已达到了炉火纯青的地步。明代出现了绚丽的妆花、高贵的库缎和金碧辉煌的织金织银。清代更推出了地方特色浓烈的云锦、蜀锦、宋锦(仿)、回回锦、壮锦等，它们各显优势、争奇斗艳。明清的棉织生产规模十分庞大，到乾隆时已出现拥有织机千台、工人数千的大型工场。布的种类也很丰富，而且各成地方体系，如松江布、紫花布(又称南京布)、交织布等。

明清印染追逐丝织棉织，同样地飞跃发展。其时，染料品种极为丰富，多达数百种；印染之精工细巧、色彩之明丽多变，前所未有。明代始创的"拔染法"是印染技术的一大转折，它改变了传统单一的"防染"技术，使生产效率成倍提高。所谓"拔染"，即利用某种化学药品褪去染色而得到白色花纹的方法。明清印染品中，"药斑布"（又称浇花布、蓝印花布）颇受民间百姓喜爱，印出的花布有蓝地白花，也有白地蓝花。清代后期进一步将这种印染形式发展为彩印花布。

明清宫廷作风的刺绣工艺已形成某种固定的模式，龙袍、官服、绣字、绣画往往千篇一律，变化极少。但在民间，实用性刺绣则蓬勃发展，充满生机。广大妇女几乎人人擅绣，绣品风格活泼，内容多样。明代有以顾绣为代表的南绣和以鲁绣、京绣为代表的北绣。至清代更有了地域风格鲜明的"四大名绣"——苏绣、湘绣、粤绣和蜀绣。这些绣系都不同程度地趋重于观赏，绣品多以绘画为稿本，显示了高超的技艺水平和精益求精的时代风尚。

明清的织染图案内容极为丰富，盛行以谐音、寓意、假代、组合、象征等为表现手法的"吉祥图案"，其健康主流反映了广大劳动人民追求幸福生活的美好愿望。

四、编结工艺

1.编结意蕴

编结是人类最古老的技艺之一，大概不会晚于石器的加工。考古研究证实，编结物普遍存在于新石器时代。

在汉语中，编，指古代串联竹简的皮条或绳子；结，则指用线绳等物打成结或编织，也指织成之物。这是"编"和"结"两字的基本字义。从字面意思来看，原始的编结形态大概是条状的，即利用天然植物纤维或线材绞、纠、扭成的"绳""索"。随着人们对线绳间经纬关系的认识和掌握，编结形态也逐渐由条状扩展为面状以至体状。也就是说，由最初的经与经的线性连接关系(线、绳、索)，发展到经与纬的平面交织关系(面状编结物)和立体交织关系(体状编结物)，表示着原始编结实践的不断深入和扩展。

在还没有出现文字的远古时期，先民靠用绳子打结的办法来记载事情，大事打大结，小事则打小结。如《易经》所说："上古结绳而治，后世圣人易之为书契。"结绳记事的实践方式，以后发展演化出了人类最伟大的创造——文字。线性的中国文字笔画、结块状的中国汉字字形、丰蕴线条意韵的中国艺术形式……这一切，和"结绳记事"的原始编结经验不无关系。

传说，远古的包牺氏曾结绳为网，用于逮兽捕鱼。这张利于原始人生活的"网"，体现了先民对线绳之间的经纬关系的认识和把握。利用罗网的原始狩猎实践和经验感受，逐渐把"网罗""网络"的意象扩展到宏观的社会族群组织系统，转化成一种具有巨大文化意义的中国社会政治意向。从宏观治理的宗法制度到微观组织的户籍措施；从儒家经典及训解阐释儒家经典的经学到考证经文名物的纬书；从土地规划的井田制到城市格局的九经九纬……这一切，都是可类比于原始编织的经纬关系的社会化，都让人很容易联想到那张"以田以渔"的包牺氏之网。由网子而至社会政治的网格结构，那根被称作为"纲"的总绳，无疑都是极其要紧的。"纲举目张"的狩猎要领，同样也是经纬家国的要领，因此"纲纪""纲常""纲维"，历来被中国古代统治者视若生命。

中国人利用"经"和"纬"的交织变化，编结出了美妙的器物，创造出了"化腐朽为神奇"的业绩。中国的编结艺术中，有筐、箕、篮、席、笠、桌、椅、箧等无数的实用器具；也有模拟禽兽花果、人神灵异形象的各色观赏品物；还有同心、方胜、盘长、双钱、万字、如意、绣球、十全等形式的百般"中国结"。在中国工匠手里，不仅复杂的编结物总有巧构美形，就连简单基本的编结技巧，也能转化成最单纯却意味无穷的装饰花结。"八结"也好，"百吉"也好，种种花结莫不寓寄深深的吉祥美意。

2.编结经纬

编结工艺在中国经历了漫长的发展历史。浙江余姚河姆渡文化遗址曾出土过上百件苇席残片，堪称中国目前发现的最早的编织物，距今已有7000多年。这批苇席残片虽已腐烂，仍可看出编法为二经二纬，经纬分明，结构紧密、纹理均匀简洁。浙江吴兴钱山漾的新石器时代遗址中，出土过竹编的篓、篮、簸箕、谷箩、竹席以及渔业、蚕业和农业的用具达200多件。这些竹编的技法和纹理比较丰富，有人字、菱形格、梅花眼、十字等多种。采用"辫子口"技法来处理竹编的边缘，既有固定保护作用又能产生对比的美感，颇具设计匠心。北方陕西一带仰韶文化陶器的器底，留下了当时的编结物的印痕，所见到的编结方式有斜纹、缠结、绞结、棋盘格和间格等。这些珍贵的遗物表明，编结工艺的基本传统和许多技法，早在新石器时代便已初步奠定。

战国秦汉时期，中国编结工艺则达到了相当高的水平。从湖北江陵战国楚墓出土的一批竹编器物来看，无论采用人字、十字、方格或是矩纹，还是运用六角形空花、八角形空花或是盘缠编织法，技艺都非常精湛，图案也非常美观。江陵沙塚一号墓出土的一件竹席，系用漆成红黑两色的篾片编结而成。其花纹组织严谨规整、色彩对比鲜明强烈；横平竖直的空间分割和米字形适合纹，处理得十分贴切自然，具有很强的装饰感，可谓战国的竹编珍品。湖南长沙马王堆一号汉墓出土的笥、篓、熏罩、席等物品，显示了汉代竹编的高超技艺。除大量的竹编外，该墓还出土有草编的席子，纹理颇为精美。

据史书记载，草、柳、麦秸等材料的编结工艺在北方地区已很普遍，南方的福建、广东等地区则以藤编最为发达。新疆境内出土的柳编长方盆，反映了当时的编结水平。

由于材料的关系，历史上的编结物不易保存下来，加上文献记载也不多，因此难以了解每个时代的具体情况。但可以肯定，唐代以来，日常生活用品的生产日趋发达和繁荣，无论生产规模、种类品质、工艺技术和艺术水平，都不同程度地超越了以往。而且，在历史传承的深厚基础上，逐渐形成了一些富有鲜明地域特色的专业产地和地方特产。如宋代闻名全国的编结特产就有扬州莞席、常州龙凤细席、广州藤席、贺州龙凤花纹簟、虔州竹梳箱、福州和泉州白藤箱、新州藤帽、象州和宾州藤器、温州竹丝灯、苏州席、袁州竹鞋，等等。各地这些优秀的民间编结品，倾注着广大工匠的智慧和才艺，实用而美观，以致长期被统治阶层纳为贡品。

中国传统编结工艺的格局，包括技艺和品类，早在明清时期已经大体定局。竹、藤、棕、革、麻、柳、葵等材料，都物尽其用地汇进日益精良的明清编结工艺大潮。精致化的发展趋向也在清代编结物上有明显表现。巧夺天工的技术、细丽精美的纹理和颖异奇妙的构形，自然令人惊叹称绝。

不妨立足当代，粗略地浏览一下几种主要的编结工艺。

竹子，主要产于中国南方地区。以篾片篾丝为原材料的竹编工艺，在南方最为发达。中国竹多达250余种，竹编选材要求杆直节长、质密柔韧、光洁无斑，故以慈竹、水竹、南竹、毛竹、淡竹、箬竹等最宜。竹编工艺通常有破篾片、劈篾丝、蒸煮、染色、刮修、打光、编结等数道工序。至于编结技法，各地则各有传统高招，为数甚多。产地尤以浙江东阳、嵊县，湖南益阳，四川崇庆、梁平、成都，福建泉州和安徽舒城等最负盛名。东阳素有"竹编之乡"的美称，以拟形(主要是动物)竹编最有特色。嵊县竹编以食篮、果篮、套篮驰名，往日伴随江南书生进京赶考的"考篮"，多为该地所出。20世纪中叶以来逐渐发展了模拟动物造型的竹编，别有一番情趣。

重庆竹编工艺冠盖西南，为当地最有群众性的传统手工产业。出品以兜、篮、碗、扇、灯笼等日用品为主，也有一些为玩赏性的玩具或花插等；其技艺以经纬编结法为主，结构紧密结实，设色浓艳鲜丽，洋溢着浓郁醇厚的乡土气息。成都以出产瓷胎竹编著称，当地工匠善于紧扣胎形作编结装饰，技高工精，独辟一途。梁平则以竹帘自成一格，以后还发展了竹帘画。

益阳有"竹器城"的美誉，素以质地纤细、平整滑爽、吸汗散热、柔韧耐用的水竹凉席名扬四海，被世人誉为"薄如纸、明如玉、平如水、柔如帛"。除精美的艺术效果外，经过特殊处理的凉席，还有防蛀防霉的优良性能。安徽舒城亦以竹席著称，号称"舒席"，早自明代便是贡品，它和益阳水竹凉席有异曲同工之妙。泉州出产有特色的漂白或染色竹编器物，做工和品质皆属上乘。

善于因地制宜的工匠，在长期的实践中筛选出诸多适宜当地特点的优良编结草料。例如，华北诸省多取蒲草、油草、苇草、琅玡草、马绊草以及麦秸、玉米皮等；东南沿海一带主要用黄草、苏草、席草、金丝草、马兰草、竹壳等；两湖地区多用龙须草、蔺草、荇草等；两广区域则主选芒箕草、水草、龙须草、蒲草、葵树叶等。各地的草料虽名目不同却有共同的特点，即草秆光滑节少、质地坚韧柔软，经得住编结或使用过程中的弯拉曲折。

但凡草料，采割来后皆需必要的初加工，如挑选、劈分、晾晒

等，有的还要熏蒸、漂白或染色。各地编结技法不尽相同，但不外乎
结、编、辫、捻、搓、拧、串、盘、绞之类；编结格式以十字格、人
字格、米字格、几何形、空心方角、六角、八角和梅花眼等所用最
多。草编中，以经纬交织为本、以经纬间隔求变的平编法，是最基
本、最常用的技法，其他如不露经的绞编，用盘、绕、扣、结出花的
编花等，都以平编为基础。当然，不同草料，不同编结对象，自有相
应的特殊手法。如玉米皮编结常用缠扣和棒槌扣；编结草帽则须预先
以经编、拧编或胚编法编制草帽辫，复以之盘构成帽。

草编是最为普及的一种传统手工艺，产地遍布全国，出品皆为日
用品，尤以席、垫、帽、篮、盒一类的器物为多。浙江宁波，湖南临
武、祁东，广东高要、肇庆和东莞，广西富中，江苏苏州，湖北沔阳
等，都是著名的传统草席产地，出品精良而有特色；浙江慈溪、康
谷，山西潞城，河南清丰、南乐、沭阳、鹿邑、荥阳等，以草帽辫名
扬四方；山东烟台、青岛、莱州、龙口、临沂，浙江台州，上海嘉
定，福建福州，广西钦州、融水、三江、德保，甘肃秦安和天津等，
各有不同风采的草编器物盛行于世，皆为久负盛名的传统产地。

棕编，是一种以棕树叶为原材料的编结工艺，主产于西南地区，
尤以四川新都新繁镇和贵州思南塘头镇的出品最为精良。采来的棕树
叶，须经破丝(或搓成细棕绳、棕辫)、硫磺熏浸以及染色后，方能进
行编结。品种以鞋帽、包盒、扇垫之类的实用物居多，具有坚韧柔
软、耐磨耐潮、比草制品经用经重的优点。

用黄麻、剑麻、苎麻等天然麻类植物为原材料编结的物品，即为
麻编。天然麻料要经理丝、漂白、染色并预先编成麻绳或麻辫后，才
能进一步作编结之用。浙江一带是中国黄麻编结的主要产地，出品有

网袋、地毯和杂品三大类。

藤编是以天然藤材为原料的编结物。云南腾冲和广东南海的藤编，历史悠久、工精艺尖，名闻全国。藤编所利用的是棕藤，青藤，灰藤，佛肚藤的藤皮、藤芯或藤条，用时须经漂白、染色处理。藤材有优良的弹性和防腐防潮性能，通常被用来编制桌椅、屏架之类的家具和篮篓、箱盒之类的盛贮器。色呈白黄，质地细润的藤编，别有一种朴素而高雅的美感。

柳编多出于北方，主要产区有河北沧州、固安，天津，内蒙古哲里木盟，河南开封、商丘，山东临沭和陕西北部一带。沙柳、白柳、杞柳、季柳等柳树的枝条，经修整去皮后染色，即可用作编结原料。柳编制品以篮筐、椅架居多，亦有花瓶、宫灯、坐墩一类较精细的陈设品。柳编造型敦厚饱满，质地粗疏朴实，格调粗放劲健而不失精巧匠心。

采用葵树叶和叶柄，编结篮、包、盒、扇、帽、席、垫和帘画等制品，是广东新会一带的传统特产。当地土壤含矾，葵树生长茂盛，葵叶具有良好的编结性能。为使原材料洁白、松软、富有弹性，当地人在嫩葵叶刚抽芽变青时，便要把它包扎起来，以满足编结高档产品的要求。考究的制品，除编结的装饰纹样外，有的还施以彩绘或烫绘装饰，显得质朴而清雅。

五、木作工艺

1.大小木作

对于木质材料，中国人似乎情有独钟。

大凡木制行业的林林总总，古人一言蔽之为"木作"，并有大、小之分。"大木作"通常指构造房屋之木架；"小木作"则概指木构家具以及各类木制器用和精细的建筑装修等。就中国木作艺术的整体情形来看，大木作和小木作属于同一技术体系，彼此互相影响、相互促进。先起并早熟的大木作的构架技术和形制，奠定了小木作的构形趋势和基本风貌。可以说，中国木家具乃是中国木房屋的精妙缩写，后者最要紧的东西——"架构"，在这里得到了精炼的陈述和卓越的发挥。

中国的传统木作工艺涉及面很广，除建筑、家具外，还有生产工具、交通工具等。如农具中的犁、耙、镰、锄、枷、辘轳、翻车、风车、龙骨水车、水碓、连磨等；纺织工具中的络车、纬车、织机、缫丝车、提花机、竹笼机、绫机等；交通运输工具中的漕船、渡船、帆船、巨型海船，以及独轮车、双轮车、四轮车等等。在各行各业的生产中发挥重要作用的木制工具，其形制

结构不仅符合生产实用的科学原理，有利于生产效率和产品质量的提高，而且显示了高度的艺术设计匠意，具有很强的形式美感。例如沿用至今的江东犁，就是功效与审美紧密结合的杰作。

木作工艺的发展离不开对木料的广泛开发和巧妙利用。中国人对木料的选择极为讲究和重视，对木质的性能、色泽乃至纹理要求尤为苛刻。经过长期的摸索和积累，中国人总结了一整套用木的规律，开发出繁多的木料种类。紫檀、红木、乌木、樟木、楠木、柏木、榉木、黄花梨、柚木、柞木、榆木、杞梓木、银杏、柳安、百日青、黄杉、红松、水曲柳、黄丹、白檀、云木等，是建筑、家具最常用的木材。这些名贵质优的木料以其特有的坚实、温厚、弹性、韧性以及天然的美色，为人们提供了丰富的用途和审美享受。

在长期的木作实践中，中国的能工巧匠们还总结了许多造型结构的方法，其中"攒边作法""榫卯作法"最为著名，其科学巧妙、经济美观、严谨牢固为其他方法所不能比拟和替代。

"攒边"是将板材装入45°角榫构合的带有通槽的边框内，以加强板的牢固的一种方法。其优越性在于：薄板可当厚板使用，节省材料；保持家具框架式结构的统一性；边框通槽留有一定的余地，即使"心板"因干湿发生缩胀，也不会发生松动或变形；可将心板粗糙的断面隐藏在通槽中，使家具的各部分都显露出纵向的完整纹理，充分展示材质的天然美感。"攒边作法"是我国传统木工工艺的一个重要发明。

"榫卯作法"是将各个部件结合起来的一种方法。榫卯的类型非常多，如燕尾榫、龙凤榫、夹头榫、抱肩榫、圆棒榫、直角方榫、楔钉榫、长短榫、粽角榫、札榫、插肩榫、格肩榫、勾挂榫、槽口榫等。榫卯的功能大致可分为三类：第一类是将材料部件接合或拼合起来；第二类是将材料部件作横竖丁字结合、成角结合、交叉结合；第三类是将三个部件组合在一起。榫卯是中国木作工艺造型的主要结构方式，比钉定、胶粘更坚实精密，它顺应了木材富有弹性的天然品质，而且在外观上具有一种工艺制作的形式美感。

2.起居架构

远在新石器时代，长江流域的河姆渡文化区域，就出现了栽柱式地面建筑和栽桩架板的干阑式木构房屋。干阑式屋制出于对低洼、潮湿环境的适应，能起到与湿地隔开的效果。这种建筑的木构件之间，已普遍采用榫卯结合。这是中国木作工艺的开端，也是中国榫卯结构方法的起点。

从新石器时代晚期到魏晋南北朝时期，中国木作工艺的诸多传统已基本确立。

就大木作而言，这一时期中，中国工匠通过营造实践，创造了抬梁式、穿斗式和井干式三种主要构架形式；建构了宫殿、民居、寺庙、宗祠、楼台、亭阁、塔桥、园林等基本建筑类型；确立了台基、柱身和屋顶三分的建筑立面格局，和一堂二内双开间的建筑平面格局；形成了以木构为主、尚平面铺开和对称组合，重日常实用，适自然环境，巧内外修饰，富线性流动感和数学节奏感的基本艺术特征。总之，中国古代木架构建筑结构体系和建筑形式的一些重要特点，在这一时期业已基本形成。

三种木构架形式中，以抬梁式、穿斗式影响最深远、意义最巨大。抬梁式，是沿房屋进深方向，在基础上立柱、柱上架梁、梁上重叠瓜柱和梁、顶梁上再立脊瓜柱而构成的一组木构架。这种应用范围最广的构架形式，在春秋时代已初步完备。穿斗式，也是沿房屋进深方向立柱，但不用架空的抬梁，而以数层"穿"贯通各柱构成一组组木构架。它在汉代已经相当成熟了。

魏晋南北朝以前，中国古人一直保持着"席地而坐"的原始习惯，故家具形制多为低矮型，其样式有床、几、案、箱、柜等。河南信阳出土的战国大木床、漆案等，使我们一睹古老家具的风采。它们尽管"板"味颇重，但能明显感觉到"架构"因素已在生长之中。清晰的结构，精细的做工，腿脚和边缘颇考究的装饰变化，以及髹漆、雕刻等装饰手法的运用，显然是后世作风的先行。东汉末年引进胡床，这是好尚垂足而坐和高足家具的预示。汉代家具在继承战国式样之外，还出现了榻和屏风等，装饰手法则新出金银铜扣、镶嵌、金银箔贴花等；色彩以红、褐、黄为基调，形制风格显得浑厚粗犷、简洁大方，装饰趣味则趋于华丽精巧。

魏晋南北朝时期，胡床在民间使用渐多，并出现了椅、凳等高型坐具。这是中国古代家具史上的重大转折标志，从此，家具由低向高发展。值得注意的是，这时期床榻等家具的下部，有了"壸门装饰"。这种装饰形式与当时石窟艺术的佛龛颇为相似，显然，建筑与家具的联系是密切的。"壸门装饰"后演化成家具上的一种特殊结构壸门式结构，并沿用了几百年，直至框架式结构出现为止。

隋唐至宋元，中国木结构建筑体系趋于成熟。唐代工匠融合传统与外来因素，推出了古朴浑厚、气势雄伟的大唐建筑。"营造法式"的颁行和礼仪制度的发扬，促使宋代建筑在构造、格局、装饰形式上更定型化、制度化。庄园、园林、家庙、牌坊、楼阁等建筑类型，在宋代颇受重视、颇为发达。这一时期，是中国传统家具开始走向成熟的重要时期。垂足而坐的普遍习尚，促进着高型家具的发展。从当时的绘画和敦煌壁画上，我们能感觉到高型家具的普及。唐代《宫乐图》和五代《韩熙载夜宴图》所描绘的长桌、圆椅凳、床榻等，构形雄阔饱满，"流苏""金属包角"等装饰十分华美精巧。包角既为装饰，又起护角强固作用，这种亦装饰亦结构的作风，乃是以后不断发展完善的中国家具艺术的审美特征和造型传统。

至于宋代，矮型家具随席地而坐生活习俗的彻底改变而淘汰，高型家具的品类样式已近完备和定型，并广泛流行民间。受建筑风格和形制影响，宋代家具出现了"梁柱"式的框架结构。这是传统家具走向成熟的极关键的一步，"架构"因此全面地在家具上生成。这种梁柱式框架结构形式符合力学原理，且制作相对简便，以至很快就取代了沿袭数百年的"壸门式"结构形式，成为一统天下家具的新模式。宋代木构家具的细部处理很精到，起用了装饰性线脚、束腰、马蹄足及各类交角处的丰富多样的牙子。这些兼得结构和装饰的处理，将美和用有机统一，显然是先前"包角"一类卓越匠意的发扬光大。宋代家具造型装饰日益考究丰富，艺术风格日趋精致细巧，而功能结构则日臻合理完美。

作为中国传统家具史上重要转折期的宋代，以其突破性的变化为家具艺术高峰期的到来提供了必要的准备和坚实的基础。

明清，是集大成的时代。中国木作艺术特别是家具艺术迎来了辉煌。中国传统家具的两种主流风格样式——"明式"和"清式"，在这一时期奠定成熟。这种成熟，是"架构"的成熟，是框架式结构形式的最终定型和尽善尽美的再发扬。作为中国传统家具艺术的优秀定式和美学风范(特别是"明式"),它们对后世的家具制造产生了深远的影响。

3.木作"双璧"

在中国传统家具中,明代家具已被公认是最卓越的。明代工匠为中国传统家具创造了一种后世不断追摹的主流样式——明式家具。

明式家具之所以能达到空前的高度,除了当时文化发达、经济繁荣、生活富庶外,还有一些更直接的因素,例如,园林建筑的大量兴起,随海运发达而带来的优质木料,工具的完善和种类的增多,以及审美经验的积累,审美趣味达到新的境界等。

一般地说,明式家具选料考究、造型简洁、结构合理、做工精巧、装饰纯朴,具有疏朗大方、儒雅庄穆、精炼朴实的气质。就制作而言,明式家具采用"攒边"和"榫卯"技术,追求坚稳、精确的结构,规矩匀实的线角和光洁平滑的器表。造型上,明式家具采用框架式结构,讲求挺拔端庄、明快洗练、固直方正。明式家具不尚雕饰,追求朴素自然的装饰美感。明代工匠十分重视家具与环境的关系,制作出适用于书斋、厅堂或卧室等不同环境的成套家具。这种已成为室内装饰和环境设计重要组成部分的家具样式,表明明代工匠已突破了狭隘的家具概念,具备了从单件到组合、从局部到整体乃至整个空间环境的总体设计意识。

清代早期的家具直接继承明代传统,形制、风格与明式家具无多大差别,到了雍乾年间才出现了明显的转变,开始趋向奇形巧制、繁纹缛饰、豪华富丽，从而形成了中国传统家具另一主流样式——清式家具。就制作工艺而言，清代家具达到了炉火纯青的地步。无论是结构的衔接还是线角的转折；无论是雕刻镶嵌还是描画绘饰都不逊色于明代，甚至有所发展。

纵观中国家具史，最成熟、最完美、最有代表性的家具多出于明清两代。无论是选材加工还是造型装饰，明清家具都达到了登峰造极的水平，堪称中国传统家具的瑰宝。而且更重要的是这两代的家具作风和成就，为中国传统家具创造了代表着两种审美理想的优秀定式和风范，即"芙蓉出水"般的明式家具和"错彩镂金"般的清式家具。清末所谓"京作""苏作""广作"等家具样式都是对明清定式的追慕。

明式家具以精致但不淫巧，质朴而不粗俗，厚实却不沉滞见长。它的纹饰取材雅逸超脱，颇有"明月松泉""阳春白雪"的雅逸之趣。明式家具多以名贵的硬木制成，材料本身就带有优美雅致的色泽和纹理。为充分体现木质的自然美，其装饰多在局部进行，而留下大量的素面，纹饰结构多简洁明快，显得严谨有序、匀称贴切。

清式家具以雕绘满目、绚丽华贵见长。强调各种题材和形式的装饰，吉祥图案非常盛行。为适应繁缛华丽的审美趣味，其纹饰结构大多采用自由的满铺形式。清式家具也讲究材质的选择，但更重工巧之美。因此，在清式家具上少见大片作素，更多的则是在一件家具上兼施多种工艺装饰，如雕刻加镶嵌、彩绘加贴金、包铜或珐琅装饰等。

六、髹饰工艺

1. 髹饰意蕴

漆器，是最有特色的中华传统手工艺之一。

其实，"漆器"这种说法，并不十分贴切。因为除了脱胎漆器是纯漆所制外，多数"漆器"不过是以漆饰物。还是古代的说法——"髹饰"，更贴切达意。

髹，或作髤，"以漆漆物谓之髹"。髹即用漆涂刷器物。饰，则寓漆之装饰和饰纹之意。所谓髹饰，乃髹漆和漆饰之综合义，既指用漆来装饰器物，亦指以漆为文饰的制品。"髹饰"一词，最早见于《周礼·春官·巾车》。

漆，最早没有"水"旁，是个象形字。《说文》曰："木汁可以髹物，……如水滴而下。"可见，漆字本义是指出于树木、可用来髹饰器物的天然汁液，即一种天然漆。就现代意义而言，作为黏液状涂料的统称，漆包括天然漆和人造漆两大类。但是，几千年来，中国髹饰之漆皆为天然漆，即产出于漆树的天然树脂涂料。它构成中国传统髹饰工艺的准确注脚之一。

中国人称天然漆为大漆（又名土漆、中国漆），系中国特产，产地广布于陕西、河南、安徽、浙江、湖北、湖南、贵州、四川、广东、广西等省。刚从漆树上采割下来的生漆为乳白色胶状液体，接触空气后，逐渐氧化，由褐色转成紫红色以至黑色，至此即成熟漆。漆工把大漆由生到熟的颜色变化，总结为"白似雪、红似血、黑似铁"。大漆自行干燥后的漆膜，坚硬而富有美丽的光泽，具有独特而优良的透明性、耐久性、耐磨性、耐热性、耐油性、耐水性和耐溶剂性，是一种不可多得的卓越漆料。生漆或熟漆是配制各种漆料的基本成分，如调和熟桐油即成广漆，调配颜料则成各种彩漆，其他如推光漆、明光漆、银光漆、笼罩漆等，都是用生漆或熟漆为基料调和配制的。彩漆中最基本也最重要的是朱漆即红漆，所调入的成分是天然矿石硫化汞——银朱。其色泽鲜艳沉稳，经久不变，既可髹涂又可描绘。

据《韩非子·十过》记，虞舜时期，"斩山木而材之，削锯修之迹，流漆墨其上，输之于宫，为食器"。原始的髹饰器物，是实用的木胎食器，所髹之漆为黑漆(即漆墨)。至于大禹时期，髹饰器物大受重视，以至食器转型为祭器，且以黑漆和红漆分髹器体之外内，即所谓"舜禅天下而传入禹。禹作为祭器，墨染其外，而朱画其内"。这种髹漆制式，竟和浙江余姚河姆渡新石器时代文化遗址出土的一件漆碗完全一致。这件外涂黑漆内髹红漆的木碗，是中国迄今发现年代最早的髹饰器物。红色与黑色，从此成为中国髹饰工艺的色彩象征，一种亘古流行的漆色传统也从此奠定。尽管未解其中的奥妙，但是，漆朱与漆墨，实实在在地主导了数千年中国髹饰的装饰格局和色彩基调。只能说，那绚丽而沉雄、明快而敦厚、光耀而幽邃的流漆朱墨，最切合抒发中华民族那深邃旷远、蕴藉沉静的心志与情怀。

髹饰工艺的一般程序是：用木材等构成胎体，造型后在其上作地

（包括涂猪血老粉或油灰、压麻糊布，经一麻五灰十八遍后再钻桐油），待地干透则髹漆三遍，再磨推出亮，制成漆胎；复在漆胎上，或镶嵌，或雕填，或彩画，或刻灰，施以装饰而至最终完成。髹饰的胎型几乎没有限定，有木胎、竹胎、篾胎、藤胎、布胎、皮胎、金胎、银胎、铜胎、锡胎、陶胎、瓷胎，还有夹纻胎以及脱胎，等等。用于髹饰工艺的装饰材料十分丰富，常用的有螺钿、蛋壳、玉石、彩石、玛瑙、绿松石、珊瑚、象牙、珍珠以及金银等，它们的介入是对"漆黑"的冲破和衬托。髹饰工艺的装饰手法也十分丰富，其中主要为镶嵌、雕填、刻灰、堆漆、彩画和雕漆。就艺术效果而言，这些手法可以化"漆黑"为"亮丽"。

2.漆艺简史

自从萌生于新石器时代后，髹饰工艺随历史放步数千年，潇潇洒洒，一气相贯，发展至今。

商代留下的是"花土"和残片。所谓"花土"就是雕花髹饰木器印在墓葬夯土上的痕迹，这在殷墟武官村和安阳西北冈等墓葬中多有发现。从依稀可辨的饕餮纹、龙纹、虎纹、回纹印迹上，可知当时的髹饰纹样与青铜装饰风格相似。红地黑花的髹饰残片，记录了商代漆艺的色彩形式。有的花纹中还嵌有绿松石或贴饰金箔，看来镶嵌和贴金装饰手法已经运用。作为后世螺钿的前身，镶嵌蚌泡在周代髹饰工艺中普遍流行。车辆、兵器和编织物等，在当时都是髹漆的对象。

冶铁业的崛起，带来手工工具的变革，春秋战国的髹饰工艺也为之促进，生产和发展空前繁荣。性能优越、轻便实用的髹饰物，构成对青铜器的冲击，在生活日用方面尤其占有日益重要的地位。战国时期出现了木片楼粘胎、皮胎和用漆灰麻布制成的夹纻胎，丰富了器型并增进了变化。采用描绘、银扣、针刻等手法处理的饰纹，包括动物纹、云气纹、几何纹和狩猎、舞蹈、车骑人物纹等，皆构图精巧，色彩鲜丽(多为黑地红纹)，形象生动活泼。战国髹饰工艺，以南方楚国最为发达。绚烂绮丽的远古传统，在楚地的髹饰物上得到了充分的表现。湖北江陵出土的彩绘漆座屏、双凤鼓架，湖南长沙出土的彩绘漆奁等，都是一代卓越漆艺的代表作。发达的战国基础，支起了中国髹饰艺术史上伟大而辉煌的丰碑。这丰碑刻满了飘荡的云气、奇异的鸟兽、惊险的狩猎、欢快的歌舞、气派的人物……它们表述着大汉帝国的雄强和浪漫。无论产地产量，无论品种技艺，汉代髹饰工艺都胜出战国一筹。所谓"一杯楼用百人之力，一屏风就万人之功"的巨大投入，显示了其时统治者对漆艺的奢华追求和高度重视。这对漆艺的发展，起到了推波助澜的作用。

汉代出现了漆礼器等新品种和漆鼎、漆钫等大型器物，造型样式较战国丰富且变化多端，同样是漆盒就有圆、方、长方、椭圆、马蹄、鸭嘴等多种形式。造型讲求实用与美观的结合，表露出巧妙的设计匠意，如一个大圆盒中容纳不同形状小盒的"多子盒"，既节省位置，又和谐美巧。在保持战国格式的基础上，汉代漆艺装饰更趋程式化、图案化，具有非常强烈的节奏感和线条流动感，装饰韵味十分浓厚。装饰手法除最为主要的彩绘外，铜扣装饰发展很快，贴金片应用更广(为唐代"金银平脱"的铺垫)，还出现了玳瑁片镶嵌(为"螺钿"的先例)和堆漆装饰。漆色上，除保持红与黑的传统格局外，还向多彩方向发展。青瓷于六朝的发展，削弱了漆艺在日用生活领域的影响。但是，髹漆技术却取得了三项突出的成就：利用夹纻法塑造可供游行的佛像；用数种色漆或深浅不同的单色漆交混而产生斑纹变化的斑漆；呈色暗绿、深沉静穆的绿沉漆。可见，色漆和调色技术在当时有新的发展。

雄厚的国力和丰腴丽韵的审美时尚，将唐代漆艺推向富丽华美一途。汉代的贴金片终于在大唐演成金银平脱装饰法，并新创了一种称作"推光"的研磨工艺。以螺片镶嵌作装饰花纹的螺钿工艺，在唐代得到很大发展。洛阳唐墓出土的花鸟人物螺钿镜和日本正仓院保存的一件螺钿为饰的五弦琵琶，都极为瑰丽工巧，是当时螺钿工艺最高水平的代表。后来称为剔红(用朱漆)的雕漆工艺，是唐代的一项新创造。其做法是先在漆胎上髹漆数十层，累积一定厚度后，再施以雕刻，"雕法古拙可赏"。

从宋到元，漆艺作风日呈成熟之美，品格精雅而不失纯朴。

在继续发展和提高彩绘、螺钿、雕漆等传统技艺的同时，宋代还创造了一些新的髹饰技法，其中以金漆和犀皮最为突出。金漆，顾名思义是指用金粉作为漆器的装饰，主要有戗金和描金两种做法。以特制工具在漆面雕纹，将漆上在纹线中，再填以金粉，此即戗金。它为宋时所创，但雏形却可追溯到战国的针刻。根据此法，填以银粉称戗银，填以彩漆则称填彩。描金也称泥金，是用金粉直接在漆地上描绘纹饰。犀皮的做法是：先用稠漆在器胎上涂出凹凸不平的漆层，干后再分层髹上各种色漆，最后用磨炭打磨，并显现出如同"片云、圆花、松鳞"的斑纹。以斑纹为征的犀皮，实际是六朝的斑漆的发展。

元代髹饰工艺特别是雕漆和戗金，有着显著的发展，技艺更为精湛。尤擅剔红的浙江漆工张成、杨茂，其作品名重一时，且传扬海外。在日本，他们被誉为"堆朱杨成"，他们所在的嘉兴西塘杨汇，

其时成为中国漆艺的一个重要产地。明初永乐时，皇家漆艺作坊"果园厂"在北京设立，由张成之子张德刚掌理艺事，为宫廷髹漆造器，所出雕漆卓越空前，誉称"厂制"。以"厂制"为代表的明代雕漆，刀法圆润精熟，纹饰饱满生动，格调浑朴古雅，可谓中国雕漆艺术的最高典范。除官家作坊外，明代遍布全国的民间漆艺作坊也取得很大成就，并涌现了许多名工巧匠。例如，嘉兴有以"姜千里式"螺钿为名的姜千里，习倭法而自成"杨倭漆"的杨埙；扬州有创制"周制"百宝嵌的周翥；苏州则有以金漆彩绘名世的蒋回回。

问世于明代的《髹饰录》，是对中国髹饰工艺史的一大贡献。这部中国现存唯一的古代漆艺专著，由安徽新安著名漆艺家黄大成写成。它详细叙述了漆材、漆工具、制漆诸病、色漆制配以及种种髹饰方法，并系统阐述了漆艺的制作原则，对髹饰实践产生了深远的影响。

清代的髹饰艺风，在总体上趋于纤细繁缛，有失传统漆艺的浑朴健美。但中国髹漆技术于清代全面发展，并逐步形成北京（雕漆）、扬州（螺钿）、福州（脱胎）等各有特色的制作中心。这种专业生产格局，一直持续到近代。乾隆时期，福州艺人沈绍安运用传统夹纻技法，创造了脱胎漆器，这是一种纯粹的漆制品。

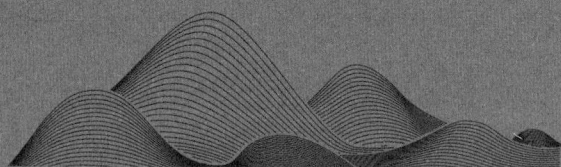

设计

鲁晓波

鲁晓波，设计学家，清华大学美术学院院长、博士生导师。

概述

设计的概念具有开放性，随着时代发展不断更新完善的过程。从本质上讲，设计是人类塑造环境的能力，人们一切有创造性的认知和实践都可以归入其中。维克多·帕帕奈克在《为真实的世界设计》一书中提出的定义——"设计是为了达成有意义的秩序而进行的有意识而又富于直觉的努力"这一定义将人类几乎所有的创造性活动都纳入了设计的范畴。

从原始社会开始，人类便在预想如何创造，试探性地迈出了设计的第一步。人们从各种各样的事物中汲取灵感，不断寻找更好的方案来解决现实问题。在石器时代、青铜时代和铁器时代，每一项开拓性的设计成果都深刻影响了人类文明的进程。人们制造出愈发精巧的生产生活工具，这些工具不仅使更多人得以生存下来，还使人类在眼、脑、手有机配合运作中大大提升了自身能力。可以说，设计塑造了人类。

中华民族是一个创造力很强的民族，在以造物艺术为核心的手工业时代，我们已经有许多举世瞩目的伟大成就——从原始社会的彩陶、先秦的青铜器、汉代的漆器和玉器、唐代的丝绸和金银器、宋代的瓷器、明清的家具，再到它们背后的生产技术、美学品格、文化内涵，都展现了令人惊叹的创造才能。

古代中国不仅有诸多巧夺天工的设计实物，还为世界贡献了富有智慧的设计思想。中国第一部系统的手工业著作《考工记》提出："天有时，地有气，材有美，工有巧，合此四者，然后可以为良。""天有时，地有气"强调顺应天时、适应地气，遵循气候、地理等客观的自然条件；"材有美"既强调取材上佳，又强调物尽其用，尊重材料自身的特质与美；"工有巧"则要求技艺高超、制造精良。天时、地利、材美、工巧，四者协调，方成上品。这一设计原则展现了东方造物哲学，至今仍被奉为圭臬。诸子百家的思想都在不同程度上对设计产生了影响，譬如道家提倡"道法自然""大巧若拙""朴素而天下莫能与之争"，塑造了崇尚自然之美、朴素稚拙的审美理念；墨家

提倡"先质后文，圣人之务"，主张物品应当先"求用"，其次才是"求美""求乐"，体现了中国古代设计追求实用的功利性特征；儒家强调"文质彬彬"，注重日用物外在形式与内在本质的统一。

在西方，"设计"的概念产生于15世纪前后，最初限定在艺术的范畴，意为艺术家通过一定的手段将心中构思的作品有形化。17世纪和18世纪上半叶，"设计"的含义有所扩充，意指做出艺术性的图案，或是想出一套建造方案。18世纪60年代，工业革命拉开序幕，流水线建构的大机器生产得到跨越式发展。随着社会分工的细化，设计师成为一个独立的职业，设计也超越了偏重于艺术表现的活动范畴，开始为标准化、大批量的机器生产服务。现代设计的概念，是18世纪后诞生的工业文明的产物。从古至今，设计作为一种解决问题的方案，全方位参与人们的起居日常。"衣、食、住、行、用"的所有人造物，都离不开设计行为。不断发展更新的设计，塑造着我们的生存环境和生活方式。

从经济的立场来看，设计是一种创造价值的活动。对于企业而言，设计力就是竞争力，无论是生产方面提高效率、降低成本、优化性能，还是营销环节通过包装、广告等提升品牌形象，都离不开优秀的设计。设计还是提高国家整体经济实力和促进产业结构优化的重要助力。意大利的服装、首饰、皮革制品等传统产业能够长盛不衰，秘诀就在于其强大的设计实力。我国面临从"中国制造"到"中国创造"这一重大转型，也需要培育自主知识产权，发展本土原创设计。

从文化的角度来看，文化是设计的土壤，设计是文化的载体。就国家形象设计而言，从新中国成立初期国旗国徽、十大建筑，到如今天安门广场上红飘带景观设计，反映着人们的审美偏好和价值取向。

中华民族传统文化博大精深，可以为现代设计提供取之不尽的灵感和素材，因此要做大做强设计产业，必须充分发挥我国的文化资源优势。在这一过程中，设计也会促进文化的传承与更新，推动优秀文化的对外传播。2008年的北京奥运会开幕式中，设计用自身的方式讲述中国故事，展现华夏风采，彰显我国的文化底蕴和综合实力，让世界都为之惊叹。设计已经越来越成为国家文化软实力的重要组成部分。

从科技和设计的关系来看，科技为设计的实现提供条件，设计促进了科技成果的转化。中国素有"瓷器之邦"的美称，从"类冰似玉""胎薄如纸"这些描述不难看出制釉技术、制坯技术和烧制技术对陶瓷艺术的重要影响。现如今，科技发展日新月异，不断涌现的新技术为设计提供了更加广阔的空间和机会。随着大数据、人工智能、新材料等技术的发展，未来还会出现更多全新的设计形态，释放出更大潜能和价值。

从社会的角度来看，设计以人为本，是改善民生、增进社会福祉的积极力量。面向老年人、残障人士等弱势群体的无障碍设计，尊重了不同群体的使用需求，能够让更多的人感受到温暖和关怀；面向教育、医疗、交通等领域的服务设计，创造了更加高效、文明的现代生活环境，促进了人的自由发展和社会和谐。

总的来说，设计关系国计民生，创造美好生活。未来，设计必将在数字经济、产业升级、社会创新、可持续发展、文化事业等领域中承担起独特的历史使命，为国家建设、社会进步、人民幸福创造更大的价值，凝聚更大的力量。

对于一件设计的评价，经常集中在两个方面：实用性和审美性。实用性表现为设计的实用功能。审美性表现为设计的形式美感，我们可以简单地将其理解为"好不好看"。形式上的美感可以带给人们感官的愉悦和精神的享受，提升设计的附加价值。

就多数设计而言，实用功能是首要的、根本的部分，形式美感则处于次要的、从属的地位。1896年，美国建筑师路易斯·沙利文提出了"形式追随功能"的观点，意思就是设计的形式美感应当从属于实用功能。但是在现实中，为了经济目的，有些商家会本末倒置，生产出"功能追随形式"的产品。日本民艺大师柳宗悦在《工艺之道》中写道："如今的器物多流于美之病态之美而忽视了实用，所以没有制作出达到实用要求的器物。"过于追求形式美而忽视实用功能的做法，比如对产品进行过度包装和过度装饰，显然不值得提倡和推广。因为设计不等同于艺术，它是从人类的现实需求出发，形式和功能的关系问题不仅关乎产品和使用者，还关乎自然环境。如果设计师们一味通过各种夸张无用的装饰细节诱导人们进行无节制的消费，环境问题就会变得更加严峻。1908年，奥地利建筑师阿道夫·卢斯发表了文章《装饰即罪恶》，他认为装饰代表了文化的堕落，是一种材料和精力的浪费；设计的物品是以自身的实用功能之美为美，花哨无用的装饰应当被去除。"装饰即罪恶"这种观点体现了设计师强烈的责任意识。现代设计已经广泛渗透于各行各业，工业设计、服装服饰设计、视觉传达设计、信息艺术设计、环境艺术设计等都是比较重要的领域。不仅如此，随着设计的专业化分工，每个设计领域还有许多分支。

一、工业设计

"工业设计"一词翻译自英文"Industrial Design"，最早是由美国艺术家约瑟夫·西奈尔在20世纪初提出的，如今"工业设计"已成为现代设计的主要组成部分，其含义和内容也随着时代的发展越来越广泛。国际设计组织(WDO,原国际工业设计协会)在2015年更新了工业设计的定义："工业设计是一个通过产品、系统、服务和体验的创新，促进商业成功，以提供更好生活质量的战略性解决问题的设计过程。它是现实和可能之间的桥梁。是一个跨学科的专业，利用创造力来解决问题并创造解决方案。目的是让产品、系统、服务、体验或企业变得更美好。在其核心上，工业设计提供了一种更加乐观的看待未来的方式，将问题重新定义为机遇。它将创新、技术、研究、商业和客户联系起来，在经济、社会和环境领域提供新的价值和竞争优势。"

基于WDO的定义，我们可以将广义的工业设计理解成是为了完成特定目标，通过构思建立具体实施方案，并利用现代化手段进行生产和服务的设计活动。而狭义的工业设计则普遍被理解为产品设计。事实上，在很多国家，"工业设计"几乎就等同于"产品设计"，或是将产品设计视为工业设计的核心。在这个意义下，工业设计被认为是解决人们衣、食、住、行等方面相关产品使用和生产的设计活动，而且这个活动的实施需要综合考虑技术、社会、经济、文化等影响因素。

工业设计虽然是将工业化赋予可能的设计活动，但需要明确的是，它不同于工程技术设计，作为现代设计的重要组成部分，工业设计无论何时都包含着美的因素、艺术的基因。也就是说，工业设计除了需要注重产品的功能性和产品使用时人机关系的合理性，还需要满足人们的审美体验。但是这里所指的审美又与单纯艺术品创作时表达的主观审美不同，设计追求的是一种相对客观的公众审美意识，其标准受经济文化、自然法则和社会系统环境等因素制约。因此，在艺术表现手法上并不能无视客观规律，随心所欲。工业设计所追求的重要原则之一就是需要将理性思维与感性思维有机结合。这事实上也就是中国人传统上做事讲究的"情理"。"情"指社会道德的感性原则，"理"则指自然规律的理性法则。合乎"情理"自古以来就是中国人所奉行的行为准则，而这正与工业设计所倡导的遵循自然与社会发展规律的原则相呼应。

工业设计需要解决人与产品、社会、环境之间的关系，是一个在实施过程中必须要系统考虑诸多方面因素的创造性活动。一项成功的工业设计活动，其开始的基础必然是综合考虑了生产技术、经济、社会文化、生态环境等诸多因素后才开始构思与进行决策的。设计师如果想在实际项目中将生产技术与文化、环境、美学、市场等设计要素相结合，协调好人—产品—环境三者间的关系，就需要同时具备工程学、生理学、心理学、社会学、经济学等领域的知识。所以说，工业设计是一门跨学科性极强的专业。

工业设计按照产品的种类划分，一般可以分为两大类。一类是日常生活产品的设计，主要包括：家具设计、家电设计、电子产品设计、文创产品设计等。除了上述与人们日常生活息息相关的产品设计之外，工业设计同样也涉及诸如交通工具设计、医疗器械设计、通信用品设计、工业装备设计等专业领域的产品内容。

尽管工业设计的种类繁多，但是其设计开发过程基本类似，可以被总结为以下几个阶段：首先是前期规划阶段，要求设计师在进行充分的市场调研和用户研究后，提出新产品开发的依据和初步设计规划；其次是方案构思阶段，要求设计师根据设计需求利用自己的想象力与创造力，提出新的设计方案；再次是模型制作与测试阶段，根据筛定的方案制作模型并进行测试，要求设计人员能与其他技术人员密切配合，以找到适合生产的最终方案；最后在方案正式投产和销售阶段，还须追踪市场反馈情况，为产品更新换代，推陈出新做准备。工业设计师需要有一双善于发现问题、发现真正需求的眼睛，充当生产者与使用者(或消费者)之间的沟通的桥梁，设计出既能满

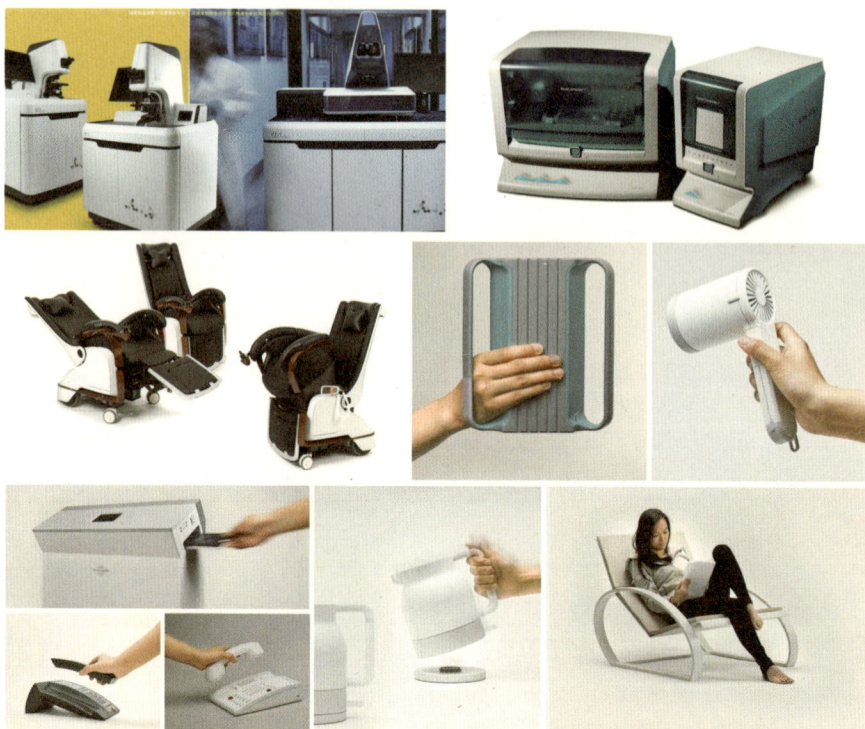

足消费者使用需要和审美需求，又符合生产者经济利益，并且可以体现一定社会价值的最佳产品。

1.国外工业设计简史

工业设计作为工业革命及工业化大生产以后的产物，其发展一直与科学技术、经济发展以及社会文化水平紧密相连。不同时期工业设计的艺术风格不但受材料和工艺发展的影响，而且也被不同时期的政治文化所引导，从而不断地变化。就其发展历程来看，工业设计的发展可被划分为以下三个时期：

第一个时期，是从19世纪中叶至20世纪初。欧洲各国陆续完成了工业革命，实现了由手工业生产向机器化生产的过渡。1859年，迈克尔·索奈特通过研发蒸汽曲木技术，设计生产出了兼具灵巧与优

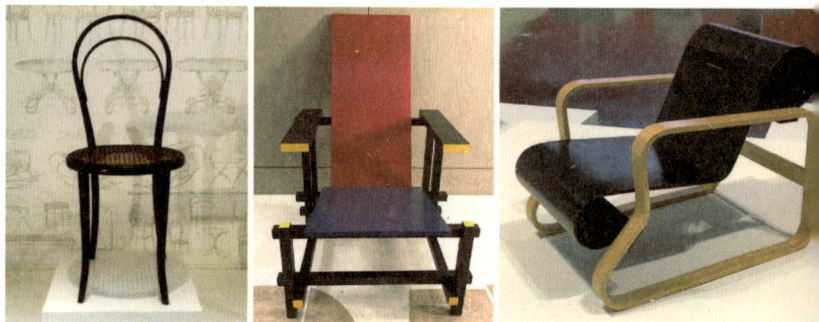

雅感的曲线形体家具，推出了世界家具史上第一把批量化生产的椅子——14号椅，是这一时期家具设计的典型代表作。但是，在这一时期，生产者们为了让机器化产品符合当时大多数人的传统的审美要求，往往会将原本手工业产品的装饰元素直接转移到新产品上，这就造成了严重的审美灾难，也由此激发了更多设计先驱们对工业产品设计形式和艺术风格的探索，从而引发了一连串的设计改革浪潮。如威廉·莫里斯所倡导的"工艺美术运动"，提出了"美与技术结合"的思想。而在19世纪末以法国为中心出现的"新艺术运动"，则反对程式化的古典装饰，倡导突出曲线的有机自然风格。1907年成立的德意志制造同盟，极大推进了工业设计的发展和地位的提升。此时设计的主要目的是为了探索如何提高工业产品的质量，降低成本，提升生产效率，以满足标准化生产需要。现代主义设计奠基者之一的彼得·贝伦斯为德国AEG公司设计的标准化水壶就是通过设计提升机械化生产效率的经典设计案例。此外，强调几何构图为特征的荷兰风格派和俄国构成主义等现代设计流派先后兴起。这些设计改革运动和艺术流派开创了技术与艺术相结合的设计趋势，促使欧洲的工业设计运动开始逐渐受到社会各界关注，并开始进入发展的高潮，为工业设计后续进一步的发展及应用推广奠定了基础。

第二个时期，是20世纪20年代至50年代之间。这一时期，强调功能主义、突出现代感和摒弃传统式样的现代主义设计成为主流。以格罗皮乌斯、密斯·凡·德·罗等为代表的现代主义设计大师们致力于探索新的设计道路，为现代设计教育的发展做出了巨大贡献。1919年德国"包豪斯"设计学校成立，其主要教学理念包括"艺术与技术的新统一""设计的目的是人而不是产品"以及"设计须遵循自然法则进行"，并积极提倡艺术家与工程师的合作。包豪斯奠定了现代设计教育的基本教学结构，标志着现代设计教育的真正开始。包豪斯培养出了一大批世界知名设计师，并诞生了很多经典设计作品：如著名设计师马塞尔·布鲁尔1925年设计出的世界上第一把钢管皮革椅——"瓦西里椅"；玛丽安·布朗特1927年设计的Model No.MT49茶壶被誉为现代

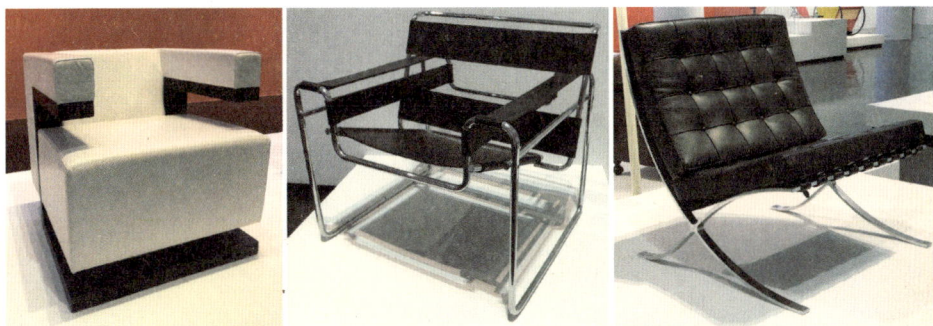

主义设计的精髓，也是包豪斯和建构主义美学的象征；密斯·凡·德·罗1929年设计的"巴塞罗那椅"是现代家具设计的经典之作，等等。包豪斯无论是从设计理念还是人才培养方面都对工业设计的发展起着极其重要的推动作用。

在二战期间，欧洲战火连连，由于美国本土远离战场，相对稳定的社会环境以及其科学技术发展水平等因素，使得大批欧洲著名设计师相继赴美。由此，工业设计的发展中心开始由欧洲转移到美国。这时期生产力的大发展推动了商业竞争的加剧，以量取胜的时代已经过去，在消费者越来越关注个性化需求的情况下，设计开始承担越来越多的商业价值。美国著名设计师雷蒙德·罗维就是工业设计职业化的代表人物，带动了"好的设计"才能占有市场的新概念。其代表作涵盖工业设计领域的各个方面：从著名的可口可乐标志和包装设计到流线型设计的代表作冰点冰箱，以及人们的日常用品，例如水壶、相机、收音机等，甚至还涉猎了巴士和火车头等交通工具的设计，体现了那个时代工业设计师们无所不为的特点。

此外，位于北欧的斯堪的纳维亚国家（包括北欧五国，即丹麦、瑞典、芬兰、挪威和冰岛）以其独特的设计风格获得了不可忽略的成就，形成了至今仍十分受欢迎的斯堪的纳维亚风格。丹麦设计师保罗·汉宁森设计的PH系列灯具和芬兰著名设计师阿尔瓦·阿尔托的作品都是这一设计风格的典型代表。PH系列灯具的造型源自于科学的照明原理，而非单纯的装饰效果，完美体现了技术与艺术的统一。阿尔托利用蒸汽弯木技术设计的扶手椅，充分利用了材料的特性，既优雅自然又不失舒适性。由此可见，斯堪的纳维亚风格与以美国为代表，强调商业价值的国际主义风格不同，它并不追求潮流，而是一种将现代主义设计思想与传统设计文化相结合的风格，既注重产品的实用功能，又强调设计中人文因素，从而产生一种富于"人情味"的现代美学风格。

第三个时期，是20世纪50年代之后。二战结束后，随着经济的恢复以及生产技术水平的发展，为了满足人们对物质生活质量和精神文化需求日益高涨的标准，越来越多不同风格的设计流派出现。工业设计多元化的格局在20世纪60年代后开始逐步形成：例如追求简单、有序、和谐的博朗风格；追求大众化通俗趣味的波普风格，在设计中强调新颖、古怪与新奇的宗旨，通常使用艳俗的色彩搭配；后现代主义设计风格的代表意大利"孟菲斯"设计小组则是开创了一种无视限定框架和突破束缚的开放性设计思想，引领了意大利新潮设计的发展；在20世纪80年代开始盛行的"极简主义"则是一种希望将产品的造型极度简化，追求纯粹简单的风格，法国著名设计师菲利普·斯塔克就是极简主义的代表人物。此外，在这一时期，一些亚洲国家也逐渐意识到工业设计对国家经济发展的重要性，纷纷采取措施，大力发展设计。其中，日本设计界在融合传统与现代的关系中采用了"双轨制"：在服装、平面、室内设计等与日常生活相关的设计领域以求保持传统风格的延续性；另一方面在高技术的设计领域则按现代经济发展的需求进行设计。这一方法颇具成效，使日本设计从20世纪60年代起逐渐享誉世界。

2000年以后的优秀工业设计作品呈现多元化、趣味性、科技性和参数化特点。康士坦丁谈到自己设计的Chair One椅子（2004）的构造就像一个足球："许多平面以一定角度相互组合，形成了三维的形状。我认为我的方法既天真又直率。我们对模型的研究越多，我们就越能理解我们所做工作背后的结构逻辑。一开始这只是一个简单的草图，一系列的纸板模型和原型，现在变成了一把真正的椅子。"马克·纽森设计的Nimrod椅子，是一把致敬20世纪20年代设计的椅子。英国设计师托马斯·赫斯维克设计的Spun Chair椅子是一款可以旋转的椅子。托马斯·赫斯维克说自己没有打算去设计一把椅子，他设计了一个旋转实验，这个实验最终演变成了一个椅子的形态。Spun椅子可以让用户旋转，用户轻轻地倾斜，或者让用户已感觉自己几乎摔倒，但实际上从来没有倒下，这得益于一些令人难以置信的精确设计工程。

随着计算机技术和互联网的快速发展，人类进入了信息时代，社会发生了巨大变革，工业设计也随着时代的发展产生了革命性变革。优秀的工业设计不只是关乎美学和功能，而是成为企业创新战略的核心。如英国设计师戴森便一直致力于利用设计驱动创新，为大众带来了颠覆性的优质产品。又如苹果公司将企业的设计战略由以产品为中心的设计转向以创造设计生态（涵盖产品设计、商业模式设计、服务模式设计等内容）为中心，将产品和与之相关的各项线上线下服务融为一体，形成了一个完整的产品生态系统。为用户带来全新产品使用体验的同时，也提升了企业独特的竞争优势和品牌形象。苹果的成功也让全球企业看到了工业设计在信息时代的巨大能量。工业设计的发展由此开始从产品主导逐渐转变为以服务设计为主导的新阶段。

2.中国工业设计简史

与西方国家工业设计已发展成熟的情况不同，我国工业设计的发展事实上依然处于"初级"阶段。虽然早在19世纪末至20世纪初，已有有识之士开始从西方引入工业设计的相关概念，并且当时市场上也已出现了以"华生"牌电扇为代表的众多"上海制造"的工业产品，但是由于社会历史方面的原因，直到改革开放之后，中国的工业设计才真正得以发展壮大。

在1978年推行改革开放政策后，计划经济时期统一样式的产品设计观念明显已不再符合市场发展需求。中国家电行业为解决设计基础薄弱的问题，采取了"技术引进"和"合

资"的方式引入国外先进生产线和畅销产品原型，以实现积累工业设计优秀经验的目的。同时为提升国家工业产品市场竞争力，培养更多设计人才，在20世纪80年代，中国的工业设计教育逐渐兴起且快速壮大。

到了20世纪90年代，中国消费市场发展迅猛。随着商品品类的丰富，消费者的选择权越来越大，为了增加竞争力，工业设计开始成为各企业取得市场竞争胜利的重要武器，海尔、美的等中国家电领军企业陆续成立了自己的设计中心，中国工业设计的发展高潮随之而来。与国外工业设计发展过程中设计大师占据主要地位所不同的是，中国工业设计发展过程中主要依靠的是企业设计部门的团队力量，因此产品成就的往往是团队而非个人。随着中国家电企业的快速发展，为占领国际市场，强化品牌影响力，工业设计也由单纯的进行新产品设计研发逐渐向服务企业整体品牌形象转变。

21世纪后，中国立志要从"中国制造"转向"中国创造"，在此过程之中"中国设计"则是关键。为此，国家陆续出台了多项政策文件，为工业设计的发展提供了强有力的支持。面对国际市场的激烈竞争和各种国外优良产品，越来越多的中国企业开始将设计部门提升至核心位置，将工业设计视为企业长期发展战略的关键。华为、小米、海尔、格力、大疆等制造企业均通过工业设计在国际竞争中提升了自己的品牌影响力。与此同时，随着中国设计市场的壮大，工业设计概念越来越被大众熟知，很多企业、品牌以及设计机构在商业设计之外，开始有意识地探寻具有中国特色的设计风格和设计方式，希望将中国的文化、理念与设计的时代感相互结合，开辟一条具有中国特色的设计路径。

在医疗服务行业的产品设计，赵超教授为博奥生物公司暨国家生物芯片工程研究中心设计的高通量微阵列扫描仪、恒温芯片核酸分析仪和一体化生物芯片检测工作站的仪器外形获得了2015年德国红点设计大奖中竞争最为激烈、评选最为严格的"产业创新设计奖"。本次三件作品同时获得这项国际著名设计奖的认证，证明了我国在生命科学与健康医疗产业的工业设计创新和人性化体验设计上已经达到国际领先的水平。

3.前景展望

工业设计从其诞生之日起，其发展就一路伴随着工业文明和信息文明的进步。每个时期，设计师们都努力将最新的科技成果转化为可以利用的设计资源。随着科技的发展，如今的设计师们与前人相比拥有了更多能帮助激发创造力、实现设计构想的技术和工具。例如3D打印技术可以帮助设计师更快速地实现设计原型的呈现。而人工智能技术的不断成熟则将工业设计带入了智能化时代，数据处理技术和机器学习的发展使装载智能系统的计算机可以在短时间内，按照设计师设定的需求提供客观、多维的分析，并推算出可行方案供设计师参考，帮助打破人类固有的思维模式，大大提升设计工作效率。而且，得益于智能生成式设计技术，设计师也可以从数据整理、建模等重复性和公式化工作中解放出来，将更多精力集中于需求发现和创造力上。设计师的角色也开始由设计"执行者"向"策划者"转变。

随着当今科技发展和社会文化大融合，人类的生产方式和生活方式已发生了根本改变，在高度互联的信息时代，各种基于大数据和移动互联技术的智能产品把人、家庭、办公场所、交通、公共服务等场景模块相互串联。面对这种新趋势，企业需要交付给消费者的除了产品，更重要的是与之相关的全方位的服务和用户体验。可见在信息时代，随着创新结构的转变，工业设计需要面对的问题早已由有形的、静态的、关注功能、强调人机交互的产品设计，拓展到无形的、动态的、关注服务、面向系统的整体服务体验设计，涉及的是整个使用场景的生态链建设和发展。

在延伸领域、升级模式以向高端综合服务转变，帮助提升商业价值的同时，工业设计也不能忽略对于社会责任的承担。人类社会的可持续发展目标要求设计师们实现经济、文化与环境的协同发展。所以，绿色设计、可持续设计以及社会创新设计等新的设计议题正成为设计师们关注的焦点。

二、服装服饰设计

服装设计是以服装为对象，考虑其各种机能性，选择素材，运用一定的技法来完成一个服装形体，使设想实物化的创造行为。除了服装之外，其附属的饰品和配件的设计也在设计师们需要考虑的范畴内，两者相加就组成了服装服饰设计。随着人们物质生活水平的提高，现代人对于穿着的要求不仅仅是为了御寒遮体、舒适实用，更重要的是要能彰显个性，向他人传达自己的气质、文化修养与身份象征等。

服装的类别可以说是多种多样的。按照服装中的不同国家民族文化划分：中国有56个民族，每个民族都有自己民族特色的服装；而国外不同国家也有自己国家民族的衣服，如韩服、和服、纱丽、阿拉伯长袍等。按服装功能分类，可以分为运动服、工作服、学生装、戏剧服装和军用服装等。此外，其他常见的基本分类标准还包括按性别、年龄阶层、不同季节、款式、衣服材质等。而服饰设计所涉及的种类就更丰富了，除了耳环、项链、手镯、戒指等饰品，如围巾、帽子、手套、皮包、鞋履等也都属于服饰品类设计中需要关注的重点。

服装设计的主要内容除了包括服装的外部轮廓、造型、内部结构(衣片、裤片、裙片)和局部结构(领、袖、袋、带)设计，还包括服装上的装饰工艺和制作工艺设计。职业设计师需要根据品牌定位、不同的季节环境、国际流行趋势、社会文化热点、市场环境等因素综合考虑每一季度的设计主题和具体方案，以达到推陈出新，引领潮流的目的。优良且合适的佩饰穿戴在身上可与服装交相辉映，能更加凸显个人魅力，诠释整体着装风格。此外，帽子、手套、皮包和腰带等，除了实用性功能价值外，更是提升整体时尚完成度不可或缺的部分。

因此，设计师除了要进行服装款式、色彩搭配、材质运用等方面的设计，还要对整体着装状态进行设计，即服装与服饰品之间的协调搭配。时尚的完成度绝不仅仅只靠一件衣服，整体着装风格的协调才是真正的关键。

服饰的源头可以追溯到原始时代旧石器时期。人们用树叶、羽毛、兽皮等作为材料披在身上，并使用贝壳、兽牙、石头等材料制作成配饰装扮自己。可以说服装的发展从一开始就伴随着人类文明的发展。纵观人类服装史的发展可以发现，西洋服装史与中国服装史存在不同。中国服装史是在一个相对固定的地理环境中随文明的进展和朝代的更替而形成的，属于个体发生性；而西洋服装史则是伴随着文明的移行，跨越亚、非、欧三大洲的疆界，最后落脚到西欧诸国，其服装文化的形成，属于系统发生性。

中外服装设计的发展历程经历了三个阶段：其一是装饰设计阶段，最开始的衣服，通常由自己设计并制作，或是根据使用者的要求由裁缝师傅制作，即定做，但是这一阶段的服装基本都是对已有样式的选择和复制。其二是生产设计阶段，工业革命促进了服装制作方式的升级改变，使得成衣业越来越发达，进而影响了设计方式的改变。其三便进入了生活设计的阶段，特别是20世纪60年代中期以后，服装流行逐渐从以设计师为中心转向由消费者自己创造。随着时代发展，物质生活丰富，生活样式的多样化带来了服装上的多样化，人们越来越强调自我个性的展现，流行不再是由设计师来主导，而是众多设计师都交出作品由消费者进行选择。成衣生产厂家也开始实行小批量、多品种的生产方式。

1. 中西服装服饰简史

中国自古就被称为"衣冠上国、礼仪之邦"。在《春秋左传正义》中有记述："中国有礼仪之大，故称夏；有服章之美，谓之华。"使用"华夏"一词作为中国的代称，是从文化价值层面做出的考虑，这两个字分别强调了中国的礼仪传统和服章之美，可见服装一直都在中华灿烂文明中占据着极其重要的位置。

夏商周时期，中华服装的基本形制——"上衣下裳"就已基本奠定，而且也初步形成了较为明确的冠服制度以及服章制度，当时人们已经开始讲究"非其人不得服其服"的规定，也已经有了"衣合时宜"的观念。而后春秋战国时期，群雄争霸与百家争鸣的局面，使这一时期各种思想互相碰

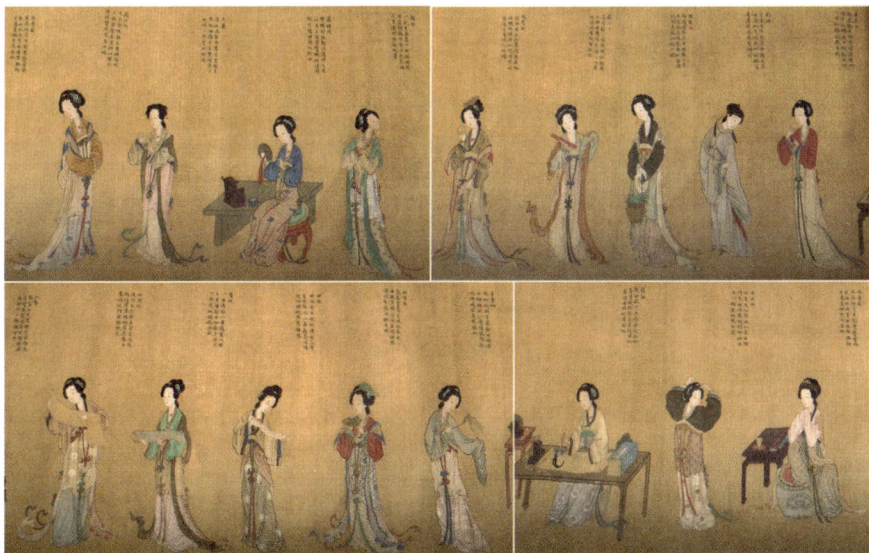

撞，极大地推动了文化的发展，其中也包括各国服装服饰的交流发展。这一时期深衣成为了主流服式。所谓深衣就是将之前上衣下裳独立的两部分合二为一，并配以腰带作为区分上下的界线，且可以展现人的体形美感。此外，这一时期上层人士不论男女皆有佩玉的习惯，诚谓"君子无故，玉不去身"，玉佩在某种程度上也代表着人格的象征，是十分重要的配饰。

秦汉时期，服饰更加丰富。随着纺织技术的提高，衣料图案样式也较之前更加丰富，除采用云气、鸟兽等自然元素外，也使用几何形或文字作为织锦花样。西汉时期起，通过"丝绸之路"，中华服饰文化开始传向世界各地，并悄然影响着沿路国家服饰文化的发展。魏晋南北朝时期的服饰则以自然洒脱、清秀空疏的风格为特色。沿用已久的深衣形制在民间也逐渐退出主流。

到了隋唐时，特别是盛唐时期，由于经济文化的繁荣发展，无论是在衣料还是样式上都十分丰富，是中国古代服装发展的一个高潮。特别是女装的发展在这一时期款式多样，风格多变。

随着朝代更替，社会文化及学术流派的发展，受程朱理学的影响，宋朝的服装无论是在款式、色彩还是纹样上，其风格多以清秀质朴、典雅俊秀为主。上层阶级以长至足踝的袍衫为主，而平民为方便劳作，大多捋袖敞襟。除了服装之外，宋代对于服饰，特别是头饰的关注度也大于之前。男子流行幞头、幅巾，女子则流行各种花冠和盖头。在宋代，女性发式与各式花冠、珠冠等头饰的搭配可谓是整体造型展示的重点，也是最能表现宋代装束特色的一大亮点。

元代是由蒙古人统治的时期，虽然这一时期汉族人的服饰仍沿用宋代式样，但受到蒙古民族的影响，其总体风格偏向粗犷多样。而蒙古族人则沿袭本民族传统，以长袍、紧袖、束腰、长靴的民族服饰为主。

在明代政权建立后，重新开始强调汉族文化传统。明太祖朱元璋"上承周汉，下取唐宋"，重新制定了服饰制度。这一时期的服饰风格富丽华美与清新秀雅并存。在官服设计上，别出心裁地使用了"补子"表示品级，其上不同的织绣纹样代表着不同的官阶和类型，文官绣禽，武官绣兽，分别有九个品级。此外，受封诰命的女子，也有以纹饰区别等级的红色大袖礼服和各式霞帔、头饰等。而且，在明代贵族女性中已经开始出现高跟鞋，并有里高底、外高底之分。

清取代明朝之后，虽颁布了相关条例，以满族服装为大流，但是受到约束的仅是男子服饰。汉族女性并没有如满族女性一样穿"旗装"，梳两把头，穿"花盆底"鞋，她们的服饰仍旧保留明代款式，只是随着时间和社会的发展，服装花样和款式不断更新。到晚清时期，妇女大多已开始流行去裙着裤。

中国古代服装服饰发展的特点可以总结为两点：其一，是在世代相袭中逐步发展的民族性。在中国历史发展的近5000年间，汉服作为主流服制经历不同朝代变迁，却依然保持着一种较为统一的风格和结构，以右衽、大袖、深衣为主要特点。历朝历代都是在继承传统的基础上，依据当时社会环境和文化背景加以演化。其二，是在借鉴中发展的融合性。在中国广阔的土地上不同的民族文化相互交融，也相互影响着彼此服装的发展。特别是由少数民族统治的时期，不同民族之间元素的借鉴、风格的影响等都促进着中国古代服装的发展。

随着1911年辛亥革命推翻了封建君主专制，中国的服装服饰发展也进入了一个全新的阶段。西方服装文化明显影响了中国服装服饰的发展，中国服装服饰的审美文化步入一个新时期，开始由沿袭传统古典样式转向与世界现代服装风格接轨的发展道路。这一时期，中西服装审美理念融合的典范就是中山装和海派旗袍。中山装是在吸收西服的基础上，综合了日式学生服装与中式服装的特点，设计出的一种立翻领有袋盖的四贴袋服装，后经国民政府公布而成为法定的制服。而海派旗袍则是以清代女子旗装为基础，结合西方设计理论和剪裁技术设计改良而成，轮廓变得贴身，展现出东方女性优美的身材曲线的同时，也符合中国女性典雅的气质。这两种服装直到今天仍然是中国人出席重要场合的代表样式。

　　1949年新中国成立后，全国人民都积极投身于国家建设之中，新中国成立初期，服装服饰主要以简朴实用的风格为主。20世纪50年代至70年代，中山装逐渐成为男子主体服装，此外流行过军便装、人民装；女装受苏联文化影响，流

行穿列宁装和连衣裙。直到改革开放之后，伴随市场经济发展，人民生活水平不断提高，各种体现时代风貌、紧跟时代潮流的服装服饰如雨后春笋般发展起来。

与一脉相承的中国服装发展所不同，西方服装发展的历史背景更加错综复杂，文化形态也极为丰富多样。纵观西方服装发展的历程，大的趋势其实是从古代南方型的宽衣形式向北方型的窄衣形式的变迁，即古代的宽衣时代、中世纪的宽衣向窄衣的过渡时代和文艺复兴以后的窄衣文化发展时代。

西洋服装风格的发展在各个时代都有不同的代表，这里选取一些不同时期影响较大的服装文化来进行简单介绍。在古代时期，古希腊文化有着浓厚的哲学氛围，因此其服装在强调洒脱浪漫气质的同时，也讲究自然和谐之美。而且受到海洋温湿气候的影响，古希腊的服装多采用宽服大裙包裹人体的形式作为主要服制形态，在体现高贵气派的同时也造就了潇洒自由的衣着风格。而中世纪最具代表性的两大风格分别是拜占庭式和哥特式。

自罗马帝国分裂后，东罗马帝国的拜占庭文化在整个中世纪和后世都极大影响了西欧文明。它是古罗马文化、东方文化和基督教文化三种完全异质文化的混合物，这一特质也充分体现在了服装文化上。而且由于这一时期拜占庭发达的染织业和精湛的金银饰品工艺，服装服饰风格十分繁复华丽，具有十分强烈的装饰美感；而哥特式风格则是以高耸、阴森、诡异为基调，呈现出夸张、奇特、复杂和多装饰的风格样式，除了服装也被广泛运用于建筑、雕塑、绘画等领域。所以，哥特式服装样式也经常受到同时期建筑风格的影响，开创了人类服装与建筑风格元素相互呼应的先河。

到了16世纪，文艺复兴运动打破了教会的禁欲主义，服装也逐渐开始体现人体曲线之美。但也由于对人体视觉比例过于执着，出现了紧身胸衣、篷裙、高跟鞋等把人们、特别是把女性困入时尚的牢笼的设计。17世纪的巴洛克风格服装则强调各部件之间的整体感，并表达出一种跃动的外形特征。这一时期最具代表性的特征就是"男装女性化"，原本纤细且强调装饰性的女性样式被应用于男装上，成为了主流风格。随后，18世纪洛可可风格时期，男装才把矫揉造作之美又重新归还于女装，风格较之前更体现矫饰、纤细和柔弱的特点，以C形漩涡状花纹为基础，搭配温柔色调，创造出一种自由奔放、华丽柔和的装饰风格。

2. 服装设计简史

在18世纪英国工业革命之后，服装设计的意识才开始真正明朗化。虽然自人类拥有服装的那一刻开始就有了实际意义上的服装设计行为，但这样的概念真正为世人所接受，并成为一种职业行业还是在沃斯时代以后。19世纪中期，英国裁缝查尔斯·费雷德里克·沃斯在巴黎开了一家裁缝店，并在其所设计制作的服装上签名，首次出现了服装品牌意识。自此，裁缝开始被社会承认为"服装设计师"。

20世纪，伴随现代大都市的发展，大工业批量生产和消费、中产阶级的壮大和女权思潮的推动，产生了"时装"的概念。活跃于不同时期的著名服装设计师们引导了服装流行趋势的发展。这一时期涌现了很多著名设计师和品牌，诞生了大批经典服装设计作品，直到今天依然受到人们的追捧，影响着一代又一代的年轻设计师们。

20世纪的前20年是时装设计从早期到成熟期的过渡阶段。1904

年前后，法国设计师保罗·布瓦列特不再参考传统紧身胸衣，而是参照东方和古典欧洲风格的服装设计新的女装样式，并且定期推出自己的时装系列。由此，他也成为了世界上第一个现代意义上的时装设计家。同时，这一时期由于第一次世界大战的影响以及伴随而来的女权思潮，女性要求把自己的身体从束缚中解脱出来，女装裤子成为正式服装，而导致时装设计的重大改革。

20世纪20年代被称为时装设计的"华丽年代"，时装设计达到第一个高潮。时装设计大师可可·香奈尔的设计几乎代表了一个时代的服装精神，她将传统女装的繁复无用的装饰性缩减到了极致，推崇简洁与运动的风格，开创了现代女性时装的潮流。其引领的风格一直到20世纪30年代，才被典雅风格取代，在这一时期女性时装潮流从黑色上衣转变为宽大的白色上衣。20世纪40年代是二战以及战后恢复阶段这个时期，时装发展缓慢，而更加强调典雅风格。而到了20世纪50年代，终于出现崭新风格以及女性内衣设计的发展。时装大师迪奥的设计以优柔典雅的风格著称，其品牌经典的长A字裙设计，凸显了女性优雅温柔的气质特点。

20世纪60年代以来，追求个性、崇尚自我表达的服装设计一改先前优雅精致的面貌，成为新的时代潮流。反抗传统、标新立异的各类思潮将服装作为标榜自我的重要舞台，纷纷大展身手。"迷你裙"和"喇叭裤"就是典型代表。英国玛丽·匡特设计的"迷你裙"低腰线、略微直筒型的整体造型在更显轻便活泼的同时也不失女性魅力，契合了那个年代人们对服装束缚的反叛、对张扬个性的渴望。

朋克风、嬉皮士风格、迪斯科风格、波西米亚风格等异彩纷呈，勾勒出了20世纪70年代的服装设计。女装从宽松式流行转变为强调肩线、腰身，多元的时尚因素迅速更迭。成衣业的迅速发展撼动了高级时装业的统治地位。日本设计师的崛起也为世界服装设计别开生面。三宅一生提倡"一块布成衣"，注重人体与布料之间的和谐关系。与西方采用人台裁剪布料的方式不同，他充分利用布料的"无结构"特性来适应人体自由穿着，褶皱也成为他服装设计的一大特色。

20世纪80年代，复古倾向主导了这一时期的服装设计，人们对巴洛克、洛可可风的重新关注显示出富裕生活对时尚品位的影响。时装设计的特点从反叛、挑战逐渐回归到平稳和保守。90年代之后，随着对生态环境问题的关注，生态学主题的服装设计成为流行风尚。人们一方面关注自然之美，使用未经加工的棉麻等自然材质，倡导未经修饰、随意自然的服饰造型；另一方面关注自然保护，利用回收材料或开发新材料如植物纤维等增强自身对于资源环境的保护意识。人们对未来生活的畅想也反映在这一时期未来主义的服装设计中，在服装颜色上采用金、银、白等色彩，选取光滑、高弹的面料，以轮廓分明的造型为主。

21世纪以来，服装设计风格更加多元，追求个性化仍然是人们选择服饰的主要因素。设计师们越来越多地从大自然中寻求灵感，在服装造型、纹理效果、材质上对自然元素的提取与运用反映出"回归自然"的设计理念。追求人与自然的可持续发展也推动了时尚界对动物皮草的弃用，众多服装品牌宣布不再使用动物皮毛做服装配饰。另外，高科技的使用也为服装材质的创新提供可能，以泳衣为例，Speedo公司研发的四代"鲨鱼皮泳衣"巧妙地运用了新型面料来降低游泳时水的阻力，以此提升运动员的游泳速度。

进入21世纪，随着中国经济的高速发展，人民物质生活和精神文化水平的大幅度提高，对于服装也投入了越来越多的关注，服装设计成为重要的民生发展产业，也涌现了许多新兴的服装设计师，将具有中国风格的服装传向世界。

时装设计的教育、研究与产业体系更加成熟，从设计创意的产生到成果的孵化的流程不断完善。时装设计交流平台增多，例如诞生于1997年的中国国际时装周、诞生于2001年的上海时装周、诞生于2013年的中国大学生国际时装周以及诞生于2017年的深圳时装周等。时尚媒体也为时装设计的传播创造了有利条件。

中国的时装设计正在持续缩小与国际的距离，并且创造自身的设计话语。2006年10月，谢锋个人所创立的JEFEN品牌被选入巴黎时装周，于巴黎卢浮宫举办成衣发布会，成为中国在巴黎时装周发布的第一人。设计师马可在2008年作为首位中国服装设计师获邀参加巴黎高级定制时装周并发布作品"奢侈的清贫"。设计师王汁进入2015年福布斯中国设计师榜单，连续三次被选为BOF 500成员之一。作为行业不断发展的成果，近年来越来越多国内优秀的时装设计师与时装设计品牌在国际上展现风采。如安踏、李宁等著名运动品牌近年来更是致力于将具有中国风格的国潮设计推向世界。

20世纪时装发展在反叛与保守两个风格之间徘徊摇摆，各种复古与前卫的潮流不断地重现，丰富了人们对于时装的认知与追求。很多人说每经历100年的发展，服装设计好像就进入一个新的轮回，现在出现的流行款式似乎是对20世纪或是更早之前服饰的复制。但事实上，随着社会变化、文化发展，虽然服装款式看似重复，可是其流行的动机却与之前大不相同。进入21世纪之后，人们对于所有服装的选择都代表着强烈的自我意识，也正是这种希望展现自我风格、个人精神面貌的动机驱动着服装服饰设计得以百花齐放地发展和进步。

三、视觉传达设计

视觉传达设计是以视觉符号为切入点，以传达信息为主要目的和功能的设计。设计时通常以二维的图形元素进行加工处理，文字、标志及插图则是构成视觉传达设计的基本要素，在日常生活中多以组合的方式出现。

回顾人类历史的发展进程，视觉传达设计经历了社会更迭的洗礼，讲述着人类文明的演进。原始社会时期，人类已经习得使用结绳记事、符号契刻等方式传递信息，在语言与文字功能尚未出现及成熟的人类发展早期，这种视觉符号成了普遍流传的信息载体。这些信息包含着祖先对于神灵的敬畏，促进了原始人类感情交流与互通，沿袭到今天，人们仍然用视觉符号传达感情。

视觉传达设计经历了几次重要的革命：首先是文字的诞生，古埃及、两河流域、中国等古老文明都独立地创造了早期的文字符号。还有就是印刷技术的发展。8世纪前后我国产生了雕版印刷，北宋时期毕昇发明了活字印刷术，成为了中国古代四大发明之一；15世纪印刷术在欧洲等地的广泛运用，推动了文化向社会大众传播与思想解放；石版印刷的发明及改良，促成了19世纪中叶商业招贴画的兴盛。

初期，视觉传达设计的商业用途较为明显，由于传播媒介受限，大部分的设计内容通过印刷媒介进行传播，更多活跃于报纸、杂志、书籍等纸质媒介。20世纪30年代后，随着信息技术升级，摄影技术也融合进入了视觉传达设计中，传达方式也从单向信息传达转向交互式信息传达。在科技蓬勃发展的今日，基于新媒体、新技术的应用，视觉传达设计出现越来越多的发展方向，不再局限于传统意义上的平面设计，逐渐从二维延伸到三维空间，甚至由静态拓展到动态表达。当今的视觉传达设计主要分为字体设计、VI设计、书籍设计、海报设计、包装设计等。

1.字体设计

设计字体以汉字为基本对象，依据不同用途（场合与空间），按照造型艺术的图案学原理，采用适合的纹样，对汉字从字形、结体、笔画等角度进行加工。运用视觉美学规律，配合文字本身的含义和所要传达的目的，对文字的大小、笔划结构、排列乃至赋色等方面加以设计，使其具有适合传达内容的感性或理性表现和优美的造型，能有效传达文字深层次的意味和内涵，发挥信息传达效果，实现字体的功用与审美相统一。

古人曾赞美汉字的优美为"曲而有直体，直而有曲致"。在进行字体的创作时，中文字体保留汉字笔划所蕴含的独特的中国传统书法之美，并加以笔划的缩放、繁复、断连等多种设计方案。在设计西文字体时，西方字母符号的历史底蕴也是设计师必须考虑的因素。

生活中常见的设计类字体主要有以下几种：通过微调基础字体的笔划曲度等产生的变体、用于商务等正式场合的印刷体、具有较强的图案性的装饰体、基于中国书法艺术进行创意改造的书法体、对拼音文字进行美术化加工的花体等。由于字体设计脱离不开装潢性质的本质，花体、装饰体及书法体等存在一定的共通之处，有时一种字体可兼具装饰体的线条美感和书法体的曲直有致。

设计字体通常并不单独呈现，而是与标志、包装、书籍装帧等设计结合，作为图文并茂的设计整体传达信息。如食品包装袋的文字宣传语、公交车海报的相映成趣的文字与插图等。需要注意的是，字体设计应当遵循字体使用时的规范性、标准性、易辨认性和统一性，同时注重分清主次，切勿过度装饰字体，导致可读性变差，造成视觉疲劳。

2. VI设计

VI设计，即视觉识别系统设计，多用于企业文化或大型活动中，将品牌的历史、特色、价值、理念等抽象语意表现为直观可读的视觉符号，根据企业内涵进行个性化设计，打造独一无二的视觉形象。企业通过VI设计可强化内部员工的归属感和认同感，塑造品牌的社会形象，加深公众的印象，建立企业知名度。VI设计包括标志、标准字、标准色及其组合。通常，VI系统中的标志具有高度的概括性、直观性，通常以图形或图案式装饰字体的形式呈现，在有限的空间和极简的线条中涵盖丰富的信息，应用于企业整体的建筑环境、内部装潢、服饰造型、产品包装、交通工具、陈列展示、公务礼品等多个方面。例如独立工作室的名片、工作证、资料袋、信纸封面等，都需要相配套的主题色和谐一致的视觉设计，以便更好地对外宣传，加强企业凝聚力。其中，标志也可作为单独设计项目，在公众领域传播信息，比如旅游景点的指示类标识、产品说明书的抽象标志、食品安全标志、赛场项目标志等。

经历了漫长的演变历史，VI设计从图案冗杂的传统设计手法走向极简模式，推崇"少即是多"的原则，图形从具象走向抽象，配色更加简洁、干净，给人耳目一新的感觉。这种出色的纯净美学具有很高的视觉吸引力，也能树立更加明确易识的视觉系统。同时，在配色方面，设计师越来越关注色彩心理学，试图通过颜色传递企业情绪，例如医疗与计算机系统多使用平静的蓝色调，给人沉稳、安宁、严谨的感受；而餐饮行业整体系统则多为充斥热情的红色、橙色和黄色，从餐厅整体装潢到餐巾纸盒、菜单界面、宣传海报、餐盒包装等都给人喜气洋洋的感觉。

3.书籍装帧设计

书籍装帧设计是通过对文字、插图等视觉要素进行组合，将书籍内容信息与风格形式整合成一个连贯的整体的设计类别，包括对信息的加工整理、封面的选取及文字的编排等。

"字"是书籍装帧设计中的最小单位，完整的设计过程包括了对于文字与段落的编辑、封面布局设计、颜色搭配与选择、装帧与印刷方式等。因为涵盖的内容广泛且琐碎，在设计版面时应当注意各部分的统一，应当从内容呈现、结构创意、空间章法、字体应用、文本编排、印刷材质、阅读体验等多方面进行考量。根据装帧内容的特点及印刷方式的多样，不同的书本用纸厚度、纸张大小也不尽相同。例如，绘本类书籍整体设计清新，纸张接近正方形，尺寸灵活，便于安排插图；史学类书籍纸质有明显的厚度，字体多为宋体或黑体，整体基调庄重，在低饱和度的色彩氛围中流露着文化的厚重感；而工具类书籍则是多以工整有序的图形图案作为封面设计，为了防止磨损多使用高硬度材质纸张，体现了工具类书籍装帧的严谨性。

在装帧整体风格方面，既存在极简主义设计，又包括色彩明艳、排版紧凑、热烈的装帧设计。设计时应当根据具体的书籍内容，选择贴合信息的风格设计，实现排版最优化，让书籍恰如其分地传达信息，以实现阅读的舒适感。

近年来三维装帧设计逐渐流行起来。立体书的装帧是指书页中放置可动机关或在打开书页的同时，展开奇妙的纸艺插图。纸张塑造立体空间，丰富了视觉的体验感，更具趣味性。

4.海报设计

海报设计主要指利用视觉符号宣传和传递信息、扩大社会影响力，为宣传主体增加社会热度，吸引关注。商业类的海报多以追求盈利为目的，公益性海报如志愿者招募、健康生活宣传等，则起到传播社会正能量的作用。海报以各种形式渗透进人们的日常生活，应用于广告、影视、动画、餐饮、交通等多个行业，从一定角度能反映当时的社会风貌。

并不是所有的海报设计都要具备丰富多元的色彩和各具特色的字体，以简约、大气为设计方向的留白式处理同样很重要，即以基本色为设计主色，强调单一色调的一致性与整体性，在字体与色调上实行标准极简、少即是多的原则。此时字体、标志到插图形成了非常完整统一的视觉效果。企业的宣传海报及周边产品与企业自身的主题色相匹配，有利于在社会范围内树立个性鲜明的企业形象。比起直接印出行业名人、影视巨星的形象这种简单的图案堆砌式宣传，海报设计应关注如何让设计师的奇思妙想与被宣传内容巧妙结合，相映成趣。因此，设计师在设计时尤其需要揣摩宣传对象的审美情趣与消费心理，尤其是商业化的广告，必须建立在广泛且充分的市场调研分析上，以便更好抓住目标的特点，有针对性地设计宣传形式，同时也能作为装饰城市与丰富生活的多彩符号。

进入数字时代的海报设计则颠覆了传统静止的平面海报，出现了动态化海报设计。此类海报一般为数字屏幕成像，海报中的元素在有限的空间跳动、旋转、位移等，打破了单调的信息传播状态，增加了海报的层次感和趣味性，加深了受众记忆。

5. 包装设计

包装设计是指通过辅助装饰图案对容器、产品等外包装的设计，广泛应用于工商业领域，从粮油米面的包装袋到家用电器保护壳，包装设计已广泛渗透人们的日常生活中。良好的包装设计有赋予产品美感、突出产品性能、增加购买欲望、提高产品附加值等功能。不同于工业产品包装时需要考虑的安全因素，商业包装设计更多考虑其外观能否促进销售。现代包装设计，除了包含传统的标注生产信息、增加储存时长、保障运输安全等功能，还要考虑成为争夺购买者的重要竞争手段。随着商品竞争的加剧，人们对个性化商品的需求日增，包装的作用也日益明显。在现代包装设计中，除了考虑包装中标志、图形、图案以及文字等元素的错落有致，设计师应以调研数据为参考设计整体的包装结构与版面，并根据产品具体内容及消费者的审美喜好，将创意元素完美且生动地呈现出来。

视觉传达设计通过构建和排列视觉符号，以直观、美观的元素建立可视化的人际沟通的信息通道，打破交流中存在的认知障碍，实现一定范围内信息传达的优化。传统的视觉传达设计以印刷作为主要媒介进行视觉呈现，正在演变到以信息技术为重要支撑、与数字媒体结合的新型设计形态。

当今，信息飞速发展的社会给予视觉传达设计更加灵活多元的创新思路和拓展领域。伴随"碎片化"阅读方式、生活方式兴起，跨界融合设计也在打破以往的视觉设计理念，旨在运用更加丰富的艺术形式演绎视觉符号，进行更为多彩的信息交互。同时，新工艺、新材料的应用也使视觉传达设计有了更多变化空间，在未来的信息社会，视觉传达设计也将有更新的突破与创造。

四、信息艺术设计

信息科技不断影响着社会发展，人们的生产方式、生活方式到思维方式上都发生了改变，艺术和设计领域也不例外。艺术家如何用新的媒介传达艺术作品的表现力？设计师如何用新的技术创造新的服务与体验？为了更好地融合技术手段、艺术思想和设计方法，信息艺术设计应运而生。

信息艺术设计是指以计算机技术、数字媒体、虚拟现实、增强现实、物联网、生物科技等各种技术为基础，设计理论与方法为指导，艺术思想与表现力为驱动，实现在设计、艺术、文化的前沿领域的制作、展示与传达。信息艺术设计主要包含了信息与交互设计、数字化游戏设计、新媒体艺术设计、机器人艺术、人工智能艺术、数字化展馆陈列、文化遗产的数字化保护与展示、数字舞台艺术和动画电影等

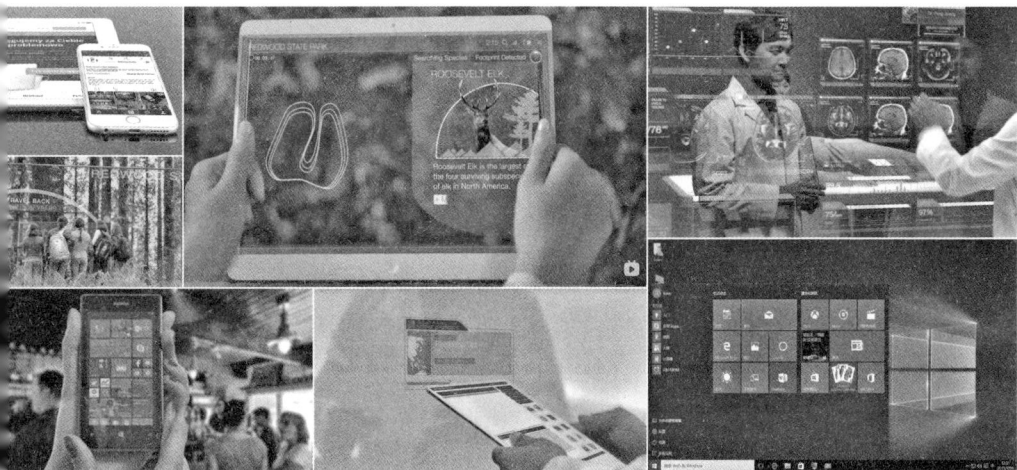

研究方向。

信息艺术设计是不断拓展的新兴学科，旨在从"人的体验"角度，深刻把握人机交互技术，设计面向未来的交互产品和新媒体艺术作品。同时，信息艺术设计要求系统化处理数据，在数字化时代，结合有效的信息架构、合理的数字体验环境、创新的服务流程和商业模式等，设计出更加人性化的未来感十足的作品。探索新媒体技术条件下的设计创新和艺术表达，在艺科融合的当今社会有着无限的发展可能。本节以信息艺术设计的不同研究领域来分类，分别叙述各领域的发展历程与代表性作品。

1.信息与交互设计

信息与交互设计是信息艺术设计重点关注的领域。信息交互设计的概念最早于20世纪80年代中期提出，将计算机领域的用户界面设计延伸到工业产品，主要关注用户使用产品时的交互行为。随着互联网尤其是移动化联网的发展，以及电脑、手机等电子设备的普及，交互设计的重要性日益凸显，并且获得了快速发展。交互技术连接了人与物、人与人、物与物，通过特定的展示方式，实现虚拟与现实的结合。如今，交互设计已经广泛地流行于我们的日常生活中，信息与交互设计延伸到更宽泛的人机交互，包括交互界面设计、服务设计、用户体验、交互式数字媒体等多领域，并在多学科领域取得了新发展。

信息艺术设计在此阶段重点探讨人与物关系的改变，即人机交互关系的改变。信息与交互设计通过物理尺度上的考量，深入挖掘研究人的生理、心理和交互行为的数据，并根据用户信息建模，建立和谐的人机交互关系。这个阶段产生了大量优秀的人机交互产品。

如在2007年1月，苹果联合创始人之一史蒂夫·乔布斯发布了初代iPhone，它作为一款极具代表性的移动产品，不仅具有美学的产品形态和材料，自然、新颖的操作和反馈方式，还开启了苹果商店应用程序的广阔市场，让人们深刻地理解了从产品体验扩展到网络生态服务系统的巨大价值。2013年我国通信进入4G时代，由于网络的助力，信息艺术设计在信息行业的发展非常活跃，一时间很多企业、初创公司都成立了交互设计或用户体验部门。知名的互联网公司如苹果、谷歌、华为、腾讯，纷纷倡导用信息架构、交互设计、服务设计、用户体验的理念和方法来指导行业的信息产品设计。此时，信息与交互设计的研究在形式结构、功能表

达和视觉呈现上越来越高效与简洁化，如业界广泛使用可见即可得的设计软件Sketch来完成快速产品原型设计，苹果发布的用户界面设计指南提出界面设计须具有扁平化特征。

微软公司从2009年开始，每隔两年都会发布一个面向未来科技发展的概念视频"Future Vision"（未来愿景）。在概念视频中，微软揭示了信息交流方式的革新对人们的生活和工作方式带来的巨大变化。如未来将实现更密切的信息合作：具有远程数据协同功能的智慧黑板（玻璃）促进跨地域、跨平台的团队成员实现更好的信息沟通；更智能的信息助理推荐服务：虚拟助理不仅仅是简单数据可视化后的虚拟角色，同时被赋予个性、逻辑思维与情感；更自然的信息交互：用户通过映射在各种事物表面的3D全息影像，自然感知新事物和表达新观点；更广泛的互联互通：用户可以在各种物体表面、屏幕设备之间流畅地切换，并实现跨平台、跨屏幕、跨介质的信息内容转换。新阶段的交互设计已经上升到生态服务系统的层面，并在不断扩展，智能驾驶、通信、银行、购物、医疗、教育、健康、工业制造等领域已经发生重要变革。

2.数字化游戏

数字化游戏设计是信息艺术设计的一个重要发展领域。"电子游戏"在20世纪中叶萌芽。一般认为交互式计算机游戏的雏形是1962年由麻省理工学院的学生史蒂夫·拉塞尔及

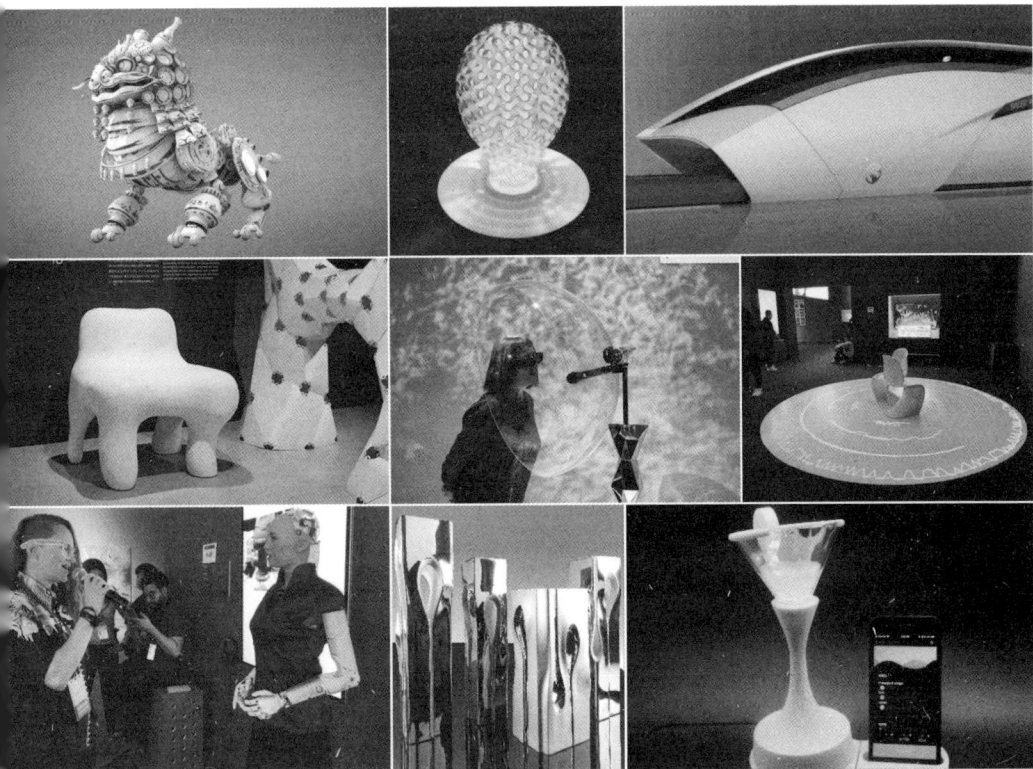

其同学设计的视频游戏"Space Wars"。此时的游戏多以实验性为主，并未推广到市场成为商业产品，不过这个试探性的游戏却点燃了创作者的热情。信息艺术设计的发展带动了电子游戏的快速发展。1972年，"Magnavox Odyssey"作为全球首款游戏机诞生。1977年，著名的游戏公司雅达利公司发行被称为开山之作的游戏机"Atari2600"。另外一家著名的游戏公司任天堂发行了公司的第一个家庭视频产品"TV-GAME 6"。这些系列产品的出现意味着电子游戏步入发展黄金期。

除了主机游戏，街机游戏也开始进入"黄金时代"。由Namco公司的岩谷彻设计，并由Midway Games发行的Pac-Man（"吃豆人"）被认为是20世纪80年代最经典的街机游戏之一。20世纪80年代末期，日本游戏公司发行的《双截龙》成为卷轴格斗游戏的始祖，《街头霸王》也风靡大街小巷，开启格斗对战游戏的先河。

1990年，SEGA（世嘉）推出首款掌上彩色游戏机Game Gear，与任天堂的Gameboy游戏机不分上下。随后，日本索尼公司出品系列游戏及PlayStation的问世，彻底打破了任天堂长期的霸主地位。1994年，美国游戏制作公司"暴雪"推出《魔兽争霸》3D系列游戏，风靡全球。众多公司纷纷推出全新的游戏产品或硬件产品，为游戏提供更加便捷操作的平台，玩家的游戏体验不断改善。

21世纪初是虚拟现实技术的高速发展阶段。2012年Oculus Rift惊艳亮相，人们第一次意识到消费级VR产品的可能性。2014年，脸书收购Oculus，掀起VR创业潮。2016年，微软推出Hololens和Windows MR，索尼推出了PSVR，AR和VR概念齐头并进，2016年成为被广泛命名的VR元年。同时，大量虚拟现实美学的游戏类体验应用被开发，用户开始体验虚拟现实数字化游戏与艺术结合的魅力。游戏化美学应用如《节奏光剑》，是一款由Hyperbolic Magnetism制作并发行的音乐类打节拍游戏。游戏有着精致的游戏场景、高清的画质，还结合了创新的VR玩法。在游戏中玩家可以伴随着动感的音乐，使用指尖模拟光剑切开飞驰而来的方块，感受音乐、动画与体感美学的魅力。

3.数字化艺术

在新媒体艺术领域，信息艺术设计展开了广泛探索。其中，当代观念图像属于一个独特的数字艺术领域。20世纪中叶以来的科技发展，艺术界的先锋人士注意到科学与艺术相融合的重要性。法国的"欧普艺术之父"维克多·瓦萨雷利，利用光效应的科学原理，用明亮的色彩搭配表现一种独特的视幻艺术。美籍韩裔艺术家白南准利用电视和录像媒介制作艺术作品，在拓展艺术语言的同时也拓展了人类意识。影像艺术的出现预示了以计算机、激光等电子技术为中心的电子媒介艺术时代的到来。

2000年以后，信息艺术设计在数字艺术领域取得了标志性成果，如2000年的汉诺威世博会聚焦于人类、自然与技术。该届世博会的展品具有明显的数字化特点，譬如采用了动态标志——被称为会呼吸的标志，展览还采用了虚拟博览会给世界观众呈现设计作品。2001年，第一届"艺术与科学国际作品展暨学术研讨会"在我国成功举办，作为一个世界级的科学与艺术交融的学术盛会，备受国内外瞩目。展览展示了大量国内外优秀的数字化艺术作品，一定程度上，会议开启了我国信息与交互设计研究学者对于信息艺术审美范式的讨论热情。

2006年，清华美术学院主办了第二届"艺术与科学国际作品展暨学术研讨会"，该展览以"当代文化中的艺术与科学"为主题，通过当代海内外艺术家们的艺术创作探索了"和谐与创新"这一主题。诺贝尔奖获得者、著名物理学家李政道先生和清华大学教授、著名画家吴冠中先生等发表精彩演讲。

2009 年，清华美术学院同卡内基梅隆大学设计学院和香港理工大学设计学院共同主办了首届北京交互设计国际会议，来自苹果、飞利浦和谷歌等企业的著名专家与诸多高校的设计教育家就数字媒体互动设计、交互设计、体验设计和文化遗产数字化保护等问题进行了研讨。Teamlab数字艺术展览是日本知名数字多媒体艺术团体TeamLab 的作品，展览通过意象化的数字森林、数字动物，让数字艺术跨越技术的界，呈现数字化的大自然。在作品中，观众可通过视觉、听觉和触觉（手机互动）来探索人与世界万物的密切关系。德国视觉艺术家Tobias Gremmler则运用3D影像，通过模拟戏曲演员的运动轨迹，进行了一系列可视化艺术创作，用一颗颗粒子组成我们耳熟能详的动态京剧形象。

当数字艺术被应用在机器人领域，诞生了会演奏音乐、会唱歌、会绘画、会写书法，甚至具有艺术鉴赏能力的智能机器人。2020年佐治亚理工学院音乐技术中心推出了一款能和人类进行说唱比赛的机器人Shimon，说唱机器人Shimon的作曲能力关键在于语义理解算法和音乐合成模型。开发者称机器人利用了庞培法布拉大学的基于深度学习的唱歌声音合成器，经过大量数据集训练出一种能够很好地表现无性别差异的机器人音色。清华大学美术学院师生设计了全球首支中国风机器人乐队"墨甲"，含三位机器人乐手，分别是打击乐机器人排鼓"开阳"，吹奏乐机器人竹笛"玉衡"以及和声机器人箜篌"瑶光"。这些机器人分别采用了不同的演奏技法，并且演奏的是原创音乐。具有艺术鉴赏能力的智能机器人Berenson 由工程师飞利浦和人类学家丹尼斯研发，它通过记录艺术欣赏者们对艺术品的反应，用这些搜集的数据创建自己的个性化喜好。它能判断一件艺术品是否符合它的鉴赏偏好，并在展览现场对艺术作品展现出行为上的认同或否定，如对喜欢的作品点头或微笑。

人工智能技术拓展了信息艺术设计的深度与广度，随着深度学习网络的发展，人工智能具有了自主创造的能力。信息艺术与人工智能技术结合，通过运用深度学习算法，让算法具有艺术创造能力，创造人工智能艺术。譬如2016年"双11"期间，阿里的设计人工智能系统"鲁班"制作了1.7亿个淘宝网页的横幅。2015年，数字艺术家凯尔·麦克唐纳利用谷歌研究人员开发的"Deep Dream"艺术化生成程序，生成了数字化版本的《创造亚当》。2016年，谷歌团队发布了"品红计划"（Project Magenta），主要探索人工智能如何创造音乐。MIT和IBM沃森联合实验室利用风格转移技术，在重现艺术风格、色彩、构图和笔触上获得成功，并发布了一款画师应用——AI Portraits Ars，利用GAN网络由计算机自动"绘制"人像油画。

4.数字化展示

我国作为拥有着璀璨文化瑰宝的历史大国，近些年对于文化传承与文物保护尤为重视。文化遗产的数字化保护与展示方面，信息艺术设计打破了时空界限，为优秀文化的传播创造了条件。传统展陈设计与数字技术结合，突破了传统的台、板、架、灯光等布展方式，数字化展览的互动感和体验感促使现代展示焕发生机，数字化展示代表着现代展示模式的发展方向。

数字化展示主要是利用计算机技术把实体博物馆展品和相关的知识进行信息化可视化处理，如通过环形弧幕、数字大屏、裸眼3D、增强现实等方式，呈现视觉内容。信息艺术展示空间中数字化智慧导览系统，为观众提供便捷、人性化的展馆展示服务，以现代化方式实现博物馆的展示、教育与宣传目的。如"数字敦煌"项目中，团队通过高清拍摄采集了莫高窟的数据，设计了全景漫游系统。人们可以根据提示移动鼠标转换视角，随时随地观看莫高窟内的景象，了解这段辉煌灿烂的历史。

在数字舞台领域，数字技术结合舞台艺术创作形式，丰富了舞台表演的内容，使得整个舞台空间产生巨大变化，给人们带来了全新的视听盛宴。数字舞台美术创作朝着沉浸性、互动性、多元化方向发展，呈现出更加生动直观的舞台环境。2008年北京奥运会开幕式中，灿烂文明画卷是具有代表性的舞台艺术作品。这幅147米长、27米宽的画卷，是展现中国5000年历史的长卷，开幕式的演出从此开始。而这幅画卷其实是通过庞大的LED屏幕和"投影仪"一般的帕尼灯演示的。由于鸟巢整体面积庞大，若想使屏幕支持长达一小时的画卷播放，困难重重。艺术创作者与技术人员最终攻坚克难，将中国文化精粹完美地呈现出来，为世界奉献了一场无与伦比的艺术盛宴。

5.影视制作

信息艺术设计与影视动画领域结合，诞生了优秀的国内外3D动画和科幻电影。1975年，乔治·卢卡斯成立的"工业光魔公司"（Industrial Light & Magic，简称ILM)为科幻电影《星球大战》制作特效，为观众带来震撼的视觉体验。

成立于1980年的美国太平洋数据图像公司（PDI)专注于影视制作，从人物角色设计到动作渲染都注入了浓厚的科技感，对极其微小的表情变化也进行了单独的设计捕捉，人们可以感受到设计团队的用心与细致。较为著名的是利用过度变形等技术为迈克尔·杰克逊设计歌曲"Black and White"MV的动画特效。1986年，史蒂夫·乔布斯收购了工业光魔公司创始人乔治·卢卡斯的电脑动画部，成立了皮克斯动画工作室。到了20世纪90年代，皮克斯和迪士尼合作拍摄了《玩具总动员》系列，动画师将属于人的喜怒哀乐添加进入玩具的世界，为我们带来一系列充满想象力的童话故事。1987年，蓝天工作室（Blue sky studios）诞生，《冰河世纪》系列动画电影是其代表作品。动画师在电脑上进行每一帧的动画绘制，形成连续的动作，建模师根据该动作进行渲染，最终成为我们在荧屏前看到的一部精彩的动物探险故事。

2006年，由深圳环球数码制作并发行的中国第一部3D电影《魔比斯环》填补了国内3D动画电影领域的空白。次年，3D武侠动画系列《秦时明月》也出现在荧屏。3D动画电影《大圣归来》用更加精彩的渲染技术演绎经典神话传说，使传统故事更具感染力，中国影视动画迈上了新高度。2019年科幻电影《流浪地球》的出现，让国人纷纷感叹不必再羡慕国外电影制作技术，我们自己也能做出像《星球大战》那样的科幻片。喷发的火山、坍塌的悬崖、坠毁的飞机都是利用计算机进行三维模型渲染，加之各种逼真的碰撞声、风雪声等，让人们如身临其境，置身于电影创造出的艺术世界。

五、环境艺术设计

狭义的环境艺术设计是指围绕建筑这一主体展开的系列设计：向建筑外发展的称为景观设计，在建筑内开展的称为室内设计。它们都强调建筑主体、艺术方法、技术手段。广义的环境艺术设计则包括一切统筹考虑自然、人工和社会要素的设计行为。

环境艺术设计这一概念的提出具有历史发展的必然性。20世纪后期，过度的资源消耗和环境污染给人类赖以生存的地球造成了巨大伤害，同时影响了经济的进一步增长。在此背景下，世界环境与发展委员会提出了可持续发展的理念。可持续发展理念与产业的结合，对于设计界的作用便是诞生了环境艺术设计——相较于以往的艺术设计专业单纯强调商业化，环境艺术设计更加强调设计对环境的友好程度。环境艺术设计构成可持续发展战略总体布局的重要一环，对于协调人与自然环境的关系具有特殊意义。

虽然环境艺术设计是一个新兴的概念，但人类进行环境设计的思想早已有之。在原始的渔猎采集和农耕时代，人们会使用简单的标志来区分自己的领地与之外的空间，同时在室内会使用一些农作物、动物的骨骼等来装饰墙面、点缀空间。这可视之为人类环境设计的第一阶段。在工业化时期，人们选择用钢筋水泥浇筑自己的居住空间，来隔绝自然环境对自身的影响，围合出一座座城市森林，这是人类环境设计

发展的第二阶段。而未来，环境设计会去向何方？目前提出的设想是利用先进的科技手段推进室内绿色设计，破除人工环境与自然环境的壁垒，达到人类与自然和谐与共，这一未来构想被视作环境设计实现"人类栖居再开放"目标的第三阶段。这三个阶段，分别对应着过去、现在和未来，从宏观上建构起环境设计发展史。

环境设计历史从人类整体的角度来说是共通的，但是不同文化语境下的环境设计发展之路有其各自的特性。

东方文化的核心通常是一个最高的意识，如神权、皇权或者教权。最高的意识作用于人类对环境的改造中，就形成了许多叹为观止的环境设计，古埃及的阿布辛贝大神庙就是重要一例。阿布辛贝大神庙位于尼罗河畔一个敞开式的岩洞里，在岩洞的最里面依次供奉着普拉哈神、阿蒙·拉神、拉美西斯二世、拉·赫拉克帝神的神像。这样的摆放位置使得在国王拉美西斯二世诞生和登基的日子（即每年的2月22日和10月22日）日光能够刚好直射到祭坛的尽端，依次照射在国家最高神阿蒙·拉神、拉美西斯二世和天空之神拉·赫拉克帝神身上，之后逐渐消失。被摆放在岩洞最里侧的普塔哈神不会被照射到，因为他是冥界之神。这样巧妙的设计反映出古埃及时代对神王之权的崇拜，是艺术设计与自然环境结合达到的绝佳境界。

值得一提的是，在我们自己的传统文化中早就有一门包含着环境设计思想的学问——风水学。在中国数千年的文明历程中，风水作为一门相地之术，被人们用于校察地理、选择宜居的环境。直到如今，在一些农村地区依旧看重"背山面水"等环境选址，追求自宅须坐落于"风水宝地"。这种朴素的自然哲学体现了人类对环境的尊重，以及通过"天人合一"的境界实现美好生活的愿望。

西方文化的源头在古希腊和古罗马，西方文明以此为起点发展出强调科学和理性的文化内涵。柏拉图在《泰阿泰德》中所说的 "人，是衡量一切的尺度"，更像是昭示人类处于万物之灵地位的最初宣言。因此，在西方传统观念影响下的环境设计更加体现人的力量和人的意志。波塞冬神庙中的陶立克柱式和爱奥尼柱式分别对应着男性美和女性美，闪耀着人文光辉。

现代环境设计的思想越来越系统化和理论化，并且形成了一门专门的环境艺术设计学科。学科研究的对象是自然环境要素和人工环境要素，前者是设计的基础，后者是设计的主体，两者之间关系密切、缺一不可：自然环境需要维持生态平衡，这就要求环境设计必须尽可能维护原有地貌；人工环境的次生性决定了设计应当与自然环境相协调，并且要控制人工环境要素相互间的关系。除此之外，环境艺术设计强调系统的设计概念，运用分析和综合的方法整合各个环境要素，以实现人与自然环境和谐共处的价值构想。它要求设计师协调自然、人工与社会三类环境的关系，来达到优化环境的目的。鉴于自然环境与人文历史景观的完整性对于环境设计都很重要，设计师也必须既重视历史文化关系，又要兼顾社会发展需求，将理论研究与实践创造相结合，将环境体验与审美引导相结合。

当代，随着人们对生活水平和居住环境的要求不断提升，环境艺术设计呈现出多样化的发展趋势：首先，环境艺术设计过程中更加注重运用多学科交叉的视角，实现多专业的跨界融合，为更加优化的人居环境和自然环境提供多角度的解决方案。其次，尝试从自然界汲取设计灵感，以自然界万事万物为原型，进一步探索人与自然的关系。最后，破除人工环境与自然环境的后天壁垒，重新回归到自然环境，实现"人类栖居再开放"的美好愿景。

环境艺术设计与建筑设计的不同在于环境艺术设计加入了艺术视角，从美学的角度思考如何让环境更美。因此，环境艺术设计将更加重视设计所取得的视觉效果，并且以此作为设计效果的评判标准。环境设计如果能够使环境在视觉上拥有统一的秩序，能够运用恰当的比例和尺度，能够用对比等手法来创造出与众不同的韵律，就更容易脱颖而出，得到使用者的认可。

环境艺术设计运用科学与艺术的手段，给人带来美的体验。具体来说，其有三种作用：一是可以丰富环境的主题，使环境特点更加令人印象深刻；二是提升环境全方位的品质，包括物质、精神和社会等各个维度；三是使精心设计过的环境拥有区别于其他地方的、自身独有的标志和辨识度，摆脱千篇一律的面貌。

1.景观设计

当今世界城市化日益发展，城市逐渐成为人类最为重要的聚居地，城市景观设计也随之出现。景观设计在土地、水体、植物、建筑这四种基本要素构成的环境中进行，以特定场所为背景，同时突出建筑的主体地位。风景园林设计和景观设计很像，构成两者的环境要素基本相同，但是两者也有不同之处：风景园林的设计更加强调保留自然本色，放大自然环境原本的美；而景观设计则更加强调人工场景以及人为创造的艺术美。在景观设计中，通常会选取广场、庭院这类空间，在其中设置主体艺术品（比如建筑小品、壁画、雕塑）作为该场所的中心，整体打造出一个具有和谐美感的景观。可以说，景观设计是在风景园林设计的基础上进一步协调自然环境与人工风景的艺术。

景观设计发展经历了两个阶段：在20世纪50年代以前，城市景观设计片面关注城市"天际线"的视觉美而忽略了城市居民的感受和体验，那时的城市形象是高冷的、抽象的、乏味的，缺乏每个城市特有的标签；50年代以后，"以人为本"的理念产生深刻影响，景观设计从内容到实质都发生了根本性变化，更加注重考虑城市居民在其中的生存感受，尽可能地满足人的心理需要和社会的历史文化诉求，从而形成独特的、有人情味的城市景观形象。

可以看到，这两个阶段的转化不但体现了城市景观形象设计多元化、立体化、复杂化的发展趋势，还指明了景观设计的未来发展方向——应始终将满足人的需求作为设计的第一要务，用艺术化的手段打造公共空间，营造城市景观形象的视觉美感，让城市居民都能享受到环境带来的舒适。

2.室内设计

室内设计，顾名思义就是在建筑内部空间进行的设计。室内设计的目的通常在于兼顾实用和美观，让住户能够获得舒适、愉悦的居住体验。不同时代背景下，室内设计呈现出丰富多彩的风格变化。

室内设计的基本内容包括空间规划、构造装修和陈设装饰。室内设计师通常会先在平面上进行室内空间设计和组织，之后在建筑构造中考虑人工因素如何介入，如何处理空间与空间之间的造型，然后运用光照、色彩、家具和装饰等手段实现室内的艺术化。在进行室内设计时，还有一个难点需要处理，那就是人们在时间状态下的行为——人在室内绝不会是静止的，需要保持活动。将人的动线考虑进来是室内设计乃至环境设计的重要一环。

判断室内设计的效果，主要看整体氛围的营造。室内设计是由空间规划、构造装修、陈设装饰三部分构成的整体，三者共同决定了室内的氛围感。空间的氛围主要由建筑的基本要素以及带给人的感受所决定，比如梁柱的多少、墙体的宽窄、门窗的朝向等都会给住户不一样的使用体验。构造装修是对居住空间的各个面（比如天花板、墙面和地板）进行美化的过程，设计师可以挑选不同色彩和材质的材料。构造装修相当于是为室内空间提供一个美化了的背景。陈设装饰是在构造装修基础上进行的进一步装饰和家装，包括家具摆放、灯具选用、织物选择、绿化样式、日常生活用品以及艺术品的陈设，是营造氛围美感的主体，直接影响空间美感的形成。

室内设计按照空间类型的不同可分为居住空间设计、工作空间设计和公共空间设计三类。居住空间设计主要是按照居住者的使用要求划分不同的生活区域，并且按照居住者实际行为的发生方式进行空间排列。工作空间设计主要考虑体力劳动者和脑力劳动者两类室内工作者的需求，相对应地设计出办公楼房空间和厂房车间。工作空间的美化有利于员工们获得愉悦体验，从而提高工作效率，间接转化为企业的经济效益。公共空间设计主要包括对商业空间、展览空间、办公空间、休闲娱乐空间、教育设施空间、医疗设施空间、旅游设施空间和餐饮空间的设计。

当代，随着装饰材料的丰富和施工技术的进步，室内设计也有新的发展。其概念进一步拓宽，不再只指代室内装饰设计，而是将室内环境作为整体来设计，强调室内空间实用和美观的结合。

在现今国内的室内设计市场中，日式风格、欧式风格、美式风格等依旧大行其道，获得各个年龄段消费者的追捧和青睐，而具有中式特色的室内设计风格还很欠缺。我国国内设计师应该进一步思考如何走出一条中国特色的发展之路，在世界舞台上展现当代中国设计的丰富内涵，实现人文和社会意义两个层面上对全体人类居住环境的艺术再创造。

摄影

顾铮

顾铮，复旦大学教授、博士生导师。

概述

在1839年摄影术发明以来，摄影见证了人类社会的突飞猛进的发展。摄影，以其对于人类生活的深入全面的观察以及作为一种表现形式，对人类生活产生了深刻的影响已是不争的事实。确实，摄影已经可以大言不惭地发问，在这个世界上，还有什么事物、事件不能为摄影人拍下？尤其是在这个人人皆可摄影的时代。

照片让我们看到万里以外发生的战争、灾祸与种种奇景异观，给人以身临其境之感。照片既可用作幸福记忆的保存，也可以是屈辱失败的证据。照片会通过传播媒介对社会体制产生影响，改变时代进程，改写历史记录。而广告照片甚至可以用一种表情、一个姿态去统一一种审美观，形成一种价值判断，塑造一代人的形象，代表一代人的梦想。照片对个人而言，则更是一种具有特殊意义的事物。当都市中的一个孤独者遭遇街头的一张广告照片，照片中的女士的一个微妙的表情，也许就会成为他的一种小小的心理安慰。而放在一个父亲的案头的一张他的儿子的照片，也许就是他可以忍受各种人生困难的理由。摄影的功能使一些人希望通过这一手段表达自己的审美观与内心视象，而另一些人则期望传达自己的世界观与主张，期待以此改变他人与社会。更有一些深知摄影的影响力的人会想到利用其表面的客观性来蒙骗世人。结果，在这种居心叵测（或者是公然认为照片可以骗人）的人手中，照片成为最具欺骗性的手段。总之，人们对摄影的认识越深刻，摄影的面目就越可能变得难以捉摸。融科学与艺术于一体的摄影的出现使人有了更多的在这个世界上津津有味地观看并生活下去的理由。人们从看照片得到了许多知识、感情、经验、欲望、意识形态，等等。但摄影的潜力却还远未穷尽。

一、艺术摄影

摄影出现之初，曾有画家惊呼"绘画从此死了"。而对许多摄影家们来说，他们在构成了对画家的现实威胁的同时，却也遇到了一个如何使摄影与传统艺术同样受到尊重的问题。许多当时的摄影家把提升摄影的艺术地位作为自己的奋斗目标。

在19世纪后半叶，欧洲出现了"艺术摄影"的浪潮。英国摄影家奥斯卡·雷兰德（1813—1875）是欧洲"艺术摄影"的一个重要人物。他在1857年拍摄的《人生的两条道路》是这种努力的最成功一例。在这张以三十张底版拼凑出的巨幅作品中，他把画面分成左右两个部分，在右面表示人类"勤勉"，而以左面表示人类"堕落"，以此教育青年人要走人生正道。这件作品后来被英国维多利亚女皇买下用于教子，可谓物尽其用。

然而，英国人彼德·亨利·爱默生（1856—1936）却认为摄影应该回归自身，而不是跟在绘画后面亦步亦趋。他在自己的著作《自然主义摄影术》中，对雷兰德这样的以修改、摆布等手法来制作艺术摄影作品的态度提出了异议。他强调摄影家应该创作出忠于自己的视觉经验与感受的照片。他倡导的自然主义摄影观，后来对形成美国的"纯粹摄影"风格产生了重要影响。

在19世纪末20世纪初，在欧美、日本出现了明确追求绘画效果的"画意摄影"潮流，主张从形式到内容都模仿绘画的意境与意趣。其中的代表性人物是法国摄影家罗贝尔·德马西（1859—1936）、美国摄影家阿尔弗雷德·斯蒂格里茨（1864—1946）等。

  德马西擅长在画面中营造一种梦幻般的气氛，同时也努力制造与绘画作品不相上下的笔触与肌理效果。他的作品以其唯美的情趣与优雅的格调而受到当时许多人的喜爱。斯蒂格里茨最初也以创作在形式与内容方面都与绘画作品无分轩轾的"画意摄影"照片为己任，但后来终于认识到摄影有其自身的媒介特性，转而探索摄影表现的纯粹性，成为美国"纯粹摄影"的先驱者。将斯蒂格里茨的"纯粹摄影"理念贯彻到极致的是他的弟子、美国摄影家保罗·斯特兰德（1890—1976）。斯特兰德坚信摄影的最有力之处是其客观性。他的影像强烈而且纯粹，传达出一个摄影家面对世界时的自信与专注。

  以唯美为旨趣的西方"画意摄影"在中国则又与中国传统的文人

情趣两相结合，形成了具有中国特色的"画意摄影"。五四新文化运动的闯将刘半农（1891—1934）在从事学术研究的同时，也对作为一种表现手段的摄影抱有浓厚的兴趣。作为北平的摄影团体光社一员，他还撰写了名为《半农谈影》的摄影理论专著。他的摄影作品有着浓郁的中国文人气息，是用摄影这一西方媒介传达东方审美意识的有益尝试。

到了20世纪的二三十年代，把摄影作为一种视觉实验手段的欧洲先锋摄影也大大地开拓了摄影的表现力。许多当时参与先锋摄影的人都是一些理想主义者，他们希望通过摄影这一崭新的视觉手段，能够发现一些与这个变化丰富的时代相契合的表现可能性。

俄国十月革命激发了当时艺术家们的巨大的创作热情。摄影家亚历山大·罗琴科（1891—1956）非常认同这场社会革命，认为摄影家有责任而且可以找到一种可以与革命引起的心理亢奋与浪漫情怀相匹配的视觉表现形式。他反对平庸的视角，拍摄时采取了或仰视、俯视或倾斜的极端视角。他企图通过视点的改变让人们对于新时代、新事物产生新的认识。罗琴科成功地将一种革命的热情转化为一种视觉的范式，影响后世至深。

在一幅名为《构成者》（1924）的摄影蒙太奇作品中，另一位苏联摄影家埃尔·李西斯基（1890—1941）塑造了一个全新意义上的艺术家形象，同时也充分表明了自己拒绝绘画的决绝态度。在这幅作品中，这个"构成者"所使用的工具是圆规与方眼纸，画面中根本不见传统意义上的画家所必需的工具——画笔与画架的形象。他以此显示出了一个立志以新的艺术手段参与建设一个理想的新社会的艺术家新形象。

参与柏林达达运动的唯一一个女性汉娜·霍荷（1889—1978）并不是一个摄影家。第一次世界大战后魏玛德国的混沌世相，被她以一种不失犀利讽刺却又展示了幽默洞察的闹剧式拼贴画面一网打尽。她通过自己的作品提示现代人的深深的疲惫、疑虑、倦怠与绝望，一种时代的无意识经过她的看似杂乱无章的画面跃然纸上。

作为一个在包豪斯学院发挥了重要影响的艺术教育家，匈牙利出生的拉兹洛·莫霍利—纳吉（1895—1946）对当时的新媒介手段摄影寄予了无限的希望。莫霍利—纳吉认为摄影是一种新的读写工具，他预言在将来不会用照相机的人将成为新型的"文盲"。他的这个预言在今天已经完全实现。他自己也在摄影实验方面身体力行，探索了不用照相机制作影像的"物影摄影"，为人们认识摄影的表现力打开了一个新的视野。出生于德国、后移民美国的设计师、摄影家赫伯特·贝耶（1900—1985）善于运用独特的构思与新奇的手法来表达自己对世界的看法。在《孤独的都市人》这幅作品中，贝耶通过被放了手心里的眼睛来表现一种都市人渴望相互了解的心情。从某种意义上说，这是一幅很艺术性地触及了资本主义社会中人的异化问题的杰作。

对所有真正爱好摄影的人来说，法国人雅克—亨利·拉蒂格（1894—1986）是他们的真正意义上的偶像。拉蒂格亲近摄影仅仅是因为他发自内心地喜欢摄影。拉蒂格从少不更事起就已经拍起了照片。一直到他去世，他拍了80多年的照片。摄影于他就像空气与水一样不可或缺。他以一种常人无法比拟的速度与密度，把他一生中每天所看到的、所经历过的各种事情拍成照片，然后认真地贴入一本又一本照相簿并加上详细的文字记录。在拉蒂格的摄影里，记录与记忆成了同义词。

20世纪20年代，德国美术界出现了"新客观主义"思潮。作为对表现主义美术的反动，"新客观主义"主张以客观的态度描绘事物，强调理性、节制与严谨。"新客观主义"的主张其实在摄影中获得了最为切实的体现。德国摄影家阿尔伯特·伦格—帕契（1897—1966）以其对事物的客观、冷静的描写而确立了摄影"新客观主义"风格。德国的"新客观主义"摄影与斯蒂格里茨、斯特兰德等人的"纯粹摄影"遥相呼应，成为当时世界摄影的主流，同时也显示了追求语言的纯粹性与艺术自律的现代主义摄影美学已经形成。

出生于匈牙利、后移民美国的摄影家安德烈·柯特兹（1894—1985）在20世纪30年代的巴黎是个非常活跃的摄影家。他的摄影因其独特的意蕴而受到各国摄影家的敬仰。柯特兹的摄影总以一种出其不意的视角、别具一格的诗意打动人心。他拍摄于1929年的《忧郁的郁金香》以奇妙的造型将一种莫名的忧伤转化为一种无言的优雅，令人回味无穷。

现代艺术思潮一直对摄影表现产生影响。而在20世纪30年代席卷欧美的超现实主义思潮更是如此。墨西哥摄影家马努埃尔·阿尔瓦雷兹—布拉沃（1902—2002）的摄影将墨西哥玛雅文化的奇瑰与摄影的超现实演化能力有机地糅合在一起，形成了独具魅力的摄影风格。在20世纪30年代，他的影响已经远播欧洲。他善于从日常生活中发现幻景。在他那与众不同的目光的点拨下，令人难以置信的奇景幻象从墨西哥的现实中破土而出，而他手中的照相机则成为沟通现实与幻想的桥梁。

法国摄影家亨利·卡蒂—布列松（1908—2004）最初以报道摄影家的面目出现在世界各地的纷争与变动的现场，拍摄了许多出色的报道摄影作品。然而，他的作品却又常常闪现一种超现实主义的气质，因此总令人在了解了照片的表面意义之后，再去试着把玩其内在意蕴。在20世纪50年代初，卡蒂—布列松以他的"决定性瞬间"理论风靡一时。他认为真正的优秀摄影作品必须是画面的形式结构与内容都处在了一个恰到好处的瞬间。这个瞬间被他称为"决定性瞬间"。卡蒂—布列松的出类拔萃的瞬间把握与形式处理能力，使得他的许多作品都成为可以验证他的理论的最好典范。时至今日，仍然有许多人在追求这种形式与内容完美统一的画面。

然而，卡蒂—布列松的"决定性瞬间"论在一个名叫威廉·克莱因（1928—）的美国摄影家的眼中，并非神圣不可侵犯的金科玉律。克莱因在第二次世界大战期间加入美军参战。第二次世界大战结束后，他居留巴黎学艺。1954年，一个偶然的机会使他走上了摄影之路，拿起照相机拍摄起暌违多年的家乡纽约，并于1956年出版了摄影集《纽约》，在当时的西方摄影界掀起了一场轩然大波。因为在当道的摄影"行家"们看来，克莱因的照片充满了失焦、模糊、倾斜等摄影"错误"，毫无"章法"可言。然而，就是这种"错误"的极具个人视觉的照片，却为摄影表现开辟了一个新的方向，揭开了战后摄影的新篇章。

克莱因的影响在20世纪60年代远及战后日本。日本摄影家森山大道（1938—）成为摄影家完全是因为克莱因的照片使其深受震动。森山认识到，摄影是一种完全可以自由地表达个人感受的、表现力丰富的视觉手段。于20世纪60年代在日本摄影界登台亮相后，森山大道不断以其独特的语汇与视角刷新我们的视觉经验，使人领悟摄影独有的魅力。他的照片颗粒粗放，构成新奇，始终表现出一种不羁的激情与不衰的青春感性与活力。森山大道现已成为国际公认的日本的代表性摄影家。

从20世纪70年代中期开始，美国摄影界出现了一种重新认识、评价色彩在摄影表现中的能力与作用的新潮流。这个新潮流因了一本由萨丽·奥克莱尔（1950—）编辑、名为《新彩色》的画册的名字而被称为"新彩色摄影"。在顺应了彩色摄影感光材料本身的技术进步的同时，摄影家们终于认识到，表现"有色彩的世界"已经成为可能了。他们以彩色摄影本身的独特表现力来提示一种人们从来不曾经验过的色彩现实，显示出摄影家对待现实的新的看法与态度。与此同时，他们的彩色实践也刷新了人们对于彩色摄影持有的传统观念，赋予了摄影表现以新的可能性。

这股"新彩色摄影"潮流的代表性人物是威廉·埃格莱斯顿（1939—）。埃格莱斯顿照片中的色彩将美国南方文化的色彩谱系做了明快透澈的披露。普通小旅馆内的内部装修、墓地、歌星的私人住宅内景、人们的着装、饱浴阳光的农田中的农作物、各种色彩鲜艳的招牌等，都通过他的镜头传达出丰富的信息。埃格莱斯顿的精致、敏锐的色彩表现再现了他个人通过色彩表达的对世界的理解的同时，也传达了他所处时代的色彩精神。

进入20世纪后半叶，西方世界的各种社会思潮对当代摄影文化的走向产生了不可低估的影响。女性主义思潮在对男权中心主义的西方社会与文化发起全面讨伐的同时，也引发一系列对视觉表现中的女性形象建构问题的反思。美国艺术家辛迪·谢尔曼（1954—）通过自己的作品，对于西方视觉文化中的女性形象的塑造提出了质疑，取得了令人瞩目的成功。

谢尔曼是在20世纪70年代后期以她的《无题电影剧照》系列在美国艺坛崭露头角的。在这一系列中，她将自己扮演成处于某一特定情景中的各种女性。她的照片中的女性形象令人想到各种好莱坞文艺片中的女主人公，但却又让人无法辨认是具体的哪一个。通过这一系列她自拍的

女性图像，谢尔曼暗示潜藏在照片中的一种男性意识与视线关注的隐秘存在，提示人们意识到一种针对女性的男性欲望的图像套数。谢尔曼以充满机智的模仿与复制来批判充斥于大众传播媒介中的司空见惯的女性形象塑造策略，以此批判、揭露大众文化的秘而不宣的文化策略。

在后现代思潮喧嚣尘上的时候，历来被视为天经地义的摄影表现的许多观念也开始发生松动。比如，许多摄影家不再拘泥于真实与虚构这对概念内部的对立，开始自己组织场面，导演自己构想中的画面，通过自己"执导"的画面提出白己对现实的看法。

加拿大艺术家杰夫·沃尔（1946—）通过导演摆布的画面，以拍摄电影的规模与手法，精心刻画当代西方社会生活的各个侧面。他还积极运用先进的数码图像合成技术，又从世界名画汲取包括构图、题材等灵感，制作出一系列带有浓厚的广告作品色彩的巨幅灯箱作品。通过这些精心构造的人工现实、源于生活却又经过高度提炼的虚构情节，他呈现真实的社会现实与问题，引起人们对现实的关注。他的作品也引发对摄影的本质思考，促使人们重新思考摄影的真实性、摄影与绘画的界限、高艺术与低艺术之间的界限等多方面的问题。

出生于法国南部的法国摄影家贝尔纳·弗孔（1950—）1976年开始从事摄影创作。弗孔自己先行构筑场景，安排情节，摆布人物，然后再以照片的形式加以再现。他的照片掺和了他的文学幻想与童年记忆，弥漫一种忧郁、感伤的气氛，真切地传达出他对过往时光与风景的乡愁。他的这些作品饮誉国际，被视为代表了当代摄影从"照相"走向"造相"的典型，开了后现代摄影之先河。

摄影在本质上是一种探索时间意义的手段。日本摄影家杉本博司（1948—）的摄影一直聚焦于时间这个主题。无论是他拍摄的空无一人的电影院系列，还是他拍摄的博物馆展示厅全景照片；无论是他面对世界各大洋大海的浩瀚汪洋所拍摄的"海景"系列，还是他出入于世界各地的蜡像馆拍摄的几可乱真蜡像馆系列，他总是以长时间的曝光让他的胶片从容地、充盈地盛载时间，而且让这段在照片中凝固了的时间成为连接过去、现在、未来的一个影像连通器。

随着对文化多元主义的普遍接受，各国摄影家更以如何通过摄影彰显本国的民族文化特性作为自己探索的重点。日本摄影家植田正治（1913—2000）毕生以他家乡鸟取县的一方并不太大的沙滩为背景，以简洁的现代主义风格展现了一种明快的、自得其乐的视觉，深受人们的喜爱。

二、纪实摄影

纪实摄影是一个复杂的范畴。广义地说，只要是见证了历史事件、风俗、文物、世态百相的摄影，都可归入纪实摄影。从这个意义上说，旅行摄影、新闻摄影、街头摄影、司法摄影、医学摄影、科学摄影以至风光摄影等，都有可能因照片中的历史文化内容与经过时间的过滤作用而具备了"纪实"的特质。

由西方人发明的摄影术使他们获得了一种见证、探察对他们而言属于另类异端的东方文化的利器。英国人约翰·汤姆逊（1837—1921）带着他的笨重的照相机穿行了大半个中国，拍摄了满清统治下的中国社会生活诸相。

1861年，美国发生南北战争。在纽约与华盛顿两地都开设有照相馆的马修·B. 布雷迪（1823—1896）马上坚定地站到支持废除奴隶制的北军一方。他投入自己的财产，组织了一批摄影家，分成20个小组，从各方面拍摄这场战争，力争全面反映战争全貌。这批摄影家的拍摄内容广泛，包括了战场上将士的各种活动，为人们了解战争情况提供了许多信息。

自身也是一个移民的美国人雅各布·里斯（1849—1914），首先用摄影这个手段来展现城市贫民的生活情景，他的照片引起了纽约市政当局对于社会问题的重视。20世纪初期，社会学家刘易斯·海因（1874—1940）毅然拿起照相机，潜入工厂、矿山，拍摄了童工劳动的悲惨情景。他宣布要以摄影这个手段来"歌颂应该给予歌颂的，揭发应该给予揭发的"。他以自己的照片作为一种社会学调查的证据，呼吁立法禁止雇用童工，并终于使美国国会通过立法禁止雇用童工。

他用自己的摄影证明，纪实摄影也是一种推动社会改良、唤起良知的重要手段。海因的同时代人、法国摄影家尤金·阿杰（1857—1927）终其一生默默无闻地行走在巴黎的街头，用几十年时间拍摄了19世纪巴黎的建筑、街道、店铺、公园、民居室内景观等举凡因现代化的驱逐而行将消失的各种事物。他以一种哀而不伤的视线将这些事物一一挽留于自己的底板上。

受阿杰的影响，已经在巴黎确立了著名肖像摄影家名声的美国女摄影家贝雷尼丝·阿波特（1898—1990）于20世纪30年代初关闭了自己的照相馆，回到正处于日新月异的大变化中的故乡纽约，展开了一场全面的记录活动。与阿杰的怀旧式的观看方式不同，她更注重在画面中以新旧对比的方式展现纽约的变化发展，表现出一种较为积极的观看态度。她的摄影记录后来以一本名为《变化中的纽约》的摄影集为我们保留了一份珍贵的视觉文献。如果说阿杰是通过摄影把老巴黎保存了下来的话，那么出生于匈牙利的法国摄影家布拉塞（1899—1984）的巨大贡献则是把20世纪30年代的夜巴黎的种种记录了下来。来自匈牙利的布拉塞在20世纪30年代初过起了一种昼伏夜行的生活，以他那沉郁中透着乐观的影像，为夜巴黎的众生相留下了一份珍贵的影像文献，也为现代都市摄影开辟了一个新的领域。

小型相机的出现给新闻摄影的发展带来了新的可能性，新闻摄影也获得了长足的进步。小型照相机的轻便、快捷的特点使得照片的现场感获得充分传达。而摄影画报的出现，更使新闻摄影如虎添翼。德国摄影家恩里希·萨乐蒙（1886—1944）与美国摄影家罗伯特·卡帕（1913—1954）就是两个因运用了小型相机而大获成功的新闻摄影家。

　　卡帕出生在匈牙利的布达佩斯，他先后在柏林与巴黎从事摄影工作，并在1936年以《共和军士兵之死》而一举成名。他的名言是："如果你的照片不够好，是因为你离前线不够近。"他的这张记录了西班牙内战中士兵中弹瞬间的照片，也因此被称是世界上离战争，不，死亡最近的照片。卡帕在他生前拍摄了包括中国抗日战争在内的

地球上的五场战争。他于1954年在越南奠边府采访印度支那战争时触雷身亡。在卡帕以他的摄影为人类不被法西斯主义所征服而呼号时，一个名叫沙飞（1912—1950）的中国青年也拿起了照相机，开始了他的摄影生涯。沙飞原名司徒传，广东开平人。他在从事电台报务员工作的同时自习摄影并参加了上海黑白影社的摄影展览。1936年10月8日，他拍摄了鲁迅参观"第二届全国木刻流动展览会"时与青年版画家们亲切交谈的镜头，将鲁迅关心青年成长的拳拳之心表现得淋漓尽致。1937年，沙飞参加八路军，从此开始他为中国人民的民族解放事业奋斗的摄影生涯。而他拍摄的《战斗在古长城》，以饱满有力的构图完美呈现了八路军战士抗击日寇的坚定意志。

在20世纪30年代实施的农业安全局摄影计划是世界摄影史上的一个空前绝后的政府行为。为调查20世纪30年代美国农业凋敝的情况，美国政府机构农业安全局征集了许多优秀摄影家深入美国各地农村拍摄。他们拍摄的照片被送回到华盛顿的官员案头，成为他们制订农业政策的感性材料。多罗茜娅·兰格（1895—1965）、沃克·埃文斯（1903—1975）等纪实摄影的大师，都是在农业安全局的摄影计划中形成了关注大众疾苦的风格。女摄影家兰格以其饱含同情与关怀的纪实摄影作品打动了每个人。她的照片，充分反映了她的社会正义感与深厚的同情心。而这正是真正的纪实摄影所不可或缺的。

而埃文斯的摄影努力排除任何夸张、感动与由此而来的歪曲，努力将眼前事物与事实作如实记录。在他的凝视下，一切事物都获得一种超越了其自身的神圣光彩。他的纪实摄影，也因此同时具有了观念与记录的双重色彩。

就在埃文斯、兰格等人为农业安全局摄影计划尽力的时候，一个名叫庄学本（1909—1984）的中国摄影家，带着简陋的设备，克服交通上的重重困难，深入中国的边地，以朴实有力的风格记录少数民族的风俗民情，为我们留下了大量珍贵的民俗学、人类学研究的影像资料。在中国，以摄影方式进行人类学意义上的田野调查，庄学本是先驱者。

1936年，美国出版家亨利·鲁斯创办《生活》画报。作为《生活》画报的明星记者，玛格丽特·伯克—怀特（1904—1971）出入于世界各地，代为无法亲临现场的读者见证历史，传播真相。在她上天入地奔赴各种报道现场时，她本身也已经成为一种传播媒介，将图像文化的价值观与传播方式带到世界各地。

在中国抗日战争时期，许多新闻摄影工作者出生入死，在战火纷飞的战场上为拍摄记录抗日事业的照片而努力。王小亭（1900—1981）的这张名为《上海南站日军空袭下的儿童》的照片拍摄于1937年"8·23"淞沪抗战之时。他的这张照片被以当时最快的传送速度送到美国，在《生活》画报上刊载出来，使得大约1.3亿人看到了这张照片，为控诉日本侵略、争取国际对华支援起到了重要作用。在20世纪50年代，"关怀摄影"的代表人物、法国摄影家罗贝尔·杜瓦诺（1912—1994）的记录了巴黎人的喜怒哀乐的照片受到了许多人的喜爱。他的照片始终透露出一种乐观主义精神与幽默感，这对于身处冷战现实下的西方人来说，不啻是一个小小的安慰。他的照片是一种来自平庸日常的戏剧性瞬间的记录，因此人们在看到这些照片时感到的总是振奋，总会获得一些慰藉。

与杜瓦诺的乐观正成对比的是荷兰青年摄影家埃德·凡·德·埃尔斯肯（1925—1990 ）的照片。20世纪50年代初，当埃尔斯肯孤身一人搭车来到巴黎时，他遇到了一群与他一样沉浸在虚无、孤独与彷徨之中的西方青年。于是，他用自己的照相机开始为他们的，也是为他自己的青春作传，见证处在冷战的腥风血雨中的一代青年的存在困惑。他的集虚构与纪实于一体的拍摄方式，在摄影体裁上可谓独创，同时也给纪实摄影的拍摄观念带来许多启发。

美国摄影家尤金·史密斯（1918—1978）也许是20世纪最后一个深信摄影可以替天行道的浪漫主义者。在第二次世界大战中，他两赴太平洋前线，报道美军在日本列岛上与日军展开的殊死争夺。战后，从1947年到1954年，史密斯以《生活》画报为舞台，向世间源源送出他那充满了道德诉求与强烈的抒情色彩的摄影报道作品。他的作品，

显示他对生活的热情与力图揭开人性之谜的努力。史密斯于20世纪60年代末期深入日本熊本县的渔村水俣,冒着几乎被当地企业雇用的职员打死的危险,用三年时间拍摄了一部揭发水银公害的摄影集《水俣》。他也因此成为摄影史上最早投身环保运动的摄影家。从20世纪50年代后期开始,具"大叙事"风格的纪实摄影开始式微,展示日常生活的平俗,提示另类他者生存状况的具个人视角、有私密色彩的私密纪实摄影开始抬头。这种纪实摄影的转向源自一个叫罗伯特·弗兰克(1924—)的美国摄影家的激进的摄影实践。

1955年,瑞士出生的罗伯特·弗兰克开始了为期约两年的全美摄影旅行。两年后,弗兰克从在旅行中拍摄的两万张底片中选取83张编成了一本名叫《美国人》的摄影集。1959年,该书的美国版发行。《美国人》以开放性的、充满诗意却又饱含忧郁的风格的照片,打破了统治美国摄影界的英雄主义与浪漫主义趣味,一举改变了现代摄影的审美取向。在弗兰克的镜头里,当时正处战后繁荣期的美国成了一片颓败、孤独、感伤的大地。这样的影像冒犯了美国主流媒介树

立、传播的美国国家形象。于是，各种攻讦接踵而来，但这根本无法动摇他在摄影史上的重要地位。他也因此把纪实摄影带上了强调个人主观表现的道路。

1967年，纽约现代艺术博物馆举办了一个名为《新文献》的摄影展览，宣示了美国纪实摄影的本质变化，那就是摄影家不再以打抱不平为天职，而只是专注于观看与揭发。这意味着，摄影家与现实的距离更远了一些。加里·维诺格兰特（1928—1984）就是这个展览会中的一个重要摄影家。

维诺格兰特说自己拍摄照片是为了要知道事物在照片中会呈现什么形态。他在纽约街头拍摄时，就是尽可能委身于现实之流，放弃了自己的主观把握、尽可能地向偶然性开放。结果，他的照片充满了现实的令人咋舌的瞬间，展现了现实的活力与偶然性的遍在。捷克摄影家约瑟夫·寇德卡（1938—）的《吉普赛人》是一部纪实摄影的经典作品。他的照片富于诗意，却又散发出一种参透了生的本质的视觉智慧。他将流浪者吉普赛人的生存艰辛以一种交织着忧伤与坚毅的画面表现出来。而在1968年苏联入侵捷克斯洛伐克时，他又冒险上街，拍摄了当地市民与苏联入侵者的抗争场景。美国女摄影家南·戈尔丁（1953—）在20世纪80年代拍摄的反映边缘青年生活实态的《爱的叙事曲》，清晰地显示出当代纪实发生了巨大变化的转变痕迹。她在与各种自我放逐于美国主流社会以外的青年人的共同生活中，经历了个人感情方面的自立与依赖的充满矛盾的心路历程。在这期间，戈尔丁怀着"自己记录自己的历史"的愿望，开始以摄影方式如实拍摄他们的群体生活，展示了处于社会主流的边缘的一部分美国青年的生活实态。戈尔丁的作品打消了通常纪实摄影中所常有的浪漫主义与理想主义色彩，给纪实摄影美学带来了新的启示。

英国摄影家马丁·帕尔（1952—）从1983年开始尝试运用彩色摄影的方式来探索纪实摄影的新的可能性。他的作品有一种广告照片的艳丽与明信片的明快。他以鲜艳的、显得很是艳俗的色彩呈现来强调消费生活的大众性，突出一种消费文化的表面性，同时也给出了中产阶级生活的平庸与沉闷的实相。

当代著名报道摄影家塞巴斯蒂安·萨尔加多（1944—）被誉为"当代史密斯"，是因为他的关注点始终与社会劳苦大众的疾苦保持一致。但是，他的戏剧性与史诗性画面有时会让观众产生一种迷惑，对于人类的巨大痛苦，是否应该用这种浪漫的诗意来使之视觉化？

三、肖像摄影

在摄影术发明之前，肖像画一直是王公贵族的专宠。它是一种身份地位的标志，是平民无法企及的一种文化特权。而摄影术的发明，使得一般中产阶级也有了拥有自己肖像画的可能。他们可以以低廉的价格、较短的时间出钱买回自己的形象。摄影使深居简出的肖像艺术获得了一种平民性格。

摄影还具有在一瞬间捕捉表情、进而窥探人性隐秘的神奇作用。当它被摄影家转化为两维平面时，它更使人们获得了可以细细咀嚼照片中人的性格、想象其经历、决定对其的态度甚至是将其"占有"的可能性。

由于最初的技术上的限制，人们往往要花上几分钟甚至几十分钟的时间来固定影像，因此尚无余力考虑呈现气质与刻画性格。直到曝光时间大大缩短后，肖像摄影中的人的表情才生动起来，捕捉人的神韵成为肖像摄影家的最重要的课题。

在19世纪中期的苏格兰，一家由画家大卫·奥克达维斯·希尔（1802—1870）和摄影家罗伯特·亚当逊（1821—1848）合作的照相馆取得了商业成功，他们的分工是：希尔处理构图、用光与姿势，亚当逊则负责解决摄影技术上的问题。他们的照片较好地突出了人物的性格，以浑厚有力的画面赢得人们的喜爱。19世纪的文化巨人、法国摄影家纳达尔（1820—1890）的名人肖像可说是表明摄影家有足够的精力捕捉对象的个性流露的最初的影像证明。由于他的个性强悍，他与他的被摄对象之间的关系决不是一种简单的主客关系，从他的一些名人肖像照片中，我们可以闻到双方心理对抗的硝烟味。比纳达尔稍后，一个在49岁才拿起照相机的英国家庭主妇裘丽娅·玛格丽特·卡梅隆夫人（1815—1879）则似乎更在意如何通过肖像摄影进入对象的精神世界。卡梅隆夫人以一种奔放的视线注视她眼前的对象，急切地要把对象的存在全部攫获于底版之上。为了捕捉对象最具特色的神态，她经常将技术完美的要求置之度外，以致许多照片都有失焦的问题。但也正是这种技术上的缺陷，反而使她的摄影对象具有一种个性上的神秘感。

进入20世纪，德国人奥古斯特·桑德（1876—1964）发下宏愿，要以各类德国人的肖像来编制一部20世纪时代档案。在整个20年代与30年代的大部分时间中，桑德以极大的耐心与毅力把上至白领、下到屠夫，上至知识分子、下到农民的德国社会各阶层的人悉数收入自己的镜头，为他们的形象在历史中注册。他的文献式肖像摄影成为一个时代的宝贵遗产。

与桑德的文献式手法相比，于1971年7月28日自杀的美国女摄影家黛安·阿巴丝（1923—1971）的肖像摄影则成为一种以肖像摄影为借口的精神冒险。她的被摄体都是来自美国社会边缘的弱势族群。他们都在不同程度上负有精神或肉体的残疾，因而成为功利社会的弃儿。但阿巴丝却从他们身上发现了生的本质秘密。阿巴丝以一种崇拜的视线注视他们，并在她的照片中还他们以本应有的尊严。她的这种打破了传统美的标准的照片冲撞了人们的传统观念，同时也开拓了美的定义。名人肖像摄影始终是肖像摄影中的一个重要部分。社会大众需要了解名人形象，而名人也会因各种原因利用自己的肖像照片传播自己的影响。加拿大摄影家约瑟夫·卡希（1908—2002）就是一个专事拍摄名人肖像照片的摄影名家。他擅长以戏剧性的布光强调名人的形象特点，同时以富有特色的造型姿态来塑造权威性。他有时甚至会以不惜冒犯名人的手法来捕捉名人的瞬间反应时的表情，突出名人的性格特点，著名的英国首相丘吉尔肖像就是一例。

与卡希相似，当代美国女摄影家安妮·勒勃维茨（1949—）也因拍摄名人而成为名人中的一员。她以夸张的造型和色彩以及导演名人非日常的怪诞行为来突出名人与常人、名人与名人之间的差别，为名人的传奇性添加更多的离奇色彩。

肖像摄影的另一方向是通过人与环境的关系展示人的性格。美国摄影家阿诺德·纽曼（1918—2006）的肖像摄影可说是此类风格的典型。当然，这些环境并非与他的对象毫无关系。在他，环境也是提示人物性格的一种元素。他的照片在构图上虽有炫奇之嫌，但这种手法首先有可能在视觉上抢得先机，因此也不失为一种成功的手法。

随着20世纪70年代女性主义的兴起，许多女摄影家拿起照相机对准自己，开创了肖像摄影中一直受忽视的品种——自拍摄影的复兴，并使其同样具有了艺术表现的品格。她们发现，自我也是一个认识人自身、认识女性自身的重要对象。美国女摄影家裘迪·戴特（1941－）将自己扮成百无聊赖的美国中产阶级主妇，通过一系列提示她们生活内容的情景表演，揭发处于从属地位的家庭主妇的苦闷与空虚。自拍摄影在这时俨然成为一种社会批评的手段。事实证明，一旦与女摄影家们面临的切身问题相结合，自拍摄影的潜能确实能被她们发挥到极致，具有一种非同寻常的穿透力。

肖像摄影由于受到被摄对象的限制，摄影家较难有充分施展才华的余地。但也许正是这份限制，才促使许多摄影家要挑战其局限，既深入刻画人性，更要深入把握人性。其实，他们在描绘、刻画对象的同时，又何尝不是也在展示、探究自己的人性、品位与才华。

四、风景摄影

摄影自其诞生之日起就已注目自然。以摄影对自然之钟情，直可令人生出摄影实际上就是为拍摄自然万物而发明的想法。对摄影家来说，拍摄自然是与自然对话，走进自然，获得天启、净化心灵的最好方法。而拍摄自然这一摄影行为本身，肯定也会极大地改变拍摄者感觉自然的方式、自然意识及与自然相处的态度。

卡罗版摄影术的发明者、英国人威廉·福克斯·塔尔波特的摄影集《自然的铅笔》可以说是一本最早将自然景观收入镜头的摄影集。从此书名字也可看出，至少在塔尔波特看来，摄影术是一枝为描绘自然而发明的光学"铅笔"。

风景摄影的一代宗师、美国摄影家安塞尔·亚当斯（1902—1984）以宏伟的英雄主义式的美国西部风景照片闻名于世。这些照片也是他全身心地拥抱自然，以自己的诗心与自然对话的结果。以亚当斯为代表的风景摄影家们，通过摄影来确认与自然的关系。他们不是以自然的代言人自居，而是尽力追求与自然打成一片，以尽力理解自然的无限深奥的谦虚态度来再现自然。

而与亚当斯同为著名的f64小组成员的爱德华·威斯顿（1886—1958）则通过对自然物的

547

凝视，以其丝丝入扣、细致入微的描写，寻找自然中蕴藏的普遍法则。自然成为他的影像哲思的现实契机。

中国摄影家郎静山（1892—1995）以其命名的"集锦摄影"而驰誉世界。虽然"集锦摄影"在外观上与摄影蒙太奇相同，但其制作方式是在暗房里完成，照片传达的旨趣也迥异于西方的蒙太奇摄影作品。郎静山的"集锦摄影"将他摄自名山大川的各种照片局部做了精心裁取与经营安排，由此构成空灵剔透的画面，传达出中国古典文化推崇的深远意境。

进入20世纪70年代，出现了一种在拍摄中排除感情、客观地审视自然的名为"新地形学"的摄影态度与方法。"新地形学"的摄影家们以对待实验标本般的理智态度对待自然，排除感情在拍摄时的介入，冷静、理性地刻画自然的形貌，精确记录自然生态、自然与文化冲突的现状，同时也揭露人对自然的破坏与掠夺，提示人与自然的互动关系及其后果，提供反思人对自然的态度的机会。在这些摄影家这里，自然已经不再只是人的移情、甚至是滥情的对象，而是一种反观人类自身的行为方式、伦理道德观的一面镜子。美国摄影家理查德·密斯拉克（1949—）、刘易斯·巴尔茨（1945—2014）等人便是这类风格的代表性人物。

此外，兴起于20世纪70年代的美国"新彩色摄影"也为风景摄影带来了一种新的表现可能性。丰富的色彩表现使得再现自然的美感获得了更为精彩的呈现。

真正意义上的自然风光摄影，不仅仅只是照相机这么一种机械装置的人为操作的产物。它是一种对自然的理解、思考、感动、通灵的产物。摄影家通过与自然的对话，获得对自然、生命、人本身的本质领悟，努力达成自身的精神升华。风景摄影的最具魅力之处也许正在这里。

五、人体摄影

人体是一个盛载了社会、历史、文化、经济等诸多内容的容器。人体的艺术表现绝对不是一个"美"字可以涵盖的。摄影家在按下照相机快门的一瞬之间，其实也无意间暴露了自己的感性、品位、表现力和某种文化认同。对真正认识到人体摄影的难度的摄影家来说，人体摄影实是一个如临深渊、如履薄冰的危险作业。

人体摄影从本质上说是摄影者通过镜头认识人本身的生之探险。摄影家从人体提炼生命的韵律，揭示生命的奥秘，发现生命的美、真理，讴歌生命的珍贵与尊贵，看破文化传统与观念对人体的塑造、利用与扭曲。摄影家通过人体，完成对人的本质认识，丰富对人的定义，深化对人性的理解。经由人体的艺术表现，人获得了对人自身更深的了解。

在19世纪后半叶的"艺术摄影"与"画意摄影"运动中，出现了许多以唯美为归依的人体摄影名家。如法国的德马西、康斯坦·普庸（1857—1933）、美国的克莱伦斯·怀特（1871—1925）等。他们的作品以表现人体的美为唯一目标，而出现在作品中的浪漫与感伤，也隐约表示出对牧歌式时代的终结的伤愁。

"纯粹摄影"的提出者、有"美国现代艺术之父"之称的摄影家斯蒂格里茨将镜头转向自己的情人，画家乔治娅·奥基芙的身体。在拍摄中，他将自己的视线倾注到奥基芙身体的各个部位，将他对奥基芙的爱情表达得淋漓尽致。美国摄影家威斯顿被称为人体摄影的圣手。威斯顿擅长以简洁的造型带给我们纯净的视觉洗礼，赞美人体所具有的生之魅力。捷克摄影家弗朗切赛克·德蒂柯尔（1883—1961）

活跃在20世纪20年代，他的作品多以几何体块构成画面，再辅以浓重的光影配置，然后拍摄人体在此空间中活动的影像。他的作品在给出了一种神秘气氛的同时也散发浓郁的立体主义艺术的气息。

在某些摄影家眼中，人体也是从中发现造型灵感的源泉。美国摄影家哈利·卡拉汉（1912—1999）是一个严格的形式主义者，他以一种不变的热情几十年如一日地从他的妻子埃莉诺的身体开掘富于新意的形式感。他秉承德国包豪斯学院的现代主义余风，不遗余力地致力于建立一种视觉秩序，而埃莉诺则作为这个视觉秩序中的一个造型元素被加以组合。他的作品证明，他通过人体所传达的严谨的形式感是如此地炉火纯青。

美国女摄影家鲁丝·伯恩哈特（1905—）以一个纸盒来框住人体，以纸盒的矩形衬托了人体曲线的变化多姿，突出了人体的曲线之美。而英国摄影家比尔·布兰特（1905—1983）的人体摄影则更为极端。他利用一只有着超广角镜头的警用照相机，近而又近地逼近人体局部，从人体提纯抽象的形态。在他的镜头下，人体俨然成为抽象雕塑。

日本摄影家细江英公（1933—）的人体摄影呈现一种奔放的情感的涌动，同时结合以肢体的各种组合，表现了一种东方式的人体美感。

而美国女摄影家乔伊丝·坦尼逊（1945—）则以一种洋溢着朦胧诗意的画面展现了对生命的深切关注。如果单从风格的谱系看，坦尼逊的作品可能首先会令人想到流行于19世纪后半叶的欧美"画意摄影"。但是，从她的作品中所散发出来的那种宁静、无垢与冥想色彩，却又拥有一种单纯唯美的画意摄影所不能达到的精神高度。

20世纪70年代西方女性主义的出现，使人体表现的常识受到了严峻的挑战。英国摄影家琼·斯彭斯（1934—1992）可说是以影像方式

探讨女性在资本主义社会中的地位、命运、身体与生存状态的急先锋。她通过自己开创的"摄影疗法",化解一个普遍女性在资本主义社会中所受的精神与肉体的创伤,使她手中的摄影摇身一变成为西方文化批判的锐利武器。

日本女摄影家石内都(1947—)以微距镜头对准了与自己同龄的人生遭际各不相同、职业各异的中年女性们的手与脚。通过对沉淀、埋藏了女性的喜怒哀乐与人生沧桑的身体表面皱纹的细致入微的刻画与凝视,她企图发现丰饶无比的人生表情与生命感谓,突出中年女性的生命沧桑。本来,女性身体上的皱纹、硬茧、伤痕都是传统的人体摄影要刻意回避的,但在石内都的眼中却得到了隆重的关注。

在当代摄影家的眼中,人体不再只是审美的对象,它已经成为通过它重新审视既成的文化、道德、历史的一种特殊的视觉手法。

六、时装摄影

时装是"社会的活的皮肤",而时装摄影则是直接来自时装这层"社会的活的皮肤"的拓片。时装摄影既是瞬息万变的时尚的记录,也是记录人类经济、文化、社会活动的形象素材。人们从它测量时代体温的高低,捉摸时代的表情,鉴定时代的梦想的质量。真正意义上的时装摄影是一种盛载时代欲望、浓缩社会心理、表征文化现状的影像容器。它是时代情趣的风向标。它最为表面地但却又是最为深层地反映了时代心理,是时代欲望的一种无害的外化,也是一种愉快的放纵。

就时装摄影的历史来看,19世纪10年代可视为真正意义上的时装摄影的诞生期。而法裔美籍摄影家阿道夫·巴伦·德·梅耶(1868—1946)则无可争议地成为时装摄影史上最早的时装摄影师。他擅长以逆光勾勒服装的形态与细节,并使模特儿具有一种璀璨夺目的效果。而他那琐碎繁复的背景处理,则充分反映出当时流行的新艺术运动的趣味。

继德·梅耶登场的是美国摄影家爱德华·斯泰肯(1879—1973)。与德·梅耶的矫饰风格相比,斯泰肯的时装摄影风格明显地受到了于1920—1930风行欧美的装饰艺术风格的影响。他的时装照片的背景多为直线、折线与几何图形所构成,造型用光也显简洁,表现出强烈的现代感。

而达达主义、超现实主义艺术怪才、美国人曼雷(1890—1976)则是个在时装摄影方面别开生面的大家。尽管他是以时装摄影来解决自己的生活问题,但他杰出的艺术才华使得他注定要为时装摄影带来一种特别贡献。不管是什么样的时装作品,经过曼雷的超现实主义眼

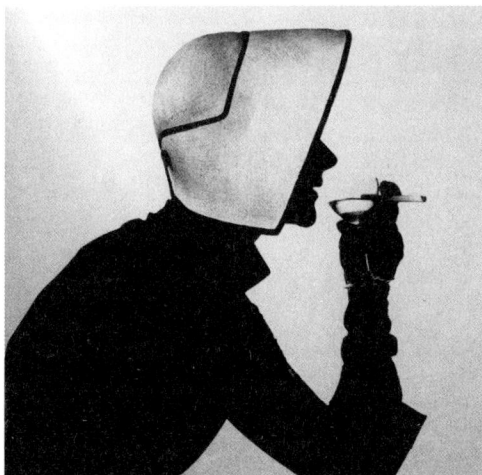

光的"超"度与点化，都会生出一种别样的神韵来。

　　匈牙利出生、后移民美国的马丁·蒙卡西（1898—1963）的出现给20世纪30年代的欧美时装摄影吹入一股新风。他让模特儿在海边奔跑，在草坪上舒展肢体，让运动来阐释服装，让服装来表现运动，给时装摄影引进了一种讴歌健康、赞美阳光的新的审美观。

　　同是20世纪30年代欧美时装摄影的大师级人物的乔治·休宁根–休伊（1900—1968）的风格则代表了时装摄影中最为精致的品位追求。休宁根—休伊出身旧俄贵族，因十月革命而流落巴黎，于万般无奈中进入时装摄影界。他的天生难以自弃的高贵品位使他的时装摄影一下子就获得了自己的风格。他的严谨的造型感觉不仅不让人感到沉闷，反而会予人一种莫名的轻快。他的作品可说是对品位追求的极品。

　　20世纪50年代，执西方时装摄影牛耳的是美国的欧文·

潘恩（1917—2009）与理查德·阿维登（1923—2004）。他们的严谨的造型风格令人重新认识时装摄影的特质。经过他们的努力，时装摄影受到了前所未有的关注并被提升到了可与艺术摄影相提并论的地位。

潘恩对20世纪五六十年代的时装摄影产生了重大影响。潘恩曾经学过平面设计，因此这在他的作品中就表现为一种造型上的严谨、典雅，令人顿生一种不矜自贵的感觉。他擅长以简洁的背景衬托被摄体，通过朴素的布光来给出一种坚实的造型。

阿维登自1946年开始涉足时装摄影。他以其活跃的创作、崭新的手法，在国际摄影界奠定了自己不可动摇的牢固地位。阿维登虽然被视为一个时装摄影家，但他并不是一个传统意义上的时装摄影家。他在自己的时装摄影中导入了新闻摄影、肖像摄影甚至是照片拼贴的手法，极大地丰富了时装摄影的表现力。而当他不甘于只被视为一个时装摄影师而染指艺术摄影时，他又积极引进时装摄影的摄影手法，给艺术摄影表现带来了新的可能性。

席卷欧美的1968年的社会动荡与政治风暴也给时装摄影带来了新的变化。赫尔穆特·牛顿（1920—2004）、英国摄影家大卫·贝利（1938— ）都大胆地在他们的时装摄影中导入了情欲，改变了时装摄影一意浪漫、追求赏心悦目的气质。

进入20世纪80年代，美国摄影家布鲁斯·韦伯（1946— ）则为男人体在时装摄影中争得了一席之地。而在20世纪90年代，则是时装摄影趋向表现观念、手法更为自由、各种风格争奇斗妍的黄金时代。一批更具活力的摄影师如彼得·林德伯格（1944— ）、马里奥·泰斯蒂诺（1954— ）、尼克·奈特（1958— ）等人步履轻快地驰骋在当代时装摄影的现场，给时装摄影带来了新的刺激。

七、突破与创新

与绘画、雕塑这样的较为传统型的视觉样式的漫长历史相比，摄影的历史才只有180多年。但是，这180年，正好是现代文明飞速发展的一段时间。而摄影的发展则正好与这段历史同步。摄影使记录历史变化的记忆方式、保存样态等都发生了根本变化，也使人类的经验、知觉与感受能力获得空前的扩展。

自1975年柯达研发出第一台数码相机后，数码摄影以势不可挡之势成为当今主流的成像手段。不仅如此，数码摄影的出现，还使得影像的制成变成了全过程的明室操作。时至今日，数码摄影还与互联网技术和人工智能技术相结合，使得无论是摄影图像的获取制作还是传播分享，都取得了突破性的进展。摄影图像信息的传播，由5G技术带动，从纸面印刷传播转变为更具传播性与互动可能的屏幕推送。这一系列根本性的变化，把我们把握与感知世界的能力带到了一个全新的而且至今仍然充满未知的地带。摄影的可能性，从来没有像今天这样不可预测，这也因此进一步激发起我们更深入地观察与呈现世界与人类自身的欲望与好奇心。

就摄影创作的可能性来说，数码技术的发展使得艺术虚构成为了真正意义上的可能，摄影的创作空间获得了根本性的突破。尤其是在超现实影像的产制方面，数码摄影技术的可虚构性，对于艺术家的主观想象的限制几乎消失殆尽，这就促使了超现实影像的再度兴起，也令虚构与真实的边界变得模糊起来。

而数码照相机的重要元件CCD（图像传感器）的信息储存能力的不断提升，重新定义了摄影的概念。作为时间容器的CCD，其超长时间的曝光可能性，使得CCD处理视觉信息有了全新的可能。而数码摄影的基本成像元素——像素（pixel），作为刻画现实的笔触，经由图像处理软件的运用，为我们如何高质量地再现世界带来了意外的惊喜。

数码影像的创作，主要是由摄影家以数码照相机先行拍摄，然后通过各种图像软件对拍摄所得的图像数据在电脑上进行处理。借由软件所进行的多幅画面的水平或垂直方向的接合可得巨幅画面。而最终所得图像的输出任务则由大幅面打印机担任。这样的画面处理为当代摄影的市场效应带来新的可能。同时，包围观众的巨幅画面令沉浸式体验成为可能，为观众的审美体验带来新的知觉与感官上的刺激。

篇幅所限，这里仅以白立忱所摄黄山景象为例，讨论数码摄影的影像语言创新。白立忱所用手法是数码摄影技术的矩阵拍摄方法。矩阵拍摄的长处在于，在保持照相机机位不动的同时，以拍摄云台的微小角度的转（移）动，使得照相机在数分钟的时间里可以拍得几十或上百张数码照片，然后再由电脑对这么多张数的数码照片进行综合处理而得到一张照片。如此处理所得的照片，其所蕴含的时间已经不是之前的胶片摄影时代的几分之几秒的时间，而是累积了长达几分钟的时间于一张照片里。这里面所包含的由无数个瞬间所构成的时间，是黄山瞬间万变的风云蒸腾，却又是交由电脑再行处理过的风云景象。

这是胶片摄影时代所无法想象也是无法实现的一种新的时间处理方式，其实也体现了一种新的时间观。以这种矩阵拍摄的方式得到的照片，成为压缩了一段时间的物质空间与时间容器。而拍摄中运用云台所得到的镜头转动，则打开了更为开阔的视角，为观看带来空间上的突破。

中国绘画中以"三远"法则为原理所创制的长卷（手卷）形式，是希望在不断打开的画面中，让观看者获得一种在自然中移步换景的虚拟感受。而在数码摄影中，则因为云台的使用而使得"移镜（头）换景"的拍摄成为可能。这一"移镜（头）"的最终效果，则是体现为一幅长宽比悬殊的画面。白立忱的黄山图像，既以黄山这一特定的景观为凝视对象，又体现了通过风景来展现英国画家约书亚·雷诺兹所说的"智性的庄严"的积极追求，为我们如何进一步丰富、开拓风景摄影这一摄影样式的传统，创造具有中国审美方式与山水美学的风景摄影，以及思考如何提升风景摄影的精神性提供了成功的范例。

时至今日，我们可以毫不夸张地说，摄影表现的可能性还远未穷尽。人类还有充分的机会对摄影这个"凝视的瞬间艺术"进行更深入的探索。我们相信，在我们生活其中的21世纪，摄影一定会对人类生活与社会进步有更多的参与和更大的贡献。

电影

饶曙光

饶曙光，电影评论家，中国电影评论学会会长。

概述

自卢米埃尔兄弟于1895年在法国咖啡馆放映电影开始，电影已经走过126年的发展历程，《爵士歌王》发出的"声音"，《名利场》焕发的"色彩"，都曾让世界惊喜。然而，世界不同国家、地区和地域的影片，如何实现各美其美又美美与共？可以重新探访宜人的西西里岛，那里既有教父们的精神寄托，又是儿童多多的电影天堂；也可以走进虚拟世界，寻觅梦幻的潘多拉星球和万里海底；还可以去到好莱坞，体验电影的工业化制作流程；浪漫的欧洲，自然也是不错的选择，那里可以体悟电影的艺术底蕴；日本的"静"，韩国的"实"，也各有其韵味。而从人文角度来看，不可忽视的伦理问题与教育功能，也能从电影中得到启迪。在科技化浪潮来袭，人文理念不断提升的当下，电影"讲故事"和呈现故事世界的方式也在变化，深入品读世界电影代表作，才能寻味经典，品读参差多元之美。

一、中国电影

中国电影诞生于1905年，历经了半殖民地半封建社会时期、革命战争时期、十七年时期、改革开放时期等多个历史阶段；经历了从无声到有声再到立体声、3D立体声、3D立体环绕声、杜比音效，从黑白到彩色再到3D、4D，从模拟到数字，从传统、现代到互联网、5G、人工智能的技术变革历程。在不同的发展阶段，中国电影都留下了优秀的代表作，如《一江春水向东流》《小城之春》《城南旧事》《小武》《哪吒之魔童降世》《流浪地球》等，塑造了一大批既生动鲜活又有鲜明民族风格的银幕形象，形成了不同的创作风格和审美趣味，丰富了观众的日常生活和精神世界。

而今，随着媒介深度融合，中国电影以其工业化与类型化彰显独特气质，在供给侧改革与高质量发展的创新驱动下，现代技术与传统文化相互成全，工业美学与共同体美学交相辉映，以文化自信的姿态行走在构建中国电影学派的征程中。与此同时，伴随全球化潮流，中国电影更以活跃的身姿走向国际舞台，与世界电影互动对话，共同绽放着光影的魅力。

1. 伦理叙事

中国文化、中国哲学伦理思想历史悠久，内容丰富，独具特色，在人类文化史上占有重要地位，也如影随形地影响着中国人的思维方式、认知方式和价值理念。李泽厚先生认为："孔夫子的学说不仅仅是道德训诫，它里面提出了很深刻的问题，人生意义的问题，也有天道和立命的问题，这些都是伦理学的问题，这恰恰是中国式的哲学。中国哲学在某种意义上主要就是伦理学。"也有学者认为："中国传统文化是人类历史上最成熟的伦理文化之一，2000多年前便形成了较完备的理论形态和实用化、世俗化的基本价值取向，具有积极的入世功能。它之所以能够绵延不断，作用至今，得益于伦理—政治这一文化类型的黏合作用。"中国传统文化可以说是一种"伦理—政治型"文化，在这一文化主导下的文艺创作，自然也渗透着对这一文化理念的践行和反思，家庭情节剧的延续与革新便可立此存照。

与中华民族命运紧密相连、与时代更迭同命运共呼吸的中国电影，承载了许多超越电影文本的社会、文化和政治内涵。从历史维度来看，在以社会功能尤其是伦理功能为导向的创作生态中，中国电影通常都把社会问题、个人情感置于家庭伦理的叙事模式之中，用道德、人性的完满或残缺来代替形而上的思考和批判，由此形成了随社会和时代更迭和变化的伦理叙事模式。有学者说伦理片、武侠片是中国电影原创类型。但无论是伦理片抑或是武侠片，其核心观念、文化内涵、思想价值都是伦理之上，善恶分明。换言之，伦理片是中国电影的"原型"。

综观中国电影史上最受市场、观众欢迎的影片，如《孤儿救祖记》《姊妹花》《渔光曲》《一江春水向东流》《天云山传奇》《牧马人》《芙蓉镇》等，都是把社会问题、个人情感置于家庭伦理的叙事模式之中；并且结合中国传统叙事文学里一波三折的"传奇性"叙事模式，最大程度地满足了中国观众的观赏习惯和审美心理，也因此拥有了恒久的艺术魅力和审美生命力。

蔡楚生的"影片对于绝大多数的中国观众具有莫大的艺术感染力，能使他们开怀大笑或揪心涕泣，使他们恨一个人，爱一个人，同情作者所钟爱的主人公的遭遇和命运。总之，它硬是能活生生地牵动观众的神经，让观众的感情跟着他影片的情节一道走"。由蔡楚生、郑君里编导，白杨、陶金、舒绣文、上官云珠等主演的电影《一江春水向东流》，讲述了抗日战争时期一个中国家庭悲欢离合的故事。观众既气愤于男主人公张忠良从原来的爱国青年到后来变成一个抛母弃子、玩弄女性、逼死妻子，为社会所不齿的人，又同情于妻子素芬在丈夫走后独自承担起照顾家人的重担，但却不得善终的遭遇。

观众在这里其实已经不是在进行形而上的思考和批判，而是用传统的伦理道德来对人性进行判断和约束。换言之，对张忠良人性残缺的指责以及对素芬这个符合传统意义的妻子的怜悯，代替了对张忠良从淳朴到堕落的背后动因的探寻，以及对素芬遭遇的反思。可以说，影片将个人情感、社会对人性的异化等问题置换成丈夫与妻子、家庭的伦理叙事，更容易让观众接受和理解，也更容易达成某种共情和共鸣。

因为中国家庭情节剧更为强调伦理教化功能，所以创作者往往借助蒙太奇来规范和引导观众的注意力，以此赋予镜头语言某种指向性，带领观众进入既定的情绪和场景中，进而达到共情效果。此外，影片通过镜头内容的有限性、指向性呈现以及组接顺序的选择，在规范观众注意力的同时，也催生观众对影片内容的某种认同和想象，助推观众接受影片所要传达的伦理意义和价值理念，从而充分发挥其教化功能。所以蒙太奇在增加电影可看性的同时，还可以更加自然准确地传递主观意愿，而中近景可以较好地将人物与其所处环境相结合，产生身临其境的效果。可以说，蒙太奇手法的使用对中国家庭情节剧实现伦理教化功能大有裨益，更大程度上完成了对现实的关照。

比如在影片《一江春水向东流》中，妻子素芬在何文艳举办的晚宴上认出了离家已久的丈夫张忠良，当她发现张忠良已经背叛了自己，背叛了家庭时，她因承受不了突如其来的打击倒地晕厥。在这个段落中，影片采用中景镜头，将素芬的惊讶、悲伤、愤懑以及最后的晕厥，完整生动地展现在观众面前。这种拍摄方式让观众更为清晰地感受到素芬情绪的强烈变化，并对其遭遇产生同情。同时，影片以大量中景镜头呈现丈夫张忠良和其他人的状态，在两方鲜明的对比之下增强镜头感染力，让观众更能感受到张忠良背叛妻子、抛母弃子的可恶行为，给观众带来心理冲击。

回望历史，新时期之前，中国家庭情节剧的电影语言表现手法尚缺少多样性的开掘，镜头结构多采用淡入淡出等传统组接方法，镜头剪辑也比较注重时空连贯性，很少进行省略，导致不少影片在整体上存在着节奏拖沓冗长之感。

但无论如何，伦理片作为中国类型片的"原型"，是各种类型片最核心的"意识"，甚至是"无意识"。事实上，在中国电影类型化的演进历程中，伦理片作为最为稳定长久的电影类型，不止一次"拯救"过国产电影。伦理片戏剧性的故事情节、道德化的电影人物、流畅简明的视听语言手法以及突出的社会教化功能，赢得了观众群体，并产生了雅俗共赏的观影效果。中国电影在与好莱坞屡败屡战的过程中，最终正是依靠伦理片获得了自己的民族身份，征服了本土观众，创造了无愧于时代的电影经典。迄今为止，伦理片仍然是中国电影最具民族文化基因，也最具票房号召力的类型片之一。比如《你好，李焕英》《送你一朵小红花》等电影获得市场成功的背后，更深层次地体现了"伦理"这一中国文化积淀和集体无意识，也可将之称为中国人独有的文化密码。

我们必须认识到，中国传统文化作为一种"伦理—政治型"文化，具有与生俱来的维持现状的保守主义倾向，它在维护既定社会结构的稳定和人伦关系和谐的同时，不仅难以实现对宗亲血缘关系的突围，也缺少对人的独立价值存在、自主人格的尊重和维护，这也就意味着失去了改变现实、引导人们进取开拓的超越性力量。

可以说，由中国文化、中国哲学推演的各种伦理思想，尤其是儒家伦理思想，滋养着中华民族习俗和道德观念，不仅在中国本土，在朝鲜、日本和东南亚，乃至在西方社会都产生过不同程度的影响。因此，我们需要科学地总结这份珍贵的历史遗产，批判其糟粕，继承其精华，方能真正意义上促成现代化转化、创新性发展。依照这一逻辑，中国电影的价值观表达、伦理观表达，也应与中国人的现代生活、现代价值观相适应，相协调。如是，作为文化载体的电影，才能释放其应有的力量，推进中国社会的全面进步与繁荣，契合中国人对美好生活的向往与追求，呼应中国人全面自由健康发展的趋势。

2. 诗意现实主义

中国电影对诗性气质一直较为推崇，但这里所说的"诗"不单单是指传统意义上我们所理解的"诗"，更多地是强调一种风格和形式。具体来说，就是导演在创作过程中所体现出的诗意化镜头语言，以及将电影语言与诗歌进行关联的叙事思维和创作理念。中国电影也一直有着"尚诗"的传统，从早期发展至今，各种类型的电影都对"诗性"进行了不同程度的继承和发扬，在电影中直接或间接地营造诗意的氛围，或者直接将诗歌文本与电影语言相结合。这些充满诗意的电影，以其民族审美和诗意表达形塑了中国电影别样的风貌。

电影《小城之春》由费穆执导，石羽、韦伟、李纬、张鸿眉等人主演，讲述了女主人公周玉纹在早已没有感情的重病丈夫和昔日情人之间的艰难选择，并由此牵扯出一系列问题的故事。据说在准备拍摄《小城之春》时，导演费穆恰巧重新阅读了苏轼的《蝶恋花》，从中获得了极大的创作灵感。这首哀怨婉丽的词，奠定了《小城之春》的基本创作基调，使得整部电影意境朦胧，韵味无穷，也造就了"中国诗电影经典之作"。

当然，《小城之春》之所以能够成为中国诗电影的经典代表作品，在中国电影史上占据非常重要的地位，并不仅仅只是因为其前期整体基调的确定，还在于整部影片在具体实施和建构过程中对这种基调的践行。影片在人物设定上既遵循了传统儒家的伦理道德，又表现出了中国民族诗性的悲苦悯人。与之相呼应，影片的构图、用光、环境气氛的烘托以及镜头的运动等，都呈现出中国山水画的独特风格和韵味。包括演员带有含蓄意味的表演、有着明显文学意味的台词……从不同方面营造了诗意氛围，释放出独特的诗情意韵。

自20世纪三四十年代起，现实主义就作为一种创作和批评方法，对彼时中国电影的创作和发展产生了关键作用。诸如《狂流》《姊妹花》《一江春水向东流》《小城之春》等关切社会发展、民族命运的影片相继出现。它们开始将目光聚焦社会现实，深刻揭露社会矛盾，彰显出明显的进步意识。历史证明，现实主义具有广阔的道路，具有无限的魅力，为电影创作提供了更广阔的发展空间。只有坚持现实主义的底色，遵循现实主义的原则和路线，才能够把以人民为中心的创作导向落到实处，落实到创作过程的方方面面。

当然，坚持现实主义的基本原则和底色，也可以有浪漫主义的情怀和多种形式的表达。像《小城之春》这样的影片，周玉纹在面对没有感情常年卧床的丈夫和昔日恋人时，她的选择和态度以及丈夫戴礼言和章志忱的反应和选择，在当时的社会环境下是比较难以处理和呈现的。影片既想在电影表现风格和内涵上有所突破，又在一定程度上受到传统伦理道德的制约。如何处理这其中的平衡关系，巧妙地把握之间的度，对于电影创作者来说是很大挑战。《小城之春》的巧妙之处就在于，通过创作者团队的艺术智慧和想象力，把一些特别难以表达的"内容"进行了诗意化的呈现，即采用诗意现实主义的方式，让观众没有"违和感"。

但实际上，影片既表达了对社会和传统礼教的反思，又呼应了时代精神，还在电影语言、风格的表现处理上有所标识和突破。其实，影片重要的不在于呈现什么，而在于如何呈现。《小城之春》的成功难以简单进行复制，也不是随意放到任何艺术创作中都可以随随便便取得成功。即使是相同主题和题材的电影，每一次艺术创作都是一次艺术探险的过程，需要真诚、真心、真情，需要用心、用情、用功，更需要艺术智慧和想象力。

由吴贻弓执导，沈洁、郑振瑶、张闽、张丰毅等人主演的电影《城南旧事》，改编自林海音1960年出版的同名短篇小说。整部影片借助小女孩英子的视角，讲述了英子在北京生活时经历的三个故事。《城南旧事》"本身所具有的风格是极显见的，朴素、含蓄、深沉、典雅，有着散文诗般的音韵。但故事又极简单、清淡"。这部影片不仅在叙事语言上继承了先辈们对诗的电影语言的探索成果，在结构上也大胆创新突破，摒弃传统的起承转合的处理方法，而是采用了三个片段组合式的"散文式"处理手法。

这三个片段看似是相互独立的存在，在时间上没有必然的联系，也没有明显的起承转合关系，前面出现的人和事，在下一个片段就都不会再出现了。但事实上，它们有一个共同点，即每一段故事都是以"离别"作为结局，在核心意旨上达成一种统一，同时又通过"离别"这一情感线进行贯穿。再有，这三个片段，都是借助英子进行展现的，是以英子的主观视角结构了整部影片。这其中包括英子和不同片段的主人公的交流交往以及她所流露出的善良、单纯、同情、友善等。可以说，英子是整部影片变中的不变，这样使得整部影片除了在"离别"这一核心情感是不变的之外，在心理上也给观众产生一种不变的感觉，以致它们之间有了内在的承继发展和延续性。

在导演吴贻弓看来，直观的电影要追求间接的效果，电影的感染力正是来自这种间接的效果，想要达到这种间接的效果就需要观众的补充。通过观众的补充，即通过观众对影片无法直观呈现但又想要表达的内容的"想象"，达到观众与影片的共情共鸣共振。影片能够激发观众的"想象"，从而达成共情共鸣共振的可能性，来自"意境的感染力"。

诚然，不论是《小城之春》还是《城南旧事》，它们在电影语言、电影风格等方面进行的尝试和探索，都取得了一定的成果，也仍然有许多不足之处。但是它们对中华民族审美的继承与发扬，以及在面对难以表达的内容时所采用的诗意现实主义的处理方法，是值得中国电影继承和发扬的。

3. "电影宇宙"

近年来，随着中国电影产业化的迅猛发展，电影工业化及其美学，包括系列电影等课题再次历史性地被提上议事日程。中国要想成为名副其实的电影强国，不仅需要提升电影工业水平，更要打造出具有中国特色的系列电影，甚至进一步拓展，打造出自己的"电影宇宙"。由此，制作高规格、高电影工业规制的高概念电影，形成多层次、立体的、丰富的电影作品体系、电影市场体系成为新的时代诉求。

近年来，《哪吒之魔童降世》《新神榜：哪吒重生》《白蛇：缘起》《姜子牙》《大圣归来》《大鱼海棠》等"国漫"电影都取得了不俗的成绩，实现口碑票房双丰收。粤剧电影《白蛇传·情》也获得了不少年轻观众的喜爱，有效拓展了戏曲电影的市场空间。可以说，越来越多的"国漫"受到当下观众尤其是年轻观众的认可，逐渐成为传承中国传统文化，彰显中华民族传统美学气质的重要载体。

"国漫"电影的崛起与有效传播不仅是社会、艺术、审美各种思潮"合力"作用下的文化产物，也是与当下观众尤其是年轻观众群体形成良性互动的结果。在融媒体语境的影响下，它们能够以年轻观众喜欢的方式讲述故事，以富有现代感的电影化语言吸引观众，并将现代价值观进行现代化呈现与表达，从而走进更多观众的内心。正如《哪吒之魔童降世》中，哪吒虽生而为魔，但却有"我命由我不由天"的坚持，其内心的煎熬、痛苦和挣扎，让身处现实生活中的观众深表认同。当电影开始触碰观众"最柔软"的部分时，就意味着得到了市场认可和观众共鸣。

《流浪地球》用高新技术讲述人类带着地球去流浪的故事，生动传递了人类命运共同体价值理念，它的出现是中国科幻电影的"里程碑"，开启了中国科幻电影的"元年"。影片为了更好地呈现具有中国本土特色的价值内核，用了四年时间进行作品拍摄和后期制作，采用了大量技术支撑作品价值内核的表达。加上购买小说版权在内的筹备时间，基本上用了六年多时间，才呈现出现在的面貌。

回顾中国科幻电影发展的历史，亦是克服种种难题奋勇而上的征程。改革开放之初，《珊瑚岛上的死光》（拍摄于1979年，公映于1980年）的上映曾给中国科幻电影带来"一线光明"，但也未有太大起色，之后也出现过《大气层消失》等不少具有"软科幻元素"的电影。此间，中国电影人翘首以待的"硬科幻电影"，却因技术限制、理念滞后等问题难以生产，这在某种程度上成为中国电影人难以言说的"隐痛"。直到经过改革开放40多年的艰苦探索，中国整体性的社会形态从传统的农业、农耕文明、文化跨越到了工业文明、科技文明、信息文明，我们终于诞生了以刘慈欣作品为代表的科幻文学，并且得到了国际科幻文学界的专业认可和推崇。

但是，科幻小说并不能自动生成转化为科幻电影。之前《三体》项目的仓促上马及其"不知所终"，也令许多电影人唏嘘不已、感慨万千。可以说，《流浪地球》的成功，既是中国电影工业化及其美学的胜利，也是文明转型、科幻想象力、电影工业体系及其技术水平、综合国力等因素综合作用下的文化现象。

近年来，在政策利好和技术保障的驱动下，中国电影工业化在推进、布局、完善等方面呈现加速度态势，尤其是随着硬件设施建设和技术条件的大幅提升，可以与好莱坞正面抗衡的"重工业电影"作品不断涌现。但从整体上来看，中国电影工业化体系、工业化标准、工业化流程依旧处于建构阶段，"升级换代"的任务仍然任重道远，与好莱坞电影大创意与工业化生产无缝对接的局面相比还有较大差距。

当然，对于打造"电影宇宙"来讲，强大的资本和技术确实不可或缺，但也不是万能的。更重要的还是丰富的想象力，并且能够与观众的想象力消费实现有效沟通、对话和互动。目前，从创意层面来讲，虽然大家都意识到中国丰富的传统文化为中国电影提供了源源不断的素材和灵感，但从整体上来看，"现代化转换、创新性发展"的能力依然匮乏。如何与现代生活相衔接，尤其是建构与呈现现代性价值观，依然需要持之以恒的思考和探索。

4. 低成本电影

改革开放以来，我国经济社会发展取得了举世瞩目的伟大成就，但发展中也存在一些不平衡因素，我国社会的主要矛盾已经转化为"人民日益增长的美好生活需要和不平衡不充分的发展之间的矛盾"。有不平衡，就会有相对弱势的群体存在。对这些弱势群体，电影艺术家不仅仅有一个方法的问题、感情的问题，更有一个立场的问题、态度的问题。应当说，对于中国电影创作而言，失业人员、失地农民、残疾人口、流浪人员、贫困家庭等困难群众的境遇和心态，既是建立和谐社会需要关注的问题，也是不可忽视的重要题材。

中国素有"诗言志""文以载道"的主流文化传统。正是在这个主流文化传统的基础上，中国电影之父郑正秋提出了"教化"的电影观念，并对中国电影发展产生深远影响。其中，关注小人物、社会底层百姓的苦难和命运，并展示出他们的喜怒哀乐，就是左翼电影对中国早期电影的重要贡献。关注普通人、小人物的生存境遇并加以真切的描写，给予他们更真诚、更深厚的人道主义和人文关怀，是电影艺术家义不容辞的道德责任。

电影艺术家对处于弱势群体的普通人、小人物要有悲天悯人的人道主义和人文情怀，这是艺术家的本性和良心使然。当然，悲天悯人的人道主义和人文情怀不是廉价的同情，绝不是"居高临下"式的那种所谓知识分子代民请命：描写老百姓如何受苦、如何绝望和没有出路。当然，也不能回避社会中时时刻刻都存在着的矛盾与冲突，掩盖普通人、小人物日常生活所遭遇的现实困境，使电影成为"虚假的万花筒"。

不少早期中国电影就已经开始将目光聚焦普通民众，通过电影展现出他们生存的苦难和命运的坎坷，在银幕上将他们的喜怒哀乐生动呈现出来。影片《万家灯火》以上海战后物价飞涨、货币贬值为社会背景，通过讲述一位普通小职员一家的生活变迁，以及由此产生的一系列问题，比如家庭的矛盾冲突、失业的无奈痛苦和世态炎凉等，表现社会底层人物的琐碎生活以及他们的真情实感。

影片通过人物身份地位的对比，设置了整部影片情节和矛盾冲突。比如胡智清的软弱善良和钱剑如的狡猾投机，再如住在城里的胡智清一家与住在乡村的老母亲及弟弟一家，都形成了鲜明的对比。而情节的巧妙设置也激发了矛盾冲突的显现，从而揭示出胡智清一家人生活的不如意及其背后动因。他们之所以陷入重重矛盾冲突，并非他们个人的问题，其背后有着更深层次的社会原因，这个小家只是社会矛盾冲突和诸多社会问题的缩影。影片正是通过对比手法以及诸多细节的展现，将一些难以言说的抽象情感矛盾和政治因素通过银幕上具体可感的人物形象予以呈现，引发观众的思考和情感共鸣。

与《万家灯火》有所不同的是，贾樟柯在处理《小武》时，将目光落在边缘人物的自我身份认同上，以一种与主流明显不同的叛逆姿态进行人物的刻画和书写。在影片中，小武是一个以偷窃为生的扒手，他的身份决定了他的社会地位，以及他被社会和权力支配的命运。导演首先将小武置于"被看"的位置：让观众看到他对爱情的渴望，对友情承诺的遵守，家里人对他的不接受，朋友和女伴对他的背弃，以及他最后行窃"失手"被捕。但对于小武来说，他除了是"被看者"之外，还是社会的"观看者"，是作为导演表达核心内容的手段和窗口，是缝合创作者和观众的中介。

影片《小武》不但表达了创作者的个体经验，而且也通过小武的视角，表现出创作者对于社会的看法、立场和态度。在贾樟柯看来："从情感上来说，直到今天的那些伟大的文学和电影，大部分是关于人类面临生存困难的问题。艺术家通过作品去理解处于困境中的人，理解造成这些苦难的原因。"小武多重身份的存在，是影片想要透过这个底层边缘人物的境遇，来引导观众反思，理解创作者想要传达的核心观念：用小人物来关怀大时代。不难发现，《万家灯火》以家庭生活来反映社会生活，而《小武》则是用小人物来看大时代，二者都是以小见大，两部影片在对底层人物的关照上存在相通性。

当下中国电影的市场竞争力持续提升，"头部电影"已成为市场主体。第一产品梯队的制作水准、品质、工业规格及市场占有率明显增强。然而，与之相应的是中小成本"腰部电影"竞争力不足，市场空间备受挤压，两极分化日益严重。极端低成本不符合电影产业化的发展要求和规律，但中国电影的现实是大片吸引了多数观众的眼球，使得绝大多数导演，尤其是年轻导演只能拍摄低成本电影。而在低成本，尤其是极端低成本条件下，也只能选择拍摄当下生活，尤其是普通人、小人物的生活。这固然有一些无奈，但同时也开创了另一种可能：从观影层面而言，影片中所呈现出的"底层叙事"以及相对应的"人文关怀"，满足了中国观众一些深层次的心理需求如自尊、安全感和自我实现等。

从市场层面来说，中国电影当然需要有更多的"头部电影"来带动观众的观影热情，做大做强市场。从艺术发展层面来说，中国电影也需要有更多高质量的中小成本影片来满足观众多样化、个性化、精致化的需求。作为电影生态"塔基"和开路先锋的"腰部电影"，是青年电影创作者的"主战场"，不仅对电影产业有创意性和创新性的引领作用，也将为电影工业注入无限活力。对于中小成本影片创作，我们理应倡导一种温暖积极的现实主义精神，倡导一种阳光的活泼的现实主义风格，为影片注入更多的人文关怀和情感温度。唯有保障"腰部电影"的持续性供给和创新，才能避免内容创制走向同质化，进而维持整个产业良性、健康、绿色的生态格局。

5.香港电影

香港电影可以说是华语电影乃至世界电影版图上一支奇妙的力量。香港以独特的地理环境和历史际遇，中西交融的文化特征，高效专业的商业化社会形态，吃苦耐劳、开拓应变的香港精神，使其电影产业在20世纪八九十年代随着经济的高速发展达到鼎盛。香港电影在很长时期内代表着华语电影的最高成就，那些独具风格不可复制的"香港制造"，成为香港的流行文化，进而成为香港文化的代表，营筑了一代人、数代人难忘的历史记忆、情感记忆。

这一时期出现了香港电影史上的标志性经典类型——英雄片、动作片和警匪片，如《警察故事》《英雄本色》《监狱风云》等至今令无数影迷回味的影片。导演吴宇森在《英雄本色》中将唯利是图和重情重义两种取向共同置于影片之中，以讽刺和批判意味影射了当时的社会，掀起香港电影黑色暴力浪漫化的热潮。

自香港电影"新浪潮"运动之后，许多香港影人大胆突破单一类型的限制，开始在单一类型中加入其他类型元素，将不同类型进行杂糅和创新性组合，从而出现了多种复合类型的影片。多元化的商业类型电影逐渐成长为香港电影的主流，它们共同助推香港电影迈入繁盛的黄金时期。可以说，这种以商业和市场为导向的多类型、跨类型、复合类型策略使得香港电影呈现出差异化、多样化的发展。

或许，对于无数港片影迷而言，不同类型元素在交融时所激荡出的观影快感，正是这些影片的精彩之处。从20世纪80年代中后期到90年代初期，香港电影市场上出现了大量以动作为主要类型的复合类型片，其中颇具代表性的既有《倩女幽魂》系列、《黄飞鸿》系列等古装武侠片，也有《A计划》《龙虎风云》等现代动作片。更难得的是，以吴宇森、林岭东等人为代表的导演在类型创作的基础上彰显出鲜明的创作个性和迥异的作者风格。除此之外，动作喜剧片亦开始大规模涌现，同样成为这一时期香港电影的创作主流。其中"最佳拍档"系列、"福星"系列以及洪家班班底制作的鬼怪喜剧等极具代表性的影片，受到香港本土观众的喜爱，不少噱头和桥段成为港味电影标签式存在。随后沿袭着动作喜剧片风格的社会生活喜剧片也表现出强劲的生命力和市场号召力。

此外，香港电影市场上还出现了其他具有复合、杂糅特性的类型电影，诸如20世纪80年代末期兴起的《赌神》《赌侠》《赌圣》《赌霸》等"赌片"系列；反映香港社会矛盾和民众焦虑情绪的鬼怪灵异片，如《僵尸先生》《倩女幽魂》《胭脂扣》等影片。不同于主流商业电影，这一时期出现的以言情片、写实片为代表的文艺电影以及家庭伦理片往往流露出浓厚的人文气息、香港精神和民族情怀，也包含着积极的社会理想和价值理念，为香港电影增添了人文深度，有着不容忽视的重要意义。

黄金时代的香港电影不仅仅依赖香港本土电影市场，更依赖台湾电影市场、东南亚（传统的"南洋"）电影市场。当好莱坞电影以席卷方式取代香港电影而占领台湾电影市场、东南亚电影市场，同时也冲击到香港本土电影市场时，香港电影遭遇断崖式下跌。尽管可能是被迫的选择，也不知前路如何，但一部分香港电影人率先"北上"，然后带动越来越多的香港电影人进入内地，寻找新的发展空间。

自《内地与香港更紧密经贸关系安排》（"CEPA"协议）以后，香港和内地合拍片数量越来越多，也逐渐更多地以内地市场为主导。香港电影以相对成熟、丰富和完善的商业电影经验，最终使内地电影在制作理念、明星院线制等方面得到进一步提升，整体上促进了中国电影的市场化、产业化发展。换句话说，香港电影人集体"北上"及其商业电影经验、商业电影美学体系为中国大陆电影产业化作出了独特的"香港贡献"。

在此过程中，内地电影在各个方面受益良多。一些导演如冯小刚等学习香港贺岁片的运作模式，在内地推出贺岁片，获得了商业成功。周星驰电影里的"无厘头"风格、平民与草根的喜剧叙述方法，成龙武打片以及王家卫艺术电影里的美学氛围与情调，都成为内地导演的学习对象。香港演艺界的国际化视野，也为内地电影人提供了施展才艺的舞台。香港电影艺术与商业的水乳交融，更给内地电影人以启发。

经过与内地在电影管理、审查、题材、类型等多方面的长期磨合，香港电影人终于闯出了一片新天地，不仅解决了生存问题，而且还进一步拓展了香港电影发展的可能性。很多人认为，现在已经进入"后港片时代"，"港味不再""港片不港"的说法非常盛行。事实上，香港电影尤其是合拍片获得了前所未有的内地市场空间，争取到了相当可观的市场份额。更进一步说，香港电影"北上"融合发展，与坚守本土化发展本身并没有高低上下之分，也不是相杀相克，而是相亲相爱、并行不悖。在构建大华语电影、新华语电影的过程中，各方均须以建设性姿态，在不同的方面贡献各自的创造力、想象力。

二、国外主流类型电影

1. 黑帮电影

从清新宜人的意大利西西里岛，到灯红酒绿的美国纽约，潜藏在绮丽风景下的竟是暴力与暗杀。黑帮是冲突背后的始作俑者，柯里昂家族更是旋涡的中心。《教父》改编自著名小说家马里奥·普佐创作的同名小说，该小说发表于1969年，一经发表便成为畅销书籍，并在20世纪70年代初被改编为系列电影，至今仍是黑帮片的典范。

《教父》三部曲每一部都围绕着不同代际的教父故事展开，以其独到的电影语言，将上至19世纪末、下至20世纪四五十年代，涉及100多个人物的黑帮故事娓娓道来。第一代教父维托·柯里昂从小便深受黑帮的压迫，一路逃亡到美国，在保护和压迫间坚守着自己"西西里"式的正义；第二代教父迈克·柯里昂为家族所累，从田园牧歌般的生活直接坠入深渊，与原本设想的人生背道而驰；第三代教父文森特·柯里昂更为骁勇，无惧暗处的子弹，独自纵马疾驰，只为与仇敌决一死战。

黑夜、枪、血，是黑帮片必然存在的三大经典元素，而这些元素任意的排列组合，都会有不同的化学反应。《教父》之所以能成为一代经典，是因为影片在娴熟使用类型元素的同时，在残暴之外用对人生的温情和思考打动着观众，尤以在讲述第二代教父迈克的故事时最为突出。

原本有着自己人生理想、决心脱离黑帮环境的迈克，因为背负着为家族复仇的任务，最终成为新一代教父。复仇是人类文学艺术创作的重要母题，读之酣畅，细细品之却很悲凉。从常春藤大学的普通学生，转变成第二次世界大战中的英雄，再到成为美国黑手党的头目，这看似只是个体成长过程中的身份转变，更深层次的却是理想破灭后的悲情人生，迈克正是这样的悲剧人物。他早已意识到，所谓的家族生意不过是一团污泥，他试图去做到出淤泥而不染，却不曾想污渍早已是命运的底色。当参军的规划被兄弟姐妹嘲讽、当热闹的家庭聚餐只留给他落寞的一角、当人生理想被一个个否决，迈克开始接受这样的人生。

被冠以"柯里昂"之姓，便注定要接受意外。迈克选择向命运低头，命运却一再给予他更大的嘲讽。人类总是希冀亲情是万能的情感纽带，当大哥桑尼遭到暗杀，迈克将二哥视为此生信赖的唯一胞兄，之后却发现二哥才是家族的背叛者。亲情纽带的突然断裂，产生了极大的"推力"，将迈克击倒。他低垂着双眼，缓缓地转过身去，摁住自己的太阳穴，似要从让人眩晕的无情现实中挣扎起来。

迈克的悲剧色彩，还在于其精神上的苦闷。老教父在让位给迈克后，父子俩有过一场促膝长谈。年轻时的教父曾和迈克一样，有着同样的理想。作为一名父亲，老教父甚至也考虑过，让儿子脱离家庭的束缚，去走上正途、当议员、当州长。但作为一名黑手党头目，他必须担负起自己的责任，只能牺牲儿子的理想。老教父去世后，世界上最懂迈克的那个人走了，同时也带走了迈克能从世界体味到的温暖。

黑帮片充斥着诸多"黑暗"，但爱情元素却总能划破这暗夜。片中，迈克在逃匿到西西里岛后，邂逅了美丽的阿波萝妮亚，两人过起了世外桃源般的生活。然而，幸福的泡沫总会被戳破。迈克因家族所累，遭到袭击，虽自己逃过一劫，却永失爱妻。一连串的打击，让原本就孤独的迈克更加封闭了内心，采取了当初自己最为讨厌的残暴手法处理起家族事务。

影片中有许多极富哲思的台词，如"永远别让别人知道你想什么"，"永远别恨你的敌人，那会影响你的判断力"，"我费了一生的精力，试图不让自己变得十分粗心。女人和小孩们可以很粗心，但男人不会"。每一代教父的人生无疑是传奇的，他们之所以能吐露出以上的感受，是因为他们尝遍世事。这些台词不仅是黑帮不成文的规矩，更隐喻了现实的生存规则——要克制、冷静、无情。但教父们同样是孤独的，在残酷的生存法则面前，他们不断让渡、舍弃甚至是牺牲，一生如烟花般绚烂，却最终消失，无人知晓和铭记。《教父》说透了黑帮故事，也诠释了生活百态，因而能唤起观众的共鸣，成为闪耀影史的经典影片。

而论及明星制，离不开表演、个性、明星和传闻这四个维度。毫无疑问，《教父》在叙述黑帮传奇的同时，也打造出经典"教父"形象。影片曾获得国际电影节重要奖项11次，提名15次，"教父"的扮演者马龙·白兰度和阿尔·帕西诺都获得过重要男演员奖项，尤其是马龙·白兰度，一举拿下过奥斯卡、金球奖、英国学院奖的最佳男演员。

人类热衷于总结规律，并试图进行有效复制。在表演领域，专家们总结了斯坦尼斯拉夫斯基、布莱希特、梅兰芳三大表演体系，但马龙·白兰度却很难被精准地归入哪一类中，不少影迷称他为"方法派"的鼻祖。马龙·白兰度在阅读小说时，认为教父的状态与鬣狗颇为相似，便花了很长时间观察鬣狗。为了还原一代枭雄的老态龙钟、清高孤傲又不失浓郁悲凉的人生情味，他还特意往嘴里塞了棉花。在接受杂志采访时，他还曾表示"不背台词"，因为这样会使即兴表演更为出色，因为一切尽在无意之中，"你有你的想法，你要把它说出来，而根本不必在心中默记自己到底想说些什么，我认为这才是目的所在"。

马龙·白兰度不按常理出牌的个性，也成就了他的表演。在《教父》的第一场戏中，殡葬师博纳瑟拉来请求教父为自己被凌辱的女儿复仇，镜头里全是博纳瑟拉的脸部特写，教父只是静坐一旁倾听和观察。然而马龙·白兰度的处理，却让角色"无声胜有声"，成为这场戏的主导。如教父长久的沉默、阴郁但依然锐利的双眼、缓慢却又有力的手势、看似散漫随意实则全神贯注的姿态等，都表现出这一人物的权威。

导演在自己的一系列作品中表现出一贯的特征，才可以被称为"作者"。在《教父》当中，也尤为可见导演科波拉在商业体制中保证了自己的作者特质。影片利用剪辑和迅速转场来推进叙事，而不过度依赖对话和情节，这正是科波拉所擅长的导演范式。

在《教父1》中，老教父维托遭遇暗杀后，儿子迈克作为代表与"土耳其人"谈判，但其中没有繁琐的对话。不断的脸部特写放大了迈克内心潜藏的紧张和愤怒，观众便以全知视角提前预测到迈克的报复行动。而报复能否成功、迈克能否全身而退、恩怨能否就此了结，成为观众想继续观看的剧情焦点。随着画面中"土耳其人"和警察对话的声音逐渐变小，迈克突然站起，镜头迅速展现出警察困惑的脸部，继而又瞬间切换到"土耳其人"的倒地流血。无声画面的快速转换带来极强的视觉冲击力，更将刺杀的惊心动魄之感推至最高点。突然间，枪声乍起，划破了令观众屏息的沉寂。

《教父》放弃了一元化的塑造英雄模式，反而以三代教父的故事，展现了柯里昂家族的兴衰成败以及美国黑帮的发展变迁。在第一代教父维托艰难发家后，迈克承担起为家族生意洗白的重任。每一位教父都曾为家族开疆拓土，但同样也为自己筑起了藩篱，以至于陷入困局无法走出。人生总是在得到和失去，于教父而言，更是如此。维托从西西里的穷小子奋斗成为美国的黑帮首领，站在权力之巅，却渴望常人之福。迈克以为家族复仇为己任，一路披荆斩棘，但失去了女儿和爱人的陪伴。影片结尾处，导演用一长串蒙太奇回顾了迈克的一生，最宠爱他的父亲、最支持他参军的二哥、最爱的妻子和女儿，他曾享受过世间最美妙的亲情。但父亲扼杀了自己的理想、二哥被自己杀害、妻女为自己死去，美好的时光不过是过眼云烟。

以好莱坞黑帮片的类型标准来看，《教父》在情节、人物和视觉形象的设计上都有着鲜明的类型特征。但诚如译者周汉林所说："《教父》通过生动的故事揭示的政治和社会真理，比起所有的政治家、政论家和一切新闻报道合起来所揭示的还要多。"科波拉的"作者性"也使影片没有成为一部单纯以娱乐和感官刺激为导向的商业影片，反而在充分展现原著的深厚底蕴，探讨更为宏大的议题。

2. 战争电影

奥斯维辛之后，写诗是野蛮的。但有关奥斯维辛的故事，关于战争的故事，需要电影来给予温暖和思考，《辛德勒的名单》便是其中的代表性作品。虽然枪炮声总是在夺走生命和摧毁财富，但德国企业家奥斯卡·辛德勒无疑是一个幸运的投机者。他在克拉科夫的目标便是从战争中谋取金钱和利益，因此想方设法地讨好纳粹军人。于他而言，犹太人的悲惨遭遇远不及生意重要。在传统的观念中，英雄必然具备强健的身躯、美好的品格、坚强的意志，经历各种磨难来解救他人，最终受到万千人民的崇拜。辛德勒难以匹配英雄的标准，他利欲熏心、奢靡异常、圆滑世故、漠视苦难。而正是这样一个与纳粹军人沆瀣一气的商人，在后来成为一个救赎者、一个英雄。

辛德勒最初无视犹太人的悲惨遭遇，只会为了获得更多利益才聘用犹太人。或许是震撼于纳粹军人的暴行，或许心碎于堆积如山的尸骨，或许是失望于时代的无情，辛德勒原本善良的内心开始觉醒，他会对独臂老人、可爱的小孩、做门闩的老工人、求助者的父母等怀有怜悯之心，并施以帮助。在后来，辛德勒开始了更具挑战性的行动。他将军火工厂改建为"诺亚方舟"，供犹太人安全生活。按照原本的规划，辛德勒能从这座工厂中谋取巨大利润，但他故意改装生产机器，导致工厂始终没有生产出一颗能用于战争的炮弹。从调偏炮弹机器准星那一刻起，辛德勒全然放弃了自己曾醉心的利益，反而立志拯救一个个鲜活的生命，即使这些人与他毫无关系。

为了实现这一目标，辛德勒经历了牢狱之灾，并倾家荡产。"拯救了一个人，便是拯救了一个世界。"这是一个犹太人的话。确实，辛德勒并不是一个完美的英雄，但他是一个伟大的救赎者。他克服人性弱点和困难开展的营救，让原本因战争而昏暗的世界，逐步散发出光芒。

战争让世界化为废墟，一切都黯淡无光。《辛德勒的名单》以黑白为主色调，道尽了战争的恐怖、阴暗与无情。偶尔出现的明朗暖色，并不与主基调色冲突。大屠杀前，身穿红色裙子的小女孩是满目疮痍中的一抹亮色，她的不谙世事与残酷的战争形成鲜明对比。小女孩幸运地逃脱了，"红"成为希望的象征。然而，在成堆的尸骨中，这一抹红也格外显眼。小女孩的灵动和美好，最终烟消云散于无情的枪弹下。世界的生机和希望，也仍在被黑暗吞噬。影片结尾处以蓝色调为主，压抑了三个多小时的画面终于明亮。这不仅使影片的视听观感增强，也预示着战争的终结。行走于旷野的人们，从黑暗中走过来。黑白的人像逐渐变成彩色，天空也由暗淡的蓝色转变为明亮的蓝色，希望终于来临！

《辛德勒的名单》在铺陈情节之余，以纪实风格的视听语言向观众表现了这一段噩梦般的历史，那些触目惊心的画面发人深思。该片在德国法兰克福首映时，德国总统曾经亲自出席。美国总统克林顿也大力支持："迫切要求你们也来看看这部作品。"影片的深刻主旨让其收获了第66届奥斯卡的7项大奖，同时也横扫第51届金球奖，上映至今仍是战争影像中的丰碑。

战争结束后，随着电影工业水平提升，诸多彪炳影史的战争影像不断涌现。1982年，英美合拍片《苏菲的抉择》揭示了犹太人的道德抉择；《辛德勒的名单》刻画了辛德勒这一不惜一切代价营救犹太人的反纳粹英雄；《美丽人生》和《钢琴家》都聚焦于纳粹集中营的受害者，反映他们的悲惨遭遇；《朗读者》则是首次聚焦施害方，并把焦点放到了只是执行命令的女看守身上。以上影片都有着颇高的艺术造诣，并影响巨大。有关战争的影像还有很多，对于残酷的战争，究竟应该持何种立场？从何种视角切入？这不仅仅关乎电影的剧情结构，还涉及伦理问题。

首先是战争合理性的问题。国际准则公认，正义战争是道德的，符合伦理标准；非正义战争是不道德的，要受到谴责甚至惩罚。关于反侵略自卫战争的《珍珠港》中，总统义愤填膺地从轮椅上站起来，呐喊道："不要告诉有什么不可能！"美国军队因此发动"杜立特行动"，成功轰炸东京。

其次，是"受害者"身份的问题。在战争结束相当长的一段时间内，部分德国普通百姓认为自己并非主动施害，只是迫于外在力量，不由自主地加入了罪恶行为，同样需要被理解。德国影片《玛丽娅·布劳恩的婚姻》《德国，我苍白的母亲》《铁皮鼓》等便在尝试反映这种渴求同情的心理。但在批判纳粹战争的主旋律中，这样的思潮仅是一个插曲。

最后，是恶行和善举的绝对性问题。《辛德勒的名单》中，辛德勒解救了诸多犹太人，但最初他是纳粹暴行支持者。《朗读者》中，汉娜只是一个执行者。当仓库起火，只会听从命令的她，扼杀了数百条犹太人的生命。"平庸之恶"能否被原谅，是个持续被讨论的问题。随着冷战结束，人类重新审视战争，也突破了意识形态的束缚，《乱世启示录》《神童》《白色寒冬》都描写了战时复杂的敌我关系，直指人性。

3. 技术流电影

每当My Heart Will Go On这首歌响起时，泰坦尼克号的故事又再次萦绕于观众心头。1912年4月10日，泰坦尼克号离开英国南安普顿港口，驶向美国纽约。被看作是"世界工业史奇迹"的它，身形巨大，承载了2223名乘客。轮船号称是"永不沉没的巨轮"，但因意外撞上冰山，导致1500多名乘客命丧海底。

实际上，有关这艘轮船的故事已经被拍摄过多次，但只有卡梅隆的《泰坦尼克号》获得了奥斯卡11项大奖，在全球范围内收获了超过18亿美元的票房，并将这一纪录成功地保持了13年之久，还在2012年以3D版重映。

"我是世界之王！"当《泰坦尼克号》拿下奥斯卡11项大奖，卡梅隆在发表获奖感言时喊出了这句话。

而在取得这般的艺术成就后，卡梅隆又凭借《阿凡达》探索了电影工业的更多可能。实际上，卡梅隆在20世纪90年代便已经在酝酿关于潘多拉星球的故事。然而，当时的立体电影技术还不够成熟，无论是影片效果还是观众的观看感受都十分不理想。

电影诞生之初，梅里埃用简陋的装置和简单的拍摄手法创造了《月球旅行记》。电影技术成熟后，库布里克的《2001：漫游太空》、卢卡斯的《星球大战》、斯皮尔伯格的《第三类接触》也在尽情畅想地球以外的文明。直到2010年，卡梅隆让以往细碎的畅想，融合成一首关于潘多拉星球的诗。

这首诗的色彩是瑰丽的：巨木参天满眼绿色，夜晚的植物都晶莹剔透，整个森林都会像水晶宫一般；这首诗的气质是灵动的：飞流直下的瀑布、悬浮的哈利路亚山、神奇的家园树和灵魂树，洋溢着生机；这首诗的韵律是多元的：迅雷翼兽、槌头雷兽、闪雷兽、长颈马和毒狼，讲述着另一种神奇。当然，这首诗的吟诵者纳威人，才是最点睛的一笔。纳威人是潘多拉星球的高级智慧生物，他们身型高达3米，通体蓝色带条纹状，眼睛金黄，面部有荧光点，耳朵似精灵。

影片有关"潘多拉"和"阿凡达"的设计，是完全成体系的。卡梅隆撰写了一本300多页的潘多拉百科全书，甚至计算出了这个星球的大气密度和重力，并根据已有的考古成果，设定了星球可能有的动植物的种类和形态。卡梅隆甚至先锋性地构想了一个"万物互联"的世界：纳威人长辫尾端的触须，可以通过心念与其他生物交流；灵魂树让纳威人跨越时空限制，与祖先和"圣母伊娃"相通；而不同生物体之间也都可以通过触须来联系。

影片天马行空的想象，需要技术的支撑。早年间，作为一个"技术狂魔"，卡梅隆在索尼公司看到了一款高清摄像机后，开启了新的技术试验。他和索尼的工程师们一起研发了一款更为先进和轻便的3D立体摄像系统，其中数字摄影机Pace Fusion 3D有两个高清数字摄影镜头，来自摄影机的双路信号通过电缆传送到一个远程存储系统。根据不同的拍摄条件，摄影机的两个镜头还可调整相互之间的距离。为了检验这套新系统，卡梅隆大胆进行了最具挑战性的水下摄影，完成了深海纪录片《深渊幽灵》。这套系统不仅被卡梅隆运用到自己的影片创作中，其他导演在拍摄3D电影时也常使用它。可以说，这种高清摄影机奠定了现代3D电影创作的技术基础。

为了呈现《泰坦尼克号》巨轮沉没时的壮观，卡梅隆曾潜入深海感受遗骸，并造出另一艘接近于原物的"泰坦尼克号"。到了《阿凡达》，卡梅隆对技术的"痴狂"更是到了极致，团队开发了8套双机3D摄影系统，命名为"Fusion Camera-3D System"。除此之外，还运用了实景 3D 摄影系统、虚拟摄影系统、协同工作摄影系统、表情捕捉技术等先进的技术手段。在后期方面，卡梅隆采用了基于CUDA架构的渲染技术，将计算机三维模型的三角面数量从百万级别提高到十亿级别，影片动画渲染部分需要的存储硬盘达到1000TB。

卡梅隆大胆突破常规，试图让计算机三维动画与现实角色在拍摄中实现实时交互。要知道，在此之前，三维动画与实拍只能通过后期合成形成互动。卡梅隆和团队启用虚拟摄影机技术，通过Autodesk公司的实时交互三维动画软件Motionbuider，将事先制作好的三维场景和三维人物，在拍摄现场与实际人物的动作实时合成，以获得最直接的镜头效果。

从2D到3D，电影的立体化，不仅是视效的升级，更是技术理念和情怀的转变。当技术与情怀融合在一起，想象力才得以具化为一场视听盛宴。卡梅隆曾说："每当一位电影人唯一的障碍是他或她的想象力时，我们就会向前迈进一步。但前提得是我们要跟电影工业现有的技巧和科技齐肩。"

近年来，卡梅隆率先倡导电影应进入高帧率时代，认为"3D电影给了你一扇走进真实的窗户，更高的帧率等于拿走了窗户上隔着的玻璃"。高帧率会提高画面的清晰度，特别是运动画面和高速镜头的稳定性、连贯性。事实证明，卡梅隆的判断是正确的。2019年李安导演的《双子杀手》采用了"4K+3D+每秒120帧"的格式，再次引发了有关数字电影未来的热议。

三、欧洲艺术电影

哲学家赫尔岑称 "只有爱能够创造有真正生命的坚实的东西"。影片《天堂电影院》讲述了在美丽的西西里岛，在神圣的天堂电影院里，老放映员艾弗达和小孩多多，用爱守护着电影、守护着彼此、守护着梦想的故事。该片获得1989年戛纳电影节评审团大奖和金棕榈奖、1990年奥斯卡最佳外语片和金球奖最佳外语片。

电影的魔法，远不止造梦。小多多与母亲相依为命，电影是其唯一能释放情绪的渠道。但在20世纪40年代，小镇里播出的电影要经过教父审核，电影演到男女主角要接吻的镜头时，人们总是期待着奇迹发生——小孩停止传递手中的杂物、大人们也屏气凝神地等待、多多则一直大张着嘴巴忘了闭上。但奇迹并不会那么轻易降临，镜头闪过，抗议声和嘘声此起彼伏，唯有多多露出阴谋得逞般的大笑。有时候，观众的观影热情高涨，超出影院的营业时间，艾弗达便会将影像投射到广场的墙壁上，小镇的居民又可以消磨时光。天堂电影院，一如其名字，总能带给观众快乐。

艾弗达和多多因电影而结缘，两人都偏爱光影的质感。随着交往的深入，艾弗达用另一种方式给予多多父爱，并引导其人生方向。当多多应征入伍，艾弗达无情地拆散了多多和艾琳娜，看似棒打鸳鸯，实则是为多多卸下心防，因为他深知年少的多多会被爱情牵绊。而即使自己十分思念多多，他也始终劝导多多 "离开这里，去罗马。你还年轻，世界是你的"。艾弗达后来会每天看有关多多的电视报道，始终鼓励他："不准回来！不准想我们！想家时要熬住了！"即使会被误会，即使要忍受离别的苦痛，艾弗达仍然从父亲的立场关爱多多。在女性角色中，母亲和艾琳娜对多多的影响巨大。母爱，让多多在大城市漂泊无依时有了安抚灵魂的利器。艾琳娜则一直存在于多多的精神乌托邦里，让他在俗世里体验到爱情的悸动。

影片还巧妙地设计了一个疯子的形象。疯子总是突兀地出场，然后匆忙地离场，并且总是重复着："广场是我的。"在这样一个公众场合，疯子"宣布"了广场的"私有"，并且提醒别人"要关门了！""你们少惹我生气""我不喜欢"。虽然他是疯癫的，但他始终是快乐的，没有任何烦恼。当电影院轰然倒塌，只有疯子没有被记忆困扰。而且他始终是狂热的，坚信广场就是他的。他的坚定，正是多多所需要的。因此，疯子可视为导演安排的另一个"镜像"，以供小镇居民和多多去思考。

艾弗达离世时，留给多多一些胶卷，那绝不是废弃的胶片，当一个个被教父否决的接吻镜头被重新组接起来后，恰是一部关于人生的电影：有青春的懵懂、有爱情的羞涩、有离别的萧瑟……天堂电影院，梦有之，酸甜苦辣，更有之。

导演托纳多雷并不高产，但故事背景多是西西里岛，题材多偏向于少年的梦想或者年老时的回忆。影片里的西西里，既是导演的故土，也成为观众内心的故乡，这离不开导演对于诗意浪漫的营造。托纳多雷构建的"故乡"是可观可感的，其中《天堂电影院》里的小镇，是他花了四个多月的时间从六个不同的小镇取景拍摄来构建的。尤其是其中的广场，是在一个离他故乡不远的小镇选取的。这个小镇，让该片洋溢着诗意的浪漫。托纳多雷通过景深镜头、长镜头和丰富的场面调度，大量中全景，以及俯拍机位拍摄和自然光取景等，流畅地展示了劳作的妇女、在理发的小孩、排队接水的人们、大声叫卖的小商贩、纺毛线的老妪等，展现出小镇浓厚的生活气息。尤其是夜幕降临时，广场附近烟囱里飘起的袅袅炊烟，更显生活的意蕴，更容易触动观众内心的乡愁。

西西里的代表性风景是大海。《西西里的美丽传说》中潮湿温润的海风，不仅让玛琳娜更摇曳多姿，更吹拂着雷纳多青春期蠢蠢欲动的心；《海上钢琴师》里的"1900"，终身与音乐、大海相伴；《天堂电影院》里的海景、海鸥、临海的宽阔街道、海边居民的日常生活，处处洋溢着日常生活的闲适与惬意。虽然影片中的主人公都有自己所要面对的难题，甚至是无法言说的苦痛，但西西里特有的浪漫，治愈着主人公，也治愈着观众们。

《天堂电影院》的最后，已是著名导演的多多重返故乡，托纳多雷用几个简单的镜头表现出多多30年未曾回家的内心活动：在飞机降落时从机舱里透过玻璃看家乡的海，在出租车里透过玻璃看家乡的变化。玻璃成为一个隐喻——多多终究回不去小时候的那个小镇了，虽然能够感知到家乡的外在变化，但内心的屏障已然建立。多多找到了年轻时的恋人艾琳娜，两人坦诚聊天后才知晓当初分手的真正原因。于多多而言，此时已经功成名就，但年幼时的经历，导致其需要寄托和宣泄自己内心的情感。母亲苦心孤诣的抚养是一方面，令他内心悸动的爱情是另一方面。

外面的世界再缤纷多彩，回到家乡也会是命中注定的，每个人都需要这样的体验来反观和正视自己经历的一切，有欢天喜地、有悔不当初、有满足、有亏欠、有起、有落……人生本就是如此，不会万事顺意，但总能在变幻莫测中有所感悟。

先哲们曾感慨："美的事物在人心中所唤起的感觉，是类似我们当着亲爱的人面前时洋溢于我们心中的那种愉悦。我们无私地爱美，我们欣赏它，喜爱它，如同人们喜欢亲爱的人一样。由此可见，美包含着一种可爱的，为我们的心所珍贵的东西。"以托纳多雷为代表的欧洲导演，便是擅用"美"来唤起观众的代表，影片中的人文坚守和艺术诉求，融合成一股诗意般的浪漫，似温润的海风一样不断轻拂观众的内心。

四、日本电影

生如夏花般绚烂，死如秋叶般静美。人们总是盛赞绚烂，却对静美缄默。电影《入殓师》以"入殓"探讨生与死，在用温情细节让观众寄托深沉冥思的同时，也通过轻喜剧的叙事风格，调节了影片的张弛度，兼有泪点和笑点。虽名为"入殓"，但全片毫无血腥、暴力和恐怖气氛，反而凝缩着"静"的哲思，极具东方美学风格。该片让日本电影时隔54年后，再次问鼎奥斯卡，拿下了第81届奥斯卡最佳外语片奖。

"未知生，焉知死"是中国哲学常思辨的一个问题，其实反过来问"未知死，焉知生"也同样发人深省。主人公小林大悟原本是乐团的大提琴演奏家，因为乐团解散，他只能回到故乡重新找工作。在看到一则高薪且不限年龄的招聘后，小林大悟前往应聘，却发现所谓的"NK的配置"其实是入殓师，这不禁让他犹豫起来。回到家后，他向妻子隐瞒了真实情况，谎称自己在结婚场所工作。随着工作深入，小林大悟开始发生转变，从吃不下饭到珍惜家属答谢的丸子，从无从下手到能为逝者做好精致的妆容，从只为谋生到敬重这份职业。

在直面死亡的过程中，小林大悟更懂得了爱和生活的真谛。父亲在小林大悟年幼时抛妻弃子，父子两人再见面，已是天人永隔，两人都无法向对方倾诉。当记忆中的父亲变成眼前一具冰冷的尸体，小林大悟内心的怨恨顷刻间消散，父亲送给他的小石头，成为唯一的信物。入殓过程中，父亲的脸逐渐清晰起来，小林大悟再也无法克制，真正地为父亲和迟到了许多年的父爱哭泣。

死之静穆，在悠远的镜头语言中，更显神圣。导演泷田洋二郎没有采用过多技巧，甚至极其克制，只是用缓缓地推近与拉远，便恰到好处地展现了生命的柔软之处。沉稳的配乐，像一个垂暮的老者，分享着自己的生命体验。影片多采用柔和黄色调，营造了温暖、美好和舒缓的气氛，体现出生死离别之际的温情。观众也能淡化对死亡的恐惧，体悟生命的静谧之美。入殓被处理成一种充满艺术之美、生命之静的仪式。在清寂的气氛中，入殓师庄严而肃穆地按顺序整理遗体，手臂的起落，都饱含着美感。在这个过程中，任何惊诧与无措都是一种冒犯。小林大悟曾在一次入殓过程中，发现对方可能是易装者。在请教家属后，小林按照逝者的愿望，为他化上了女性的妆容。死亡之静穆，生命之尊严，莫不如此。

在日本文化中，"物哀""幽玄""空寂"是沉淀于人们日常生活的美学，也常融会到影片之中。"物哀"的"物"泛指自然界的一切，可以是风雨雷电等自然现象，也可以是人和虫鱼鸟兽等生命体。而"哀"，并不仅仅是悲伤，还包含着感叹、同情、怜悯、赞叹等情感形式。"哀"源于"物"的符号意蕴，这种符号化的"物"，指向事物的更深层意义，通常是指神秘感和美感，从而生出一种"哀"。"物哀"后来逐渐成为日本的一种生活方式和处世哲学，不仅仅是感叹万物的悲伤情绪，更是一种物我两忘的情绪外化。

当世界越来越高速发展，日本电影总能以其诗化的语言，让观众寻找到内心的平静。河濑直美导演的《殡之森》便用森林里狂野的风声作开场，第二个表现送葬的远景镜头里，三十秒的长镜头只伴有清脆的敲打铃声，即刻奠定了远离喧嚣的、悲凉的气氛。黑泽清的《超凡神树》以超凡神树所在的森林隐喻人类，树木常在画面的后景处倒下，并不处于视觉中心，暗示无人留意的没落悄然发生。森淳一执导的《小森林》系列，则在意自然和乡野之美。新一代日本年轻人回归于田野后的生活，截然不同于大都市生活的拥挤、繁忙和快节奏。市子自己耕种的绿色食材，只需要简单烹调就成为一道美味，这种拥抱自然、平静闲适的生活，也具有田园牧歌般的诗意，让人心向往之。

东方美学强调亲近生活，日本电影也形成了"生活流"的叙事形态。乍看之下，镜头下的生活细节是琐碎的，但累积起来却营造一种让人沉浸和回味的家庭美学。房屋，是一个家庭"在一起"的物质载体；饮食，是一个家庭"在一起"的精神纽带。日式家庭美学，便由这一梁一瓦、一蔬一菜构成。

日本的和式房屋是独特的，由玄关、榻榻米、推拉门、缘侧和走廊等构成，多为非对称性梁柱结构，木质为主。毫无疑问，和式房屋的狭小空间并不方便进行大幅度调度。因此，在小津安二郎的影片中，人物常常正坐或者站立于榻榻米上，用平缓、温和的语气交谈。再加上固定机位的低角度拍摄，舒缓的意境由此展开。在成濑巳喜男的《母亲》中，母亲正子安慰完瘫痪在床的丈夫、安顿孩子们睡下后，缓缓地合上推拉门，双手突然停顿，然后再慢慢地走下缘侧，独自蹲坐下来哭泣。合上推拉门的细节，不仅使动作有层次，母亲内心的复杂情绪也直观地呈现出来。

所谓饮食男女，一部影片也正因为有了食物，才更具烟火气。小津安二郎曾拍摄过两部以"味道"命名的影片，即《茶泡饭的味道》

和《秋刀鱼之味》。茶泡饭是日本最简单也最省事的家常饮食，没有特别的味道。影片中，曾经对丈夫的生活和性格都不甚喜欢的妻子，开始愿意与其一起吃茶泡饭，预示着原本不和谐的夫妻开始慢慢融洽，过上了平淡但实在的生活。而在《秋刀鱼之味》中，老父亲终于顺利地嫁出女儿，了却一桩心愿。但没有了女儿的照顾，孤独的父亲只能在厨房摸索着沏茶。嫁女之喜还未散去，孤苦无依的苦涩已经悄无声息侵入了生活。

在"寻觅"生活诗意的过程中，尤以小津安二郎和是枝裕和的作品最为动人。小津的作品主要倾诉三种情愫：一是关乎两代人的情感挽歌；二是对于逝去青春和爱情的哀怜，三是对纷乱世相的感悟。而镜头语言的幽玄之美和俳句式叙事的风雅之美，将"物哀"之情描述得更为透彻。在小津的"嫁女"故事中，两代人互为对方考虑的隐忍与牺牲，极尽人情之哀。而固定镜头和景深镜头，又常常像在和观众一起平静地关注着世间万事，颇有冷寂安宁之感。逾越半分的表演，都会破坏这种美感。因此小津片中的人物多是含蓄而清雅的，总是在娓娓道来。笔直的线条、对称的构图、古朴的色调，都赋予画面以稳定端庄之感和寂静安详之美，而随处可见的阴影则充满了未知的神秘。

是枝裕和尤为擅长用"空镜头"来留白，大量的空镜头介绍了安静的乡下旧屋、空无一人的天桥、半掩的书房、静谧的机场原野、台风侵袭后的街道等。生活的意境在简单的镜头中体现，像一篇情感充沛但表达克制的叙事散文。

《小偷家族》里一家人在狭小逼仄的房间里吃着方便面，氤氲的热气丝毫没有掩盖一家人的欢乐。《海街日记》里充满时间气息：生长了55年的梅子树、20年不变的老菜式、樱花的应季盛开。《无人知晓》里相依为命的几个孩子，将从外面采集到的种子种到方便面的盒子里。随意栽种的花草，依然旺盛地生长。在影片《比海更深》之中，曾经的一家人在台风来临的夜晚有了最后一次团聚的机会。大家无法入眠，互相吐露心结。这一情节并没有被设计成强烈的冲突，而前面所铺垫的内容也没有在此刻爆发。一如影片当中一直提到的台风，只是以下雨的方式呈现。台风过境后，一切安然。这种白描化的叙事，朴实无华，但又在去戏剧化的设定中充满张力。

恰如是枝裕和所说："我拍摄的不是观照其他电影的电影。我审视的是我自己的时代、自己的境遇，并以此为基础拍摄影片。"日式的家庭美学源于电影对于时代和家庭的深度聚焦，令人长久回味、深沉思考。

五、 韩国电影

德国哲学家齐美尔曾在《现代人与宗教》一书中谈道："只有生命才能理解生命。"当现实被黑暗侵蚀，生命被无端践踏，谁能真正理解并展开救赎？这看似是一个简单的问题，却需要怀揣坚定的信念一路披荆斩棘。韩国电影《熔炉》改编自真实案件，美术老师姜仁浩和人权运动者徐宥真，为了聋哑儿童的命运，与权势进行生死抗争。影片一经上映，便在韩国引起轩然大波，甚至推动了相关法律的确立。

慈爱学校原本应是一个能为聋哑儿童等弱势群体提供更多关爱的"大家庭"，那些折翼的天使，只是因为意外而不能拥有正常生活，他们同样可爱、天真和善良。但无邪笑容的背后，还有太多不为人知的故事。影片一开始，昏暗的光线、缭绕的迷雾、非常规的角度、快速切换的镜头、穿着拖鞋踟蹰于铁轨的少年，都制造出一种极度恐慌和不安的感觉。即使导演刻意切换了叙事空间，以缓解紧张气氛，但观众内心早已惴惴不安，迫切地想要去揭秘。谜底很简单也很残酷，稚嫩的小男孩选择卧轨自杀这一残酷做法了却一生。仅仅数分钟，影片便抛出了一连串疑问。

慈爱学校中的孩子，无疑是最为特别的，他们生活在无声的世界里，无法畅快地与世界沟通，但他们并没有抱怨和放弃，只希望在被冠以"慈爱"，被定义为"学校"的地方被温柔以待。然而，他们的简单愿望被无情扼杀，他们小小的身体遭受着肆意的侵犯。而施暴者竟是道貌岸然的校长和部分老师，孩子们陷入深渊，无法呼救。

但总有有心人能听到那些暗藏于平静海面下的啜泣。美术老师姜仁浩本生活于社会底层，他是一位单身父亲，工作也是多方打点得到的。可他并没有被生活压垮，反而因为自己的经历，竭力想传达更多的爱和温暖给孩子们。当他看到宥利因为妍斗住院而闷闷不乐时，便与她一组互为对方画画，并在海边鼓励她"世上最珍贵的东西反而是看不见和摸不到的"。随着工作的深入，他揭开了伪装者的罪恶面纱，并拒绝同流合污，而是与之斗争。作为老师，他以专业素养教育着孩子们；作为父亲，他细腻的心思温暖着孩子们；作为一名正义之士，他不畏强权与诱惑，始终坚守良知。

女性的力量，也不容忽视。片中的徐宥真，是一位人权运动者。为聋哑儿童的人权而战，是她的目标，即使会被驱逐出法庭，她依然争取和珍惜着每一次发言机会，说出每一句真话。

但他们的努力，在权贵的狼狈为奸面前，实在不堪一击，正义最终被利益遮蔽。虽然抗争失败了，但爱感染了孩子们，责任、正义和良知也更深入人心。影片的最后，没有控诉和煽情，但已然传达出姜老师和徐干事持续奋战的勇气。圣诞节到来，好心人的帮助及时到达，孩子们开心地装饰着圣诞树。在海边，宥利许下的愿望是"希望姜老师是爸爸，宥真是妈妈"。姜仁浩问孩子们，事情发生后，最大的改变是什么？民秀回答说："终于知道我们也是同样珍贵的人。"即使看过最肮脏的世界，孩子们依然相信爱，依然向往美好。

光影的变化，总是有其独特深意。影片有几个片段里，城市是充满阳光的：如姜老师刚来到学校时，在办公室救民秀时，校长被抓时，海边放松时等。这些时刻预示着转机，与阳光相得益彰。电影的最后，城市依旧云雾缭绕，掩盖了原本应有的生机。这和案件一样，总在被更大的力量遮掩。姜仁浩依然选择回到那座城市，场景与开始时相呼应："欢迎来到雾津，白色的浓雾之都"。这是一种惋惜，同样也在警醒世人，不要被表面的平静所遮蔽。

影片介入韩国社会议题，所谓"熔炉"，既是对地狱般慈爱学校的讽刺，也是对韩国社会不公正现象的讽刺。影片上映之后，案件再次得到民众和政府的关注，被重新调查审理，并最终推动"熔炉法"的诞生，保证了弱势群体的基本人权。这一结果恰如片中徐宥真写给姜仁浩的信："我们一路奋战，并不是为了能够改变世界，而是不让世界改变自己。"

韩国现实题材电影对于悲情社会的聚焦，对于小人物的关怀，对于残酷命运的描述，始终让电影保持着情感温度，坚持着人道主义，其又可细分为以下类型：以《杀人回忆》《那家伙的声音》为代表的悬疑案件类；以《熔炉》《素媛》为代表的弱势群体问题类；以《辩护人》《华丽的假期》为代表的政治事件类；以《梨泰院杀人事件》《韩公主》为代表的青少年问题类；以《釜山行》《恐怖直播》为代表的惊悚类。这些影片多取材于韩国现实问题或者真实案件，是沉闷社会的一记"惊雷"。

以真实案件为蓝本的影片，其原本的案件本身就轰动一时，所涉及的人物、空间、时间点都较为复杂，需要对其进行重新梳理，以便符合电影的创作规律。此外，真实案件提供的是现成的素材，留给导演进行艺术加工的空间较少。另外一个重点，便是呈现案件时所触及的伦理问题。

影片《素媛》讲述的是一个小女孩被性侵后，她所面对的一系列事件。导演在进行艺术创作时，在尊重案情真相的基础上，将影片的矛盾冲突集中于两个方面：一是素媛受到侵害后，要惩处罪犯就必须出庭作证，但这一行动无疑是对她的二次伤害，法官、父母和孩子都要做出两难的选择；其次，素媛和家人遭遇重大打击后，拒绝一切外在帮助，但邻居和好心人的善意，最终打开了他们的心扉。

以喜写悲，是真实事件影视化的另一种路径。《七号房的礼物》聚焦韩国司法公正问题。智力低下的李龙九成为权贵的牺牲品，其女儿艺胜也失去了父爱的庇护。真实案件本身无疑是悲剧性的，但导演巧妙地以喜剧风格和倒叙手法讲述了这段让人感动的故事。李龙九和女儿清贫但甜蜜的日常生活、狱友们想办法将艺胜带进监狱的点滴、李龙九憨厚的举动等，让影片兼有笑点和泪点。

在改编真实案件的过程中，被侮辱和被伤害者及其家属一定不能被符号化。他们本身具有鲜明个性，受到伤害后的内心也变化万端，导演必须在表面"伤口"之外，挖掘人物情绪。只有将这些呈现出来，电影才不会是社会新闻的翻版。

对于一部基于现实案件改编的电影来说，不仅需要有力度的批判、有深度的思辨、有温度的关爱，还需要有可看性。影片常会设置法庭辩护的场景，但这一封闭空间极易引发审美疲劳。以《辩护人》为代表的影片，为了让节奏松弛有度，通常会以寻找证据为核心，融入犯罪、动作、悬疑、惊悚、推理等元素，将悬念持续延宕。"真实"与"艺术"不是一对不可调和的矛盾，找到了合适的改编路径，影片的现实意义便会因艺术化的处理而更具价值。

2020年，韩国电影《寄生虫》拿下第92届奥斯卡最佳影片、最佳导演、最佳国际影片、最佳原创剧本等4项大奖。在此之前，该片还拿下了第72届戛纳电影节的金棕榈奖。韩国现实题材电影，再次闪耀国际影坛。

影片《寄生虫》以"寄生"为隐喻，展现了韩国的阶级矛盾。朴社长不经意间对"气味"的介意，触动了蜗居于地下室的金家的敏感神经，一场试图颠覆差距的阴谋开始了。朴社长并不是脸谱化的富人，他悉心守护自己的小家庭，甚至愿意在百忙之中陪儿子玩假扮露营的游戏。最为巧妙的是，导演还设计了忠淑这一夹在两个阶级中间的人。忠淑本常服务于富人阶级，因为丈夫而陷入窘境，隐瞒着丈夫寄生于朴家的事实。导演将不同人物的心理状态都细致勾勒出来，并没有给予一味的同情或批判。由此可见，现实题材影片的观赏性并不完全在于对暴力和抗争的展示，还在于人物内心情感张力的释放。

结语

可以看到，电影一直与社会发展同频共振：美国的明星制和类型片制度完善了电影工业体系，优化了电影的产业化路径。数字技术拓展了人类想象力的边界，卡梅隆制造的深海呼唤和万物互联，让技术和艺术碰撞出星光四溢的火花。重温历史、反思战争，凸显着人文关怀和伦理思考，那一串串名单、一张张无辜的笑脸、一声声绝望的求助，不断呼吁着和平。温馨的空间、诗意的氛围和浪漫的故事，是电影的艺术底色。日本和韩国电影也是世界电影中不可忽视的部分：一个从家庭空间营造"物哀"之情，一个从真实案例揭露社会问题，它们或彰显静默之美，或张扬抗争之力，从不同角度体现东方美学与文化思辨。总体来看，参差多元的电影风格，才是世界电影蓬勃发展的动力之源。

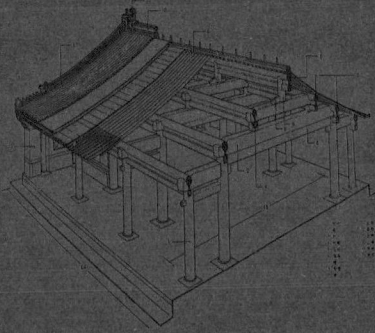

建筑

王澍

王澍，建筑设计师，中国美术学院建筑艺术学院院长，普利兹克建筑奖获得者。

概述

在谈这个看似只关乎审美的轻松话题之前，有两个基本问题是绕不过去的。

首先，中国建筑审美肯定是关于传统中国建筑的，因为现代的中国建筑和中国文化的传承的关系，无法从直观找到确定的答案，即使是专业学者也不行。

其次，尽管国人大多会很有尊严地维护与赞美中国广大国土上的传统建筑之美，赞叹各自的家乡之美；但不能回避的是，在过去的几十年中，中国的城乡在狂热的现代化、城市化过程中，摧毁和主动拆除了传统建筑的百分之九十以上，这种行为似乎可看作是对中国固有建筑之美的自我否定。从各种追求更高城市化率的公共讨论看，似乎中国固有的历史城市都不算城市，它们正需要变成城市。中国的城市乡村的建筑文化，被大家共同与"落后"画了等号，似乎它是全社会默认迟早要放弃的东西，是为了"先进"而要牺牲的东西。即使随着时代潮流，全社会开始关注传统建筑文化的保护，但这种要么是作为博物馆式的事物被保护，要么是作为某种"旅游"的对象被当作电视剧布景般进行保护。总之，传统建筑不可避免地正在从当代人们的生活中做最后的退场。

社会大众所不知道的是，当整个中国社会开始焦虑什么是当代中国新建筑的独特面貌时，事实上，在中国是没有一个建筑学院在教中国建筑设计的。这些学院都在教西方建筑，因为现代中国完全专业化的建筑学教育是建立在全套西方学术观念上的，这种建筑观念的一个突出特征是：它在世界上的每一个非西方文化地区都会摧毁当地的固有文化，而中国就是以最热烈的姿态拥抱了它，甚至在它的发生地都没有这样被欢迎过（它的发生地之一，法国巴黎甚至到今天都严格限制任何现代建筑在城市的核心区出现）。中国现在的新建筑几乎都已经和建筑传统断绝了关系，不仅是外表面貌，更是本质上的。中国建筑的空间从生活类型上也已经完全西方化，支撑建筑设计的根本要素、材料体系、建造体系、国家技术法规体系也已经完全西方化，这就从根本上判了中国传统建筑文化的死刑。按照这种我们以为的西方化的建筑学观念与标准，中国的建筑文化传统似乎连建筑都谈不上，这就可以理解，中国的专业建筑界为何面对史无前例的建筑传统崩溃会是完全失语的。

我们到此至少可以得出第一个结论：传统是无法在与现在割裂的姿态下去讨论的。讨论传统是为了讨论今天的文化与生活，讨论我们的生活是否可能在这个世界上保有一种独特的价值与面貌，这种价值是否能够与我们的文化在历史上曾经达到过的高度相称。因为我们都默认中国文化曾经在相当长的时间内，甚至就在一百多年前，仍然是世界最先进、最精致、最优雅的文化，其中最大量最综合的代表就是我们的建筑、城市、村居，还有园林。这也逼着我们问自己一个问题：这么优秀的建筑文化，难道连被称之为"建筑"的资格都没有？这么优秀的文化何以在今天的社会生活中完全失效，甚至被集体默认放弃了呢？中国传统建筑文化对我们未来的生活还有哪些值得讨论的价值吗？

归根结底，这个时代是一个观念主导一切的时代，中国传统建筑的处境也是一个典型的观念问题。从专业角度看，今天的中国建筑界离开西方的专业话语体系，甚至无法讨论建筑问题（当然，这比印度的情况要好一点，因为印度建筑界甚至完全没有翻译成印地语的建筑专业词汇系统，如果要讨论印度的传统建筑文化，就只能用英语讨论）。中国建筑专业界不解决这个建立在西方专业语言体系上的观念偏差，中国的社会公众不摆脱把传统建筑与文化落后挂钩的这种观念认知，国人就无法真正判断中国传统建筑、城市、村居和园林的价值，就无法从对今天中国的发展有意义的角度去谈中国传统建筑的审美，而中国现当代新建筑的面貌就更是无从谈起。当然，这种观念偏差的根子就在于社会集体对西方文化的认知。所以，要认识中国传统建筑文化的独特面貌，与西方建筑文化进行比较，就是一种简明有效的方法。

建筑说到底是要让人们用可以直观、可以触摸的方式去体会才可以感受并评判的。如果有人问：是否能举出一种图像，它最能代表中国传统建筑文化面貌的独特和高度？我想以国土的广阔和文化的多样，几乎没有哪个建筑学者可以给出一个简单的概括答案。但是，或许与欧洲的建筑面貌做一番比较，就容易让我们有所判断。近些年来，国人有越来越多的在欧洲大陆旅行的体会，那种连绵不断的建筑与城市之美必定给人留下难以忘怀的深刻印象。从一座城到另一座城，从优美如画的山林、田野、农舍到城市的边缘再到中心，居然没有一处是不美的。这种感觉让人觉得很不真实，因为中国的城乡或许总能找到某一处或某一角是美的，但稍微连绵地去看，总是有刺目的建筑随时会出现，给人平庸混乱的感觉。

每当此时，我就难免心痛，又难免想到那张广为人知的中国建筑绘画，那张收藏在故宫的名为《千里江山图》的宋画。或许有人会想，或许这张画所画的并不只是画家的虚构，它指向的是一个真实的存在，一种如此美好、如此优雅的建筑文化，一种如梦境一般的世界。这个建筑与江山互相唱和、构成的如画美景绵延千里，其水平如此之高，放眼世界，只有欧洲的建筑文化可以与之相比较。

这并不是我的胡乱猜测。20世纪80年代，我曾经在中国的腹地有过四次背包旅行的经历：一次从北京到河北，从太原到晋南，从风陵渡过黄河到陕西；一次从南京到徽州再到福建；一次从江苏到浙江到江西再到安徽凤阳；一次从南京乘船沿长江而下，到武汉转岳阳再转常德，从常德出发，按照沈从文《湘行散记》的描写顺序，一路在湘西的村寨中探访，过湘西到贵州，从昆明到西双版纳。那个时代的中国乡村给我的深刻印象是，物质生活虽然清贫，但是到处都是干净祥和宁静的，绿水青山，村落散布，美得就像瑞士一样，尤其是处处入画，具有我们在中国传统山水画曾经反复见过的审美质量。当然我并没有走遍全国，但从其后30年在全国各地的零碎探访，加之以各种专业图片资料的补充，基本能印证我当初的感觉是基本属实的。但是，经过数十年来的城乡巨变，很多国人必定经常感到恍然：这是真实存在过的世界吗？它如果曾经存在，它还有可能复活吗？或者心痛地去疑问，它还有复活的价值吗？

一、唱和山水

正是这种心痛的感觉，让我们可能意识到中国固有建筑文化的一个最本质最重要的特质：它的美首先不是一个单一建筑物的审美，它是一种和天地山川对话唱和的建筑语言系统。从这个角度看，尽管现存的唐代宋代建筑仅有几个，但如果要去认识这个系统之美，还有两条可能的路径：一则是山水画，一则是从明清以来的大量建筑遗存去探访印证。

根据中国文化界，也是世界学者的共同判断，宋代是中国文化曾经达到过的那个最高水平的时代。从山水画中的建筑看，成片的唐代寺观建筑还可以在敦煌壁画中看到，并且已经和山川形势画在一起，但建筑的描画比较概念化，只可以提供一些基本的格局、材料、结构、色彩和形式等方面的信息，不够细腻。山水画中建筑描画的高峰还是要看宋代的。在宋代山水建筑画中，最能够表达这种山水与建筑的山川唱和的系统之美的，首选的应该有四张。第一张就是前面谈到的《千里江山图》，由王希孟所作。第二张是收藏在辽宁省博物馆的《茂林远岫图》，相传是宋初大家李成所作。第三张是收藏在故宫，广为人知的《清明上河图》，是张择端所作。第四张是收藏在台北故宫博物院的《西湖图》，是南宋画院画家李嵩所作。我之所以这样排列这几张画的次序，是因为这种次序正适合表达山川建筑观念之美。

过去20年中，我在欧美有过几十次旅行，做过上百场学术讲座，欧美国家最重要的建筑大学和博物馆几乎都讲遍了。这些讲座的主题都是围绕着中国建筑与世界的关系，其中讲的最多的一个题目就是：重返江山如画的世界。这样的讲座必然会讲到中国社会城乡的现实与

中国山水画的诗意理想世界的比较。其中山水画，我总是从《千里江山图》讲起。

关于这张画，历来从艺术史与画论画法上的研究很多，但从建筑学角度出发的观察或许别有意趣。首先的感觉在于视野。这种画，传统称之为长卷，它的观赏方式本应该是拿在手上，徐徐展开，展开下一段，就卷起上一段，有点像手动的动画电影。但现代的博物馆展出却给我们完全不同的印象，如果有足够长的玻璃展柜，这幅长卷就可以完全展开给观众。这幅高不过40厘米左右，长却达11米多。于是它给人最深刻的印象就是那种视野的开阔与广度。实际上，江山图是山水画的一种类型，历史上很多画家画过，宋代的另一位大画家燕文贵也有这种江山图存世。但我的兴趣是，这只是一种绘画类型，还是一种实际指导着建筑实践的意识与观念、一种图像的参照、一种审美品评的标准？

根据我自20世纪80年代以来的长期传统建筑探访所得体会，《千里江山图》实际上揭露了一个让今天的国人感到震惊的事实：至少从宋代起，中国就已经建成了一个遍布国土的景观体系，或许说景观不合适，因为这个体系不是今天城市意义上的公园，它是有实际用途的，它是把城市乡村全部连接成一个完整体系的。放眼世界，不曾见过、听说过哪个文化有这样的体系。

在我的那些传统建筑实地考察中，印象最深的是徽州，那里明清两代因为经商而富有，每一个村落建造质量都很高。尤其让人印象深刻的是，它的每一个村落应该都是有人精心设计规划过的，从离村落很远的桥开始，然后有河边的大树，树下有优雅的凉亭，村口外可能还会有某个小小的书院，朴素简单地建造在河流拐弯的小渚之上。有些骄傲的村子，村前这段道路一定有几个牌坊，纪念皇帝诰封的文臣与节妇，村口的桥会更隆重些，很多都建造有遮雨的桥廊，这里总是聚有一些闲聊的村民。村落和田野是界限分明的，20世纪80年代，村外田里乱建新农居的现象还没有，这种村落景观的控制水平还和欧洲一样。讲究的村子是有村门的，进去就是一条穿村而过的街。这种街在明清经常就是石板铺砌的过道，街两侧常常有商铺。有些村子里有河道穿村而过，村里的主街就沿河蜿蜒，讲究的会建有街廊。大一点的村子可能有若干纵横交错的街巷，街巷应该是分了里坊的，可以不时看见区分里坊的坊门。大的街巷交叉处可能建有报时与观火的钟鼓楼，穿村而过。村落往往以水塘形成几个公众聚会的中心，村尾一定还有村门，出村几里，还会有送别用的长亭。出村再远些，一定有供路上旅人休息的路廊，清代画家石涛的作品上最爱画这种路廊的形象。出村十里，以江南村落与人口的密度，基本就和有类似景观体系的村子首尾衔接了。

2000年以来，我又带研究生深入调查了浙江的情况，发现这种景观体系的密度与均匀度，都和徽州相似。以这种探访印证，可以说这个堪称伟大的国土建筑景观体系曾经是真实存在的，现在也仍然残迹遍布。

回到《千里江山图》，从其建筑的描画看，这张图也是真迹无疑。图的尺寸这么小，建筑居然能够画到如此细微，甚至有这么多细节。中国山水画可以细分为二十几科，建筑屋木，也称之为界画，是其中一科。今天应该没有任何一个中国画家能够把界画画到这个水准，元代应该还有，实际上从明代开始就很少有了。另一个可以作为判断依据的是，这张画上有一系列宋代建筑独有的特征。

从右边的画首徐徐向左边看，可以看到宋代的山野庄子，围墙一般都是高大的竹篱笆，这种做法现在仍然能够在日本大量看到。村落里有一种房子是后世没有的，那是一种尖拱顶两坡悬山的，估计屋顶应该是茅草。另一种典型的宋代房子是临水的水榭，一组木柱支撑的干阑式亭屋，因为水位上涨下降幅度较大，这种水榭下面支撑的木柱露出上面的部分很高。跟后世江南园林非常贴水的水榭非常不同，上面总是画着几个穿袍服的文人凭水远眺，我注意到屋檐下的遮阳，应该是竹子编的，这种东西在唐代的资料里没有见过，在今天的江南农村仍然可以见到。

目光移动，又可以看到有一组屋檐反翘的建筑，估计是庙宇，它的主体建筑是一个十字形的，南立面上就出现一个突出的抱厦，这种做法原型很古老，至少可以上追到汉代的郊庙，宋代以后很少见，现在存世的唯一实物在河北正定隆兴寺摩尼殿。现在的人一看到这个形象就觉得像是幕府时代的日本建筑，殊不知日本人根本就是从宋代中国模仿去的。那座长亘在湖面的桥也非常宋代，它是典型的国家基础设施，一根直线，非常长，现在存世的还有好几座。桥上的中心桥屋只能在画上看到了，也是十字形，好几层，桥在这里高高拱起，应该是为了过大船的需要，这座桥是如此之美，让人感叹。现在存世的晋江宋代石桥也是一条直线，长达几里，它的中心桥屋供着地方神灵，也供旅人避雨休息，但形制就简单得多。这里出现的另一种庙宇也是非常宋代，庙的主殿背后有一个体积相当大的馒头状的草寮，这是宋代兴盛的禅宗祖师闭关用的。

宋代的园林在画里以非常质朴的方式出现，要么是在一处庄子里的主体建筑群的一边，隔一片开阔的林木，出现一个亭子，或者一个水榭。在一处可能当时非常有名的地点，一处浩渺的湖边，岸头居然非常临近地建造了三个亭子，看来这必定有一个典故。当然，最典型的宋代建筑形制可能就是工字殿了，前后大殿之间用一个东西方向的殿垂直连接，避免淋雨也避免从两侧廊子绕行，这是中国建筑走向平民化实用化的例子。有意思的是，画中山上的宏伟殿宇使用工字殿形制，山下的农舍也使用工字形制。从上述的各个角度来看，这张图所画的每一个建筑都是真实不虚的。

如果仔细看，就会发现，这张画上有村落、殿宇、寺观，但殿宇建筑群总是画在高山之上，并且故意虚化处理。有庙宇寺观，但大型的就画在山的深处，微微露出一隅。真正的画面建筑主角，是非常平民化的村落。这就和唐代的绘画非常不同，在唐代绘画中，平民是没有位置的。所以这个千里江山，是普通平民的千里江山。

有一个问题从一开始就不能回避，中国文化界几乎有一个定论，若论唐代与宋代审美情趣的区别，唐代好色彩艳丽，宋代好色彩朴素，即唐代五彩、宋代淡墨。但《千里江山图》这张著名的宋画，恰恰是一张色彩艳丽的画。很少有人真正能够回答，为什么在唐宋之间的五代，中国山水画的趣味会发生这么大的突变，从唐代以大小李将军为代表的金碧山水一变为淡墨山水？

一个可能的答案和颜料有关，金碧山水（又叫青绿山水，因为这种山水画中，山头青色，山腰绿色，水脚土色，也像金色）所用的青绿色颜料，来自青金石与松绿石，都出自阿富汗与波斯。唐末五代的战争，导致丝绸之路的商路断绝，在没有颜料可用的情况下，画家们被逼得只能用纯粹的水墨。要知道，有一句艺术史的名言：画家会画什么？他们只会画他们会画的东西。不是画家不想用颜色，是他们没有颜料可用，荆浩、关仝、董源这些大家，根本就是给逼出来的。王希孟为什么可以画这么一大张青绿山水？答案很简单：一是他有才，据说他画这张图的时候16岁；二是他是皇帝的学生，拿得到颜料。

当然，这件事情没有这么简单，王希孟的这张青绿山水画，和唐代的还是很不同，他的山与水的部分与唐代画法色彩相似，但建筑部分就差别很大。人们说唐代好色彩艳丽，实际上唐代建筑除砖瓦的灰色，建筑的其他部分一般只用两种颜色——丹朱与白垩，所以敦煌壁画上的唐代建筑都色彩对比强烈。与之相比，从宋代建筑法典《营造法式》中彩画部分看，从五彩遍装到碾玉装，宋代官式建筑用色比唐代丰富得多。但王希孟的这张《千里江山图》，主角并不是官式的殿宇与寺观，而是平民范的农庄。从画面上看，确实是素雅淡色，那些木结构，不是黑色就是木材的本色，且造型简朴，代表了宋代审美情趣的高雅。

从建筑学的角度看，如果因地制宜是中国建筑唱和山水的基本原则，那么就还有一个问题要问，这张图所画的千里江山是指泛泛的地方，还是有明确所指？从建筑风格的角度看，宋代建筑是有鲜明的面貌特征的；但另一方面，从我30年间在中国各地的考察看，中国建筑固然有某些共同的基本特征，但多样性与差异性也是其保持生机的重要因素。以今天人们的角度，我们会觉得画面上的那些山相当地概念化，如果从青绿山水的山的画法判断，这种山头无树木植被的山肯定是中国北方的山，不过，画面上大片的湖水和河流，不多的山边陆地，又是典型的江南地貌特征。从建筑看，尽管每一层次都很真实具体，但我们仍然无法看出中国南方与北方的差异来。当然，从气质上看，这些建筑没有高墙大院，大多围以竹篱，延续的仍然是王维《辋川图》上的建筑格调。

但是，我们不排除，有些地点的特征是那个时代的人一看就明白的，比如那个水岸头连续排列三个亭子的地方，再比如那个正殿后有一个草寮的寺庙。或许中国诗歌文学的一些写作特质可以给我们启发。钱穆先生曾经分析过，中国传统诗歌实际上是抽象的，或者按今天的学术语言，它是既具体又抽象的。说它抽象，是因为它描画的是一种宇宙之间、世界之间的体系构成原则；说它具体，是因为它从来不是如西方现代建筑那样干枯，它是有质感、有材料、有情感温度的。

这张画至少说明，一种以建筑为核心的国土景观体系自宋代已经存在，但是，要构成一个丰富的世界，如果我们不相信宋代的文化是如此风格化，这张画就很像今天建筑师的规划设计图，它的多样性与差异性是严重不够的。它描画的只是一个有些偏狭的世界，比如，它完全没有描画城市。要想理解宋代文化，实际上也是直到今天的中国传统文化中城市与乡村的关系、中心与边缘的关系、此世与彼世的关系，仅仅一张《千里江山图》是不够的。如果把宋代画家李成的那张《茂林远岫图》放在一起看，这些问题就明白许多。

我们可以做一个动作，用三道竖的红线把这张画划分为三部分。画的右边是城市，只露出一角；中间部分显然区域最大，是城市的郊野，在明代计成关于江南园林的著作《园冶》中，这种区域被称为"郊野地"，是最适合建造园林的地方；画面左边描画的是高耸入云的山峰，殿宇寺观盘亘其上。这张画实际上描画的就是宋代文人的世界观，而文人，是宋代文化主体精神的代表群体。右边的城市是入世之地，之间的郊野是避世之地，左边的深山是出世之地。而折中的选择，也是大部分文人的最佳选择就是之间这块避世之地，他们踌躇游移在入世的浑浊与出世的洒脱之间。

实际上，《千里江山图》描画的就是中间这块避世之地，但它没有描画此地与城市的关系。当然，从今天人们的视角来看，这种世界观里，城市显然不是人生最重要的地方。所以，不仅是宋代绘画中，在以后的每一个朝代中，中国画家都很少有描画城市的画，即使在清代有，显然也是文人画家不屑画的。存世的都是一些画匠之作，观察与描绘均粗糙，参考价值相当有限。

如此看，像《清明上河图》这样的城市绘画就是凤毛麟角了。尤其难得的是，从建筑学角度看，这张画的比例尺更大，如果《千里江山图》是1∶500的，《清明上河图》就是1∶100的，它对建筑的描绘，细节就放大很多，基本上可以直接作为建造的参考图。从这张画右边画首看起，首先就看到那种乡村的茅草屋顶，这种房子《千里江山图》中也有，但这里的则细节更精妙。乡野和城市在这里接触，界限分明。这张画的主要描绘对象是东京汴梁的城关，在还有里坊制残存的北宋都城，夜晚要宵禁，城关才是一座城市最热闹非凡的地方。从画中描绘的建筑看，所有细节都达到今天专业建筑师的绘图水准，可以同《营造法式》一书中的技术细节直接印证，也可以和今天仍然存世的浙江南部与福建中北部的民居直接印证，相去不远。画家对大型河船的描绘尤其让我印象深刻，在《千里江山图》里，对船的描绘也一样精彩，完全是造船工程师级别的。而那座河上的著名木拱虹桥，也画得细节清晰，没有任何技术错误，也是造桥建筑师水准的绘图。

这让我们可以去想象，宋代的建筑师或许和今天不完全一样，但他们的专业水准之高应该是无须质疑的。而画中街头的商业活动模式和我们仍然熟知的村落社会的商业模式几乎完全一样。所以说，中国的历史对今天的人来说，可以在宋代分界：宋代以前是古代，宋代开始是现代，一个以平民为主体的时代开始了。有趣的是，这张画还是不画城市内部，只露出一角就结束了，似乎再次印证了前述讨论对宋代价值观的推测：对人生而言，城市不是最重要的地方。

如果一定要在建筑界画水平最高的宋代找出一张正面画城市的画，存世的绘画中，最著名的就是南宋李嵩的《西湖全图》了。这张画的视点应该是在杭州城墙的钱塘门上，向西望去，从北边的宝淑塔到南边的雷峰塔，西湖全景尽在眼底。但是观众一定会吐槽，整张画上山水相映，草木茂盛葱茏，但建筑只是隐隐露出一些局部角落，难道那个时代杭州西湖边基本上没有房子吗？或者说，杭州根本就是一座在绿水青山中看不见的隐匿之城吗？从李嵩的视角来看，西湖边的城市如同隐身。这是一种什么样的城市建筑的审美呀？多少国人着迷于此，也难以描述于此。我的一位做中国艺术史研究的朋友推荐一段宋代诗人周密的话，那句话的大意是，杭州在哪里？杭州就在西湖边的几千把山水小景的扇面里。看来湖山之美，才是中国城乡这个建筑连绵体审美的最高意境。

二、城中城，院中院

以今天人们的普遍观念，城市当然是建筑世界中最重要的地方。那么，中国人如何在传统城市中处理大型公共建筑，处理房屋与山水和自然的关系、房屋与人的关系？如果要在全国城市中存世的传统建筑中选择具有代表性的案例，在大型公共建筑类的殿宇寺观中，故宫就是一个很好的样本。而就一般民用房屋，以住宅为主体，围绕着故宫的北京胡同群正是合适的匹配样本。

按照西方建筑话语体系，要看一座建筑，最基本的是要分析立面、平面和剖面，也就是行话所说的"平立剖"三个视角，这是一套完全西方的思维。用这套思维来看故宫建筑，会有如下发现。

第一，故宫没有立面。如果从整体建筑的外立面来看，故宫就是一道墙，完全不在西方的话语体系里。它是一道没有尽头的墙，墙中间开个门，这种形态与西方的建筑概念完全不同。中国的房子，无论南北东西，超越功能分类，根本上都是一个院子。那么，中国传统建筑的话语体系是什么？首先，一个建筑对中国人来说，从来不只是一个建筑，而是一个世界。故宫就是一个世界。它没有西方建筑意义上的"立面"，但它在外围的宫墙上有入口，那便是走进一个世界的入口。故宫就是这么一个大院子。它不是一个单独的形体站在路边，而是一个"范围"，这个范围是内敛的，只露出一丁点，几乎不给外人看到。若是想看，就必须进门来，不能站在马路边就给看完了。

第二，如果看平面，会发现它是一堆内容很简单的空间的组合，它的每一个房间、每一个室内空间其实都是空的。

第三，这里的任何一座单体建筑内部，若是画成剖面图，也都极其简单，几乎没什么可看的。

把故宫里的每一个单独的房屋连起来看，作为一个整体看，它的复杂性才能体现出来。所以这样去看的话，作为审美判断依据的西方的话语体系就完全失效了。那么如何从一种中国自己的建筑学观念去理解和体会故宫的美呢？

故宫在明代永乐年间建成，其格局深受元大都影响。元代对汉族文化的影响其实一直缺乏深入研究，故宫的格局并没有严格的传统沿革，而是一个从书本、史料里来的"理论型格局"。历史上，中国的都城格局尽管都是棋盘式，但很长时期并不是对称安排的。唐长安宫殿也不在皇城的中轴线上，它就是历史的沿革，是多宫式的并置格局。整个皇城都在中轴线上的格局，是从明朝开始的。中轴线实际上是高度中央集权的象征，明朝从带有君臣之间儒家文化特征的统治关系，走到了中轴对称的高度中央集权，包括都城的中轴对称，都受到了蒙古人的影响。我曾经在欧洲的一个博物馆看到一个展览，其中展出的几张元上都的全景界画，格局也是棋盘式，但完全是中轴对称格局，只是殿宇换成了大小高低不同的白色大帐，围墙换成了如军队营寨的圆木围栅，规模宏大。

从体量上来看，故宫的大小已经是一个城市，而且它是城中城、院中院。这种嵌套式的结构是中国建筑的一个基本美学结构，我们可以称之为"中国盒子"。这有点像俄罗斯套娃，每一个里面是另一个实体的套娃，但中国盒子是空间，一层一层套进去。这个盒子也有政治和社会含义，皇帝住的院子再大，同样是房子加院子，在结构上和平民住宅是完全一样的。皇帝大部分时间都是在书房度过，这是一个非常小的空间，个人很少会使用像太和殿这样偌大的空间。任何一个普通人，所需要的可用、亲切、温暖的空间其实都很小。

去看故宫这种结构特殊的建筑，其实可以借鉴中国山水画里的三远法。如果说中国建筑审美的最后境界是与山水唱和之美，那么，三远法就一定也适用于建筑群的构成与审美。

第一远是"平远"，其实就是一种低平视角的俯瞰。它看的就是格局，而人进入其中，体验到的就是空间层次，中国古建筑审美的核心是层次。从这一角度，看故宫更适合去先看它的"总平面"。层次产生的前提是整个结构疏密的变化。故宫中间疏朗，两边稍密，每一层院子的宽窄进深有变化，这就是最重要、最核心的平远法，要站在一个居高临下的位置俯瞰。所以故宫后面一定有景山，站在上面看，一切都一目了然，故宫一层一层的空间，和周围的树木、和远山融为一体。那也是中国人的宇宙观，人和自然环境、和天地宇宙产生关系。

西洋建筑是强调立体性的、单个独立性的，并且一定有形象，所以追求单体标志性建筑和建筑形象是非常西洋化的主张，不是中国的艺术追求。中国建筑讲究群体审美，故宫就非常典型。正着走进每一层都是平面，到建筑里面才会有立体的感觉，但是也找不到形象。这和中国的山水画里的观察方法是一致的，这样的层次关系就是平远的关系。比如，从金水桥走进去，那就是一个门，走进去会发现是一个非常丰富的世界。每走进一个建筑的内部，穿过那扇门出来，又是一片空地，走进另一扇门穿出来，又是一片空地。这个"世界"，会通过各种办法一层一层地邀请你进去。

所以，中国建筑审美的重点也不是关于形体的表达。形体在这里面存在，但不是最重要，重要的是整体的感受和气氛。很多建筑师认为要在中国建筑里套上西洋看建筑的方法，比如关于透视，但中国建筑从来就不是关于焦点透视的，而是同时并行地多点透视的。它是关于平面和时间的关系，而不是关于三维的体积关系。

故宫的层次极其复杂，每一层都是独立又相互关联的，每一层里头都不一样，都有变化，像剥洋葱一样，总给人惊喜的感觉。它不像西洋建筑，一旦走进去，就是一个很大的内部空间，里面很复杂，涉及各种结构上的平面问题和剖面问题。

当然，这种层次结构并不像今人以为的全是为了审美需要，中国建筑艺术的另一个特质是没有什么是纯粹为了艺术的。层次格局以形制为基础，长幼尊卑，男女有别，左祖右社，这种空间秩序是儒家礼制的直观表达。故宫如此，胡同里的四合院也一样如此。

第二远是"深远"，就是因为曲折进入体会到的深度，山水画里叫深远法，让人在绕来绕去的路线中，对建筑产生丰富的体会。中国建筑日常很少使用中轴线，平常走进去都是从两侧走，绕行的路线曲曲折折，山重水复疑无路，柳暗花明又一村，这是对于曲折的审美。中国古代传统建筑常见曲折的思想，也是很典型的古典审美，在传统建筑尤其是园林中更丰富深刻。其实这是一种基本的哲学思想，是我们对世界结构的认知，建筑是带有观念性和思想性的一门艺术。

故宫从元大都继承下来的格局里，"三海"是很重要的，即北海、中海、南海。我们现在讲的故宫通常是指紫禁城宫墙里的部分，其实三海也属于故宫。故宫和三海"一半湖山一半城"，代表了建筑和周边环境的关系，这种结构也是从汉唐传承下来的，故宫则直接传承了元大都的格局。汉唐官方的这种大水面称为"池"，蒙古人称之为"海"。但元大都的这种格局，很可能模仿自杭州。杭州的城市结构就是这样一个典型——"一半湖山一半城"，在城市里，自然景观和房子是一半对一半的关系。或者说，就如前面谈到的李嵩的《西湖图》，杭州的城市楼屋是完全融化在湖山风景里的。这种城市结构完美体现了中国人的人生价值观，它把入世、避世和出世三重结构紧密编织在一个画面中。

杭州实际上是中国南方城市的一个典范，历史经济学中有一个概念叫"杭州革命"，意思是北方用大院墙围起来的这种格局，杭州在唐宋之间就打破了，将各里坊用街道串起来，更接近于现代城市的结构。也由于商业街的格局已经形成，宋代的皇室南渡到杭州，只能把皇宫修到了江和山之间，形成了一个山水城市的结构。

和北京相比，杭州的城市结构无疑就更加现代。反观北京的胡同，还是带有明显里坊制的特质。具体说，里坊制城市都是轻视商业的。杭州早在宋代就已经形成了关联城市南北轴线的连绵商业街，热闹非凡；而北京则仍然采用集中的商业坊市结构，胡同里一般没有商业，非常安静，格调朴质。每一个四合院其实就是一个小号的故宫，外面只是能看到一个院门，立面的内容全被影背墙挡着，深藏不露。如果仔细看《千里江山图》，就会惊喜地发现，有一个农家小院里清楚地画着一道对着院门的影背墙，和北京四合院里的一模一样，区别在于，宋代的影背墙是竹编的。有了这道影背，任何人都只能曲折进入。

第三是要去思考，在一个不大的空间里怎么实现建筑的高大？三远法里，这一法叫作"高远"。我们常说的"开门见山"，就是高远法的一种运用。故宫是通过院墙和建筑的关系来控制节奏，比如穿过一个门，突然感觉看到一个很大的建筑，或者你把中间的院子放宽，看到的是一个远远的建筑。一个很大的大殿在一个其实并不大的院子里，中国建筑通过这种有意识的视线控制让人产生这种感觉。设计悉尼歌剧院的丹麦建筑师伍重曾经说他的设计就很受中国殿宇建筑的启发，他还画过一张草图来分析他的观察。他发现中国建筑表达高大的方式是如此特殊，在一个多层的高台上，一组看似非常脆弱的木柱结构支撑起一个巨大的屋顶。阳光下，屋顶下的部分完全隐匿在暗影里，屋顶就像是飘浮在空气中。

伍重显然发现了一些真相。中国建筑的文化来源是复杂的，尽管从平面格局看，儒家礼制起着不容置疑的主导作用，但具体到殿宇的做法，则体现出浓厚的道家观念。故宫三大殿下的层层汉白玉月台，透露出明确的天宫观念，人站在其上，就如站在云海之上。

从西方建筑学的话语体系出发，一直到清代为止，中国可以说有历史悠久的建筑活动，但根本没有建筑学可言。因为中国并没有像西方那样的建筑师这种专业角色。像我前面谈的形制也好，"三远法"也好，是非常观念的，甚至是哲学的，也包含了一些绘画学的成分，总之是文人的，但中国文人从来不重视技术，也大多不懂技术，所以他们不是建筑师。而一般国人认为的中国工匠传统，即使是大工匠，除了材料、做法之外，一般懂得一些基本的形制套路，但他们显然不能决定形制，更不可能随便修改形制，他们只能沿袭模仿，偶尔做一点局部的变通，所以，他们也不是建筑师。

如果一定要说中国有建筑师，只能说有一套哲学家和工匠一起完成营造任务的办法。而由于文人对过程技术一贯的轻视，尽管工匠有着极富智慧的营造传统，一方面中国历史上谈儒学的书汗牛充栋，泛滥成灾；另一方面谈建筑的书，涉及材料、做法的，却只剩下宋代一本《营造法式》、明代一本《园冶》、清代一本《清工部则例》。前两本是民国时期日本回流的，后一本是民国时期营造学社的一位老先生从北京街边的旧书摊上淘来的。

从这条工程技术线索来看，我们现在看到的故宫，最终是由清代人完成的。清代人沿用了明代格局，主要的变化就是加入了满族文化的元素，比如满人色彩丰富而艳丽的装饰，在原有木结构上加入更复杂的雕花。因此，故宫建筑中清代的痕迹主要体现在细节上，而大的院落结构是明代人定下来的。

除了建筑格局，建筑本身到明代也发生了很大的变化。宋代及以前的斗拱制建筑屋顶扁平，屋檐翻卷，整个屋顶都要靠巨大的斗拱支撑起来，从远处看建筑不是很高大，更多像是鸟在起飞。中国建筑师都应该知道梁思成先生对五台山唐代建筑遗构佛光寺大殿的著名评价："斗拱雄大，出檐深远"。到了明代，斗拱支撑建筑的功能性作用被大幅度削减，屋脊变得陡耸，这就使得建筑从远处看显得很高大，形制更接近帐篷。如果拿北京故宫的太和殿和唐代或宋代建筑相比，太和殿会明显更高大。当然，随着檐柱直接顶到檐檩，斗拱也在逐渐变小，装饰性更强，功能性更弱。

斗拱变小还有一个比较容易忽视的因素，就是资源问题。因为中国传统建筑对木材用料要求很大，零件尺寸大，木料就用得多。从明清两代开始，建筑趋向使用"小材料"，客观原因是从自然资源的角度来说，大木材越来越少，成本越来越高。这是面对自然生态危机不得不做出的一个选择，也促使建筑风格发生了质变。再加上审美趣味的改变，让明清建筑与之前的建筑相比，发生了巨大变化。

在中国传统建筑中，和材料结构有关又和现代建筑有关的另一个话题，或许就是高层建筑了。在今天一般人的印象里，传统的高层建筑大概只有塔了，且能够上人的，除了极少的木结构塔，大多数是砖塔，或者外层是木构，塔心是砖砌的。另外就是像四川靠近藏区的羌族石塔。但是很少有人知道，中国曾经在秦汉到魏晋有过一个高层建筑，或者说巨构建筑的盛行时期。《世说新语》里就记载了曹丕造阁的事情。工匠为曹丕造阁，高60丈，因阁太高，会随风摇摆。文献记载，北魏都城洛阳，有此类高阁数十座，按今天的概念，就是高楼林立。现在这种高阁遗留下来的唯一案例就是山西的应县木塔，高60多米，结构精妙。

至于巨构建筑，传说中有阿房宫、九成宫等，现在中国已无遗迹。存世的唯一案例有日本京都的清水寺大殿，由上百根巨木在陡峭山坡上支撑起一个大平台，台上造殿，巍巍壮观。从中国宋元界画上能够看到更加壮观的景象。"阿房出，蜀山秃"，这种高阁建筑与巨构建筑在中国的退场，除了战乱，应该还是资源危机的结果。

最后要谈的事情，恐怕是所有来访者第一眼看见故宫时印象深刻的东西，那就是色彩。紫红色的宫墙，藤黄色的琉璃瓦，在北京那种特别蓝的天空下，美得晃眼。传统中国的建筑是极其善于使用颜色的，与之相比，现代的建筑师似乎都很怕使用颜色。颜色对于中国人来说，早已经是血脉中的东西。看见黄色的外墙就一定是庙宇，无论佛寺、道观还是文庙，青砖的外墙一定是北方的房子，南方一定是黑瓦白墙，福建客家大厝必用红砖，等等。这种认识没有大错，但却把事物概念化了。实际上，色彩的运用，受文化传承、观念、风土、气候诸多因素的影响，实际的运用要复杂丰富得多。

故宫的色彩，红墙黄瓦固然是主调，但故宫里的藏书楼文渊阁的屋顶琉璃瓦就是黑色的。因为影响色彩使用的重要因素是阴阳五行，黑色主水，可以防火。同理，杭州的藏书楼文澜阁，连高大的院墙都是黑色的。我记得设计奥运鸟巢的那两位瑞士建筑师来杭州，我陪他们探访文澜阁，见到那面黑色大墙，两个人就觉得很酷，激动得不行。如果你去绍兴，会发现大户人家的大门都是黑色，上面还钉了一层竹片，因为黑色主水，水主财运，这种大门防火，防撞，还招财。所以说，中国的建筑艺术从来都不只是为了好看，它是对社会生活有切实意义的。我还曾经在宁波的阿育王寺看到大殿的圆木柱子也是黑色，上面还包着一层竹席。防撞防火的考虑是一定有的，至于招财，或者还有什么别的含义，就不知道了。

这种观念也随着时代潮流变化，比如，黑瓦白墙这种色彩搭配，明代以前好像没有，即使对现代人来说，这种色彩组合也足够特立独行。再比如绿色，宋代皇宫的屋顶就是用绿色的琉璃瓦，清宫里也有不少殿宇用绿琉璃瓦，至于现代人关于绿帽子的忌讳，应该是很近的事情。而北方的寺观，比如山西的，屋顶上的玻璃瓦经常是黄色、绿色、黑色混合用，别有一番色彩斑斓的情趣。

色彩在建筑上的使用，也和气候特别有关。比如琉璃瓦这种材料，放在北方建筑的屋顶上就特别出彩。这种材料实际上是一种低温陶，来源应该和唐三彩一脉相承，来自波斯和两河流域。北方干燥，天比南方蓝得多，衬得琉璃瓦特别好看。南方用黑瓦白墙是有道理的，除了文化上的因素，比如纸与墨的文人寓意，南方的天气经常阴雨连绵，如何在经常见不到太阳的情况下让建筑轮廓分明，没有比黑瓦白墙更加简明有效的了。

三、村居与园林

如果有人问：在如此丰富多样的中国传统建筑中，哪一种是最富有诗意的？可以想象，村居与园林一定是被选择最多的答案，但如果要在两者之间选择其一，相信人们一定会有些踌躇。是啊！前者在自然田园山林河流湖泽之间，那种美质朴如诗，随便一隅，都似乎是按照山水画来规划营造，是处处可以入画的；后者，如以苏州为代表的那些园子，在闹市之中，方寸之间，别有自然天地，曲径通幽，精致优雅，如反复推敲过的诗句，完全就是立体的山水画。

这些优美的村落，可能是全世界最美的村落，曾经是广大的国人都认为需要放弃的。我曾经看过一个统计数据，过去几十年间，中国这种还保持得相当完整的古村落从二十万个锐减到不到八千个，这数据看似惊人，但以我多年村落调研的体会，大体是准确的。至于那些江南城市的园子，好像很早就进入了保护旅游的范围。但我在苏州拙政园边的园林博物馆里看到另一个数据，苏州对公众开放的园林不到

20个，但民国时期的统计，苏州应该有大小园林400多个。我经常感叹，一个国家的人们要以什么为价值判断而如此不爱惜自己的文化？有一个法国哲学家曾经说过：我惊讶地发现，所有第三世界的国家都痛恨自己的文化。

说到底，这还是观念问题，是如何看待现代化建设与保护传统的关系问题，是如何重新认识和重新评估自己文化的价值问题。来自西方的现代化观念，不管如何做学术讨论，它有两个后果对世界影响深刻：其一，科学技术带动的生产力大幅度增长；其二，它对所有非西方地区的文化都是摧毁性的，这种摧毁的核心命题就是城市化。

如果能够认识到这一点，重新审视中国传统，有思考能力的人就会发现，所谓城乡冲突、城乡分裂、城乡对立，根本就是这种城市化带来的伪命题。

我在过去30年，探访调研了国内大量的传统村落，尤其是江南村落。以江南传统村落的建筑密度之高，空间结构、规划的精密完整，建筑不仅环保，且质量极佳，再加之其与周围环境自然和谐共处的状态，这些村落放在欧洲都是一个个小城。且江南村落分布密度极高，村与村之间经常就是两三站城市公交车的距离，尽管村与村之间隔的不是城市公园，而是田野与山林。所以，我在20年前就得出一个让自己都有些震惊的结论：至少在中国的江南，至少早在明代，就已经实现了全域的城市化。至少在这个地区，中国的村落根本不同于西方与城市相对的农村。在漫长的中国文化长河中，村落总是我们人生的出发地，也是人生的最后归宿，是所有人情感所系。

但江南的村落还不止于此。我在浙江乡村调研，发现一个现象，许多村子都把自己设定在一种没有围墙的园林结构中，这就是所谓

"八景""十景""十二景"结构。也就是说，这些村落都用一种多幅山水画的方式，从不同的方向，从外到内，从内到外，或俯瞰，或仰视，或近观，或远望，使整个村落在众人心中达到一种山水画的意境与审美质量。很多村子还保有明清以来的家谱，上面经常可以发现这种"八景"图的木刻山水图样。几年前，我曾经在杭州富阳做过一个名为"文村"的村落保护与改造项目。这个只有100户人家的小山村，居然也有八景，且以木刻图样记载于村中大姓家谱。我曾让研究生随机选择一个县——浙江中部的兰溪县，进行这种"八景"现象的调研，结果发现全县数百个村落都有这种结构。如果我们如古人一样或步行或乘舟，那么我们就会在几百里间，在一张张山水画中无缝衔接地经过，这就是现实存在的《千里江山图》。有意思的是，由于村落的分布密度太高，很多村落会出现分享几景的情况。

在不同的文化之间经常比较，会让我们更加深刻地认识自己的文化。近些年，随着世界建筑界越来越认识到一个生态的、更加自然的，更加可持续发展的未来对人类的重要性，对很多事情的看法变化很大。比如国人很少意识到，西方的那种传统与现代的冲突论辩其实和中国文化没有直接可以比较的关系。不少有可持续观念的西方建筑师面对中国的村落，完全没有这是传统村落建筑的意识，他们看到的是对整个世界都有重大启示价值的未来建筑与城市。我称之为融化在自然中的"隐形城市"。而且这些村落的最大价值就是它们已经在田野山林间生长了很久，这种生长的状态、生机与肌理都是不可再生的，也是现代建筑师、规划师无法一次性设计的。所以我每到一个地方，都会和地方官员苦口婆心地说，最后的底线就是肌理不能破坏，肌理完了，这个文化就彻底完了。

　　"八景"结构这种传统也提醒我们，保护肌理不能一个一个村落孤立地保护，《千里江山图》的结构，意味着需要一种大地域的连续保护方式，要点在于连绵不断。

　　这种风景结构在时下会被称之为"景观"，英文原文本是"风景"之意。但用这个词语定义中国的乡村景致，显然是不准确的，甚至是一种误导。因为英语单词描绘的是一种牧牛的草场，后来又发展成为英国式的城市公园。而中国乡村的风景，是以中国式的农、渔业为背景，以有用为内涵，追求一种半野生状态的自然景致，就是所谓"天人合一"的状态。现在中国各地城乡盛行的所谓景观设计与建设，往往打着"自然"的名头，但基本都是以英国式风景为主题，再加上一些矫揉造作的公园式绿化美化的伪自然工程。这些所谓景观工程严重破坏了中国城乡原有的、境界更高的景致，是典型的观念错位的后果。

　　这种对中国自己城乡景致审美观念认识的不足，也反映到全国各地的河道整治工程上。所有江河湖泊，都按照完全工程化的要求，以封堵为目的，进行彻底的堤坝硬化，按照这种方式，《千里江山图》也好，《富春山居图》也好，那种长满芦苇和菖蒲这些野生植物的自然江河土岸，那种野趣横生的中国式风景将离我们越来越远。

　　离我们远去的不仅是风景，还有生活。显然，随着一轮轮的城市化发展与改造，例如，钱塘江渔民的鱼市已经无处安放，他们只能在高大的江堤边搭起临时的工地脚手架，但是高度刚刚达到江堤的一半。有市民要买鱼，把钱递下去，渔民把鱼高举着递上来，个子小的渔民就有点够不着了。而放眼钱塘江，经常是空空荡荡，连只船都是罕见。不只是这条江，中国的很多江河现在都是如此，人们的生活越来越远离水面。这一切都不是自然发生的，是以所谓现代化的名义，长期自上而下强力人为干涉的结果。

乡村的景致当然不能没有建筑房舍。不理解不重视城乡风景体系的保护，是深层认知的问题，概念化地乡村建筑保护与改造，经常暴露出来的则是深层的无知。一个有趣的问题是，传统中国的中央集权制度管理下，村居是有严格的制度规定的，比如民居主屋面阔最多只能三开间，檐柱高度也有限制。按照这种规定，全国一定是千城一面、千村一面的，但实际上，中国传统建筑最可宝贵的，恰恰是它伴随着广阔国土的多样性和丰富性。如果我们细细审查这种地域性的变化，就会发现，它几乎和树木植被一样，随着水土和气候连续细微地渐变着。它也像方言，在几种大致稳定的发音基础上，随地区做差异细微的变化，偶尔会因为特殊的历史和地理原因发生小的突变。

如果中国北方的村居风貌以四合院为基准，那么在河北，我们可以发现平屋顶的变体。奇妙的是，这种屋顶的防水层是一种泥幔。不要以为这种屋顶做法只是民间的简易做法，实际上，故宫太和殿的琉璃瓦下，其防水层也是同样的泥幔，而且历经600年，从未大修，也从来没有漏水的记录。

和河北隔着太行山，山西的村居院子就以三合院居多，且院子的平面由方形变成了南北狭长、东西厢房经常有单坡屋顶的做法。不过，山西最著名的还是大家族聚居的大院。几十个院子的组合，显示出突出的组织筹划能力。南北狭长的院子明显是高密度聚居情况下公平分配向南面阔的结果，特色自然形成。向西越过黄河，同样的三合院，单坡屋顶的房子就越来越多。到了甘肃，几乎所有的村居都是单坡。

如果说这些村居有什么共同点，除了制度规定外，它们内部的木结构都是一种"抬梁式"。大的木柱上架梁，梁上架短柱，柱上再架

梁，由此形成"山"形的两坡屋顶。在南方，最常见的屋架结构是"穿斗式"，这个形象能够在屋舍的侧山墙上直接看到，是用细的圆木密集编织而成的屋架。这种结构在江南大多呈现为一种和"抬梁式"相混合的屋架系统。到了湖南、四川、贵州等地的山区，就演变出吊脚楼的形式，很明显是对用地狭窄的适应。

除了这种基本结构的变化，村居更加细腻的地域变化则在于细节。真正的本地人，能够很容易地分辨出县域细节的不同之处。譬如"马头墙"这个细节，似乎是国人认为的江南历史民居的风格标配，黑瓦白墙五马头，在所谓江南新民居上遍地都是。实际上，这种做法，是典型的徽州民居的特质。有人说，浙江嘉善西塘，老民居不都是五马头吗？许多人不知道，那是清代一个徽州商人聚居的村落。徽州商人在江南各省行商，就带着自己的乡土文化四处奔波。再如云南的丽江古城，那是典型的浙江民居，明代开始，那就是浙江商人聚居的地方。北京城里四合院的屋顶，大多铺一种青板瓦，比南方的小青瓦大一些，但是偶尔，你也可能看见铺了南方小青瓦的房子。那就可能是清朝哪个长期在南方任职的官员退休时从南方带来的，表达对南方生活的怀念。

而中国建筑文化最有魅力的部分，就是各地城乡建筑在享有共性的同时，在历史的长河中，逐渐形成的丰富差异。这种丰富性形成还有其制度原因。传统中国的管理，实际上是中央集权和地方自治的共治制度，这在今天的历史研究中已是公论。关键在于，文化的地方风貌的形成是需要时间酝酿的，这也说明文化传承为什么那么重要。历史建筑一旦拆除，文化跟着流失，试图在短时间内依靠人力、快速制造文化特色，鲜有成功的。

古人说，一方水土养一方人，其实，也养一方的风景屋舍。村落风景如果说是一种在地的美、在地的诗意，城市里的江南园林，就是对乡村的美、山林的美，总之是他方的美的一种再现，一种对在山野中远游体验的回忆与收集。所以，在中国的文化里，这是同一种情感的两种表达方式。园林又被称为是"卧游"之地，文人有远游山水之志，但有父母高堂而不能远游，于是发展出这种特殊的文化。而这种文化经由画家、诗人的参与主持，逐渐发展出一种极度优雅的风景建筑来，世界上没有其他任何一种文化有类似的东西。除非是对这种文化的某种模仿，例如我们在日本和英国可能看到的。

讨论中国园林之美的文章现在有很多，但我发现，基本上都是把园林作为孤立的对象来写，它和一方水土的关系很少被讨论。另外，我们现在可以看到的园林都是从晚明开始，晚明之前的园林也似乎没有依据，无从讨论。可能的线索，还是可以从绘画中寻找。譬如宋代的文人园林，就可以从绘画上看到。《千里江山图》上描绘的那些山边水边的优雅村舍庄子，其实就是园林。它们只是比我们看到的苏州那种晚明园林要朴素得多。其实宋代园林实物是有的，杭州的西湖就是一个大型的宋代园林，山水田园地貌仍然在，屋舍位置也对，但做法风格变成清末的了。如果把楠溪江沿岸的那种传统村舍搬到西湖边，那就是宋代的园林了。

至于苏州的园林，需要两个视角的补充才能被更加充分地理解和欣赏。一个是它连接着遥远山野田园的地方水土。昔日人们进入苏州，主要走水路，连绵不绝的风景，一直走到苏州城下。缔造了苏州园林的那一批吴门画派的大师们，如沈周、文徵明、董其昌，他们大量生活都是发生在苏州附近的郊野。园林内的生活，背景是苏州郊野的生活，是远方山野的生活。如今的苏州，郊野已经完全被工业开发区包围。从意境上说，破坏了苏州周边的那种野趣横生的风景环境，苏州园林的审美意味就少了一半，而且这种意味靠今天那种景观设计是找补不回来的。

中国审美的趣味是一直在历史中变化的。就中国山水画来看，如果说明代初年，继承了宋代审美情趣的浙派还有一些力量，那么到了晚明，以苏州为中心的吴门画派就已经主导了中国审美的趣味。明代的家具主要诞生在这里，最高水平的园林也建造在这里。实际上，我们注意一下宋代绘画和吴门画派的绘画区别，就会发现，宋代绘画一般只画园林一角，它着眼的是画外的意境，而文徵明这派画家，很多画，根本就是园林的设计图稿。宋代的园林，水边多是自然土岸。明代中期以前，园林中的水池都是朴素的方池。到了晚明，所有园林都是曲曲折折的石岸了，没有曲折的水岸似乎就不是园林了。

从一方水土的角度看，很少有人意识到，苏州园林在城市中的存在密度意味着什么。在今天看来不算很大的城墙范围之内，居然有400多个园子，它实际上就已经彻底改变了一座城市的结构性质。每一个园林就是一块诗歌级的半野生湿地，苏州就是一座诗歌与湿地之城，且充满画意，也是一座画意之城。世界上还有这么美的城市吗？这种美要意在于它的连绵与完整！城外的水土破坏了，这种诗情画意就被腰斩了。更加可惜的是，20世纪90年代末，苏州在城市中间沿东西方向打通了一条大马路，破坏了一批高质量的古宅不说，也完全破坏了城市风貌的完整性。于是苏州的园林，就彻底变成了龟缩在嘈杂闹市中、让游客鱼贯而入的喧嚣公园，每个园林的假山就日日都如花果山了。

如果有人问我最喜欢苏州的哪个园子，应该说，拙政园、留园、沧浪亭、藕园、网师园、怡园都是我喜欢去的。我爱拙政园的大气疏朗，也爱留园的曲折深邃。沧浪亭入口的水岸总是让我想起沈复的《浮生六记》，园内那座石包土的假山还似乎有宋代的遗韵。藕园的黄石假山是最好的，它还有一个优雅的藏书楼，网师园的几个局部小院是极好的，怡园有我最喜欢的一棵向水面斜生的白皮松，还有那一段如梦的白色云墙。但是我最喜欢的，还是那座最质朴的艺圃。

20多年以前，当朋友第一次带我去艺圃，只是一眼，我就被无声地震撼到了。其实那时艺圃还是只有苏州本地人游逛的，很多就是街道邻居，门票只要两块。但一眼看去，就知道这肯定是苏州现存最早的园子。当了解到这是文徵明的孙子文震孟所建，就知道眼前所见，应该就是明代大画家理解的宋代山水。

中国文化的传承就是如此，每一个时代，都以自己的眼光理解过去，从而开创未来。艺圃这个园子，表面上看，屋舍完全是明清的，假山堆砌也是明清的，只有主屋与假山之间的一个亭子，有点宋代的遗韵，何以我们能说它是明代人转译的宋代山水呢？

如我们今天这样讨论园林，其实还是非常晚近的事情。在20世纪20年代，随着一批美欧留洋学生的归来，才开始形成的中国近代专业建筑学视野里，园林因为它的无用，原本长期无人关注。直到20世纪30年代，后来被称为近代中国建筑四大师之一的童寯先生写出了一本业余研究著作《江南园林志》，并几经周折，于20世纪60年代正式出版，算是补充了明代计成之后几百年的空缺。童寯先生对园林的研究，有两个要点。其一，体会园林要从中国山水画入手，园林就是立体的山水画；其二，园林兴造有三境界：一曰疏密得宜，二曰曲折尽致，三曰眼前有景。从这两个要点出发，就不难看明白艺圃。

我被艺圃震撼，首先在于它的主屋之大之长。这种尺度当然是和艺圃不大的院子对比而来的。它实际上是由一主两副的廊屋相连构成，和其他园子里中心的那种明堂式独立房子不同，这分明就是《千里江山图》上架在溪流湖畔的廊屋。而这种一屋横陈的格局，俯瞰水面，金鱼游动，其意境就是临渊羡鱼。坐北朝南一望，隔水一座石包土的大假山耸立，居然有大山之势，这就是典型北宋山水画中的正观之景，又称为大观之景。俗称的北宋山水画三大立轴，《溪山行旅图》《早春图》《万壑松风图》，都是来自这种座望正观的观看结构。苏州小巷的邻里居民随时聚集在这个廊屋茶室里，喝着几块钱一杯的碧螺春，嗑着瓜子，看着宋代韵味的景致，真是幸福。

而在这廊屋与假山之间的水岸边，那座宋代感觉的亭子，就如同《千里江山图》中大湖岸边的亭子，观景也好，为远去的友人送别也好，都为这幅画面平添了一份悠远之意。更妙的是，对面假山右侧，通过白色大墙上一个不大的圆洞门，又是一个隐隐漏头的小院，使这正观之景增加了深邃之感。再往深处，斜向上去，经过一个小门，不经意间，居然已经绕道大假山之后，林木茂密，阳光残影，才体会到曲折尽致之境。拾步往山头走，十米高的假山，山腰居然还有一个亭子，仔细品味，这手法原来是抽象的，这种多此一举的手法，就是为了几步一歇，方在人的意识里衬出山之高。待到登临假山顶上的那个

638

亭子，向下一看，俯瞰之景，如在远山遥望城市村舍。进而就体会到疏密得宜的格局要意。

苏州的园林，无论规模有多大，根本上，是脱不开艺圃展现的这些基本构成原则的。我还感兴趣那些很小的园子，因为其建造所费成本不多，却能够和日常居所共处，是文人造园的本心情趣。这种小园子，不仅苏州有，江南的很多村落都有，相当程度上，是江南村居文化的最高境界，本没有任何城里乡下之别。实际上，就如我多年前在一篇文章中指出的，把苏州城里任何一片街巷切割下来，放到乡野上就是一个村落。把江南水乡任何一个村落嵌入苏州，也会毫不违和。这种文化里原本并没有城乡对立冲突的概念。

对当代的中国建筑师而言，江南园林还启示了一种中国自己文化意境中的建筑定义：建筑不仅是孤立的物体与空间，也不只是这种物体空间再衬以所谓绿化景观。中国的一个建筑，就如同一个园林围墙内的一切事物，它是关于一个生机盎然的小世界的营造。更重要的是，它小中见大，其意味总是越过园墙的限制，一直联系到远方的田园乡野，连绵不断，如诗如画。当一种建筑的审美等同于绘画，可以说就达到了建筑审美的最高标准，江南园林就是这样的建筑，为中国所独有。就如童寯先生所说："造园与绘画同理，经营位置，疏密对比，高下参差，曲折尽致。园林不过是一幅立体图画，每当展开国画山水图卷，但见重峦叠嶂，悬瀑流溪，曲径通桥，疏林掩寺，深柳茅屋，四面敞开，琴书以外，别无长物，这就是文人所追求的生活境界，亦即文人园的理想粉本。"

和皇家园林相比，江南园林是中国园林两路传统中的一支，而且是较晚的一支。它可以有图像印证的缘起，是唐代王维的《辋川图》，可以看作是文人园林的肇始。而皇家园林自汉唐兴盛，至北宋中断，目前我们知道的最后一个大型皇家园林就是在北宋，是宋徽宗建于开封的皇家园林。而后经历混乱的南北对峙时期，以及元代的蒙古族人统治期，到了明代，其实是汉文化的恢复期，等恢复到明末，知识分子开始抬头，却又亡国了。晚明江南民间园林修建得以兴盛，意味着这股文化复兴的力量已经积蓄到一定程度，但直到经历清朝前100年的恢复，皇家园林才再次兴盛。

清代对中国古代建筑史的贡献，不在于故宫里的雕梁画栋，而在于宫廷园林。与清代相比，明代没有大型的宫廷园林。事实上，园林始终是汉族文化中一个重要的载体，无论是皇家还是民间，都喜欢修建园林。

康熙年间开始，颐和园、清华园、圆明园陆续成为北京大型的宫廷园林，曾经消失的皇家园林又开始重新"演绎"。到了清中晚期，因为汉族官员在朝廷里地位越来越高，文化影响力也越来越高，文化主张和趣味便更深入地影响着皇家喜好。就这样，从皇家到民间，园林再度繁荣。

如果说这些清代皇家园林有什么现实可参照的模板，可以说都是对杭州西湖的模仿。乾隆皇帝的趣味琐碎细腻，所以在模仿西湖的颐和园的后湖，又仿照苏州园林建造了静漪园。他显然有几分风土意识，所以在园外又造了一条苏州街，作为他个人建筑喜好的收藏。到了慈禧太后，建筑收藏的趣味就扩展到西洋了。

四、现代与本土

从清代走向近现代，中国本土的建筑活动从来没有停止过，但这种活动完全是民间的，按中国历史记录的传统，这些丰富的营造活动从来不在官方视野之内，也不在文人学者视野之内。所以，这些活动中尽管今天看来包含着本土文化适应外来现代化进程的大量创造性的东西，但基本没有人进行研究和记录。

而从西方学院派建筑学的角度来看，中国原有的只是建筑活动，甚至连建筑师都没有，只有一群工匠，大部分还不识字，所以连建筑学也谈不上。从这个标准看，中国近现代的专业建筑活动只能从20世纪20年代那批留学美国的建筑师归来开始算起。最早的建筑学院开始于1927年的南京，那所学校后来演变为中央大学建筑系，1952年以后，更名为南京工学院，现在名为东南大学。

前几批归来的留洋学生，包括四位很重要的建筑师，他们后来被称为中国近代的建筑学四大师，分别是杨廷宝、梁思成、童寯和刘敦桢。这个群体对中国建筑的现代化历程产生了重大影响。

20世纪20年代，杨廷宝从欧美学成归国。在当时留美的中国学生里头，杨廷宝成绩很拔尖，在美国时就已经小有名气，拿过全美建筑系学生设计竞赛艾默生奖一等奖，是个"明星学生"。回国后，他也是中国建筑师里第一个在跟洋人事务所竞标中获得重大中标的中国建筑师，设计出了当年亚洲最大的火车站——京奉铁路沈阳总站。实际上，从20世纪30年代到80年代初，他始终是中国最有影响力的建筑师之一。

1932年，杨廷宝受聘于北平文物管理委员会，参加古建筑的修缮工作。故宫当时要修缮三大殿，即太和殿、中和殿、保和殿，杨先生就是这个项目的主持建筑师。那时候有一些照片留下来，我印象很深。在修缮的工地上，杨先生穿着一身白色西装，头戴一顶白色盔式帽，站在倚着古建筑的脚手架上。他个子很高，长得又帅，玉树临风的那么一个人。

与杨廷宝致力于古建筑修缮和新建筑的设计不同，同时期梁思成在营造学社所做的工作主要是对故宫建筑做了大量测绘记录，后来又在山西与河北地区做了大量古建筑测绘工作，将一大批珍贵的古建筑记录下来。可以说，没有这些工作，很多古建筑可能会悄悄地消失。其中最著名的发现就是山西五台山的两座唐代建筑，佛光寺与南禅寺。我曾经都亲自探访过，那种美让人无法忘怀，只有亲眼见到，才知道中国建筑可以美到什么程度，当然，梁思成对佛光寺的评语"斗拱雄大，出檐深远"，也是极准确精辟的。

当这批留洋建筑师归来之际，正是清王朝结束不久，古典官式建筑正式退出历史舞台。20世纪中国新的现代建筑该怎么走，该如何对待这种传统古典建筑，是那一代中国建筑师的时代命题。

正是从20世纪30年代开始，中国建筑界发生了一个重要争论——关于传统建筑的传承之争，简称"大屋顶之争"。当时做新的建筑设计，流行给建筑扣上一个中国古代建筑的"大屋顶"，这种做法引发学界的大量讨论。

一个楼上扣一个屋顶，放在街道边，这是典型的西洋建筑。比如巴黎的城市建筑就是这样，只是没有"屋顶"。故宫则不一样，如果站在马路边看故宫，就是一道没有尽头的墙，墙中间开个门，这种形态与西方的建筑概念完全不同。中国的房子是在一个院子里，它不是直接放到马路边上的。而且从建筑的本质来看，新式房子上面扣个大屋顶，完全是无用的，造价又高，用混凝土去做假的仿古建筑，也丧失了古代木构建筑的趣味，违背了建筑最本质的意图。这个争论背后，更关键的是中国建筑史如何认识自己的传统建筑。但认识传统建筑是需要一个过程的，尤其是建筑学本身有自己的体系。

有意思的是，"大屋顶建筑"这种做法可能并不是中国人发明的，而是西方人。例如有一位美国建筑师，叫亨利·墨菲。20世纪20年代开始，他就在北京做了一系列大屋顶建筑，比如当时的协和医学院，还有燕京大学里的一些建筑，

现在我们还能在协和医院和北大的校园里看到。

在中国近代建筑史上，墨菲是一定要留下名字的，因为他有可能是第一位真正把现代建筑与中国传统主动结合的建筑师。在一个长方形的套满了窗户的现代办公楼上，扣一个中国式的"大帽子"，带有强烈的国际主义色彩。世界眼光不是轻易就能获得的，当他刚开始这么做时，大家并不以为

然，觉得那可能是外国人的趣味。直到杨廷宝这一代中国本土建筑师也开始这么做，意义就不同了。这种做法影响到八九十年代，像长安街上那一系列的"大屋顶"建筑，甚至一直影响到现在。

杨廷宝与墨菲都做"大屋顶"建筑，基本概念是一致的。但细节体现差异，一是比例尺度、斗拱的细微不同，二是屋顶与下面墙体之间的过渡与结合如何处理，中国的建筑师在这方面测算得更精细、更讲究。而墨菲的色彩运用是中国人很难想象到的，协和医院的绿琉璃配青砖就是独特的色彩配合。

南京工学院另一位重要的建筑师是童寯。同是美国宾夕法尼亚大学的建筑专业学生，上下届校友，但杨廷宝与童寯的建筑主张是两个方向。童寯先生是传承派的另一派，20世纪30年代写了一系列文章反对"大屋顶"的做法，他不主张直接模仿传统的大屋顶，而是要消化之后再与现代建筑相互融合。

与杨廷宝在修缮故宫期间深受明清官式建筑风格影响不同，童寯则开启了研究苏州园林的道路。童寯的建筑更偏现代风格，他虽研究古典园林，但在他的作品中很少看到园林建筑的痕迹，也没有"大屋顶"，只是局部有一点传统装饰的图案。杨廷宝与童寯的建筑理念差异，在某种程度上代表着中国30年代那一代建筑师的两种面貌。

解放以后，杨廷宝任中国建筑师协会的副会长，主持修建北京的十大建筑，他是总建筑师顾问。但有意思的是，如果看他的作品集，这些50年代在北京的工作都没有列入作品集，甚至他最后一次在北京任顾问的毛主席纪念堂也没有列入，尽管学界都知道他在其中发挥了多么大的作用。这可以看出那一代学者的操守，不是自己独立主持的创作就绝不挂名。而20世纪50年代，杨先生在北京唯一列入作品集的作品是和平饭店。他居然在那个年代，在北京城市中心的金鱼胡同，离故宫不远，设计了一个完全现代风格的建筑。当然，这个作品刚一问世，就受到了各种质疑和批评。

所以，杨廷宝并不是简单地做"大屋顶建筑"，他一方面注重中国传统文化的表达；另一方面，他对现代建筑和建筑的创新也是平行关注的。另外，他显然是一个有着清醒的实践理性的建筑师。当时，梁思成是大屋顶新建筑的拥护派，而曾经做大屋顶最好的杨廷宝却明确反对做大屋顶，理由是国家那时太穷，做大屋顶太浪费。

梁思成先生的工作亦不是独立完成的，谈到梁思成就不能不谈到林徽因。其实梁思成、杨廷宝、童寯、林徽因都是美国宾大前后几届的同学。梁、林两位先生的测绘工作后来在美国哈佛大学出版，成为近代中国第一部古典建筑史。我对林徽因先生写的序印象深刻，针对那时一些城市拆除传统建筑，改建西洋建筑的做法，她深感痛惜，故有中国传统建筑文化行将整体崩溃的呼吁。不想今日，这在中国城市中已经基本成为事实。我想林徽因先生没有被人列入四大师，可能有个原因，那个年代美国大学还不容许女性学建筑，所以林徽因读的是艺术系。

梁、林两位先生对当代中国的另一个重要贡献是在城市规划领域，这些工作围绕两个争论：一个是北京的城墙要不要拆；另一个就是，由梁思成和陈占祥两位先生正式提出的北京新规划建议完整保护老城，在老城与西山之间建造一个新城，而政府中强大的声音却是在北京老城上直接破旧立新。今天看来，梁、陈两位先生肯定是对的，但历史却走了另一条路。

近代中国传统建筑的园林研究部分，由童寯先生开启，而完善工作是刘敦桢先生主持的。刘先生早年留学日本，回国后曾经与梁思成先生同事，一起在营造学社工作。梁先生负责测绘部，刘先生负责典籍部。刘先生解放后也在南京工学院任教，除了深入丰富了江南园林的研究，出版了经典著作《江南古典园林》外，另一个重大贡献是从学术上开启了系统的中国传统民居研究，在20世纪50年代出版了第一本民居研究著作《中国民居概说》，启发了一批批的后辈学人。

就传承与创造的关系而言，这几位先生尽管对近现代中国建筑师群体和建筑教育影响甚巨，但因为各种原因，他们的贡献主要在于西方专业建筑学体系在中国的引入与消化，中国自己建筑传统的记录、理解与传承。而在新建筑创作方面，由于各种原因限制，难以有突破性的创造。像杨先生、童先生，刚刚想有所作为，就于20世纪80年代初去世了。

回想近现代中国建筑的创作历程，它和建设一个现代新中国的历程完全是同步的。建筑艺术是包含了社会发展、工程技术和艺术的高度综合的一门艺术，它的审美对象不仅是表面的样式，而是更加深刻地折射出整个国家社会的状态、实质和变化方向。如果问和传统中国建筑的整个状态相比，近现代中国建筑最有代表性的变化是什么？我想第一个变化就是专业建筑师体系全面压倒了传统的工匠体系。与之相对应，中国传统建筑的语言、那种接近自然的材料体系和营造体系似乎完全失效了，它逐步且势不可挡地被以混凝土、钢材为主体的现代人工合成材料所代替，这是第二个决定性变化。随着这些变化，以院落为核心的中国传统空间类型体系被逐渐有意识地放弃，这是第三个根本变化。第四个变化和城市规划有关，传统城市建筑和肌理遭到史无前例的全面破坏，接近文化灭绝，这种现象正在向乡村蔓延。

审美问题，即使从古典的真、善、美的角度看，它也不是只关乎表面样式美丑的问题。中国建筑从传统到现代，如此翻天覆地的变化，归根结底，是在外力压迫下的主动变革的结果。回头看前面说的四个根本变化，专业建筑师的出现，就从根本上革了中国建筑传统的命。即使像杨、梁、童、刘四位大师最终都致力于中国传统建筑的研究，但是不知他们是否意识到，这种专业建筑师的制度和中国建筑传统是根本不同的。

这批中国最早的西方式建筑师不可谓不优秀，他们刚刚回国，在20世纪30年代的建筑创作成果，就全面赶上了当时西方主流的建筑师设计的水平，但不能回避的是，这只是模仿。尽管在这么短的时间内，就能够模仿得这么到位，但这仍然是模仿。而那种"大屋顶"式的近代建筑，结构上换了个中国式屋顶，设计手法仍然是西洋风格的模仿，这种表面的手法在讲究创造性的创作上，就落了下乘。而像童寯先生这样另辟蹊径去研究园林，同时深入研究西方现代建筑，应该是有了从根源观念上去创新的自觉意识，但却根本没有实践机会。

中国建筑师的这种创作观念的滞后，很大程度上是和缺乏哲学层次的思考有关。这种思考能力的缺乏，也导致了对西方现代建筑认识的全面滞后。因为现代建筑，并不是历史自然演变的结果，而是西方近代思想革命和技术革命的结果。它的最重要的特征就是全面突破了传统西方的地域局限，是真正全球化的结果。如果我们采用一种类比方法，拿西方现代建筑有创始意义的五位大师，来分析一下他们的建筑语言和审美观念，就会对中国建筑过去百年的状态有更加本质的认识。

如果说这五位大师有什么共同点，那就是他们的所有作品都去除了任何西方传统的建筑样式特征，因为在他们的意识里，旧世界的

崩溃意味着传统建筑语言的意义基础的崩溃。至于他们的不同，首先看法国建筑师勒·柯布西耶。除了抽象的现代感、克制权力表达的非对称形式，他的创作中的那种自由、那种对地形高低的敏感、那种对运动与漫游的钟爱、那种对粗糙混凝土材料质感的兴趣，都和他青年时代对地中海沿岸的民居建筑和希腊遗迹的考察直接相关。

而德国建筑师密斯·凡·德·罗，很多人只知道今天遍布世界的玻璃方盒子摩天大楼都是他的后代。但是很少人知道，他的建筑语言的奠基范例——巴塞罗那世博会德国馆，那种细钢柱、错动无装饰片墙、薄平顶、水池倒映的设计，参考的是一本中国苏州老住宅和园林的照片集。

另一个德国建筑师瓦尔特·格罗皮乌斯，贝聿铭先生的老师，他的创作思路不仅来自对抽象艺术的热爱，也来自对建筑工业化、装配化的毕生追求。淡色外墙涂料、造型轻

快、带挑阳台的高层板式住宅是他的典型作品。北京20世纪
70年代末80年代初建造的那批装配式大板楼就是对他作品的
直接模仿，也是今天绝大多数房地产楼盘的鼻祖。但是很少
有人知道，这种住宅在当年的欧洲是为了解决问题的。第一
次世界大战后，如何高效低价地解决普通民众的住宅问题，
这可能是最有效的办法。也因为如此，现代建筑这种传统贵
族文化的对立面，才可能在欧洲城市的郊区有一席之地，并
最终普及，形成今天欧洲现代住宅郊区包围传统历史中心城
区的格局。

芬兰建筑师阿尔瓦·阿尔托早年在巴黎接触到抽象艺术和
现代建筑，但他的真正贡献是把现代建筑对现代技术的适配与
北欧的地方性和谐地结合起来。对砖与木材的善用，优雅的线
条与光线，这种探索对欧洲之外的建筑师有着重要启示。

美国建筑师弗兰克·劳埃德·莱特，很多人知道他设计
的流水别墅，却不知道他原来是结构工程师出身，所以他的
流水别墅才敢于设计那么大的混凝土悬挑结构。施工队感觉
危险，拒绝拆模，莱特亲自用大锤拆掉最初的那几根模板支

撑杆，来证明他的结构计算和安全。而莱特个人建筑语言的突破，是在他看到旧金山世博会上日本木结构宫殿的复制品之后。那种东方木结构的优雅，本色的木材，加工到完美，不上任何油漆，那种本质的美让他动容。

这些大师的创作来源完全是全球化的，但有一个根本特质是共同的，这些来源最终都以敢于开创一个时代的精神，经过了创造性的建筑语言的转化。这需要认识世界的哲学头脑。整个世界的现代建筑尽管已经普及，但这种去历史倾向的创作方式如果失去了地域文化的制约，显然是具有极大破坏性的。即使在西方世界，20世纪80年代出现的后现代建筑风格，也是典型的反弹。那种用碎片化的历史元素包裹现代建筑的方式显然是太表面了，很快就沦为商业化的戏说工具，构成对真实历史的新一轮破坏。在中国，现代建筑和后现代建筑获得了前所未有的大规模实践机会，但和五位大师的原创语言相比，并没有太大的推进。

中国建筑师的这种哲学头脑得以落实到创作实践的案例上，要等到20世纪80年代初冯纪忠先生的何陋轩问世。近代四位大师那一代先生中，年纪稍轻，终于做出传统向现代建筑语言突破性转化的是冯纪忠先生。冯先生20世纪30年代留学维也纳，深受西方现代派建筑中维也纳学派的影响。20世纪60年代，最早试图在中国建筑教育中实验现代空间教育。1981年，当中国建筑界还刚刚开始思考传统与创新的关系的时候，冯先生设计的上海松江方塔园与何陋轩横空问世。这个按照冯先生理解的宋代园林打造的公园，简洁大气，开阔与曲折并存，完全摆脱了清代以米江南园林的琐碎习气，直接打通了传统与现代的障碍。而那个小茶室何陋轩，将江南的竹结构做了全新演绎，既非常创新，又似乎返回了更加简朴优雅的古典。小中见大，在一个小茶室里实验了大型结构的雏形，对我们这一代建筑师来说，这种启发和冲击是巨大的。

即使今天来看，冯先生20世纪80年代初的创作仍然不落后于今天的观念，它完全是一个关于未来可持续发展的建筑样本，也是能够衔接传统与现代的新中国建筑语言的原初样本。它尽管不大，但启示着我们，中国建筑传统的价值是关于这个世界的未来的，这种价值必须重估。让人唏嘘的是，冯先生在此之后，居然再没有完成任何作品的机会。而真正有原创性的中国建筑实验，经历了20世纪90年代的零星探索之后，在2000年以后，终于开始了一个明显的发展。

在样式问题的争论之后，中国建筑界一直把建筑创作突破的关键放在所谓构思上。现在看来，这种争论仍然是表面的。建筑语言才是真正的关键问题，而就语言的运用而言，形式思考只是问题的一个侧面，材料体系和营造体系则是过于艺术化的讨论经常忽

略的另一侧面。当整个建筑工业体系都以混凝土和钢材这种人工合成为主的时候，讨论中国建筑传承就是无本之木。与之相对应，整个国家的建筑技术规范也是如此。

中国传统木结构的伟大之处在于其能够把自然材料的自然变形纳入营造体系中，这和现在的西方式规范是完全不相融的体系，甚至是包含着未来更自然更先进的体系特征的。而百年过去了，中国建筑技术界在这一方面没有任何研究进展，这恐怕不是"思路"可以解释的。这个体系的另一个伟大之处，在于它是一种装配式的轻结构体系。当年梁思成和林徽因都曾经畅想过这种体系的现代性潜力，但他们忽略的是，这种体系实际上是一种浅基础体系，它的基础对土地的破坏永远是最小的。而现代西方式混凝土建筑基础，对土地的破坏是深度的，且几乎是永久的。重新认识和探索传统中国建筑营造体系和材料探索的价值，探索现代工业化施工体系如何与传统工匠体系并存，这应该是中国当代建筑探索最可能突破的方向，理解不到这一点的中国建筑师只能说是不够努力的。

空间类型体系的被放弃也说明一个典型问题，即技术问题也是文化问题。中国现代化的误区之一就是把现代化理解为主要是科学技术的追赶问题。实际上，当我们选择了这种来自西方的技术体系，实际上也就被其文化体系捆绑了。这种文化捆绑甚至延伸到政策，例如中国农村的宅基地政策，在浙江省，一般规定是100平方米一户，10米见方的一个方块，这么大的宅基地基本不可能做出院落式住宅。但如果把宅基地定义为长方形，再加上政府社会建筑界的鼓励推动，就有可能，我前几年在杭州富阳文村的尝试就印证了这一点。

首先，导致中国传统建筑文化被摧毁的最大推手就是世界上最大规模的城市化进程。但这原本并不是必然的。归根究底，当年北京的规划与发展没有采用梁思成和陈占祥两位先生的方案，从起点上决定了今天的结果。我很喜欢一句话："城市是要有边界的"。传统中国城市乡村都保持着与自然清晰优美的边界，但今天的中国城乡接合部，无一不是一种凌乱无章的状态。其次，意识到建筑遗存保护不仅是重点建筑保护，而应该是连续连片的区域保护，这种意识被政府采纳得太晚。最后，对现代城市规划的盲目自信。实际上，全世界从一张白纸开始的新城建设几乎没有成功先例。一座城市不仅是一堆房子，这就是历史老城区为什么那么重要，它就像一锅好汤的老汤底。换句话说，只有老城才是城市，新造的一堆房子根本就不是城市，新城没有魅力。这也是为什么，有时候哪怕是一片只有几十年历史的新区，也有保护价值，因为时间能够孕育生长和生命的感觉。如此，就可以理解为什么中国有那么多失败的新城了。

但是，永远不要低估中国伟大建筑传统的力量。在我看来，用传统和现代的冲突来描述中国城乡建筑的现状或许就是一个伪命题，因为这种判断是以西方文化为坐标的。实际上，一个在明代就已经实现建筑质量相当平均的城市化的文化，一个能够将自然材料的自然变形纳入大规模体系营造的文化，一个能够用空间类型促进社会和谐共处的文化，一个能够把文人与工匠结合起来共同工作的文化，它是包含着对这个世界未来发展有重大价值启示的文化。可以想见，这条中国当代建筑的实验探索之路，因为其实践规模之大，影响之大，将会是一条引领世界重返自然的道路。对于中国自身的文化语境而言，它将是一条重建一个江山如画的世界的道路。

城乡规划

朱小地

朱小地，清华大学双聘教授，建筑设计师，曾任北京市建筑设计研究院院长。

概述

中国城乡的发展历程举世罕见，既无成熟先例可以借鉴亦无完整的经验可以总结。因此，这里只能尽量呈现出中国城乡建设至今关键问题的历史脉络和现状，为大家提供一个简要的认知框架。

城市是人类聚落的一种高级的表现形式。聚落，顾名思义，聚在一起生活的人类的社群在某个地方落脚扎根，就是聚落。历史上聚落是伴随着农业活动的出现而出现的，因为农业需要春种秋收，等待庄稼成熟的过程中人们只能选择定居而不是游牧，因此聚落就出现了。随着农业越来越发达，能养活的人越来越多，聚落就逐渐发展壮大。所以，曾经在很长一段时间里，人类聚落都是今天我们称为"乡村"的形态。城市的出现则需要更加复杂的条件。

当聚落中的人逐渐变多，社会结构更加复杂，出现了社会等级、宗教信仰、军事战争和商业交易，就需要一个足够坚固稳定的空间边界保障这些活动的进行，因此最初的城市都有比较明确的界限，比如城墙。城市聚落的轮廓与空间布局不仅界定了城市权力所有者的权力范围，往往还体现着对某些具有象征性的时空规律——比如上天的权力和自然的规律——的遵从，由此来确立城市自身的合法性和统治者的权威。我国唐代之前的城市大多如此。

城，体现着保卫功能；而市，体现的是商贸交易、文化交流的功能。城市要有足够的居民来建设它，除了靠用城墙围起来一个空间不让市民们出去的这种"拉力"，还要靠城市内部足够丰富的生产创新、贸易交往和由此形成的有活力、有趣味的、高密度、变化无穷的城市生活来吸引周边的居民，从而壮大城市本身——这种"吸力"就是城市最核心的魅力与价值，也是其有别于乡村的地方。当"市"的功能大于"城"的功能时，城市空间就逐渐变得开放和自由。我国工商业发达的宋代就出现了类似的城市，正如《清明上河图》中所表现的那样。

但无论工商业如何发达，工业革命之前的人类社会主要是建立在农业经济基础上的，一个城市的出现需要周边很大一片农业人口和产业的供给与支撑。因此，一些璀璨耀眼的城市如雅典、罗马、长安等，虽然在某些历史时期内由于发达的政权、商贸和较重的社会剥削而突然出现，但很快就湮没在农业历史的长河中。整体上看，人类社会虽然演进了4000多年，但城市化的水平一直是很低的，直到19世纪初，即便是当时世界上最发达的国家，其城市化率还不足20%，不发达的地区甚至还一片蛮荒。

然而，随着工业革命的到来，这一数字发生了反转。技术飞跃使得工业生产的效益远高于农业，由此产生的城乡收入差距吸引着大量乡村人口离开土地、走进城市和工厂，这开启了人类历史上最大的城市化浪潮。以最先进入这一浪潮的英国、法国来看，其城市化率从19世纪初的不足20%，一跃到达19世纪末的50%，尽管经历了两次世界大战期间的停滞，但仍然在战后高速攀升，于20世纪70、80年代即稳定在85%以上甚至更高。

2018年联合国做出的世界城镇化展望中显示，全球城市化平均水平已到达55%，其中城市化率在80%~100%的国家主要集中在美洲、北欧和澳洲，同时包括日本、沙特、以色列等国家，而中国的城市化率处于40%~60%，刚刚达到世界平均水平。预计到2050年，全球城市化水平将达到70%。这意味着，在世界范围内，城市已经代替乡村成为21世纪人类聚落的主要模式，且这一模式还将继续发展强化下去。

我国作为全球第二大经济体，城市化水平却刚刚达到世界平均水平，这与我国城市发展的艰难历史是分不开的。我们在清朝末年错过了第一次工业革命，之后的民国至解放前战乱频仍、民不聊生，1949年全国城市化水平刚过10%。新中国成立后在赶超西方发达国家这一愿望的驱使下，曾经试图通过抑制农业的方式加速工业化的进程，然而受到自然灾难和社会灾难的打击，甚至曾经有过"三年不搞城市规划"的提法。直到改革开放前夕，我国的城市化水平还不足20%。

之后的30年，我国经历了所谓的"压缩城市化"的过程。简言之，就是我们用30多年的时间完成了西方国家两百多年才完成的城市化水平提升，在城镇人口比率和城镇建设规模方面突飞猛进，今天才终于赶上了全球平均水平。我国目前人口14亿，如果按照联合国预计的2050年70%的目标来看，我们还有3亿人口有待历经城市化。未来30年，即使要维持全球平均水平，也还有很长的路要走；若要赶上现有的发达国家，更是任重道远。

然而，今天的城市早已不是100年前甚至50年前的那个城墙围起来的简单聚落了。如果把城市看作一个可以进化的生物，短短几十年间，在制度、资本、技术、媒介等多重力量的推动下，城市已经迅速进化为肢体和头脑都异常发达的庞然大物，甚至连居住其中的我们都不再认识自己的城市了。更何况，我国幅员辽阔，不同地区的城市面对着完全不同的自然地理、社会结构、历史传统和风土人情，想要寻找放之四海皆准的方法认知和建设城市也是不可能的。

因此，我选择我国城乡建设中的几组重要关系作为议题，来实现：（1）以简要的轮廓来呈现我国城市正在经历的整体性现实图景——正在发生着什么？（2）阐述这些正在发生的城市现实中有着怎样的普遍性、规律性，又有着怎样的特殊性？（3）对现实的发展走向做出分析预判，并提出为了有更好的未来，我们应该以怎样的原则、用怎样的工具采取行动——怎么办？

这些议题都是当代城乡建设面临的重要问题，选择"关系"而不是具体的"对象"作为议题，是为了保持讨论的动态性并展现各个议题之间的因果关联和辩证关系，具体如下：

第一部分"城与乡"。"城与乡"的关系是各种城乡议题出现的基本背景。城市化的过程就是乡村向城市的转化。城市发源于乡村，出现后又仿佛成了乡村的对立面。只有为城与乡找到恰切的关系才能从源头和根本上理顺城市化的脉络。

第二部分"生与境"。生态环境是城乡存在与发展的物质基础。人类对生态环境的影响使原本稳固恒久的生命基座变得脆弱动荡。在环境气候成为世界议题的今天，我国也提出了碳达峰和碳中和的目标，如何在城乡建设中贯彻这一议题关乎生存。

第三部分"产与城"。城市的特征是集聚，集聚首先是为了生产价值，产业经济是城市集聚的原动力。当代产业的发展如何在宏观、中观和微观层面对城市产生影响，关乎每个城市的命脉。

第四部分"新与旧"。城市化的进行造成了大量乡村的荒置和消失，也使一些人口外流的城市处于不断的收缩中。即便在健康发展的城市内部，城市产业经济的变化也会导致城市空间结构和使用方式变化。如何让城市新生于旧、有机更新是经济基本面面对双循环、进入平稳发展期后的重要工作。

660

第五部分"中与西"。我国直至晚近才开始现代化，因此当代城乡建设中一直使用舶来的规划制度和设计语言，造成城乡面貌与传统中国空间特色的疏离。如何寻找适应我国本土的城乡建设理论与方法，是新时代城市领域践行四个自信的重要任务。

第六部分"人与物"。空间与人是相互塑造的，城市最终是为了服务于人，而对人的关注也是寻找和创造城市价值的重要路径。如何实现人文关怀、以人为本，是当代城乡建设工作最终的落脚点。

第七部分"虚与实"。网络信息时代的来临，智慧城市和数字生活成为现实。城市的物质实体如何在数字世界的竞争中保持魅力，同时让数字世界为城市生活作出更多贡献，是城市发展几千年来遇到的最新最大的挑战。

第八部分"国与城"。为了应对未来的挑战，除了技术的创新之外，制度创新也是重要的环节。我国刚刚实现的自然资源部合并，即是将旧有的城乡建设相关领域事项纳入统一管理框架，在国土空间规划体系的架构内配合各部分制度创新，积极应对前述各项议题。

其中，"城与乡""生与境""产与城"讨论城市的人、地、钱，关乎城市的命脉和存亡；"新与旧""中与西""人与物"讨论城市的真、善、美，关乎城市的性情和尊严；"虚与实""土与城"讨论如何用技术和制度干预城市的演变，关乎城市的未来。

一、城与乡

如果将城市化看作一个已经开始200多年而且至少还将持续几十年的宏大过程，那么这个过程中一直紧密关联、相互转化、彼此促进的是人类聚落的两种主要模式——乡村和城市。所谓人类聚落，至少包含两个维度的内容：一是聚落的实体建成环境，比如建筑物、构筑物等；一是聚落中的人类社会和生活。

那么乡村和城市究竟有何不同，要如何界定这两种模式的差别呢？

二者在宏观层面上的实体差异是肉眼可见的。在时间的维度上，乡村占据着几千年的历史，而城市只是在近两百年突然崛起；在空间维度上，乡村覆盖着广袤的国土空间，犹

如海洋，而城市则更像一座座岛屿漂浮其中；乡村的建成环境具有低密度、松散、自组织等特点，而城市则是以高密度、紧凑、整体规划为主。

1996年世界经济合作组织给城市和乡村做出了一系列带有比较意味的界定，其中认为城乡社会的主要差异体现在以下几个方面：（1）从社会组织方式来看，在乡村，人们基于共同生活的区域形成社区，也因此一个人在其中扮演的社会角色是相对稳定的；在城市中，人们基于共同的利益和兴趣组成社团，不同的社团和社会领域间存在许多重叠的角色关系。（2）从生产活动来看，乡村是以简单经济为主的、有少量劳动分工的生产组织；城市则是建立在多样经济基础上、有着大量专业化劳动力的生产组织方式。（3）从个体的社会生活来看，由于乡村社区的稳定性，人们的社会地位往往是由出生决定的，且其教育资源决定于先天社会地位；而城市中人的社会地位是通过后天努力获得的，教育反而决定了其社会地位的获取。（4）从个体之间的关系来看，在乡村每个人主要面对的都是本地人，人和人之间会形成紧密的网络，社会联系和工作环境有着紧密的结合；城市里有来自世界各地的人，个体之间结成松散的社会网络和工作环境，是相对分离的。

这种定义可以说是在某一时间切面上的定义，这些差异实际上是世界范围内的城市和"传统乡村"——也就是现代化之前的乡村——之间的差别。在我国，社会学家费孝通先生的经典著作《乡土中国》也曾经类似地把我国解放前的乡村社会描述为"绑在土地上的农村和农民"，认为血缘和地缘是中国乡土社会的决定性因素。

而"现代"的到来不但促进了城市的崛起，同时也改变了传统乡村的存在基础。"现代"这个概念在西方世界出现于18世纪末，现代世界被认为有几个重要的特点：（1）现代国家政权代替地方性封建权力主导社会行动；（2）现代经济理性代替血缘人情主导生产活动；（3）现代统一的时间和整体空间代替地方性的时空观，主导思维模式和历史记忆。

现代的冲击是巨大的，其在我国的具体体现可以概括为三个维度：第一，国家政权力量的崛起，体现为新中国成立以来一系列城乡政策对现实产生的影响；第二，现代经济理性的力量推动了改革开放以来我国城乡人口的人规模流动；第三，统一现代时空导致了当代"乡愁"的缺失与焦虑。

第一，如果说我国的"现代"真正全面开启是在解放以后，那么自那时起乡村从内部发生着质的变化。新中国成立之后，国家在新的土地制度基础上制定计划经济的政策，使劳动力和土地所有者逐渐分离，生产组织的方式也是使乡村社会与原有的乡土社会脱离，将其纳入统一的全国性生产组织结构。然后，在加速工业化和赶超西方国家的强大动力之下，国家政策几乎完全倾向于发展城市。原本"城乡差别"只是一种统计学或者类型学意义上的现象，在我国却因为现实需要，将这种差别确定为一种行政制度嵌套在特定的空间和人群上，用"工农业剪刀差"的方式强制乡村将发展的资源和机会让给城市。之后的改革开放也并没有改变对乡村的抑制，反而给了城市更多的发展机会，让二者之间的差距越来越悬殊，直到2000年前后，国家政策的重点一直都在关注城市。

第二，与政策力量相结合的，是改革开放所确认并强化的现代市场经济理性的力量，让农村人口持续不断地流向城市，寻找经济回报更高的劳动机会，并融入城市生活。从人口普查的大数来看，我国五普（2000年）显示的居住在城镇的人口约4.6亿，占总人口约36%，六普（2010）城乡人口对半，七普的最新结果显示：我国目前有约9亿人口居住在城市，约占总人口64%，约5亿人口居住在乡村，约占36%，乡村人口大量外流，甚至村落本身也在不断消失。

人口不断"由乡入城"这一城乡关系，使得乡村在快速发展时期成为城市建设巨大的人口红利蓄水池，当城市遇到经济社会危机时，人口返乡务农，乡村又成为维系社会稳定的基石。可以说乡村为社会的整体进步做出了巨大的牺牲和贡献。但人口由乡村涌入城市，也同时成为"大城市病"和"三农问题"的根本原因，后者则尤其严重。

人口流出让乡村社会自身的结构快速解体，学者贺雪峰在其著作《新乡土中国》中认为，2005年前后我们面对的乡村已经是"'半工半农'式代际分工结构"的"新乡土中国"，简言之就是：老一代农民还在乡村守着土地进行简单劳作生活，年轻一代长年在城市打工而很难定居，当用工需求下降时又回到乡村生活或务农。

这导致了乡村整体性的危机，即农业、农民、农村所谓的"三农问题"，包括但不限于：（1）经济问题：农业生产率低、生产力滞后、经济结构难以转型，导致生活水平相对城市越来越低、基础设施建设缓慢；（2）社会问题：人口外流导致农业土地和住宅闲置、村落空心化严重；（3）治理问题：传统乡村社会结构解体，新一代乡村社会组织力量尚未形成，发展动力不足；（4）环境和文化问题：资源外流客观上使得乡村在生态资源保护、自然文化遗产保护、文化传承创造等方面的弱势。

虽然城乡差距日益悬殊，但随着城市化的放缓和国家资本的积累，政府逐渐开始主动解决三农问题。自2003年开始至今，我国连续18年的中央一号文件都围绕"三农问题"展开，近十年也先后提出了"新型城镇化"和"美丽乡村"

两项相辅相成、旨在构建和谐城乡关系的重要持久的政策。2017年国务院提出了将农村土地集体所有权、农户承包权、土地经营权"三权分置"的办法，从更深层次上给予农民就地发展的制度基础。

在相关政策持续落实数年之后，城乡收入差距和城乡公共服务水平差距已呈现明显的减小趋势。近些年来很多沿海城市开始出现了用工荒和劳动力价格的攀升，大量农民利用政策利好返乡创业不再外出打工，信息的发达和物流的成熟也让这一选择成为可能。

然而这时，全国大半人口都居住在城市，蓦然回首，却发现我们已经失去了曾经美丽的乡村世界，没有地方可以安放"乡愁"了。

第三，让我们产生"乡愁"焦虑的，除了千疮百孔的乡村自身，还有"现代"统一时空观念对城乡关系的重新定义。

现代的交通信息网络无所不在，使得任何一个地方都不可能像世外桃源般保持独立的生活体系和思想体系，原本属于某个特定乡土的文化很快被流动的现代文化所覆盖，硕果仅存的则是被视为"他者"的文化遗产。

甚至乡村自身也很快分化成两种：一种乡村呈现与城市同构的趋势，在功能上与城市结为一体，村落空间也因此解构，成为城乡连续体的一部分；另一种乡村在人们的怀旧情绪之下被认为具有独立于现代性的价值，成为农耕时代的文化遗产。2018年出台的《乡村振兴战略规划》将我国乡村分为四种类型分类推进，分别是：集聚提升类村庄、城郊融合类村庄、特色保护类村庄和搬迁撤并类村庄。其中前两类属于向城市靠拢的乡村，而"特色保护类村庄"就是"彰显和传承中华优秀传统文化的重要载体"。

无论对于哪一种乡村来说，"乡愁"的实现都不完全是本地人的回归。今天的乡愁已经不是每个人对具体的、曾经的老家和亲人的怀念，而是所有人对抽象的、整体的青山绿水慢节奏生活的向往。也因此，人们乐于进行乡村建设、文化创意建设，恢复所谓的"乡愁"。

随着普遍国民收入的提高，根据一些投资银行的算法，我国在2015年达到城镇化拐点时拥有约一亿人口的"中产阶级"，这意味着很强的休闲消费能力。近年来市场对乡村资源的价值也确实表现出了巨大的热情，各式各样的"返乡情怀"结合资本与相关机构在乡村进行着旅游经济意义上的建造和经营活动，也确有部分人从城市回到乡村定居，特别是在景观气候良好、遗产丰富的乡村地区。这一现象在发达国家城市化到达一定阶段时也曾经发生过，并定义为"逆城市化"，代表一种新的城乡关系。

这种关系里，乡村重新找到了自己在现代的定位。经历了曾经的城乡割裂、城乡生活的巨大差距到逐渐恢复城乡互动，当代的乡村在逐渐找回自己作为"母亲"的角色。

著名城市史学家刘易斯·芒福德在《城市发展史》中认为：城市和乡村的性情差别就是父亲和母亲之间的差别。父亲负责狩猎，需要有速度、力量、机警，适应快的变化，有强竞争力和随时寻找机会，因此城市高效、高密度、有大的环境压力；而母亲负责养育、保护，需要平静、稳定、充分细微地滋养幼小的和虚弱的对象，让他们成熟或恢复体力。乡村维护着我们的生态安全、粮食安全，让我们得以从城市的激烈角逐中抽身而退，重返平静的内心，恢复精力。

我们永远也无法回到血缘和地缘连接中的乡村，却随时可以在低密度的空间、慢节奏的生活，在与大自然的邻近中获得与大地的母性的连接，实现对生命能量的休养和蓄藏。

也因此，西方很多国家在城市化稳定之后，乡村人口和城市人口按照生命周期形成了一定的循环，年轻人进入城市成就事业，年老后再迁入乡村养老居住，城乡之间的居住者平均年龄呈现明显的差别。

当然，这样以居住为核心功能的模式需要两个基本条件：（1）农业的普遍现代化。这保证了即使在乡村，少量农业从业者也可以完成对大规模土地的耕种管理，因此只有小部分被"绑在土地上"，而其他乡村居民都可以根据职业和生活需要自由选择居住空间。（2）乡村社区的动态建构。这是对"什么人是村里人"的重新定义，只有在制度和文化上实现乡村社区对外来者的全面接纳，"乡建"者们才能真正在乡村扎下根来，城乡流动和人口置换的连续性才能得到保障。

回到我们最初罗列的世界经济合作组织对城乡差异的定义来看，未来的乡村社区可能更多地呈现出城市的特点，而城乡间最大的差异也许就是建成空间和人口密度的不同罢了。

二、生与境

这个议题可以理解为三个层次：生命与境遇，生态与环境，生存与竞争。

无论城市还是乡村，都是人类赖以生活的家园。在人类聚落之外，更广大、更基本的家园是我们的地球先天提供给人类的自然和生态环境。如果没有适宜的温度、湿度、光照、水、空气和土壤，植物和动物无法生存，人类也不可能进化到今天的程度。无论人类的智力水平发展到什么高度，都无法脱离先天的生物属性。因此，拥有并维持一个适宜生存的大家园，是所有人的基本义务。和这个大家园相比，任何类型的人类聚落都微不足道。

经历了2020年至2021年，这个话题显得尤为重要。史无前例的疫情、暴雨、洪水、高温带来的生物异常、粮食减产、人员伤亡、财产损失、城市公共生活的封禁和全球化的倒退，接连震撼着人们的内心、约束着人们的行动，让每个人都重新对自然产生敬畏和戒惧心理。

在各个国家、民族的神话故事中，自然一直是神秘的力量，控制着也保佑着人类的生存，人类行为稍有出格，就会受到惩罚。这种神化和敬畏一直贯穿着古代世界，因为那时候人类力量和自然力相比实在太弱了。而现代科学和工业技术在18、19世纪后突飞猛进，人类拥有了各种神奇力量：穿山凿洞、筑堤造陆、掘水挖煤、发电降雨、上天潜海、杂交、克隆、转基因……人类再也不用仰望自然的雄壮，而是第一次站在了"上帝视角"，将大自然看作自身发展的基本素材。

"人类世"是一些地质学家试图将近两百年时间划为新的地质时期并进行的命名，用以说明人类对地球的影响已经大到史无前例的程度——人类已经成为了一种"地质营力"。过去这个概念主要指地震和造山运动这样的地壳运动，或是大气、海洋、河流、冰川等的运动，而工业革命后的人类的活动已经活跃地影响包括大气圈、水圈、土壤圈、冰冻圈、生物圈在内的整个地球系统，60多亿人口的存在已经造成了近半陆地资源的占用和越来越多的能源消耗和排放、生物的灭绝、酸雨、烟雾和全球气候变暖等一系列严重后果。比较悲观的研究认为如此下去，人类可能在100年内灭绝，"人类世"将会终结。

生态和环境的保护问题亟待坚决且具体的共同解决。

当人类力量强大到足以毁灭自身时，首先要面对的问题是自救，这已经成为国际社会共识。178个国家于2016共同签署了《巴黎协定》，实现对本世纪内碳排放和全球地表升温的控制。我国在第七十五届联合国大会上也首次明确，在2030年前实现"碳达峰"，努力争取2060年前实现"碳中和"，即二氧化碳净排放量为零。这对于仍然是发展中国家的我国而言，是很大的挑战。这要求我们广泛形成绿色的生产生活方式，实现低碳高质量的发展。

其中最大的难点在城市，因为产业、能耗和人口高度密集，而城市自身的空间环境容量有限，很难实现自然净化和平衡。比如2019年，我国第一、二、三产业增加值占GDP的比重分别为7.1％、39％和53.9％，用电量占全社会总量的比重分别为1％、68.3％和16.5％。城市作为第二、三产业的空间载体和居民高度密集区，能源电力占比近95％，这与碳排放是正相关的。

要在城市中实现绿色低碳高质量的发展，需要在几个层面上同时做出努力，包括相关产业和技术、城市规划、城市管理运营和城市生活实践等。（1）在城市范围内全方位应用低碳技术，包括建筑的节能减排技术、交通工具的清洁能源技术、建筑和基础设施的清洁能源技术、污水处理和垃圾处理技术等。（2）在城市的规划层面，首先要对空间进行集约化利用，防止"摊大饼"造成的土地、基础设施和公共服务设施的浪费；通过对城市功能空间的合理安排，尽可能实现职住平衡、减少通勤时间和距离，并以公共交通进行连接；在城市更新、旧城改造和新城建设中，都要纳入碳约束，鼓励利用自然方式、太阳能光伏发电设备采能；避免超高层塔楼而选择楼层适度的建筑，防止高耗能，提升城市绿地和建筑立体绿化的比例等。我国的武汉、天津、辽宁、深圳等多个城市都开展了低碳生态区的建设尝试。（3）在城市管理和生活实践中，建立城市社区农业、社会花园空间，倡导节能朴素的生活方式，鼓励使用环保制品。提倡居家办公、视频会议，鼓励步行、自行车和公共交通等出行方式，实现绿色发展。

在城市进行绿色低碳发展的同时，也必须对更广袤的乡村地区的生态环境和自然资源进行保护。目前，我国在国土空间规划的技术框架内实行"三区三线"控制，即划出明确的城镇开发边界（红线）、永久基本农田保护红线、生态保护红线这三条控制线，有效地限制城市发展对自然空间的破坏和对粮食安全的威胁，并防止人类活动对生态和农业空间的破坏。近年来我国对破坏秦岭自然保护区、破坏青岛海岸线的一些建筑的拆除，充分体现出保护生态环境的决心。

现实中，因为乡村的环境容量相对宽裕，针对乡村聚落的绿色发展有比较多的实现路径。其中的核心概念是类似"生物区域"的聚落单元，以及相关的理念和方法框架。基本思想是以本地的自然资源条件（如水文地质条件和生态网络、农林体系）和人文资源（地方性的生活、建造知识和艺术）为基础，实现乡土空间内部在生态资源层面的循环可持续利用、能源再生体系的建构和对本地遗产资源的充分利用。

城市为什么很难实现这一点呢？正如"城与乡"部分所述，城市的特质在于竞争。生存与竞争，或者说"发展"的愿望是所有这一切的根源。

人类并不需要也不能"保护"环境，如果没有人类，也许生态环境更加和谐稳定。因为除了人类的一切生物都会在生态环境和食物链中被自然资源限定其种群数量，只有人类能够不断改造自然、实现自身种群几乎无限扩大的同时使人均消耗的资源（和生活水平）不断上升，并将其称为人类的"前进和发展"。

人类生存境遇的危机就是发展的代价。"发展—现代科学—进步—进化—竞争—乌托邦"是一组相互关联的概念，也是启蒙运动至今指引人类现代思想和行动的关键词，即认为通过人类利用客观条件可以不断赢得更加美好的未来。不可否认，这是智慧生命的发展，我们的食物、居住、教育、医疗等条件比两百年前提升太多了，最直接的反映就是当代城市舒适便利而丰富多彩的生活。

但在最基础的生物性层面上，这样的发展和环境保护之间的矛盾只会越来越尖锐。人类族群内部也在进行不断的竞争，既包括对顶层发展机会的探求争先，也包括对底层生存资源的抢夺垄断。人类个体也在人性的贪婪、嫉妒、懒惰中无法自拔，甚至连"低碳"这样事关人类共同命运的理念也会被相关利益团体利用为政治经济竞争的幌子，置真正的威胁于不顾。

关于这个议题，如果有什么结论的话，可能是比较悲观的，只要在生物层面和物质层面地球是我们唯一的家园，生存和竞争对生态环境造成的外部性就是必然的。至少到今天为止，人们想象中的技术高度发展足以弥补和修复生态破坏的乌托邦世界远未到来，而且似乎越来越远。只要人类在思想观念上继续关注发展进步、强调创新增长，所做的就是不断为自己创造的新世界付出相应代价。

三、产与城

如果说在生态环境和生命境遇层面城市远不如乡村，那么城市的巨大优势就在于产业经济活动带来的竞争力，产业是城市的硬核。产业和城市的关系在我国目前可以概括为三种类型，也在时间上有一定的先后关系：（1）以产促城——产业是城市的发动机；（2）借产造城——以产业之名发展城市房地产；（3）产城融合——城市成为产业的孵化器和助推器。

产业作为城市发展的推动力量，在我国起步比西方国家较晚。

因为错过了第一次工业革命，我国最初的工业产业主要是清末被迫开启国门后获得的舶来产业，分布在东北三省、天津、上海、广州等港口城市和武汉等沿长江的港口城市，也直接促进了这些城市在清末民初打下初步的工业化基础。

新中国成立后，第一个五年计划时期我国在苏联的支援下布局了"156"工程，此时的产业布局按照"区域均衡发展、分布资源且重点发展内地工业"的原则，确定了这些重大工程的落点城市，其中民用工业企业集中在东北和中部地区，国防工业企业集中在西部地区。为了发挥集聚效应，大部分企业在工业区建设的同时进行了配套的城市建设，形成了综合性的工业城市组团，也就是后来所谓的"企业办社会"的传统模式。在接近10年的时间里，"156"工程为我国打下了重要的工业基础，也造就了第一批主要的工业城市的雏形。

之后经历了很长时间的产业发展的停滞甚至倒退，"大炼钢铁"作为最直接的例证可以说明：产业发展需要与资源、技术、生产力水平相结合进行选点突破，否则就是浪费民力和资源。

改革开放"让一部分人先富起来"的思路催生了"非均衡"发展的产业布局和政策，最成功的例子就是作为"经济特区"从小渔村崛起的深圳。改革开放初期，国内外发展水平差距较大，设置经济特区的主要目的就是通过减免关税等优惠措施，鼓励外商投资并引进国外的先进技术和管理方法，为我国培育产业经济学中所说的"增长极"。因此，集聚的产业也以外向型的加工制造业为主，提供了大量就业岗位，让深圳的城市人口规模迅速扩大，较高的附加值和GDP也推动了城市发展。

这一模式在1992年被应用于上海浦东的"国家级新区"，同样是用利好要素吸引国际投资创建产业增长极以带动城市发展，也获得了巨大成功。

此后，我国通过行政手段建设了一系列不同类型的工业产业园区，将此类"创设产业增长极"的模式应用于全国各个有条件的城市，包括国家级经济技术开发区、高新技术产业开发区、保税区、出口加工区等，其内核都是在城市的某一片区集中优势的基础设施条件、财税政策条件、环境条件和人才技术条件等要素，提高工业化的集约度、集中产业优势，从而带动城市发展。如我国自1988年设立的"国家级高新技术产业开发区"，就主要依靠国内的科技和经济实力，借助密集的智力资源和开放的环境和优惠政策，进行科技成果的转化和产业效益的提升，北京的中关村科技园、上海张江科技园、江苏昆山科技园都是其中的佼佼者。

目前，我国各省市除了山西、西藏等地之外无一不具备多类型、高级别的产业发展园区。截至2021年，我国在国家层面共有国家级新区19家、国家级经济技术开发区232家、高新技术产业开发区168家、海关特殊监管区150家、边/跨境经济合作区19家、自贸区18家、自主创新示范区19家。另有省级开发区2094家，这是省一级对产业增长极发展模式的效仿，甚至更有市县乡级的类似设置。

如此规模的工业产业园区，为我国近40年来的产业创新和发展起到了重大的推动作用（粗略估计贡献了GDP的30%~40%），同时也成为城市建设的重要内容和景象之一。1990年我国确定土地使用权可以依法转让，并于1994年前后实行央地财政分离且于同时放开商品房交易，城市开发建设成为与政府利益和市场利益极度相关的重要行业。而工业产业园区的建设在获取产业价值之外，还可以带动城市土地的升值开发和周边人口房屋的聚集，成为炙手可热的政企联合投资选择，也演变为许多房地产商借以营销造城的幌子。工业园区的建设一度遍地开花，呈现出盲目建设、侵占农田、低水平发展的乱象。2003年国务院撤销各类工业园区工4813家，并核减工业园区面积共约2.5万平方千米，此后工业园区发展相对成熟稳定。

然而，工业园区作为城市的增长极优势非常明显，可以吸引外资落户、改善本地产业结构、集聚研发中心和高新技术产业并带动新的城市招商引资，形成良性循环。工业园区最初创设所依据的"增长极"理念，认为增长极会从自身产生"溢出效应"带动周边，两个临近的增长极之间会逐渐连接为增长的"轴"进而连成片，使更大的空间整体进步，事实也确实如此。但工业园区增长的最初动力来自我国政府对产业经济的政策主导能力，之后一般表现为政策驱动、投资驱动和创新驱动三个阶段。而随着全球化和我国市场化程度的加深，园区内的优惠政策作用逐渐弱化，有限的土地空间也越来越难以满足产业发展的投资需求，产业结构单一、园区创新能力下降的问题凸显出来。同时，产业在园区内的聚集导致围绕产业就业的人群与城市的实际消费结构不匹配，产业与城市发展相脱节。

而从宏观的城市发展阶段来看，经历了近20年的压缩城镇化过程，在土地财政逻辑的推动下，很多经过"新城建设"城市的城市化水平已经远高于产业发展水平。早期工业化阶段往往因为城镇配套设施缺乏，出现住房短缺、交通拥挤、资源短缺、环境污染等问题；而在产能过剩、产业升级缓慢的情况下，城市化的超前又会导致产业空心化和就业不足等问题。甚至在很多城市，由于产业的缺乏和资金向房地产的涌入，"房地产"成为支柱产业，在随时可能出现的金融泡沫前岌岌可危，温州、鄂尔多斯、贵阳等城市已经出现了极端例证。而且在我国已有的国家级新区和重要工业园区的实际发展中，真正如浦东新区般取得实至名归成功的是极少数，大部分面临创新人才和组织不足、产业滞后单一和同质化等问题。

这就催生了"产城融合"的理念。产城融合的模式有多种，核心内涵是让城市和产业发展相互促进，这两个范畴最重要的交集是人。产业经济自有其内在逻辑，不同发展阶段的产业活动，其参与者的年龄结构、教育水平、文化习惯、生活需求都有差异，城市需要提供足够优质的物质环境、城市服务、文化氛围来吸引人才、安置人才、留住人才。城市规划中既要关注产业空间与居住空间的合理分区与通勤联系，也要关注知识型工作者和服务型工作者差异化的服务需求，同时促进阶层间的互动与交流，实现城市空间的功能与相关人才规模结构的匹配。

随着新兴产业的复杂度越来越高，对更大规模和空间范围内的要素联系产生了需求，城市也从都市圈走向了城市群。京津冀、长三角、大湾区是我国最重要的三个城市群。城市群通过城市规划与交通基础设施的整合带来更大的人口集聚能力，由此汇聚高密度高质量的人力资本。通过相邻城市间的产业分工与合作，城市群与全球创新科技网络的紧密联系成为促进产业升级、孕育产业创新的摇篮。

最后需要说的是，新产业的出现和旧有产业的升级对城市的影响可能是巨大的。比如电子信息技术推动的互联网产业，在全球范围内造就了硅谷这样的产业新聚落，在我国，杭州因为同样的机遇获得了新一轮的人口集聚和城市发展机会。随着产业升级和第三产业的比重逐步增大，空间的重要性越来越高，更多的产业流向气候适宜、社会环境年轻化、制度机制自由、城市公共服务良好的城市。而随着工业的转型，原本建立在重工业基础上的资源型城市，如东北三省、西北地区曾经的重要工业城市，近年来就面临着产业衰落和人口外流的严重问题。

即便是在新兴产业空间内，产业自身的升级也有着强大的城市效应。比如同样是电子信息产业推动的中关村科技园，曾经人声鼎沸，近年因为互联网消费方式的出现，很多商铺人去楼空，亟待新产业的引入。在产业活力最高的大湾区，一个新机器人产品的出现就可以短时间内快速取代大量人工劳动，而导致对服务型劳动力的需求急剧减少，进而影响城市的空间规模、社会结构和人口素质。

目前我国经济发展进入转型期，面临双循环的基本面和中长期人口红利时代的结束与老龄社会的到来，实时调整发展战略应对产城关系的微妙变化，是每个城市健康发展的重任。

四、新与旧

城乡空间是人类的建造，材料与结构决定其自然寿命，而人类活动的兴衰决定其活力与价值。除了战争、天灾等特殊力量，产业是城乡发展的根本动力，产业的转变、迁移、升级都会引起人类活动的变化，从而生成一些新的空间、抛弃一些不再适合的空间。

最明显的是工业化和城市化进程使得大部分的农业空间，也即传统的乡村聚落明显衰落。原本乡村聚落根据自然地理条件分布在适合人类居住和建设的空间里，随着工业在某些城市的聚集以及现代交通的发达，人们走出村庄后不再回来，大量村庄成为空壳。根据粗略统计，在高速城市化的1990—2018年间，我国平均每天有80至100个自然村落消失（更有研究认为多达200个），近30年间，上百万个自然村落悄无声息地消失了。城市周边的乡村往往被城市的扩张吞噬，要么被征用成为城市的一部分，要么成为"城中村"，在更大的时间范围里面临拆迁更新的命运。

还有一些尚未消失而独具特点的村落，因其具有历史文化艺术价值受到关注，被列入聚落类文化遗产进行保护。我国2003年创立"历史文化名镇名村"遗产名录，在此基础上2014年新设国家级"传统村落"名录，由国家进行评审、拨款和管理。目前，有6000多个村落列入名录，据估算仅占此类文化遗产实存量的十几分之一。

工业的升级和转型也带来了城市空间的转变。

在国土层面上体现为产业变化造成的人口流动，使得一部分城市持续扩张的同时，另一部分城市出现收缩。"收缩城市"的概念近几年在我国才逐渐得到关注，在工业化开始较早的国家于20世纪80年代就出现。数据研究显示，2000年至2010年间，我国有一万多个乡镇和街道办的人口在流失，1/3的国土人口密度在下降；2007年至2016年间，全国660个城市中有80个城市出现不同程度的收缩。

国家发改委在《2019年新型城镇化建设重点任务》中首次提到了"收缩型城市"，并要求收缩型中小城市"瘦身强体，严控增量、盘活存量、引导人口和公共资源向城区集中"。这意味着几十年以来我们习惯的"增量规划"到了一个转折点，"盘活存量"成为新时期城市规划的重点。

需要盘活存量的不只是收缩城市，很多城市即便仍在健康发展甚至扩张，第三产业的发展也会导致其不同区域之间出现"新"的崛起和"旧"的衰落。

增量发展的基本特点之一就是城市用地的扩张，在原本不是城市的地方进行新的空间建设。这些新的空间往往有一些共同点：原初开发程度较低或为农用地，因此土地价格便宜，开发可以以较大规模进行；前期规划进行了现代公共交通设施网络的覆盖，同时以增量的人口预期规模为标准规划建设道路和停车系统，因而可以承接较大的人、车流量；建设密度较高，配套基础设施和生活服务设施相对便利；往往有较强劲的第三产业驱动力，最终形成新区、新城甚至新的城市中心，如商业购物中心、行政办公中心、文化教育中心、医疗康养中心、产业园、大学城等。

就业机会和良好的居住环境吸引年轻人口流向此类片区，新区迅速繁荣，与之相伴的是老城区的逐渐衰落、空心化和城市新一轮的产业更替。

我国历史悠久，大部分主要城市都有着很长的建城史，存有老城区。这一类老城区往往处于历史文化遗产保护区范围内，受到保护区相关的建设密度、限高等的要求不能进行大的拆迁重建；但又因为初始建设年代久远，基础设施与现代生活的需求差距比较大。比如北京的老城是明代开始建设的，街道和胡同的尺度与现代汽车出行的方式不匹配，导致内城交通体系不完善，缺乏必要的停车设施，并经常出现堵车现象。胡同的四合院里并没有独立配置的上下水系统和现代卫生间等设施，很多旧城居民为了改善居住条件住到现代住宅区，老城区里则以租户、老人居多，产业也因之难兴。

此外，城市扩张将原本属于城市郊区的工业企业用地纳入城市范畴，为了现代城市环境的需求，不得不将这些工业企业迁出。如北京为举办2008年奥运会、建设国际化大都市，耗时五年将中国十大钢铁企业之一的首钢集团迁至唐山市曹妃甸；上海也以2010年世博会为契机，在杨浦滨江工业区产业衰退之时，选择这里为世博会会址，将江岸沿线原有的仓库、工厂迁出，仅保留一些工业遗产空间。

工业遗产、历史文化保护街区、传统村落，前述的带有不同时期历史信息的"旧"的空间以及我们熟知的历史文化名城等对象，共同构成我们今天所说的"建成空间类的文化遗产体系"。

文化遗产是起源于欧洲18世纪的概念。最初在法国大革命时期人们认为过去时代遗留下来的带有历史、文化、艺术等信息的重要建筑应被作为全社会的公共遗产进行保护，后来这个概念扩展到更大范围和更多类型的城乡空间。我国从1982年开始立法确立文化遗产，并将遗产内容逐步充实扩大；至今虽然已有大量建成空间在列，但与西方很多国家的"遗产饱和"状态相比较，仍然存在保护不足、利用不当的情况。对建成空间遗产的保护和利用其实是一体两面，"盘活存量"就是既要引入新的符合城市需求的产业活动，重新启动空间的经济活力，又要尽可能保留遗产空间的历史文化信息和社会结构，存续其社会和文化活力。

城市更新类项目在西方国家开始得比较早，有许多经典的先例，比如著名的德国鲁尔工业区改造、法国巴黎左岸改造项目等。近年来随着我国城市更新的加快，许多优秀的成功案例也相继涌现。

比如，北京西城区白塔寺再生计划以政府主导、居民自愿的协议腾退方式获取了白塔寺街区部分散点老旧院落，改造后用于教育、学术等公共文化活动。在首钢迁出后，将原厂旧址改造为一个集现代办公区、博物馆、住宅、休闲地和体育设施为一体的园区，为整个城市服务。

上海的徐汇滨江地区，也将旧有工业空间更新为具有亲水岸线景观和包括龙美术馆、星美术馆、西岸美术馆、油罐艺术公园等文化场馆在内的上海文化新地标。险些被拆除的原上海烟草公司机修仓库，被打造成为一座集城市公共交通、公园绿地、公共服务于一身的绿色江滨城市综合体，承载艺术展览、市集聚会、社区交往等功能。

历史文化名城景德镇市原来的工业区国营宇宙瓷厂、陶瓷机械厂，经过改造，在保护陶瓷工业遗产的同时，开设博物馆、美术馆、高级工坊等场所，打造聚集年轻艺术家和学生的陶溪川文创街。

常德老西门棚户区的老城改造面对地产开发的诱惑，选择了让居民回迁社区重返邻里空间，让居民建筑与商业建筑群共存。通过将窨子屋改造为"窨子屋博物馆"和精品酒店将其传承下来，为剃头匠、钥匙匠、鞋匠留下生活场景；并以小剧场的形式为常德的丝弦剧团及花鼓戏团两项文化遗产留下生存空间。

乡村地区也有大量的建筑更新实践，如浙江松阳的"松阳实验"、深圳宝安的"建筑针灸"，以点状的空间改造给乡村创造公共生活的可能性，从而提升空间活力、吸引青年人返乡。

总体来说，随着经济增速的逐渐平稳和人民对空间品质要求的提升，我国在城乡空间改造更新方面的实践空间仍然很大，但是在相关法制建设和技术体系建设方面还有很多空白。鉴于我国独特的房地产权制度和城乡物权差异，很多城乡更新项目面临多重困境：经济发达地区将空间更新的经济效益作为主要推动力，容易造成旧有空间价值提升后的空间商业化和绅士化，即对原有社会结构的割裂和对弱势人群的利益侵占，由此导致"腾笼换鸟"之后文化遗产特色的消失；而在相对欠发达地区，如皖南、西南民族地区等文化遗产极其丰富的乡村地区，又由于空间的利用价值有限，相关的更新活动得到的关注度低，继而遭遇保护资金不足、遗产逐渐破败消失的困境。

随着产业变迁、人口老龄化等进程，一些城乡空间的经济活力和社会活力暂时衰退不可避免。通过改善老旧空间的基础设施和公共服务水平，利用其文化遗产进行新的价值创造，既是城市健康发展的持久之道，也是地方文化特色传承和发扬的不二法门。

五、中与西

无论是城市增量建设还是存量更新，都涉及一个重要的问题——城市风貌与建筑形式。

形式问题一般被纳入艺术的范畴，但与雕塑、绘画等视觉艺术相比，建筑和城市的渊源具有更大的复杂性，它不仅是视觉的艺术、空间的艺术，还是社会的艺术和生存的艺术。对于每一个特定群体，从本地本民族自然生发的建筑文化都是这一群体文明的结晶。

因为中华文明所具有的罕见的连续性，我们的传统城市中无论官式还是民间的建筑都体现出了相似的秩序图式，共同反映了中国人最深层的宇宙观和时空观念、人与自然环境的关系、社会的基本秩序和价值以及文化的审美趣味和想象。

我们的宇宙观具有时空整体性和时空之间的相互对应，这源于先民为了不误农时和祭祀而进行"观象授时"的实践：通过观测天象确定一年的长度、春夏秋冬四时的变化周期、月令和节气的划分等时间体系；又在立竿测晷影、子午线测量等技术操作中对宇宙的空间原型形成了"天圆地方"的想象性认知，进而产生"四方""八方"的概念，并与不同的季节联系在一起，由此逐渐通过天干地支符号系统与时空系统的对应而将时间划分体系和空间划分体系整合为一体，最直接地表现在后来用于风水堪舆术的罗盘中。这一过程中形成了我国先民对"天"的普遍崇敬，城市房屋墓葬的建设中广泛存在"敬天""象天"的文化，包括对"中"的寻求、对"辨方正位"的重视等。

独特的自然地理条件也是我们传统文化的另一个重要渊源，择地而居时又需要靠近水源，山水形成了相伴的辩证关系并共同构成我国先民物质和精神生活的基本环境。"山川崇拜"和"山水文化"成为我们与自然环境关系的底色，被神圣化了的山水也成为建城选址的基本参照物和景观设计的重要构图。

中国传统文化的核心是"礼"——"礼者，合于天时，设于地财，顺于鬼神，合于人心，理万物者也"。中国古代宇宙观里，宇宙是包含了天、地、人、神等多个层次的整体，而"礼"是契合于各个层次的规律，因此可以用作社会的规范性框架；礼的制定者是天子，通过礼与天相契合，这就是"天人合一"的哲学渊源。

成于西周的礼制的核心是建立秩序并依此分配社会资源，"溥天之下，莫非王土"。在礼制模式下，宏观的自然地理被秩序化为以昆仑山为起源的一系列具有祖先、父母、子女等亲缘关系的山川，与不同山川相关的各城市的地位自然也不同。具体到都城建设，在"国"与"野"的城乡划分基础上，城市和乡村的用地也以一系列级差的空间规模、人口规模、生产和赋税规模对应着严密的封建等级体系，灌溉和道路系统也与之相应。宋代出现的《营造法式》则是礼制的延续和在房屋工程建造中的具体操作说明，通过对不同等级官式建筑尺度和用料的明确规定，实现秩序的显化。当然，中国的"礼"还强调应用的适宜性，而非生搬硬套，因此实践中在城市的环境选址、规划布局、空间设计和建造等方面依礼的同时也因地制宜。

技术层面的特点体现为对风水堪舆术的普遍应用和模数化的建造。风水相地包括了对"山川—城市"构图的寻找（如城市所倚靠的主山、坐山、案山、朝山）等，以此决定聚落的主要朝向和轴线，强烈的轴线是中国古代聚落最主要的特征之一；还包括对地势高低的判断和龙脉（某种特定山脊的延续空间）的寻找，以获得聚落的竖向位置和具有围合的基地；选址之后的建设往往在整体设计的基础上以模数化的单元相组合而形成具有连续性的空间布局和流动的空间体验，并在流线的重要节点上以人视点的高度对视域内的空间构图进行设计。

这里只是为了说明，和其他历史悠久的文明一样，中国的传统城市和建筑深深地"嵌入"在我们的时空、历史、自然条件、社会和文化传统中。城市和建筑是曾经生活于此的人们日常生活、社交、生产、文化、审美、信仰等一系列人类学行动的产物。

而现代社会是"脱嵌"的社会，现代建筑和城市的生成逻辑脱离了与地方性历史、地理、社会、文化的联系，而是借助生产性的空间需求、通用化的技术体系、全球化的专业教育和实践使自身毫无阻碍地四处蔓延。

标题"中与西"是简化的说法，其实西方各国也有成型于当地的传统建筑文化。只是我们与西方建筑和城市规划思想的相遇是在非常晚近的时候，迎面遇到的是西方已经发展了几十年的"现代主义"建筑和城市文化，这在很大程度上影响了我们今天的城市面貌。

"现代主义"思潮起源于19世纪下半叶的欧洲，20世纪20年代开始逐渐成为西方建筑的主导思潮。现代主义的核心观点包括：（1）对建筑空间的功能主义观点——认为现代建筑应该满足工业化社会的需求，为生产组织和社会效率服务，因此功能实用和成本低廉是重要的因素，著名的建筑师勒·柯布西耶甚至说"住宅是居住的机器"；（2）对建筑形式的理性主义观点——认为现代建筑的形式要摆脱传统的束缚，"由空间功能决定形式"而无关古典的比例和透视体系，同时建筑形式应是灵活自由的、简洁纯净、减少装饰，在著名建筑师中，密斯·凡·德·罗认为"少就是多"，阿道夫·鲁斯甚至认为"装饰就是罪恶"。

新的材料和结构体系的出现，包括混凝土、钢结构和大面积的玻璃的生产和使用，为实现这些目标提供了技术可能性。同时，两次世界大战之后，世界范围内人口激增，战后重建和工业化、城市化的重启和加速要求建筑低廉高效，现代主义的各种主张完美符合了这些需求。现代主义先锋勒·柯布西耶在1914年发明的一种柱板（暗梁）承重体系，可作为最典型的例子来说明现代主义的特点和普遍性——"多米诺结构"。这种三维形态高度概括了现代技术和材料促生的新的建筑形式语言。而今天，它也成为建筑设计中应用最广泛的基本单元，我们的板楼、工业厂房、办公楼、学校、医院等都是对它的应用。

现代主义的设计思想随着现代教育体系和建筑实践的全球化而扩展到世界每个角落，一度对建筑的地域性和文化特色造成普遍抹杀。

全球的民用建筑都受到现代主义势不可挡的全面冲击，而在"官式"（即政府办公类与意识形态联系紧密的建筑）建筑和重要的公共文化类建筑上，各个国家出现了不同的态度。有的放弃了本土的传统建筑，直接拥抱现代，比如印度的加尔各答和巴西的巴西利亚，两个新城市的建设都采用了非本土建筑师的现代方案，导致城市形象脱离本地文化，缺乏应有的号召力。

而我国则一直尝试实现对本土建筑的坚持和传承。我国第一批建筑师和城市规划师，包括梁思成、杨廷宝等建筑大师也是在这一时期前往西方国家留学并将新的建筑观念带回中国，开启了我国新时期的建筑设计研究与实践。从这时开始，就出现了真正的"中与西"问题：如何认识中国传统与西方现代的关系？如何让现代建筑体系在中国本土化？如何让中国建筑实现自身的现代化？如何在获得现代建筑体系优点的同时延续和发扬中国传统建筑的特色？

相关的激烈讨论从新中国成立后一直持续到20世纪末，中间几经反复，既不乏优秀的创作实践，也充斥着遗憾的尝试。在21世纪全球化加速和中国改革深化的阶段，在后现代思潮的新一轮冲击下，这些讨论逐渐淡化或转变为其他议题。现实的建设情况则在国际化都市地标建筑、地方性历史城市地标和风貌以及普遍的民间建筑三个层次上有着不同表现。

以北京在20世纪50年代、80年代和90年代的三次"十大建筑"评选和2009年"北京当代十大建筑"评选为例，可以看出人们认可的形象代表从最初的以中国传统建筑形象和立面为基础的"新古典"建筑，逐步走向带有少量中国文化符号的现代建筑，直至新时代完全自由的现代甚至后现代建筑作品。社会整体对城市形象的多元化越来越包容，甚至出现了对外国建筑师与设计风格的追捧，这与北京逐渐成为国际化大都市的现实是分不开的。

相较于北京，受全球化冲击较小的西安、南京等传统城市在保存历史风貌、弘扬传统建筑文化方面的成就有目共睹。如西安从古城墙保护、钟鼓楼片区的历史街区改造，到陕西省历史博物馆、陕西省图书馆等地标建筑的设计，至新时代曲江片区、城北片区的新城开发建设，一脉相承地保护了城市历史风貌和文化遗产，同时以具有时空连续性的方式弘扬了城市建筑与文化传统。

民间建筑，特别是城乡住宅层面呈现出了有趣的曲折前进的趋势。20世纪90年代住宅市场放开后，各地开发商捕捉到了改革开放带来的社会对西方文化的盲目崇拜，各种"托斯卡纳""维多利亚"小镇遍地开花。而近十年来很多"新中式"住宅商品涌现，反映出社会和市场对传统建筑风格和文化的回归。这其中至少有两个原因：一是中国传统建筑与当代住宅从空间尺度和建造工艺上，更容易找到契合点，而与超大尺度的当代地标建筑很难融合；二是我国社会的全面发展让国民对传统文化产生了自信和复兴的愿望，包括建筑、服装、古诗词、古乐等。

从"原教旨主义"的角度来看，"文化"是指"由对象、信仰、知识、价值、实践、制度、技术和象征构成的稳定、协调的整体，其中的个体分享其组成内容"，简言之，传统文化必须在传统社会存在的情况下才能存在。但我们不可能复活传统社会，当代的文化复兴其实是一种"文化选择"：在各种纷繁的文化符号体系和表达中选择自己认可的部分，来传播和表征自己的文化归属。这种情况下，文化的意义是一个不断再造的过程，我们只有通过对传统不断的研究、提炼和创造性的再解释，才能使它在新时代得到复兴。

习近平总书记在2014年提出"不做奇奇怪怪的建筑"，2021年提出"要把更多美术元素、艺术元素应用到城乡规划建设中，增强城乡审美韵味、文化品位，把美术成果更好服务于人民群众的高品质生活需求。要增强文化自信，以美为媒，加强国际文化交流"。至此，中与西的问题已经成为历史，"美与丑""文化品位和自信"等艺术创作的核心问题将成为未来城市建筑的真正议题。

六、人与物

城市最初就是人类的聚落，是人类为自己的生活建构的空间载体。人和城市本来是水乳交融密不可分的整体，然而当代的城市在越来越复杂、恢弘、高效、优雅的同时似乎越来越成为人的"异己"，与我们产生了疏离和张力。

这些张力中，有"人和城"的张力——城市整体发展进程和人们日常生活之间的张力，有"人和人"的张力——城市空间分化和区隔而造成的不同社会人群之间的张力，也有"人和自然"的张力——城市过饱和的人工环境与人的自然属性之间的张力……这些张力凸显的是现代城市内在的结构性矛盾，这些矛盾让原本由人建造的城市反过来对人性进行塑造，并产生影响。

城市"宏观抽象的整体"与每个"微观具体的个人"之间的张力，既表现为社会生产和个人生活的疏离，也表现为城市巨构对生活空间的割裂。

与传统乡村社会的简单生产和共同生活相比，现代城市的优势源于社会分工和配合。为了有效地管理社会分工从而实现宏大抽象的社会目标，人们又创造出各项复杂的现代社会机制，比如金融、法律、行政系统等，来将巨大抽象的社会整体与个人相衔接，这使得每个个体仿佛相互独立，成为"原子"。在集体努力下，城市自身的复杂度呈指数增长，但其实每个人的生活只是在衣、食、住、行的自然需求基础上向外稍作延伸。

城市充斥着越来越多我们亲手参与创造的空间"巨构"——高架桥、快速路、超宽的马路和隔离带、各种大机构和大院、超高层的商业办公楼和购物娱乐中心。我们的生活越来越隐匿在这些巨构中，工作日在生产机构中度过，节假日、纪念日也在各种商业中心和娱乐场所得到安排。我们似乎可以通过交易得到城市的一切丰富和便利，但城市的任何事物似乎都不属于我们，它的历史与现在和我们并没有深度关联。这种"失联"使现代人对城市缺乏归属感，对自身的存在意义也经常产生怀疑。

与我们失去关联的，除了生活其中的城市，还有近在咫尺的邻里。生产分工和住宅市场化导致工作和社交中相识的人们分散在不同的居住空间，生活服务的产业化和专业化又让居住在同一空间的人们不再有生活互助的需求。人们日常的相互需要建立在金钱雇佣关系上，同一小区的住户甚至很多年互不相识。不仅人成为原子化的人，社区也被消解为原子化的房屋，既没有日常事务作为人和人之间的联系，也缺乏守望相助的温情、热爱和家园感。

人们居住在一起不是出于相处相伴的意愿，而是由经济能力决定的选择。当代城市住宅区开发的资本逻辑决定了城市土地价值对应于住房价格，基础设施、公共服务和景观配套等等优质空间资源被昂贵的住宅占据，而区位和配套欠佳的老旧小区则成为弱势群体聚居的空间，此类"空间—社会"区隔最明显的例子就是"学区房"。经济能力与教育配套挂钩，使得某些城市空间中的下一代成为拥有优势教育资源的社会群体，给未来的社会流动造成极大隐患。北京、上海等一线城市都启动了教育公平化的机制改革，着力解决"学区房"问题。

类似情况在我国尚未造成其他更严重的社会问题，这是因为我国拥有全面的社会治安保障，对基础设施和公共服务均等化以及社会财富的二次分配非常重视。而在自由资本主义盛行的西方国家，城市空间的贫富分化导致的社会区隔和对立，会因为"空间贫富差异—税收差异—治安力量差异"等因果链条造成严重社会问题，甚至会加剧某些城市空间的弱势化和污名化，对弱势人群，特别是青少年产生负面影响，进而产生更多不稳定因素。

城市不仅仅是上一代人辛勤建设的产物，还是下一代人成长其中并形成观念的场所，城市塑造着下一代的认知和心智。如果城市生活中资本的逻辑压倒一切，下一代就倾向于认为有钱就是一切；如果城市中人们互助友爱，下一代就倾向于相信人性的光辉。

因此，城市绝不应该用人工环境隔绝人和自然的联系，而是应尽力构建这种联系。我们今天拥有的一切科学知识、人文智慧都建立在我们作为生物生存在大自然中这个事实基础上，自然教会了人类一切生存智慧。相较之下，城市的出现只是一个历史性的过程，它应该帮助我们学会如何更好地在整个世界中生存，而不是让我们退化为城市这个大温室里的另一种生物。很多城市里的孩子不认识农作物、害怕小虫子，认为一切都是超市里买来的，这些问题随着城市越来越庞大、人们与乡村的距离越来越远而愈发明显。

这些结构性问题难以从根本上解决，但仍然有应对方法。

首先要明确城市建设的终极目标一定要"以人为本"。这个听起来容易，但现实中，和具体的"人"的福祉产生竞争的往往是一些抽象概念，比如效率、速度、产值、城市形象和荣誉等，其中的权衡和选择是社会整体的博弈过程。而"以人为本"的"人"也不是单一抽象的概念。人有贫富之差、老幼之别、强健与衰弱之差、权力和能力的大小之别，博弈中，如果没有社会机制的平衡，弱小者必然失败。

具体解决思路上，可以将"人"分类为"客观的人"和"主观的人"。

"客观的人"涉及整体性的社会问题，比如公共服务和社会公平问题。这可以通过政府力和市场力相结合来解决，包括在城市政策和城市规划层面调整空间结构，实现空间的公平正义；技术上使用合理的城市开发方式，实现空间功能的混合和对公共利益的保护，并对资本进行限制和引导。当然也包括通过放开户籍政策、抑制城市房价、推动廉租房建设等措施吸引人才和安置人才。

"主观的人"则涉及对每个个体或具体人群的关注。"人性"包括人的经验、能力、知识、美、快乐、爱、推理、情感、自我意识等。人文主义认为正是人性的存在使人类不屈从于时代、不泯灭于物质化的科学技术体系，而是赋予人类生活以重要性和尊严，从而让生命有意义。

必须明确，在多样复杂的现实面前，不可能有统一的宏观计划和要求，而是需要借助社会力量，在每一个具体而微的空间营造中，面对具体的人和人群，通过了解、沟通、商议、参与和共同决策，来实现对人的关怀、塑造和启发。

2020年某著名文化媒体在成都发起和颁布了第一届"人文城市奖"，我也是评委之一，深感这一评选的公正透明，对其中的优秀"人文城市"项目印象深刻。设计团队用具体改造方案回答了有关"人文城市"的关键性问题。

首先，人文城市是开放不是封闭，是融合不是区隔。"西村大院"是一个位于成都的城市综合体项目，设计团队没有采取通常的建筑综合体的组合方式，而是采用外环内空的布局，环绕街区沿边外高内低修建，围合出一个公园般的超大院落。这里既满足了自身使用者的户外运动和休闲需要，也满足周边居民的休闲生活以及周边摊贩的经营活动需要。纷繁杂陈的公共生活集合在具有纪念性尺度的空间里，充满生机与活力。

其次，人文城市是包容不是清理，是平等不是歧视。广州扉美术馆和与之一墙之隔的老菜市场，一个是高雅的艺术空间，一个是杂乱的日常生活空间，在过去十几年并无交集。设计师团队和44位菜场摊贩一起生活和工作，观察他们的需求之后，和他们一起完成了创作。通过一系列微弱的介入，这个设计让"社会的弱势群体，找到属于自己的位置与尊严"（一位菜市场摊贩的评价）。

再次，人文城市是公共生活和共同记忆，不是割裂的时空和人群。位于深圳中心区域的南头古城有1700余年建城史。近百年间古城不断消退而村庄不断膨胀，随着城市化加剧，最终形成城市包围村庄，而村庄又包含古城的复杂格局。改造后的广场成为充满活力的社区公共活动场所，它和周围居民楼的窗口、阳台和屋顶共同营造出立体的城市剧场。居民们错落地坐在台阶上，儿童穿梭在广场的不同角落，人群在这里汇集，村庄在这里获得新生。

最后，人文城市是互助参与和共同成长，不是宏大单一的人工秩序。四叶草堂是上海的一个公益组织，2014年至今已经在上海建成超过110个社区花园。通过微更新与社区营造相结合的理念和实践，链接社区自治组织、志愿组织、企业团体的力量，实现了可持续发展、社区营造、自然教育等多重目标。

这些项目让我们相信，随着理解的加深，未来人文城市的实践潜力是无限的。就像刘易斯·芒福德在《城市发展史》中所说的："最初，城市是神灵的家园，而最后城市本身变成了改造人类的主要场所，人性在这里得到充分发挥。"

七、虚与实

人和城市的关系变得复杂微妙，主要原因在于"城市"的内涵从最初的"城"与"市"发展至今，已经发生了翻天覆地的变化。今天的城市不再有城墙，甚至连边界都非常模糊，成为一个流动变化的地方。我们对一个地方有明确印象，源于许多力量在不断建构和生产它。当代"地域"是由人文、媒介、科技、金融、意识形态五个维度的支配性权力推动并注入新内容和新形式而出现的人、事和空间。传统意义上的"地方性"消失了，"地域"被这些支配性力量不断重新生产出来。

这些支配性的力量中，人文与意识形态力量古已有之，而媒介、金融和科技力量则是在近几十年才全面参与到城市的建构中，并且势不可挡地改变了城市面貌和内核，还正在影响甚至决定着城市未来。

1.城市媒介化

媒介对城市的影响力源自20世纪60年代开始的电视机等现代媒介的出现和普及，很快西方理论界就出现了"景观社会"的说法，认为现代媒介使得人们无法得到关于世界的真相。人们获取的信息都是媒介这一窗口所制造的景观，媒介和景观"统治"了所有人。90年代以来互联网和网络新媒介的普及强化了这一趋势，给城市和建筑造成沉重打击，削弱甚至消解了建筑和城市艺术的三维空间特性。

传统建筑观念认为，建筑是空间的艺术、凝固的音乐，对建筑的认知、审视和理解、品味必须要亲身进入到建筑空间内部，才能获得真正的感受。历史上很多著名建筑师在学习阶段都不辞辛苦周游世界，去亲身探访每一座著名建筑，从而获得空间艺术的真谛。

媒体化和景观化的趋势将原本需要长途跋涉才能体验的建筑空间，变成了充斥网络的无数张图片。这不仅令人产生错位想象，把图片当成真实的建筑空间；而且信息爆炸也使那些图片不够吸引人但实际是杰作的建筑受人冷落。那些易于传播的建筑和城市形象——夸张的造型、吸引眼球的构图、对比强烈的色彩，受到大众追捧，专业领域的审美原则和标准受到挑战。

在媒介严重影响创作和评价标准的情况下，城市建设和建筑设计的决策出现了迎合媒介的恶性循环。过去，新建建筑的设计目标是为本地和临近空间的使用者和城市形象服务，而现在则变成如何通过设计出令人印象深刻的形象吸引媒体关注，获得专业奖项。近年来民用小型无人机在拍摄和传播中的比重逐渐增大，迎合"鸟瞰视点"的建筑设计将关注点放在俯视造型上，与内部的使用者更加脱节。曾经我们去乡村旅游，会抱怨某某村落"旅游开发太过，商业气息太浓"，殊不知我们的城市今天也上演着同样剧目。

2.城市金融化

城市金融化这一趋势，在我国目前表现得并不十分明显。但这一趋势在国际上从二战后现代金融产业崛起开始，发展至21世纪，已经在美国引发数次次贷危机。西方许多国家金融行业对城市建设的深度参与和捆绑，已经使城市空间发生质的变化。

城市金融化可存在于城市建设的很多阶段，包括基础设施类建设和城市更新的开发融资、房地产开发的证券化、商业楼宇的使用和租赁等。金融力量可以让城市完成规模和耗资巨大的建设，比如高速路和地铁、总部办公集群空间、大型商业中心等。这对国家层面的基础设施建设、国际化都市的招商引资都是有利的。

但金融资本的获利目标，和城市维护公共生活和公共空间的目标往往产生冲突。金融在城市建设活动中的过度参与可能导致对城市公共空间和公共利益的消解，住宅市场的过度金融化也会导致房地产市场出现较大的波动而危及民生和社会稳定。2016年以来中央坚持"房住不炒"，明确表达了房地产去金融化的导向，商业和基建类开发的金融化也被控制在一定水平。

3.城市信息化

计算机和互联网的兴起，几乎在近十年间对城市空间做了全面解构和重构。按照技术对城市现实重构的方式，可将这一趋势划分为两个阶段：一是2010年以前的"互联网—物联网"时期，一是2010年至今的城市智慧化时期。这一领域与计算科学的发展密切相关，且仍处于高速变化中，因此这种划分和叙述肯定是不全面的，仅是提供一种认知框架。

第一阶段的特征可以概括为"赛博空间对城市空间的解构和重构"。

赛博空间最初由科幻小说作家威廉·吉布森在1982年提出，指在计算机以及计算机网络里的虚拟现实，由"交易、关系和思想"本身构成，它们"像一道永恒的波浪，在我们的交流之网上流动"。这里没有物质，也无关肉体，因此"关于财产、表达、身份、迁徙"的概念都被重新定义。

今天来看，这一设想的大部分已经在城市中实现。20世纪90年代开始出现的"互联网"和"物联网"技术改变世界，推动了物与物、人与物之间的信息交互，赛博空间解构和重构了城市的经济、社会、文化价值。

经济价值重构最直接体现为有关城市空间价值的评价体系和空间使用功能发生转换。虚拟空间中的网络银行、网络购物、网络点餐、网上办公、网上问诊、在线影院，使人们熟悉的衣、食、住、行、工作、娱乐等活动都脱离了与城市物质空间的必然联系，原有的关于空间的概念消融在无物理位置和特性的赛博空间里。比如，曾经餐饮、购物空间最关注的是经营点在城市中的区位和店面形象。而互联网让交易与空间自身的吸引力脱节，人们不再关注这个空间在城市的具体位置、具体面貌，即使是城市最隐蔽街巷里的餐厅，只要食物本身足够诱人，营业额仍然会有保证。当经营收益与所处的城市空间相关度不高时，经营者自然会选择租金更低廉的空间，曾经的热点空间就需要新的招商策略。

社会价值重构的最直接体现是网络社交的存在。我们每天使用频率最高的微信，取代了许多曾经需要面对面才能完成的人际交往。网络让相遇和交流在完全没有空间交集的人群之间发生和保持，"社会"的各种要素摆脱了空间的限制：跨域地域的"群"代替社区成为重要的社会归属，"点赞"和"评论"代替特定社区内的人际口碑成为重要的社会资源，网课代替"面授机宜"成为重要的学习模式，网恋代替"花前月下"成为重要的爱情模式，网红代替明星名人成为重要的社会身份，网络表达代替传单海报成为重要的舆情内容。

对城市文化价值的解构，最直接体现为对城市空间认知的变化。首先，集中在线上的社会生活导致很多城市空间没有了意义，人在认知和情感上与之疏离。这种疏离使城市的整体形象越来越碎片化，加之电子地图让我们无须再借助城市形象、地标和主要建筑记忆道路，城市成为我们为了日常行动不得不"穿过"的庞然大物。我们对它的很大部分失去形象意识和概念，没有亲近感，从一个城市到另一个城市也没有陌生感。城市规划和设计领域曾经最为关注的"城市意象""街巷和人行道"议题逐渐消隐，关于城市艺术的各项传统理论面对来自赛博空间的巨大冲击。

虚拟空间的崛起给城市空间带来的功能危机、价值危机和意义危机，被认为是"硅基文明和碳基文明"之间的较量。作为建构和维护城市物质空间的"碳基文明"守护者，需要对空间、意义、身体等议题做出深刻反思。

第二阶段的特征可以概括为"智慧城市对传统城市治理的解构和重构"。

2010年第一次出现"智慧城市"的说法，发展至今，时间虽短，进展却有目共睹。智慧城市可以理解为包括治理的数字信息化、集成集约化、生态低碳化等多重概念在内的新城市理想，主要目标是将城市系统和服务打通、集成，优化城市治理，改善城市生活品质。目前的工作包括：构建数据应用等技术体系的基础设施，以作为"城市大脑"推动信息化和集约化建设；寻找符合互联网时代的城市运营模式，引入全社会的智慧和数据参与城市治理和建设；在以人为本的前提下综合建设智慧技术、智慧设施、智慧制度、智慧经济、智慧环境。

智慧城市的趋势对传统城市规划和管理的对象提出了新的时空概念，也对城市规划教育的体系和理念及行业知识结构提出了全新要求。

以上三种大的城市向"虚"发展的趋势中，金融化试图从城市空间中剥离城市的经济权属和价值，媒体化和景观化试图从城市生活的真实体验中剥离出表象符号和副本，智慧化则试图从城市剥离出一个相对独立的抽象大脑。如果我们将这些趋势都理解为对传统城市的解构和重构，那么在后现代语境下，新技术、新的人造机制的出现还将对城市做出持续不断的解构与重构。

八、国与城

城市的发展演变既是一个客观的过程，也是城市所处的社会意识形态对城市进行塑造的结果。对城市进行塑造的最直接力量，就是国家的城市规划体系。我国的城市规划体系经历了古代、近代、现代的嬗变，成为今日的国土空间规划体系。

自周朝起，我国都城建设及民居建设就存在一套相对独立完整的规则体系。但随着西方殖民者的进入，近代商业开始得到迅速发展，传统的城市建设管理体系不能适应近代城市发展的新方向。西方国家近代城市规划的管理思想以租界、开放口岸为据点逐渐传入中国。因此，我国近代城市规划制度始于鸦片战争之后，与西方工业化国家城市规划制度的形成几乎是同步的。但是，我国维持了两千余年的中央集权官僚体制，并不具备直接应用西方工业化国家近代城市规划制度的基础，中间经历很长时间的尝试，直到南京国民政府成立，才形成全国范围内的规划体系。以上海公共租界为例，规划从"形态""强度"和"用途"三个方面进行建设管制，这三点至今仍是国内外城市规划管制的核心要素。

到国民政府晚期，形成了包含基本法、配套法和相关法的城市规划法规体系，组建了专门的主管城市规划与建设工作的机构，在技术上多方借鉴引入西方工业化国家的规划思想，如有机疏散、卫星城、区划、邻里单位等，初步完成了源自西方国家的近代城市规划制度的本土化。

解放后，我国的城市规划制度以前苏联为效仿对象，在计划经济体制的统领下，按照从中央政府到地方政府的权力传递结构，形成了蓝图式的物质空间规划。城市建设以"单位"为空间发展基本单元，社会资源调配以计划中的各项"指标"为核心形式。由于这一阶段经济发展和城市化进程缓慢，各种城市问题并没有显现。且城市规划是国家经济社会发展计划下的附属部分，没有可以独立调配空间资源的功能，充分体现出计划经济体制下城市规划的特征。

改革开放之后，在城市开发和建设领域，开始出现土地有偿使用。土地划拨和有偿出让、转让相结合的政策，取代了计划经济体制下单一的城市土地使用制度。这一转变直接导致城市开发建设领域开始对社会资本开放，催生了以控制性详细规划为代表的针对非公有土地开发实施控制的规划工具。同时，城市总体规划也开始不再单纯作为国民经济和社会发展五年计划的具体化和空间化，转而综合考虑环境、经济、社会等多方面的问题，并对各项城市功能的空间布局进行统一的安排和部署。

在总体上，城市规划逐渐形成了由区域规划（城镇体系规划、城镇群规划、省域经济区规划等）、城市总体规划（总体规划纲要、市域规划、中心城区规划、分区规划、近期建设规划等）、详细规划（控制性详细规划、修建性详细规划、城市设计等）、村镇规划以及专项规划（历史文化名城保护规划、住房保障规划等）所组成的较为完整的规划技术体系。同时，城市规划管理中的编制、审批、规划许可、监督机制也逐步得到完善，城市规划法规体系逐渐形成以2008年《城乡规划法》为主干法的相关法、配套法以及部门和地方规章。

在20世纪90年代开发区建设和城市增量发展的时代，包括城市总体规划、详细规划在内的城市规划技术工具与国民经济和社会发展计划、土地利用总体规划一起，对大规模的城市开发建设和城市扩张起到了推动作用。然而，在这一过程中，城市规划不再以国民经济和社会发展计划的实施工具出现，而是在综合考量和安排城市的产业发展、社会保障和生态与历史文化保护的过程中，逐渐形成了自身的价值观和技术能力。城市规划从一个从属的位置跃升到城市发展建设中的龙头地位，从而引发了行政管理上的各类冲突和矛盾，例如：战略规划和区域规划层面的多头领导、不同规划图斑之间的矛盾、控制性详细规划的法定地位不断被规划条件突破等。围绕上下级政府之间、不同行政部门之间的规划主导权之争，城市规划最终湮灭在宏大的国土空间规划体系之中。

2018年3月，全国人大通过国务院机构改革方案的决定，批准成立中华人民共和国自然资源部，即将国土资源部的职责，发改委编制主体功能区规划职责，住建部的城乡规划管理职责，水利部的水资源管理职责，农业部的草原管理职责，国家林业局的森林、湿地等资源管理职责，国家海洋局的职责，国家测绘地理信息局的职责整合为自然资源部，并在自然资源部的行政框架下，构建"多规合一"的国土空间规划体系。作为新时期的国土空间资源分配技术工具，各地不再编制主体功能区规划、土地利用总体规划、城镇体系规划、城市（镇）总体规划、海洋功能区划等，着力形成"一本规划、一张蓝图"，建立统一的编制审批体系、实施监督体系、法规政策体系和技术标准体系，构建统一的基础信息平台，实现国土空间开发保护的高质高效、公平可持续。

至此，我国已初步形成规划对国土空间的全覆盖，以及国家、省、市、县、乡镇五个层级的国土空间规划对不同空间尺度上不同问题的分级应对。在价值观念上，现有规划体系凸显了新时期对自然资源和生态安全的关注、对城乡均衡发展的关注、对社会公平和民生保障的关注、对城市更新与空间集约利用的关注、对城市风貌和建设品质的关注、对城市发展所处的新的技术背景的关注。相信随着我国法治化程度的提高和城乡建设人才培养水平的提高，城市发展将在更适宜的制度框架、行政体系和技术手段下给予我们的人民更加美好的未来。

博物馆

李文儒

李文儒，清华大学博士生导师，曾任
故宫博物院副院长，国家文物局博物
馆司司长。

概述

"不在博物馆，就在去博物馆的路上。"

这句话这些年来时常听到。尤其在年轻人中颇为流行。大概所有听到和说起这句话的人都会觉得，只有如此浪漫的言说，才能把人们对博物馆的由衷喜爱表白得富有诗情画意。

人们喜爱和向往博物馆，最直接的原因，是博物馆里丰富且各具特色的藏品，可以不断地为我们打开一个个日常生活之外而又与日常生活及人生、社会密切相关的奇妙世界。

毫无疑问，博物馆源于收藏。

人类的收藏意识、收藏行为与生俱来。最早的收藏行为肯定是为了生存，如收藏食物之类。随着物质的丰富，权力的集中，财富的聚合，社会的分化，文明的进步，人类的收藏活动，从猎奇、藏珍、炫耀财富、彰显身份地位，走向记忆纪念、学习知识、研究学问、为学校及社会教育服务；从个人、家族、小圈子、小范围的赏玩交流，走向对社会公众的展示传播。

最初为了个人生存的收藏，最终创造出使公众生活更加美好的博物馆。公认世界上第一座公共博物馆，是1683年创建于英国牛津大学并正式对外开放的阿什莫尔博物馆。这座最早的公共博物馆的诞生，是由个人收藏家将其全部收藏品捐赠给牛津大学促成的。

私人收藏转化为公众共享，且首先出现在教育领域，这一新生事物本身自带标志性和象征意义。作为一种崭新的文化形态，博物馆刚一面世，就旗帜鲜明地树立起崇高的文化教育理想与服务社会公众的远大目标。

第一座博物馆的诞生，同时也显示出收藏行为、收藏文化，由私到公、由小范围到大社会的变迁，是必然的发展方向，甚至是历史的规律。最能彰显这一历史方向并产生巨大社会影响的，是集权力与财富为一体的皇家收藏、皇室博物馆以及皇帝的宫殿，随着社会巨变、社会革新而转变为公共博物馆的文化转型。

以下几个皇宫变身博物馆的事例极具代表性：

一是世界著名的卢浮宫博物馆。在法国大革命之后，由国民议会宣布，原来的皇家博物馆、皇宫、皇宫藏品，统统属于人民大众所有，作为公共博物馆向公众开放。

二是俄国十月革命后，沙皇的宫殿成为国立冬宫博物馆。1922年，苏联政府将冬宫博物馆与俄国女皇叶卡捷琳娜二世于1764年为自己建立的艾尔米塔什博物馆合为一体，组成规模宏伟的艾尔米塔什国家博物馆，为全民所有，全民共享。

三是做了中国明清两朝500年皇宫的紫禁城，辛亥革命之后成为故宫博物院。中国帝制时代的皇帝们也多有收藏珍稀的癖好，也建有不少藏珍的宫室，清朝的乾隆皇帝尤甚。但这些家天下的"家长"，只想着"子子孙孙永宝用"的家传，绝没有公之于天下的觉悟，一直到辛亥革命彻底终结了皇帝时代，皇帝的宫殿才转型为人民的博物馆，皇宫紫禁城和皇家的藏品用品，才成为公共博物馆的丰富资源。

博物馆的兴起兴盛，无疑是和社会变革、经济发展、科学进步、文化艺术繁荣紧密联系在一起的。

欧洲的文艺复兴，极大地激发起收藏的热度，扩大了收藏的范围，尤其是提升了收藏的文化艺术价值。在这方面，文艺复兴发源地，意大利佛罗伦萨的美第奇家族最为著名。文艺复兴时期的收藏交流活动，孕育了博物馆的诸多因素。美第奇家族的建筑和收藏，后来成为更加著名的乌菲齐博物馆，被称为文艺复兴的艺术宝库。

工业革命、科学革命对人类进步的推动，两次世界大战对世界进程及世界格局的改变，战后较长时间的和平发展，文化建设热潮的出现，促使全世界的博物馆蓬勃发展。具体到某一国家，又与其国力强弱直接相关。到20世纪末，世界上博物馆数量较多的国家，美国、前苏联达到上万座，日本5000多座，法国3000多座。从地域来看，拉丁美洲有1500多座，非洲也有1000多座。虽然存在统计标准不统一的问题，博物馆文化的快速发展和空前繁荣还是显而易见的。

我国博物馆建设起步较晚，但后来居上。清朝末期，国人走出国门，看到了英国、法国、日本等国不同种类的博物馆，认识到博物馆开风气、广见识、佐读书、益民生的好处，开始倡导建立博物馆，但清政府并无任何行动。最早出现在我国的博物馆反倒是法国人1868年在上海建立的徐家汇博物苑。中国人自己的第一座博物馆南通博物苑，直到1905年，才由实业家张謇在自己的家乡南通建成。

辛亥革命结束帝制，成立中华民国，博物馆建设随即启动。围绕昔日皇宫的转型，先是在故宫前半部分建立古物陈列所并向社会开放，接着在故宫午门前筹备国立历史博物馆。1925年10月10日，国立故宫博物院在故宫后半部分成立开放，当日北京城万人空巷。1926年10月10日，国立历史博物馆在午门城楼开馆。皇帝的宫殿变成人民的博物馆，立即掀起中国博物馆的第一波热潮，并由此带动了我国博物馆建设进入快速发展期。1935年，中国博物馆协会成立。到1936年，博物馆共计77座。后因日本侵略及内战，博物馆事业遭到严重破坏，到1949年中华人民共和国成立，全国博物馆仅存25座。

711

新中国成立后，国家主管部门发布建设博物馆的文件，召开全国博物馆工作会议，主导建立各地地域性综合博物馆，到1956年，全国各地建成地志博物馆29座。1954年4月，毛泽东登上故宫午门城楼参观历史博物馆与社会科学院考古所联合举办的"全国基本建设工程中出土文物展览"。1958年9月，毛泽东视察安徽省博物馆时题词："一个省的主要城市都应该有这样的博物馆，人民认识自己的历史和创造的力量是一件很要紧的事。"随后，中央决定在北京兴建中国历史博物馆、中国革命博物馆、中国人民革命军事博物馆、中国农业博物馆、北京自然博物馆、北京天文馆。全国各地很快兴起建立具有标志性博物馆的热潮。到21世纪初，我国博物馆总数已经达到2000多座。到2020年，已有博物馆5788座。最近的20年，几乎以每年近200座的速度增长。

更有价值的是在数量持续增长的同时，博物馆的利用率、社会效益大幅度提升，特别是十多年来国家层面以从未有过的力度持续推进博物馆免费开放，开创出世界范围内的公共文化服务新境界。据国家文物局统计，在疫情影响的情况下，2020年我国博物馆推出陈列展览2.9万余个，策划组织教育活动22.5万余场，接待观众4.5亿人次，其中未成年人观众1.3亿人次，网络观众数以亿计。到博物馆去成为社会新风尚。中国博物馆事业的发展速度与质量举世瞩目。

2020年10月，中国共产党十九届五中全会通过了中共中央关于制定国民经济和社会发展第十四个五年规划和2035年远景目标的建议，在建议中向全党全国提出"十四五"时期推进社会主义文化强国建设，2035年建成文化强国的远景目标。作为文化强国的一个非常重要的标志，是与公众关系极为直接、极为密切又具有鲜明社会形象的博物馆建设。

2021年5月，中央宣传部、国家发展改革委、教育部、科技部、民政部、财政部、人力资源社会保障部、文化和旅游部、国家文物局九部委联合印发《关于推进博物馆改革发展的指导意见》的通知。指导意见提出，博物馆建设要以人民为中心，主动融入国家经济建设社会发展大局，推动中国特色社会主义文化繁荣发展，满足人民美好生活要求，建设社会主义文化强国。要坚持突出公益属性和社会效益，推进博物馆发展理念、管理体制、业态类别、科技手段等全面创新。经过5年努力，到2025年，形成布局合理、结构优化、特色鲜明、体制完善、功能完备的博物馆事业发展格局。博物馆发展质量显著提升，在构建公共文化服务体系，服务人民美好生活，推动经济社会发展，促进人类文明交流互鉴中发挥更大作用。到2035年，中国特色博物馆制度更加成熟，博物馆社会功能更加完善，基本建成世界博物馆强国。

为此，指导意见提出要解决发展不平衡问题，要推进不同层级不同类型博物馆全面发展。特别提出配合"一带一路"倡议、京津冀协同发展、长江经济带发展、粤港澳大湾区建设等国家重大战略，以及长城、大运河、长征、黄河国家文化公园建设等重大文化工程，加强博物馆资源整合与协同创新，推动建设一批反映党和国家建设成就的当代主题博物馆。鼓励依托文物遗址、历史建筑、工业遗址、农业遗

产、文化景观和非物质遗产等设立博物馆。探索在文化资源丰富地区建博物馆之城、博物馆小镇等博物馆集群。

这是一幅足以为公众带来无限文化福音的博物馆建设发展宏伟蓝图。博物馆文化具有特别的文化空间扩散效应。博物馆不只在我们身边，不只在我们生存的环境中，供我们随时出入；博物馆文化的普及会使我们的生活环境博物馆化，会使我们养成博物馆式的生活状态。从家居到各类机构到各行各业到公共空间，博物馆的氛围，文化的氛围，艺术的氛围，美育的氛围无所不在。到那个时候——"不在博物馆，就在去博物馆的路上"——就不仅仅是我们的美好愿望，而成为实实在在的现实生活了。

一、公共博物馆的诞生

世界上第一座公共博物馆诞生在学校里。中国的第一座公共博物馆也诞生在学校里。看来，博物馆最大的作用，最被认同的功能，注定是学习、研究、教育，中外同理。

早在17世纪，热衷于收藏的英国人中，植物学家、收藏家特拉德斯坎特和他的同名儿子颇为有名。父子俩痴迷于多种物品的收藏，植物动物、鸟鱼昆虫、矿物宝石、武器服饰、钱币徽章、雕刻绘画、手工艺品及生活用品，无所不包。1678年，这批庞杂的藏品被同样热衷于收藏的英国贵族阿什莫尔接收。1683年，阿什莫尔连同自己的收藏，一同捐赠给牛津大学。牛津大学为此设立专馆，并以阿什莫尔命名。就在这一年，这座已经很古老很有名的大学里，一个从未听说过的叫作博物馆的机构诞生了。阿什莫尔博物馆正式对外开放。牛津大学因此而名气更大。

第一座博物馆开风气之先，牛津大学陆续又建立起牛津大学自然史博物馆、科学史博物馆、牛津故事博物馆、现代艺术馆等。阿什莫尔博物馆不断发展调整扩大，收藏越来越丰富，后以艺术考古为主，分设古器物部、西方艺术部、东方艺术部、钱币室，其他类别划归牛津大学其他博物馆。阿什莫尔博物馆与以它为首的牛津大学博物馆群，作为牛津大学的重要组成部分，早已融入所有师生的教学、研究及日常生活之中。2009年，阿什莫尔博物馆扩建完工，展出面积翻倍，英国女王亲自为新馆开幕剪彩。古老的博物馆焕发出新的光彩。这座世界最早的公共博物馆，不仅一直保持着规模最大、藏品最丰富的大学博物馆的地位，在公众的心目中，更是全世界著名的牛津大学、牛津大学城的文化品牌。

中国人创办的第一座博物馆，不像阿什莫尔博物馆那样由收藏家捐赠收藏品促成。白手起家的创建者张謇，曾是清末状元，授翰林院修撰。但张謇不是传统的读书做官的文人。清末国人睁开眼睛看世界，走出国门实地考察，张謇亦是其中之一。张謇最突出的成就是兴办实业，兴办教育，走"实业救国教育救国"之路。1903年赴日本考察实业、教育，特地考察了动物园、植物园、水族馆、博物馆等。他曾数次上书清政府，主张在京师设立博物馆、图书馆合一的博览馆，然后向全国各府、州、县推广。上书的同时，他以兴办实业所获之利，开办学校，开办博物馆。1902年，在南通创办通州民立师范学校，此为中国第一所独立设置的师范学校。1905年，在师范学校旁边购置土地48亩，创办南通博物苑，此为中国第一座中国人独立自办的博物馆。清政府没想办或办不到的事，张謇以一己之力办到了。

张謇创办博物苑的初衷，是和学校教育、国民教育紧密联系在一起的。他说"设苑为教育也"。选址于"校河之西"，初期隶属于师范学校，方便学校学生使用。他把博物苑规划为北馆、中馆、南馆三馆，把展览分为天产（自然）、历史、美术、教育四部。张謇胸怀博大，视野开阔，他要在自己的国家，自己的家乡，创建一座自然、历史、艺术、教育综合性博物馆。他要求博物苑的藏品征集"纵之千载，远之异国"，"中外动植矿工之物，乡里金石，先辈文笔"，均在搜集范围。他把自己收藏的文物，自己家里的花木禽鸟，一起送到博物苑。在展览布置上，他提出"高阁广场，罗列物品，古今咸备，纵人观览"，要求做到历史文物与自然标本并重，室内与室外陈列结合，活体动物与标本互补。所有展示说明，均标中文、日文、拉丁文三种文字。从方方面面的努力看来，南通博物苑从创建之初开始，就在尽最大可能地吸引观众的兴趣，尽量满足多方面观众的需求。

比起阿什莫尔博物馆的诞生，张謇的南通博物苑的创建更不容易，不只捐，更得建，建比捐需要投入更大的财力物力精力。比起初期的阿什莫尔博物馆来，南通博物苑与学校教育更紧密，更直接，博物馆专业功能也更齐全，更完备，更科学。可以看出，张謇为了创建中国的第一座博物馆，的确认真深入地考察、研究过世界博物馆的历史与现状，认真学习吸收了国外博物馆的先进经验，又很好地结合了中国文化与教育的实际，从而使得我国的博物馆虽然出现较晚，但从一开始就站在与世界博物馆同步的高起点上，为我国的博物馆事业开创和奠定了与学校教育、国民教育、社会建设高度融合的发展格局，并长远地影响着我国博物馆事业的发展。

文化的力量、博物馆的力量穿越时空。2005年，社会各界和中国博物馆协会，在南通隆重举行中国博物馆事业发展百年庆典活动，举行新扩建的南通博物苑新馆开馆仪式，召开盛大的学术研讨会，回顾和展望中国博物馆事业的发展道路。得风气之先的南通人民，继承张謇开创的博物馆文化传统，一直走在博物馆建设前列。南通市陆续建成张謇纪念馆、城市博物馆、纺织博物馆、蓝印花布博物馆、珠算博物馆、审计博物馆、中华慈善博物馆、风筝博物馆等各类博物馆50多座，平均每5万市民一座，人均博物馆数量达到发达国家水平。2019年，南通市成立环濠河博物馆联盟，组建环濠河博物馆群管理委员会，发布环濠河博物馆群整体提升方案，设立发展基金，设计统一形象标识，以博物馆文化为特色，齐心协力推进南通市文化建设。文化获得感满满的南通人民，自豪地把自己的城市叫作博物馆城。

二、皇宫变身博物馆

世界上的一座座皇宫"变身"一个个博物馆，是社会进步的显著标志。

一顶顶皇冠落地之后，不再是被继承的衣钵之时，便成为博物馆里见证和认识历史的标本。

由于权力与财富的关系，皇宫"变身"的博物馆，拥有其他博物馆无可比拟的两大资源优势：一是绝对唯一性的皇宫；二是皇宫留下来的以及与宫廷相关的用品与藏品。

1.卢浮宫博物馆

位于巴黎市中心、塞纳河北岸的卢浮宫，据说因其所在地曾经是捕猎狼群的地方而得名，那自然是很早很早以前的传说了；不过成为帝王的宫殿，也已有了800多年的历史。

12世纪末，奥古斯特在这里建起了第一座城堡。两个世纪以后，查理五世把城堡改建成皇室居住的华丽夺目的宫殿。

在卢浮宫既成为法国最早的也是时间最长的宫殿，又成为法国最早的也是最大的博物馆的历史进程中，弗朗索瓦一世、路易十四、拿破仑一世，这三位帝王发挥的作用可能是最大的。

当爆发于14世纪到15世纪的英法百年大战及卢瓦尔河谷城堡的大量出现，使后来的国王远离卢浮宫的时候，当卢浮宫因此而沦落为军火库与监狱的时候，弗朗索瓦一世，这位被称为文艺复兴"王子"的国王，组织了大规模的修建工程，把卢浮宫改造成一座文艺复兴式的艺术宫殿。宽敞的大厅富丽堂皇，精心创作的壁画、浮雕营造出浓郁的艺术氛围，国王的宫殿从此成为法国建筑的典范之作。

弗朗索瓦还是卢浮宫第一位自觉的艺术品收藏家。他特别看重意大利艺术，收集了不少意大利名作。他赞助了包括达·芬奇在内的一大批艺术家。他收藏的拉斐尔、提香、达·芬奇的传世之作，都是后来卢浮宫博物馆的镇馆之宝。

路易十四继续加大皇室赞助艺术的力度，极大地丰富了宫廷的收藏，同时他也在继续增加宫殿的建筑。但是，正当路易十四把卢浮宫修建得更加完善的时候，这位太阳王的兴趣忽然全都转移到20公里外的凡尔赛去了。当王室、宫廷整体迁至凡尔赛宫后，卢浮宫一下子由皇宫变成各种机构部门甚至商人纷纷前来瓜分的廉价宝地。隔断纵横、栅栏遍布、混乱不堪的卢浮宫，幸亏被绘画艺术学院占据了一部分。多年来，这个学院一直在大长廊中有规律地展示学院师生的作品，促使有识之士越来越多地讨论如何将国王和教皇的收藏，展示在大庭广众之中。

路易十四的艺术收藏和对卢浮宫的放弃，使昔日的宫殿成为博物馆的可能性大增。关键时刻来到了，开始于1789年的法国大革命，将法国大多数艺术品收归国有，国家博物馆的建立水到渠成。1791年，卢浮宫艺术中心博物馆正式创办。1793年8月10日，在法国国王被送上断头台半年之后，博物馆举行了隆重的揭幕典礼。

比起弗朗索瓦一世和路易十四来，拿破仑一世不仅增加了建筑，他对丰富博物馆的藏品发挥的作用更大。各种艺术品是拿破仑最看重的战利品。他把各次战役中获得的艺术品源源不断地运回法国，使庞大的卢浮宫博物馆塞满了不只整个欧洲的艺术品。拿破仑战败后虽被索回不少，但留下的还是一个不小的数目。

为卢浮宫增光添彩的另外两位著名人物是密特朗总统和华裔建筑设计家贝聿铭。1981年9月，密特朗当选为法兰西共和国总统后，许诺"让卢浮宫恢复原来的用途"。8年后，占据了卢浮宫侧翼100多年时间的国家财政部搬出，一下子使卢浮宫增加了2.15万平方米的展出面积。3个庭院，165个新展厅，沉睡库房中的1.2万件展品得以面世。

还是密特朗总统，邀请美籍华裔建筑设计家贝聿铭为卢浮宫增加了崭新的地标。没有密特朗的坚定筹划和坚决支持，贝聿铭设计的充满争议的也充满现代精神的流光溢彩的玻璃金字塔，绝对不可能出现在古老的卢浮宫的庭院中。

贝聿铭以对光线和空间的出色运用，创造了现代与古代在同一空间直接对话的建筑奇迹。他让自然之光指引着现代人进入古老的卢浮宫的内部和深处。与此同时，也解决了长期以来存在的参观路线不合理、服务空间不足的问题。

已有800年历史的卢浮宫，近200年历史的卢浮宫博物馆，焕发出新的光彩。40多万件藏品，近200个展厅，卢浮宫历史，古东方、古埃及、古希腊、古罗马艺术，非洲、亚洲、大洋洲、美洲艺术，包罗万象。更不用说欧洲艺术了，绘画、素描、雕塑、工艺装饰品应有尽有，应接不暇。

参观卢浮宫的时候，有三个场面给我留下深刻印象：一是在修建金字塔和地下停车场时发掘出来的12世纪奥古斯特时期的卢浮宫城堡的地下部分，已成为博物馆展览的一部分；二是几个小朋友在金字塔地下部分的塔尖处触摸玻璃投影的光彩；三是一对携手的新人走过玻璃金字塔闪闪发光的卢浮宫广场——历史证明密特朗、贝聿铭是对的，他们使一座古老的殿堂就这样充满了记忆，充满了想象，充满了生命的活力，充满了青春的活力。

西方国家领导人主导，美籍华裔建筑设计家的创意设计，古埃及元素，现代材质科技工艺，从当初的争议批评，到现在公认的古老皇宫、现代博物馆新地标，博物馆文化的包容性、世界性，如透明的玻璃金属金字塔一样光彩熠熠。2017年，新建于阿拉伯联合酋长国阿布扎比的萨蒂亚特岛上，占地2.4万平方米，专展卢浮宫博物馆藏品的卢浮宫阿布扎比博物馆落成开幕，又一次凸显了博物馆文化的世界性。

2.艾尔米塔什博物馆

　　圣彼得堡的俄罗斯艾尔米塔什国家博物馆，虽然不是彼得大帝直接创办的，但源头还是在彼得大帝那里。

　　还很年轻的沙皇彼得下决心为他的庞大帝国寻找到走向海洋的通道，并成为海上强国。为此，他派出许多青年贵族到国外学习航海造船技术。他组织250人的大使团到西欧考察，搜集欧洲经济文化情报。为了直接了解西方先进国家的真实情况，他自己化名米海伊洛夫下士，到造船厂当了一名船舶木工，用四个月的时间学习造船技术。到英国后又到皇家海军船坞打工，参观学校、工厂、博物馆，到英国国会旁听。当彼得回到莫斯科的时候，欧洲文明的钥匙已经装在他的口袋里了。

　　1703年，率军北伐的彼得来到涅瓦河三角洲的海角河滩上，命令部下在涅瓦河边叫作兔子岛的地方搭起一座简陋的木屋。这间小小的木屋，就是现在著名的彼得保罗要塞的第一座房子。现在的要塞主要是作为博物馆供游人参观。彼得一世的小小木屋里，摆放着彼得用过的物品。

彼得在他的小木屋里规划圣彼得堡的宏大蓝图。他请来瑞士人设计，请来德国人管理督导施工工程。他首先用欧洲最新的筑城技术，用石头和砖改建了要塞。他心中的样板，无疑是他考察过的他认为最好的欧洲城市。并且，他的城市一定要超过那些城市。9年后，这个要塞成为俄罗斯帝国新首都的核心。彼得大帝也需要拥有自己的博物馆。他很早就开始了艺术品的收藏，尤其是西欧的古典艺术品。1718年开始建造的珍奇物品博物馆，是俄罗斯最早的公开博物馆。博物馆还没完工，彼得就开始展出各种奇异的收藏。

彼得大帝当然不会不营造自己的宫殿和苑囿。他邀请全欧洲著名的设计师、画家、雕塑家，鼓励他们以新的艺术趣味，与俄罗斯和当地环境的实际及本地设计师的经验结合。他觉得只有如此，才可以实现他的追求。他把他的皇宫直接叫作彼得宫。他选择在自然的海岸台阶上，建筑面向芬兰湾的大殿，作为彼得宫宫殿建筑群的中心，并开辟了布局规整的上下两个花园。彼得宫的喷泉尤其出类拔萃。金色的大力士参孙掰开的狮子口中喷出的水柱高达22米，象征长达22年的北方战争的伟大胜利。176眼喷泉形成的处处瀑布、处处喷泉，喷洒得彼得宫活力四射。

更加壮丽的冬宫，在彼得逝世20年后的1754至1762年建造。虽非出自彼得大帝之手，但彼得大帝的规划，彼得宫的建造，为新的皇宫建筑群奠定了坚实的基础。更因为由彼得最称职的继承人叶卡捷琳娜二世一手操持的原因，这座由意大利建筑师斯特雷利设计的宫殿，这座充分体现巴洛克艺术风格的华美建筑，反倒更能显示出彼得大帝的气势。

坐落在1500米宽的涅瓦河边，总长230米、宽140米、高22米、占地9万平方米、建筑面积4.6万平方米的白、绿、金相间的富丽堂皇的皇宫，倒映在碧蓝的涅瓦河里，美轮美奂。

据统计，一座冬宫总共有房屋1050间，有门1886座，有窗1945个，有楼梯11处。四周圆柱林立。房顶上排列着100多尊人物塑像和大花瓶。金碧辉煌的内部，是用俄罗斯孔雀石、碧玉、玛瑙等宝石装饰的各类大厅。

彼得大厅，也叫小御座厅，是纪念彼得大帝的专厅，陈列着彼得生前的用品，到处是双头鹰国徽图案。意大利画家绘制的彼得与罗马神话中的战争与智慧女神在一起的油画，安装在御座的上方。

大御座厅是冬宫的心脏。1837年大火后，圆柱、壁柱、墙面，一律用意大利白色大理石重新做过。天花板的镀金图案，与16种珍稀木材镶拼的地板上下呼应。整座大厅高雅庄严非凡。沙皇帝国的所有大事，几乎都与这座大厅有关，更显出大御座厅的气魄恢宏。

1764年，浩大无比的冬宫工程完工后，叶卡捷琳娜二世开始在冬宫旁边建造自己的收藏馆。她像彼得大帝一样喜欢西欧的艺术。这一年她从德国商人手里买进伦勃朗、鲁斯本等人的225幅作品，接着的10年间增至2000幅。她的图书馆藏书达3.8万册。当然还有宝石、瓷器、雕塑、各种工艺品。叶卡捷琳娜把她的收藏馆叫作"艾尔米塔什"，此词出自古法语，意为"隐宫"。叶卡捷琳娜说过，只有她和老鼠可以看到这些收藏品。随着收藏品越来越多，以后又陆续建造了三座"隐宫"，其中一座为皇家剧院，另两座被称为旧隐宫、新隐宫。这些宫殿与冬宫一起，组合成庞大宏伟的皇宫建筑群。1852年，"新隐宫"作为博物馆对外开放。

波罗的海湾的圣彼得堡，1500米宽的涅瓦河两岸的圣彼得堡，42个岛屿、72条运河、360座桥梁组织起来的圣彼得堡，真可以称作一艘永不沉没的航空母舰，一艘彼得大帝一手打造的俄罗斯航母——涅瓦河是它的跑道，冬宫是它的舰塔。

然而，彼得大帝做梦也不会想到，他的帝国却终结于他开创的舰队中的一条叫"阿芙乐而"号的巡洋舰。1917年11月7日，这艘停泊在涅瓦河边的巡洋舰，发射出攻打冬宫的第一炮。这天晚上，临时政府的部长们，在用了两吨孔雀石装饰的冬宫孔雀厅束手就擒。这就是著名的"十月革命一声炮响"。

十月革命后，沙皇的冬宫成为国立冬宫博物馆。1922年，与四座"隐宫"合为一体，从而使整个皇宫建筑群组成规模宏大壮观的国家博物馆。虽然沙皇的宫殿、收藏已经转变为属于国家、人民的博物馆，但名字仍然沿用"艾尔米塔什"。现在的艾尔米塔什，作为俄罗斯最大、世界上最古老最大的博物馆之一，共收藏世界各地、各个历史时代文物280多万件，分为西欧艺术、东欧和西伯利亚考古、古代艺术、古代钱币、东方民族文化艺术、俄罗斯文化与艺术、西欧应用艺术、兵器8个部分。高大敞亮的宫廷很适合作为博物馆的展厅。若将全部开放的400多个展厅的展线连起来，竟有22公里之长。

艾尔米塔什博物馆还有一大引人注目之处是，叶卡捷琳娜1783年至1787年建造的皇家剧院，在较长时间里用作博物馆内部讲堂，1980年代全面修缮，配置了现代化设备，于1991年再度作为剧院，向社会公众开放。戏剧艺术是俄罗斯文化中的重要传统。已有200多年历史的沙皇剧院，不仅成为博物馆独具特色的组成部分，也是现在圣彼得堡人民喜爱的最古老的著名剧场。

3. 故宫博物院

中国最大的博物馆北京故宫博物院，曾经是明清两代的皇宫。

明朝开国皇帝朱元璋定都南京。永乐皇帝朱棣从他侄子手里夺得皇位后，决心迁都北京。迁都头等大事是建造皇宫。永乐四年（公元1406年）开始筹备，永乐十四年（公元1416年）动工，永乐十八年（公元1420年）十一月建成，永乐十九年（公元1421年）正月初一隆重启用。从永乐皇帝朱棣到中国末代皇帝溥仪，明朝14位皇帝，清朝10位皇帝，明清之间还有李自成短暂登基称帝，皇宫紫禁城历经25位皇帝。

1911年辛亥革命终结帝制，1912年末代皇帝溥仪退位。据新成立的中华民国政府对清皇室的优待条件，逊帝溥仪暂居紫禁城后部"内廷"，前面的"外朝"部分，以及紫禁城周围与皇宫有关的建筑，均收归民国政府管理。

1913年，民国政府将沈阳故宫、热河避暑山庄的清宫文物集中到北京故宫，在故宫外朝筹备成立古物陈列所。1914年2月，古物陈列所正式成立，紫禁城皇宫功能终结两年之后，前半部分即对公众开放。同年，选定在武英殿旁边的咸安宫废址建造西洋风格的文物库房，第二年竣工交付使用。此两件事为皇宫"变身"博物馆迈开的第一步。

3年之后，1917年，政府决定将故宫午门楼作为京师图书馆，端门楼作为历史博物馆，后因经费不足，将端门、午门一带定为历史博物馆筹备处，具体由教育部负责。1918年筹备处迁入午门后，便将午门城楼及两翼阙楼辟为陈列室，午门城台下东西庑各三间作为办公室，东西朝房、端门城楼作为贮藏室。总计馆舍150间，文物57375件。时在教育部任职的鲁迅分管其事，查鲁迅日记，1920年多次往午门，4月下旬竟去了8次。1923年，鲁迅把自己收藏的明代青花大瓷碗和明代湖州铜镜捐送历史博物馆。到1924年，馆藏文物已达20余万件。此为皇宫"变身"博物馆迈开的第二步。

1924年11月，仍居住在故宫内廷的溥仪被"请"出故宫。1925年10月10日，故宫神武门挂出"故宫博物院"的匾牌，下午2时，故宫博物院成立暨开院典礼在乾清门前隆重举行。选择辛亥革命纪念日、中华民国国庆日宣告故宫博物院成立，其意深远。一年前作为北京卫戍司令奉命"请"溥仪出宫的鹿钟麟在典礼上讲话："大家听过逼宫这出戏，人也指我去年所做之事为逼宫，但彼之逼宫为升官发财，或做皇帝而为，我乃为民国而逼宫，为公而逼宫。"1926年10月10日，故宫南门午门，国立历史博物馆正式开馆，午门城楼布置开放10个陈列室，档案记载，这一天登上午门城楼的参观者达45020人！一年前同一天故宫博物院开院那天，未见参观人数统计，但有报纸报道："宫殿穿门别户、曲折重重，人多道窄，汹涌而来，拥挤至不能转侧。殿上几无隙地，万头攒动，游客不由自主矣！且各现满意之色，盖三千年帝国宫禁一旦解放，安得不惊喜过望，转生无穷之感耶？"此为皇宫"变身"博物馆的第三步。至此，昔日禁备森严的皇宫成为公众自由出入的博物馆。

如皇宫刚刚开放为博物馆时一样，现在的故宫博物院，依然是公众关注、参观的热点。2019年，走进故宫博物院的参观者超过1900万！紫禁城是皇帝建造的，是为皇帝建造的。如所有的帝王一样，建造紫禁城的永乐皇帝朱棣期望朱家帝业承传万世；他绝对想象不到，几百年之后，他的宫殿却作为世界文化遗产，作为世界上保存最完整、规模最大的中国皇宫建筑群，成了全世界参观人数最多的博物馆。

故宫博物院最有吸引力的是已有600年历史的紫禁城：500年的皇宫，100年的博物馆。保存完好的明清皇宫，是故宫博物院不可移动的最大的最重要的"展品"。紫禁城之前的中国历代皇宫、宫城建筑，尽管有记载的文字，有残存的痕迹，如阿房宫、未央宫、大明宫等，毕竟非眼见之实，只能作考古调查发掘的遗址和想象宫殿景象的依据；紫禁城之后的不可能再有，自不必说。紫禁城因此成为至少2000多年以来中国皇宫整体留存的孤例。又因为紫禁城的建造有以往历代皇宫建造的承传依傍，数百年来，经过朱棣之后的皇帝们的不断修修补补，这座帝制时代的最后的皇宫更加规范，更加完备，更加标准，更加精致，成为唯一一座今天的人们仍然可以走进去的、可以走来走去甚至可以触摸的认识数千年中国帝制皇权、宫廷生活，认识和欣赏中国古代建筑文化、建筑艺术、建筑审美的鲜活生动的"标本"。包括护城河在内的占地100万平方米的面积，大大小小近百处院落，9000余间房屋，身临其境，身处其间，与身边熙熙攘攘的人群一起，更能直接地深切地感受到由一个人的、一家一姓的皇宫转变为所有人的博物馆的天翻地覆的历史巨变。

故宫博物院同样具有重要历史价值的，是以清宫遗留为主的超过

180万件的各类藏品（另有原属故宫博物院的将近1000万件的明清档案、图书划拨历史档案馆等机构）。这些由至高无上的权力、财富决定，由皇帝们的重视、嗜好决定，征集、制作、流传下来的历代珍稀文物，在与此相应的庞大皇宫建筑群里轮番展出。沿着参观的路线，散布着书画馆、陶瓷馆、石鼓馆、钟表馆、青铜馆、玉器馆、明清家具馆、戏曲馆、珍宝馆、捐献馆等20多个专馆，还有由故宫博物院的专业工作者研究策划出不同主题、不同组合的多种专题展览。这些陈列在展厅中的各类文物，常年保持在10000件左右。仔细观察这些展品，足以让今天的人们认识和思考传统文化、传统物质文化的传承历史、文化价值、艺术审美流变等方方面面的问题，并进一步思考对于今天和未来的鉴戒价值。

20世纪30年代，日本帝国主义侵华，为避日寇劫掠，故宫文物南迁。40年代末，部分南迁文物被运往台湾。1965年，以运往台湾的近60万件故宫博物院文物为主体，在台北建立台北故宫博物院。一个故宫，两个故宫博物院；故宫文物，实乃同根同脉、两岸一体的文化纽带。1999年澳门回归，澳门艺术博物馆也在这一年建成开馆。澳门艺术博物馆从开馆开始，即与北京故宫博物院合作，每年举办故宫文物专题展，已经成为对澳门、并对周边地区产生很大影响的文化品牌。2021年，位于香港特别行政区西九文化区的香港故宫文化博物馆落成，将常年展出故宫博物院文物藏品。2022年，故宫博物院800多件文物将到香港故宫文化博物馆做开馆首展，庆贺香港特区成立25周年。在北京海淀区，故宫博物院北院正在紧张施工，预计2022年，北院区规模宏大的故宫文物保护和展示空间将向社会开放。故宫博物院丰富独特的文化遗产资源，越来越得到更加广泛更加充分的传播利用。

三、捐赠与博物馆

1683年诞生在牛津大学的第一座公共博物馆是收藏家捐赠个人藏品形成的。70年后，1753年，还是在英国，收藏家汉斯·斯隆爵士去世后，遵其遗嘱，79000多件收藏品及大批植物标本、书籍、手稿全部捐献国家。就在这一年，国会批准建立英国国家博物馆。这是世界上首家国立公共博物馆，名大英博物馆，又名不列颠博物馆。1759年，大英博物馆正式对公众开放，对所有"好学求知的人"免费。最初的馆址利用建于17世纪的一座大楼。1824年，在此楼北面建新馆。1857年新馆建成，旧馆拆除。后又在新馆中间的大院子里建起了对公众开放的图书馆圆形阅览室。1880年，将自然历史标本与考古文物分开，另成立自然历史馆，大英博物馆以考古历史文物为主。1973年，大英博物馆图书馆归入英国国家图书馆，1997年搬离，原图书馆所在地改建为大中庭，名为"女王伊丽莎白二世大中庭"。占地8000多平方米的大中庭是欧洲最大的有顶广场，顶部用3312块三角形玻璃片组成。参观大英博物馆，一走进宽敞高大明亮的阳光大中庭，不免心生疑问，这是已有250多年历史的大英博物馆吗？这里就是马克思写《资本论》的地方吗？

当初私人捐赠近8万件藏品，已经是一个不小的数目，260多年之后的大英博物馆，藏品达到800万件，共有70多个固定展厅，每年接待观众500万以上。优质文化资源的放大效应和生长空间无可限量。

大英博物馆建立之后又过了70年，1826年，还是英国人的捐赠，但这次不是捐给英国，而是捐给美国。科学家富翁詹姆斯·史密森从未到过美国，但他认定独立后的美国是当时最有创造力和发展前途的新型国家，立下遗嘱，遗产捐给美国，指定在华盛顿成立史密森学会，用于"增进和传播人类的知识"。美国欣然接受，国会立法通过史密森学会组织法，选择独立大道旁的一大片草坪，于1846年建立史密森学会总部，下设博物馆和研究中心。由此开始，在华盛顿特区，一座座博物馆先后建立，逐渐形成以史密森名字命名的庞大博物馆群：国立历史自然博物馆、美国艺术博物馆、美国历史博物馆、国立设计博物馆、美国印第安人博物馆、非洲艺术博物馆、亚洲艺术馆（弗利尔艺术博物馆、赛克勒艺术馆）、航天航空博物馆、邮政博物馆、肖像博物馆等近20座，还有九个研究中心。近200年前来自一位遥远的英国人的私人捐赠，也许是一个很偶然的事件，居然在美国形成和产生如此巨大的国家博物馆行动。

收藏家捐赠藏品，财富巨头捐钱，以经济实力推动博物馆发展的例子有很多。

就以美国为例，美国的各级各类博物馆不论是公立还是私立，绝大部分是在私人藏品捐赠或信托基础上建立起来的。现有300万件藏品的大都会艺术博物馆，1870年由一群银行家、商人、艺术家发起，他们制定《大都会艺术博物馆宪章》，确立建馆目的："鼓励和发展艺术在生产和日常生活中的应用，推动艺术的通识教育，为大众提供相应的指导。"在政府的大力资助下，发展成为美国最大的博物馆，但仍然保持私立博物馆的性质。位于美国俄亥俄州的克利夫兰艺术博物馆，1956年一次就获得列纳德·汉纳3500万美元的一大笔捐赠，一下子就为该馆发展为美国最重要的艺术博物馆奠定了雄厚的经济基础。

不管什么时候，不管有多少多大价值，收藏不为吃不为喝，收藏品也不能吃不能喝，只能看，只为看，看到的人越多越好。所以，所有收藏，不管以什么方式，或收藏家直接捐，或有公益文化情怀的财富拥有者间接捐，或早或迟，其最后的归宿，一定是社会共享、公众共享的博物馆化。

四、以国家之力

博物馆文化作为国家公共文化体系建设、公共文化服务的重要而鲜明的组成部分，不论以何种方式形成和发展，总会成为以国家、政府为主导力量的文化建设行动。或政府直接投资资助，或制定国家扶持政策。

德国柏林市中心著名的博物馆岛，由建于1830年至1930年百年间的5座国家博物馆组成：柏林老博物馆（1830年）、柏林新博物馆（1859年）、国家美术馆（1876年）、博德博物馆（1904年）、佩加蒙博物馆（1930年）。5座建筑各具特色又和谐统一，施普雷河从两侧流过，更显恢宏优雅。第二次世界大战中建筑严重毁损，藏品流散，战后投入巨资修复、重建。1999年列入世界文化遗产。世界遗产委员会在评语中认为，博物馆是一种社会现象，柏林的博物馆岛建有5个博物馆，是一种理想的实现，展示了20世纪博物馆设计方式的变革。各个博物馆的设计都有意地与藏品之间建立起有机联系，建筑的规划和质量又大大提升了藏品的价值，这些藏品展示了各个时期人类文明发展的历史。

法国巴黎的蓬皮杜国家艺术和文化中心，是在蓬皮杜总统任期做出兴建决定的。1972年动工，1977年开馆时蓬皮杜已逝世，即以其名字命名纪念。这座现代艺术馆的外形太像一座大型化工厂或炼油厂了，长168米，宽60米，高42米，共6层，建筑面积10万平方米。从外部看，楼梯及所有设备完全暴露，钢架林立，管道纵横，不同色彩区分不同功能：现代艺术博物馆，工业设计中心，音乐研究中心，儿童活动中心，公共情报图书馆。从外形到内容，完全是一座跨界博物馆的新形态。最大特点是打破文化建筑常规，突出强调现代科学技术同文化艺术的密切关系。当初备受责难，如今已成现代巴黎象征。巴黎人亲切地称其为"博堡"。

埃及的文物具有特殊的资源优势，但老旧的国家博物馆空间有限，大量的珍贵文物很难展出。为解决这一困扰已久的问题，尽管国力有限，埃及政府还是以前所未有的力度，加强加快国家博物馆的建设。2002年，在老国家博物馆100周年之际，新的埃及文明国家博物馆奠基，与此同时，埃及政府宣布在首都开罗附近著名的三座大金字塔旁，建设一座现代化的"大埃及博物馆"，计划投资5.5亿美元，占地50万平方米，展览面积将达到4.5万平方米，称为"第四金字塔"，足见规模之大。2021年，埃及文明国家博物馆正式启用，4月3日晚，开罗举行"法老的金色游行"，原国家博物馆22具古埃及法老和王后的木乃伊，按照法老执政顺序排列，组成声势浩大的车队，转移到新落成的埃及文明国家博物馆中。

在国家主导建设博物馆方面，我国博物馆的建设和发展很有代表性。新中国成立之初，在经济还很困难的时候，就高度重视博物馆的建设；当经济建设取得伟大成就的时候，博物馆建设突飞猛进。

20世纪50年代，新中国成立的第一个十年，各省市就普遍建立起各自的地方性综合博物馆。首都北京国家博物馆的建设，更是创造了博物馆发展历史上的奇迹。1958年8月，中共中央政治局召开会议，为庆祝中华人民共和国成立十周年，决定在北京新建博物馆、展览馆。中国历史博物馆和中国革命博物馆馆址选定在最中心的天安门广场东侧，"左祖右社"，与人民大会堂对应对称。1958年10月28日，两馆大楼工程开工，1959年8月31日竣工。短短293个工作日，占地9

万多平方米，建筑面积6.5万平方米的宏伟建筑就矗立在天安门广场东侧。1959年9月底，展品9000余件，展出面积8000平方米的中国通史陈列开展，向国庆十周年献上了一份文化大礼，从9月26日到10月4日的试展预展期间，接待观众54116人。其建筑施工速度之快，调集征集展品、陈列设计布置效率之高，在世界博物馆建设史上前所未见。

进入改革开放时代，随着我国经济和社会事业的快速发展，人民生活水平的提高和精神文化需求的增长，以及世界文化交流的需求，建立一座与中华文明、大国地位、国家形象相称的具有国际先进水平的国家博物馆提上国家议事日程。1996年，中国共产党十四届六中全会通过的《中共中央关于加强社会主义精神文明建设若干重要问题的决议》明确提出：有计划地建成国家博物馆、国家大剧院等具有重要影响的国家重点文化工程。2003年，中国历史博物馆、中国革命博物馆合并组建中国国家博物馆。中国国家博物馆改扩建工程启动。改扩建工程建筑设计方案国际招标。2007年3月，改扩建工程动工。2010年底竣工。

建成后的国家博物馆保留20世纪50年代的基本设计文化元素，建筑面积由原6.5万平方米扩大到19.8万平方米，其中展览面积近7万平方米，共48个展厅，最小的1100平方米，最大的3000平方米。文物库房3万多平方米。改扩建后的中国国家博物馆，成为世界上建筑面积最大的博物馆。新建的西大厅艺术长廊，南北300米，高28米，站在大厅中间向西望去，广阔的天安门广场、庄严的人民英雄纪念碑和对面雄伟的人民大会堂赫然在目。

与国家博物馆建设同步，在国家已有更大的经济实力投入文化事业的条件下，从20世纪90年代开始，中国博物馆事业进入高水平、高质量、大发展的时代。以1991年建筑面积达6万平方米的陕西历史博物馆落成为标志，在此后20多年的时间里，几乎所有的省、市都新建或扩建了博物馆，建筑面积大部分在4万平方米至10万平方米之间。一座座建筑风格各具特色、建筑规模宏大的博物馆拔地而起，成为各地中心城市光彩夺目的文化地标。

我国博物馆建设后来居上、突飞猛进的根本原因，是党和国家高度重视文化建设和经济快速持续发展的结果。进入21世纪，在国家级、省市级博物馆更新换代的同时，各地市，尤其是经济比较发达的地市区域，纷纷建设各具地域特色的博物馆。一个明显的特征是，不少地方往往将博物馆、图书馆、艺术馆等公共文化设施整体规划，协同建设，形成公共文化服务功能齐全、建筑及环境优美高雅的城市文化新景观。这样的公共文化空间一出现，立刻就成为市民的文化活动中心，文化、旅游、游学的目标地。

五、文明废墟上的博物馆

重视和保护人类文化遗产，是世界各国政府与人民的共识和共同行动。保护的最终形式是博物馆化：展示、参观、研究。到2021年，我国列入世界遗产名录已达56处，有的本身就是博物馆，如北京故宫博物院、西安秦始皇帝陵博物院。有的是在遗产地建博物馆，博物馆与遗址组合，共同展示人类遗产，如长城博物馆、良渚博物院、大运河博物馆等。在这一类型中，世界上最有代表性的是古罗马城遗址和建在遗址上的博物馆，或者说，我们现在看到的罗马古城，就是一座巨大的废墟上的博物馆。

被誉为"永恒之城"的罗马，从公元前8世纪到公元5世纪，从国王政体到共和政体再到皇帝政体，从不可思议的兴起、辉煌到不可思议的衰亡毁坏，罗马具有人类历史的戏剧般展演效果。

争权夺利，朝代更替，战争杀戮，火灾震灾，与罗马城里的大小建筑的修筑与毁坏，难以理清地纠结交织在一起。正是由于这样的数百年上千年的惊心动魄的历史，被不断毁坏的罗马继续被不断地发现着。

罗马虽然衰败了，但衰败的罗马仍然想极力挽留住自己曾经光辉过的容颜，哪怕布满了疤痕。5世纪中期，看着墙倒众人推的罗马城，帝国皇帝里奥一世借一法官的破坏行为，向罗马城行政长官下达命令："任何人不得毁损或者破坏任何建筑——我们的祖先所建造的神庙和纪念建筑物——

这些建筑是给公众使用，或者是为了给公众娱乐才建造的。因此，胆敢冒天下之大不韪的法官，应该罚以50斤黄金。至于听从了这个法官的命令，而没有提出异议，没表示反抗的公务员和财会人员，要惩以笞刑，而且还要断其双手，以惩罚他们用双手亵渎了祖先所造的建筑，而本来他们是应该保护好这些古物的。"类似的有些夸张的命令，历代皇帝下达过不少，结果还是挡不住不断的毁坏。

经历了数个世纪的宗教、教皇的影响和统治，作为废墟的罗马很快成为文艺复兴的源头与中心，但同时也造成了毁坏、保护、利用并存的更加混乱的局面。为了建新的罗马，例如建梵蒂冈图书馆、圣彼得教堂等，若干代教皇允许封闭古建筑遗址和毁坏许多壮观的废墟。米开朗基罗被教皇派去鉴定艺术品，拉斐尔担任了古物专员。废墟的被分割和分割中不断的种种发现，让帝王、君主、建筑学家、考古学家、探宝探险者、学者、艺术家都着迷了。

疯狂地寻宝，疯狂地寻找艺术品。无计划、无组织、无纪律、无约束、无责任地四下挖掘，各取所需。新建的豪宅中、画廊、陈列室里，堆满各类艺术品。在墙壁上嵌进古老的浮雕或者残片成为时尚。在废墟上建造辉煌的住宅，更是地位、品位、权势与金钱的象征。艺术家的画室也成了展室、仓库。

有人做过统计，到了16世纪中期，罗马像样的私人收藏馆已超过90个，其摆放陈列罗马古物的方式已经很像现代的博物馆了。事实上，不少豪门巨宅后来因此陆续成为真正的博物馆。

罗马文物成为欧洲的新宠。各国帝王纷纷派使者前来采购。石柱、大理石残块、雕塑、壁画，源源不断流向各国各处。多少个世纪的湮没与发现，流失与保护，罗马的各种艺术品虽然大多残损，依然不妨碍它们成为许多世界著名博物馆的核心藏品。罗马文明到处闪闪发光。

科学的考古工作在混乱中开始并走向成熟。一本本精美的考古专著的出版，在学界产生了有力的影响。18、19世纪之交，法国人相继两次入侵、统治罗马，在掠夺的同时，也大力地推进了科学的考古发掘与遗址的保护。19世纪初建立了考古研究院。建筑界也欣然加盟。在拿破仑的直接指派下，最具标志性的大斗兽竞技场大遗址的清理、修整、保护最见成效。

当时的世界中心，如今废墟一片，且一半在地上，一半在地下。不过，即便是废墟，但毕竟是罗马，人们看到的也是狮子老虎的骨骼。罗马人留给后人的永远是有力的机体——如到处可见的雕塑那样，那是神、英雄、皇帝、角斗士、线条、色彩、大理石构成的罗马世界。残破的建筑、雕塑、壁画，早已成为后世所有艺术领域包括城市规划大型建筑研习、临摹、仿效的对象和激发创造灵感的典范。是的，仅仅是废墟残存，至今依然具有难以再现、难以超越的神话性质。

罗马到底是什么？2000多年前最为辉煌的罗马到底是什么？1000多年来的罗马废墟到底是什么？环形大斗兽场，君士坦丁拱门，神庙，教堂，元老院，金色宫殿，环形竞技场，公共浴场，等等，这些矗立或隐藏在废墟博物馆里的半废半残的"展品"试图告诉我们；还有历史悠久的位于古罗马中心的罗马首都博物馆（又名卡匹托尔博物馆），利用大浴场遗址建立的罗马国立博物馆，博物馆本身及关于见证和记忆罗马历史的各类展品试图告诉我们。

内部罗马世界赖以运转的是以分明的等级和巨大的不平等为特征的无所不在的奴隶制度。就以不可想象的罗马城市的规划建造来说，没有足够的可以任意驱使的奴隶劳动力，完成一次又一次庞大的建筑工程简直是不可想象的。那些超大型的建筑，神殿、水渠、大广场、大剧场、大竞技场、大会堂、图书馆，等等，作为公共空间，看起来具有城市生活公共设施的作用，但实际上更大的作用是权力本身的显示与炫耀。所以，随着一次次的权力更替，一座座的宏大建筑便成为一座座废墟。

或许罗马因为成为废墟才更有吸引力。夕阳下的大斗兽竞技场在明暗参半的映衬下，残破参差的轮廓愈发分明了，四面的废墟多了些剪影的效果更加清晰了，甚至能看清荒草的摇曳，而场内场外，以及更远些的熙熙攘攘的游人，却渐渐进入朦胧之中。

今天的人们争相走进罗马废墟，走进废墟博物馆，走进废墟上的博物馆，大约皆有恍然入梦之感——探寻、思考与梦幻共生。这大概正是所有大遗址博物馆非常吸引人的原因吧。

六、工业遗址的再生

随着社会发展，科技创新，产业转型，曾经光芒四射的工业文明基地逐渐成为工业文明遗址；随着社会发展、科技创新、产业转型的速度越来越快，新的产业遗址还会继续出现，越来越多。如何利用这些遗存的资源？如何让这些曾经风光过的存在焕发新的生机？有选择地将其转化为各具特色的博物馆，无疑是充满智慧与想象的创意创新之举。许多成功的经验值得借鉴。

位于英国伯明翰西北40公里处的什罗普郡铁桥峡谷，是英国工业革命的发源地。1779年建成、1781年元旦通车的峡谷铁桥，单跨度30.6米，重384吨，是世界上第一座用金属制造的桥梁。1795年塞文河一场大洪水冲毁所有的石桥，唯独这座铁桥屹立不动。这里还诞生了第一座焦炭炼铁的高炉，第一批铁轨火车，第一部蒸汽火车头，第一艘远洋轮船体钢板；1851年为在伦敦举行的世界博览会建造的华美富丽的大铁门，现在仍在肯辛顿公园。20世纪70年代，这个一度走向衰落的老工业区，突然变形为铁桥峡谷博物馆。那座铁桥无疑是博物馆群中的核心，其他还有铁器博物馆、瓷器博物馆、装饰瓷砖博物馆等10余座博物馆，共同组成通称为铁桥峡谷博物馆的工业遗产小镇。各博物馆的遗址、藏品展示，由此带动的旅游、餐饮、影视拍摄、招待会、婚礼婚宴，以及利用旧工艺制作销售工业革命时期的各种工艺品，使得这个地方变得热闹非凡，重新焕发出勃勃生机。

1986年，作为国际工业遗产博物馆可持续发展的范例，铁桥峡谷博物馆成为英国首批，也是第一个以博物馆为主体的工业遗产景观区，列入世界文化遗产名录。继铁桥峡谷博物馆后，仅在英国，就相继诞生了德文特山谷纺织博物馆、布莱维恩大矿井博物馆、凯尔汉姆工业遗址博物馆等工业遗址类博物馆。

德国鲁尔区是德国的也是世界上最重要的工业区之一。工业区的支柱是煤炭和钢铁产业。煤钢产业遗址是工业遗产的主体。鲁尔区工业遗址博物馆诞生在关税同盟矿区中的洗煤厂。占地面积广阔的废弃的厂房、废弃的煤矿设备，得到充分的利用，逐步发展成庞大的博物馆群：矿业博物馆、铁路博物馆、内陆航运博物馆、工业博物馆、电力博物馆、露天博物馆、现代博物馆、红点设计博物馆，共有18处之多。全球工业设计界著名的"红点"奖源自这里。跨区域、跨界是博物馆群的一大特点。多样的博物馆涉及地质学、历史学、考古学、设计学、摄影等，并与教学、实践、研究场所融为一体。

2001年，鲁尔区的工业遗址博物馆以其庞大与丰富性，入选世界文化遗产名录，成为以博物馆模式实施工业遗产保护的又一典范。由工业遗址和博物馆相互融合组成内涵丰富多元的世界文化遗产新景观及其产生的新价值，开创了陷入衰退的老工业区域重获新生并走向兴盛的新路径。

美国密苏里州圣路易斯有一座被称为最伟大的公共空间之一的城市博物馆。这座博物馆原本是位于市中心的已经废弃的制鞋公司仓库。仓库高10层，建筑面积5.5万平方米，外观朴实，内部简陋。1993年，艺术家鲍勃·卡西里买下后着手改造，边改造边开放。城市博物馆总体定位于以工业历史建筑为依托为背景，以公共艺术为主要内容，以多元化展示，以夸张的设计造型，以观众的深度参与，服务大众休闲娱乐。建筑中保留部分制鞋厂区域。由旧鞋仓运送货物的螺旋输送槽，改造成又高又大的室内滑梯滑道，匹配攀爬装置，体验"一只鞋子的落地过程"，特别受人们的欢迎。由城市建筑、工业和交通废弃物搭建成城市主题游乐园、冒险乐园。城市博物馆收藏展示"城市碎片"，其中有鲍勃·卡西里30多年收藏的小飞机、老爷车、屋顶装饰等29000件城市历史旧物件，有1870年前银行的金库门、保险箱，有1925年纽约里沃剧院中的1106根大型管风琴的重新组装。博物馆里作为当代艺术新地标的当代艺术中心，既收藏展示国际知名的当代艺术家的作品，又提供观众即兴涂鸦的艺术空间。

这座堪称历史建筑更新典范的城市博物馆，之所以被称为伟大的公共空间，不只是因为它创造了博物馆的新形态——历史博物馆、主题游乐园、当代艺术馆融合，进一步将文化艺术表演引入博物馆，不断扩展文化教育娱乐空间，使博物馆成为更多功能的社会文化综合体，还因为这座废弃的建筑成为博物馆后，不仅获得了新生，而且还在继续生长，是一座生长着的"城中城"。这里作为博物馆开放20多年了，但已经改造开放的部分还不到一半，不过已经给所有参观者以足够的惊喜和兴奋了，其余的部分将会更令人期待。这大概是这座城市博物馆的格外引人之处吧。

类似的工业遗址转型博物馆，世界各地到处都有。英国的泰特艺术馆，原来是老式发电厂，它的成功改造，被认定为城市发展中创意之作的经典案例，甚至认为这一创意，给古老的伦敦带来了新的活力。法国巴黎著名的奥赛博物馆，位于塞纳河左岸，与卢浮宫博物馆隔河守望，由1900年建造的废弃多年的旧火车站改造，现有"欧洲最美的博物馆"之誉。

中国工业遗址转型为博物馆的改造方兴未艾，发生发展状如雨后春笋。上海玻璃博物馆是原来的上海玻璃仪器厂，新展厅是原汁原味的老厂房，斑驳的墙面上仍保留20世纪的生产标语。上海当代艺术博物馆，原是1897年建造的第一座发电厂，给上海送来第一缕电光之地，2010年世博会期间利用为城市未来馆，现在是上海双年展主场。曾是上海地标的165米高的烟囱，成为艺术博物馆的展览空间。上海艺仓美术馆，原为上海煤运码头处的煤仓，现在煤仓变艺仓。

七、科学之光

比起历史类综合类博物馆，自然科技类博物馆虽然数量少，但有独特魅力。尤其对青少年儿童来说，处处流光溢彩的科学之光，其吸引力辐射力和穿越感远远超过其他类型的博物馆。

建于1869年，位于纽约曼哈顿区的美国国家自然历史博物馆，占地7万平方米，是世界上规模最大的自然历史博物馆，也是美国重要的自然历史研究和教育中心。博物馆有10多个学科研究部，主管标本采集、研究和出版工作，开展人类学、无脊椎动物学、脊椎动物学、古生物学、物理科学等方面的研究。收藏极为丰富，总计3000多万件标本、图书和各类藏品。标本除采自美国外，欧洲、亚洲、澳洲、非洲、南美洲的代表性标本外，涵盖天文、古生物、现代生物、矿物、人类等方面。博物馆共有大小展厅45个，设有生态百态、海洋生物、哺乳类动物、爬行和两栖类动物、脊椎动物起源、恐龙、世界鸟类、化石矿石、人类进化、人种等专题厅。每年接待观众400多万人次，特别与纽约的学校广泛合作，为教师提供培训，安排学校组织学生参观，每年有超过40万的中小学生参观并参加博物馆组织的正式教育活动。

华盛顿的史密森博物馆群中，也有一座国立自然历史博物馆。不管什么时候去，博物馆群中观众最多的总是这座自然历史博物馆和附近同属史密森博物馆群的国家航天航空博物馆，且观众多为中小学生。航空航天博物馆是世界最大的飞行专题博物馆。展览面积18000平方米，分为24个展厅。从最初的飞行器，中国古代的风筝，到蒙特哥菲尔兄弟飞越巴黎上空的热气球，到莱特兄弟的"飞行者1号"，再到登月舱"阿波罗11号"，飞机、火箭、导弹、宇宙飞船，以及著名飞行员、宇航员用过的器物，在总长达200米的高大宽敞、气势恢宏的展厅中，展示出人类探索宇宙的伟大豪壮的历程。航天航空博物馆在1976年开馆第一年，观众超过1000万，创造了美国博物馆最高纪录，可见受欢迎的程度。

21世纪初开放的上海科技馆，建筑面积9.8万平方米，展览面积6.5万平方米，是一座时代特征鲜明的综合性的自然科学技术博物馆，是上海市为提高公众科学文化素养投资近20亿元建设的重要的科普教育基地。11个各具特色的主题展区，3个古今中外科学家及其足迹的艺术长廊，另有主题特展和临时展厅，分别以生物万象、地壳探秘、彩虹乐园、智慧之光、设计师摇篮、机器人世界、信息时代、地球家园、宇航天地、探索之光、人与健康等内容，共同演绎自然、人、科技的宏大叙事。

上海科技馆极具震撼的是4个高科技特种影院，分别为银幕高18.3米、宽24.3米的立体巨幕影院，具有球幕电影和天体演示双重功能的球幕影院，以三维立体电影和一维环境效果结合的四维影院，采用视频拼接、图像处理、电脑集成、观众互动等技术合成的太空数码影院，分布在不同的展区中，组成亚洲地区最大的科学影城，以其他地方看不到的高科技超常规视听空间，与各展区内容配合，产生特殊的观展效果。

上海科技馆的核心内容与主要目标是科学普及。如智慧之光展区，布置大量互动展品，演示物理学、数学、化学、生物学等学科的典型而有趣的现象。展览布置以"观察现象—整理分析—认识规律"的创意逻辑，让观众通过动手参与，认识这些学科的基本原理和基本规律。再如设计师摇篮，主题为计算机辅助设计和辅助制造，展区设置了设计制造区、游客设计区、设计杰作区，参观者可以亲自动手，体验一定的现代设计和先进制造的基本技术。此类的展示内容与展示特点，受到观众尤其受到青少年儿童的喜爱，自开馆以来一直是儿童、学生和家庭学校的参观热点，上海科技馆因此也成为国家5A级科普旅游景区。

通过自然科技类博物馆提升现代公众的科学素质，特别是为现在、为未来，从娃娃抓起，从小培养科学精神、科学思想、科学方法，实在是一件极为重要的大事情。

结语

博物馆姓"博"。藏品"博"，博物馆类型形态也"博"。传统意义上的博物馆种类已经不少，大体有历史类，包括古代史，近现代史；地志综合类，展示区域历史及人文风貌；纪念类，核心是重大历史事件，重要历史人物；遗址类，主要为自然文化历史遗址，近现代工业遗址；自然与科学技术类；专门类，包括专题、行业、企业、高校、艺术博物馆等。按所有制划分，可分为公办、民办两大类。我国以公有制博物馆为主，国家鼓励、调动、资助民间力量创建民办博物馆。

随着我国社会的全面协调发展，加快文化强国的建设，公共文化服务体系的完善，公众文化消费需求的多样化，以及文化艺术与科学技术的高度深度融合，新类型、新形态的博物馆正在不断产生和发展。服务经济社会发展，融入文化旅游产业，具备学习、教育、研学、旅游、休闲、娱乐的综合性功能，是新类型、新形态博物馆发展的重要方向之一。为文化自然景观嵌入一座或几座独具特色的博物馆，一定会大大提升景观的文化品质和持久吸引力；选择合适之地建设一座或几座独具影响力的博物馆，一定可以扩展为一处独具文化魅力的文化自然景观。

博物馆发展空间无限。公众的精神文化需求必然日益增长，博物馆文化必然发挥更大的作用和力量。

君子之道

余秋雨

余秋雨，文化学者，曾任上海戏剧学院院长。

概述

文化的终极成果，是人格。中华文化的终极成果，是中国人的集体人格模式，"君子"。这是一个庞大民族在自身早期文化整合中的"最大公约数"，成为中国人最独特的文化标识。

"君子"作为一种集体人格的雏形古已有之，又经过儒家的选择、阐释、提升，结果就成了一种人格理想。儒家先是谦恭地维护了"君子"的人格原型，然后又鲜明地输入了自己的人格设计。这种在原型和设计之间的平衡，贴合了多数中国人的文化基因和文化选择。这种理想设计一旦产生，中国文化的许许多多亮点都向那里滑动、集中、灌注、融合。因此，"君子"两字包罗万象，非同小可。儒家学说的最简捷概括，即可称之为"君子之道"。甚至，中国文化的钥匙也在那里。

对中国文化而言，有了君子，什么都有了；没有君子，什么都徒劳。这也就是说，人格在文化上收纳一切，沉淀一切，预示一切。任何文化，都是前人对后代的遗嘱。最好的遗嘱，莫过于理想的预示。

后代应该成为什么样的人？中国文化由儒家做了理想性的回答：做个君子。

做个君子，也就是做个最合格、最理想的中国人。

中国文化的延续，是君子人格的延续；中国文化的刚健，是君子人格的刚健；中国文化的缺憾，是君子人格的缺憾；中国文化的更新，是君子人格的更新。

如果说，文化的最初踪影，是人的痕迹，那么，文化的最后结晶，是人的归属。

和人类历史上任何民族的理想人格设计一样，君子之道是一种永不止息的人格动员，使多数社会成员经常发觉自己与君子的差距，然后产生"见贤思齐""景行行止"的向往。这是中国文化最后一级台阶，是中国人灵魂深处的故乡。

一、君子怀德

如果要把君子的品行简缩成一个字，那个字应该是"德"。因此，"君子怀德"，是君子之道的起点。

德是什么？说来话长，主要是指"利人、利他、利天下"的社会责任感。

"利天下"是孟子说的，在《孟子·尽心上》中以"摩顶放踵利天下"来阐释"兼爱"，意思是只要对天下有利，不惜浑身伤残。当然，这是太高的标准，一般人达不到，因此还是回过头去，听听孔子有关"君子怀德"的普遍性论述。

孔子说：

君子怀德，小人怀土；君子怀刑，小人怀惠。（《论语·里仁》）

对这句话的注释，朱熹《四书章句集注》做得最好。朱熹是这样注的：

怀，思念也。怀德，谓存其固有之善。怀土，谓溺其所处之安。怀刑，谓畏法。怀惠，谓贪利。君子、小人趣向不同，公私之间而已。

按照朱熹的说法，君子、小人的差别，根子上是公、私之间的差别。以公共利益为念，便是君子；以私自利益为念，则是小人。因为这里所说的小人是指普通百姓，所以"怀土""怀惠"也是合理的，算不上恶。但是，即使是普通百姓，如果永远地思念立足的自家乡土而不去守护天良大善，永远地思念私利恩惠而不去关顾社会法规，那也就不是君子。

孔子把"德"和"土"并列为一个对立概念。"土"，怎么会成为"德"的对立面呢？这是现代人不容易理解的。对于这个问题，我们不妨先看一看儒家经典《礼记·大学》中一个很有意思的排列。在这个排列中，君子心目中的轻重关系分五个等级：第一是德，第二是人，第三是土，第四是财，第五是用。结论是，德是本，财为末。原文如下：

君子先慎乎德。有德此有人，有人此有土，有土此有财，有财此有用。德者，本也；财者，末也。（《大学》第十章）

这段话，如果用我的语言方式来说，就会是这样：

作为君子，放在最前面的必须是道德。有了道德，才会有真正的人；有了人，才会有脚下的土地；有了土地，才会产生财物；有了财物，才能有所享用。因此，道德是本，财物是末。

原来，"土"是作为"物"的滋生者而出现的。现在国际间有人喜欢把中国那些只重物、不重德的有钱人称之为"土豪"，它甚至有可能成为一个新的英语词汇，这中间的"土"，倒恰恰与孔子所说的"小人怀土"同一个意思。

还有一种说法更彻底，不赞成把"土""物"并列地与"德"比先后，而认为它们之间是承载和被承载的关系。那就得出了《周易》里的那句千古名言：

君子以厚德载物。（《周易·象传》）

"厚德载物"可以有两种解释，那就是把"厚"看成动词，还是形容词。

如果看成动词，意思就是：先要培植、加重德性，然后可以承载万物。

如果看成形容词，意思就是：只有以厚重、稳固的道德为基座，才能承载万物。

这两种意思，没有什么差别。一个"载"字，说明了"德"和"物"之间的主、属关系。

历来也有很多富豪行善，可惜他们往往是"厚物载德"，也就是厚积大量财物，然后浮现一些善行。他们的居所里，很可能也挂着"厚德载物"的牌匾，但在行动上却把主、属关系颠倒了。颠倒还算好，更要防范的是完全没有德。

那将会如何？《潜夫论》认为，"无德而贿丰，祸之胎也"。对"德"产生侵扰的，除了物，还有力。其实，很多人追求物，目的还是在追求力。直到今天，在很多人心目中，炫耀财物比较庸俗，而炫耀力量却让人羡慕。因此，古往今来，更能消解"德"的，是"力"。应该佩服荀子，他那么及时地说了八个字：

君子以德，小人以力。（《荀子·富国第十》）

这是在说立身之本。君子立身于德，小人立身于力。

即使君子拥有了力，那也要以德为归，以力弘德。总之，万物之间，德是主宰。

西方近代社会，主要着眼于力。我国当代很多人片面地模仿，又变本加厉，把德和力的关系颠倒了。他们崇尚"成功"，甚至从童年开始，就永远地弥漫着"输赢"的符咒，一直贯穿终身。他们所说的"成功"和"赢"，也就是荀子所警惕的"力"。按照儒家哲学，这是一条背离君子之道的"缺德"路。

不妨设想一下，多少年后，我们居住的城市和街道，拥挤着一个更比一个"成功"的"力士"，摩肩接踵，我们还敢继续住下去吗？我们真正企盼的，究竟是什么？

在中国古代经典中，"德"，是一个宏大的范畴。在它的周边，还有一些邻近概念，譬如"仁""义"等。我们可以把它们当作德的"家庭成员"，当作"君子怀德"这一基本命题的延伸。它们都用近似的内涵说明了一个公理：良好的品德，是君子之魂，也是天下之盼。

虽然同属于"德"，但是"仁""义"的色彩不太一样。一般说来，"仁"是软性之德，"义"是硬性之德。

孔子对"仁"的定义是"仁者爱人"。于是，以后人们说到"仁"，总是包含着爱。例如《盐铁论》所说"仁者，爱之效也"，《淮南子》所说"仁莫大于爱人"，等等。

至于"义",孔子则斩钉截铁地提出"君子喻于义,小人喻于利"(《论语·里仁》)。那么,什么是"义"?大致是指由"德"出发的朗朗正道。相比之下,"仁"显温和,"义"显强劲,正如《扬子法言·君子》所说:

君子于仁也柔,于义也刚。(《扬子法言·君子》十二)

一柔一刚,合成道德,然后合成君子。

这也就是说,君子怀德,半是怀柔,半是怀刚,面对着广泛不一的对象。如此广德,便是大德。

只有大德,才能巍然屹立,与更广泛的小人行径构成系统性的对比。

对于这个问题,唐朝的魏徵做了简明的概括,他在《十渐不克终疏》中说:

君子之怀,蹈仁义而弘大德;小人之性,好谗佞以为身谋。

这种划分,早在屈原的作品中就已经出现,而到了唐代这么一个诸般生命力一起勃发的时代,对文化品性的重新裁划就显得更加重要了。因此,屈原的个人评判变成了一种社会共识。例如,"好谗佞"这三个字,显然已经成为中国文化法典中的大恶条款。把这三个字翻译成现代话,句子会长一点,就是"习惯于用谣言毁人,热衷于以媚态奉迎"。这种人,当然应该判定为缺德的小人。与之相反,君子的本质也在对比中展现得更明确了:"蹈仁义而弘大德"。

二、君子之德风

在说了"君子怀德"之后，立即跟上"君子之德风"，有一种紧密的逻辑理由。尽管，这几个字对当代读者来说已经比较陌生。来源，是孔子在《论语·颜渊》中的一段话：

君子之德风，小人之德草，草上之风，必偃。

可以这样翻译：

君子的道德像风，民众的道德像草。风吹向草，草就随风倾伏。

这一论述，指出了君子的德行必须像风一样影响大众。孔子在这里所说的"小人"，仍然是指社会地位上的小民。因为有了他的这个说法，小民也经常被称作"草民"。

把民众比之为草，并非贬损。草，这种依附大地的广泛存在，一旦生根就难于挪移，一切动静、荣枯，只能依凭外在力量。风，就是让草进入动态的外在力量。但是，风来自何方，却是一个问题。

孔子主张，左右民众动态的风，应该是道德之风、君子之风。这个观点又引申出了另一番意义：凡是道德，便应成风；凡是君子，便应成风。

社会上，不管是风尚、风气、风范，还是风潮、风俗、风情，这些"风"的起点，都应该包含"君子之德"。

这一来，既涉及了社会走向，又涉及了君子职责。

在社会走向上，儒家反对放任。孔子所说"小人怀土"，正是指出了普通民众的草根性、狭隘性、暗昧性、占据性。对他们，君子必须把自己高贵的生命能量变成风气，进行传播和梳理。一个君子，如果自认为具有仁义大德，却默而不语，不作传播，那么，他对社会的仁义何在？对民众的大德何在？仁义大德是一种有对象的"他向行为"，涉及的对象越多，就越有价值。所以荀子说："仁者好告示人。"（《荀子·荣辱第四》）在儒家看来，不"告示人"的仁德，就不是真正的仁德。

儒家的这一思想，如果用现代话语来表达，那就是：崇尚精英主义，否定民粹主义；主张道德传扬，反对君子自闭。

遗憾的是，历代总有不少官僚玩弄"民瘼""民情""乡愿"等概念，利用民众的草根性、狭隘性、暗昧性、占据性来讨好、取悦、委顺、放纵民众，以赚取"官声"。儒家要求用道德之风来吹拂草，这些人却借草扬风，结果只能沙尘满天，使得一个个君子埋在草丛之中灰头土脸。

这样一来，连很多具有社会责任感的君子，也已经很难相信道德之风的生命力了。

是啊，在那么多上上下下的干扰中，君子的道德之风还能吹得远吗？

对于这个问题，《尚书》的回答气象非凡：

惟德动天，无远弗届。（《尚书·虞夏书》）

《尚书》认为，道德本是天意，不必寻找它能够传播开去的具体原因。只须立德，便能动天，一旦动天，天下尽归。

这一古老的话语，乍一听带有开天辟地时代不容争议的霸气，却能让我们联想到德国18世纪哲学家康德关于道德是

"第一命令"，是"天律"的论述。

从天上回到地下，道德能够广泛传播，还由于人心。人心之中埋有固有之善，往往缺少召集。就像我们经常在自然灾害的现场看到的那样，一旦面对伤残对象，许多素昧平生的人会立即同时伸出援手。这才发现，人与人之间的道德居所并不遥远，而是非常邻近。那又要让人想起孔子的名言了：

德不孤，必有邻。（《论语·里仁》）

在这一点上，孔子是"道德乐观主义者"。他相信普遍人性，随之相信天下君子不会孤独。他把《尚书》所说的"动天"，与"动心"连在一起了，又把"动心"看作是一种密集的集体现象。

孔子的这个说法非常温暖，使很多弘德行善的君子即使一时感到孤独，也会保持信心。他们渐渐明白，即使是荒僻的村舍，即使是陌生的街市，都可能是道德载体。

一时孤独了，一定别有原因，而不能归因于自己对道德的承担。道德不会孤独，那么，承担者也不会孤独。

老子与孔子不同，并不是"道德乐观主义者"，而且也不希望真正有德之人过于自得（"上德不德，是以有德"）。但是，即便是他，也认为不断地积累道德就能无往不胜。他说：

重积德则无不克。（《老子》五十九章）

墨家不喜欢儒家宣讲道德的方式，但在实践行为上，却是树立了令人感动的大德形象。他们的"德风"，往往以群体性的侠义壮举来传扬，令人振奋。

总之，积极传扬仁义大德，是中国文化对于君子品行的一个重要共识。

三、君子成人之美

这句话，浅显易懂，传播广泛，已成为中国民间判别君子的一个通俗标准。当然，这个通俗标准并不浅显。

话是孔子说的，整句如下：

君子成人之美，不成人之恶。小人反是。（《论语·颜渊》）

"美"的概念，在古代常常与"善"交融在一起，很难明晰分开。到了孔子的时代，已经有"尽善尽美"的说法，这就意味着"美"已经可以与"善"并立，具有某种独立性了。但是，孔子在这句话中，为"美"设定的对立面是"恶"而不是"丑"，因此"美"在这里又与"善"近义，大致是"好事"的意思。

"成人之美"，也就是促成别人的好事。这里的"人"，并不仅仅是指家人、友人、认识的人，而是范围极大，广阔无边。

孟子在《公孙丑》中所说的"君子莫大乎与人为善"，以及后来唐代《贞观政要》中所说的"君子扬人之善，小人讦人之恶"，等等，都让人联想到孔子"成人之美"的说法。而且这些说法确实也可以看成是"同义联璧"。但是细细辨析，这里的"美"和"善"还是有区别的。

例如救穷、赈灾、治病、抢险，只能说是"与人为善"，而不便说是"成人之美"。"成人之美"更多的是指促成良缘、介绍益友、消解误会、帮助合作，等等。总之，

761

"成人之美"偏重于锦上添花的正面建设，而且具有一定的形式享受。

这里也体现了"君子"与"好人"的微妙差别。"好人"必然会"与人为善"，但"君子"除了"与人为善"之外，还会"成人之美"。在灾难面前，"君子"与"好人"做着同样的事，但在无灾的日子里，"君子"更会寻找正面意义的形式享受。为此，他们比"好人"似乎更高雅一点。

接下来，还应该辨析一下这个命题的对立面："成人之恶"。

"成人之恶"的"成"有三种可能

第一种可能，恶已开始，帮其完成。例如，为殴人者提供木棍，为造谣者圆了谎言。

第二种可能，恶未开始，从头酿成。例如，怂恿少年犯罪，挑拨夫妻反目。

第三种可能，攻善为恶，伪造而成。这主要是指用谣言、诽谤等手法玷污他人，造成一个传说中的"恶人"。

三个"成"，哪一个是"成人之恶"中的"成"？我觉得，都是。与这三个"成"字相对应，那个"人"字也就有了三种含义。如前所述，为"半恶之人""被恶之人""非恶之人"，结果，都成了"恶人"。因此"成人之恶"是一项多方位的负面社会工程。

如此仔细地辨析了"成人之恶"，那么，我们也就能进一步对"成人之美"理解得更深入一点了。

"成人之美"也是一项多方位的社会工程，只不过都是正面的。大体上也分为三种可能——

第一，使未成之美尽量完成；

第二，使未起之美开始起步；

第三，化非美为美，也就让对方由污淖攀上堤岸。

"成人之美"和"与人为善"，都具有明显的"给予"主动，都体现为一种带有大丈夫气质的积极行为。

一个人，究竟是"成人之美"还是"成人之恶"，这种极端性的是非选择，显现在日常生活中，很可能是非常细微的。例如，这边在中伤一个无辜者，你知道真相而沉默，那就是"成人之恶"；那边在举行一个婚礼，你素昧平生却投去一个祝贺目光，那就是"成人之美"。

这么说来，任何人在任何时刻都有选择做君子的机会，那是一种"水滴石穿"的修炼。不必等待，不必积累，君子之道就在一切人的脚下。而且，就在当下。

既然渗透到了日常生活中，那么，如何在细微事件中快速评判善恶是非呢？孔子相信，评判的标尺就藏在我们自己的心底。那就是，自己不想碰到的一切，绝不要强加到别人身上去。这个标尺很简捷，也容易把握，因此，几乎所有的中国人都知道下面八个字：

己所不欲，勿施于人。（《论语·颜渊》）

这就为"成人之美""与人为善"找到了每一个人都可以自行把握的内心依据。

西方文化正如孙中山先生指出的，习惯于把自己的理念通过很霸道的方式强加在别人头上；而中国文化则认为，天伦大道藏在每个人的心底，只要将心比心就可以了。

四、君子周而不比

原文见《论语·为政》。孔子说：

君子周而不比，小人比而不周。

"周"和"比"的意思，与现代语文有较大的距离了，因此需要做一些解释。

这两个字，到朱熹时代就已经不容易解释了。朱熹注释道："周，普遍也。比，偏党也。"当代杰出哲学家李泽厚根据朱熹的注解，在《论语今读》中做了这样的翻译："君子普遍厚待人们，而不偏袒阿私；小人偏袒阿私，而不普遍厚待。"

这样的翻译，虽然准确却有点繁琐，李泽厚先生自己也感觉到了，因此他在翻译之后立即感慨孔子原句的"言简意赅""便于传诵"。

其实，我倒是倾向于坊间一种更简单的翻译：

君子团结而不勾结，小人勾结而不团结。

两个"结"字，很好记，也大致合原意。因为征用了现代常用语，听起来还有一点幽默。

不管怎么翻译，一看就知道，这是在说君子应该如何处理人际关系的问题。

其实，前面几项都已涉及人际关系。但是，无论是"怀德""德风"，还是"成人之美"，讲的都是大原则。明白了大原则，却不见得能具体处理。有很多君子，心地善良，却怎么也不能安顿身边人事。因此，君子之道要对人际关系另作深论。

"周而不比"的"周"，是指周全、平衡、完整；而作为对立面的"比"，是指粘连、勾搭、偏仄。对很多人来说，后者比前者更有

764

吸引力，这是为什么？

这事说来话长。人们进入群体，常常因生疏而产生一种不安全感，自然会着急地物色几个朋友，这很正常。但是，接下来就有鸿沟了：有些人会把这个过程当作过渡，朋友的队伍渐渐扩大，自己的思路也愈加周全，这就在人际关系上成了君子；但也会有不少人把自己的朋友圈当作小小的"利益共同体"，与圈子之外的多数人明明暗暗地比较、对峙。时间一长，必然延伸成一系列窥探、算计和防范。显然，这就成了小人行迹。

这么说来，"周而不比"和"比而不周"之间的差别，开始并不是大善大恶、大是大非的分野。但是，这种差别一旦加固和发展，就会变成两种截然不同的人格系统。

人际关系中的小人行迹，最明显地表现为争夺和争吵。这应该引起君子们的警惕，因为不少君子由于观点鲜明、刚正不阿，也容易发生争吵。一吵，弄不好，一下子就滑到小人行迹中去了。那么，为了避免争吵，君子能不能离群索居、隔绝人世？不能，完全离开群体也就无所谓君子了。孔子只是要求他们，入群而不裂群。因此，他及时地说了这段话：

君子矜而不争，群而不党。（《论语·卫灵公》）

这次李泽厚先生就翻译得很好了："君子严正而不争夺，合群而不偏袒。"

作为老友，如果要我稍稍改动一下文字，我会把"争夺"改成"争执"，把"偏袒"改成"偏执"。两个"执"，有点韵味，又比较有趣，而且意思也不错。

那就改成了这样一句："君子严正而不争执，合群而不偏执。"

孔子所说的这个"矜"字，原来介乎褒贬之间，翻译较难，用当今的口头语，可解释为"派头""腔调""范儿"之类，在表情上稍稍有点作态。端得出这样的表情，总不会是"和事佬"，免不了要对看不惯的东西说几句重话吧？但孔子说，君子再有派头，也不争执。这句话的另一番意思是，即使与世无争，也要有派头。那就是不能显得窝囊、潦倒，像孔乙己。是君子，必须要有几分"矜"，讲一点格调。

"群而不党"，如果用现代的口语，不妨这样说：可以成群结队，不可结党营私。甚至还可以换一种更通俗的说法：可以热热闹闹，不可打打闹闹。

"党"这个字，在中国古代语文中是指背离普遍、完整、兼爱，趋向抱团、分裂、互损，与君子风范相悖。

更麻烦的是，只要结党营私，小团体里边的关系也会日趋恶劣。表面上都是同门同帮，暗地里没有一处和睦。这种情况可称之为"同而不和"。与之相反，值得信赖的关系，只求心心相和，不求处处相同，可称之为"和而不同"。这两种关系，何属君子，何属小人，十分清楚，因此孔子总结道：

君子和而不同，小人同而不和。（《论语·子路》）

这句话也描绘了一个有趣的形象对比：君子，是一个个不同的人；相反，小人，一个个都十分相似。因此，人们在世间，看到种种不同，反而可以安心；看到太多的相同，却应分外小心。

由此，我们已经涉及了君子和小人的整体气貌。

五、君子坦荡荡

这就是整体气貌了。

从上面的分析可以知道，在人际关系中，小人要比君子劳累得多。

小人的劳累至少有以下四个方面：

第一，小人要"结党营私"，必须制造敌人，窥探对手，敏感于一切信息，终日战战兢兢。

第二，小人要"成人之恶"，必须寻找恶的潜因、恶的可能。随之，还要寻找善的裂纹，美的瘢痕。

第三，不管是"结党营私"还是"成人之恶"，都必须藏藏掖掖，遮遮掩掩，涂涂抹抹，费尽心机。

第四，如前所说，即便在自己的小团体内，他们也在彼此暗比，互相提防。比了，防了，又要表现为没比，没防，在嘻哈拥抱中伪装成生死莫逆、肝胆相照，这该多劳累啊。

这么多劳累加在一起，真会使任何一个人的快乐被扫荡，轻松被剥夺，人格被扭曲。结果如何，可想而知。人们历来只恨小人天天志得意满，却不知他们夜夜心慌意乱。

君子当然也劳累，但性质完全不同。君子要行仁、践义、利天下，即便缩小范围，也要关顾到周围所有的人，达到"周"的标准，能不劳累吗？只不过，这种劳累，敞亮通达，无须逃避质疑的目光，无须填堵已露的破绽，无须防范种下的祸殃。这样一来，劳累也就减去了一大半。剩下的，全是蓝天白云下的坦然畅然。正是面对这种区别，孔子说话了：

君子坦荡荡，小人长戚戚。（《论语·述而》）

这句话，在中国非常普及。它纠正了民间所谓"做好事受罪，做坏事痛快"的习惯性误解，指出究竟是"受罪"还是"痛快"，需要从心境上寻找答案。答案，与民间的误解恰好相反。小人很想掩盖"戚戚"，因此总是夸张地表演出骄傲、骄横、骄慢、骄躁。什么都能表演，唯独不能表演坦然泰然。这正如，变质的食品可以用各种强烈的调料来包裹，唯独不能坦白地展示真材实味。

这个意思，孔子用另一句话来表明：

君子泰而不骄，小人骄而不泰。（《论语·子路》）

在这里，"泰"，就是"坦荡荡"；而"骄"，就是为了掩盖"戚戚"而做出的夸张表演。

"泰""坦荡荡"，都是因为自己心底干净，无愧无疚，没有什么好担忧的，更没有什么好害怕的。这样的君子，无论进入什么情形都安然自得，即《礼记·中庸》所说的"君子无入而不自得焉"，"上不怨天，下不尤人"，真是一种自由境界。由此孔子得出了又一个重要结论："君子不忧不惧。"为什么能够不忧不惧？理由是："内省不疚，夫何忧何惧？"

这个重要结论，出现在《论语·颜渊》里，让人欣喜地感受到一种因光明磊落而产生的爽朗和豪迈。

当然，君子也会有忧虑的，那就是在面对更高的精神目标的时候。例如，孔子所说的"君子忧道不忧贫"（《论语·卫灵公》）；孟子所说的"君子有终身之忧，无一朝之患"（《孟子·离娄下》）。也就是说，君子对每天的得失，可以全然不忧不惧，但对大道的沉浮，却抱有一辈子的担忧。

孔子、孟子所描述的这种君子形象，似乎只是一种很难实现的人格理想。但是，我们只要闭目一想，中国历史上确实出现过大批德行高尚又无所畏惧的君子，世代传诵，成为中华民族的精神支撑。由此可见，这样的君子不仅可敬可仰，而且可触可摸。孔孟教言，并非虚设。

六、君子中庸

中庸，是儒家设定的思维杠杆。

但是，他们又把这种思维杠杆看成是君子应有的美德，并且颁布了一个判别基准：

君子中庸，小人反中庸。（《礼记·中庸》）

孔子甚至不无激动地说：

中庸之为德也，其至矣乎！（《论语·雍也》）

这就把中庸说成了最高道德。

"中"是指避开两头的极端而权衡出一个中间值，"庸"是指一种寻常实用的稳定状态。这明明属于方法论的范畴，怎么会成为一种最高道德呢？

主要原因，与文明的艰难历程有关。

人类在开始拓植文明之后的很长时间，艰险的环境危及生存，不得不处处运用过度之力。面对荒昧，面对野蛮，面对邪恶，若不超常用力，怎么能够活下来？终于，活下来了，那又必定加倍地动用重力、暴力、武力进行自卫和惩罚。既然一切都以超常的形态出现，当然又会引发更加超常的报复。时间一长，以暴易暴，成了人类生活的第一规则，几乎谁也免不了。连不少仁慈的宗教，也发动了一次次宗教战争。强大、威武、凶蛮，变为多数权势者和庇荫者的人格企盼，也成为大家的生存方略。在这种情况下，谁都不敢承认，却又不能不承认，人类正由愈演愈烈的杀伐程序走向自毁自灭。

一切都起源于过度用力，又以道义的借口让那些过度之力走向了极端主义。极端主义，听起来好像是一个现代命题，其实在遥远的古代已经是一个广泛渗透的意识形态。

明白了这么一个整体背景，我们也就懂得，孔子为什么要把中庸思想说成是最高道德了。

他很清楚，如果种种极端不受控制，人类的灾难必将无穷无尽。那么，靠什么来控制极端呢？一定不是另一种极端方式，而只能是中庸。

中庸思想要求，"执其两端，用其中于民"（《礼记·中庸》）。"执"，是指执行和掌控，那也就是说，把两端掌控住了，只取用两端之间的"中"，才可能有利于万民。这个"中"，就是处于中间部位的一个合适支点。这个支点不同于两端，却又照顾着两端，牵制着两端，使两端不要"悬崖滑落"。因此，这个"中"，不仅避免了两端的祸害，而且也挽救了两端，所以成了最高道德。

孔子对这种思维的概括是四个字：允执厥中。

这里边的"厥"字，在古文中是代词，与"其"字同义，因此这四个字也可以说成"允执其中"。允，是指公允、实在。连在一起，就是好好地执行中庸之道。

孔子坦陈，这个说法不是他自己发明的，而只是在复述古代尧帝对舜帝的嘱咐。

那天，尧对舜说：

咨！尔舜！天之历数在尔躬，允执厥中，四海困穷，天禄永终。（《论语·尧曰》）

翻译一下，大体是：

咳，你，舜啊！上天的命数已经落到你身上，好好地执行中庸之道吧。要是四海困穷，你的天命也就永远终结了。

那么，舜是怎么做的呢？他的做法，就是上文提到的"执其两端，用其中于民"，完全没有辜负尧的嘱咐。

你看，尧、舜以及中华文明的其他创建者，都把上天命数、四海生机与中庸思想紧紧相连，可见其重要。

"允执厥中"这四个字，我们还能在《尚书》中看到：

人心惟危，道心惟微，惟精惟一，允执厥中。（《尚书·大禹谟》）

用通俗一点的话来说就是：人心崩溃，大道难见，唯一可行的，是好好地执行中庸之道。

这也就是说，产生"人心惟危，道心惟微"的困局，全是因为脱离中道，走了极端。

把中庸看成是至高无上的天理、天命、天道，这与"天人合一"的基本思维有关。中华文明的基础是农耕文明，紧紧地依赖着四季循环、日月阴晴，因此很清楚一切极端主义都不符合天道。夏日炎热到极端必起秋风，冬天寒冷到极端即来春天，构成一个否定极端主义的生态循环圈。《周易》用一贯神秘的语气宣布：

刚中而应，大亨以正，天之命也。（《周易·象传》）

一"中"一"正"，实为天命，不该违背。

现代社会有一个重大误会，常常以为中庸是平庸，激烈是高尚。进一步，又把中庸者看成是小人，把激烈者看成是君子。但是，伟大的古代哲人告诉我们，事情正好相反。

那些在两个悬崖之间低头为普遍民众找一条可行之路的，一定是君子；相反，那些在悬崖顶端手舞足蹈、大喊大叫、装扮勇猛的，一定是小人。所以又可回到我们这一论述的起点："君子中庸，小人反中庸。"

这句话的另一种说法是："小人极端，君子反极端。"

环视全人类，这种中庸思想，或者说这种从属于君子之道的中庸之道，为中华民族所独有。国外也有"取中间值"的方法论，但不像中华民族那样，把中庸奉为至高，不可或缺。

中国的古代哲人把中庸看成是存亡的关键，而事实证明，中华文明确实成了人类古文明中唯一没有中断或湮灭的幸存者。

据我本人对各大古文明遗址的实地考察、对比、研究，确认中庸之道是中华文明长寿的最重要原因。正是这种坚守中间态、寻常态、随和态的弹性存在，使中华文明避过了无数次断裂和崩塌。

相比之下，直到今天，世界上很多国家和民族，不管经济情况如何，都喜欢炫耀极端。要让他们了解中庸，执行中庸，实在非常困难。

七、君子有礼

君子的种种思想品德，需要形之于约定俗成的行为规范，这便是礼。由礼构成仪式，便是礼仪。

精神需要赋形，人格需要可感，君子需要姿态。这不仅仅是一个"从里到外"的过程，而且也能产生"从外到里"的反馈。那就是说，当外形一旦建立，长期身体力行，又可以反过来加固精神，提升人格。

对外来说，"君子之德风"，君子的品德需要传播。而在传播渠道稀少、文本教育缺乏的古代，有效传播的主要媒介，就是君子本身的行为方式。因此，君子的礼仪，具有空间和时间上的扩展使命。

正因为这样，历代君子没有不讲究礼仪的。中国也由此而被称为"礼仪之邦"。

普普通通的人，有礼上身，就显出高贵。而这种高贵是有对象的，既尊敬人，又传染人。这个意思，就是《左传》上的一段话：

君子贵其身而后能及人，是以有礼。（《左传·昭公二十五年》）

正是这段话的首尾四字，组成了这小节的标题。

也有说得更强烈的。在某些哲人看来，有没有礼，不仅是君子和小人的区别，而且是人和禽兽的区别。例如：

凡人之所以贵于禽兽者，以有礼也。（《晏子春秋·内篇第一》）

说得有点过分，但我明白其中意气。看了生活中太多无礼的恶相，不得不气愤地骂一句：一个人如果无礼，简直就是禽兽。换一种语气说，更能让人接受，也是《左传》里的话，虽也斩钉截铁，倒是听得入耳：

礼，人之干也。无礼，无以立。（《左传·昭公七年》）

把礼比喻成一个人站立起来的躯干，这种说法很有文学性，我喜欢。扩而大之，《左传》还进一步认为，当礼变成一种集体仪式，也有可能成为一个邦国的躯干：

礼，国之干也。（《左传·僖公十一年》）

这让我们联想到现在各国的国庆礼仪和大型国际性盛典的开幕仪式。即使没有重大典仪，国民之礼，也是国之躯干。

但是，这还是讲大了。君子之道中的礼，主要是指个人在日常生活中的行为规范。

任何行为规范，都会表达某种意向。那么，究竟是什么意向在中国人的日常礼仪中最常见、最重要呢？

一是"敬"，二是"让"。

先说"敬"。

孟子说："有礼者敬人。"（《孟子·离娄下》）墨子说："礼，敬也。"（《墨子·经上》）这就表明，一个有礼的君子，他的全部动作都会表达对他人的尊敬。敬，是高看他人一眼，而不是西方式的平视。中国几千年都受控于家族伦理和官场伦理，到今天仍然如此，所以习惯于把恭敬交付给长辈、亲友、上级、官员。但是，君子之敬，并不是家族伦理和官场伦理的附属品，它具有一定的独立性。

一个君子，如果对偶然相遇的陌生人也表示出尊敬，那么，这种尊敬也就独具价值。因此，我常常在彼此陌生的公共空间发现真君子。一旦发现，就会驻足良久，凝神注视：正是他们对陌生人的尊敬，换来了我对他们的尊敬。

在这里，互敬成为一种互馈关系，双向流动。公共空间的无限魅力，也由此而生。

这种互馈关系，孟子说得最明白：

敬人者，人恒敬之。（《孟子·离娄下》）

再说"让"。

简单说来，那就是后退一步，让人先走；那就是让出佳位，留给旁人；那就是一旦互堵，立即退让；那就是分利不匀，率先放弃……这一切，都不是故意表演，做给人看的，而是在内心就想处处谦让，由心赋形。

还是孟子说的：

辞让之心，礼之端也。（《孟子·公孙丑上》）

所谓"礼之端"，就是礼的起点。为什么辞让能成为起点？因为世界太拥挤，欲望太密集，纷争太容易。唯有后退一步，才会给他人留出空间。敬，也从后退一步开始。

辞让，是对自己的节制。一人的节制也能做出榜样，防止他人的种种不节制。这是《礼记》说过的意思：

礼者，因人之情而为之节文，以为民坊者也。（《礼记·坊记》）

这个"坊"字，古时候与"防"相通。这句话用我的语气来说是这样的：

什么是礼？对人的性情加以节制，从而对民间作出防范性的示范。

说得有点绕。一切还是要回到孔子。在孔子看来，为什么要礼？为什么要敬？为什么要让？都是为了一个目的：和。君子之责，无非是求人和、世和、心和。他用简洁的六个字来概括：

礼之用，和为贵。（《论语·学而》）

那也就形成了一个逻辑程序：行为上的"敬""让"，构成个人之"礼"，然后达成人间之"和"。

揭示了结论，我还要做一个重要补充：君子有了礼，才会有风度，才会有魅力，才会美。正是谦恭辞让之礼，使君子神采无限。这是中华民族理想人格的最佳标识，也是东方人文美学的最佳归结。

现代很多人在这一点上误会了，以为人格魅力在于寸步不让，在于锐目紧逼，在于气势凌人。其实，正好相反。

为此，我很赞赏荀子把"礼"和"美"连在一起的做法。他在《礼论》里为"礼"下了一个定义，说是"达爱敬之文而滋成行义之美者也"。这个定义告诉我们，在设计"礼"的时候，不管是个人之礼还是集体礼仪，都必须文，必须美。

再谦恭，再辞让，如果以拉拉扯扯、推推搡搡、大呼小叫、卑躬屈膝、装腔作势的方式呈现出来，那也不是我们所要的礼。君子之礼，与美同在。

八、君子不器

这四个字，出自孔子之口，见之于《论语·为政》。

意思很简洁：君子不是器具。

当然不是。但为什么还要特别拿出来强调呢？因为世间之人，常常成为器具。一旦成为器具，孔子就要把他们开除出君子队伍。这个命题有点艰深，但在刚刚说过礼仪之后，可以借着那个话题找到一个比较通俗的入口。礼仪虽然非常重要，但是如果人们成了礼仪的器具，只知像器具一样做出刻板的体态和手势，只知重复着完全一样的话语和笑容，那么，这就成了"器具之礼"，而不是君子之礼。因为，君子不器。

礼仪只是一例，由人变器的事情，到处可以看到。

我们应该见过不少这样的教师，年年月月用完全一样的语句和口气复述着同一本陈旧的教科书。虽然毅力可以称道，但未免太"器"了，因为他们让多彩的生命变成了复制之器。

我们应该见过更多刻板的官员，他们在会议上重复着上司的文书，在办公时扮演着自己的官职，连下班回到家里还不把架子放下来。那也"器"了，把活生生的血肉之躯，僵化成了官僚体系中的一个构件。

德国哲学家黑格尔认为人世间最重要的是"这一个"，亦即独立生命的自我把持，因为人的生命不可重复。法国哲学家柏格森认为生

778

命的真实在于冲动和绵延，而机器化的行为只是喜剧嘲笑的对象。他们的种种理论，都与2500年前的中国哲学"君子不器"遥相呼应。

黑格尔和柏格森是在目睹欧洲工业化、机器化所产生的弊病后做出论述的，而中国古代提出"君子不器"却没有这种背景，因此更为难能可贵，更像圣哲天语。

中国古代文字的优点是凝练，缺点是多义。例如这个"器"字，概括了多少现象，却也可能歧义丛生。器具、器物、器皿，等等，表明了它的物化方向，但如果是"器识""器宇""器质"呢？显然又从物化转向了生命。老子所说的"大器晚成"，比喻大材精雕，伟人需等待。也就是说，老子所说的"器"是一个可以慢慢增长和优化的活体。既然是活体，就与孔子所防范的非活体"器"，有方向上的差异。孔子所不喜欢的"器"，永远成不了老子所说的"器"。因此，他们两位其实都在倡导活体。

"君子不器"，在当代思维中又可引申为"抵抗人的异化""防止全面工具化"等。人，总是要找回自己。即便什么时候机器人大幅度地替代了真人的工作，对人的坚守还会持续。

机器人再精巧，也不能成为君子。这是中国文化在人格意义上的最终节操，可能会坚守到最后。

这把事情说远了。如果放到日常生活中，"君子不器"的教言主要会给我们两方面的帮助：

第一，尽量不要成为器物的奴隶。管子所说的"君子使物，不为物使"（《管子·内业》），说明了君子对于器物的主动性。环视四周，现在有很多人过度追求器物之盛，其实早已远远超过生命的实际需要，这就使自己成了器物的奴隶。他们成天收藏、拼比着奢侈器物，琳琅满目，乍看是生命的扩充，其实是生命的奴化。而且，奴化了的生命还要伺候那么多冷若冰霜的"主人"。须知，哪怕是积器如山，堆物成城，也比不过你简囊远行的身影。

第二，尽量不要使自己变成器物。这比成为器物的奴隶更为严重，其实也更为普遍。这种异化过程，在开始的时候还很难自觉。当你在某一职业、头衔、角色上粘住了，僵化了，风化了，那就要当心。因为异化过程已经开始，与君子的活体渐行渐远。班固在《汉书》中说"君子直而不挺"（《汉书·盖宽饶传》）。我几次读到，都会为那个"挺"字哑然失笑。君子需要正直，当然不错，但再往前走一步，"挺"了，那就带有了刻意表演的成分。一直"挺"下去，就渐渐从有机体变成了无机体，最后变成了一种造型和雕塑。造型和雕塑是"器"，不是人。

由此我产生了一个有趣的联想。当今中国文化传媒界一直有一批数量不小的"大批判子遗"，人称"伪斗士"，老是在整人毁人、造谣诽谤、诬陷无辜。我知道他们中有不少人早就想收手不干，而且越来越产生了法律上的担忧，但他们还是"挺"在那里。为什么？为的是想成为新时代的"匕首、投枪、迫击炮"。他们不明白的是，那些都是"器"，而且大多是"凶器"。

无论是不做器物的奴隶，还是不做器物本身，有一个最简单的防身术，那就是坚持做一个平常人，一个有体温、有弹性、不极端、不作态的平常人。这又与前面所说的"君子中庸"联系在一起了，可谓：君子因中庸而不器。

九、君子知耻

有人说，君子之道也是"知耻之道"。因为，君子是最有耻感的人，而小人则没有耻感。

为此，也有人把中国的"耻感文化"与西方的"罪感文化"作对比，觉得"耻感文化"更倚重于个人的内心自觉，更有人格意义。不错，孔子在《论语·子路》里说过，君子，包括"士"，必须"行己有耻"。也就是时时要以羞耻感对自己的行为进行"道义底线"上的反省和警惕。但我们在分寸上应该懂得，孔子在这里所说的"耻"，与我们现在所说的"可耻""无耻"相比，范围要宽泛得多。例如，看到自己没有做好的地方，也叫"有耻"。

耻的问题，孟子讲得最深入。首先要介绍一句他的近似于绕口令的话：

人不可以无耻。无耻之耻，无耻矣。（《孟子·尽心上》）

前半句很明确，也容易记，但后半句在讲什么？我想用现代口语做一个游戏性的解释。

这后半句的大意是：

为无耻感到羞耻，那就不再耻了。

当然，我的这种阐释与许多古注都不一样，这不要紧，我只在乎文字直觉。孟子的言语常有一种故意的"拗劲"，力之所至，打到了我。我在《中国文脉》一书中把他的文学地位排到了孔子之前，即与此有关。

孟子用一个缠转的短句表明，耻不耻的问题是人们心间的一个旋涡，幽暗而又易变，必须由自己清晰把握，拔出旋涡。

接着我们来读读孟子的另一番"耻论"：

耻之于人大矣。为机变之巧者，无所用耻焉。不耻不若人，何若人有。（《孟子·尽心上》）

我的意译是：

羞耻，对人来说是大事。玩弄机谋的人不会羞耻，因为用不上。他们比不上别人，却不羞耻，那又怎么会赶上别人。

这就在羞耻的问题上引出了小人，而且说到了小人没有羞耻感的原因。

由此，也就从反面触及了正面，让人可以推断出君子的耻感文化。至少有三条：

第一，以羞耻感陪伴人生，把它当作大事；

第二，以羞耻感防范暗事，例如玩弄机谋；

第三，以羞耻感作为动力，由此赶上别人。

孟子的论述，从最终底线上对君子之道进行了"反向包抄"。立足人性敏感处，由负而正，守护住了儒家道义的心理边界。

你看，他又说了："羞恶之心，义之端也。"（《孟子·公孙丑上》）这就把羞耻当作了道义的起点。把起点设在对立面，在理论上，既奇峭，又高明。如此说来，耻，成了一个镜面。由于它的往返观照，君子之道就会更自知、更自守。敢于接受这个镜面，是一种勇敢。

知耻近乎勇。（《礼记·中庸》）

知耻，是放弃掩盖，放弃麻木，虽还未改，已靠近勇敢。如果由此再进一步，那就是勇敢的完成状态。

以上所说的羞耻感，都涉及道义大事，符合"耻之于人大矣"的原则。但是，在实际生活中，人们常常不分大小高低，在不该羞耻处感到羞耻，在应该羞耻处却漠然无羞。

因此，并不是一切羞耻感都属于君子。君子恰恰应该帮人们分清，什么该羞耻，什么不该羞耻。

既然小人没有羞耻感，那么多数错乱地投放羞耻感的人，便是介乎君子、小人之间的可塑人群。他们经常为贫困而羞耻，为陋室而羞耻，为位低而羞耻，为失学而羞耻，为缺少某种知识而羞耻，为不得不请教他人而羞耻，为遭受诽谤而羞耻，为强加的污名而羞耻……太多太多的羞耻，使世间多少人以手遮掩，以泪洗面，不知所措。其实，这一切都不值得羞耻。

在这方面，孔子循循善诱，发布了很多令人温暖的教言。即便在最具体的知识问题上，他也说了人人都知道的四个字：

不耻下问。（《论语·公冶长》）

意思很明白：即使向地位比自己低的人请教，也不以为耻。这么一来，在耻感的课题上，"不耻"，也成了君子的一个行为原则。因此，真正的君子极为谨慎，又极为自由。谨慎在"有耻"上，自由在"不耻"上。

"耻"和"不耻"这两个相反的概念，组成了儒家的"耻学"。对此，具有总结性意义的，是荀子。我想比较完整地引用他的一段话，作为这个问题的归结。他说：

君子耻不修，不耻见污；耻不信，不耻不见信；耻不能，不耻不见用。

是以不诱于誉，不恐于诽，率道而行，端然正己，不为物倾侧，夫是之谓诚君子。（《荀子·非十二子》）

这段以"耻"和"不耻"为起点的论述，历久弥新。我自己在人生历程中也深有所感，经常默诵于心。因此，我要用今天的语言译释一遍：

君子之耻，耻在自己不修，不耻别人诬陷；耻在自己失信，不耻别人不信；耻在自己无能，不耻别人不用。

因此，不为荣誉所诱，不为诽谤所吓，遵循大道而行，庄严端正自己，不因外物倾倒，这才称得上真正的君子。

"耻"和"不耻"，是君子人格的封底阀门。如果这个阀门开漏，君子人格将荡然无存；如果这个阀门依然存在，哪怕锈迹斑斑，君子人格还会生生不息。

后记

审美教育既要弘扬传统美育精神，更应适应鲜明时代要求。本手册美育内容在传统典籍、诗词、散文、戏曲、音乐、绘画、书法、雕塑等基础上，进一步扩展到摄影、电影、工艺、设计、建筑、城乡规划、博物馆、个人修养等方面。

为保证学术质量和实用价值，特邀请相关领域既有深入研究又有实际工作经验的知名学者为本手册撰写专文。

本书从酝酿到出版，得到了各方帮助。感谢范正伟、白中林、沙秋、高欣在策划、编辑、设计等各环节中给予的支持和指导。

由于篇幅所限，对作者来稿进行了较大删减，再版修订时一并补齐。

美学的范畴相对广泛，加之编者水平有限，本书难免有遗漏和不足之处，敬请读者谅解，欢迎批评指正。

图书在版编目（CIP）数据

干部美育手册 / 郑欣淼主编 . —— 北京：中共中央
党校出版社，2021.12

ISBN 978-7-5035-7207-4

Ⅰ . ①干… Ⅱ . ①郑… Ⅲ . ①美育 – 干部培训 – 手册
Ⅳ . ①G40-014

中国版本图书馆CIP数据核字（2021）第224025号

干部美育手册

Handbook of aesthetic education for cadres

策划统筹： 北京早春文化艺术传播有限公司

责任编辑： 冯　研　李俊可

责任校对： 王明明

责任印制： 陈梦楠

书籍设计： 赵　健　符　赋　郭毓海

出版发行： 中共中央党校出版社

地　　址： 北京市海淀区长春桥路6号

电　　话： （010）68922815（总编室）　　（010）64000030（发行部）

传　　真： （010）68922814

经　　销： 全国新华书店

印　　刷： 北京盛通印刷股份有限公司

开　　本： 710毫米×1000毫米　1/16

字　　数： 570千字

印　　张： 50

版　　次： 2021年12月第1版　　2021年12月第1次印刷

定　　价： 248.00元

微　信 ID: 中共中央党校出版社　　　**邮　箱：** zydxcbs2018@163.com